韓國 龍說話 研究

韓國 龍說話 硏究

박다원

도서출판 지성人

머리말

 마침표는 끝과 시작이라는 두 가지 의미를 동시에 가진다. 이 책은 나의 삶의 마침표와 같다고 하겠다. 과정의 결과물이며, 넓은 세상으로 나아가는 출발점인 것이다. 책을 쓰기 위한 과정에서 나는 용(龍)과 혈투를 벌이는가 하면, 때로는 어르고 달래는 사이가 되기도 하면서 참으로 묘한 인연을 쌓아갔다. 그런데 왜 하필 용이었을까? 다른 주제도 많은데 왜 난 용을 연구의 주제로 택한 것일까에 대해 자문했다. 우연한 계기였다. 이야기 속에 등장하는 용이 성격을 가진다는 사실에 쉬이 놀라지 않을 수 없었다. 사람을 도와주는 선한 모습이거나, 때로는 사람에게 피해를 끼치는 악한 모습으로 등장하는 용이 신기하게 느껴졌다. 그게 용을 택한 이유였다. 그럴듯하게 '용은 고대로부터 이어온 신앙의 대상이기에 용을 연구하는 것은 의미 있는 일이다'와 같은 거창한 이유가 있어야 하는데 성격을 드러내는 용이 마냥 신기했으므로 연구의 주제로 택하게 되었다니 정말 한심할 노릇이다. 나의 단순한 호기심에서 비롯된 선택으로 몇 년의 시간을 눈물과 고통 속에서 허덕였는지 다 설명할 수조차 없다. 용과의 사투를 끝내고 나니 처음 공부를 하게 된 순간이 문득 떠오른다.

 대학시절 주(酒)님을 너무 사모했던 나는 하루도 멀쩡한 날이 없이 비틀거리며 집으로 향했다. 그 시절 나는 그 삶이 즐거웠고 행복했다. 그냥 취한 듯 기분 좋게 살고 싶었다. 단지 그 이유가 내가 술을 마신 이유의 전부였다. 20대 초반의 꽃다운 청춘을 그렇게 보냈다. 그러던 중 지금도 기억하는 그 하루로 인해 나의 삶의 방향은 전혀 예상치 못한 곳으로 흘러갔다. 그 전까지 나에게 공부란? 내가 할 수 있는 삶을 살기 위해 어느 정도 필요한 것 그 이상도 그 이하도 아니었다. 그래서 잘하면 좋겠지만 잘하지 못한다 해도 그다지 문제가 되지 않았다. 대학 수업도 적당히, 대충 대충해서 학점을 채우면 그만이었다.

 그러던 중 '한국문학의 이해'라는 과목을 수강하게 되었다. 수강 전 선배들은 과목 수강 시에 금기사항들을 자세히 알려주었다. '염색을 하면 안 된다, 지각하면 안 된다. 모자 쓰면 안 된다' 등등의 금기사항은 나에게 '왜?'라는 반문을 가지게 하기에 충분했다. 피하고 싶었으나 필수과목이라 할 수 없이 수강 신청을 하고 수업에 임했다. 담당 교수님은 듣던 바대로 꼬장꼬장하셨다. 수업 중 모자를 쓴 학생이나 지각한 학생이 있으면 언제나 불호령을 치셨다. 나는 그런 담당 교수님을 이해할 수 없었다. '대학은 자유를 만끽할 수 있는 곳이 아닌가?' 그런데도 아직 저런 교수님이 있다니 참 답답한 노릇이었다. 그래서 나에게 그 수업시간은 정말 지옥 같았다. 마음이 그러하니 공부는 뒷전이었다. 어떻게 하면 시간을 때울 수 있을까? 고민의 연속인 시간이었다. 그렇게 한 학기의 막바지가 다 되어 갔었다.

 여름으로 접어들 무렵이었다. 나의 기억 속 그날은 유난히도 햇살이 반짝이는 하루였던 것 같다. 역시나 오늘도 어떻게 때울까? 고민하던 차에 '그냥 수업이나 한 번 들어볼까?' 라는 생각이 불연 듯 들기 시작했다. 노트를 꺼내고 책을 폈다. 교수님의 한마디 한마디를 기록하며 설명을 듣기 시작했다. 그런데 이게 왠일인가? 지루하고 짜증났던 수업이 재미있고 흥미로울 줄이야. 얼마 남지 않은 수업이 아쉽기까지 했다. 그날 이후 난 무섭고 싫었던 그 교수님 제자로 구비문학이라는 공부를 시작하게 되었다. 용과의 인연처럼 공부와의 인연도 참 즉흥적인 계기를 통해 이루어졌다.

 지금 생각해보면 즉흥적이었던 나의 선택들은 광(狂)끼, 일명 똘끼의 발동이었던 것 같다. '그냥 한 번 들어볼까'와 '이거 신기한데'가 나의 인생을 바꾸어 놓았으니 말이다. 이것이 흔히 말하는 팔자인가 생각해본다. 석사 그리고 박사 과정이 나에게 엄청난 고통을 주었었다는 걸 생각해보면 더욱더 그렇다하겠다. 과정 속에는 나는 심적, 육체적으로 몹시 고통스러웠다. 공부와 거리가 멀었던 내가 공부를 해야 한다는 것과 깊은 고심 없이 시작된 용에 대한 탐구 등은 매 순간 나의 숨통을 틀어막는 듯했다. 지금 생각하면 별일 아니었는데 말이다. 하지만 단순했지만 강렬했던 선택으로 지금의 나는 변화했다. 덤벙거려 꼼꼼하지 못했던 내가 꼼꼼해졌다고 할 수는 없지만 나름 차분해진 것도 같다. 생각과 동시에 행동하던 내가 생각을 해 본 후 행동한다는 건 엄청난 변화가 아닌가. 그리고 이제는 이 공부가 내 인생이 되어 버렸다. 또한 용은 이제 나라는 존재를 드러내는데 빠질 수 없는 중요한 요소로 자리 잡았다.

  용과 함께하게 된 나의 인생 그리고 책을 출판하기까지의 과정에서 도움을 주신 많은 은사님들께 항상 감사한다. 그 중에서도 단연 나의 지도교수님이신 김화경 선생님께 감사드린다. 내가 공부에 흥미를 가질 수 있도록 해주었으며, 지금의 내가 있기까지 불철주야 힘써주신 분이다. 그리고 또 다른 나의 지도교수님이신 김기호 선생님께도 감사드린다. 천방지축이었던 나를 다독여주셨고, 올바르게 이끌어주셨다. 선생님 두 분이 아니었다면 지금의 나는 여전히 그저 그런 인간에 불과했을 것이다. 그리고 박사논문을 지도해주셨던 서인석 선생님, 이강옥 선생님, 이구의 선생님께도 감사드린다. 그리고 10년 남짓한 시간동안 때로는 쓴 소리로 호되게 꾸짖어 주시고, 때로는 술 한 잔 기울이며 다독여 주셨던 신태수 선생님께도 감사의 마음을 전한다. 항상 다정하게 가르침을 주신 김원준 선생님께도 감사드린다. 이 밖에도 이름을 낱낱이 열거할 수는 없지만 많은 선생님들께 감사의 마음을 전한다. 항상 나의 든든한 버팀목이 되어준 부모님과 사랑하는 나의 가족들에게도 감사의 마음을 전한다. 슬플 때나 기쁠 때나 항상 곁에 함께 해준 상연회 회원인 나의 벗들에게도 감사의 마음을 전한다. 또한 이 책을 출간할 수 있도록 기꺼이 출판에 응해주신 지성인 사장님께도 감사드린다.

2017년 11월
박 다 원

차례

I부. 한국 용설화의 수용집단과 전승의식 ········· 13

1장. 서론 ········· 15
  1. 연구목적 ········· 15
  2. 연구의 범위와 방법 ········· 20

2장. 용의 유입에 따른 수용집단의 분화 ········· 28

3장. 민간집단의 용 ········· 38
  1. 기복 대상의 용 ········· 38
  2. 금기 대상의 용 ········· 63
  3. 퇴치 대상의 용 ········· 73

4장. 지배집단의 용 ········· 83
  1. 왕권 기원의 용 ········· 84
  2. 국가 호위의 용 ········· 106
  3. 국태 민안의 용 ········· 121

5장. 승려집단의 용 ········· 134
  1. 사찰 연기의 용 ········· 135
  2. 건탑(建塔) 연기의 용 ········· 153
  3. 교화 대상의 용 ········· 158

6장. 전승집단의 관점에서 본 용 수용과 전승의 의미 ········· 169

7장. 결론과 전망 ········· 177

II부. 『삼국유사』 용설화의 양상과 그 의미 ·············· 183

1장. 서사구조로 본 〈처용랑망해사〉의 성격 ················· 185
  1. 〈처용랑망해사〉의 서사구조 ································· 185
  2. 무·불·도의 관계와 헌강왕의 위상 ····················· 194
  3. 민간신앙 전승에서 〈처용랑망해사〉가 지니는 의의 ········· 201

2장. 〈진성여대왕거타지〉 설화에 나타난 사회구조와 그 의미 ············ 208
  1. 서사 내부의 사회구조 ··· 208
  2. 사회문제의 해결방식과 그 의미 ························· 215
  3. 〈진성여대왕거타지〉 설화와 민간전승과의 상관관계 ········· 220

3장. 『三國遺事』〈惠通降龍〉 설화의 공간과 인물 관계 ············ 228
  1. 설화의 구성과 공간설정의 방법 ························· 228
  2. 공간의 양상과 인물의 대응 방법 ······················· 238
  3. 공간의 인물관계를 통해 본 『삼국유사』 용설화의 구성 원리 ········· 246

4장. 『삼국유사』〈보양이목(寶壤梨木)〉 설화의 서사구조와 그 의미 ··· 251
  1. 〈보양이목〉 설화의 서사구조 ······························ 251
  2. 사회문제의 해결방식과 그 의미 ························· 260
  3. 〈보양이목〉 설화와 구비전승과의 상관관계 ········· 265

5장. 『삼국유사』 용성(龍聖) 구현 설화의 양상과 그 의미 ········· 274
  1. 용성(龍聖) 구현 설화의 양상 ······························ 274
  2. 용성(龍聖) 구현 설화의 의미 ······························ 303
  3. 용성(龍聖) 제거 설화와의 상관관계 ··················· 311

6장. 『삼국유사』 용성(龍聖) 제거형 설화의 양상과 그 의미 ········· 318
  1. 용성(龍聖) 제거형 설화의 양상 ·························· 318
  2. 용성(龍聖) 제거형 설화의 의미 ·························· 329
  3. 타성(他聖)·용성(龍聖) 융합형 설화와의 상관관계 ········· 332

7장. 『삼국유사(三國遺事)』 설화에 나타난 용(龍)의 양상과 그 의미 ·· 342
  1. 〈황룡사구층탑(皇龍寺九層塔)〉 설화에 나타난 용의 양상과
    그 의미 ·· 342
  2. 〈어산불영(魚山佛影)〉 설화에 나타난 용의 양상과 그 의미 ·········· 354
  3. 〈황룡사구층탑(皇龍寺九層塔)〉 설화와 〈어산불영(魚山佛影)〉
    설화와의 상관관계 ·· 363

   · 참 고 문 헌 ·· 369
   · 현지 조사 자료 ··· 375
   · 찾아보기 ··· 405

I부

한국 용설화의
수용집단과 전승의식

1장. 서론

1. 연구목적

우리의 주변을 둘러보면 건축·조형·공예 등의 예술물과 민속신앙 분야 등에서 용이 형상화되어 나타나고 있음을 살필 수 있다. 이는 용이 실재하지 않은 존재임에도 불구하고 다양한 상징들을 표상하고 있기에 가능한 일이라고 하겠다. 특히 문학에서 용은 더욱 다양하게 형상화되어 나타난다. 본고에서는 문학 중에서 설화에 주목하고자 한다. 문학 중에서 특히 설화에 주목하고자 하는 이유는 설화가 가지는 구전성 때문이다. 설화가 구전된다는 사실은 설화 내에 전승의 원동력이 내재되어 있음을 의미한다. 설화 내에 전승의 원동력이 없다면 설화 전승은 미미하게 그칠 가능성이 크다. 그런데 설화가 전승된다고 하는 것은 설화 내에 전승의 원동력이 계속해서 전승자에게 어떤 영향을 미치기 때문이라고 생각한다.

용은 실재하지 않는 동물이다. 그럼에도 불구하고 왜 실재하지도 않는 용을 설화에 등장시켜 다른 등장인물과의 관계를 형성하게 하는지 생각해 보아야 한다. 아마도 그것은 용이라는 이미지가 가진 상징들을 통해 설화 전승의 주체가 우리에게 어떤 메시지를 전달하고자 했던 것은 아닐까 추단케 한다. 그렇다면 작품 내에서 용과 등장인물과의 관계에 주목한다면 물음에 대한 답에 좀 더 가까이 접근할 수 있을 것이다. 작품 내에서 용과 인물과의 관계는 전승의 담당층이 용을 어떠한 실체로 상징했는지를 알 수 있게 하는 지표가 된다. 여러 가지 용에 대한 상징들 중 전승 담당자들은 자신들의 특정한 목적에 부합하는 용의 상징을 수용해 작품 내에서 전하고자 했을 것이기 때문이다. 그러므로 작품 내에서 용과 인물의 관계를 실마리로 삼아 풀어나갈 때, 용의 상징과 관련한 전승 담당자들의 특정한 전승의식을 파악할 수 있을 것이다.

용 관련 설화 연구는 크게 두 축으로 나뉘어 설명될 수 있는데 주제론적 관점에서의 연구와 전승론적 관점에서의 연구가 그것이다. 먼저 주제론적 관점에서의 연구를 살펴본다. 용설화를 유교적1)·불교적2)·민속적3)인 측면에서 고찰한 연구이다. 이 연구들은 용설화를 통해 용을 천명사상(天命思想)에서 유래한 형이상학적인 동물로 천인합일(天人合一)의 이상을 말하는 왕의 상징으로 보기도 했고, 또는 호법용(護法龍)·호국용(護國龍)이라는 수호(守護)적 기능에 초점을 맞추어 불교적인 것으로 보기도 했다. 그리고 물의 생명력을 기본으로 하는 농경문화(農耕文化)에서 숭배되는 대상으로 보기도 했다. 이러한 일련의 연구들은 용의 기능에 초점을 두고 분석한 것으로써 용의 기능과 관련한 다양한 상징들을 밝혀주었다는 데 의의가 있다.

다음으로 살펴볼 것은 전승론적 관점에서의 연구이다. 전승론적 관점에서의 연구는 용설화 내부의 파생 관계에 관한 연구라고 하겠다.4) 초창기

---

1) 尹敬洙, 「龍의 象徵論」, 『현대문학』 9-4, 현대문학사, 1963.
2) 權相老, 「韓國古代信仰의 一瞥」, 『佛敎學報』 1, 東國大學校 (佛敎文化研究所, 1963), 金鍾雨, 「佛敎의 '龍'觀念과 處龍歌」, 『睡蓮』 7輯, (釜山女子大學校, 1972), 金煐泰, 「新羅佛敎에 있어서의 龍神思想」, 『佛敎學報』 11輯, (東國大學校 佛敎文化研究所, 1974), 黃浿江, 『新羅佛敎說話研究』, (一志社, 1975), 金鎭煥, 「龍神思想에 관한 考察」, 『동국사상』 제18집, 동국대학교 (불교학회, 1985), 柳增善, 「龍神思想과 說話文學」, 『語文學』, 通卷 11號, 韓國語文學會, 1964)에서 한국의 용신사상은 중국적 유교적 용신사상과 인도적 불교적 용신사상의 두 계통의 용신사상을 가진다고 밝혔다. 하지만 이후 불교적 용신사상에 치중되어 연구가 진행되었다.
3) 金烈圭, 「龍女傳承과 再生主旨」, 『國文學論集』, (檀國大學校 國語國文學科, 1970), 河孝吉, 「새(鳥)·龍王船考」, 『韓國民俗學』 11輯, (韓國民俗學研究所, 1979), 朴桂弘, 『韓國民俗研究』, (螢雪出版社, 1982, pp. 15-31), 朴湧植, 『韓國說話의 原始宗敎思想研究』, (一志社, 1984, pp.89-95), 李恩奉, 『韓國古代宗敎思想』, (集文堂, 1984, pp. 186-209), 등에서 다루고 있다.
4) 趙庾來, 「李朝小說에 介入된 龍설화」, 『語文學』 通卷 27號, 韓國語文學會, 1972. 한순화, 「龍說話에 關한 一考察」, 梨花女子大學校 (敎育大學院 碩士學位論文, 1978), 全駿杰, 「古典小說의 龍宮說話研究」, (東國大學校 碩士學位論文, 1979), 임재해, 「護國龍說話의 傳承樣相과 神人關係」, 『韓國民俗學』 13輯, (韓國民俗學研究會, 1980), 全圭泰, 『韓國神話와 原初意識』, (二友出版社, 1985, pp. 229-331), 邊榮錫, 「韓國龍說話의 起源과 象徵的意味研究」, 高麗大學校 (敎育大學院 碩士學位論文, 1987), 김대숙, 「문학적 제재로서의 용(龍)의 변용(變容)」, 『국어국문학』 100호, (국어국문학회, 1988), 李惠和, 「龍思想의 韓國文學的

의 연구는 고전소설에 반영된 용설화의 양상들을 고찰했다. 그 결과 용궁설화가 이상세계의 표현으로써 고전소설 플롯의 중요한 근간이 되었다는 것을 밝혔다. 후반기의 연구는 설화의 전승과 변모양상에 초점을 맞추어 상관관계를 모색했다.

이러한 연구를 통해 용설화가 설화 주체자의 목적에 따라 각각 건국신화·불교설화·호국용설화로 전승되었다는 것을 밝혔다. 또 용궁설화가 소설에 반영되어 낙원에 대한 동경과 인생역전에 대한 희망, 그리고 선행에 대한 보은이라는 의미를 담아냈다는 성과를 얻었다. 이 연구들은 문헌설화인『삼국유사(三國遺事)』용설화와 구전 용설화의 상관관계를 밝히고, 그것이 고전 소설에 끼친 영향을 살펴보았다는 점에서 의의가 있다.

선행연구들을 통해 구전 용설화와『삼국유사』용설화가 다각도로 고찰되었고 이를 통해 많은 성과를 낳았다는 사실을 알 수 있다. 그럼에도 불구하고 아직 그 해명이 미흡한 것은 용과 용 전승집단 사이의 관계이다. 한국의 용은 이 땅에서 생성된 것으로 추측되는 원형으로서 용, 지배집단의 목적에 따르는 이데올로기화된 용, 그리고 불교의 사제자 역할을 하는 종교적인 용 등 다기한 모습을 보인다. 이로부터 보건대 원형으로서 용이 전승집단들의 특정한 입장을 위해서 이미지와 기능 면에서 변개되었으리라는 추단이 가능하다. 지금까지 용의 사회적·정치적·종교적 기능에만 주목을 한 결과 원형으로서 용이 전승집단의 입장 차이에 따라 어떠한 성격으로 변화되어 이야기로 수용이 되었는지?, 그리고 그러한 이미지로 수용된 이유는 무엇인지?, 나아가 그러한 이미지로 수용된 용 관련 설화가 그것을 수용한 특정의 전승 담당층을 위해 어떠한 기능을 한 것인지를 살피지는 못했다. 말하자면 지금까지는 용 설화와 전승 담당층 사이의 관계

受容樣相」, 高麗大學校 (博士學位論文, 1988), 金文泰「『三國遺事』所載 '龍'傳承 硏究-敍述構造와 變貌樣相을 중심으로-」, 成均館大學校 (博士學位論文, 1990), 천소은, 「『三國遺事』에 나타난 龍神說話 硏究 所載 '龍'傳承 硏究」, (『강남어문』7, 강남대학교 국어국문학과, 1992), 이혜화,『龍사상과 한국고전문학』, (깊은샘, 1993), 이동철,『한국 용설화의 역사적 전개』, 민속원, 2005), 전기웅,「『삼국유사』설화 속의 龍」, (『지역과역사』27, 2010)에서 상세히 다루었다.

가 제대로 해명되지 못했다고 하겠다.

우리나라에 전승 되는 용설화는 전승집단과 관련하게 크게 세 가지 경향성을 띤다. 첫 번째 경향성은 설화 내에서 용이 민간집단과 관련을 맺고 있는 경우이다. 이들 설화에서 용은 민간이 해결해야 할 문제를 해결해주거나, 민간집단의 이상을 실현시켜 주는 존재로 등장한다. 때문에 이들 설화에서 용은 민간집단과 긴밀한 관계에 놓인다. 두 번째 경향성은 설화 내에서 용이 지배집단과 관련을 맺는 경우이다. 이들 설화에서 용은 지배집단이 해결해야 할 어려운 문제들을 해결해주거나, 지배집단의 이상을 실현시켜주는 존재로 등장한다. 그렇기 때문에 용과 지배집단은 긴밀한 관계에 놓인다. 세 번째 경향성은 설화 내에서 용이 승려집단과 관련을 맺는 경우이다. 이들 설화에서 용은 승려집단이 해결해야할 어려운 문제들을 해결해주거나, 승려집단의 이상을 실현시켜 주는 존재로 등장한다. 그래서 이들 설화에서 용은 승려집단과 긴밀한 관계에 놓인다.

용설화의 전승 담당층에서 보이는 세 가지 경향성은 용 상징이 각각의 전승집단과 상대적 차이를 띠기 때문에 생기는 것이라 가정할 수 있다. 그렇다면 민간집단과 지배집단, 승려집단이 각각 이야기 내로 수용한 용을 첫째 텍스트 내의 인물과의 관계 차원에서, 둘째 전승집단이 속한 삶과의 비교 차원에서, 셋째 전승집단의 미래적 전승 의도의 차원에서 분석한다면, 이야기 내에서 용의 역할이 무엇인지 알 수 있을 것이다. 그리고 용의 수용을 통해 전승 담당자들이 해결하고자 했던 현실의 문제와 해결된 삶이 무엇인지, 또한 전승 담당자들이 용을 통해 궁극적으로 그들이 속한 집단과 관련해 이루고자 하는 삶의 목적이 무엇인지를 해명할 수 있을 것으로 전망된다.

따라서 본고는 선행연구의 업적을 바탕으로 용 관련 현재 구비전승 되는 설화,『삼국유사』소재 용 관련 설화, 그리고『고려사(高麗史)』소재 용 관련 설화 등을 분석 대상으로 삼는다. 그리하여 용 설화 전승 담당층들의 용 수용 양상과 그 의미를 살피는 것을 목적으로 한다. 연구 목적을 달성하기 위해 다음과 같이 하위 문제를 설정하고 이에 답하기로 한다.

첫째 민간집단과 관련된 선신(善神) 및 수신(水神)으로서 용이, 이야기 내에서 수행하는 역할은 무엇이며, 이야기 내에서 민간집단이 삶에서 봉착한 문제가 용을 수용함으로써 어떻게 해결이 되며, 이야기 내에서 궁극적으로 미래적 삶과 관련해 민간집단이 용의 수용을 통해 의도한 것이 무엇인지를 분석해 밝히기로 한다.

둘째 지배집단과 관련된 호국선신(護國善神) 및 왕권상징(王權象徵)으로서 용이, 이야기에서 수행하는 역할은 무엇이며, 이야기 내에서 지배집단이 삶에서 봉착한 문제가 용을 수용함으로써 어떻게 해결이 되며, 이야기 내에서 궁극적으로 미래적 삶과 관련해 지배집단이 용의 수용을 통해 무엇을 의도한 것인지를 분석해 밝히기로 한다.

셋째 승려집단과 관련된 호법선신(護法善神)으로서 용이 이야기에서 수행하는 역할은 무엇이며, 이야기 내에서 승려집단이 봉착한 문제가 용을 수용함으로써 어떻게 해결이 되며, 이야기 내에서 궁극적으로 미래적 삶과 관련해 승려집단이 용의 수용을 통해 얻고자 하는 것이 무엇인지를 분석해 밝히기로 한다.

넷째 용 설화 전승과 관련한 특정의 담당층이 보인 용 수용의 의도와 목적이 용 설화의 전승력에 어떠한 작용을 미치는지 문헌설화와 구비설화의 비교를 통해 밝히고 이를 통해 현전 구비전승의 특수한 현상이 발생하게 된 원인을 구명해 용 설화의 전승 원리를 추출하고 이를 통해 향후 용 설화의 향방을 살펴본다.

작품 내에서 용과 인물들 특히 주인공과의 관계를 실마리로 해 전승집단의 세계관과 설화 전승의 의도를 밝히는 작업은 용의 위상을 보다 새롭게 드러내는 일이 될 것이다. 이것은 용 설화 전승 담당층의 삶 및 의도와 관련해 용이 어떠한 의미와 기능을 하는지를 밝히는 작업이 된다. 또한 용 관련 설화에서 용이 작품 내에서 단순히 원조자 역할만을 수행하는 것이 아니라는 사실을 알려주는 작업이 되기도 한다. 왜냐하면 용 관련 설화에서 용은 전승 담당층의 삶과 의도에 보다 깊이 관여하고 있고 또 그들의 현재와 미래의 삶이 보다 의미로 충만하도록 하는 일에 매우 적극적으로 참여하고 있는 것으로 보이기 때문이다. 따라서 본 연구가 원만히 이루어진다면 주제론적·전승론적 선행 연구의 성과와는 구별되는 그리고 이를 보완할 수 있는 것으로서 전승집단의 관점에서 본 용의 의미를 드러낼 수 있을 것이라 본다.

2. 연구의 범위와 방법

본 연구의 대상은 『삼국유사』 소재 용 관련 설화 15편, 『고려사』 소재 용 관련 설화 1편, 연구자가 직접 채록한 용 관련 설화 30편, 그리고 『한국구비문학대계』에 수록된 용 관련 설화 36편으로 총82편이다. 이들 자료는 용 관련 설화와 전승자 집단 사이의 관계를 밝히는 데 충분하리라 생각한다. 『삼국유사』에는 용 관련 이야기가 15편만 있는 것이 아니다. 『삼국유사』에 용이 언급 된 자료는 27편에 해당한다. 우선 이들 27편의 자료 목록을 제시하면 다음과 같다.

1. 〈북부여〉 (一然, 『三國遺事』 紀異 第一)
2. 〈신라시조혁거세왕〉 (一然, 『三國遺事』, 紀異 第一)
3. 〈제4대탈해왕〉 (一然, 『三國遺事』, 紀異 第一)
4. 〈문무왕법민〉 (一然, 『三國遺事』, 紀異 第二)
5. 〈만파식적〉 (一然, 『三國遺事』 紀異 第二)
6. 〈수로부인〉 (一然, 『三國遺事』 紀異 第二)
7. 〈원성대왕〉 (一然, 『三國遺事』 紀異 第二)
8. 〈처용랑망해사〉 (一然, 『三國遺事』 紀異 第二)
9. 〈진성여대왕거타지〉 (一然, 『三國遺事』 紀異 第二)
10. 〈남부여·전백제·북부여〉 (一然, 『三國遺事』 紀異 第二)
11. 〈무왕〉 (一然, 『三國遺事』 紀異 第二)
12. 〈보장봉노보덕이암〉 (一然, 『三國遺事』 興法 第三)
13. 〈가섭불연좌석〉 (一然, 『三國遺事』 塔像 第四)

14. 〈황룡사장육〉 (一然,『三國遺事』 塔像 第四)
15. 〈황룡사구층탑〉 (一然,『三國遺事』 塔像 第四)
16. 〈흥륜사벽화보현〉 (一然,『三國遺事』 塔像 第四)
17. 〈전후소장사리〉 (一然,『三國遺事』 塔像 第四)
18. 〈낙산이대성관음정취조신〉 (一然,『三國遺事』 塔像 第四)
19. 〈어산불영〉 (一然,『三國遺事』 塔像 第四)
20. 〈대산오만진신〉 (一然,『三國遺事』 塔像 第四)
21. 〈보양이목〉 (一然,『三國遺事』 義解 第五)
22. 〈원효불기〉 (一然,『三國遺事』 義解 第五)
23. 〈자장정률〉 (一然,『三國遺事』 義解 第五)
24. 〈관동풍악발연수석기〉 (一然,『三國遺事』 義解 第五)
25. 〈혜통항룡〉 (一然,『三國遺事』 神呪 第六)
26. 〈명랑신인〉 (一然,『三國遺事』 神呪 第六)
27. 〈선도성모수희불사〉 (一然,『三國遺事』 感通 第七)

27개의 자료 중 단순히 등장만 할 뿐 인물 사이의 관계가 형성되지 않아 인물로서 어떠한 역할도 부여되지 않은 용도 있다. 이들 이야기들은 기이 제2의 〈문무왕법민〉, 〈남부여·전백제·북부여〉, 흥법 제3의 〈보장봉노봉덕이암〉, 탑상 제4의 〈가섭불연좌석〉, 〈흥륜사벽화보현〉, 〈낙산이대성관음정취조신〉, 의해 제5의 〈원효불기〉, 〈자장정률〉, 〈관동풍악발연수석기〉, 신주 제6의 〈명랑신인〉, 감통 제7의 〈선도성모수희불사〉이다. 본고의 목적은 용과 인물과의 관계를 통해 용이 어떠한 역할을 수행하는지 분석하고 이를 통해 전승집단이 수용한 용의 상징이 무엇인지를 살피는 것이다. 따라서 이야기 내에서 특정한 역할이 부여되지 않은 용 관련 이야기는 논의에서 제외한다.

인물의 역할이 제한적인『삼국유사』소재 용 관련 설화 12편을 제외한 15편의 설화에서는 용과 주인공과의 관계가 뚜렷이 부각되어 나타난다. 용과 인물의 관계가 역동적으로 설정된『삼국유사』소재 용 관련 설화 15편을 제시하면 다음과 같다.

1. 〈북부여〉(一然,『三國遺事』紀異 第一)
2. 〈신라시조혁거세왕〉(一然,『三國遺事』, 紀異 第一)
3. 〈제4대탈해왕〉(一然,『三國遺事』, 紀異 第一)
4. 〈만파식적〉(一然,『三國遺事』紀異 第二)
5. 〈수로부인〉(一然,『三國遺事』紀異 第二)
6. 〈원성대왕〉(一然,『三國遺事』紀異 第二)
7. 〈처용랑망해사〉(一然,『三國遺事』紀異 第二)
8. 〈진성여대왕거타지〉(一然,『三國遺事』紀異 第二)
9. 〈황룡사장육〉(一然,『三國遺事』塔像 第四)
10. 〈황룡사구층=대산오만진신〉(一然,『三國遺事』塔像 第四)
11. 〈전후소장사리〉(一然,『三國遺事』塔像 第四)
12. 〈어산불영〉(一然,『三國遺事』塔像 第四)
13. 〈보양이목〉(一然,『三國遺事』義解 第五)
14. 〈혜통항룡〉(一然,『三國遺事』神呪 第六)

위의 15편 설화에 나타나는 공통점은 첫째로 용과 주인공과의 관계를 통해 볼 때 전승 주체가 뚜렷하게 드러난다는 점이다. 둘째는 용이 주인공의 목적 수행에 있어서 필요한 정보나 초월적 힘 등을 제공하는 등 조력자 역할을 수행한다는 점이다. 셋째 용과 주인공의 관계를 통해 획득된 목적은 주인공이 소속된 집단의 이익이 된다는 점에서 이 이야기의 수혜자가 누구인지 어떤 집단인지 알 수 있다는 점이다. 이들 15편의 설화는 용과 등장인물 사이의 관계가 잘 설정되어 있고, 등장인물과 수혜자를 통해 이야기의 주체와 전승집단을 추단할 수 있다는 점에서 분석 대상으로서 주요하게 활용된다.

용 관련 설화가 전승 집단의 전승의식을 담고 있다는 전제 하에『삼국유사』소재 용 관련 설화뿐만 아니라『고려사』의 작제건 이야기 또한 포함시킨다. 그리고 연구자가 직접 현지 조사를 통해 채록한 용 관련 설화와 『한국구비문학대계』에 채록된 용 관련 설화 또한 연구 대상에 포함한다. 먼저 연구자가 현지 조사를 통해 채록한 용 관련 설화의 목록을 제시하면 표1과 같다.

<표 1> 현지 조사 자료 N.30

연번	자료제목	조사지역	구연자	채록일자
1	용이 착한 나무꾼 복주기	의성군	임차연, 여, 80세	2013. 08. 09.
2	용이 효자효부 복주기	의성군	김명숙, 여, 78세	2013. 08. 09.
3	용이 청년 부탁 들어주기	의성군	박태희, 남, 80세	2013. 08. 09.
4	용이 사람의 도움으로 등천하고 보답하기	포항시	서철광, 남, 77세	2014. 10. 15.
5	용이 사람되기1	포항시	김건식, 남, 58세	2014. 10. 15.
6	용이 사람되기2	대구시	박경순, 여, 68세	2014. 06. 18.
7	용이 사람되기3	포항시	김주탁, 남, 88세	2014. 10. 11.
8	용이 김씨의 도움으로 마누라 찾고 보답하기	포항시	이도섭, 남, 82세	2014. 10. 15.
9	용이 자신을 알아준 유그미에게 뜰 만들어 주기	대구시	신현진, 남, 57세	2014. 09. 13.
10	용이 가난한 선비의 도움을 받고 보답하기	대구시	전선희, 여, 43세	2014. 05. 23
11	용이 장가 못 간 아들 둔 어미 소원 들어주기	포항시	서영애, 여, 80세	2014. 10. 15.
12	용이 자신을 거두어 준 노인에게 보답하기	의성군	엄복용, 남, 87세	2014. 10. 11.
13	용이 퇴계에게 학문 배우기	포항시	서동권, 남, 53세	2014. 10. 15.
14	용이 꼬리를 쳐 만들어 준 용천리1	포항시	배복선, 여, 81세	2014. 10. 15.
15	용이 꼬리를 쳐 만들어 준 용천리2	포항시	조성담, 남, 81세	2014. 10. 15.
16	용이 부처와의 싸움에서 승리하기	의성군	엄복용, 남, 87세	2014. 10. 11.

연번	자료제목	조사지역	구연자	채록일자
17	용이 의상과의 대결에서 패배하기1	울진군	전정읍, 남,70세	2014. 10.14.
18	용이 의상과의 대결에서 패배하기2	울진군	장현종, 남,75세	2014. 10.14.
19	용이 의상과의 대결에서 패배하기3	울진군	이복순, 여,57세	2014. 10.14.
20	용이 의상과의 대결에서 패배하기4	울진군	김용운, 남,71세	2014. 10.14.
21	용이 의상과의 대결에서 패배하기5	원주시	엄태석, 남,43세	2014. 11.04.
22	용이 청년에게 죽임 당하기	의성군	박정호, 남,86세	2013. 08.09.
23	용이 된 문무왕1	경주시	임종백, 남,82세	2013. 08.02.
24	용이 된 문무왕2	경주시	김현수, 여,62세	2014. 10.13.
25	용이 된 문무왕3	경주시	김복수, 남,88세	2014. 10.13.
26	용이 된 문무왕4	경주시	정유식, 남,80세	2014. 10.13.
27	용이 의상에게 굴복하기1	울진군	노도희, 여,71세	2014. 10.14.
28	용이 의상에게 굴복하기2	대구시	강무룡, 남,78세	2012. 07.28.
29	용이 대비사 상좌되어 살아가기1	의성군	김한분, 여,88세	2013. 08.09.
30	용이 대비사 상좌되어 살아가기2	의성군	박정자, 여,80세	2013. 08.09.

표1에 제시된 자료들은 연구자가 2012년 6월부터 2014년 11월까지 동해안 및 경상북도 일대를 답사하면서 채록한 것들이다. 2년 동안 수 십 차례에 걸쳐 조사를 진행했지만, 조사 현장의 현실은 녹록치 않았다. 조사를 나가 한 편의 이야기도 얻지 못할 때가 많았다. 이는 현 단계의 구전 설화의 전승 현실을 보여주는 것 같아 많이 안타깝기도 했다. 그럼에도 불구하고 이 자료들을 전해준 많은 분들이 있어 이 성과를 얻을 수 있었다.

다음『한국구비문학대계』소재 용 관련 설화는 총36편이다.『한국구비문학대계』에 수록된 설화 자료의 실로 방대하다. 그러나 수록된 용 설화 자료의 수는 상대적으로 적은 편이다. 이는 이 당시 용 관련 설화가 충실히 채록되지 않았으리라는 추단을 하게 한다.『한국구비문학대계』에 수록된 자료의 목록을 제시하면 표2와 같다.

<표 2> 한국구비문학대계 자료 N.36

연번	자료제목	수록권별	구연자	수록범위
1	구렁이와 이시미의 용되기 경쟁	2-7	이재옥	pp.517-524.
2	용이 된 이무기	4-1	이준하	pp.235-239.
3	용이 된 구렁이	4-1	손양분	pp.346-348.
4	이무기 용되기	8-3	성재희	pp.344-348.
5	용이 된 색시	8-5	이시균	pp.344-348.
6	은혜 갚은 용	4-1	맹언순	pp.542-544.
7	용과 여우의 둔갑	5-1	양선	pp.344-348.
8	용이 올라간 명당	6-2	정점암	pp.767-770.
9	용이 잡아준 집터로 발복	6-4	김문달	pp.86-88.
10	용의 싸움 도와주고 얻은 영순들	7-18	이실숙	pp.190-191.
11	유금이들	7-2	박동준	pp.50-51.
12	유금이들과 용의 득천	7-2	허수선	pp.289-290.
13	구무소	2-3	김형진	pp.353-354.
14	용이 보내준 금방석	8-2	진경직	pp.304-307.
15	용에 얽힌 임실 용진방죽	5-2	유사만	pp.751-752.
16	득천하다 추락한 용	7-6	장규선	pp.190-191.
17	용의 치 전설	8-1	임봉진	pp.308-309.
18	가마못 등천 못 한 용의 심술	8-3	추쌍세	pp.100-101.
19	용꿈 해먹으려 다 망한 낙양촌 신씨	7-7	김원진	pp.40-41.
20	용꿈 해 먹고 망한 신씨	7-9	신동식	pp.836-837.
21	용꿈 해 먹으려던 이여송	7-9	강대온	pp.719-720.
22	용 아들의 말 안들어 죽은 어머니	8-6	박옥천	pp.465-468.
23	용을 쏘아 죽인 사람1	7-6	권태방	pp.38-39.
24	용을 쏘아 죽인 사람2	7-6	박노활	pp.64-65.
25	용을 쏘아 죽인 사람3	7-6	이중락	pp.217-218.
26	부처와 용의 힘내기	2-3	김문현	pp.190-191.
27	용천사에 얽힌 전설	6-2	김재복	pp.423-425.
28	사명당 용 물리치고 무덤 쓴 이야기	7-3	김경달	pp.133-135.
29	도연폭포의 용과 선찰사의 부처	7-9	김정모	pp.58-59.
30	형산강을 친 김부대왕	7-2	김수만	pp.233-234.

연번	자료제목	수록권별	구연자	수록범위
31	김부대왕이 용이 된 이야기	7-3	이수영	pp.566-567.
32	감은사 종과 문무왕의 득천	7-2	김복종	pp.193-194.
33	문무왕의 수중릉과 득천	7-2	김도진	pp.642-644.
34	용이 된 김부대왕	7-6	권태방	pp.58-59.
35	문무왕의 득천	7-2	주봉이	pp.647-649.
36	대왕암과 이견대	7-2	최원섭	pp.639-636.

연구 대상 설화 자료는『삼국유사』소재 용 관련 설화 15편,『고려사』소재 용 관련 설화 1편, 연구자가 직접 채록한 자료 30편, 그리고『한국구비문학대계』소재 용 관련 설화 36편으로 총 82편이다. 자료들은 통시적으로 균일하지 않다. 그러나 이야기 내의 인물 관계를 중심으로 전승자 용 수용 양상을 분석한다는 점에서 자료의 통시적 불균일성은 문제가 되지 않는다고 본다. 하지만 자료의 통시적 편차는 용 설화의 전승과 관련해 중요한 정보를 제공한다. Ⅵ장에서는『삼국유사』소재 용 관련 설화 15편,『고려사』소재 용 설화 1편 등 16편과 연구자가 직접 채록한 자료 30편, 그리고『한국구비문학대계』소재 용 관련 설화 36편을 별도로 묶는다. 그리하여 문헌 설화와 구비전승 설화 사이의 차이를 따져 차이의 원인을 밝혀 용 관련 설화의 전승 현상을 밝히고자 한다.

본 연구의 목적을 달성하기 위한 문제해결의 방법은 주요하게 두 가지가 동원 되어야 한다. 첫째는 이야기 내에서 용의 역할을 분석하는 방법이다. 둘째는 용이 이야기에 수용된 이유를 해명하기 위한 방법이다. 먼저 이야기 내에서 용의 역할을 분석하는 방법으로 그레마스의 '행동자 모델'의 인물 분석 방법을 원용하기로 한다. 그레마스의 행동자 모델[5]에 따르면, 이야

---

5) 그레마스 행동자 모델을 제시하면 다음과 같다.

①발신자(Destinateur) → ②대상(objet) → ③수신자(Destinataire)
                            ↑
④조력자(adjuvant) → ⑤주체(sujet) → ⑥반대자(opposant)

그레마스에 따르면 전통적인 통사론에 따른 기능이란 낱말들이 맡은 역할들과 다름이

기 플롯의 중심선은 주인공과 목적의 관계에서 이루어진다. 주인공이 목적을 찾아야 하는 문제 상황과 목적을 달성하는 문제 해결의 상황을 시간적으로 연결하면 이야기의 중심선이 만들어진다. 그리고 이야기에서 주인공은 스스로 문제를 해결할 수 없다. 스스로 문제를 해결할 수 없는 능력의 결핍 부분은 외부로부터 보완 되어야 한다. 이 때 외부로부터 주인공의 능력을 보완해주는 역할을 하는 인물이 등장하는 데 이 인물이 조력자이다. 마지막으로 그레마스의 행동자 모델에는 수혜자가 등장하는데 수혜자는 주인공이 달성한 목적의 수혜자이다.6) 본고에서는 그레마스의 행동자 모델에서 용의 역할을 분석하는 방법을 착안해 용 관련 설화를 통해 '주인공-목적', '주인공-원조자(용)', 그리고 '목적-수혜자'의 관계를 분석한다.

둘째 방법은 용이 이야기에 수용된 이유를 해명하기 위한 방법이다. 이를 위해서 역사적 접근 방법을 원용한다. 역사적 접근 방법이란 특정한 사회적 현상을 이해하기 위해 관련 사건·기관·제도·정책 등의 기원과 발전과정을 파악·설명하는 접근방법을 말한다. 역사적 접근 방법에서는 소위 발생론적 설명(genetic explanation) 방식을 주로 사용하게 된다. 이 방법의 적용은 첫째로 용이 수용된 설화의 시대적 배경을 찾아 시대적 문제를 분석한다. 둘째로 용을 통해 문제가 해결되는 설화와 문제가 끝까지 문제로 남는 시대적 배경 이 둘을 비교한다. 셋째 설화의 문제해결과 시대적 배경의 문제 미해결의 비교를 통해 이야기에 용을 수용한 이유를 찾는다. 이를 통해 전승 집단이 용 전승을 통해 도달하고자 한 것이 궁극적으로 무엇인지 밝히고자 한다.

아니라는 점을 상기한다. 볼거리는 불변한다. 행동들의 내용은 언제나 변화하며, 연기자들은 다양하게 변하지만, 발화체-볼거리는 언제나 동일하게 남아있다. 왜냐하면, 그것의 연속성은 역할들의 유일한 분배에 의해서 보장되기 때문이다.(김성도, 『구조에서 감성으로』, 고려대학교 출판부, 2003, pp.207-209.)
6) 그레마스의 행동자 모델에서는 주체와 대상과의 관계를 욕망으로, 수행의 결과가 전달되는 곳을 수신자라고 하고 있다. 논의에서는 주체와 대상의 관계를 욕망의 구체적 실체인 목적, 수행의 결과가 전달되는 곳은 결국 결과에 대한 혜택을 받는 것이므로 수혜자라는 단어로 대체해 사용하도록 한다.

2장. 용의 유입에 따른 수용집단의 분화

우리 민족은 이른 시기부터 농경생활을 해왔다. 우리나라에서 도작(稻作)이 시작된 시기는 신석기시대 중기 후반에서 후기로 보고 있다. 이 시기에 이르러서 비로소 밭농사와 함께 도작(稻作)의 유적들이 발굴된다.7) 하지만 해당시기의 기록물이 존재하지 않아 당시 도작 환경과 실태에 대해서는 정확하게 알 수가 없다. 그럼에도 불구하고 이 시기의 유적을 통해 우리나라의 농경생활의 한 단면을 추정할 수 있다. 『삼국지(三國志)』 위지(魏志) 동이전(東夷傳) 부여(夫餘) 조에는 아래와 같은 기록이 전해지고 있다.

그 나라 사람들은 정주생활을 하며, 궁실, 창고, 감옥을 두고 있으며, 산과 언덕 넓은 연못이 많고 동이 지역에서 가장 평탄하고 넓은 곳이다. 토지는 오곡이 자라기에 적당하지만, 오과는 자라지 못한다.8)

이와 같은 기록은 부여에서 농경이 주된 생업이었음을 나타낸다고 볼 수 있다. 실제로 부여 사람들은 바이진바오문화(白金寶文化)나 시퇀툰문화(西團山文化) 단계에서는 주로 석기(石器)나 목기(木器)를 농경에 이용했고, 전국시대 이후에는 철기문화의 영향으로 쇠붙이로 만든 호미·가래·쟁기 그리고 소와 말의 힘 등을 이용해 농사를 지은 것으로 보인다.9) 이렇게 일찍부터 농경생활을 영위했던 부여 사람들은 자연의 변화에 직접적인 영향을 받지 않을 수 없었을 것이다. 관개시설이 발달해 물의 공급이 원활해진 오늘날에도 가뭄이 들거나 폭우가 내리거나 태풍 등의 자연재해가 발생하면 그 해의 농사를 망치게 되어 농민들은 심한 어려움을 겪게 된다. 그렇다면 관개시설이 발달하기 전의 상황에서 농민들이 겪을 어려움은 말

---

7) 趙現鐘, 「韓國 初期 稻作文化 硏究」, 全南大學校 博士學位論文, 2008, pp.15-27.
8) 其民土著 有宮室倉庫牢獄 多山陵廣澤 於東夷之域最平敞 土地宜五穀 不生五果.(陳壽, 『三國志』 魏書東夷傳 夫餘傳.)
9) 송호정, 『처음 읽는 부여사』, 사계절, 2015, pp.128-129.

로 형언할 수 없을 것이다. 그러므로 자연재해를 경험한 농민들의 삶은 참담해질 수밖에 없다. 생명 유지는 인간의 본능적 욕구이다. 인간은 본능적 욕구가 충족되지 않는다면 삶을 유지할 수 없다. 때문에 물과 직결되는 기후의 관장은 인간이 본능적 욕구를 충족하는 데 가장 큰 열쇠가 된다.

농경 생활을 행하는 집단에 있어 물은 필수 조건이 되므로 집단 사람들의 지대한 관심의 대상이었다. 물이 넘치거나 모자란 상황은 집단에 있어 생사를 결정짓는 중요한 요소였다. 그렇기 때문에 농경 생활을 행하는 집단은 물을 좌지우지 할 수 있는 능력을 구비한 존재에 대한 숭앙이 존재했다. 그래서 농경 생활을 행하는 집단에 있어 물을 좌지우지 할 수 있는 능력을 구비한 사람이라면 통치자로서의 면모를 구비한 사람으로 인정받을 수 있었을 것이다. 기상에 대한 예측이 가능한 오늘날에서조차 자연재해는 피할 수 없는 난관 중 하나이다. 고대에는 기상에 대한 예측을 수행할 수 없었으니 농경 생활을 행하는 집단에 있어 자연재해는 집단을 파멸시켜 버릴 만큼 두려운 존재였을 것이다. 인간은 자연재해라는 극복할 수 없는 두려움을 이기기 위해 자신 보다 더 높은 존재에게 의존할 수밖에 없었을 것이며, 이러한 의존은 대상에 대한 숭배로 나타났다.

자연재해에 대한 두려움을 극복하기 위한 행위로써의 자연숭배는 초월적인 존재에 대한 신앙의 형태이다. 이 신앙은 모든 자연의 변화가 초월적인 존재에 의한 것이라 믿고, 초월적 존재를 의지하고 따른다면 초월적인 존재가 자신들의 기대에 부응해 줄 것이라고 여기는 것에서 비롯되었다고 하겠다. 농경 생활을 행하는 집단은 물을 확보해주는 비가 하늘에서 내린다는 사실에 기인해 하늘에 대한 경외심을 가졌을 것이다. 고구려의 동맹(東盟), 부여의 영고(迎鼓), 예(濊)의 무천(舞天) 등은 바로 이러한 경천사상에 기인한 것들로 보인다.

경천사상은 농경 생활을 영위했던 우리 민족의 고유한 신앙의 하나였을 것이다. 인간의 능력으로 변화시킬 수 없는 자연의 운행을 초월적인 존재에 대한 의지로써 극복하고자 한 것이 바로 경천사상이기 때문이다. 이러한 고대 집단 구성원들의 사고는 오늘날까지도 우리 민족의 중요한 사상의 근간이 된다. 우리 민족 사상의 근간이 된 경천사상의 기원은 삶의 문제와 직결된다. 인간은 삶을 영위하기 위해 살아간다. 삶을 영위하기 위한 필수조건은 식량이다. 식량 확보가 제대로 이루어지지 않는다면 사람들은 기근에 시달리다 죽음을 맞이하게 된다.

이것은 인간에게만 국한된 사실이 아니다. 다른 동식물 또한 식량이 확보되지 않는다면 죽음에 이를 수밖에 없다. 그렇다면 농경 생활을 영위한 집단에게 있어 식량은 가장 중요한 요소이다. 『삼국사기』에 따르면, 신라가 건국된 기원전 57년부터 통일신라가 935년 멸망할 때까지 가뭄이 발생한 해는 110회였다고 전한다. 가뭄으로 말미암아 흉년과 기근이 들면, 곡식이 귀해 사람들은 소나무와 느릅나무 껍질 등을 먹고 연명했고, 그것마저 여의치 않으면 사람들이 서로 잡아먹기도 했다.10) 다음의 기록들은 바로 이러한 사실을 잘 보여준다.

- 6년 봄에 기근으로 사람들이 서로 상식할 지경에 이르매, 왕이 창름을 열어 구제했다.11)
- 28년 봄과 여름에 크게 가물어서 초목이 마르고 강이 말랐는데, 7월에 가서야 비가 왔다. 이 해에 기근이 들어 사람들이 상식했다.12)

집단 구성원들은 인간의 본능적 욕구인 삶을 영위하기 위해 서로를 잡아먹기에 이른다. 이러한 정황을 미루어 식량은 농경을 영위해온 집단 구성원에게 있어 가장 중요한 요소가 된다. 그러므로 식량의 확보는 농경민들의 절대적인 과제라고 하겠다. 따라서 집단 구성원들의 모든 관심은 풍성한 수확물에 집중될 수밖에 없었다. 인간은 누구나 인간생활을 지탱하는 제조건(諸條件)에 보탬이 되는 요소를 환영하고 저해되는 재화(災禍)를 제거하려 하며, 그 위험으로부터 벗어나려고 노력해 왔다. 이때 인간의

---

10) 진덕재,「삼국과 통일신라시대 가뭄 발생 현황과 정부의 대책」,『韓國史硏究』160, 한국사연구회, 2013, p.1-46.
11) 六年 春 饑人相食 王發倉賑給 秋九月 百濟來侵 掠南鄙部落而歸.(金富軾,『三國史記』卷第十八 高句麗本紀 第六.)
12) 二十八年 春夏大旱 草木枯 江水竭 至秋七月 乃雨 年饑人相食.(金富軾,『三國史記』卷第二十四 百濟本紀 第二.)

능력으로 조정(調整)될 수 있는 한도(限度)를 넘는 영역에 대해서는 신(神)의 힘에 의뢰하려 한다.13) 자연재해는 사람의 힘으로 해결될 수 없는 것이기에 집단 구성원들은 하늘에 의지해 이를 해결하려고 한다. 세시풍속은 바로 하늘에 의존했던 집단 구성원들의 모습을 잘 반영하고 있다. 세시풍속은 주기적 재생과 죽음의 유감주술(類感呪術)적 의미가 생산의 풍농을 기원하는 의례로 구체화 된 것이다.14) 이것은 집단 구성원들이 풍농을 위해 하늘에 정성을 다했던 모습을 잘 보여주는 사례라고 하겠다.

풍농이 이루어지기 위해서는 무엇보다 적절한 물의 공급이 필요하다. 물의 주요 공급원은 비다. 비가 알맞게 내려야 풍농을 이룰 수 있다. 그러므로 풍농에 대한 기원 대상은 기후를 담당한다고 생각되는 신앙체에 대한 숭배라고 해도 크게 어긋나지 않을 것이다. 즉, 우리나라에서 풍농에 대한 기원의 대상체 중 하나가 용(龍)이다. 물과 비, 구름을 상징하는 용은 모든 생명체의 근본이 된다.15) 농경을 행하던 집단 구성원들은 모든 생명체의 근원인 용에게 제의를 행함으로써 기상변화를 원활하게 하고 이를 통해 풍농을 도모하고자 했던 것으로 보인다. 때문에 농경을 행하던 집단에 있어 용은 집단구성원들과 자연스럽게 밀착될 수밖에 없다고 생각된다. 여러 문헌들을 통해 용은 물과 밀접한 관련성을 지닌다는 사실을 확인할 수 있다.

용은 비늘 달린 짐승의 우두머리이다. 모습을 마음대로 바꾸거나 보이지 않게 할 수 있는 힘을 갖고 있으며 봄이 오면 하늘로 올라가고 가을에는 물 속 깊숙이 들어간다.16)
교룡은 물에 사는 동물의 신이니 물이 있으면 신의 능력이 생기고 물이 없으면 신의 능력이 사라진다.17)

이 자료는 용이 물과 밀접한 연관성을 가진다는 사실을 알려준다. 용이

---

13) 朴桂弘, 『增補 韓國民俗學槪論』, 螢雪出版社, 2004, pp.194-195.
14) 金宅圭, 『韓國農耕歲時의 硏究-農耕儀禮의 文化人類學的 考察』, 嶺南大學校出判部, 1985, p.5.
15) 전기웅, 「『삼국유사』 설화 속의 龍」, 『지역과 역사』 27, 부경역사연구소, 2010, pp.229-230.
16) 龍 鱗蟲之長 能幽能明 能細能巨 能短能長 春分而登天 秋分而潛淵.(許愼, 『說文解字』.)
17) 蛟龍, 水蟲之神者也, 乘于水則神立, 失于水則神廢.(管仲, 『管子』 形勢解第六十四.)

물에 대한 신앙체 중 하나라고 한다면 물이 지나치거나 모자라는 상황이 발생했을 때마다 용에 대한 신앙이 더 간절해졌을 것으로 추정된다. 가뭄이나 홍수는 항상 사람들에게 큰 재앙의 하나였다. 그렇다면 사람들은 가뭄이나 홍수를 막아줄 수 있다고 여긴 용에게 치제를 드리고 재앙이 오지 않도록 기원했을 것이다. 용에 대한 치제는 지속적으로 행해졌다고 보인다. 만약 가뭄이나 홍수가 일어나면 용에 대한 치제를 소홀히 했다고 여기고 기존보다 더 정성스레 치제를 행했을 것이다. 가뭄과 홍수가 없어 농작물이 잘 자랄 수 있었다면 풍농에 대한 감사의 마음으로 치제를 행했을 것으로 생각된다. 가뭄이나 홍수가 발생했을 때 전국 각지의 소(沼)나 지(池), 연(淵) 등에 제사지냈다는 기록은 용에 대한 치제가 지속적이었다는 것을 알려주는 좋은 자료이다. 농경 생활을 영위했던 사람들은 용의 주처가 천(泉)·정(井)·지(池)·연(淵)·소(沼)·강(江)·택(澤)·해(海)와 같은 수중 세계18)라는 인식을 가지고 있었기에 각지의 소(沼)나 지(池), 연(淵) 등에 제사지냈을 것이다.

여름에 큰 가뭄이 들자, 시장을 옮기고 용을 그려 기우제를 지냈다.19)
6월, 큰 가뭄이 들자, 왕이 하서주 용명악에 사는 거사 이효를 불러 임천사 연못에서 기우제를 지내게 했는데, 곧 비가 열흘 동안이나 계속 내렸다.20)

자료를 통해 기우제의 대상이 용이었음을 알 수 있다. 용은 농경을 행해 왔던 집단에게 중요한 신앙 중 하나였다. 관개시설이 확충되지 않았던 과거에는 더욱더 신앙이 중시되었을 것이다. 정월 대보름이나 새해 첫 용날 새벽에 부인들은 닭이 우는 것을 기다렸다가 남들보다 먼저 우물에 가서 물을 긷는데, 우물은 그 전날 밤에 하늘에서 내려온 용이 알을 낳은 곳이며, 이 용의 알을 제일 먼저 건져감으로써 집안에 복을 가져가는 것이라고 생각해 용알뜨기를 한다. 용알뜨기는 용과 물과의 친연성 그리고 기복의

---

18) 曺喜雄, 『說話學 綱要』, 새문사, 1989, p.100.
19) 五十年 夏 大旱 移市, 畵龍祈雨.(金富軾, 『三國史記』卷第四 眞平王 五十年.)
20) 十四年 六月 大旱 王召〈河西州〉〈龍鳴嶽〉居士〈理曉〉, 祈雨於〈林泉寺〉池上 則雨浹旬.(金富軾, 『三國史記』卷第八 聖德王 十四年.)

대상이었다는 사실을 잘 보여주는 예라고 할 수 있다. 이렇듯 용은 우리 민족에게 바다, 강, 연못, 등의 물을 지배하는 선신(善神)으로서, 그리고 수신(水神)으로서 숭앙되어왔다.

우리 민족의 삶으로부터 기원한 벽사의 선신(善神)으로서, 그리고 물을 지배하는 수신(水神)으로서 용은 무속, 민속, 종교, 설화, 그림 등 다양한 영역으로 수용되고 전승되어 나갔다. 특히 설화 담당층들은 일찍부터 수신(水神)으로서 용을 이야기의 주요 인물로 수용해 이야기의 의미를 창조하는 데 일익을 담당토록 했다. 김부식의 『삼국사기(三國史記)』, 일연의 『삼국유사』, 이규보의 『동명왕편(東明王篇)』, 그리고 『세종실록지리지(世宗實錄地理志)』와 『동국여지승람(東國輿地勝覽)』 등의 기록만 보아도 수신(水神)으로서 용이 설화 담당층들로부터 이야기 내의 등장인물로 적극 수용되었다는 것을 확인할 수 있다. 즉, 원형으로서 수신(水神)인 용이 이야기 문학 속으로 수용 계승 된 경우라고 하겠다.

가령 『삼국사기』에는 수신(水神)으로서 용이 수십 차례 등장한다. 비류왕 13년(서기 316)의 기록에는 "여름 4월, 왕도의 우물물이 넘치더니 흑룡이 그 속에서 나타났다."[21]라는 내용이 보인다. 경문왕 15년(서기 875)의 기록에는 "여름 5월, 용이 왕궁의 우물에 나타났는데 잠시 후 구름과 안개가 사방에서 모여들자 날아갔다."[22]고 한다. 이러한 단편적인 이야기를 넘어서 『삼국유사』 〈보양이목〉조에서는 용이 서해 용왕의 아들로 설정되고 이목(璃目)이라는 이름까지 부여받고 이야기 내에서 수신(水神)으로서 역할을 한다. 姜友邦에 따르면 단군신화에 환웅이 태백산 꼭대기에 강림할 때 동반했던 풍백(風伯), 우사(雨師), 운사(雲師) 등을 용의 의인화로 보기까지 했다.[23] 이처럼 설화 담당층들은 선신(善神)이자 수신(水神)인 용을 설화 내로 적극 수용해 그 역할을 수행케 했다.

---

21) 十三年 夏四月 王都井水溢 黑龍見其中.(金富軾, 『三國史記』 卷第二十四 百濟本紀 第二 比流王 十三年.)
22) 十五年 夏五月 龍見王宮井 須臾雲霧四合飛去.(金富軾, 『三國史記』 卷第十一 新羅本紀 第十一 景文王 十五年.)
23) 한국문화상징사전편찬위원회, 『한국문화상징사전』, 동아출판사, 1992, p.485.

둘째 설화 담당층들은 불교를 수호하는 선신인 호법선신(護法善神)으로서 용을 수용하기도 했다. 『삼국유사』〈처용랑망해사〉조의 동해용, 『삼국유사』〈황룡사 장육〉조의 황룡, 『삼국유사』〈전후소장사리〉조의 신룡, 『삼국유사』〈황룡사구층탑〉조의 황룡사 호법용 등은 모두 호법선신(護法善神)으로서 용이다. 이들 호법선신(護法善神)으로서 용은 불교에서의 용으로 민간신앙의 대상인 수신(水神)으로서 용과는 구별된다. 불교의 호교자(護敎者)인 용은 원래 인도의 사신(蛇神) 숭배 신앙의 대상이었다.24) 왜냐하면 인도에서는 원래 독사의 위험이 많았기 때문이었다. 아리안 족은 인도를 정복한 뒤 원주민들의 이러한 신앙을 이어받았고 용은 마침내 오랫동안 불교와의 대립투쟁을 거쳐 호법선신(護法善神)이 되었다. 설화 담당층들은 이러한 호교자(護敎者) 혹은 호법선신(護法善神)으로서 불교의 용을 이야기로 수용한 것이다.

『삼국유사』〈보양이목〉조에서는 용인 이목이 스님의 명을 받들어 단비를 내려 오곡에 생명을 불어 넣는 능력을 보여준다. 여기서 불교의 용인 이목은 호법선신(護法善神)의 능력과 함께 수신(水神)으로서 능력을 보인다. 불교의 용인 이목이 보인 수신(水神)으로서 능력은 농경사회를 배경으로 탄생한 용의 능력이기도 하지만 이 또한 불교의 용이 갖추고 있는 고유한 능력이다. 불교에서 8대 용왕인 난타(難陀)・발난타(跋難陀)・사가라(娑伽羅)・화수길(和修吉)・덕차가(德叉迦)・아나바달다(阿那婆達多)・마나사(摩那斯)・우발라(優鉢羅) 등은 불법을 옹호할 뿐만 아니라 적시에 비를 오게 해 오곡풍작을 가져오게도 한다. 『신화엄경(新華嚴經)』제43에 보면 용왕・대룡(大龍)이 큰비를 오게 한다는 내용이 있고, 『대지도론(大智度論)』제3에도 "대해에서 대용왕이 나와 대운(大雲)을 일으켜 허공을 덮고 대전광(大電光)으로 천지를 비추고 대홍우(大洪雨)를 내리게 해 만물을 윤택하게 하듯이"라는 내용이 있다.25) 이같이 설화 담당층은 불교에서 호법신이자 수신이 되는 용을 또한 이야기의 등장인물로 수용했다는

---

24) 耘虛龍夏, 『佛敎辭典』, 東國譯經院, 1992, p.637.
25) 한국정신문화연구원, 『한국민족문화대백과사전』 16, 1995, p.316.

것을 확인할 수 있다.

셋째 설화 담당층은 최고의 신성(神聖)과 권위(權威)를 나타내는 왕권 상징으로서 용을 이야기 인물로 수용하기도 했다. 이야기에서 용은 시조의 어버이, 호국신, 제왕 등을 상징하는 인물이다. 신라의 석탈해 이야기에서 석탈해는 용성국(龍城國) 왕과 적녀국(積女國) 왕녀 사이의 소생이다. 고려 태조 왕건은 작제건과 용녀(龍女)의 소생인 용건(龍建)의 아들이다. 백제 무왕인 서동은 과부가 된 어머니가 연못의 지룡(池龍)과 교통해 출생했다. 호국용으로서 용은 『삼국유사』의 문무왕과 원성대왕의 이야기에서 보인다. 『동국이상국집(東國李相國集)』의 〈동명왕편(東明王篇)〉에서는 천제의 아들 해모수가 하늘에서 지상으로 내려올 때 오룡거(五龍車)를 타고 온다. 이들 이야기에서 용은 왕권의 상징으로 수용되었다고 하겠다.

용을 신격화하고 초월적인 존재로 만들어, 모든 살아 있는 동물의 근본이요 조(祖)라고 하는 태종(太宗) 사상은 중국에서 형성 되었다.26) 물론 중국에서도 용은 구름을 일으키고 비를 내리는 신이(神異)한 영수(靈獸)로 여겨졌다. 『예기(禮記)』의 〈예운편(禮運篇)〉에서는 용을 사령(四靈)의 하나로 꼽고 있으며, 『주역(周易)』의 〈문언전(文言傳)〉에는 '구름은 용을 따르고 바람은 범을 따른다(雲從龍 風從虎)'고 기록되어 있다. 이처럼 중국의 용은 우주에 존재하는 신성한 자연력을 상징하는 존재이자 모든 동물들의 왕으로 여겨졌다. 그리고 농사에 영향을 미치는 비와 가뭄·홍수 등을 다스리는 존재로 숭배되어 사람들은 가뭄이 들면 용의 형상을 본떠 춤을 추면서 기우제를 지냈다. 중국의 용은 왕권의 상징이자 수신의 상징으로 상상되었던 것이다.

이와 같이 통시적 전승 관점에서 볼 때 설화의 등장인물로서 용은 세 단계의 통시적 전승 단계를 거치면서 수용된 것으로 추측된다. 첫 단계는 우리민족 고유의 원형적 용의 수용이며, 둘째 단계는 인도로부터 전래된 불교적 용의 수용이며, 셋째 단계는 중국으로부터 전래된 유교적 용의 수용이다. 각 단계마다 수용 된 용의 행위를 보면, 원형적 용은 선신(善神)이

---

26) 한국문화상징사전편찬위원회, 위의 책, 1992, p.488.

자 수신(水神)으로서 역할을 한다. 인도로부터 수용된 불교적 용은 선신(善神)이자 수신(水神)으로서, 그리고 호교자(護敎者)이자 호법신(護法神)으로서 역할을 한다. 중국으로부터 수용된 유교적 용은 선신(善神)이자 수신(水神)으로서, 그리고 신성(神聖)과 권위(權威)를 나타내는 왕권의 상징으로서 역할을 한다.

이상의 용 전승단계, 용의 성격, 용의 이야기 내의 역할 등을 정리하면 아래의 표와 같다.

<표 3> 용의 기능과 이야기 내의 역할 사이의 관계

전승단계	용의 국적	용의 정체	이야기 내의 역할			
			공통 역할		다른 역할	
1단계	원형의 용	민속의 용	善神	水神		
2단계	인도의 용	불교의 용	善神	水神	護法神	護國神
3단계	중국의 용	유교의 용	善神	水神	王權象徵	

위의 표3에서 드러나 중요한 사실은 설화 담당층이 통시적으로 분화되고 있다는 점이다. 1단계의 설화 담당층은 선신(善神)과 수신(水神)으로서 성격을 용에 부여한 전승자이다. 선신(善神)의 성격에는 설화 담당층의 길흉화복(吉凶禍福)과 관련된 기원이 담겨 있으며, 수신(水神)의 성격에는 풍요(豊饒)와 풍어(豊漁)의 기원이 담겨 있다. 길흉화복, 그리고 풍요 및 풍어는 인간의 원초적 소망으로 특정한 집단의 바람과는 거리가 멀다. 따라서 용에게 선신(善神)과 수신(水神)의 성격이 부여된 이야기의 전승 담당층은 일반 사람들이라 하겠다. 이를 일러 민간집단이라 하고, 이들이 이야기 내로 수용한 용을 민간집단의 용이라 한다.

2단계 설화 담당층은 선신(善神)과 수신(水神)으로서 성격을 용에 부여하는 것과 동시에 호법신(護法神)으로서 성격 또한 용에 부여한 전승자이다. 호법(護法)의 법(法)은 불법을 이르는 말이다. 불법은 ① 부처의 가르침, ② 부처가 깨달은 진리, ③ 부처가 갖추고 있는 뛰어난 능력이다. 호법신(護法神)은 호법선신(護法善神)이라고도 한다. 불법을 존중하고 옹호하는 모든 천인(天人)·귀신·용왕을 가리킨다. 불법을 존중하고 옹호하는 신격으로서 용을 이야기로 수용한 전승집단은 불법을 보호하는 일들과 직접 관련 된 특정 집단이라고 할 수 있다. 이들 집단을 승려집단이라 명명하고 이들이 이야기 내로 수용한 용을 승려집단의 용이라 한다.

3단계 설화 담당층은 선신(善神)과 수신(水神)으로서 성격을 용에 부여하는 것과 동시에 호국신(護國神)으로서, 왕권상징(王權象徵)으로서 성격 또한 용에 부여한 전승자이다. 호국은 나라를 보호하고 지키는 것이다. 우리나라 불교가 삼국통일 이래 독자적인 호국신앙으로 발전함에 따라, 용은 불교의 팔부중(八部衆)의 하나로 수용되었다. 즉 호법 불교와 어울려 불법을 보호하고 국가를 수호하는 신장(神將)으로 부각되어, 호법룡(護法龍)이자 호국룡(護國龍)으로 믿어졌다. 왕권상징으로서 용은 특정의 인물과 혈연적 상관성을 나누면서 용의 신성과 권위를 부여해 특정 인물이 시조, 제왕이 되게 하기 때문이다. 호국과 왕권상징을 나타내는 용을 수용한 전승집단은 집단 혹은 국가의 지배와 관된 된 특정 집단이라고 할 수 있다. 이들 집단을 지배집단이라 명명하고 이들이 이야기 내로 수용한 용을 지배집단의 용이라 한다.

민간집단, 승려집단, 지배집단 등으로 용 설화 전승 담당층은 통시적으로 분화되어 나갔다. 이러한 통시적 전승 담당층 분화 현상과 함께 제기될 수 있는 문제는 첫째 특정의 담당층은 왜 특정의 용 소재 설화를 수용했을까? 그리고 그렇게 수용된 특정의 용 관련 설화는 특정의 전승 담당층에게 어떠한 기능을 수행할까? 이러한 문제 제기는 전승 담당층의 관점에서 용 관련 설화의 역사적·사회적·정치적·문화적 의미와 기능이 무엇인지를 해명하는 일에 도움이 된다. 지금까지 수행되어온 용 관련 설화에 관한 연구는 전승 담당층의 인식에 주목하지 않았다는 점에서 본 연구는 용 관련 설화의 의미와 기능에 대해 새로운 이해를 제공할 것이라 생각된다. 또한 전승 담당층의 인식에 대한 관심은 설화 전승의 변화 현상을 이해하는 데도 도움을 줄 것이라 본다.

3장. 민간집단의 용

본 장에서 살펴볼 용 관련 설화들은 특히 민간집단과 밀접하게 관련되어 있는 것들이다. 이들 설화에서 용은 인간에게 복을 가져다주는 존재로 등장하거나, 금기를 어긴 인간에게 화를 내려 금기에 대한 경계를 보여주는 존재로, 인간에게 해를 끼쳐 퇴치되는 존재로 등장한다. 설화에서 용이 신앙의 존재일 경우는 숭배의 대상이 될 가능성이 크고, 배척해야할 존재일 경우는 퇴치의 대상이 될 가능성이 크다고 할 수 있다. 그렇다면 용이 숭배의 대상이 되는 경우와 퇴치의 대상이 되는 경우를 민간집단과의 관계를 통해 살펴볼 필요가 있다고 생각된다.

1. 기복 대상의 용

용은 민간신앙[27]에서 비를 가져오는 우사(雨師)이고, 물을 관장하고 지배하는 수신이며, 사귀를 물리치고 복을 가져다주는 벽사(辟師)의 선신(善神)으로 섬겨졌다. 때문에 민간에서는 용을 위해 용신제, 용왕굿 등을 행했다. 이러한 신앙 대상으로서의 용은 바다, 강, 연못 등의 물을 지배하는 수신으로 숭앙되고 있다.[28] 신앙의 대상으로서의 용은 인간에게 복을 주는 존재로 인식되었다. 때문에 기복 대상의 용[29]들은 모두 민간신앙으로

---

27) 민간신앙은 민간인들이 자신들의 생활에서 일어나는 여러 가지 문제를 해결하고, 생활하는 입장에서 받아들이고 키워나간 종교이기에 서민 또는 민중이 중심이 된다.(張正泰, 「韓國 佛敎와 民間信仰의 習合關係 硏究」, 『한국의청소년문화』 17, 한국청소년효문화학회, 2011, pp.246-250.)는 논의가 좋은 참조가 된다.
28) 한국문화상징사전편찬위원회, 위의 책, 1992, pp.485-490.
29) 용과 용왕은 수신과 농업신의 성격을 갖고 있다.(金德原, 「佛敎經典의 사상이 한국 傳統信仰에 끼친 영향-天神(太陽)·산신(山神)·수신(龍)思想을 중심으로-」, 『韓國古代史探究』 12, 한국고대사탐구학회, 2012, pp.258-261.)는 논의를 통해 민간집단에서 신앙의 대상으로 용이 섬겨졌다는 사실을 알 수 있다.

서의 면모를 보여준다.

 설화에 등장하는 용들 중에는 사람들에게 복을 주는 데 참여하는 용이 있다. 이들 사람들에게 복을 주는 데 참여하는 용들 중에는 효심이 지극한 사람들에게 나타나 복을 주는 용, 사람의 도움을 받아 문제를 해결하고 이에 대한 보답으로 사람들에게 복을 주는 용, 용의 존재를 확고하게 믿고 있는 사람들에 복을 주는 용, 사람과 더불어 살면서 사람들이 어려움에 처했을 때 이들을 도와주고 복을 주는 용 등으로 나누어 볼 수 있다. 본 장에서는 사람들에게 복을 주는 데 참여하는 용인 '효심이 지극한 사람들에게 나타나 복을 주는 용', '사람의 도움을 받아 문제를 해결하고 이에 대한 보답으로 사람들에게 복을 주는 용', '용의 존재를 확고하게 믿고 있는 사람들에 복을 주는 용', '사람과 더불어 살면서 사람들이 어려움에 처했을 때 이들을 도와주고 복을 주는 용' 등의 장을 만들어 용의 정체를 분석하고, 용이 이야기 내에서 수용 된 이유를 바탕으로 전승집단의 의도가 무엇인가를 논의하고자 한다.

 첫째 '효심이 지극한 사람들에게 나타나 복을 주는 龍'에 대해 살핀다. 이야기에서 주인공은 가난함에도 불구하고 지극 정성으로 부모님을 섬긴다. 가난해 하루하루 먹을 것을 구하지만 부모님을 모시는 데는 소홀함이 없는 주인공은 어느 날 자신이 해결할 수 없는 문제에 봉착한다. 주인공은 문제를 해결하려고 노력하지만 개인의 힘으로는 해결할 수 있는 문제가 아니다. 그때 용이 나타난다. 용은 그들에게 복을 주는 데, 복을 주는 방식은 그들에게 봉착한 문제를 해결해주는 것이다. 현지 조사를 통해 채록한 〈용이 착한 나무꾼 복주기〉가 바로 이런 이야기이다. 이야기의 내용은 다음과 같다.

 자료1. 〈용이 착한 나무꾼 복주기〉
 1) 가난하지만 착한 나무꾼은 열심히 나무를 해 내다 팔아 어머니를 잘 봉양했다. 하루는 연못가에서 나무를 하다가 그만 도끼를 연못에 빠뜨려 버렸다. 도끼가 빠져 일을 할 수 없게 된 나무꾼은 어머니에게 밥을 챙겨줄 수 없다는 생각에 하염없이 눈물을 흘렸다.

2) 연못에서 용이 나와 착한 나무꾼에게 도끼를 찾아 주고 결혼 못한 나무꾼을 위해 처녀를 내어 주었다. 나무꾼은 처녀를 데리고 와 어머니를 잘 봉양하면서 행복하게 살았다.

자료1은 〈표1. 현지 조사 자료 1〉을 요약한 내용이다. 이야기에 따르면 주인공은 착한 나무꾼이다. 주인공인 착한 나무꾼이 나무를 하는 것은 부모님을 잘 봉양하기 위함이다. 때문에 주인공의 목적은 부모님에 대한 효 실천이라고 할 수 있다. 주인공이 나무를 하고, 나무를 하다 도끼가 연못에 빠지자 울게 되는 것은 모두 주인공이 현실적으로 직면한 문제이다. 주인공은 문제를 해결하고 목적을 달성하기 위해 노력한다.

목적 달성을 위해 노력하는 주인공은 착하기까지 하다. 착한 나무꾼이라는 데서 그가 효자일 뿐만 아니라 다른 사람들에게도 선을 행하는 사람이라는 사실을 알 수 있다. 타인에게 선을 행하는 사람, 부모에 대한 효를 행하는 사람에게 불행이 닥친 것이다. 이야기에 따르면 착한 나무꾼이 문제를 해결하지 못하고 있을 때 연못의 용이 나타나 도끼를 찾아주고 결혼 못한 나무꾼을 위해 결혼할 수 있는 처녀를 내어 준다고 했다. 주인공인 나무꾼의 입장에서 용은 나무꾼을 도와주는 조력자가 된다. 조력자인 용은 주인공이 봉착한 당장의 문제를 해결해 줄뿐만 아니라 결혼이라는 중요한 인생의 문제 또한 해결해준다. 결국 이 이야기의 최대 수혜자는 착한 나무꾼이다.

이 이야기는 절대적 신앙에 대한 믿음을 기반으로 해 절대 선(善)과 절대 효(孝)를 강조한다. '착하면→ 복을 받음', '효를 행하면→복을 받음'이라는 믿음을 이야기 내에 투영시켰다. 이야기 내의 이러한 믿음인 '누구나 착한 일과 효를 행한다면 신앙의 대상인 용으로부터 복을 받을 수 있다.'는 계도의 내용을 담고 있다. 결국 이야기의 전승자들은 이야기 내에서 용이라는 신앙적 대상을 수용해 믿음의 차원에서 개인이 당면한 어려운 현실적 문제를 해결하고자 한 것이다.

용 전승집단은 생존적이고 원초적인 차원에서 제기되는 문제를 해결하고 싶었을 것이다. 지배집단이나 승려집단처럼 이데올로기를 갖춘 집단들과는 달리 민간의 소망은 가장 기본적인 것이다. 하지만 그들은 먹는 것, 입는 것, 결혼하는 것, 출산 하는 것 등의 기본적인 소망조차 이루기 힘들다. 그들의 삶은 해결 불가능한 문제들로 가득 차 있다. 그들이 봉착한 문제들은 현실에서 해결될 수 없는 것들이 대부분이다. 그래서 그들은 설화를 통해 현실적으로 소망하지만 이루기 어려운 문제의 해결에 용을 동원한다. 즉, 창조적 상상력이 발휘되어 동원된 용을 통해 현실의 소망을 실현하는 것이다. 따라서 민간집단은 이 이야기를 그들의 이상 실현의 장으로 활용했다고 생각된다.

〈용이 효자․효부 복주기〉도 효심이 지극한 사람들에게 나타나 복을 주는 용이 등장한다. 이야기에서 주인공들은 하루하루 극진히 부모님을 섬긴다. 하지만 주인공 부부는 풍요롭게 살지 못한다. 주인공 부부는 입는 것, 먹는 것, 자는 것인 삶의 기본적인 문제에 봉착해 있다. 그들은 문제를 해결하기위해 노력할 것이다. 하지만 그들은 삶의 기본적인 문제뿐만 아니라 부모님을 극진히 모시기까지 해야 한다. 부모님을 극진히 모셔야 하기 때문에 삶의 기본적인 문제를 해결하기까지는 많은 어려움이 따른다. 그때 용이 등장한다. 용은 주인공 부부에게 나타나 그들의 기본적인 삶의 문제를 해결해준다. 이야기는 다음과 같다.

자료2. 〈용이 효자․효부 복주기〉
1) 부모님을 극진히 잘 모시는 효자효부가 있었다. 어느 날 효자효부의 꿈에 용이 나타나 부모님을 잘 모신 은덕이라고 하면서 집터를 알려준다.
2) 효자 · 효부는 꿈에서 용이 알려준 집터에 가서 집을 짓는다. 그러자 용의 예언대로 큰 부자가 되어 잘 살 수 있었다.

자료2는 〈표1. 현지 조사 자료 2〉를 요약한 내용이다. 이야기에 따르면 주인공은 효를 행하는 부부이다. 주인공인 부부가 날마다 극진히 부모님을 섬기는 것은 효를 실천하기 위함이다. 때문에 주인공인 부부의 목적은 부모님에 대한 효 실천이라고 할 수 있다. 설화에 나타나지는 않지만 부모님을 극진히 모시기 위해서는 입는 것, 먹는 것, 자는 것 등의 인간 생활의 기본 요소를 충족시켜 드려야 한다. 주인공 부부가 부모님 섬기기를 극진히 한다고 하고 있으므로 부모님은 주인공 부부보다 인간 생활의 기본 요소를 어느 정도 누리고 있을 가능성이 크다. 반면 주인공 부부는 인간 생활의 기본 요소조차 잘 누릴 수 없을 것이다. 그럼에도 불구하고 주인공 부부는 부모님에게 효를 행하는 데 최선을 다한다.

목적을 달성하는 데 극진한 부부는 목적 달성에 치중한 나머지 삶의 기본적인 요소를 잘 누리지 못한다. 삶의 문제에 직면해 있는 것이다. 용은 삶의 문제에 직면해 있는 주인공 부부에게 꿈30)이라는 장치를 통해 나타나 주인공 부부의 문제를 집터를 알려주는 것으로 해결해준다. 주인공인 부부의 입장에서 용은 주인공 부부를 도와주는 조력자가 된다. 조력자인 용은 주인공이 봉착한 삶의 기본적인 문제를 해결해 줄뿐만 아니라 주인공 부부가 목적을 잘 달성할 수 있도록 해준다. 따라서 이 이야기의 수혜자는 조력자에 의해 목표를 달성한 주인공 부부가 된다.

이 이야기는 신앙의 대상인 용에 대한 믿음을 기반으로 해 효에 대한 중요성을 강조하고 있다. '효를 행하면→복을 받는다'라는 신념을 이야기 속에 투과했다. 즉, 이야기에는 '누구나 부모님에 대한 효를 실천한다면 믿음의 대상인 용으로부터 복을 받을 수 있다'는 그들의 소망적 메시지가 담겨 있다고 하겠다.

용 전승집단은 그들이 직면한 삶의 기본적인 문제들을 해결하고 싶었을 것이다. 그들의 문제들은 대단한 것들이 아니다. 삶을 유지하기 위한 최소한의 것이다. 그러나 그들은 삶을 유지하기 위한 최소한의 것들조차 해결할 수 없다. 그래서 이들 이야기의 전승집단은 가상의 인물인 용을 이야기 내에 수용한다. 이야기 내에서 그들에 의해 수용된 용은 그들이 직면한 현실적이고 기본적인 문제를 해결해준다. 따라서 민간집단은 이 이야기를

---

30) 꿈은 현실계와 관련을 가지기는 하지만 현실적인 사고로는 이해할 수 없는 비논리적이고 비합리적인 표상이다.(최명림, 「한국 설화의 꿈화소 연구」, 전남대학교 석사학위논문, 1997, p.83.) 설화의 전승집단은 용이라는 대상이 현실에서 존재하지 않는다는 사실을 인지한다. 하지만 그들은 비현실적인 대상을 통해서라도 자신들의 이상을 실현하고 싶다는 강한 의지를 설화를 통해 표현하고 있다.

그들의 이상 실현의 장으로 활용했다고 생각된다.
 〈용이 청년 부탁 들어주기〉도 효심이 지극한 청년에게 나타나 청년의 문제를 해결해주는 용이 등장한다. 이야기에서 주인공인 청년은 가난하지만 극진히 부모님을 섬긴다. 그런데 어느 날 주인공은 주인공이 해결하지 못하는 문제에 봉착한다. 주인공의 문제는 천재지변으로 주인공이 해결할 수 없는 것이다. 주인공은 샘의 용에게 간절히 기도한다. 용은 주인공의 간절한 기도에 감복한다. 주인공에게 감복한 용은 주인공 앞에 나타난다. 용은 주인공에게 나타나 주인공이 봉착한 문제를 해결해준다.
 〈용이 청년 부탁 들어주기〉의 내용은 다음과 같다.

> 자료3. 〈용이 청년 부탁 들어주기〉
> 1) 가난하지만 부모님을 잘 보필하는 청년이 있었다. 어느 해에 가뭄이 심해 식수조차 구할 수 없게 된다. 청년은 먹을 물이 없어 힘들어 하는 부모님을 보자 마음이 몹시 아팠다.
> 2) 청년은 동네에 있는 용샘에 가서 용님께 마실 물을 내려달라고 빌었다. 꿈에 용님이 나타나 자신의 형인 용이 사는 이웃 마을 샘에 주전자를 들고 가서 자신의 동생이 보냈다고 말하고 주전자에 물을 떠서 그것을 한 방울 씩 떨어뜨리며 용샘까지 오라고 일러준다.
> 3) 이튿날 저녁 용님이 시키는 대로 하니 정말로 샘에서 물이 콸콸 쏟아져 나왔다. 청년은 물이 생기자 농사를 지어 부모님을 보필 하면서 잘 살았다.

 자료3은 〈표1. 현지 조사 자료3〉의 내용을 요약한 것이다. 이야기에 따르면 주인공은 청년이다. 주인공인 청년이 부모님을 잘 보필하는 것은 부모님에 대한 효를 실천하기 위함이다. 때문에 주인공 청년의 목적은 부모님에 대한 효의 실천이라고 할 수 있다. 설화에서는 청년이 가난하지만 부모님을 잘 보필한다고 하는데, 이는 청년이 여러 가지 기본적인 조건들이 풍요롭지 못함에도 불구하고 부모님을 모시는데 최선을 다했다는 것을 강조하기 위함으로 보인다. 그렇다면 청년은 항상 가난이라는 현실적 문제에 봉착해있다고 하겠다. 청년은 가난하다는 현실적 문제를 가짐에도 불구하고 부모님을 최선을 다해 모신다.

목적을 달성하는 데 최선의 노력을 다하는 청년이지만 어느 날 가뭄이라는 불가항력적인 상황에 처하자 목적 달성에 어려움을 겪게 된다. 용은 목적 달성에 장애가 생긴 주인공 청년에게 꿈이라는 장치를 통해 나타나 주인공 청년의 문제인 식수를 구할 방도를 알려주는 것으로 문제를 해결해준다. 주인공인 청년의 입장에서 용은 청년을 도와주는 조력자가 된다. 조력자인 용은 주인공 청년이 목적을 잘 달성할 수 있도록 도와준다. 따라서 이 이야기의 수혜자는 용인 조력자의 도움을 받아 문제를 해결한 주인공 청년이다.

이 이야기는 신앙의 대상인 믿음을 바탕으로 해 효에 대한 중요성을 강조하고 있다. '효를 행하면→복을 받는다'라는 믿음을 이야기 속에 투영시켰다. 즉 이야기에는 '누구나 부모님에 대한 효를 실천한다면 신앙의 대상인 용으로부터 복을 받을 수 있다'는 그들의 희망적 믿음이 담겨 있다고 하겠다.

용 전승집단은 그들이 직면한 문제들을 어떠한 방식으로든 타개하고 싶었을 것으로 생각된다. 그래서 그들은 현실에 존재하지 않는 용을 이야기 내에 수용한다. 이야기 내에서 그들에 의해 등장한 용은 그들에게 직면한 문제를 해결해준다. 따라서 민간집단은 이 이야기를 그들의 욕망을 충족하는 장으로 활용했다고 생각된다.

둘째 '사람의 도움을 받아 문제를 해결하고 이에 대한 보답으로 사람들에게 복을 주는 龍'에 대해 살핀다. 이야기에서 주인공은 가난해 식구를 돌볼 능력조차 없는 가장이다. 가장은 자신의 처지를 비관해 자살하려 하나 자살하지 못하고 용이 되려는 구렁이와 같이 살면서 가난이라는 문제를 해결한다. 구렁이의 도움을 받은 가장은 자신이 함께 살았던 여인이 구렁이임을 알아챘음에도 불구하고 구렁이를 해치지 않는다. 이로 인해 구렁이는 용이 되어 하늘로 올라갈 수 있었다. 용은 가난한 가장을 부자가 되어 식구들과 잘 살 수 있도록 해준다. 용은 주인공 가장에게 복을 주어 그들이 봉착한 문제를 해결해준다. 이야기의 내용은 다음과 같다.

자료4. 〈구렁이와 이시미의 용되기 경쟁〉

1) 가장이 너무 가난해 자신의 가족을 돌볼 수 없자 죽으려고 한다. 하지만 죽는 것도 쉽지 않다. 그 때 용이 되기 위해 수양하고 있는 구렁이인 여인을 만나 함께 살게 된다. 가장은 몇 년을 호가호식하면서 살아가나 가족이 걱정이 된다. 가장은 여인에게 가족을 만나보러 가야한다고 말한다.
2) 여인은 하는 수 없이 남자를 보내준다. 남자가 집에 가 보니 가족들이 모두 잘 살고 있었다. 가족들은 모두 남자가 보내준 돈으로 잘 살 수 있었다면서 감사하다고 했다. 가장은 자신의 부인에게 자신과 함께 살고 있는 여인이 돈을 보내주었다고 말한다. 그러자 부인은 자신들은 잘 살고 있으니 걱정하지 말고 여인에게 가 보라고 한다.
3) 가장 다시 여인에게 간다. 길을 가던 중 노인을 만나는데 노인은 가장에게 여인이 청구렁이라고 말하며, 집에 가서 밥을 차려 주거든 밥 한 숟갈을 떠서 세 번 침을 뱉고 먹으면 청구렁이가 죽을 것이라고 말한다.
4) 가장이 인기척 없이 집으로 가 보니 여인은 없고 청구렁이만 왔다갔다하고 있다. 가장이 인기척을 내자 청구렁이는 이내 여인으로 변해 밥을 차려주었다. 가장은 자신의 식구들을 먹여 살려준 여인이 감사했으므로 차려준 밥을 그냥 먹었다.
5) 그러자 여인은 용으로 변해 승천할 수 있게 되었다. 그리고 남자에게 고마움을 표했다. 남자는 집으로 돌아가 잘 살았다.

자료4는 〈표1. 현지 조사 자료 4, 6, 7〉과 〈표2. 한국구비문학대계자료의 자료 1, 2, 3, 4, 5, 6, 7〉의 내용을 요약한 내용이다. 이야기에 따르면 주인공은 가난한 가장이다. 이야기의 주인공인 가장의 목적은 안정된 삶을 사는 것이라고 할 수 있다. 주인공 가장이 죽을 결심을 하지만 죽지 못하고 청구렁이인 여인과 함께 산 것은 살고자하는 욕망이 강했기 때문이라고 보인다. 이야기에서 용은 주인공 가장의 목적을 실현시켜주는 존재이다. 그러므로 이야기에서 용은 주인공의 조력자가 된다.

이야기에서 용은 주인공 가장의 가난이라는 기본적인 문제를 해결해주는 존재이다. 가장 기본적이지만 주인공으로서는 해결할 수 없는 문제를 용은 해결해준다. 때문에 용은 주인공에게 복을 주는 존재라 하겠다. 주인공이 용을 만나지 않았더라면 주인공은 죽음을 택했거나 혹은 가난을 벗어나지 못하고 비참한 삶을 유지해야 했을 것이다. 결국 용은 사람들에게 복을 내려주는 신성한 존재라고 하겠다. 용이 신성한 존재이기에, 청구렁이였던 여인은 용이 되기 위해서는 많은 노력을 기울인다. 이와 유사한 이야기에서 여인이 용이 되어 승천하기 위해서는 사람들의 믿음을 얻어야 한다. 때문에 여인은 용이 되어 승천하기 위해 99명의 사람과 함께 살며 그들의 믿음을 시험한다. 하지만 99명의 사람 모두 여인에게 믿음을 주지 못한다. 100번째가 되는 가난한 남자는 여인이 자신의 가족들을 먹여 살려주고 자신 또한 잘 살 수 있도록 해준 고마움으로 끝까지 여인에 대한 믿음을 지킨다. 여인은 남자의 믿음을 얻은 덕분에 용이 되어 승천하게 된다. 이 이야기의 조력자는 용이고, 최대 수혜자는 주인공이라고 하겠다.

이 이야기는 '신의를 지키면→복을 받는다'는 신의의 중요성을 강조한다. 이야기 내에는 '누구나 신의를 잘 지킨다면 믿음의 대상인 용으로부터 복을 받을 수 있다'는 전승집단의 이상적 믿음이 담겨있다고 하겠다.

용 전승집단은 그들이 직면한 삶의 기본적인 문제들을 해결하고 싶었을 것이다. 그들이 가진 문제는 먹는 것, 입는 것, 자는 것 등이라는 삶의 가장 기본적인 것들이기 때문이다. 하지만 그들은 기본적인 문제들조차 해결할 능력이 없다. 그래서 그들은 용이라는 비현실적 존재를 이야기 내에 등장시킨다. 이야기 내에서 그들에 의해 수용된 용은 그들이 직면한 삶의 기본적인 문제를 해결해준다. 따라서 민간집단은 이 이야기를 그들의 이상을 표출하고 실현하는 장으로 활용했다고 보인다.

사람의 도움을 받아 문제를 해결하고 이에 대한 보답으로 사람들에게 복을 주는 용은 〈용이 올라간 명당〉에서도 등장한다. 이야기에서 주인공은 한미한 동래정씨이다. 한미한 동래정씨는 어느 날 자신의 상전인 고을 원님이 쓰려고 한 묘자리가 역적바위로 인해 명당이 될 수 없어 묘를 쓰지 못하게 되자 몰래 자신의 아버지 묘를 그 곳에 이장한다. 며칠 뒤 주인공은 승천하지 못한 용을 만난다. 주인공은 사람들이 구렁이라고 멸시한 용을 용님이라고 존칭하고는 승천하라고 말해준다. 용은 주인공의 말로 인해 승천을 하게 되고 주인공 동래정씨가 몰래 아버지 묘를 이장한 묘자리에 있는 역적바위를 꼬리로 쳐 없앤다. 이 일을 계기로 주인공인 동래정씨는 가난과 신분 문제를 해결하게 된다. 용이 주인공이 봉착한 문제를 복을 주어 해결해 준 것이다. 이야기의 내용은 다음과 같다.

자료5. 〈용이 올라간 명당〉
1) 동래정씨가 역적바위가 있어 명당이 되지 못한 자리에 몰래 아버지 묘를 쓴다.
2) 며칠 후 길을 가다가 구렁이를 만나는데 그는 구렁이를 보고 용님이라고 부르면서 승천을 하지 않고 왜 여기에 있느냐고 한다. 그러자 용이 승천을 하면서 역적바위를 내려쳐 없애버린다. 그리고 꿈에 나타나 자신이 인덕을 받지 못하고 여의주를 가질 수 없어 승천을 할 수 없었다고 하면서 지금까지 자신을 알아주지 않은 많은 사람들을 죽였다고 했다. 하지만 동래정씨를 만나 인덕을 받아 여의주를 얻어 승천할 수 있게 되었다고 하면서 고마움으로 들을 만들어 줄 테니 산을 하나 사두라고 일러준다.
3) 동래정씨는 꿈에서 용이 말한 대로 산을 하나 사둔다. 그러자 용이 꼬리로 산을 쳐 들을 만들어 주었다. 그로인해 동래정씨는 부자가 되었고, 역적바위가 사라지는 바람에 명당에 묻히게 된 조상으로 인해 이후 높은 벼슬에 올랐으며 자손들 또한 높은 벼슬을 할 수 있었다.

자료5는 〈표2. 한국구비문학대계 자료 8〉을 요약한 내용이다. 이야기에 따르면 주인공은 동래정씨이다. 동래정씨가 역적바위가 있는 곳에 묘를 이장한 것, 용을 알아봐준 것, 용의 말대로 산을 사둔 것 등은 주인공이 부자가 되고 높은 신분을 가지고 싶어 하는 생각에서 비롯된 행동으로 보인다. 그러므로 주인공 동래정씨의 목적은 재산과 높은 신분의 획득이라고 하겠다. 용은 주인공 동래정씨의 목적을 실현시켜준 존재이다. 그러므로 용은 주인공 동래정씨의 조력자라고 할 수 있다.

이야기에서 용은 주인공 동래정씨의 가난과 낮은 신분이라는 문제를 해결해주는 존재이다. 주인공 동래정씨는 부와 높은 신분을 가지고 싶었다. 하지만 현실에서 그가 부를 얻고 높은 신분을 가지는 것은 불가능했다. 그런 그에게 용이 나타난다. 용은 동래정씨가 자신을 알아봐준 보답으로 역적바위를 꼬리로 쳐 없애준다. 아버지 묘를 이장시킨 장소는 역적바위가 사라짐으로써 명당이 된다. 또한 꿈이라는 장치를 통해 부를 실현하게 해준다. 이렇게 볼 때 용은 동래정씨의 목적을 실현해주는 가장 결정적인 역할을 수행했다.

이 이야기는 '신앙의 존재에 대한 믿음→복을 받는다'고 해 믿음의 중요성을 강조한다. 자신이 믿는 신앙에 대한 믿음이 강하다면 자신에게 닥친 문제들을 얼마든지 해결할 수 있다는 것을 설화를 통해 보여준다고 하겠다. 이야기 내의 이러한 믿음인 '누구나 신앙의 대상인 용의 존재에 대한 강한 믿음을 가지고 있다면 용으로부터 복을 받는다'는 그들의 염원을 담아낸 것이라고 볼 수 있다.

용 전승집단은 그들이 직면한 삶의 기본적인 문제들을 해결하고자 한다. 하지만 현실에서는 경제적인 이유 또는 신분적인 이유로 그들에게 당면해있는 문제를 해결할 수 없다. 그래서 그들은 상상의 동물인 용을 이야기 내에 끌어들인다. 이야기 내에서 그들에 의해 수용된 용은 그들이 직면한 하지만 경제적이고 신분적인 제약으로 인해 해결하지 못한 문제를 해결해준다. 따라서 민간집단은 이 이야기를 그들의 욕망을 실현하는 장으로 활용했다고 보인다.

사람의 도움을 받아 문제를 해결하고 이에 대한 보답으로 사람들에게 복을 주는 용은 〈용이 잡아준 집터로 발복〉에서도 등장한다. 이야기에서 주인공은 장가 못 간 순천 박씨이다. 박씨는 하동에서 돌아오는 길에 마누라를 빼앗긴 황룡을 만나, 그의 부탁을 들어주는 것으로 자신이 가진 문제를 해결한다. 주인공 박씨가 비록 용이 가진 문제를 해결해주어 그에 대한 보답으로 용이 주인공을 가진 문제를 해결해주었지만 용이 주인공의 문제를 해결해주는 데 가장 중요한 역할을 했다는 사실에는 변함이 없다. 즉, 용이 주인공이 봉착한 문제를 복을 주어 해결해 준 것이다. 이야기의 내용은 다음과 같다.

자료6. 〈용(龍)이 잡아준 집터로 발복(發福)〉 31)
1) 순천의 박씨 하나가 삼십이 넘도록 장가를 가지 못하고 있었다.
2) 어느 날 하동을 갔다 오는 길에 어떤 노인을 만난다. 노인은 자신이 섬진강에 사는 황룡인데 흑룡이 자기 마누라를 빼앗아갔다고 하면서 흑룡을 활로 쏘아 죽여 달라고 한다. 남자는 섬진강에 흑룡을 죽이러 가나 무서워서 실패하고 돌아온다. 그러자 꿈에 황룡이 나타나 다시 부탁한다. 남자는 황룡의 부탁을 들어준다.
3) 황룡은 고마움의 표시로 집터를 알려준다. 남자가 집터에 집을 짓고 살자 비가 오는데 웬 여인이 비를 피하기 위해 들어온다. 그리고 같이 밤을 보내어 부부의 인연을 맺는다. 그리고 여인이 가지고 온 금을 가지고 부자로 살게 된다.

자료6은 〈표1. 현지 조사 자료 8〉과 〈표2. 한국구비문학대계 자료 9, 10〉의 내용을 요약한 것이다. 이야기에 따르면 주인공은 장가 못 간 박씨이다. 주인공 박씨의 목적은 장가들어 행복하게 사는 것이다. 이야기에서 주인공이 삼십이 넘도록 장가를 들지 못했다고 하고 있으므로 주인공의 목적은 장가를 들어 행복하게 사는 것이라고 하겠다. 용은 주인공 박씨의 목적을 실현시켜주는 존재가 된다. 그러므로 설화에서 용은 주인공 박씨의 조력자라고 하겠다.

이야기에서 용은 주인공 박씨의 가난과 결혼이라는 개인적 문제를 해결해주는 존재이다. 물론 박씨의 개인적 문제를 해결하기 전 박씨를 통해 용의 개인적 문제를 해결한다. 하지만 박씨가 용을 만나지 않았다면 박씨의 개인적 문제는 해결하기 어렵다. 그렇기 때문에 용은 주인공에게 복을 주는 존재가 된다. 주인공인 박씨는 현실에서 가난하고, 결혼 또한 하지 못했다. 주인공이 당면한 개인적 문제의 해결은 주인공의 노력으로 이루기 어려운 것이다. 하지만 용은 주인공의 문제를 해결해주기 위해 등장한다.

이야기 내에서 용과 사람은 자유롭게 대화한다. 이를 두고 정은주는 용에게 인간과 같은 속성을 부여했으므로 인격화된 용이라고 보고, 용과 인

───────────────
31) 〈표2. 한국구비문학대계 자료9와 자료10〉에서는 용이 각각 영순들과 집터로 복을 주고, 〈표1. 현지 조사 자료 8〉은 용이 소원을 들어주는 여의주로 복을 준다는 차이점을 지닌다.

간이 은혜를 주고받으면서 용의 신격숭화가 이루어지고 인간의 복락을 누리고 있으므로 보은형에 해당한다32)고 했다. 이야기에서 용이 인격화되었으므로 용과 인간의 대화가 자연스럽게 이루어진다. 또한 이야기에서 용이 활을 잘 쏘는 인간에게 부탁을 한다는 점에서 『삼국유사』〈진성여대왕거타지〉설화와〈작제건〉설화와도 유사성을 가진다. 박씨는 용의 부탁을 들어주고, 용으로 인해 자신에게 당면한 기본적인 문제들을 해결하게 된다. 하지만 이 부분이〈진성여대왕거타지〉설화와〈작제건〉설화와 차이를 보이는 점이다.〈진성여대왕거타지〉설화와〈작제건〉설화에서는 결국 신성한 용을 통해 왕권 존립의 정당성을 받는 반면, 민간집단의 구성원은 개인의 염원만을 보장받게 된다.

이들 이야기의 용 전승집단은 그들이 직면한 삶의 기본적인 문제인 가난과 결혼 등의 문제들을 해결하고 싶어 한다. 하지만 현실에서는 많은 제약들로 인해 그들이 당면한 문제를 해결하지 못한다. 그래서 그들은 상상의 동물인 용을 이야기 내에 등장시킨다. 이야기 내에서 그들에 의해 수용된 용은 그들이 여러 가지 제약으로 인해 해결하지 못하는 문제를 해결해준다. 따라서 민간집단은 이 이야기를 그들의 이상을 표출하고 실현하는 장으로 활용했다고 보인다.

사람의 도움을 받아 문제를 해결하고 이에 대한 보답으로 사람들에게 복을 주는 용은〈유금이들〉에서도 등장한다. 이야기에서 주인공은 유금이다. 유금이는 비록 할머니 등에 업혀 있는 어린애임에도 불구하고 용을 용이라고 인정해줄 줄 안다. 용은 자신을 알아봐준 유금이에게 들을 만들어주어 유금이가 가난에서 벗어나 잘 살 수 있도록 해준다. 용이 주인공 유금이의 문제를 복을 주어 해결해 준 것이다. 이야기의 내용은 아래와 같다.

자료7.〈유금이들〉
1) 옛날 유금이들에 사는 용이 자신을 구렁이라하며 용이라고 해주지 않는 사람들

---

32) 정은주,「韓國龍說話研究」, 全南大學校 碩士學位論文, 1993, pp.32.

로 인해 승천하지 못하자, 깡철이로 변해 유금이들에 가뭄이 들게 한다.
2) 그러던 어느 날 유금이라는 아이가 용을 알아보고 용이라고 외친다.
3) 용은 자신을 용이라고 알아 봐준 유금이로 인해 승천하게 되고, 용은 유금이에 대한 고마움으로 비를 내려 유금이들이 비옥한 땅이 되게 해주었다.

자료7은 〈표1. 현지 조사 자료 9〉와 〈표2. 한국구비문학대계 자료 11, 12〉의 내용을 요약한 것이다. 〈유금이들〉의 주인공은 유금이이다. 용이 승천할 수 있도록 용을 용이라 인정해준 주체가 유금이이므로 주인공이 유금이라고 할 수 있다. 주인공 유금이의 목적은 안정된 삶이다. 주인공인 유금이가 용으로 인해 비옥한 들인 유금이들을 소유하게 되기 때문에 그렇다고 하겠다. 이야기에서 유금이들이 비옥한 땅이 되었다는 것은 주인공이 당면한 문제가 가난이라는 사실을 알려준다. 땅이 비옥해지면 식량을 얻을 수 있고, 그 식량으로 인해 먹고 쓰는 것에 대한 문제를 해결할 수 있게 된다. 결과적으로 유금이는 용으로 인해 비옥한 들을 획득하게 됨으로써 자신이 가진 문제를 해결한다.

용은 주인공 유금이가 안정된 삶을 누릴 수 있도록 도와주는 존재이다. 그러므로 이야기에서 용은 주인공 유금이의 조력자가 된다. 이 이야기와 유사한 모든 이야기에서 용은 사람의 믿음을 얻어 승천하게 되고, 그에 대한 고마움으로 복을 준다. 이야기에서 용은 주인공 유금이가 가진 먹는 것과 쓰는 것 등의 기본적인 문제를 해결해주는 존재이다. 이렇게 보면 이야기에서 용은 유금이의 목적을 실현해주는 가장 중요한 역할을 한다.

이 이야기는 '신앙의 존재에 대한 믿음→복을 받는다'는 믿음의 중요성을 잘 보여주고 있다. 자신이 숭앙하는 대상인 용에 대한 강한 믿음을 가진다면 자신이 당면한 현실에서의 문제들을 해결할 수 있다는 것을 이야기를 통해 드러냈다. 결국 이야기 내에서 자신들의 소망의 성취를 보여준다.

용 전승집단은 그들이 당면한 삶의 기본적인 문제들을 해결하고 싶었다. 하지만 현실에서는 여러 가지 제약들로 그들이 봉착한 문제를 해결하기 어렵다. 그래서 그들은 초월적인 존재인 용을 이야기 내에 끌어들여 그들이 직면한 하지만 여러 가지 제약으로 인해 해결하지 못하는 문제들을 해결하게 한다. 따라서 민간집단은 이 이야기를 그들의 욕망을 표출하고 실현하는 장으로 활용한 것으로 생각된다.

사람의 도움을 받아 문제를 해결하고 이에 대한 보답으로 사람들에게 복을 주는 용은 〈용이 가난한 선비의 도움을 받고 보답하기〉에서도 등장한다. 이야기에서 주인공은 가난한 선비이다. 주인공은 공부만 하느라 식솔들을 거느릴 능력조차 없다. 주인공의 부인은 남편을 대신해 생계를 꾸려간다. 그러던 어느 날 부인이 선비에게 장에 다녀와 달라 부탁하고, 장에 간 선비는 돌아오는 길에 용을 만나 용의 승천을 도와주면서 그가 지닌 문제를 해결하게 된다. 주인공 선비는 부인이 식량을 구입하라고 준 돈으로 사람들에게 잡혀 먹힐 위험에 처한 용을 구한다. 용은 선비에 대한 고마움으로 선비가 가진 가난이라는 문제를 해결해준다. 즉, 용은 주인공이 당면한 문제를 복을 주어 해결해 준 것이다. 이야기의 내용은 다음과 같다.

> 자료8. 〈용이 가난한 선비의 도움을 받고 보답하기〉
> 1) 가난한 선비의 아내가 곡식을 사기 위해 열심히 일한다. 일해서 모은 돈을 남편에게 주고 장에 가서 곡식을 좀 사다 달라고 한다. 가난한 선비는 장에 가서 곡식을 사려고 했지만 평생 공부만 해 곡식 사는 방법을 알지 못했다.
> 2) 빈손으로 집으로 돌아가는 길에 꼬리를 다쳐 바위 위에 앉아 있는 용을 보게 된다. 사람들은 그 용을 잡아먹으려 했다. 선비는 용이 너무 안타까워 사람들에게 곡식 살 돈을 주고 용을 살려준다.
> 3) 용은 선비에게 감사하다고 말하고 소원을 말하라고 한다. 선비는 사양한다. 용은 선비에게 소원을 들어주는 여의주를 주고 하늘로 승천 한다. 선비는 여의주로 인해 부자가 되어 잘 살게 된다.

자료8은 〈표1. 현지 조사 자료 10〉의 내용을 요약한 것이다. 이야기에 따르면 주인공은 가난한 선비이다. 주인공 선비의 목적은 지식의 습득과 깨달음이라고 할 수 있다. 주인공 선비는 가난해서 먹을 것이 부족함에도 불구하고 공부에만 전념한다. 부인은 어쩔 수 없이 스스로 돈을 벌어 가족을 이끌어 나간다. 주인공이 목적을 달성하기 위해서는 무엇보다 기본적인 문제인 가난을 탈피해야 한다. 용은 주인공 선비의 목적 달성 방해요소인 가난을 해결해주는 존재이다. 때문에 이야기에서 용은 주인공 선비의 조력자가 된다.

　이야기에서 주인공 선비는 목적 달성에만 노력을 기울이므로 가난이라는 문제를 해결하지 못한다. 주인공 선비가 목적을 달성하기 위해서는 먼저 경제적인 여건이 갖추어져야 하는 데 주인공은 문제 해결에 전혀 신경을 쓰지 않는다. 그런 주인공에게 용이 나타난다. 용은 자신을 치료해주고 알아봐 준 선비로 인해 하늘로 승천하게 되면서 신성을 획득한다. 그리고 획득한 신성을 이용해 선비가 당면한 가난이라는 문제를 해결해준다.

　이 이야기는 '생명의 존중→복을 받는다'와 '신앙의 존재에 대한 믿음→복을 받는다'는 의식이 잘 드러난다. 모든 생명을 소중히 여기고, 자신이 숭앙하는 대상인 용에 대한 강한 믿음을 가진다면 자신이 당면한 현실에서의 문제들을 해결할 수 있다는 것을 이야기를 통해 보여준다. 결국 이야기 내에서 용을 통해 개인의 이상을 실현했다고 하겠다.

　용 전승집단은 그들이 당면한 삶의 기본적인 문제들을 해결하고 싶었다. 하지만 현실에서는 많은 제약들이 따른다. 많은 제약들은 문제 해결에 걸림돌이 된다. 그래서 그들은 비현실적인 존재인 용을 이야기 내에 끌어 들인다. 이야기 내에서 그들에 의해 수용된 용은 그들이 여러 가지 걸림돌들로 인해 해결하지 못했던 문제들을 해결해준다. 따라서 이 이야기는 민간집단의 이상 실현의 수단으로 활용되었다고 생각된다.

　셋째 '용의 존재를 확고하게 믿고 있는 사람들에 복을 주는 龍'에 대해 살핀다. 이야기에서 주인공은 삶을 영위하기 위해 자신의 생업인 고기잡이를 열심히 한다. 그런 그가 어느 날 용왕에게 잡혀가 죽을 위기에 처하게 된다. 용왕은 자신의 신하인 물고기들을 잡아먹는 주인공을 벌하려고 했다. 주인공은 용왕에게 다시는 물고기를 잡아먹지 않겠다고 약속한다. 용왕은 노인을 살려주고 그가 식량 걱정에서 벗어날 수 있도록 쌀 단지를 준다. 주인공 노인의 문제는 식량의 확보이다. 용왕은 주인공이 당면한 문제를 계속해서 쌀이 나오는 단지를 주어 해결해준다. 이야기의 내용은 다음과 같다.

자료9. 〈구무소〉
1) 노인은 바다에서 고기를 잡아 팔아서 먹고 사는 어부였다. 하루는 고기를 잡다가 물에 빠져 용궁으로 가게 되었다. 용왕은 자신의 신하를 잡아먹고 사는 어부에게 죄를 물으려고 했다. 어부는 잘못을 빌고 다시는 고기를 잡지 않겠다고 약속한다.
2) 그러자 용왕은 노인에게 쌀단지를 하나 주고 돌려보냈다. 집에 돌아오자 노인의 초상을 치르기 위해 사람들이 분주히 움직이고 있었다. 부인에게 사정을 말하고 용왕이 준 쌀단지를 보여주었다. 그때부터 노인은 더 이상 고기를 잡지 않아도 살 수 있었다. 쌀단지에는 매일 먹을 수 있는 양식이 끊어지지 않았다.
3) 후에 들리는 말에 의하면 노인과 아들 때까지 쌀단지 덕분에 잘 살았는데 후에 손녀가 시집가면서 쌀 단지를 훔쳐가자 그 이후부터는 쌀이 더 이상 나지 않았다고 한다.

자료9는 〈표2. 한국구비문학대계 자료13〉을 요약한 내용이다. 이야기에 따르면 주인공은 어부인 노인이다. 노인이 어부가 되어 물고기를 잡는 것은 식량을 확보하기 위해서이다. 이를 통해 주인공의 목적이 식량 확보라는 것을 알 수 있다. 주인공은 물고기를 잡지 않으면 먹을 것을 구할 수 없다. 용왕은 노인이 자신의 부하들인 물고기를 잡는 대신 그에게 쌀단지를 주어 식량을 확보할 수 있도록 해준다. 용왕은 주인공 어부의 조력자가 된다. 용왕은 어로신앙의 중요한 대상으로 숭배되어 왔다. 어로집단은 용왕의 음우(陰祐)로써 안전한 항해와 조업, 그리고 풍어의 목적을 달성하고자[33] 용왕을 신앙의 대상으로 삼았다.

이야기에서 용은 주인공 어부가 가진 생계의 문제를 해결해주는 존재이다. 주인공 어부는 하루라도 바다에 나가 고기를 잡지 않으면 식량을 확보하기 어렵다. 그래서 그는 매일 바다로 나가 물고기를 잡아 식량을 확보한다. 하지만 바다를 지키는 용왕의 입장에서는 자신의 신하를 잃게 되는 것이므로 주인공에게 벌을 주려고 한 것으로 보인다. 주인공이 잘못을 인정하고 다시는 고기를 잡지 않겠다고 약속하자 용왕은 어부가 식량 확보

---

33) 정은주, 위의 논문, 1993, p.20.

에 어려움이 없도록 쌀단지를 준다. 주인공 어부의 입장에서 보면 용왕이 준 쌀단지로 인해 더 이상 노동을 하지 않고도 식량을 확보할 수 있게 된 것이므로 결국 용왕에게 복을 받은 것이 된다.

이 이야기는 '지나친 욕심에 대한 경계'와 '신앙의 존재에 대한 믿음→복을 받는다'는 의식이 잘 드러난다. 결국 이야기 내에서 용을 통해 노인의 이상을 실현시켰다고 보인다.

용 전승집단은 그들이 당면한 삶의 기본적인 문제들을 해결하고 싶었다. 이 이야기에서는 문제를 해결하기 위해 날마다 고된 노동을 해야만 했다. 하지만 용왕은 더 이상 주인공이 고된 노동을 하지 않고도 충분한 식량을 확보할 수 있도록 쌀단지를 준다. 그러나 이 이야기의 전승집단이 처한 현실은 이야기와는 다르다. 현실에서는 고된 노동 없이는 식량 확보가 어렵다. 그래서 그들은 비현실적인 존재인 용을 이야기 내에 수용한다. 이야기 내에서 그들에 의해 수용된 용은 그들이 여러 가지 해결하지 못했던 문제들을 해결해준다. 따라서 이 이야기는 민간집단의 소망을 용을 통해 실현시키고 있다고 하겠다.

하지만 이 이야기는 민간집단의 소망만을 담고 있지는 않았다. 손녀가 후에 쌀단지를 훔쳐가자 더 이상 쌀이 나오지 않았다는 것을 통해 과람(過濫)을 경계하는 메시지를 전해준다. 다양한 이야기에서 민간집단의 사람들은 욕심을 부리는 것을 대단히 경계하고 있다.34) 이야기에서 '풍어를 저지하는 행위'와 '손녀가 쌀 단지를 훔쳐가는 행위'는 모두 욕심이라는 욕망에서 비롯된다. 첫 번째 욕망인 노인의 욕망은 생존을 위해 어쩔 수 없는 선택이었으며 노력을 동반한다. 그렇기 때문에 신앙의 대상은 노인에게 다른 방법으로 생존을 유지할 수 있도록 해준다. 반면 두 번째 욕망은 지나친 욕심이다. 손녀는 노력하지 않고 보상을 받고자 한다. 때문에 신앙의 대상은 손녀가 욕심을 부리지 않도록 쌀 단지의 영험함을 제거해버린다. 이야기는 집단 개개인의 소망만 실현시키는 것뿐만 아니라 교훈까지 담고 있다고 생각된다.

---

34) 김화경, 『한국의 설화』, 지식산업사, 2002, pp.270-275.

용의 존재를 확고하게 믿고 있는 사람들에 복을 주는 용은 〈용이 보내준 금방석〉에서도 등장한다. 이야기에서 주인공은 용의 존재를 믿고 있는 노인이다. 이야기에서 노인을 제외한 다른 사람들은 모두 용의 존재를 믿지 않는다. 하지만 노인만은 확고하게 용의 존재를 믿고 그를 섬긴다. 용은 그런 노인에게 금방석을 주어 자신의 존재를 알리고 다른 사람들에게도 자신이 건재함을 드러낸다. 주인공 노인은 용에게 금방석을 받음으로 인해서 풍족한 삶을 유지할 수 있게 된다. 용은 주인공에게 풍족한 삶이라는 기본적 문제를 해결해준다. 이야기의 내용은 다음과 같다.

자료10. 〈용이 보내준 금방석〉
1) 모든 사람들이 용발터가 용이 해 놓은 일이 아니라며 의심을 했지만 나이 많은 한 노인만은 용의 존재를 믿었다. 노인이 용이 있다고 말하자 사람들은 모두 의심을 하며, 용이 있다면 보여 달라고 말한다.
2) 노인은 용의 존재를 사람들에게 알리기 위해 하늘에 치성을 드렸다. 그러자 하늘에서 금방석이 내려온다. 금방석의 존재를 보고 사람들도 용의 존재를 믿게 되었다.

자료10은 〈표2. 한국구비문학 대계 자료14〉의 내용을 요약한 것이다. 이야기에 따르면 주인공은 용의 존재를 믿는 노인이다. 이야기에서 노인이 치성을 드려 사람들에게 용의 존재를 믿게 하려고 한 주체이므로 그렇게 볼 수 있다. 노인이 사람들에게 용에 존재에 대해 강하게 믿고 치성을 드렸던 것은 모두 용의 존재를 모두에게 알리고자 하는 이유에서였다. 그렇다면 노인의 목적 또한 용 존재에 대한 확고한 믿음의 전파이다. 용은 주인공 노인에게 금방석을 전해주는 것으로 스스로를 증명해 보인다. 용으로 인해 주인공은 자신의 믿음이 실현된 것이므로 노인에게 용은 조력자가 된다.

이야기에서 용은 노인의 문제인 용 존재에 대한 믿음 전파를 해결해준다. 또한 금방석을 줌으로써 노인의 경제적인 문제까지 해결해준다고 할 수 있다. 용이 금방석을 주인공에게 내려주지 않았다면 노인은 다른 사람들로부터 비난을 받게 된다. 용을 통해 주인공은 비난을 면할 수 있게 된 것이다. 이 이야기는 '절대적 존재에 대한 믿음→복을 받는다'는 의식이 잘 반영되었다. 이야기는 '자신이 숭앙하는 절대적 대상인 용에 대한 강한 믿음을 가진다면 자신이 당면한 어떠한 문제도 해결할 수 있다'는 의식을 담고 있다. 결국 이야기 내에서 용을 통해 노인이라는 개인의 문제가 해결되었다.

용 전승집단은 그들이 당면한 문제들을 해결하고 싶었다. 이 이야기에서는 문제를 해결하기 위해 용에 대한 강한 믿음을 보인다. 그러자 문제를 해결한다. 하지만 현실은 이 이야기와는 차이가 있다. 현실에서 봉착한 문제를 해결하는 것은 어렵거나 거의 불가능하다. 그래서 전승집단은 용이라는 초월적인 존재를 이야기 내에 수용한다. 이야기 내에서 그들에 의해 수용된 용은 그들이 가진 기본적인 문제들을 해결해준다. 따라서 이 이야기는 민간집단의 소망이 실현되는 장으로서의 역할을 담당했다고 보인다.

용의 존재를 확고하게 믿고 있는 사람들에 복을 주는 용은 〈용이 장가 못 간 아들 둔 어미 소원들어주기〉에서도 등장한다. 이야기에서 주인공은 용의 존재를 믿고 있는 장가 못 간 아들을 둔 어미이다. 이야기에서 어미는 장가를 가지 못한 아들이 걱정되어 날마다 못가에서 연못의 용에게 치성을 드린다. 연못의 용은 어미의 치성에 감동해 아들을 결혼시켜준다. 주인공 어미가 가진 문제를 해결해 준 것이다. 이 이야기의 내용은 다음과 같다.

자료11. 〈용이 장가 못 간 아들 둔 어미 소원 들어주기〉
1) 한 어머니가 아들이 장가를 들지 못하자 근심을 하고 있었다.
2) 어미는 항상 못가에 가서 용에게 아들을 장가 보내 달라고 빌었다.
3) 어미의 치성이 지극해 이에 감동한 용이 아들에게 장가를 보내주고 잘 살도록 해주었다.

자료11은 〈표1. 현지 조사 자료 11〉을 요약한 내용이다. 이야기에 따르면 주인공은 장가 못 간 아들을 둔 어미이다. 주인공 어미가 날마다 연못에 가 용에게 정성을 드리는 것은 아들을 결혼시키기 위함으로 보인다. 따라서 주인공 어미의 목적은 아들을 장가보내는 것이다. 그렇다면 용은 주인공 어미의 목적을 실현해 주는 존재이므로 주인공의 조력자과 된다.

이야기에서 용은 주인공 어미가 가진 아들 결혼의 문제를 아들의 배필을 만들어 줌으로써 해결해준다. 이 이야기는 '절대적 존재에 대한 믿음→복을 받는다'는 의식이 잘 드러난다. 이야기는 '자신이 절대적으로 의지하고 있는 용에 대한 강한 믿음을 가진다면 자신이 당면한 어떠한 문제도 해결할 수 있다'는 의식을 보여준다. 결국 이야기 내에서 용을 통해 주인공 어미의 문제가 해결된 것이다.

용 전승집단은 그들이 당면한 문제들을 해결하고 싶었다. 그들이 당면한 문제는 아주 기본적인 것들이었다. 하지만 기본적인 문제들조차 그들이 해결하기에는 역부족이다. 이 이야기에서는 문제를 해결하기 위해 용에 대한 강한 믿음을 강조한다. 주인공이 용에 대한 강한 믿음을 보이자 용이 나타나 문제를 주기 때문에 그렇게 볼 수 있다. 하지만 현실은 이야기와 차이가 있다. 그래서 그들은 용이라는 신비한 존재를 이야기 내에 수용한다. 이야기 내에서 그들에 의해 수용된 용은 그들이 가진 기본적인 문제인 미혼의 문제를 해결해준다. 따라서 이 이이야기는 민간집단이 그리는 이상이 실현된 장으로서의 역할을 했다고 보인다.

넷째 '사람과 더불어 살면서 사람들이 어려움에 처했을 때 이들을 도와주고 복을 주는 龍'에 대해 살핀다. 이야기에서 주인공은 노인이다. 노인은 어느 날 아이들에게 괴롭힘을 당하는 가엾은 개를 데리고 와 3년 동안 정성스럽게 보살핀다. 주인공 노인이 보살피던 개는 잘못을 저질러 3년 동안 개의 모습을 하고 용궁을 쫓겨난 용왕의 아들이었다. 용왕의 아들은 노인에 대한 고마움의 표시로 그에게 다시 찾아와 용궁으로 데려가 잔치를 열어주고 귀중한 보물인 해인을 준다. 주인공인 노인은 해인을 가지고 돌아와 편안한 삶을 살게 된다. 즉 주인공은 해인으로 인해 더 이상 삶의 문제로 인해 고통 받지 않는다. 그렇다면 용은 주인공의 문제를 해결해 준 존재가 된다. 이야기의 내용은 아래와 같다.

자료12. 〈용,이 자신을 거두어 준 노인에게 보답하기〉
1) 용왕의 아들이 죄를 지어 개가 되어 3년 동안 육지로 쫓겨나는 벌을 받는다. 용왕의 아들이 개로 변해 육지로 나오자 아이들에게 괴롭힘을 당한다. 이를 딱하게 본 노인이 자신의 집으로 데려 와서 개를 목욕을 시키고 잘 거둔다.
2) 3년이 흐른 뒤 어느 날 갑자기 개가 사라진다. 아끼던 개가 사라지자 노인은 병이 들어 눕는다. 그러던 어느 날 갑자기 어떤 청년이 찾아와 자신이 노인이 찾고 있던 개라고 하며 자신은 용왕의 아들로 죄를 지어 개로 변해 육지로 귀양 온 것이라고 말한다. 그리고 노인에게 감사의 표시로 용궁에 가자고 말한다. 또한 용왕이 감사의 표시로 선물을 준다고 하면 해인을 달라고 하라고 일러준다.
3) 노인은 청년을 따라 용궁으로 가 좋은 대접을 받고, 용왕에게 해인을 얻어 가지고 돌아와 부자가 되어 행복하게 산다.

자료12는 〈표1. 현지 조사 자료 12〉를 요약한 내용이다. 이야기에 따르면 주인공은 노인이다. 용왕으로부터 해인을 받은 노인이 부자가 되어 행복하게 살아간다는 데서 노인이 부의 획득을 통한 삶의 안정을 얻고자 한다는 것을 알 수 있다. 그렇다면 주인공 노인의 목적은 부의 획득을 통한 삶의 안정이다. 만약 주인공이 용왕에게 해인을 받지 않았다면 부자가 되어 행복을 누리지 못했을 것이다. 그러므로 용은 노인의 문제를 해결해준 조력자라고 할 수 있다.

이야기에서 주인공이 목적을 달성하기 위해서는 당면한 문제를 해결해야 한다. 하지만 주인공은 나이가 들어 당면한 문제를 적극적으로 해결하기 어렵다. 그때 용은 주인공에게 해인이라는 보물을 획득하게 함으로써 그가 가진 문제를 해결하도록 도움을 준다. 이 이야기는 '생명에 대한 존중→복을 받는다'는 의식이 잘 드러난다. 이야기는 '모든 생명을 하찮게 여기지 않고 소중히 한다면 신앙의 대상인 용이 복을 가져다 준다'는 믿음을 담고 있다. 결국 이야기 내에서 용을 통해 주인공 노인의 문제를 해결하고 있다고 하겠다.

용 전승집단은 그들이 당면한 문제들을 해결하고 싶어 했다. 그들에게 직면해 있는 문제는 아주 기초적이고 단순한 것들이었음에도 불구하고 현실에서 그들이 문제를 해결하기란 쉽지 않았다. 때문에 그들은 용이라는 신비한 존재를 이야기 내에 수용한다. 이야기 내에서 그들에 의해 수용된 용은 그들이 가진 기초적이지만 해결하기 어려운 문제들을 해결해준다. 따라서 이 이야기는 민간집단이 꿈꾸는 이상이 실현되는 장으로서의 역할을 했다고 생각된다.

사람과 더불어 살면서 사람들이 어려움에 처했을 때 이들을 도와주고 복을 주는 은 〈용이 사람되기3〉에서도 등장한다. 주인공 반인반용인 아들은 아버지가 없다는 것과 외모가 다른 사람들과 차이난다는 이유로 사람들에게 비난과 놀림을 받는다. 하지만 반인반용인 아들은 사람들을 미워하지 않는다. 주인공은 사람들이 자신을 비난하고 놀리는데도 불구하고 사람들을 미워하지 않고 그들이 당면했으나 해결할 수 없는 문제들을 해결해준다. 이야기의 내용은 다음과 같다.

　　자료13. 〈용이 사람되기 3〉
　1) 부모를 일찍 여의고 홀로 사는 처녀에게 어떤 남자가 밤마다 찾아온다. 처녀는 남자를 사랑해 그만 동침을 하고 아이를 밴다. 남자는 여인에게 와 자신은 용이라고 말하고 사라져 버린다. 결혼도 하지 않고 혼자 아이를 밴 처녀를 동네 사람들은 손가락질 한다. 산달이 되어 처녀는 얼굴은 사람이고 몸은 뱀처럼 생긴 아이를 낳았다. 아이는 아버지가 없다 것과 이상한 외모로 인해 사람들에게 놀림을 받는다.
　2) 그러던 어느 해 가뭄으로 인해 사람들이 몹시 괴로워하고 있었다. 그때 처녀의 아들이 사람들을 불러 모아 자신이 비를 내려줄 것이니 더 이상 모자를 괴롭히지 말라고 한다. 사람들이 약속하고 집을 떠난다. 마른하늘에 천둥이 치고 비가 내리기 시작했다.
　3) 이후부터는 사람들이 모자를 사랑했다. 아들은 사람들과 잘 지내며 처녀와 결혼해 행복하게 살았다.

자료13은 〈표1. 현지 조사 자료 7〉을 요약한 내용이다. 이야기에 따르면 주인공은 반인반용이다. 이야기에서 비를 내리고 사람들과 더불어 산 주체가 반인반용인 아이이므로 그렇다고 하겠다. 가뭄이라는 문제에 당면한 사람들에게 주인공은 비를 내려주어 그들이 당면한 문제를 해결해준다. 주인공이 사람들로부터 모자를 괴롭히지 않을 것을 약속 받는 부분을 통해 그가 사람과 더불어 살고자 한다는 것을 알 수 있다. 그렇다면 주인공 반인반용인 아들의 목적은 사람들과 더불어 사는 삶이다. 주인공의 아버지인 용은 주인공 아들의 조력자라고 할 수 있다. 아들의 아버지가 용이 아니었다면 주인공은 비를 내리는 능력을 갖지 못했을 것이다.

이야기에서 주인공이 목적을 달성하기 위해서는 사람들의 문제를 해결해주는 탁월한 능력을 가져야만 한다. 주인공의 주변 사람들은 당면한 문제를 해결할 수 없다. 하지만 주인공은 조력자인 용을 아버지로 두고 있으므로 비를 내리는 능력과 각종 문제를 해결할 수 있는 능력을 소유했다. 주인공은 아버지인 용으로 인해 사람들이 해결할 수 없는 문제들을 해결해주고 주공의 목적인 사람들과 더불어 사는 삶을 실현한다. 결국 이야기 내에서 주인공과 사람들이 용을 통해 문제를 해결하고 있다.

용 전승집단은 그들이 당면한 문제들을 해결하고 싶었을 것으로 생각된다. 그들에게 직면해 있는 문제는 아주 기초적이고 단순한 것들에서부터 불가항력적인 것까지 다양하다. 때문에 현실에서 그들이 문제를 해결하기란 쉽지 않다. 때문에 그들은 용이라는 신비한 존재를 이야기 내에 불러들인다. 이야기 내에서 그들에 의해 수용된 용은 그들이 가진 기초적이고 단순한 문제들뿐만 아니라 불가항력적인 문제 또한 해결해준다. 따라서 이 이야기는 민간집단이 그리는 이상이 실현되는 장으로서의 역할을 했다고 생각된다.

사람과 더불어 살면서 사람들이 어려움에 처했을 때 이들을 도와주고 복을 주는 용은 〈용이 퇴계에게 학문 배우기〉에서도 등장한다. 주인공인 퇴계는 당대 가장 뛰어난 학자이다. 주인공에게 어느 날 한 아이가 찾아와 학문을 배우게 된다. 이 아이는 하나를 가르치면 열을 아는 아주 똑똑한 아이였다. 그러던 중 가뭄이 심해져 사람들이 곤경에 처하게 된다. 주인공 퇴계는 당대 가장 뛰어난 학자였으므로 사람들은 퇴계에게 와 그 문제를 해결할 방법을 알려달라고 한다. 하지만 퇴계가 해결할 수 있는 문제가 아니다. 이때 똑똑한 제자인 아이가 자신의 신분이 용이라고 밝히고 스승을 위해 비를 내려준다. 주인공 퇴계와 사람들의 문제를 용이 해결해 준 것이다. 이야기의 자세한 내용은 아래와 같다.

    자료14. 〈용이 퇴계에게 학문 배우기〉
1) 퇴계 이황의 학문이 뛰어남을 알고 용왕의 아들이 사람으로 변해 퇴계에게 학문을 배운다. 용왕의 아들은 하나를 가르치면 열을 알 만큼 똑똑했으므로 퇴계가 아꼈다.
2) 그런데 어느 해 가뭄으로 사람들이 죽어갔다. 퇴계가 이를 근심하자 용왕의 아들이 퇴계에게 와 자신의 신분을 밝히고 비를 내릴 수 있는 능력이 있다고 고백한다. 하지만 하늘의 허락 없이 비를 내리면 죽음을 당한다고 하면서 난감해 한다. 퇴계는 사람을 살리는 것이 우선이라고 말한다. 용왕의 아들이 비를 내린다.
3) 용왕의 아들이 비를 내린 사실을 알게 된 하늘에서 그를 죽이려고 한다. 퇴계는 사람들이 죽어 가는데 하늘에서 보고만 있어 자신이 용왕의 아들에게 비를 내리게 했다고 하면서 자신에게 벌을 달라고 한다. 하늘은 퇴계의 학문이 뛰어나고 성품이 곧음을 알고 용서해준다.
4) 용왕의 아들은 공부를 끝내고 용궁으로 돌아가 자신의 소임을 다하고 퇴계는 더욱 훌륭한 학자가 된다.

자료14는 〈표1. 현지 조사 자료13〉을 요약한 내용이다. 이야기에 따르면 주인공은 퇴계이다. 용왕의 아들에게 가르침을 준 것, 가뭄이 들자 용에게 비를 내리도록 설득 한 것, 하늘에게 용을 벌하지 않도록 설득한 것 등을 한 주체가 퇴계이므로 주인공으로 볼 수 있다. 주인공 퇴계의 목적은 사람들에게 도움을 주는 훌륭한 학자가 되는 것이라고 하겠다. 주인공은 목적을 실현하기 위해 최선을 다한다.

그런데 어느 날 주인공 퇴계와 사람들에게 문제가 발생한다. 가뭄으로 식수와 농사지을 물이 부족한 것이다. 사람들은 뛰어난 학자인 퇴계가 문제를 해결할 수 있을 것으로 기대하고 퇴계를 찾아온다. 하지만 가뭄은 퇴계가 해결할 수 없는 문제이다. 이때 용왕의 아들인 용이 비를 내려 가뭄을 해갈한다. 그렇다면 용은 설화에서 주인공과 사람들의 조력자가 된다. 결국 이야기 내에서 용을 통해 주인공 퇴계와 사람들이 직면한 문제를 해결한다.

용 전승집단은 그들이 당면한 문제들을 해결하고 싶었을 것으로 생각된다. 그들에게 직면해 있는 문제는 기본적인 것에서부터 그들이 해결할 수 없는 것들까지 다양하다. 때문에 현실에서 그들이 직면한 문제를 해결하기란 쉽지 않다. 그래서 그들은 용이라는 초월적 존재를 이야기 내에 수용한다. 이야기 내에서 그들에 의해 수용된 용은 그들이 가진 다양한 문제를 해결해준다. 따라서 이 이야기는 민간집단이 그들이 바라는 이상적인 삶을 실현하는 장으로 활용했다고 보인다.

2. 금기 대상의 용

민간집단에 전해지는 용 관련 설화 가운데 용이 신성을 드러내 사람에게 화를 주는 것들이 존재한다. 이들 이야기는 용은 사람들에게 신성을 통해 화를 줌으로써 금기의 대상된다. 신성을 해한 사람들에게 화를 주는 데 참여하는 용들 중에는 신성한 장면을 목격함으로써 신성에 해를 끼친 사람에게 화를 주는 용, 신성한 존재를 해하려고 한 사람에게 화를 주는 용, 신성한 존재의 부탁을 잘못 들어주자 화를 주는 용, 신성한 존재에게 반하는 행동을 한 사람에게 화를 주는 용 등으로 나누어 볼 수 있다.

본 장에서는 신성을 침해한 사람들에게 화를 내리는데 참여하는 용인 '신성한 장면을 목격함으로써 신성에 해를 끼친 사람에게 화를 주는 용', '신성한 존재를 해하려고 한 사람에게 화를 주는 용', '신성한 존재의 부탁을 잘못 들어주자 화를 주는 용', '신성한 존재에게 반하는 행동을 한 사람에게 화를 주는 용' 등의 장을 만들어 살피고자 한다. 먼저 용의 정체를 분석하고, 용이 이야기 내에서 수용 된 이유를 바탕으로 전승집단의 의도가 무엇인가를 논의한다.

첫째 '신성한 장면을 목격함으로써 신성에 해를 끼친 사람에게 화를 주는 용'에 대해 살핀다. 이야기에서 용처녀는 인간이 되기 위해 일정 시간이 필요하다. 그런데 주인공인 남자는 일정 시간을 인내하지 못하고 처녀의 본 모습을 봐 버린다. 주인공인 남자로 인해 용처녀는 사람이 되지 못하고 죽게 된다. 주인공은 여인이 죽음으로써 배필을 잃게 되었을 뿐만 아니라 여인과 함께 살아갈 미래 또한 잃게 되었다. 이야기의 자세한 내용은 다음과 같다.

자료15. 〈용에 얽힌 임실 용진방죽〉
1) 용진 방죽에 얽힌 이야기로 병든 어머니와 함께 사는 가난한 청년이 있었다. 하루는 어머니가 물고기를 먹으면 병이 나을 것 같다는 말을 한다. 이 말을 들은 청년은 낮에는 일하고 저녁에는 낚시를 했다. 며칠 저녁을 낚시를 하자 하루는 큰 자라가 한 마리 걸려 왔다. 청년은 기쁜 마음으로 집으로 돌아와 내일 아침 어머니께 끓어드리려고 수통에 넣고 잠을 잤다.
2) 아침이 되자 푸짐한 밥상이 차려져 있었다. 이런 일은 계속 반복되었다. 청년은 영문을 알고자 몰래 숨어서 지켜보았다. 그러자 수통에서 여인이 나와 밥을 차리고 있는 것이었다. 청년은 처녀를 부여잡고 같이 살자고 졸라댔다. 그런 청년에게 처녀는 일 년간 떨어져 지내면 평생을 행복하게 살 수 있다고 말하고 짐을 싸서 청년을 다른 곳으로 보낸다. 길을 떠난 청년은 아름다운 처녀를 잊을 수가 없었다.
3) 그래서 그 길로 다시 돌아와 방문 구멍을 뚫어 처녀를 보고자 했다. 그런데 방에는 처녀는 없고 용 아홉 마리만 꿈틀거리고 있었다. 놀란 청년이 문을 열었다. 그러자 용은 사라지고 처녀가 나와 일 년만 떨어져 살았다면 평생 행복하게 살 수 있었을 것인데... 라는 말을 남기고 죽어 버렸다.

자료15는 〈표2. 한국구비문학 대계 자료 15〉를 요약한 내용이다. 이야기에 따르면 주인공은 가난한 청년이다. 1)에서 주인공을 가난하다고 표현한 것과, 2)에서처럼 청년이 처녀를 붙잡고 같이 살자고 한 행위를 통해 주인공이 결혼을 해 평안한 삶을 살고자 한다는 것을 알 수 있다. 이렇게 보면 주인공의 목적은 결혼을 통한 편안한 삶의 영위이다. 주인공인 청년은 결혼을 해야 하며, 어머니를 봉양해야 하는 문제에 봉착해 있다. 주인공은 처녀용이 사람이 될 수 있도록 1년의 시간을 기다려야 했으나 기다리지 못하고 결혼 상대자인 여성을 잃게 되는 화를 당한다. 결국 이야기 내에서 용을 통해 신성 침해에 대한 경고를 해 용을 금기의 대상으로 여기고 있다. 용 전승집단은 그들이 당면한 문제들을 해결하고 싶었다. 그들이 당면한 문제는 기본적이며 원초적이다. 하지만 그들에게는 기본적이고 원초적인 문제조차 해결하기 어렵다. 그래서 그들은 용이라는 신앙적 존재를 이야기 내에 동원한다. 이야기 내에서 그들에 의해 동원된 용은 그들이 가진 기본적이고 원초적인 문제를 해결해줄 있는 조력자이다. 그럼에도 불구하고 주인공은 신성권을 침해하는 실수를 범해 버림으로써 기본적이고 원초적인 문제조차 해결하지 못하는 존재로 전락해버린다. 따라서 이 이야기는 민간집단에게 신성의 침해에 대한 경계를 보여주어 용이 금기의 대상임을 강조하고 있다. 청

신성한 장면을 목격함으로써 신성에 해를 끼친 사람에게 화를 주는 용은 〈득천하다 추락한 용〉에서도 등장한다. 주인공인 여인이 용이 득천하는 신성한 장면을 목격해 용의 신성을 침해한다. 주인공은 용의 신성을 침해했으므로 죽음을 맞이하게 된다. 자세한 내용은 다음과 같다.

자료16. 〈득천하다 추락한 용〉[35]
1) 지품 신앙의 용추못에 관한 이야기로 용추못에 득천을 하려고 하는 용이 있었다.
2) 하루는 용이 득천하기 위해 하늘로 오르고 있었다. 그런데 여인이 이 장면을 보게 된다.
3) 용은 득천을 하지 못하고 추락해 죽게 되고, 이로 인해 여인도 죽게 된다.

자료16은 〈표2. 한국구비문학대계 자료 16, 17, 18〉을 요약한 내용이다. 이야기에 따르면 주인공은 용의 승천을 목격한 여인이다. 여인이 용이 승천하는 것을 봄으로써 죽음을 맞이하는 주체가 되므로 그렇다고 하겠다.

---

[35] 〈표2. 한국구비문학대계 자료17〉은 용이 죽지 않고 떨어져 깡철이가 되어 가뭄을 준다고 하면서 가뭄이 심할 때 용이 떨어진 곳으로 가 치성을 드리면 비가 온다고 한다는 부분에서 〈표2. 한국구비문학대계 자료16〉과 차이를 보인다. 〈표2. 한국구비문학대계 자료18〉은 가뭄이 아니라 못 둑을 터트려 버리는 행동을 했다는 데서 〈표2. 한국구비문학대계 자료16〉과 차이를 보인다.

주인공의 목적은 평안한 삶의 영위이다. 3)에서 여인이 죽었다는 것은 주인공 여인의 목적을 뚜렷하게 해준다. 주인공은 용의 신성을 침해하지 않았다면 삶을 지속할 수 있었을 것이다. 용은 여인이 삶을 유지하는 데 결정적인 역할을 한다. 용의 승천에 대한 우리 민족의 통념은 통과의례로서의 자질 획득을 내포한다고 할 수 있다. 용은 신성한 존재이므로 하늘로 올라가야 완전한 신격에 이를 수 있다고 생각한 것이다. 즉 용을 거룩한 성(聖)의 존재로 바라보고 범속한 인간과의 분리를 강조한다.36)

그런데 성의 존재로 향하기 위한 통과의례를 인간이 봄으로써 용은 신성을 침해받는다. 만약 여인이 용의 승천을 보지 않았다면 용은 신성을 확고히 함으로써 자신이 승천한 장소의 사람들에게 복을 내려줄 수 있게 된다. 즉 주인공의 조력자가 되는 것이다. 그러나 주인공 여인은 조력자의 도움을 신성을 침해함으로써 저지시켜 버린 것이다. 용의 승천은 완전한 신의 모습을 갖추기 위해 필요한 조건이다. 용이 승천하기 위해서는 천둥과 바람을 불러오고 비를 내리는 데, 이는 자연의 운행을 자유자재로 조절하는 신의 모습이다.37) 신은 여인으로 인해 통과의례를 거치지 못했으므로 신성의 획득에 실패한다. 그래서 여인에게 화를 내린 것이다.

용 전승집단은 그들이 현실에서 당면한 소박한 문제를 해결하고자 한다. 하지만 현실에서 그들은 여러 가지 제약들로 인해 문제를 해결하기 어렵다. 그래서 그들은 이야기에서 그들이 당면한 소박한 문제를 해결하기 위해 초월적인 존재인 용을 수용한다. 용은 그들이 신성을 침해하지만 않는다면 그들이 당면한 문제를 해결해 줄뿐만 아니라 그들이 평안한 삶을 누릴 수 있도록 해준다. 하지만 주인공은 용의 신성을 침해함으로써 화를 당하고 만다. 결국 이야기는 민간집단의 염원을 담고 있으나 염원의 실현이 신성을 침해하지 않아야만 이루어질 수 있다는 경계의 메시지를 전하고 있다고 하겠다.

---

36) 조성담, 「승천하는 용(龍)설화의 통과의례적 의미」, 『인문논총』 34, 경남대학교 인문과학연구소, 2014, pp.11-12.
37) 한정훈, 「전남 용설화 연구」, 전남대학교 석사학위논문, 2005, pp.51-52.

둘째 '신성한 존재를 해하려고 한 사람에게 화를 주는 용'에 대해 살펴본다. 〈용꿈 해먹으려다 망한 낙양촌 신씨〉는 신성한 존재를 해치려고 하는 사람에게 해를 주는 용이 등장한다. 용이 신성함을 지닌 존재임에도 불구하고 낙양촌 신씨는 솥을 달구어 용을 잡아먹으려 한다. 이때 하늘에서 큰 비가 내려 낙양촌 신씨는 망하고 만다. 자세한 내용은 아래와 같다.

자료17. 〈용꿈 해먹으려다 망한 낙양촌 신씨〉[38]
1) 낙양 나들 강변에 신씨가 살았는데 그 세력이 대단했다.
2) 하루는 신 씨가 용을 잡아먹기 위해 솥을 달구었다.
3) 솥이 달구어 지자 용을 솥에 집어넣었다. 맑았던 하늘이 갑자기 어두워지고 천둥번개가 치면서 억수 같은 비가 쏟아졌고, 결국 신씨가 사는 마을을 모두 쓸어버렸다.

자료17은 〈표2. 한국구비문학대계 자료 29, 30, 31〉의 내용을 요약한 내용이다. 이야기에 따르면 주인공은 낙양촌 신씨이다. 신씨가 용을 잡아먹으려다 벌을 받아 모든 것을 잃어버렸다는 데서 주인공이 신씨라는 것을 알 수 있다. 주인공이 용을 잡아먹기 위해 솥을 달구고 용을 집어넣은 것을 통해 신씨의 목적이 용을 잡아먹는 일임을 알 수 있다. 용은 주인공의 목적이 잘못 되었음을 알려주는 존재가 된다. 설화의 1)에서 신씨가 대단한 세력을 가졌다고 하고 있다. 그리고는 3)에서는 신씨가 사는 마을이 모두 비에 의해 쓸려가 버렸다고 하고 있다. 주인공이 해결의 상태에서 문제적 상태로 내닫는 계기가 바로 용을 잡아먹는 일 즉, 주인공의 목적 달성이다. 주인공이 용으로 인해 목적 달성을 실패함으로써 그는 문제적 상황에 내몰린다.

결국 주인공의 목적은 절대로 실현될 수 없다는 것을 알려준다고 하겠다. 설화에서 '맑았던 하늘이 갑자기 어두워지고 천둥번개가 치면서 억수 같은 비가 쏟아졌다'는 대목을 통해 용이 기상을 관장할 수 있는 존재라는

---

[38] 〈표2. 한국구비문학대계 자료31〉은 〈표2. 한국구비문학대계 자료29〉와 주인공의 이름이 바꿨다는 데서 차이를 보인다.

사실을 알 수 있기 때문이다. 그럼에도 불구하고 신씨는 그런 용을 잡아먹으려고 했다. 이는 신격에 대한 대단한 모독이 된다.39) 막강했던 신씨의 집안은 용으로 망해버린다. 신격에 대한 모독을 한 신씨이므로 용이 신성을 드러내어 신씨를 망하게 한 것이다.

용 전승집단은 모든 것이 갖추어진 해결의 상태에서 오만함으로 신성을 해하고자 한다면 모든 것을 잃고 문제적 상황에 이르게 된다는 것을 경계하기 위해 이와 같은 이야기를 전승했다고 생각된다. 그래서 그들은 이야기에서 그들이 보여주고자 하는 문제적 상황을 제시하고 신앙적 존재인 용을 수용한다. 용은 그들이 금기를 어기지만 않는다면 그들이 당면한 문제를 해결해 줄뿐만 아니라 그들이 평안한 삶을 누릴 수 있도록 해주는 신앙적 존재이다. 하지만 주인공은 신성을 해하고자 한 오만함으로 결국 화를 당하고 만다. 이야기는 신성을 해하려고 한 인간의 화를 보여주어 신성 침해에 대한 경고를 하고 있다고 하겠다.

셋째 '신성한 존재의 부탁을 잘못 들어주자 화를 주는 용'에 대해 살펴본다. 이야기에서 주인공인 용 아들은 사람들이 닥친 문제적 상황에서 문제를 해결할 수 있도록 도와준다. 그럼에도 불구하고 권력을 가진 사람들은 용 아들의 뛰어난 능력을 두려워해 용 아들을 죽이고 만다. 용 아들은 죽기 전 자신의 어머니에게 자신이 묻힌 장소에 함구할 것을 부탁하나 어머니는 자신의 목숨을 유지하기 위해 번번이 약속을 어긴다. 이에 용 아들은 어머니를 죽게 만든다. 자세한 이야기는 다음과 같다.

    자료18. 〈용 아들의 말 안들어 죽은 어머니〉
  1) 어떤 사람이 아들을 낳았는데 이 아들은 두 살이 되도 세 살이 되어도 스무 살이 되어도 안에다가 똥오줌을 쌌다. 이를 보다 못한 어머니가 아들에게 김정승 성 쌓는데 구경을 가보라고 권한다.
  2) 아들은 그 길로 성을 쌓는 곳으로 갔다. 김정승이 성을 쌓는데 아주 좋은 돌이 많았으나 하나의 구멍을 메울 수 없어 고생을 하고 있었다. 이때 아들이 나와 그것을 해결해 주었다. 그러자 김정승은 자신보다 나은 사람이 있다는 사실이

---

39) 정은주, 위의 논문, 1993, pp.29-32.

두려워 아들을 죽이고자 했다.
3) 아들은 집으로 돌아와 자신의 어머니에게 김정승 집에서 콩 서 되를 바꿔와 볶아 달라고 말했다. 어머니는 콩 서 되를 볶았으나 콩 한 알을 잃어버렸다. 어머니는 아들에게 콩 한 알이 사라진 사실을 말했다. 그러자 아들은 자신은 곧 죽을 것이라면서 김정승 집에서 좁쌀 서 되를 바꿔와 볶아서 자신과 함께 앵두나무 밑에 묻어달라고 했다. 또한 절대 자신이 묻힌 장소를 알려줘서는 안 된다고 했다.
4) 가뭄이 너무 극심하자 김정승은 아무래도 아주머니 아들의 소행이라고 생각했다. 그래서 아주머니를 찾아가 아들이 묻힌 곳을 알려달라고 했다. 하지만 끝까지 알려주지 않으려고 작두로 목을 베려고 했다. 이를 두려워한 아주머니가 자신이 아들이 묻힌 곳을 알려주었다. 그곳을 파자 좁쌀은 모두 병사가 되고, 아들은 병사들과 함께 나오려고 말에게 채찍질을 하려고 하고 있었다. 사람들에게 발견되어 모두 허사가 되어버렸다. 아들의 어머니는 자신 때문에 일을 그르친 것이 못내 아쉬웠다.
5) 그러던 중 아들이 꿈에 나와 김정승 집에 가서 좁쌀 되가웃을 바꿔와 신방돌 밑에 자신과 함께 묻어 달라고 했다. 그리고 어머니가 죽더라도 살려줄 터이니 절대 자신이 묻힌 곳을 알려주지 말라고 했다. 또 가뭄이 일자 김정승은 아들의 어머니를 찾아가 괴롭히기 시작했다. 김정승이 아들의 어머니의 목을 작두로 베려하자 또 겁이 난 아들의 어머니가 묻힌 곳을 알려준다. 그 곳을 파서 보니 좁쌀이 전부 군사가 되고 아들 또한 말을 타고 나오려고 하고 있었다. 다시 사람들에게 발견되어 허사가 되고 말았다.
6) 며칠 뒤 어머니의 꿈에 나타난 아들이 이번에는 자신의 시체를 물에 던져 달라고 했다. 어머니는 미안한 마음에 그렇게 해주었고 아들은 용이 되어 승천하면서 꼬리로 어머니를 쳐 물에 빠져 죽게 만들었다.

자료18은 〈표2. 한국구비문학대계 자료22〉를 요약한 내용이다. 이야기에 따르면 주인공은 용 아들을 둔 어머니이다. 아들이 한 부탁을 어김없이 어겨 아들이 일을 도모할 수 없도록 하고 결국엔 아들로 인해 죽음을 당한 주체가 어머니이므로 그렇게 볼 수 있다. 주인공 어머니가 끊임없이 죽지 않으려고 했던 일련의 행위들은 주인공 어머니의 목적이 삶의 유지라는 사실을 알려준다. 용은 주인공 어머니의 조력자이다. 주인공 어머니가 아들을 위해 끝까지 비밀을 누설하지 않았다면 주인공 어머니는 편안한 삶을 유지할 수 있었을 것이다. 주인공이 아들과의 약속을 어겨 무덤을 팠을 때 아들은 전쟁을 치를 준비를 마치고 나오려고 하고 있었다는 사실이 이를 알려준다. 그런데 어머니는 인내하지 못했다.

이 이야기에서는 세 번의 금기가 주어진다. 세 번의 금기는 어김없이 깨져버리고 만다. 설화에서 주어지는 세 번의 금기는 용인 아들의 신성성을 가시화해주는 장치이다. 거듭 깨지는 금기지만 그 과정에서 용인 아들은 위정자에게 핍박 받는 민간집단을 위해 군사를 모아 위정자들을 벌하려고 시도한다. 하지만 이는 민간집단의 구성원인 용의 어머니로 인해 좌절된다. 금기가 깨지지 않았다면 병사들이 출병해 민중세력이 힘을 얻을 수 있었을 것이다. 하지만 이야기는 금기를 어김으로써 민간집단이 힘을 얻는 것을 저지당하는 모습을 보여준다. 이는 〈아기장수〉 설화들과 닮아 있다. 민간집단은 지배집단에 대한 불만을 이야기를 통해 투영시키고 있다. 하지만 저항 의지는 무산되고 만다.

용 전승집단은 모든 것이 갖추어진 해결의 상태에서 금기를 어김으로써 희망적 미래를 잃고 문제적 상황에 이르게 된다는 것을 경계하기 위해 이와 같은 이야기를 전승했다고 생각된다. 그래서 그들은 이야기에서 그들이 보여주고자 하는 문제적 상황을 제시하고 초월적 존재인 용을 수용한다. 이야기에 수용된 용은 초월적인 존재로 그들이 금기를 어기지만 않는다면 그들이 당면한 문제를 해결해 줄뿐만 아니라 그들이 평안한 삶을 누릴 수 있도록 해준다. 하지만 주인공이 금기를 어김으로써 희망적 미래가 사라졌을 뿐만 아니라 주인공은 죽음이라는 화를 당하기까지 한다. 결국 이야기는 금기를 어긴 인간에게 화를 주는 모습을 보여주어 금기에 두려움과 금기 어김에 대한 경계를 보여준다.

신성한 존재의 부탁을 잘못 들어주자 인간에게 화를 주는 용은 〈용을 쏘아 죽인 사람 1-3〉에서도 등장한다. 이야기의 주인공은 용이 부탁한 것을 실수로 인해 제대로 이행하지 못하게 된다. 그러자 주인공의 집은 망하고 만다. 주인공이 해결의 상태에서 문제적 상황으로 전환된 것은 용이 부탁한 것을 실수로 인해 잘못 이행했기 때문이다. 자세한 이야기는 아래와 같다.

자료19. 〈용을 쏘아 죽인 사람(1-3)〉
1) 용당산의 백장자라는 사람이 있었는데 아주 부자였다. 용당산에 용당이 있었는데 그곳에 황룡과 백룡, 청룡이 살았다.
2) 하루는 백장자의 꿈에 용당산 용당에 있는 청룡이 나타나 황룡의 첩인 백룡을 죽여달라고 한다.
3) 백장자는 그 부탁을 들어주려 하다가 그만 청룡을 쏘아버린다. 그 후로 백장자의 집이 망해버렸다.

자료19는 〈표2. 한국구비문학대계 23, 24, 25〉를 요약한 내용이다. 이야기에 따르면 주인공은 백장자이다. 청룡이 부탁하는 대상, 부탁을 잘못 들어주어 망하는 주체가 백장자이므로 그렇게 볼 수 있다. 3)에서 부자였던 주인공 백장자는 용의 부탁을 잘못 들어주어 망해버렸다고 하고 있다. 그렇다면 주인공 백장자가 청룡의 부탁을 들어주는 행위는 지금보다 더 부자가 되기 위함이었다고 할 수 있으므로 주인공 백장자의 목적은 더 많은 부의 축적이라고 하겠다. 용은 신성을 지녔으므로 백장자가 부탁을 들어준다면 그에 대한 보답을 했을 것이다. 이런 측면에서 용은 주인공 백장자의 조력자가 된다. 하지만 주인공 백장자가 부탁을 잘못 들어줌으로써 백장자는 망하게 되어버린다.

설화에서는 신성한 용 또한 사람과 마찬가지로 가정을 이루어 살며, 다투기도 한다는 의식이 잘 반영되어 있으므로 인격화 된 용의 면모가 잘 드러났다고 생각된다. 또한 지나친 욕심에 대한 경계가 잘 나타났다. 1)에서 큰 부자였던 주인공 백장자는 자신의 목적인 더욱 더 나은 삶을 살기 위해 과욕을 부리고 성스러운 존재의 부탁을 잘못 이행하는 금기를 어기게 된다. 때문에 주인공 백장자는 해결의 상황에서 문제적 상황의 삶으로 이행하게 된다.

용 전승집단은 모든 것이 갖추어진 해결의 상태에서 신성의 부탁을 잘

못 들어주어 집안이 망하게 되는 문제적 상황의 삶으로 이행하게 되는 것을 경계하기 위해 이와 같은 이야기를 전승했다고 생각된다. 그래서 그들은 이야기에서 그들이 보여주고자 하는 문제적 상황을 제시하고 현실에서 존재하지 않지만 신앙의 대상인 용을 이야기 내에 수용한다. 이야기에 수용된 용은 신앙적 대상으로 그들이 용이 원하는 바를 잘 수행만 해준다면 그들이 당면한 문제를 해결해 줄뿐만 아니라 그들이 평안한 삶을 누릴 수 있도록 큰 역할을 해준다. 하지만 주인공이 용이 원하는 바를 수행하지 못함으로써 주인공은 문제적 상황으로 치닫게 되고 만다. 결국 이야기는 신성이 원하는 바를 제대로 수행하지 못한 인간이 화를 당하는 모습을 통해 금기의 대상인 용의 신성성에 대한 두려움을 보여주고자 했다.

넷째 '신성한 존재에게 반하는 행동을 한 사람에게 화를 주는 용'에 대해 살펴본다. 이야기의 주인공은 용천리 사람들이다. 주인공들은 신성한 존재인 용이 주인공들의 살 곳을 마련해주었음에도 불구하고 나쁜 짓을 해 금기를 어기게 된다. 용은 용천리 바위에 벼락을 내려 경고하고, 더 이상 용천리에서 유식한 사람이 나올 수 없는 화를 내린다. 자세한 내용은 다음과 같다.

자료20. 〈용이 꼬리를 쳐 만들어 준 용천리1〉
1) 옛날 용천리는 바다에 잠겨있었다. 득천하던 용은 사람들을 가엾게 여겨 득천하면서 꼬리를 쳐 바다로 잠겨있는 용천리의 물을 모두 빼버리고 사람들이 살 수 있는 땅으로 만들어주었다.
2) 그런데 용천리 사람들은 용의 은혜를 모르고 나쁜 짓을 했다. 화가 난 용은 마을에 벼락바위에 벼락을 때렸다.
3) 이후부터 마을에는 유식한 사람이 나오지 않았다.

자료20은 〈표1. 현지 조사 자료 14〉를 요약한 내용이다. 이야기에 따르면 주인공은 용천리 마을 사람들이다. 용이 땅을 만들어준 대상, 벌을 준 주체가 용천리 사람이므로 주인공이 마을사람들이라는 것을 알 수 있다. 3)에서 마을에는 더 이상 유식한 사람이 나오지 않았다고 하는데서, 주인공의 목적이 좋은 마을 되기라는 사실을 알 수 있다. 용은 주인공의 조력자이다. 용천리라는 마을을 만든 존재가 용이므로 그렇게 볼 있다. 이야기에서 용은 지형을 변형시켜 땅을 만들어줄 수 있는 존재이며, 잘못을 한 사람에게 벌을 줄 수도 있는 존재이기도 한다. 때문에 이야기에서 용은 신앙의 대상이라고 보고 있다. 이야기에서 신앙의 대상인 용이 자신에게 반하는 행동을 한 인간에게 경계의 의미로 벼락을 내려 벼락 바위를 만들고 더 이상 마을에서 유식한 사람이 나올 수 없도록 해버렸다.

용 전승집단은 신앙의 대상으로 인해 해결 상황의 삶을 살고 있는 주인공이 용의 신성에 반하는 행동을 함으로써 문제적 상황의 삶으로 이행하게 되는 것을 보여주어 신성한 존재 용의 위엄을 보여주고자 했다. 그래서 그들은 이야기에서 그들이 보여주고자 하는 문제적 상황을 제시하고 믿음의 대상인 용을 이야기 내로 동원한다. 이야기에 동원된 용은 믿음의 대상으로 그들이 신성을 모독하지만 않는다면 그들이 당면한 문제를 해결해 줄뿐만 아니라 그들이 지향하는 마을 발전을 위해서 많은 도움을 줄 수 있는 존재이다. 하지만 주인공이 신성을 모독함으로써 문제적 상황으로 치닫게 되고 만다. 결국 이야기는 신성을 모독한 인간에게 화를 내리는 모습을 보여주어 금기의 대상인 용에 대한 위엄을 보여주고 있다고 하겠다.

3. 퇴치 대상의 용

기복 대상의 용 또는 금기 대상의 용이 등장하는 이야기는 모두 용의 신성성이 가시화되어 나타난다. 하지만 퇴치 대상의 용이 등장하는 이야기들에서 용은 신성성이 상실되거나 약화되어 퇴치 대상이 된다. 이들 이야기에서 용은 불교신앙과의 갈등에서 패배해 죽음을 당하거나, 인간에게 악행을 저지르나 인간의 힘으로 저지되어 굴복하거나, 인간에게 악행을 저질러 죽임을 당한다. 용의 신성이 상실되거나 약화된 상황을 이야기를 통해 알려준다. 퇴치의 대상이 되는 데 참여하는 용들 중에는 불교신앙과의 갈등에서 패배해 죽음을 당하는 용, 인간에게 악행을 저지르다 인간의 힘으로 악행이 저지되어 굴복하는 용, 인간에게 악행을 저질러 죽임을 당하는 용 등으로 나누어 볼 수 있다. 본 장에서는 퇴치의 대상이 되는 데 참여하는 용인 '불교신앙과의 갈등에서 패배해 죽음을 당하는 용'을, '인간에게 악행을 저지르나 인간의 힘으로 악행이 저지되어 굴복하는 용', '인간에게 악행을 저질러 죽임을 당하는 용' 등의 장을 만들어 먼저 용의 정체를 분석하고, 용이 이야기 내에서 수용 된 이유를 바탕으로 전승집단의 의도가 무엇인가를 논의한다.

첫째 '불교신앙과의 갈등에서 패배해 죽음을 당하는 용'에 대해 살핀다. 이야기에서 주인공은 부처다. 부처는 용이 거주하고 있는 곳에 와 용에게 그 자리를 떠나라고 한다. 선주하고 있던 용은 자신의 근거지를 빼앗기지 않으려 부처와 대결한다. 하지만 대결에서 져 죽임을 당한다. 이야기의 자세한 내용은 다음과 같다.

자료21. 〈부처와 용의 힘내기〉
1) 선주암의 유래에 대한 이야기이다. 지금의 선주암이 있는 곳에 원래 아홉 마리 용이 살고 있었다. 하루는 부처가 와 용에게 그 자리를 떠나라고 했다.
2) 용은 부처에게 결투를 신청했다. 비를 내릴 수 있는 재주를 가지고 있었던 용은 비를 내려 곳곳이 넘쳐 나게 했다. 그러나 부처는 꿈쩍도 하지 않았다. 이번에는 부처가 산의 돌을 달구기 시작했다.
3) 용들은 너무 뜨거워 도망가다가 죽고 나머지 한 마리는 선주암을 통과해 도망가려다가 실패하고 머리만 빠져버렸다.

자료21은 〈표2. 한국구비문학대계 자료 26, 27, 28, 29〉를 요약한 내용이다. 이야기에 따르면 주인공은 부처이다. 선주암에 선주하고 있던 아홉 마리 용에게 그 곳을 떠나 달라고 말하는 주체임과 동시에 아홉 마리 용과 신술로 경쟁하는 주체가 부처이므로 부처가 주인공이 되겠다. 3)에서 부처가 선주암이 나타나는 것을 통해 주인공의 목적이 절의 창건이라는 사실을 알 수 있다. 주인공은 선주해 있던 용을 무찌르고 자신의 목적을 달성한다.

이야기에서 부처나 용은 모두 신성을 지닌 존재이다. 용은 자연 현상을 자유자재로 운행할 수 있고 부처는 자연 현상을 운행하는 용을 제압하는 인물이므로 두 인물 모두 신성을 지녔다고 할 수 있다. 이야기에서 원래 상주하고 있던 용은 부처에 의해 죽임을 당하거나 쫓겨나게 된다. 그리고 그 자리에는 절이 지어진다. 이야기는 기존 신앙의 대상이었던 용이 불교신앙이 도래하면서 자신의 자리를 내주는 과정을 보여준다. 또한 이 과정에서 용은 불교신앙에 의해 퇴치 당한다.

용 전승집단은 자신들이 믿고 의지했던 용이 신성성을 잃고 그 자리를 불교신앙에 내어준 사실을 안타까워했다고 생각된다. 그래서 그들은 이야기에서 그들이 믿고 의지하는 용을 이야기 내로 수용한다. 이야기에 수용된 용은 믿음의 대상으로 자신의 자리를 굳건히 지키고자 한다. 하지만 불교신앙을 대표하는 부처는 민간집단의 믿음의 대상이었던 용을 죽임으로써 그 자리를 차지한다. 결국 민간집단은 이 이야기를 통해 퇴치 대상으로서의 용을 보여주는 동시에 불교신앙의 무차별적인 용신앙의 배척 또한 보여주어 용의 신성성이 약화되는 상황에 대한 아쉬움을 전하고 자 했다고 생각된다.

불교신앙과의 갈등에서 패배해 죽음을 당하는 용은 〈용이 의상과의 대결에서 패배하기 1-5〉에서도 등장한다. 이야기에서 주인공은 승려인 의상이다. 의상은 용이 거주하고 있는 곳에 와 용에게 그 자리를 떠나라고 한다. 선주하고 있던 용은 자신의 근거지를 빼앗기지 않으려 의상에게 반항한다. 의상은 주술로써 용을 제거하고 용이 있던 자리에 절을 짓게 된다. 이야기의 자세한 내용은 다음과 같다.

자료22. 〈용이 의상과의 대결에서 패배하기 1-5〉
1) 지금의 불영사가 있는 곳의 연못에 용이 살고 있었다.
2) 의상대사가 그 터가 너무 좋아 절을 짓고자 해 용에게 그 터에서 떠나 달라고 부탁했다. 하지만 용은 떠나려 하지 않았다.
3) 의상대사는 '火'자를 써 연못 안에 넣었다. 그러자 물이 끓어오르기 시작했고 용들은 모두 죽어 버렸다. 의상대사는 도술을 부려 용을 처단하고 그 자리에 절을 짓는다.

자료22는 〈표1. 현지 조사 자료 17, 18, 19, 20, 21〉을 요약한 내용이다. 이야기에 따르면 주인공은 승려인 의상이다. 아홉 마리 용에게 회유를 하고, 용과 대결을 벌이는 주체가 의상이기에 주인공으로 볼 수 있다. 주인공 의상이 아홉 마리 용에게 회유를 하고 대결을 벌여 아홉 마리 용을 무찌르는 일련의 행위는 주인공의 목적이 절 창건이라는 사실을 알려준다. 이야기에서 의상대사의 도술로써 용을 퇴치하는 모습을 통해 용 또한 의상에 버금가는 능력을 소유했다는 사실을 추정해 볼 수 있다. 그러나 결국 의상이라는 불교신앙을 대표하는 인물에게 용은 퇴치 당하고 만다. 그리고 그 자리에는 절이 생긴다.

용 전승집단은 자신들의 신앙적 대상이었던 용이 신성성을 잃고 그 자리를 불교신앙에 내어준 사실을 안타까워했다고 생각된다. 그래서 그들은 이야기에서 그들이 신앙적 대상으로 의지했던 용을 이야기 내로 수용한다. 이야기에 수용된 용은 신앙적 대상으로 자신의 자리를 고수하려고 한다. 그러나 불교신앙을 대표하는 의상은 민간집단 신앙의 대상이었던 용을 죽임으로써 그 자리를 차지한다. 결국 민간집단은 이 이야기를 통해 퇴치 대상으로서의 용을 보여주는 동시에 불교신앙의 무차별적 배척에 대한 반감을 보여준다.

둘째 '인간에게 악행을 저지르다 인간의 힘으로 악행이 저지되어 굴복하는 용'에 대해 살핀다. 이야기에서 주인공은 수로부인이다. 수로부인은 임해정에서 홀연히 용에게 이끌려 용궁에 가서 환대한 대접을 받고 돌아온다. 수로부인과 달리 수로부인의 남편인 순정공과 그의 무리들은 수로부인을 용에게 납치당했다고 해 용을 저지하는 노래를 힘 모아 부른다. 용은 인간의 힘에 저지되어 수로부인을 돌려준다. 이야기의 자세한 내용은 아래와 같다.

자료23. 〈수로부인〉[40]

---

[40] 聖德王代 純貞公赴江陵太守[今溟州] 行次海汀晝饍 傍有石嶂 如屛臨海 高千丈 上有躑躅花 盛開 公之夫人水路見之 謂左右曰 折花獻者其誰 從者曰 非人跡所到 皆辭不能 傍有老翁牽 牸牛而過者 聞夫人言 折其花 亦作歌詞獻之 其翁不知何許人也 便行二日程 又有臨海亭 晝 饍次 海龍忽攬夫人入海 公顚倒躄地 計無所出 又有一老人 告曰 故人有言 衆口鑠金 今海中 傍生 何不畏衆口乎 宜進界內民 作歌唱之 以杖打岸 可見夫人矣 公從之 龍奉夫人出海獻之 公問夫人海中事 曰 七寶宮殿 所饍甘滑香潔 非人間煙火 且夫人衣襲異香 非世所聞 水路姿 容絶代 每經過深山大澤 屢被神物掠攬.(一然, 『三國遺事』, 〈水路夫人〉 紀異 第二.)

1) 성덕왕(聖德王) 때 순정공(純貞公)이 강릉(江陵)(지금의 명주(溟州)이다.) 태수로 임명되어 가던 중, 바닷가에 이르러 점심을 먹을 때였다. 주변에는 바위 봉우리가 병풍처럼 둘러쳐서 바다를 굽어보고 있었는데, 높이 천 길이나 되는 그 위에는 철쭉꽃이 활짝 피어 있었다. 공의 부인 수로가 그것을 보고 주위 사람들에게 말했다. "꽃을 꺾어 바칠 사람 그 누구 없소?" 옆에서 모시는 사람이 말했다. "사람의 발자취가 이를 수 있는 곳이 아닙니다." 모두들 할 수 없다고 사양했다. 그런데 옆에 암소를 끌고 지나가던 노인이 있었는데, 부인의 말을 듣고는 그 꽃을 꺾고 노래까지 지어서 바쳤다. 그 노인은 어떤 사람인지 알 수 없었다.
2) 다시 이틀 동안 길을 가다가 임해정(臨海亭)에서 점심을 먹고 있는데, 갑자기 바다의 용이 나타나 부인을 납치해서 바다 속으로 들어가 버렸다. 순정공은 넘어져 바닥에 쓰러졌으며 어찌해야 좋을지 몰랐다. 그러자 또 어떤 한 노인이 말했다. "옛 사람들 말에, 여러 사람의 말은 쇠도 녹인다 했습니다. 지금 바다 속 짐승이 어떻게 사람들의 입을 무서워하지 않겠습니까? 마땅히 이 지역 내 백성들을 모아 노래를 지어 부르면서 막대기로 언덕을 친다면 부인을 다시 만날 수 있을 것입니다." 그래서 공이 그 말대로 했더니, 용이 부인을 모시고 바다에서 나와 바쳤다.
3) 공이 부인에게 바다 속에서 있던 일을 물었더니 이렇게 말했다. "칠보로 꾸민 궁전의 음식이 달고 기름지며 향기롭고 깨끗해 인간 세상의 음식이 아니었습니다." 부인의 옷에서도 이상한 향내가 풍겼으니, 이 세상에서 맡아보지 못한 것이었다. 수로부인은 자태와 용모가 뛰어나서 매번 깊은 산이나 큰 연못을 지날 때마다 여러 차례 신물(神物)들에게 납치되곤 했다.

자료23은 『삼국유사』 기이 제2의 〈수로부인〉에 수록된 수로부인이야기다. 이야기에 따르면 주인공은 수로부인이다. 좌우신하들에게 철쭉꽃을 따달라고 하거나, 용이나 신물들에게 잡혀간 주체가 수로부인이므로 이야기의 주인공으로 볼 수 있다. 주인공은 천장절벽의 철쭉꽃을 보고자 하는가 하면, 용궁에서 기이체험을 하고 오고, 신물들에게도 자주 잡혀간다는 데서 주인공의 목적이 기이체험이라는 사실을 알려준다. 주인공은 목적을 달성하기 위해 주위 사람들에게 부탁을 하고, 용과 함께 용궁으로 가거나 신물들을 따라 간다고 할 수 있겠다.

철쭉꽃을 따준 노인이나 용 그리고 신물은 주인공 수로부인이 기이체험을 할 수 있도록 해주는 조력자가 된다. 주인공 수로부인은 조력자들로 인해 기이체험이라는 목적을 달성할 수 있다. 이에 반해 순정공의 무리와 용으로부터 수로부인을 데려오는 방법을 알려준 노인은 주인공의 목적을 저해하는 존재라고 생각된다. 하지만 이야기에서 이들은 수로부인과 적대적인 관계에 놓이지 않았다. 오히려 용에 대해서 수로부인을 '攬'했다고도 하고, '奉'해서 '獻'했다고 한다. 또한 3)에서는 용이 수로부인에게 기이한 음식을 대접했다고 하고 있다.

그렇다면 이야기의 2)와 3)에서 용에 대한 이중적인 시선이 드러나는지가 궁금하다. 2)에서 용은 '掠' 또는 '傍生'이라 해 폄하되었고 3)에서도 신물(神物)의 행위41)를 들어 '掠攬'이라고 격하시켜 표현했다. 반면 2)에서 용이 수로부인을 '奉'해서 '獻'했다고 하고, 3)에서 수로부인의 기이한 경험은 '칠보로 장식된 궁전에 음식은 달고 향기로운 것이 인간의 음식은 아니었으며 수로부인의 몸에서는 기이한 향기가 났는데 이는 인간세상에서 맡아보지 못한 것이었다'라고 표현했다. 이를 통해 이야기의 노인42)에 대해서는 우호적인 입장을 취하고 있는 반면에 용과 신물에 대해서는 경외의 시각43)과 부정적 시각을 동시에 드러내고 있다. 이야기에서 용과 신물에 대해서만 유독 이중적 시각 모두를 제시하고 있으므로 그 이유를 살

---

41) '每經過深山大澤 屢被神物掠攬'에서 신물의 행위를 '掠攬'을 간주하고 있다. 이는 2)에서 용에게 화자가 했던 것과 동일하다. 때문에 신물 또한 숭배의 대상이었으나 인간의 능력을 강조하는 구성을 취하다보니 왜곡되어 표현되었다고 하겠다.
42) 1)과 2)에 등장하는 노인을 동일 인물로 볼 수는 없다. 하지만 두 부분에서 각기 등장한 노인은 범인들이 해결할 수 없는 문제를 해결한다. (윤영옥, 『신라시가의 연구』, 형설출판사, 1980, p.170.)에서 두 노인의 정체를 지역의 사정을 잘 알고 있는 촌노로 규정하고 있다. 노인은 일반적으로 인류의 오랜 지혜나 집단무의식의 인격화로소 간주되어 유태교에서는 신비적 원리의 상징으로 여겨졌다(강등학, 「헌화가의 심층」, 『새국어교육』 33, 한국국어교육학회, 1981, pp.76-94.)는 것을 감안할 때 설득력을 가진다. 지역의 사정을 잘 아는 촌노라면 천장 절벽의 철쭉꽃이나, 용에 의해 납치당한 수로부인을 구해오는 방법 등을 알 수 있을 것이기 때문이다.
43) 칠보로 장식된 궁전에 음식이 인간의 음식이 아니었다는 것과, 부인의 몸에서 기이한 향기가 풍기었는데 이 또한 세상에서 맡아보지 못한 향기였다는 서술에서 이를 포착할 수 있다. 인간의 것이 아니기에 경외의 대상이 된다.

펴보아야 할 것이다. 이유를 밝히기 위해 당대 역사와 결부시켜 설화를 살 피기로 한다.

순정공이 강릉태수로 부임해 가던 시기의 왕은 성덕왕이다. 성덕왕대는 빈번한 자연재해로 인해 민심이 흉흉했다. 왕은 당시 민심을 바로잡기 위해 구휼활동에 많은 공을 들였다는 사실을 역사적 기록을 통해 엿 볼 수 있다.44) 왕으로써 민심을 바로잡는 것은 가장 큰 임무였다. 때문에 어떤 방법을 동원해서라도 문제를 해결하고자 했을 것이다. 성덕왕 14년 6월45) 기사를 통해 실재로 그가 기우제를 지낸 기록이 보인다. 기우제의 장소가 연못46)이라는 점을 통해 성덕왕 당대에 용에 대한 숭배 사상이 있었다는 사실을 알 수 있다. 이 이야기를 제의적 측면에서 논의한 연구들은47) 기우

---

44) 성덕왕 4년 여름 5월 가뭄이 들었다. 가을 8월, 노인들에게 술과 밥을 하사했다. 9월 살생을 금하는 교서를 내렸다. 겨울 10월, 동쪽 지방으로 주와 군에 흉년이 들어 사람들이 많이 유랑하자, 왕이 사신을 보내 구제했다. 5년 봄 정월 나라에 흉년이 들었으므로 창고를 풀어 구제했다. 이 해에 곡식이 잘 익지 않았다. 12월, 죄수들을 크게 사면했다. 6년 봄 정월, 백성 가운데 아사자가 늘어나자, 한 사람에게 하루 조 3되를 7월까지 나누어주었다. 2월, 죄수를 크게 사면했다. 백성들에게 5곡의 종자를 정도에 따라 나누어 주었다. 7년 2월, 지진이 있었다. 여름 4월, 죄수들을 크게 사면했다. 8년 여름 5월, 가뭄이 들었다. 가을 8월, 죄수들을 석방했다. 10년 봄 3월, 큰 눈이 내렸다. 여름 5월, 가축의 도살을 금했다. 14년 6월, 큰 가뭄이 들자, 왕이 하서주 용명에 사는 거사 이효를 불러 임천사 연못에서 기우제를 지내게 했는데, 곧 비가 열흘 동안이나 계속 내렸다. 12월, 죄수들을 석방했다. 16년 여름 4월, 지진이 있었다. 17년 3월, 지진이 있었다. 19년 봄 정월, 지진이 있었다. 여름4월, 큰 비가 내려 산이 열세 곳이나 무너졌다. 우박이 내려 볏모를 해쳤다. 가을 7월, 메뚜기 떼가 곡식을 해쳤다. 20년 겨울, 눈이 내리지 않았다. 23년 3월, 눈이 내렸다. 여름 4월, 우박이 내렸다. 겨울 10월, 지진이 있었다.(金富軾, 『三國史記』, 新羅 本紀 第八〈聖德王〉.)
45) 14년 6월, 큰 가뭄이 들자, 왕이 하서주 용명에 사는 거사 이효를 불러 임천사 연못에서 기우제를 지내게 했는데, 곧 비가 열흘 동안이나 계속 내렸다. (金富軾, 『三國史記』, 新羅 本紀 第八〈聖德王〉.)
46) 용은 물을 상징한다. 농업을 주업으로 하는 우리 민족에게 물은 소중하다. 때문에 용 숭배 사상을 가진다. 기우제에서 비를 내리게 하기 위해 물을 상징하는 용을 자극한다는 것은 만물의 생명력을 얻기 위한 방법이다. (서영대·송화섭, 『용, 그 신화와 문화』, 민속원, 2002, p.273-289.)
47) 〈헌화가〉를 민심을 수습하게 되는 과정을 굿으로 보여주는 것으로, 〈해가〉를 용거리라고 보고 악룡을 퇴치의 대상으로 여기지 않고 타협하면서 화해를 이루려는 의도를 나타낸다고 했다.(조동일, 『한국문학통사』 1, 지식산업사, 2005, p.163.) 또한 수로부인을 두고 강신무라고 언급하기도 했다.(이동철, 「수로부인 설화의 의미」, 『한민족문화연구』

제라는 제의가 용에 대한 숭배를 보여준다는 사실에 근거해서 이러한 주장을 펼친 것으로 보인다.[48] 그렇다면 3)에서 용을 경외의 대상으로 인식한 요인은 바로 용 숭배 사상에서 비롯되었다고 생각된다. 4)에서 또한 신물에 대한 숭배 사상[49]에서 비롯되었을 것이다.

그렇다면 이야기에서 보이는 용에 대한 부정적 시각의 요인이 무엇인지 살펴보아야 한다. 설화에서는 노인의 입을 통해 "사람이 힘을 모으면 금도 녹일 수 있으니, 어찌 사람들의 입을 두려워하지 않을 수 있는가"라고 한다. 이는 사람들이 힘을 모으면 어려운 일도 해결할 수 있다는 것을 강조하는 표현이다. 또한 '용과 신물이 수로부인의 미모에 반했다'고 하고 있다. 용이나 신물 또한 인간의 미모에 반할 수 있다고 하니 인간으로 대표되는 주인공 수로부인은 대단한 존재가 된다. 이러한 표현들을 통해 이야기는 의도적으로 인간의 능력을 강조하고 있다고 볼 수 있다. 즉, 인간의 능력을 강조하는 인간 중심적 사고가 드러나기에 상대적으로 용이나 신물에 대한 숭배는 부정적으로 인식될 수밖에 없다. 그래서 이야기는 용을 경외의 대상으로 봄과 동시에 용을 퇴치의 대상으로 인식해 용의 신성을 약화시킨다.

용 전승집단은 자신들의 신앙적 대상이었던 용이 신성성을 잃는 것에 대한 안타까움과 동시에 인간이 신앙적 대상을 넘어설 수 있다는 인간 중심적 사고의 발달에서 오는 희열을 모두 경험해야 했다. 그들은 그들의 감정을 표현하고 싶었을 것이다. 그래서 그들은 이야기에서 그들이 신앙적 대상으로 삼고 의지했던 용을 이야기로 수용한다. 그리고 이야기를 통

18, 한민족문화학회, 2006, pp.232-249.)
48) (林治均,「水路 夫人 說話 小攷」,『冠嶽語文研究』12, 서울대학교 국어국문학과, 1987, pp.274-283.)에서 수로부인 설화를 고찰하면서 이 설화에서 나타난 용에 대한 시각의 이중성을 언급하고 있다.
49) 원시인들은 무한한 공포를 느꼈을 것은 물론, 그 공포를 해소하기 위해 모든 자연을 주재하는 것으로 간주되었던 신령(神靈)에 대해 최대의 숭배를 하지 않을 수 없었던 것이다.(朴桂弘,「古代龍神思想에 關한 硏究」,『韓國言語文學』6, 韓國言語文學會, 1969, pp.122-123.)라는 논의를 통해서도 알 수 있듯이 설화의 4)에 등장하는 신물(神物) 또한 당시 사람들의 숭배 대상 중 하나였다고 보인다.

해 신앙적 대상이 신성을 잃어가는 안타까움과 동시에 인간 중심적 사고의 발달로 인한 희열을 모두 보여주고 있다. 결국 민간집단은 이 이야기를 통해 인간 중심적 사고의 확장으로 인한 희열과 퇴치 대상이 된 용에 대한 안타까움을 동시에 제시하고 있다고 하겠다.

셋째 '인간에게 악행을 저질러 죽임을 당하는 龍에 대해 살핀다. 이야기에서 주인공은 청년이다. 청년은 해마다 산 처녀를 사당에 있는 용에게 바쳐야 하는 폐해를 안타깝게 여기고 있었다. 어느 날 자신이 사랑하는 처녀가 재물로 바쳐지는 상황에 놓이게 된다. 청년은 죽은 할머니의 도움으로 용을 무찌르고 처녀와 행복하게 산다. 이야기의 자세한 내용은 다음과 같다.

자료24. 〈용이 청년에게 죽임당하기〉
1) 어느 마을 사당에 용이 살면서 매년 젊은 처녀를 재물로 받았다. 용은 만약 재물이 들어오지 않으면 마을에 재앙을 내렸으므로 사람들은 모두 용을 두려워했다.
2) 어느 해 재물로 바쳐질 처녀를 사랑한 청년이 처녀의 죽음을 걱정하고 있었다. 그러자 죽기 전 청년을 유난히 아꼈던 할머니가 청년의 꿈에 나타나 용을 무찌를 방도를 알려주었다.
3) 청년은 재물로 바쳐질 처녀를 구하기 위해 용이 있는 곳으로 가 할머니가 알려준 방도대로 실행에 옮긴다. 그러자 용이 죽게 된다. 그 후 처녀와 청년은 행복하게 살았으며, 마을의 사람들 또한 더 이상 용을 두려워하지 않아도 되었다.

자료24는 〈표1. 현지 조사 자료 22〉를 요약한 내용이다. 이야기에 따르면 주인공은 청년이다. 마을 사람들이 두려워하는 용을 무찌른 주체가 청년이므로 청년이 주인공이라 하겠다. 주인공이 용을 무찌른 행위를 통해 주인공 청년의 목적이 처녀와 행복한 삶을 사는 것이라는 것을 알 수 있다. 주인공에게 문제가 발생한다. 주인공은 처녀와 행복한 삶을 살기를 원하는 데 처녀가 용에게 재물로 바쳐져야만 된다. 주인공이 처녀를 구해야만 주인공의 목적이 달성될 수 있다. 용은 주인공 청년에게 제거해야 하는 대상이므로 적대자라고 할 수 있다. 주인공 청년은 용인 적대자를 제거함으로써 목적을 달성하게 된다.

용 전승집단은 자신들의 신앙적 대상이었던 용이 인간에게 패배해 죽임을 당하는 모습을 통해 인간이 신앙적 대상을 넘어설 수 있다는 인간 중심적 사고의 발달에서 오는 희열을 보여주고 싶었다. 그래서 그들은 이야기에서 그들이 신앙적 대상으로 삼고 의지했던 용을 이야기로 수용한다. 그리고 이야기를 통해 신앙적 대상이 인간에 힘에 의해 저지당하고 죽임을 당하는 모습을 보임으로써 인간 중심의 사고가 확대되어 나감을 드러내고 있다. 결국 민간집단은 이 이야기를 통해 인간 중심적 사고의 확장으로 인한 희열을 드러내고자 했다고 보인다.

4장. 지배집단의 용

지배집단의 용 설화는 주인공인 건국주나 왕이 용과 긴밀하게 관련된 이야기들이 다. 주인공인 건국주나 왕이 용과 관련되어 전하는 이야기는 『삼국유사』〈북부여〉 이와 동일한 기록인 『동국이상국집』〈동명왕편〉, 『삼국유사』〈4대탈해왕〉, 『삼국유사』〈진성여대왕거타지〉, 『삼국유사』〈신라시조혁거세〉, 『삼국유사』〈무왕〉, 『고려사』〈작제건〉, 『삼국유사』〈만파식적〉, 『삼국유사』〈원성대왕〉, 구전조사자료집인 『한국구비문학대계』〈형산강을 친 김부대왕〉, 〈감은사종과 문무왕의 득천〉, 〈문무왕의 득천〉, 구전조사자료인 〈왕이 용이 된 이야기 1-4〉가 있다.

이들 이야기에서 주인공인 건국주나 왕은 '나라를 세움[建國]', '국가를 보호함[護國]', '백성을 평안하게 함[民安]' 등을 목적으로 하는 인물들이다. 그러나 주인공은 내적 자질의 불완전성 혹은 외적 환경과의 갈등 때문에 그 목적을 직접 달성하는 데 어려움을 겪는다. 주인공은 불완전성의 충족 혹은 갈등의 해소를 위한 매체 혹은 수단을 획득해야 하는 문제의 상황에 직면한다. 이 상황에서 주인공이 선택하는 문제해결의 매체가 용이다. 용은 주인공의 불완전성을 충족하고 갈등을 해소하는 원조자로서 그 역할을 수행하기 때문이다. 이를 기반으로 지배집단의 용 관련 설화를 정의하면 주인공인 건국주나 왕이 원조자인 용을 통해 '나라를 세우는[建國]', '국가를 보호하는[護國]', '백성을 평안하게 하는[民安]' 등의 이야기가 된다.

이들 세 유형의 이야기에서 용의 정체는 첫째 이야기 내 건국주나 왕과의 관계 속에서 형성된다. 왜냐하면 건국주나 왕의 원조자 역할 외에 용의 독자성은 인정될 수 없기 때문이다. 둘째 이야기 내 건국주나 왕이 직면한 문제이자 획득하고자 하는 목적이 무엇이냐에 따라 결정된다. 왜냐하면 용은 건국주나 왕이 직면한 문제를 해결하는 방법으로서 필요한 존재이기 때문이다. 셋째 이야기 내 문제해결의 수혜자가 누구냐에 따라 결정된다.

왜냐하면 용이 원조자로서 등장해 획득한 성과는 보다 큰 집단의 수혜자들에게 돌아가기 때문이다. 주인공, 목적, 수혜자와의 관계를 통해 드러나게 될 용의 정체는 첫째 전승주체인 지배집단이 선택된 집단이 되는 데 얼마나 치명적인 약점을 안고 있는지 보여준다. 둘째 용의 정체는 역설적이게도 지배집단들의 치명적인 약점을 상쇄하는 데 필요한 것이 무엇인지 보여준다. 셋째 용의 정체가 마침내 지배집단의 약점을 상쇄하는 것을 넘어서 그들의 지배 이데올로기가 된다는 것을 보여준다.

본 장에서는 주인공인 건국주나 왕이 원조자인 용을 통해 '나라를 세우는[建國]', '국가를 보호하는[護國]', '백성을 평안하게 하는[民安]'등의 이야기를 분석 대상으로 해 용의 정체를 분석한다. 그리고 이러한 분석 결과를 통해 지배집단이 왜 용 상징을 필요로 하는지를 밝히고자 한다.

1. 왕권 기원의 용

설화에 등장하는 용들 중에는 무엇보다 왕권의 기원에 참여하는 용들이 있다. 이들 왕권의 기원에 참여하는 용들 중에는 건국주나 왕이 공간을 이동하는 데 참여하는 용, 건국주나 왕의 탄생에 참여하는 용, 건국주나 왕의 무리를 호위하는 데 참여하는 용 등으로 나누어 볼 수 있다. 본 장에서는 왕권의 기원에 참여하는 용에 대해 '건국주의 공간 이동에 참여하는 용', '건국주나 왕의 탄생에 참여하는 용', '건국주의 탄생에 참여하는 용', '건국주나 왕의 무리를 호위하는 데 참여하는 용', '왕위 계승에 참여하는 용' 등의 장을 만들어 먼저 용의 정체를 분석하는 작업을 하고자 한다. 이러한 작업을 기반으로 이들 정체가 전승집단인 지배집단의 전승의식과 관련해 무엇을 의미하는지 논의하고자 한다.

첫째 '건국주의 공간 이동에 참여하는 용'에 대해 살핀다. 이야기에서 건국주나 왕은 때로 건국주나 왕으로서 자신들이 추구하는 목적을 달성하기 위해 현실적으로는 불가능한 거리의 공간을 이동해야한다. 그러나 문제는 건국주나 왕 스스로는 이들 공간을 이동할 수 없다. 왜냐하면 그들은 공간

이동의 문제를 스스로 해결할 수 있는 자질을 갖추지 못했기 때문이다. 이러한 문제적 상황에서 건국주나 왕이 거대한 공간 이동을 위해 선택한 대리자는 용이다. 용은 건국주나 왕이 스스로는 해결하기 어려운 공간 이동의 문제를 해결하기 위해 선택된 원조자이다.『삼국유사』〈북부여〉에 수록된 해모수 이야기에서 용은 건국주의 이동 문제를 해결해준다. 용은 천상의 해모수를 지상으로 데리고 와 해모수가 북부여를 건국할 수 있도록 하는데 결정적 역할을 수행한다. 해모수 이야기는 다음과 같다

자료25. 〈북부여〉50)
고기에 이렇게 말했다. 전한 효선제 신작3년 임술 4월8일에 천제가 흘승골성(대요의 의주 경계에 있다.)에 내려왔는데 다섯 마리 용이 끄는 수레를 타고 왔다. 도읍을 정하고 왕이라 일컬으며 나라 이름을 북부여라하고 스스로 이름을 해모수라 했다. 아들을 낳아 이름을 부루라 하고 해(解)로써 성을 삼았다. 왕은 후에 상제의 도움으로 동부여로 옮겼다. 동명제가 북부여를 계승해 일어나 졸본주에 도읍을 세우고 졸본부여가 되었으니 곧 고구려의 시조였다.(이래의 고구려조에 보인다.)

자료25는『삼국유사』기이 제1의 〈북부여〉에 수록되어 있는 해모수 이야기이다. 이야기에 따르면 주인공은 해모수이다. 해모수는 지상에서 북부여를 건국하는 것이 목적이다. 건국이라는 목적을 달성하기 위해 해모수는 천상으로부터 지상으로 공간이동을 해야 한다. 천제 해모수가 스스로 공간 이동을 감행하지 않는 이상 공간 이동을 위한 매체를 선택해야 한다. 이야기는 천제의 공간 이동을 위한 매개체로서 다섯 마리 용이 끄는 수레를 선택한다.

건국주 해모수는 북부여 건국의 목적을 달성하기 위한 문제해결의 수단으로서 수레를 끄는 다섯 마리 용을 선택했다. 건국주의 공간이동에 참여하는 다섯 마리 용은 무엇보다 천제의 심부름꾼으로서 그 역할을 수행한

---

50) 古記云 前漢書宣帝神爵三年壬戌四月八日 天帝降于訖升骨城(在大遼醫州界) 乘五龍車 立都稱王 國號北扶餘 自稱名解慕漱 生子名扶婁 以解爲氏焉 王後因上帝之命 移都于東扶餘 東明帝繼北扶餘而興 立都于卒本州 爲卒本扶餘 即高句麗之始祖.(一然,『三國遺事』,〈北夫餘〉紀異 第一.)

다. 그러나 이것만으로는 용이 건국주의 심부름꾼으로 선택된 이유가 뚜렷하지 않다. 해모수 이야기의 전승집단이 왜 용을 수용해 주인공 해모수가 목적을 달성할 수 있도록 하고 있는지를 살펴보아야 한다. 이를 따져보기 위해 역사적 기록과 관련해 살펴보기로 한다.

훗날 재상인 아란불(阿蘭弗)이 말했다. "어느 날 하느님이 내게 내려와 말하기를, '장차 내 자손에게 이곳에 나라를 세우게 할 것이니 너희는 피하라. 동쪽 바닷가에 가섭원(迦葉原)이라는 땅이 있는데, 토양이 기름져서 오곡이 잘 자라니 도읍을 정할만 하다.'라고 했습니다." 아란불이 마침내 임금에게 권해 그곳으로 도읍을 옮기게 하고, 나라 이름을 동부여(東扶餘)라고 했다. 그 옛 도읍지에는 어디에서 왔는지 알 수 없는 사람이 있었는데, 자칭 천제의 아들 해모수(解慕漱)라고 하면서 그곳에 도읍을 정했다.51)

『삼국사기』〈시조동명성왕〉에 수록된 해모수와 관련된 기록이다. 이 기록에 따르면 해모수가 북부여를 건국한 곳에서는 금와를 중심으로 한 동부여라는 나라가 있었다. 선주하고 있는 나라가 있었으므로 해모수는 선주한 나라를 다른 곳으로 이동시켜야 하는 문제, 그리고 그 자리에 새롭게 나라를 건국해야 하는 문제를 동시에 지니게 된다. 자료의 밑줄 친 부분을 통해 동부여가 농경을 기반으로 생활했다는 사실을 알 수 있다. 해모수가 동부여처럼 농경을 기반으로 생활했다면 둘의 결합은 이루어졌을 가능성이 크다. 하지만 금와를 대표하는 동부여가 천도를 했다는 데서 이들의 결합은 이루어지지 않았으며 이를 통해 해모수가 첫 번째 문제를 해결했다는 사실을 알 수 있다. 기록을 통해 해모수가 가진 두 번째 문제인 나라 건국 또한 해결되었음을 알 수 있다. 해모수는 금와가 떠난 자리에 도읍을 정하고 나라를 건국한다.

그런데 이야기 속 해모수는 자료와 다소 차이를 보인다. 해모수는 홀승

---

51) 後 其相阿蘭弗曰 日者 天降我曰 將使吾子孫立國於此 汝其避之 東海之濱有地 號曰迦葉原 土壤膏腴宜五穀 可都也 阿蘭弗遂勸王 移都於彼 國號東扶餘 其舊都有人 不知所從來 自稱天帝子解慕漱 來焉 (金富軾,『三國史記』, 卷第十三 高句麗本紀 第一 〈始祖東明聖王〉).

골성으로 다섯 마리 용이 끄는 수레를 타고 내려온다. 자료에서는 금와가 선주해 있었다고 해 해모수와 금와의 갈등 문제를 드러낸다. 이야기에서는 해모수와 금와의 갈등 문제가 사라지고 다섯 마리 용이 등장한다. 다섯 마리 용은 해모수가 천상에서 지상으로 이동할 수 있도록 하는데 결정적인 역할을 한다. 다섯 마리 용으로 인해 해모수는 북부여라는 나라를 건국하게 된다.

다섯 마리 용이 끄는 수레인 五龍車는 임금이나 높은 신격들이 타고 다니는 수레로 雲車의 형태를 취하고 있으며, 이 가운데 하늘의 최고 신인 천제가 타고 다니는 수레를 특별히 임금수레, 즉 帝車 라고 부르기도 한다52) 이러한 지적은 오룡거가 해모수의 특별함을 드러내기 위한 것이었다는 추론을 가능하게 해준다. 오룡거를 타고 온 해모수의 출계를 하늘에서 찾음으로써 그가 가지는 왕권의 신성성과 절대성을 강조했다53)고 보인다. 이야기는 용을 등장시켜 해모수가 가진 나라를 건국하는 문제를 해결한다. 그리고 해모수가 가진 동부여를 이동시키는 문제는 해모수의 아들로 금와의 아버지인 해부루를 설정함으로써 해결한다. 결국 해모수이야기의 전승자들은 이야기 내에 용을 수용해 해모수가 가진 동부여를 다른 곳으로 이동시켜야 하는 문제와 그 자리에 새롭게 나라를 건국해야 하는 문제 모두를 해결하고 있다.

용 전승집단은 해모수가 가진 동부여의 이동 문제와 새롭게 나라를 건국해야 하는 문제를 해결하고 싶어 했다고 생각된다. 이야기에서 해모수가 가진 문제인 동부여 이동 문제 그리고 새롭게 나라를 건국하는 문제가 용 수용을 통해 모두 해결되는 것은 바로 이러한 생각을 반영했다고 보인다. 특히 이야기에서 용 수용54)은 주인공이 가지는 왕권의 신성성과 절대

---

52) 田寬秀, 「朱蒙神話의 古代 天文學的 硏究」, 『동방학』 15, 한서대학교 동양고전연구소, 2008, pp.107-138.
53) 김화경, 『한국 신화의 원류』, 지식산업사, 2005, p.165.
54) 용이 천제를 수반하는 신비스러운 존재란 관념은 용이 천제의 의지에 따라서 움직인다는 것을 의미해 고구려 백성들은 천제의 후손에게 복종해야 한다.(장휘, 「韓·中 龍傳承의 政治·宗敎的 比較 硏究」, 慶熙大學校大學院 박사학위논문, 2014, pp.22-24.)는 논의가 좋은 참조가 된다. 결국 용설화 전승집단은 용 수용을 통해 자신들의 지배이데올로

성을 확보해준다. 따라서 용 수용 집단은 이야기를 통해 해모수의 나라 건국을 알리고 또한 해모수와 혈통을 같이 하는 자신들의 지배 정당성을 드러내고자 했다. 이 두 가지가 바로 해모수 이야기의 전승 원동력이라고 생각된다. 때문에 해모수 이야기의 최대 수혜자는 바로 해모수와 혈연을 같이 하는 지배집단이라고 하겠다.

둘째 '건국주의 탄생에 참여하는 용'에 대해 살핀다. 이야기에서 때로 건국주나 왕의 탄생 그리고 왕비의 탄생에 용이 역할을 한다. 탄생과 관련된 이야기는 탄생 주체는 행동이 제약되기 때문에 주인공의 탄생과 관련한 환경적 변인들이 적극 개입한다. 외부적 환경은 그러한 적극적 개입과 활동을 통해 새롭게 태어나는 인물의 정체성 형성에 영향을 미치고자 한다. 먼저 『삼국유사』〈신라시조혁거세〉에 수록된 알영 이야기를 살펴보면 다음과 같다.

자료26. 〈신라시조혁거세왕〉55)
1) 이날 사량리(沙梁里) 알영정(閼英井)(아리영정(娥利英井)이라고도 한다.) 주변에 계룡이 나타났는데 왼쪽 옆구리에서 여자 아이가 태어났다.(혹은 용이 나타났다가 죽었는데, 그 배를 가르고 여자아이를 얻었다고도 한다.) 얼굴과 모습이 매우 고왔지만 입술이 닭의 부리와 비슷했다. 월성(月城)의 북쪽 시내에서 목욕을 시켰는데, 그 부리가 떨어졌다. 그래서 그 시내 이름을 발천(撥川)이라고 했다.
2) 남산의 서쪽 기슭[지금의 창림사(昌林寺)이다.]에 궁궐을 짓고 신성한 두 아이를 받들어 길렀다. 사내 아이가 알에서 나왔는데 그 알이 박처럼 생겼다. 우리나라 사람들이 박을 박(朴)이라 했기 때문에 성을 박(朴)이라 했다. 여자 아이는

기 확립하고자 한 것이다.
55) 是日 沙梁里閼英井(一作娥利英井) 邊有雞龍現 而左脇誕生童女(一云龍現死 而剖其腹得之) 姿容殊麗 然而唇似雞觜 將浴於月城北川 其觜撥落 因名其川曰撥川 營宮室於南山西麓[今昌林寺] 奉養二聖兒 男以卵生 卵如瓠 鄉人以瓠爲朴 故因姓朴 女以所出井名名之 二聖年至十三歲 以五鳳元年甲子 男立爲王 仍以女爲后 國號徐羅伐 又徐伐[今俗訓京字云徐伐 以此故也] 或云斯羅 又斯盧 初王生於雞井 故或云雞林國 以其雞龍現瑞也 一說 脫解王時 得金閼智 而雞鳴於林中 乃改國號爲雞林 後世遂定新羅之號. (一然,『三國遺事』卷第一 紀異 第一 〈新羅始祖 赫居世王〉.)

그 아이가 나온 우물의 이름을 따서 이름을 지었다. 두 성인이 나이 13세가 되자 오봉(五鳳) 원년 갑자(기원전 57)에 남자는 즉위해 왕이 되었고 이어 여자를 왕후로 삼았다. 나라 이름을 서라벌(徐羅伐) 또는 서벌(徐伐)[지금 풍속에 '경(京)'을 '서벌'이라고 하는 것은 이 때문이다.]이라 하는데, 혹은 사라(斯羅) 또는 사로(斯盧)라고도 한다. 처음에 왕후가 계정(雞井)에서 태어났기 때문에 계림국(雞林國)이라고도 했는데, 계룡이 상서로움을 나타냈기 때문이다. 일설에 따르면, 탈해왕(脫解王) 때 김알지(金閼智)를 얻을 당시에 숲속에서 닭이 울었으므로 곧 나라 이름을 고쳐 '계림'이라 했다고도 한다. 후세에 와서 드디어 신라(新羅)라고 정했다.

자료26은 『삼국유사』 기이 제1 〈신라시조혁거세왕〉에 수록된 알영 이야기이다. 이야기에 따르면 알영은 신라에서 첫 번째 왕비가 되는 것이 목적이다. 알영이 탄생하기 전 신라에는 이미 6부의 촌장들이 있었다. 6부의 촌장들에게도 왕비가 될 수 있는 여아가 존재했을 것이기 때문에 알영이 첫 번째 왕비가 되는 것이라는 목적을 달성하기 위해서는 다른 사람과 다른 특별함을 지녀야 한다. 알영이 특별함을 지니지 않는 이상 신라의 첫 번째 왕비가 될 확률은 높지 않다. 이야기는 알영의 특별함을 드러내기 위해 알영의 탄생에서 계룡을 등장시킨다.

알영은 신라 첫 번째 왕비가 되고자 하는 목적을 달성하기 위한 문제해결의 수단으로서 탄생담에 계룡을 등장시키는 것을 선택했다. 알영의 탄생담에 참여하는 계룡은 무엇보다 신라 첫 번째 왕비의 탄생 매개체로서 그 역할을 수행한다. 그러나 이것만으로는 용이 왕비인 알영의 탄생 매개체로 선택된 이유가 뚜렷하지 않다. 알영 이야기의 전승집단이 '왜 용을 수용해 알영이 목적을 달성할 수 있도록 하고 있는지'라는 의문에 대한 해명이 있어야 할 것이다. 이를 따져 보기 위해 당대 역사적 사실을 살펴보기로 한다.

이에 앞서 조선(朝鮮)의 유민들이 산골에 나뉘어 살면서 여섯 개의 마을을 이루고 있었다. 첫째는 알천(閼川)의 양산촌(楊山村)이라 하고, 둘째는 돌산(突山)의 고허촌(高墟村)이라 하고, 셋째는 취산(觜山)의 진지촌(珍支村)[혹은 간진촌(干

珍村)이라고도 한다.]이라 하고, 넷째는 무산(茂山)의 대수촌(大樹村)이라 하고, 다섯째는 금산(金山)의 가리촌(加利村)이라 하고, 여섯째는 명활산(明活山)의 고야촌(高耶村)이라고 하는데, 이것이 진한(辰韓) 6부가 되었다. 고허촌의 촌장 소벌공(蘇伐公)이 양산(楊山) 기슭을 바라보니 나정(蘿井) 옆의 숲 사이에 말이 무릎을 꿇고 앉아서 울고 있었다. 곧장 가서 보니 말은 보이지 않고 다만 커다란 알이 있었다. 그것을 쪼개자 속에서 어린 아이가 나왔기에 거두어 길렀다. 나이 십여 세가 되자 뛰어나고 영리하며 몸가짐이 조신했다. 6부의 사람들이 그의 출생을 신비롭고 기이하게 여겨 높이 받들었는데, 이때에 이르러 임금으로 삼은 것이다. 진한 사람들은 박匏, 조롱박을 '박(朴)'이라고 했는데, 처음의 커다란 알이 마치 박의 모양과 비슷하게 생겼으므로 그의 성을 '박'으로 한 것이다. 거서간은 진한의 말로 임금을 뜻한다.(혹은 존귀한 사람을 칭하는 말이라고도 한다.)…(중략)…5년(기원전 53) 봄 정월, 알영(閼英) 우물에 용이 나타나 오른쪽 옆구리로 여자 아이를 낳았다. 노파가 이를 보고 남다르다 여겨 거두어 길렀는데, 우물 이름으로 아이의 이름을 지었다. 자라나 덕성스러운 용모를 갖추었으니, 시조가 이를 듣고 왕비로 삼았다. 그녀는 행실이 어질고 내조를 잘했으므로, 당시의 사람들이 임금과 왕비를 두 사람의 성인이라 일렀다.56)

『삼국사기』〈시조혁거세거서간〉에 수록된 알영의 기록이다. 이 기록에 따르면 알영이 알영 우물에서 태어나기 전 신라에는 6개의 마을을 중심으로 한 집단이 선주하고 있었으며, 이들이 알에서 태어난 혁거세를 왕으로 삼고 있었다. 그때 알영 또한 용에게서 탄생해 얼마 지나지 않아 왕비가 된다. 혁거세와 알영은 선주하고 있던 집단이 있었으므로 이들이 왕과 왕비가 되는 데는 문제가 있다. 하지만 이들은 6부 촌장들에게 추대를 받아 각각 왕과 왕비가 되고 성인으로 추앙된다. 그렇다면 선주하고 있던 집단

---

56) 先是 朝鮮遺民 分居山谷之間 爲六村 一曰閼川楊山村 二曰突山高墟村 三曰觜山珍支村 (或云干珍村) 四曰茂山大樹村 五曰金山加利村 六曰明活山高耶村 是爲辰韓六部 高墟村長蘇伐公望楊山麓 蘿井傍林間 有馬跪而嘶 則往觀之 忽不見馬 只有大卵 剖之 有嬰兒出焉 則收而養之 及年十餘歲 岐嶷然夙成 六部人以其生神異 推尊之 至是立爲君焉 辰人謂瓠爲朴 以初大卵如瓠 故以朴爲姓 居西干 辰言王(或云呼貴人之稱)…(中略)…五年 春正月 龍見於閼英井 右脇誕生女兒 老嫗見而異之 收養之 以井名 名之 及長有德容 始祖聞之 納以爲妃 有賢行 能內輔 時人謂之二聖. (金富軾,『三國史記』卷第一 新羅本紀 第一〈始祖赫居世居西干〉.)

과 혁거세와 알영은 동질성을 가지거나 혹은 선주하던 집단의 문제를 이들이 해결해주었기 때문에 화합했을 것으로 생각된다.

『삼국사기』〈시조혁거세거서간〉 '17년(기원전 41), 임금이 6부를 두루 돌아보는 길에, 왕비인 알영도 따랐다. 농사와 누에치기를 열심히 하도록 권장하고, 토지의 이로움을 다하도록 했다.'57)라는 기록을 통해 혁거세와 알영은 농경문화와 관련되어 있다고 보인다. 이렇게 보면 신라에 선주하고 있던 집단은 농경문화와 동일한 문화를 가지고 있었거나, 농경문화와 관련된 문제를 해결 위해 혁거세와 알영을 왕과 왕비로 추정했다고 생각된다.

그런데 이야기 속 혁거세와 알영은 자료 속 모습과는 조금의 차이를 보인다. 혁거세는 백마가 하늘에서 내려준 알에서 태어났다고 하면서 선주하고 있던 6부의 촌장들 또한 하늘에서 내려왔다고 해 6부 촌장과 혁거세가 동일한 출자를 가졌다고 하고 있다.58) 이 사실을 통해 이야기에서는 혁거세와 6부 촌장이 동일성을 지닌 존재라고 설정해 혁거세가 가진 문제를 해결한다. 이에 비해 알영은 자료 속에서와 거의 동일하게 계룡의 옆구리에서 태어났다고 하고 있다.

정(井), 연(淵), 천(泉(川)), 강(江(하(河))), 해(海)의 물은 생명의 원리를 상징하는59) 하는데 알영은 계룡신(鷄龍神)에서 탄생하고 정변(井邊)에서 태어났으며 북천에서 목욕했다고 하니 이 용신(龍神)은 수신(水神)이고 또 지신(地神)이다. 따라서 알영은 용신, 수신, 지신으로 숭배했을 것으로 추정된다.60) 이 논의들을 토대로 보면 알영이 농경과 매우 밀접한 인물이었음을 알 수 있다. 알영이 농경과 밀접한 인물이었기 때문에 이야기는 이를 더욱 부각시키기 위해 알영을 알영정에 나타난 계룡의 옆구리에서 태어났다고 했을 것으로 생각된다. 이를 바탕으로 알영은 농경에서 매우

---

57) 十七年 王巡撫六部 妃閼英從焉 勸督農桑 以盡地利. (金富軾, 『三國史記』 卷第一 新羅本紀 第一 〈始祖赫居世居西干〉.)
58) 此六部之祖 似皆從天而降. (一然, 『三國遺事』 卷第一 紀異 第一 〈新羅始祖 赫居世王〉.)
59) 채미하, 「신라의 건국신화와 국가제의」, 『한국사학보』 55, 고려사학회, 2014, p.180.
60) 이은봉, 「新羅神話의 考古學的 硏究(Ⅰ) : 三國遺事의 赫居世神話와 金閼智神話를 中心으로」, 『신라문화제학술발표논문집』 11, 新羅文化宣揚會, 1990, pp.92-94.

중요한 인물로 부각될 수 있었으며, 알영이 가진 신라 왕비가 되는 문제를 해결하게 된다.
 『삼국사기』〈혁거세거서간〉 17년의 기록은 알영이 농경문화와 깊은 연관성을 지닌다는 사실을 알려준다. 알영이 용녀라고 한 것은 신라 사람들의 인식에서 용이 수신 혹은 우신으로 관념화되고 있었다[61]는 것을 잘 드러내준다. 결국 알영 이야기의 전승자들은 이야기 내에서 용을 수용해 알영이 농경과 밀접한 인물로 왕비가 될 만한 자질을 가진다는 것을 드러내고 있다. 이를 통해 알영은 선주한 사람들이 있는데도 불구하고 첫 번째 왕비가 되어야만 하는 문제를 해결하게 된다.
 용 전승집단은 알영이 가진 문제인 선주한 사람들이 있음에도 불구하고 첫 번째 왕비가 되어야하는 당위성을 만들어야만 했다. 그들은 이야기에서 알영이 가진 문제를 해결하기 위해 알영을 알영정에 나타난 계룡의 옆구리에서 태어났다고 설정한다. 이렇게 되면 알영이 농경과 밀접한 용의 권위를 부여 받은 인물임이 가시화된다. 따라서 이 이야기는 알영이 신라 첫 번째 왕비가 된 사실을 전한다. 또한 알영과 동일한 혈통을 가진 집단이 용의 혈통을 이어받았다고 해 이들 집단의 지배 질서를 정당화한다. 결국 이 이야기의 전승집단이 최대 수혜자가 된다. 이들은 이 이야기를 통해 알영과 혈연적으로 동질성을 확보하고 더 나아가 문화적 동일성까지 확보하고자 한 것으로 생각된다.
 『삼국유사』〈무왕〉조에 수록된 무왕 이야기에서도 용이 지배자의 탄생에 기여한다. 무왕이야기에 등장하는 용은 못가에서 혼자 살아가는 과부인 무왕의 어머니와 정을 통해 무왕을 탄생시킨다. 주인공의 혈통을 용과 연결시키는 다른 이야기들에서는 주인공의 어머니가 과부라는 설정은 잘 보이지 않는다. 무왕 이야기는 바로 이런 점에서 다른 이야기와 차별성을 보인다고 하겠다. 무왕 이야기를 살펴보면 다음과 같다.

---

61) 이혜화, 위의 책, 1993, p.189.

자료27. 〈무왕〉[62]
1) (고본(古本)에는 무강(武康)이라 했으나 잘못된 것이다. 백제에는 무강이 없다.) 제30대 무왕(武王)의 이름은 장(璋)이다. 그의 어머니는 과부였는데 수도 남쪽 연못가에 집을 짓고 살다가, 그 연못의 용과 정을 통하고 아들을 낳았다. 어려서의 이름은 서동(薯童)이다. 서동은 재주와 도량이 커서 헤아리기 어려웠다. 늘 마를 캐서 팔아 생활했기 때문에 나라 사람들이 이것으로 이름을 삼았다.

자료27은 『삼국유사』 기이 제2의 〈무왕〉에 수록된 무왕의 이야기이다. 이야기에 따르면 무왕은 백제의 30대 왕이 되는 것이 목적이다. 백제왕이 되는 것이라는 목적을 달성하기 위해 무왕은 다른 사람과 다른 특별함을 지녀야 한다. 어머니가 과부라는 결함을 가지고 있는 이상 그가 특별함을 지니지 못한다면 왕이 될 가능성은 희박하다. 이야기는 무왕의 특별함을 드러내기 위해 무왕의 아버지를 지룡(池龍)이라 하고 있다.

무왕은 백제 30대 왕이 되고자 하는 목적을 달성하기 위한 문제해결의 수단으로 탄생담에 지룡을 등장시키는 것을 선택했다. 무왕의 탄생담에 참여하는 지룡은 무엇보다 백제 30대 왕 탄생의 주역으로서 그 역할을 수행한다. 그러나 용이 무왕 탄생의 주역으로서의 역할을 수행한다는 것만으로는 용이 왕인 무왕의 탄생에 수용된 이유가 뚜렷하지 않다. 무왕이야기의 전승집단이 왜 용을 수용해 주인공 무왕이 목적을 달성하게끔 하고 있는지를 살펴보지 않을 수 없다. 이를 해명하기 위해 당대 사회적 상황과 관련해 살펴보기로 한다.

무왕의 아버지 법왕은 598년 대고구려전에서 승리한 기세를 타고 호국사찰인 烏合寺를 창건했다. 신라 왕실에서는 법왕의 아들인 무왕과의 혼인을 통해 백제와의 휴전을 도모하는 동시에 예전의 반고구려 동맹관계를 복구하고자 했던 것이다. 이와 같은 양국 간의 이해관계가 맞아 떨어져서 무왕과 선화공주간의 결혼이 성사될 수 있었다고 보았다. 또 무왕은 신라 왕실의 지원을 유도해 법왕의 적자들을

---

62) (古本作武康 非也 百濟無武康) 第三十 武王名璋 母寡居 築室於京師南池邊 池龍交通而生 小名薯童 器量難測 常掘薯蕷 賣爲活業 國人因以爲名 (一然, 『三國遺事』, 紀異 第二 〈武王〉.)

제끼고 즉위할 수 있었다. 그와 더불어 서자에 불과했던 무왕은 웅진성시대의 모반 사건에 연루되어 권력의 변두리로 밀려난 解氏와 苩氏 세력 및 중국계 세력과의 연계를 통해 집권할 수 있었던 것으로 보인다. 63)

연구에 따르면 무왕의 아버지는 법왕이다. 무왕은 법왕의 서자이다. 법왕의 적자가 있으므로 법왕의 서자인 무왕이 왕으로 등극할 가능성은 매우 희박하다. 연구를 통해 보면 신라는 백제와 반고구려 동맹관계에 대한 문제를 가지고 있었으며, 백제 또한 신라와 우호관계에 대한 문제를 지니고 있었다. 신라와 백제 모두의 문제를 해결하는 길은 신라와 백제가 동맹관계로 묶이는 것이다. 가장 공고한 결속은 혼인이다. 백제와 신라는 무왕과 선화공주의 결합으로 각각의 문제를 해결한다.

연구를 통해서 무왕의 세력이 매우 미약했다는 사실을 알 수 있다. 법왕의 적자가 있는 이상 서자는 자신의 힘을 잘 발휘하지 못한다. 더구나 자신을 지지할 수 있는 세력이 없다면 더더욱 힘을 발휘하기는 어렵다. 무왕이 선화 공주와 결합함으로써 양국의 문제를 해결해 주었기 때문에 무왕이 어느 정도 힘을 갖추었을 것이라는 짐작이 가능하다. 하지만 여전히 법왕의 적자 무리와는 정통성의 문제로 갈등 관계에 있었을 것이다. 또한 백제와 신라가 무왕과 선화공주와의 혼인으로 결속되기는 했으나 이 또한 지속적일 수는 없다.

그런데 이야기 속 무왕은 자료와 다소 차이를 보인다. 무왕은 과부인 어머니와 지룡인 아버지 사이에서 탄생한다. 무왕은 어렸을 때부터 재주와 도량이 커 헤아리기 어려웠다고 하고 있다. 연구를 통해 알 수 있었던 무왕의 정통성 문제가 이야기에서는 지룡이라는 탄생 주역에 의해 해결된다. 무왕이 서자에서 지룡의 아들로 대체된 것이다. 연구를 통해서 무왕이 백제와 신라 양국의 문제를 해결하기 위한 수단으로 선화공주와 결혼했다는 사실을 알 수 있다. 하지만 이야기에서는 무왕이 뛰어난 지략으로 선화공주를 신라 왕실에서 쫓겨나게 해 둘의 결합이 이루어진 것이라고 한다.

---

63) 이도학, 「百濟 武王 系譜와 執權 基盤」, 『백제문화』 34, 공주대학교 백제문화연구소, 2005, p.85.

이야기에서 나타나는 무왕의 뛰어난 지략은 바로 아버지 지룡의 능력에 기인한 것이다.

또한 이야기는 신라 진평왕이 무왕을 존경해 날마다 편지를 보내고 이로 인해 사람들로 하여금 인심을 얻어 왕으로 등극할 수 있었다고 하고 있다.[64] 현실에서는 백제와 신라가 무왕과 선화공주의 혼인으로 일정기간 결속될 수 있었겠지만 그 결속이 오래가지는 않았을 것이다. 하지만 이야기에서는 백제와 신라의 관계가 단단하게 결속되었음을 암시해주고 있다. 이는 무왕이 가진 지지 기반에 대한 문제를 해결해 준다. 무왕으로 인해 백제와 신라의 결속이 공고해진다고 한다면 무왕의 지지 기반 또한 확고해 질 수밖에 없을 것이다. 결국 무왕 이야기의 전승자들은 이야기 내에서 용을 수용해 무왕이 가진 정통성에 대한 문제와 백제와 신라 두 나라 사이의 문제 그리고 미약한 지지 기반의 문제를 모두 해결하고 있다.

용 전승집단은 무왕이 가진 정통성의 문제, 백제와 신라의 정치적 문제 그리고 미약한 지지 기반의 문제를 해결해야만 했다. 그들은 이야기에서 무왕이 가진 혈통적 문제, 양국간 정치적 문제, 미약한 지지 기반의 문제를 용 수용을 통해 모두 해결한다. 특히 이야기에서 용 수용은 주인공의 혈통에 신성성을 주입함으로써 장차 주인공이 목적을 달성하는 데 필요한 권능을 준다. 무왕이 지룡의 아들로 태어났다고 하는 데서 혈통의 신성성이 확보된다. 따라서 이 이야기 전승의 표면적 이유는 주인공 무왕의 왕위등극을 전하기 위함이다. 그러나 이 이야기 전승의 이면적 이유는 지배집단의 혈통과 용의 혈통을 연결해 지배의 현재적 정당성을 보여주기 위함이다. 따라서 이 이야기의 최대 수혜자는 혈연의 관점에서 보면 주인공인 무왕과 혈통을 같이하는 집단이며, 전승의 관점에서 보면 주인공인 무왕과

---

64) 공주가 편지를 써서 금과 같이 사자사 앞에 가져다 놓았는데, 법사가 신통력으로 하룻밤만에 신라 궁궐로 보냈다. 진평왕은 그 신기한 조화를 이상하게 여겨서 서동을 더욱더 존경했으며, 늘 편지를 보내 안부를 물었다. 서동은 이후로부터 인심을 얻어서 왕위에 오르게 되었다. 主作書 幷金置於師子前 師以神力 一夜輸置新羅宮中 眞平王異其神變 尊敬尤甚 常馳書問安否 薯童由此得人心 卽王位. (一然,『三國遺事』卷第二 紀異 第二 〈武王〉.)

심리적·문화적 동일성을 확보한 전승집단이라 하겠다.
　『고려사』에 수록된 작제건 이야기 또한 용이 왕의 탄생에 기여한다. 작제건 이야기에 등장하는 용은 서해용왕과 서해용왕의 딸이다. 이야기에서 서해용왕은 작제건에게 자신을 괴롭히는 늙은 여우를 제거해 달라고 부탁한다. 작제건은 서해용왕의 부탁을 들어주고 보답으로 서해용왕의 딸과 결혼한다. 서해용왕의 딸과 작제건이 결혼해 낳은 자식의 후손이 바로 고려 왕으로 등극하게 되는 태조 왕건이다. 건국주나 왕의 혈통을 용과 관련시키는 대부분의 이야기들에서는 건국주나 왕의 부(父)로서 용을 주인공과 직접적으로 연결시키는데 반해 작제건 이야기는 삼대(三代가) 흐른 후 자손이 왕으로 등극한다고 해 다른 이야기들과 차이점을 보인다. 작제건 이야기를 살펴보면 다음과 같다.

　　자료28. 〈작제건〉[65]

1) 작제건은 어려서 총명하고 지혜롭고 용맹이 있었다. 나이 대여섯 살이 되자 어머니에게 아버지가 누구냐고 물었는데 그의 어머니는 당나라 사람이라고 답했다. 자라자 재주가 육예를 겸했으며 글 쓰고 활 쏘는 솜씨가 특히 절묘했다. 나이 열여섯이 되자, 아버지가 남기고 간 활을 어머니가 내 주었다. 그 활을 쏘니 백발백중이었다. 세상에서 신궁이라고 했다.

2) 아버지를 찾고자 해 배를 탔는데 바다 가운데서 구름과 안개가 어둡게 끼어 배가 사흘 동안이나 갈 수 없었다. 배 안의 사람이 점을 쳐보고 말했다. "마땅히

---

[65] 作帝建幼而聰睿神勇 年五六 問母曰 我父誰 曰 唐父 盖未知其名故耳 及長 才兼六藝 書射尤絶妙 年十六 母與以父所遺弓矢 作帝建大悅 射之百發百中 世謂神弓 於是 欲覲父 寄商船 行至海中 雲霧晦暝 舟不行三日 舟中人卜曰 '宜去高麗人 作帝建執弓矢 自投海 下有巖石 立其上 霧開風利 船去如飛 俄有一老翁拜曰 我是西海龍王 每日晡 有老狐作熾盛光如來像 從空而下 羅列日月星辰於雲霧間 吹螺擊鼓 奏樂而來 坐此巖 讀臃腫經 則我頭痛甚 聞郞君善射 願除吾害 作帝建許諾 及期 聞空中樂聲 果有從西北來者 作帝建疑是眞佛不敢射 翁復來曰 正是老狐 願勿復疑 作帝建撫弓撚箭 候而射之 應弦而墜 果老狐也 翁大喜 迎入宮 謝曰 賴郞君 吾患已除 欲報大德 將西入唐 覲天子父乎 富有七寶 東還奉母乎 曰 吾所欲者 王東土也 翁曰 王東土 待君之子孫三建必矣 其他惟命 作帝建聞其言 知時命未至 猶豫未及答 坐後有一老嫗戲曰, '何不娶其女而去 作帝建乃悟請之 翁以長女翥旻義妻之 作帝建受七寶將還 龍女曰 父有楊杖與豚勝七寶 盍請之 作帝建請還七寶 願得楊杖與豚 翁曰 此二物, 吾之神通 然君有請 敢不從 乃加與豚 於是 乘漆船 載七寶與豚 泛海悠到岸 卽昌陵窟前江岸也. (『高麗史』, 高麗世係.)

고려인을 내보내야한다."해 작제건은 활과 화살을 잡고, 자기 몸을 스스로 바다에 던졌다. 아래에 바위가 있어 그 위에 섰다. 안개가 개이고 바람이 순조로와 배는 나는 듯이 갔다. 조금 있으니 어떤 노인이 절하고 말했다. "나는 서해용왕입니다 매일 해 질 무렵에 늙은 여우가 빛이 나는 부처의 모습을 하고 공중에서 내려옵니다. 구름과 안개 사이에 해, 달, 별을 벌여 놓고, 나발을 불고 북을 치며 풍악을 잡히고 이 바위에 앉아 옹종경을 읽으면 내 머리가 아주 아픕니다. 듣건대 그대는 활을 잘 쏜다 하니, 나의 재해를 물리쳐 주십시오." 작제건은 허락했다. 급기야 공중에서 음악 소리가 나더니, 서북쪽에서 오는 것이 있었다. 작제건은 그것이 진짜 부처인가 여겨 감히 활을 쏘지 못했다. 노옹이 다시 와서 말했다. "그것은 바로 여우니, 의심하지 마십시오." 작제건은 활을 들고 화살을 먹여서 겨누어 쏘았다. 시위 소리에 맞추어 떨어지는 것이 과연 늙은 여우였다.

3) 노옹은 크게 기뻐 궁중으로 맞이해 사례하면서 말했다. "낭군의 힘을 입어 나의 환란을 제거했으니 크게 보답하고자 합니다. 장차 서쪽으로 당나라로 가서 천자인 아버지를 뵈려 하십니까? 부유한 칠보를 가지고 동쪽으로 가서 어머니를 모시려 하십니까?" 말했다. "내가 바라는 바는 동쪽 땅의 왕이 되는 것입니다." 노옹이 말했다. "그대의 자손 삼건을 기다려야 합니다. 그 밖의 것이야 명하시는 대로 반드시 거행하겠습니다." 작제건은 그 말을 듣고 때의 운수가 아직 이르지 못한 줄 알았다. 우물쭈물 소원 대답을 하지 못하고 있는데, 자리 뒤에서 어떤 노파가 장난하면서 말했다. "어째서 저 사람 딸에게 장가들고 가지 않으려 합니까?" 작제건이 알아차리고 그 일을 청했다. 노옹이 장녀 저민의로 작제건의 처를 삼았다. 작제건이 칠보를 가지고 돌아가려고 하니 용녀가 말했다. "아버지가 가지신 지팡이와 돼지가 칠보보다 나으니 청하세요." 작제건이 칠보를 돌려주고 지팡이와 돼지를 청하니 노옹이 말했다. "이 두 가지는 내가 신통하게 하는 것이다. 그러나 그대가 청하니 따르지 않을 수 없다"며 돼지를 덧보태 주었다. 이에 칠선을 타고 칠보와 돼지를 싣고 바다를 건너 해안에 이르니, 그곳이 창릉굴 앞 강변이었다.

자료28은 『고려사』 고려세계에 수록된 작제건 이야기이다. 이야기에 따르면 작제건은 왕이 되는 것이 목적이다. 왕이 되는 것이라는 목적을 달성하기 위해 작제건은 노력하려고 하나 서해용왕은 작제건이 왕이 될 수 없다고 일러준다. 그리고 서해용왕은 자손 삼건을 기다려야 비로소 왕이 될 수 있다고 작제건에게 말해준다. 작제건의 자손인 왕건이 고려 왕이 된다. 이 사실을 통해 이 이야기의 이면적인 주인공이 태조 왕건이란 것을 알 수 있다. 주인공인 태조 왕건의 목적은 왕이 되는 것이라고 하겠다. 왕이 되는 것이라는 목적을 달성하기 위해 태조 왕건은 남다른 무언가가 필요하다. 왕건이 남과 같이 평범하다면 왕이 될 수 없다. 이야기는 왕건이 평범하지 않다는 것을 드러내기 위해 왕건의 조상을 신궁과 서해용왕의 딸이라 하고 있다.

주인공 왕건은 새로운 국가인 고려의 왕이 되고자 하는 목적을 달성하기 위한 문제해결의 수단으로서 자신의 출생에 서해용왕의 딸인 용녀를 등장시키는 것을 선택했다. 왕건은 그의 선조가 용녀였다는 것을 이야기를 통해 드러내고 있다. 왕건의 출생에 관여된 용녀는 무엇보다 고려 태조의 출생에 중요한 역할을 수행한다. 그러나 서해용왕의 딸인 용녀가 주인공 왕건의 출생에 중요한 역할을 수행했다는 것만으로는 서해용왕의 용녀가 태조 왕건의 출생에 수용된 이유가 선명하지 못하다. 작제건 이야기의 전승집단이 왜 용을 수용해 주인공 태조 왕건이 목적을 달성할 수 있도록 하고 있는지를 살펴야하겠다. 태조 왕건이 왕으로 등극하기 전·후의 상황과 관련해 이를 해명해보기로 한다.

신라말(新羅末) 각 지역에서 독자적인 성격을 띠면서 난립하던 호족세력들 중의 하나로서 송악지방을 근거(根據)로 대외무역(對外貿易)을 통한 부를 축적(蓄積)해 대호족 세력의 가문으로 성장했던 왕건(王建)이 고려를 건국(建國)하게 되었다. 왕건의 부자가 궁예에 귀부해 궁예의 신임을 받은 것은 막대한 재력(財力)과 강력(强力)한 세력기반을 가진 송악지방(松嶽地方) 제일(第一)의 대호족(大豪族)이었기 때문에 이를 크게 이용할 가치가 있어서였다. 궁예가 수도(首都)를 송악에서 철원(鐵圓)으로 옮기게 되는 것도 왕건세력의 위협에서 벗어나기 위한 것이었다. 왕건이 나주지방(羅州地方)을 중심으로 서남해안의 해상세력(海上勢力)을 장악해 제2 세력근거지를 확보해 가면서 「아지태사건(阿志泰事件)」을 계기로 왕경에서 독자적(獨自的)인 세력을 구축했다. 왕건이 왕으로 등극한 것은 철원(鐵圓)을 중심으로 한 대호족 세력의 자리바꿈에 불과했다. 그렇기 때문에 각 지방호족세력의 동요는 물론 심지어 왕건(王建)의 측근세력(側近勢力) 중에서도 왕권(王權)에 도전하는 사례가 빈번히 일어나고 있었다. 그리하여 태조(太祖)는 즉위 직후부터 호족들에게 화친(和親)의 뜻을 표하는 등 회유책(懷柔策)을 실시해 차츰 많은 호족세력으로부터 귀부(歸附)를 받았다.[66]

연구를 통해 왕건은 왕위 등극 전뿐만 아니라 이후에도 끊임없이 호족들과 갈등을 겪었으며 왕위의 정당성 또한 의심 받았을 것으로 보인다. 연구에서 왕건의 왕위 등극이 대호족 세력에 자리바꿈에 불과하다는 데서 이를 알 수 있다. 왕건은 호족이라는 신분적 문제를 안고 있었으므로 다른 호족 세력에게 강력한 지도력을 행사할 수 없었을 것이다. 이로 인해 호족들과의 갈등 문제는 심화될 수밖에 없었다. 왕건의 신분적 문제와 호족과의 갈등 문제를 해결하는 길은 호족과의 결속을 다지는 해결해야 한다. 왕건은 호족들에게 회유책을 실시해 호족과의 결속을 다져가면서 호족세력으로부터 귀부(歸附)를 받았다. 왕건이 완벽하지는 않지만 호족들과의 문제를 해결해 나간 것이다.

왕건에게 많은 호족세력들이 귀부를 해오더라고 호족 세력 간에 동요가 일어난다면 왕건의 왕권은 흔들릴 수밖에 없다. 왕건의 측근 세력들조차 왕권에 도전하는 사례가 빈번히 있었다는 사실을 통해 왕건의 왕권은 불안정한 것이었다. 왕건에게 강력한 지지 세력이 있었다면 왕권은 안전할 수 있다. 하지만 왕건에게는 강력한 지지 세력이 없었다. 그래서 왕건은 왕권을 유지하기 위해서는 멀리 있는 적뿐만 아니라 측근 세력에 대한 경계를 소홀히 해서는 안 되었다고 보인다.

그런데 이야기 속의 왕건은 연구와 다소 차이를 보인다. 이야기 속에서 왕건이란 이름이 직접적으로 등장하지는 않지만 서해용왕이 한 예언을 통해 왕건이 왕이 될 것임을 천명하고 있다. 또한 연구를 통해 알 수 있었던 왕건이 호족이었다는 신분적 문제는 이야기에서 작제건이라는 영웅과 서해용왕의 딸을 조상으로 두고 있다고 해 해결하고 있다. 작제건과 서해용

---

66) 蔡守煥, 「王建의 高麗建國 過程에 있어서 豪族勢力」, 『白山學報』 82, 백산학회, 2008, p.144.

왕의 자손이라면 이들이 가진 능력을 고스란히 이어받았다는 논리가 적용된다. 이렇게 되면 지지 세력 확보에 대한 문제도 해결된다. 결국 작제건 이야기의 전승자들은 이야기 내에 용을 수용해 왕건이 가진 신분적 문제와 지지 세력에 대한 문제를 모두 해결하고 있다.

용 전승집단은 왕건이 가진 신분적 문제와 미약한 지지 기반의 문제를 해결하고 싶었을 것이다. 설화에서 용 수용을 통해 왕건이 가진 문제가 모두 해결되는 것은 바로 이러한 용 수용 집단의 의지가 실현된 것으로 보인다. 특히 서해용왕의 딸인 용녀가 왕건의 조상이라는 설정은 주인공인 왕건의 혈통에 신성성을 부여해줌으로써 장차 주인공이 목적을 실현하는데 필요한 권능을 준다. 또한 한 단계 더 나아가 서해용왕의 예언을 통해 왕건의 왕위 등극이 천명임을 드러낸다. 이야기는 주인공의 문제해결에 신성성과 초월성을 겸비한 용을 참여시킴으로써 용 수용 집단이 주장하고자 하는 당대의 지배권의 정당성을 확립하고자 한다고 하겠다.

〈신라시조혁거세왕〉, 〈무왕〉, 〈작제건〉 이야기는 모두 지배집단의 건국주 혹은 왕의 탄생에 용의 혈통이 관여되어 있다고 한다. 건국주 혹은 왕의 혈통과 용의 혈통이 섞인다는 것은 용의 성스러움이 건국주 혹은 왕의 혈통으로 전이된다는 것을 의미한다. 결국 이들 이야기들은 용의 혈통과 인간 혈통의 합일을 보여줌으로써 용의 신성성을 건국주나 왕이 함께 나누는 결과를 낳는다. 그리하여 용의 혈통을 통해 태어난 군주와 왕 또한 용의 신성성을 확보하게 한다. 확보된 용 혈통의 신성성에 대해 지배집단은 왕권 기원의 정당성과 지배집단의 우월성 등 정치적 이데올로기로 활용한다. 또한 전승집단은 용의 성스러운 혈통을 나눈 건국주나 왕의 이야기를 통해 그들과 혈연적·심리적·문화적 동일성을 획득한다.

셋째 '탄생과 호위'에 대해 살핀다. 이야기에서 때로 건국주나 왕의 탄생 과정과 탄생 이후의 성장에 동시에 용이 관여하기도 한다. 탄생의 과정에는 용의 혈통과 결합이 이루어지며 성장의 시기에는 용의 보호자 역할이 나타난다. 『삼국유사』 기이 제1에 전하는 〈4대탈해왕〉에 수록되어 있는 탈해 이야기는 탈해의 탄생이 용과 결부되어 있으며, 적룡의 호위를 받고 신라로 들어와 왕이 되었다고 한다. 탈해 이야기 전문을 보면 다음과 같다.

자료29. 〈제4대탈해왕〉[67]
1) 탈해치질금(토해이사금(吐解尼師今)이라고도 한다.)이 남해왕 시절(고본(古本)에는 임인년에 이르렀다고 했지만 잘못된 것이다. 가까운 임인년이라면 노례왕의 즉위 초보다 뒤일 것이니, 왕위를 다투어 사양하는 일이 없었을 것이다. 그 이전의 임인년이라면 혁거세의 시대일 것이다. 그러므로 임인년이 아님을 알 수 있다.)에 가락국 바다에 배를 타고 와서 정박하고 있었다. 그 나라의 수로왕이 신민들과 함께 북을 시끄럽게 치며 맞이해 머무르게 하려고 했지만, 배는 곧 나는 듯이 달아나 계림의 동쪽 하서지촌(下西知村) 아진포(阿珍浦)에 이르렀다. 지금도 상서지촌(上西知村)·하서지촌(下西知村)의 이름이 있다.
2) 이때 갯가에 한 할멈이 있었는데 이름이 아진의선(阿珍義先)이라 했으니, 바로 혁거세왕의 고기잡이 할멈이었다. 그 할멈이 배를 바라보고 말했다. "본디 이 바다 가운데에는 바위가 없거늘, 어찌해서 까치가 모여서 우는고?" 그리고는 배를 끌어당겨 살펴보니 까치가 배 위에 모여 있었고 배 안에는 상자 하나가 있었는데, 길이 20척에 넓이 13척이었다. 그 배를 끌어다가 나무숲 아래에 두고는, 길흉을 알 수 없어서 하늘을 향해 기도를 했다. 그리고 잠시 후 상자를 열어보니 단정하고 잘생긴 남자 아이가 있었고, 또 일곱 가지 보물과 노비가 그 안에 가득 차 있었다.
3) 7일 동안 잘 대접하자 아이가 이렇게 말했다. "나는 본래 용성국(龍城國) 사람입니다.[정명국(正明國)이라고도 하고 완하국(琓夏國)이라고도 한다. 완하는 화

---

[67] 脫解齒叱今(一作吐解尼師今) 南解王時(古本云 壬寅年至者謬矣 近則後於弩禮卽位之初 無爭讓之事 前則在於赫居之世 故知壬寅非也) 駕洛國海中有船來泊 其國首露王 與臣民 鼓譟而迎 將欲留之 而舡乃飛走 至於鷄林東下西知村阿珍浦(今有上西知下西知村名) 時浦邊有一嫗 名阿珍義先 乃赫居王之海尺之母 望之謂曰 此海中元無石嵓 何因鵲集而鳴 拏舡尋之 鵲集一舡上 舡中有一櫃子 長二十尺 廣十三尺 曳其船 置於一樹林下 而未知凶乎吉乎 向天而誓爾 俄而乃開見 有端正男子 並七寶奴婢滿載其中 供給七日 酒言曰 我本龍城國人(亦云正明國 或云琓夏國 琓夏或作花廈國 龍城在倭東北一千里) 我國嘗有二十八龍王 從人胎而生 自五歲六歲 繼登王位 敎萬民修正性命 而有八品姓骨 然無揀擇 皆登大位 時我父王含達婆 聘積女國王女爲妃 久無子胤 禱祀求息 七年後産一大卵 於是大王會問群臣 人而生卵 古今未有 殆非吉祥 乃造櫃置我 幷七寶奴婢載於舡中 浮海而祝曰 任到有緣之地 立國成家 便有赤龍 護舡而至此矣 言訖.(一然, 『三國遺事』, 紀異 第一 〈第四脫解王〉.)

하국(花廈國)이라고도 한다. 용성은 왜나라 동북쪽 1천 리에 있다.] 우리나라에는 일찍이 스물여덟의 용왕이 있는데, 모두 다 사람의 몸에서 태어났습니다. 5~6세부터 왕위를 이어받아 만백성을 가르치고 성명(性命)을 바르게 했습니다. 팔품의 성골이 있는데 그들은 선택을 받지 않고 모두 다 왕위에 올랐습니다. 당시에 저의 부왕이신 함달파(含達婆)께서 적녀국의 왕녀를 맞이해 왕비로 삼았는데 오래도록 아들이 없어서 아들을 갖게 해달라고 기도를 했습니다. 그 후 7년이 지나 커다란 알 하나를 낳았습니다. 그러자 대왕께서는 여러 신하들을 모아 물어보시기를, '사람이면서 알을 낳은 것은 예로부터 없었던 일이니, 아마도 좋은 징조는 아닐 것이다.'하시고는 거대한 상자를 만들어서 저를 그 안에 넣고 일곱 가지 보물과 노비들도 함께 배 안에 싣고는, 바다에 띄워 보내며 '아무 곳이나 인연이 있는 곳에 닿거든, 나라를 세우고 집을 이루어라.'라고 축원해 주셨습니다. 그러자 갑자기 붉은 용이 나타나 배를 호위해 여기까지 오게 되었습니다."

자료29는 『삼국유사』 기이 제1 〈4대탈해왕〉에 수록되어 있는 탈해 이야기이다. 이야기에 따르면 탈해는 신라 4대 왕이 되는 것이 목적이다. 신라 4대 왕이 되는 것이라는 목적을 달성하기 위해 탈해는 다른 사람과 다른 우월함을 지녀야 한다. 탈해가 우월함을 지니지 않는 이상 외부에서 신라로 건너간 탈해가 왕이 될 수는 없을 것이다. 이야기는 탈해의 우월함을 드러내기 위해 탈해의 아버지를 용성국 용왕이라고 하고 있다.

탈해는 신라 4대 왕이 되고자 하는 목적을 달성하기 위한 문제해결의 수단으로서 탄생담에 용성국 용왕을 등장시키는 것을 채택했다. 탈해의 탄생담에 참여하는 용왕은 무엇보다 신라 4대왕의 탄생에 결정적 역할을 수행한다. 그러나 이것만으로는 용왕이 신라 4대왕인 탈해의 탄생에 채택된 이유가 충분히 설명되지 않는다. 주인공 탈해가 목적을 달성하기 위한 수단으로 왜 용을 택해야만 했는지에 대해 탈해 당대적 역사적 상황과 결부해 살펴보기로 한다.

탈해는 본래 다파나국(多婆那國)에서 태어났는데, 이 나라는 왜국(倭國)의 동북쪽 1천 리 밖에 있다. 앞서 그 나라 왕이 여국(女國)의 딸을 맞아 아내로 삼았는데, 임신한 지 7년 만에 커다란 알을 낳았다. 왕이 말했다. "사람이 알을 낳았으니 이는 상서로운 일이 아니다. 버리는 것이 마땅하리라."그 여인이 알을 차마 버리지 못하고 비단으로 알을 싸서 보물과 함께 궤짝에 넣어 바다에 띄워 되는대로 흘러가 도록 했다. 처음에 금관국(金官國) 해변에 닿았으나, 금관 사람은 이를 괴이하게 여겨 거두지 않았다. 다시 진한 아진포(阿珍浦) 어구에 닿았다. 이때가 곧 시조 혁거세(赫居世) 39년(기원전 19)이었다. 그때 해변에 있던 할머니가 상자를 줄로 끌어올려 해안에 매어놓고 열어보니, 한 어린 아이가 있었다. 할머니가 아이를 거두어 길렀다. 이 아이가 어른이 되자 키가 9척이 되었으며, 풍채가 빼어나게 훌륭했고, 지식이 남보다 뛰어났다. 어떤 사람이 말했다."이 아이는 성씨를 알 수 없구나. 처음 궤짝이 당도했을 때 까치 한 마리가 울면서 따라 날아왔으니, 까치 작(鵲)자를 줄여'석(昔)'으로 성을 삼도록 하자. 또한 궤짝에 넣어둔 것을 풀고 나왔으니, 탈해(脫解)라 이름을 짓는 것이 좋겠다."[68] 탈해는 처음에 고기를 잡아 어머니를 봉양했는데, 한 번도 게으름을 피운 적이 없었다. 그의 어머니가 말했다."너는 보통 사람이 아니다. 골격과 관상이 특이하니 마땅히 학문을 해 공명을 세우거라."이에 따라 그는 학문에 전념했고, 겸해 지리도 이해하게 되었다. 그는 양산(楊山) 아래에 있는 호공(瓠公)의 집을 보고 그곳이 좋은 집터라고 여기고 꾀를 써서 얻어 살았는데, 이 땅은 뒷날 월성(月城)터가 되었다. 남해왕(南解王) 5년(서기 8)에 이르러 그가 어질다는 소문을 듣고 임금은 자신의 딸을 그에게 시집보냈다. 7년(서기 10)에는 그를 등용해 대보(大輔)로 삼아 정사를 맡겼다. 유리(儒理)가 죽음을 눈앞에 두고 말했다."선왕은'내가 죽은 후에 아들과 사위를 막론하고 나이가 많고 현명한 자로 하여금 왕위를 잇게 하라.'고 유언했기에 내가 먼저 왕위에 올랐다. 이제는 마땅히 왕위를 탈해에게 전해야 할 것이다."

『삼국사기』〈탈해이사금〉의 기록이다. 이 기록에 따르면 중심된 인물은

---

68) 脫解本多婆那國所生也 其國在倭國東北一千里 初 其國王 娶女國王女爲妻 有娠七年 乃生大卵 王曰 人而生卵 不祥也 宜棄之 其女不忍 以帛裹卵幷寶物 置於櫝中 浮於海 任其所往 初至金官國海邊 金官人怪之 不取 又至辰韓阿珍浦口 是始祖赫居世 在位三十九年也 時海邊老母 以繩引繫海岸 開櫝見之 有一小兒在焉 其母取養之 及壯身長九尺 風神秀朗 智識過人 或曰 此兒不知姓氏 初櫝來時 有一鵲飛鳴而隨之 宜省鵲字 以昔爲氏 又解韜櫝而出 宜名脫解 脫解始以漁爲業 供養其母 未嘗有懈色 母謂曰 汝非常人 骨相殊異 宜從學 以立功名 於是 專精學問 兼知地理 望楊山下瓠公宅 以爲吉地 設詭計 以取而居之 其地後爲月城 至南解王五年 聞其賢 以其女妻_ 至七年 登庸爲大輔 委以政事 儒理將死 曰 先王顧命曰 吾死後 無論子壻 以年長且賢者 繼位 是以寡人先立 今也宜傳其位焉.(金富軾,『三國史記』卷第一 新羅本紀 第一〈脫解尼師今〉.)

탈해이다. 탈해는 밑줄 그은 부분을 통해 알 수 있듯이 왜국 동북 1천리 밖에 있는 다파나국 용왕의 아들이다. 그는 알로 태어나는 기이한 탄생을 해 궤짝에 넣어져 버려졌다. 이를 통해 탈해가 탄생의 문제를 가지고 있음을 알 수 있다. 알로 태어났다는 탄생의 문제로 인해 탈해는 다파나국에서 버려져 다른 곳으로 이동하게 된다. 기록을 통해 탈해를 실은 배가 금관국과 신라라는 나라에 닿았다는 사실을 알 수 있다. 탈해가 외부에서 왔으므로 선주하고 있던 사람들에게는 이방인이다. 이방인인 탈해가 와서 정착하려고 하므로 선주하던 사람들과의 갈등 상황이 놓이게 마련일 것이다.

그렇다면 기록에서 '금관국 해변에 닿았으나 금관 사람들이 이를 기이하게 여겨 거둬들이지 않았다'는 것은 탈해와 금관국 사람들과의 갈등을 나타낸 것으로 보인다. 이를 통해 탈해는 금관국 사람들과의 갈등을 해결하지 못하고 신라로 간 사실을 알 수 있다.69) 신라에서 탈해는 아진포에서 한 할멈에 의해 길러진다. 이것을 토대로 탈해가 신라에서는 신라 사람들과 갈등 없이 정착했다고 단정 지을 수도 있겠으나 호공의 집을 꾀를 써서 빼앗았다는 기록을 미루어 볼 때 신라에서도 신라 사람들과 갈등 관계에 놓였다고 보아야 할 것이다. 그렇다면 탈해는 정착의 문제와 이방인으로서 왕이 되어야 하는 문제를 동시에 지니고 있었다고 보아야 할 것이다. 정착의 문제는 고기잡이로 자신을 길러준 할멈을 봉양하면서 해결했고, 이방인으로써 왕이 되어야 하는 문제는 신라 세력들과의 갈등 끝에 노례왕의 신임을 얻으면서 해결한다.

그런데 이야기 속 탈해는 자료 속 탈해와 차이를 보인다. 이야기에서 탈해는 '인연이 있는 곳에 닿아 왕이 되고 가정을 이루어라'는 용왕의 축원을 듣고 붉은 용의 호위를 받으면서 용왕국을 떠난다. 이를 통해 용왕의

---

69) 영웅들의 투쟁과 정복의 이야기는 힘에 논리에 의해 상대방을 배척하거나 퇴치하거나 복속시키려는 사고방식과 행동양태를 보인다. 특히 〈제4대탈해왕〉조의 김수로와 석탈해 이야기의 경우 배타와 퇴치 유형에 속한다.(박진태, 『『삼국유사』의 설화를 통해 본 〈토착-외래〉의 관계유형」, 『국어교육』 134, 한국어교육학회, 2011, p.245-246.)는 논의를 통해 탈해가 가라국에서 수로와의 투쟁에서 패해 퇴치되고, 신라에 와서야 정착할 수 있었다는 사실을 알 수 있다.

아들인 탈해의 왕위 등극은 예정된 것임을 드러낸다. 또한 탈해의 신분이 용과 관련되어 있다는 것을 강조해 보여주어 탈해 출자의 우월함을 드러낸다. 탈해를 실은 배가 가야국에 닿았으므로 가락국의 수로왕과 신민들은 북을 치며 용왕국 용왕의 아들을 맞이해 머무르게 하려고 했으나 배가 떠나버렸다고 하고 있다. 자료에서는 탈해가 금관국 사람들과 갈등을 해결하지 못해 신라로 간 것임에도 불구하고 이야기에서는 탈해가 신라를 선택한 것으로 설정해 탈해와 가락국 사람들의 갈등을 해결한다. 갈등 문제를 탈해의 측면에서 재해석해 탈해가 금관국 사람들과의 갈등 끝에 쫓겨난 사실을 왜곡하고 있다.

자료를 통해서 탈해가 신라 사람들과도 갈등 관계에 놓였다는 사실을 알 수 있었다. 하지만 이야기에서는 호공의 집을 빼앗은 과정을 상세히 알려주어 용왕의 아들인 탈해의 뛰어난 지략을 가시화한다. 또한 요내정의 일화를 들어 용왕의 아들인 탈해의 뛰어남을 다시 한 번 강조하고 있다. 이야기에서 탈해의 정착 문제는 용왕의 아들로서 가진 자질로 인해 쉽게 해결된다. 더불어 용왕의 아들로서 가지게 된 탈해의 뛰어난 능력으로 인해 노례왕의 신임을 얻어 이방인으로서 왕이 되어야 하는 문제 또한 해결한다. 결국 탈해 이야기의 전승자들은 이야기 내에 용을 수용해 탈해가 가진 이방인으로서의 정착문제와 왕이 되어야 하는 문제를 모두 해결한다.

용 전승집단은 탈해가 가진 이방인으로서의 정착의 문제, 왕이 되어야 하는 문제를 해결해 이방인이 아닌 정착인으로서 탈해가 인정되기를 바랐다고 생각된다. 이야기에서 탈해가 가진 이방인으로서의 정착문제와 왕이 되어야 하는 문제를 용 수용을 통해 해결하는 모습은 이를 잘 드러내준다고 하겠다. 특히 이야기에서 용 수용은 주인공의 혈통에 신성성을 부여함으로써 장차 주인공이 목적을 달성하는 데 필요한 권능을 준다. 용왕국 용왕의 아들인 탈해는 처음부터 왕이 되어야 하는 권능을 가진다. 또한 탈해에게 한 용왕의 축원은 탈해의 왕위 등극에 대한 정당성을 한 단계 더 부가해준다. 따라서 탈해 이야기 전승의 첫 번째 이유는 외부인이지만 뛰어난 능력을 가졌으므로 신라의 왕이 되었다는 탈해의 왕위 등극을 알리기 위함이다. 두 번째 이유는 탈해와 혈연적으로 연결된 지배집단의 지배 정당성을 보여주기 위함이다. 따라서 이 이야기의 최대 수혜자는 혈연적 관점에서 보면 주인공 탈해와 혈통을 같이하는 집단이며, 전승의 관점에서 보면 주인공인 탈해와 동일한 문화를 확보한 집단이라고 할 수 있다.

2. 국가 호위의 용

용과 관련된 이야기 중에서 용이 국가를 호위한다고 하는 것들이 있다. 호위라는 단어를 통해서도 알 수 있듯이 이러한 이야기에서 용은 주인공에게 등장해 위기를 인식시켜 주는 존재로 등장하거나, 주인공 집단을 따라다니며 주인공 집단이 가진 문제를 해결해주는 존재로 등장하거나, 주인공을 따라다니며 적으로부터 주인공을 보호하고 지켜 주인공을 조력하는 존재로 등장한다. 이와 같이 신성을 지닌 용이 이야기 주인공의 보호자 역할을 하기 때문에 궁극적으로 이야기의 주인공은 그 평범함이나 위기를 타개할 수 있는 능력의 부족함을 극복하고 시대의 특별하고 위대한 인물 혹은 영웅이 된다.

첫째 용과 관련된 이야기 중에서 주인공에게 용이 등장해 위기를 인식시켜주는 것들이 존재한다. 『삼국유사』기이 제2의 〈원성대왕〉에 수록되어 있는 호국용 이야기가 바로 용이 왕에게 등장해 위기를 인식시켜 주는 것이다. 이야기의 주인공인 원성왕은 뛰어난 능력을 가졌다. 그런데 호국용이 잡혀갔다는 사실을 모르고 있었다. 이때 호국용들의 아내가 원성왕에게 찾아와 호국용이 잡혀간 사실을 고한다. 원성왕은 그때서야 비로소 호국용의 부재를 인지하게 된다. 호국용 이야기는 아래와 같다.

자료30. 〈원성대왕〉[70]

---

[70] 伊飡金周元 初爲上宰 王爲角干 居二宰 夢脫幞頭 著素笠 把十二絃琴 入於天官寺井中 覺而使人占之 曰 脫幞頭者 失職之兆 把琴者 著枷之兆 入井 入獄之兆 王聞之甚患 杜門不出 于時阿飡餘三[或本餘山]來通謁 王辭以疾不出 再通曰 願得一見 王諾之 阿飡曰 公所忌何事 王具說占夢之由 阿飡興拜曰 此乃吉祥之夢 公若登大位而不遺我 則爲公解之 王乃辟禁左右 而請解之 曰 脫幞頭者 人無居上也 著素笠者 冕旒之兆也 把十二絃琴者 十二孫

1) 이찬 김주원(金周元)이 처음 재상이 되었을 때 원성왕은 각간이 되어 재상 다음 자리에 있었다. 꿈에 머리에 쓴 복두를 벗고 흰 갓을 썼는데, 열두 줄 가야금을 들고 천관사(天官寺) 우물 속으로 들어갔다. 꿈에서 깨어 점치는 사람에게 물었더니 이렇게 말했다. "복두를 벗은 것은 벼슬을 잃을 조짐이고 가야금을 들었다는 것은 칼을 쓸 조짐이며 우물에 들어갔다는 것은 감옥에 들어갈 조짐입니다." 왕은 그 말을 듣고 너무나 근심해 문을 닫고 나가지 않았다. 당시에 아찬(阿飡) 여삼(餘三)(여산(餘山)이라고도 한다.)이 찾아와서 뵙기를 청했다. 왕은 병을 핑계로 사양하고 나오지 않자, 다시 뵙기를 청하며 말했다. "꼭 한 번 뵙기를 원하옵니다." 왕이 허락하자 아찬이 말했다. "공께서 꺼리시는 일이 무엇입니까?" 왕이 꿈을 점친 일을 말했다. 그러자 아찬이 일어나 절을 하고 말했다. "이것은 정말 상서로운 꿈입니다. 공께서 만약 왕위에 오르시어 저를 버리지 않으신다면 공을 위해 풀이해 드리겠습니다." 왕은 곧 주변 사람들을 물리치고 해몽을 청했다. "복두를 벗은 것은 더 높은 사람이 없다는 뜻입니다. 흰 갓을 쓴 것은 면류관을 쓸 조짐입니다. 열두 줄 가야금을 든 것은 12대 후손까지 왕위가 전해질 조짐입니다. 천관궁의 우물에 들어간 것은 궁궐에 들어갈 상서로운 조짐입니다." 이 말을 듣고 왕이 말했다. "내 위에는 김주원이 있는데 어떻게 윗자리에 오르겠소?" 아찬이 말했다. "북천신(北川神)에게 몰래 제사를 드리는 것이 좋을 것입니다." 왕은 이 말에 따라 제사를 드렸다. 얼마 뒤 선덕왕(宣德王)이

傳世之兆也 入天宮井 入宮禁之瑞也 王曰 上有周元 何居上位 阿飡曰 請密祀北川神可矣 從之 未幾 宣德王崩 國人欲奉周元爲王 將迎入宮 家在川北 忽川漲不得渡 王先入宮卽位 上宰之徒衆 皆來附之 拜賀新登之主 是爲元聖大王 諱敬信 金氏 蓋屢夢之應也 周元退居 溟州 王旣登極 時餘山已卒矣 召其子孫賜爵 王之孫有五人 惠忠太子憲平太子禮英匝干大 龍夫人小龍夫人等也 王誠知窮達之變 故有身空詞腦歌(歌亡未詳) 王之考大角干孝讓 傳 祖宗萬波息笛 乃傳於王 王得之 故厚荷天恩 其德遠輝 貞元二年丙寅十月十一日 日本王 文慶(按日本帝紀 第五十五主文德王 疑是也 餘無文慶 或本云 是王太子) 擧兵欲伐新羅 聞新羅有萬波息笛退兵 以金五十兩 遣使請其笛 王謂使曰 朕聞上世眞平王代有之耳 今不 知所在 明年七月七日 更遣使 以金一千請之曰 寡人願得見神物 而還之矣 王亦辭以前 對 以銀三千兩賜其使 還金而不受 八月 使還 藏其笛於內黃殿 王卽位十一年乙亥 唐使來 京 留一朔而還 後一日 有二女 進內庭 奏曰 妾等乃東池靑池(靑池卽東泉寺之泉也 寺記云 泉乃東海龍往來聽法之地 寺乃眞平王所造 五百聖衆 五層塔 幷納田民焉) 二龍之妻也 唐 使將河西國二人而來 呪我夫二龍及芬皇寺井等三龍 變爲小魚 筒貯而歸 願陛下勅二人 留 我夫等護國龍也 王追至河陽館 親賜享宴 勅河西人曰 爾輩何得取我三龍至此 若不以實告 必加極刑 於是出三魚獻之 使放於三處 各湧水丈餘 喜躍而逝 唐人服王之明聖. (一然, 『三 國遺事』, 紀異 第二 〈元聖大王〉.)

돌아가시자, 나라 사람들은 주원을 왕으로 삼으려고 그를 궁궐로 맞이하려고 했다. 집이 북천에 있었는데 갑자기 물이 불어서 건널 수가 없었다. 그래서 왕이 먼저 궁으로 들어가 왕위에 올랐다. 주원을 따르던 사람들도 모두 와서 따르며 새 왕에게 절을 하고 축하했다. 이가 원성대왕으로 이름이 경신(敬信)이고 성은 김씨다. 좋은 꿈이 들어맞은 것이다. 주원은 명주(溟州)로 물러나 살았다. 왕이 등극했으나 당시에 여산은 이미 죽었다. 그래서 그 자손을 불러서 벼슬을 내렸다. 왕은 다섯 명의 자손이 있었으니, 혜충태자(惠忠太子)·헌평태자(憲平太子)·예영잡간(禮英匝干)·대룡부인(大龍夫人)·소룡부인(小龍夫人) 등이다. 대왕은 인생의 곤궁하고 영달하는 변화를 잘 알았다. 그래서「신공사뇌가(身空詞腦歌)」(노래가 없어져서 알 수 없다.)를 지었다.

2) 왕의 돌아가신 아버지인 대각간(大角干) 효양(孝讓)이 조상 대대로 전하던 만파식적(萬波息笛)을 왕에게 전했고 왕은 이를 받았으므로, 하늘의 은혜를 두텁게 받아서 그 덕을 멀리 빛냈다. 정원(貞元) 2년 병인(서기 786) 10월 11일에 일본 왕 문경(文慶)(『일본제기(日本帝紀)』를 살펴보면, 제55대 군주인 문덕왕인 듯하다. 그 외에는 '문경'이 없다. 어떤 책에는 이 왕의 태자라고도 한다.)이 군사를 일으켜 신라를 치려고 하다가, 신라에 만파식적(萬波息笛)이 있어 군사를 물리친다는 소문을 듣고 사신을 보내어 황금 50냥과 피리를 바꾸자고 했다. 왕이 사신에게 말했다. "짐은 윗세대 진평왕 시대에 그런 일이 있었다는 것을 들었을 뿐, 지금은 어디 있는지 모르오." 그 다음 해 7월 7일에 다시 사신을 보내어서 황금 1,000냥을 주면서 청했다. "과인이 원하는 것은, 신물을 보기만 하고 다시 돌려드리려는 것입니다." 왕이 또한 지난번처럼 말하고 거절했다. 그리고 은 3,000냥을 사신에게 주고 금도 돌려주고 받지 않았다. 8월에 사신이 돌아가자 그 피리를 내황전(內黃殿)에 보관했다.

3) 왕이 왕위에 오른 지 11년인 을해년(서기 795)에 당나라 사신이 서울 경주에 와서 한 달 동안 머물다 돌아갔다. 그 하루 뒤에 두 여인이 궁궐 안뜰로 들어와서 아뢰었다. "첩들은 동지(東池)와 청지(靑池)[청지는 동천사(東泉寺)의 연못이다. 절의 기록에는, 이 샘은 곧 동해의 용이 왕래하면서 불법을 듣던 곳이며 절은 진평왕이 지었는데 500나한과 5층탑과 밭과 일하는 사람을 함께 헌납했다고 한다.]에 살던 두 용의 아내입니다. 당나라 사신이 하서국(河西國) 사람 두 명을 데리고 왔는데, 저희들 남편인 두 용과 또 분황사(芬皇寺) 우물에 살던 용 등 세 용에게 주문을 걸어 작은 물고기로 변하게 해 통 속에 넣어 가지고

돌아갔습니다. 원하옵건대 폐하께서는 두 사람에게 명령을 내려 저희 남편인 호국용들이 머물 수 있도록 해주십시오." 왕이 사신을 쫓아 하양관(河陽館)에 이르러 친히 연회를 베풀고 하서국 사람들에게 명을 내려 말했다. "너희들은 어찌해서 우리나라의 세 용을 잡아 여기에까지 왔느냐? 만약 사실대로 고하지 않으면 반드시 극형에 처하리라." 그러자 세 마리 물고기를 바쳤다. 이들을 세 곳에 놓아주게 했더니, 각기 물에서 한 길이나 솟아오르며 기뻐 뛰면서 사라졌다. 당나라 사람들은 왕의 명철하고 성스러움에 탄복했다.

자료30인 『삼국유사』 기이 제2 〈원성대왕〉에 수록되어 있는 호국용 이야기이다. 이야기에 따르면 원성왕의 1차 목적은 신라의 왕이 되는 것이고, 2차 목적은 나라를 잘 다스리는 것이다. 신라의 왕이 되어 나라를 잘 다스리는 것이라는 목적을 달성하기 위해 먼저 원성왕은 1차 목적을 수행하기 위해 재상 김주원을 물리쳐야 했다. 원성왕이 신분적으로 김주원의 아래에 있었기에 김주원을 물리치기 위해서는 김주원 보다 탁월한 능력을 드러내야 한다. 이야기는 원성왕의 특별함을 드러내기 위해 북천신인 용신과 호국용의 아내인 두 용을 등장시킨다.

원성왕은 신라의 왕이 되고자 하는 1차 목적과 나라를 잘 다스리는 2차적 목적을 달성하기 위한 문제해결의 수단으로 용을 등장시키는 것을 채택한다. 원성왕의 왕위 등극과 나라를 잘 다스리는데 참여하는 용은 무엇보다도 원성왕이 신라 왕이 되어 나라를 잘 다스릴 수 있도록 하는 주역으로서 역할을 수행한다. 그러나 용이 원성왕의 왕위 등극과 나라 위기 상황에 등장해 원성왕의 목적 달성에 중요한 역할을 수행한다는 것만으로는 용이 원성왕의 호국용 이야기에 수용된 이유가 잘 드러나지 않는다. 원성왕의 호국용 이야기의 전승집단이 왜 용을 수용해 주인공 원성왕이 목적을 달성하게끔 하고 있는지를 살펴보아야 하겠다. 이를 위해 당대 상황과 결부시켜 살펴보기로 한다.

1) 원성왕(元聖王)이 왕위에 올랐다. 이름은 경신(敬信)이며, 내물왕(奈勿王)의 12대손이다. 어머니는 박씨 계오부인(繼烏夫人)이다. 왕비는 김씨로 각간 신술(神述)의 딸이다. 처음 혜공왕(惠恭王) 말년에 신하들이 반역해 날뛰었는데,

선덕(宣德)이 당시에 상대등이 되어 임금의 측근 중 나쁜 무리들을 제거할 것을 앞장서서 주장했다. 경신이 그를 도와 반란을 평정하는데 공을 세우자, 선덕이 왕위에 오르자마자 바로 상대등으로 삼았다. 선덕왕이 돌아가셨는데, 아들이 없었다. 여러 신하들이 논의한 후에 왕의 족자(族子, 친족) 주원(周元)을 임금으로 세우려고 했다. 그때 주원은 서울 북쪽 20리 되는 곳에 살았는데, 마침 큰 비가 내려 알천(閼川)의 물이 불어나 주원이 건너올 수 없었다. 어떤 이가 말했다. "임금이라는 큰 지위는 진실로 사람이 마음대로 할 수 없는 것인데, 오늘 폭우가 내리니 하늘이 혹시 주원을 임금으로 세우려 하지 않는 것이 아닌가? 지금의 상대등 경신은 전 임금의 동생으로서 덕망이 높고 임금의 체통을 가졌다."이에 여러 사람들의 의견이 일치해, 경신에게 왕위를 계승하도록 했다. 얼마 후 비가 그치니 백성들이 모두 만세를 불렀다.[71]

2) 원성대왕 2년 4월에 동쪽 지방에 우박이 떨어져 뽕과 보리가 모두 상했다. 가을 7월, 가뭄이 들었다. 9월에는 백성들이 굶주리고 3년 봄 2월에 서울에 지진이 났으며 가을 7월에는 메뚜기 떼가 나타나 곡식을 해쳤으며 4년 가을에는 나라 서쪽 지방에 가뭄이 들고 메뚜기 떼가 나타나고 도적이 많이 일어났다. 5년에는 한산주 백성들이 굶주렸다. 가을 7월 서리가 내려 곡식을 해쳤다. 6년 삼월에는 크게 가물었다. 7년 이찬 제공이 반역하다가 목이 베여 죽임을 당했으며 겨울 10월에는 서울에 눈이 세 자 내렸고 얼어 죽은 사람이 있었다. 11월에 서울에 지진이 났다. 8년 가을 7월에 당나라 사신을 보내 미녀 김정란을 받쳤다. 9년 가을 8월에 큰 바람이 불어 나무가 부러지고 벼가 쓰러졌다. 10년 봄 2월 지진이 일어났다. 11년 여름 4월에 가물었으며 가을 8월 서리가 내려 곡식을 해쳤다. 12년 봄에 서울에 기근이 들고 전염병이 번졌다. 13년 가을 9월에 나라 동쪽 지방에 누리가 곡식을 해쳤고 홍수가 나서 산이 무너졌다. 14년 봄 3월에는 궁궐 남쪽의 누교(樓橋)에 화재가 났다. 여름 6월에는 가물었다.[72]

---

71) 元聖王立 諱敬信 奈勿王十二世孫 母 朴氏繼烏夫人 妃 金氏 神述角干之女 初 惠恭王末年 叛臣跋扈 宣德時爲上大等 首唱除君側之惡 敬信預之 平亂有功 洎宣德卽位 邦卽爲上大等 及宣德薨 無子 群臣議後 欲立王之族子周元 周元宅於京北二十里 會 大雨 閼川水漲 周元不得渡 或曰 卽人君大位 固非人謀 今日暴雨 天其或者不欲立周元乎 今上大等敬信 前王之弟 德望素高 有人君之體 於是 衆議僉然 立之繼位 旣而雨止 國人皆呼萬歲. (金富軾,『三國史記』卷第十 新羅本紀 第十 〈元聖王〉.)

72) 二年 夏四月 國東雨雹 桑麥皆傷 秋七月 旱 九月 王都民饑 三年 春二月 京都地震 秋七月 蝗害穀 秋 國西 旱蝗 多盜賊 五年 漢山州民饑 秋七月 隕霜傷穀 六年 三月 大旱 七年

『삼국사기』 신라본기 제 10에 수록된 원성왕 관련 기사이다. 기록에 따르면 원성왕은 즉위 당시 많은 어려움을 안고 있었다.[73] 원성왕은 선덕왕과 친족이 아니었으므로 혈연적 문제를 가지고 있었다. 선덕왕의 친족 김주원이 있는 이상 원성왕이 왕위로 등극할 가능성은 낮았다. 그런데 그때 마침 큰 비가 와 알천에 물이 불어나 김주원이 건너올 수 없었다. 사람들은 하늘이 김주원이 왕으로 등극하는 것을 원하지 않는다고 여기고 원성왕에게 왕위를 계승했다. 그러자 얼마 지나지 않아 비가 그쳤다고 한다. 이러한 기록을 통해 원성왕은 하늘에서 내릴 비로 인해 혈연적 문제를 해결 할 수 있었다.

2)의 기록은 원성왕이 왕위에 등극한 후에 일어난 여러 가지 문제들이다. 원성왕은 왕으로 등극 후 국내의 문제로는 자연재해에 대한 문제, 신하들에 의한 반역의 문제, 기근으로 인한 문제가 있었다. 또한 국외로는 당나라와의 외교 문제를 가졌다. 혈통적 정통성을 가지지 못한 원성왕에게 닥친 각종 문제들은 원성왕 재위 기간 내내 원성왕의 자리를 위협 받는 요인으로 작용했다.

그런데 이야기 속 원성왕은 기록과 다소 차이를 지닌다. 원성왕은 북천신인 용신의 도움으로 왕으로 등극할 수 있었다. 용신이 원성왕을 도와 왕위에 오르게 했으므로 원성왕이 가진 혈통적 문제는 해결된다. 또한 문무왕이 용이 되어 신문왕에게 준 만파식적으로 일본이 신라를 침략해 오려고 하는 문제를 해결한다. 문무왕이 용이 되어 신문왕에게 준 만파식적은 나라가 처한 모든 문제를 해결해주는 보물이다. 이 보물을 원성왕이

春正月 伊湌悌恭叛 伏誅 冬十月 京都雪三尺 人有凍死 十一月 京都地震 八年 秋七月 遣使入唐 獻美女金井蘭 九年 秋八月 大風折木偃禾 十年 春二月 地震 十一年 夏四月 旱 秋八月 隕霜害穀 十二年 春 京都飢疫 十三年 秋九月 國東 蝗害穀 大水山崩 十四年 春三月 宮南樓橋災 夏六月 旱. (金富軾, 『三國史記』 卷第十 新羅本紀 第十 〈元聖王〉.)

[73] '선덕왕이 세상을 뜨자 나라 사람들이 주원을 받들어 왕으로 삼으려고 궁궐로 맞아들이려고 했다. 그의 집이 북쪽에 있었는데 갑자기 냇물이 불어나서 건널 수가 없게 되자 왕이 먼저 궁에 들어가 왕위에 올랐다.'『三國遺事』, 〈元聖大王〉 紀異 第二의 기록을 통해 알 수 있듯이 기반 세력이 약한 왕이었다. 때문에 이 설화에서 보이는 왕의 권위는 왜곡된 것일 가능성이 있다.

소유했다는 사실만으로도 원성왕은 정통성뿐만 아니라 권위 또한 확립하게 된다.
　그리고 원성왕은 당나라와의 외교문제도 잘 해결한다. 원성왕은 호국용의 아내인 두 용으로 인해 호국용이 당나라 사람들에게 잡혀갔다는 위기를 인식하게 된다. 원성왕은 위기를 인식하자 곧장 하양관으로 간다. 원성왕은 호통을 쳐 당나라 사람들에게 빼앗긴 호국용을 돌려받게 된다. 이와 더불어 당나라 사람들에게 명철한 왕으로 인식되기까지 한다. 결국 원성왕의 호국용 이야기의 전승자들은 이야기 내에서 용을 수용해 원성왕이 가진 정통성의 문제, 당나라와의 외교 문제, 사회·정치 등 다양한 분야에서의 문제를 모두 해결한다.
　용 전승집단은 원성왕이 가진 정통성의 문제, 당나와의 외교문제, 국내의 각종 정치·사회 문제를 해결하고 싶었을 것이다. 이야기에서 용 수용을 통해 원성왕이 가진 각종 문제를 해결하고 있는 것만 보아도 그들의 의도가 드러났다고 생각된다. 특히 이야기에서 용 수용은 주인공의 왕위 등극에 신성성을 주입하고, 왕위 등극 후에도 각종 문제를 해결할 수 있는 동력이 된다. 따라서 이 이야기는 항상 용의 호위를 받고 있는 원성왕을 드러내어 원성왕의 지배권의 정당성을 확보하고자 한다. 그렇다면 이야기의 전승 목적은 지배이데올로기의 확립과 관련이 깊다고 할 수 있다. 이야기는 용을 통해 지배이데올로기를 확립 및 강화하고자 하는 것을 명확히 보여주기 때문이다. 이러한 측면에서 이야기 전승의 중심세력이자 설화 전승의 최대 수혜자는 지배집단이라고 할 수 있겠다. 지배집단은 용이 주인공에게 위기를 인식시켜 국가를 호위하는 모습을 보여줌으로써 지배권 획득과 지배권행사가 정당성하다는 것을 보여주었다. 이것은 이야기 내의 용이 주인공의 문제해결에 참여하는 원조자 역할뿐만 아니라 권력의 허약성을 은폐하고 권력의 신성과 초월성을 보이기 위한 지배이데올로기 도구로 활용되었다는 것을 의미한다.
　둘째 용 관련 설화 중에는 주인공에게 용이 등장해 문제를 직접 해결해 주는 것들이 존재한다. 『삼국유사』 기이 제2의 〈진성여대왕거타지〉에 수록된 서해용 이야기가 바로 이러한 자료이다. 서해용 이야기는 다음과 같다.

자료31. 〈진성여대왕거타지〉[74]
1) 이 왕의 시대에 아찬 양원(良員, 양패(良貝)라는 설도 있다.)은 왕의 막내아들이었다. 그가 당나라에 사신으로 가는데, 후백제의 해적들이 진도(津島)에서 길을 막고 있다는 소식을 듣고 활 쏘는 군사 50명을 뽑아서 데리고 갔다. 배가 곡도(鵠島)(우리말로 골대도(骨大島)라고 한다.)에 닿자, 풍랑이 크게 일어나 열흘이 넘도록 묶여 있었다. 공이 이를 걱정해 점을 치게 했더니 이렇게 말했다. "이 섬에 신령스러운 연못이 있는데 제사를 지내는 것이 좋겠습니다."그래서 제물을 갖추어서 연못가에서 제사를 지냈다. 그러자 연못의 물이 한 길 이상 용솟음쳤다. 그날 밤 꿈에 어떤 노인이 나타나 공에게 말했다. "활 쏘는 사람 하나를 이 섬에 남겨 놓으면 순풍을 얻을 것이오."공이 잠에서 깨어나 이 일을 사람들에게 이야기하고 나서 물었다. "누구를 남겨 놓는 것이 좋겠는가?"그러자 사람들이 말했다. "당연히 나무 조각 50개에 우리들 이름을 써서, 물에 가라앉는 것으로 제비를 뽑는 것이 좋겠습니다."그래서 공이 이 말에 따라 제비를 뽑았는데, 군사 중에 거타지(居陀知)라는 자의 이름이 물 속에 가라앉아 그를 남겨두기로 했다. 그러자 곧 순풍이 일어나서 배가 막힘없이 나아갈 수 있었다.
2) 거타지는 걱정스럽게 섬에 서 있는데, 갑자기 어떤 노인이 연못 속에서 나와 이렇게 말했다. "나는 바로 서해의 신 약(若)이라오. 매번 한 사미승이 해가 뜰

---

74) 此王代阿飱良貝,王之季子也.奉使於唐,聞百濟海賊梗於津鳧,選弓四五十人隨之.舟工次鵠島.(鄕云骨大島).風濤大作.信宿俠旬.公患之.使人卜之.曰島有神池.祭之可矣.於是具尊於池上.池水湧高丈餘.夜夢有老人.謂公曰.善射一人,留此島中.可得便風.公覺而以事諮於左右曰.留誰可矣.衆人曰.宜以木簡五十片書我輩名.沈水而闔之.公從之.軍士有居陁知者.名沈水中.乃留其人.便風忽起.舟工進無滯.居陁愁立島山興.忽有老人.從池而出.謂曰.我是西海若.每一沙彌.日出之時.從天而降.言甬陁羅尼.三繞此池.我之夫婦子孫皆浮水上.沙彌取吾子孫肝腸.食之盡矣.唯存吾夫婦與一女爾.來朝又必來.請君射之.居陁曰.弓矢之事吾所長也.聞命矣.老人謝之而沒.居陁隱伏而待.明日扶桑旣暾.沙彌果來.言甬呪如前.欲取老龍肝.時居陁射之.中沙彌,卽變名狐.墜地而斃.於是老人出而謝曰.受公之賜.全我性命.請以女子妻之.居陁曰.見賜不遺.固所願也.老人以其女,變作一枝花.納之懷中.仍命二龍,捧居陁趁及使舟工.仍護其舟工,入於唐境.唐人見新羅舟工有二龍負之.其事上聞.帝曰.新羅之使.必非常人.賜宴坐於群臣之上.厚以金帛遺之.旣還國.居陁出花枝變女同居焉.(一然,『三國遺事』,紀異 第二 〈眞聖女大王居陀知〉.)

때마다 하늘로부터 내려와서는 다라니를 외우면서 이 연못을 세 번 도는데, 그
러면 우리 부부와 자손들이 모두 물 위로 떠오른다오. 사미승은 내 자손의 간과
창자를 빼내어 먹어치우는데, 이제 우리 부부와 딸 하나만 남았소. 내일 아침이
면 또 올 것인데, 부탁이니 그대가 활로 쏴주시오."이 말을 듣고 거타지가 말했
다."활 쏘는 일은 저의 장기입니다. 명하신 대로 하겠습니다."노인이 고맙다고
말하고 물 속으로 들어갔다. 거타지는 숨어서 엎드려 기다렸다. 다음 날 동쪽에
서 해가 떠오르자 사미승이 과연 내려와서는 예전처럼 주문을 외우고 늙은 용의
간을 빼내려고 했다. 그때 거타지가 활을 쏘아 사미승을 맞히자 곧 늙은 여우로
변해서 땅에 떨어져 죽었다.
3) 그러자 노인이 연못에서 나와서 고마워하면서 말했다."공의 은혜를 입어서 내
생명을 보전하게 되었소. 바라건대 내 딸을 아내로 삼아주시오."거타지가 말했
다."따님을 주시어 저를 버리지 않으신다면, 그것은 진실로 제가 바라던 바입니
다."그러자 노인이 연못에서 나와서 고마워하면서 말했다."공의 은혜를 입어서
내 생명을 보전하게 되었소. 바라건대 내 딸을 아내로 삼아주시오."거타지가 말
했다."따님을 주시어 저를 버리지 않으신다면, 그것은 진실로 제가 바라던 바입
니다."그래서 노인은 자기 딸을 꽃 한 송이로 변하게 하고 거타지의 품속에 넣어
주었다. 그리고 두 용에게 명해서 거타지를 받들어 사신의 배를 따라잡도록 하
고, 그 배를 호위해 당나라 국경까지 가도록 했다. 당나라 사람들은 신라의 배가
용 두 마리에게 업혀서 오는 것을 보고, 이 사실을 황제에게 아뢰었다. 황제가
말했다."신라의 사신은 반드시 보통 인물이 아닐 것이다."그리고 연회를 베풀어
서 여러 신하들의 윗자리에 앉도록 하고, 금과 비단을 후하게 내려주었다. 신라
로 돌아온 거타지는 꽃가지를 꺼내어 여자로 변하게 하고 함께 살았다.

자료31은 『삼국유사』 기이 제2 〈진성여대왕거타지〉에 수록된 서해용
이야기이다. 이야기에 따르면 거타지는 양패무리와 함께 당나라로 가 사
신 행렬을 무사히 마치고 귀국하는 것이 목적이다. 거타지가 양패무리와
함께 당나라로 가 사신 행렬을 무사히 마치고 귀국하기 위해서는 먼저 순
풍이 불어 배가 무사히 당나라로 가야한다. 또한 당나라로 가는 배 안에서
문제가 발생하면 안 된다. 당나라에 도착해서는 당나라 사람들과 외교를
잘 해야 하는 문제를 해결해야만 한다. 이야기는 거타지가 서해용을 도와

주면서 문제를 해결했다고 하고 있다.

거타지와 양패무리가 당나라 사신 행렬을 무사히 마치고 귀국하고자 하는 목표를 달성하기 위한 문제해결의 수단으로 서해용을 등장시키는 것을 선택했다. 거타지와 양패무리의 목적을 실현하는 데 참여하는 용은 무엇보다 거타지와 양패무리가 당나라 사신 행렬을 무사히 마칠 수 있도록 하는 주역으로서 그 역할을 수행한다. 그러나 서해용이 거타지와 양패무리의 목적을 실현하는 데 주역으로서의 역할을 수행한다는 것만으로는 서해용이 거타지와 양패무리의 목표를 달성하는 데 수용된 이유로 충분하지 못하다. 서해용 이야기의 전승집단이 왜 용을 수용해 거타지와 양패무리가 목적을 달성할 수 있도록 하는지를 살펴보아야 한다. 이를 살펴보기 위해 당대 역사적 상황과 결부시켜 보기로 한다.

진성왕이 즉위한 겨울에 눈이 내리지 않았다. 2년 임금이 평소에 각간 위홍(魏弘)과 정을 통했는데, 이때에 이르러서는 늘 궁중에 들어와서 일을 보게 했다. 위홍이 죽자 혜성대왕(惠成大王)이라는 시호를 추증했다. 이후로 임금은 젊은 미남 두세 명을 몰래 불러들여 음란하게 지내고, 그들에게 요직을 주어 나라의 정사를 맡겼다. 이 때문에 아첨하고 총애를 받는 자들이 방자했고, 뇌물을 주는 일이 공공연하게 행해졌으며, 상과 벌이 공정하지 못하고 기강이 문란해졌다. 여름 5월 가뭄이 들었다. 3년 나라 안의 여러 주와 군에서 공물과 세금을 보내지 않아 창고가 비고 국가재정이 궁핍했다. 임금이 사람을 파견해 독촉하니, 이로 인해 도처에서 도적이 봉기했다. 이때 원종(元宗), 애노(哀奴) 등이 사벌주(沙伐州)에 웅거해 반란을 일으켰다. 임금이 나마 영기(令奇)에게 명령해 그들을 사로잡게 했으나, 영기가 적들의 보루를 보고 두려워해 진군하지 못했다. 촌주(村主) 우연(祐連)이 힘을 다해 싸우다가 죽었다. 임금이 칙명을 내려 영기의 목을 베고, 나이가 10여 세에 불과한 우연의 아들에게 아버지의 뒤를 이어 촌주가 되게 했다. 5년 겨울 10월, 북원(北原)의 도적 두목 양길(梁吉)이 그의 부하 궁예(弓裔)를 보내 기병 백여 명으로 북원 동쪽 부락과 명주(溟州) 관내 주천(酒泉) 등 10여 군현을 습격했다. 6년(서기 892), 완산(完山)의 도적 견훤(甄萱)이 주에 자리 잡고 후백제(後百濟)라고 스스로 일컬었다. 무주(武州) 동남쪽의 군현이 그에게 투항했다. 7년(서기 893), 병부 시랑 김처회(金處誨)를 당나라에 보내 정절(旌節)을 바치게 했는데,

바다에 빠져 죽었다. 8년 겨울 10월, 궁예가 북원으로부터 하슬라(何瑟羅)에 들어오니 따르는 무리가 6백여 명에 달했다. 스스로 장군이라고 일컬었다. 9년(서기 895) 가을 8월, 궁예가 저족(猪足)·성천(狌川) 두 군을 빼앗고, 또한 한주(漢州) 관내의 부약(夫若)·철원(鐵圓) 등 10여 군현을 격파했다. 10년 도적들이 나라의 서남쪽에서 봉기했다. 그들은 바지를 붉게 물들여 스스로 남들과 다르게 했기 때문에 사람들은 적고적(赤袴賊, 붉은 바지를 입은 도적)이라고 불렀다. 그들은 주와 현을 도륙하고, 서울의 서부 모량리(牟梁里)까지 와서 사람들을 위협하고 노략질하고 돌아갔다.75)

진성여왕의 전전대인 헌강왕대는 태평성대를 구가했다고 전한다.76) 하지만 기록을 통해 살펴보면 태평성대의 모습은 불과 10여 년도 지나지 않아서 혼란과 분열로 이어진다.77) 진성여왕은 혼란과 분열이 계속되자 자신의 부덕함으로 인해 백성들이 곤궁에 빠졌으며, 도적들 또한 봉기한다고78) 해 자신의 잘못을 시인했다. 이를 통해 진성여왕은 많은 문제를 야기했다는 것을 알 수 있다. 먼저 식량의 문제를 일으켜 백성들을 기근에 시달리게 했다. 기근은 나라의 재정을 점점 더 어렵게 만들었으며, 나라의 재정이 어

---

75) 眞聖王立 冬無雪 二年 王素與角干魏弘通 至是 常入內用事 及魏弘卒 追諡爲惠成大王 此後 潛引少年美丈夫兩三人淫亂 夏五月 旱 三年 國內諸州郡 不輸貢賦 府庫虛竭 國用窮乏 王發使督促 由是 所在盜賊蜂起 於是 元宗哀奴等據沙伐州叛 王命奈麻令奇捕捉 令奇望賊壘 畏不能進 村主祐連 力戰死之 王下粉斬令奇 祐連子年十餘歲 嗣爲村主 五年 冬十月 北原賊帥梁吉 遣其佐弓裔 領百餘騎 襲北原東部落及溟州管內酒泉等十餘郡縣 六年 完山賊甄萱據州 自稱後百濟 武州東南郡縣降屬 七年 遣兵部侍郎金處誨 如唐納旌節 沒於海 八年 冬十月 弓裔自北原入何瑟羅 衆至六百餘人 自稱將軍 十年 賊起國西南 赤其袴以自異 人謂之赤袴賊 屠害州縣 至京西部牟梁里 劫掠人家而去.(金富軾,『三國史記』卷第十一 新羅本紀 第十一 〈眞聖王〉.)
76) 六年春二月, 太白犯月. 侍中〈乂謙〉退, 伊飡〈敏恭〉爲侍中. 秋八月, 〈熊州〉進嘉禾. 九月九日, 王與左右登〈月上樓〉四望, 京都民屋相屬, 歌吹連聲. 王顧謂侍中〈敏恭〉曰: "孤聞今之民間, 覆屋以瓦不以茅, 炊飯以炭不以薪, 有是耶?"〈敏恭〉對曰: "臣亦嘗聞之如此." 因奏曰: "上卽位以來, 陰陽和, 風雨順, 歲有年, 民足食, 邊境謐靜, 市井歡娛, 此聖德之所致也." 王欣然曰: "此卿等輔佐之力也, 朕何德焉?"(金富軾,『三國史記』, 新羅本紀 第十一 〈憲康王〉 六年 九月九日.)
77) 全基雄, 「憲康王代의 정치사회와 '處容郞望海寺'條 설화」,『신라문화』26, 동국대학교 신라문화연구소, 2005, pp.56-57.
78) 王謂左右曰 近年以來 百姓困窮 盜賊蜂起 此 孤之不德也.(金富軾,『三國史記』, 新羅本紀 第十一 〈眞聖王〉 十一年.)

려워지자 왕실에서는 세금을 독촉하기에 이른다. 백성들은 기근으로 인한 문제를 극복하지 못해 도적이 되거나 왕실에 반기를 들게 되었다.

위의 기록을 통해 진성여왕이 당면한 문제가 국내에만 국한되지 않았다는 사실을 알 수 있다. 궁예와 견훤의 잦은 공격은 신라 사회를 점점 더 피폐하게 했다. 또한 당나라와의 외교도 '김처회'의 기록을 통해서 문제가 발생했음을 알 수 있다. 문제가 계속적으로 발생한다면 진성여왕은 왕위를 유지할 수 없을 것이다. 진성여왕과 측근 세력은 갖은 노력을 통해 문제를 해결하려고 했을 것이다.

그런데 이야기 속 진성여왕과 측근 세력은 자료와 다소 차이를 보인다. 이야기 속의 진성여왕과 측근 세력은 거타지와 양패무리로 대표될 수 있다. 이들은 당나라 사신 행렬을 무사히 마치고 귀국하는 목적을 가지고 있다. 거타지와 양패무리는 당나라로 가기 위해 길을 나선다. 그런데 곡도라는 곳에서 풍랑을 만나 10여 일 동안 배가 움직일 수 없게 된다. 후에 이는 서해용왕의 행위였음을 알았다. 서해용왕은 자신에게 처한 문제를 해결하기 위해 거타지와 양패무리의 행렬을 곡도에 잡아둔 것이다. 양패무리가 거타지를 내려 놓자 순풍을 맞아 배를 움직일 수 있었다. 양패무리의 문제가 일시적으로 해결된 것이다. 그러나 거타지는 목적을 달성하지도 못하고 곡도에 갇히게 된다.

그때 서해용이 나타난다. 서해용은 자신이 늙은 여우로 인해 죽을 위기에 처해 있다고 하면서 거타지에게 도움을 요청한다. 거타지는 서해용의 부탁을 들어준다. 서해용은 거타지에 대한 고마움으로 자신의 딸을 꽃으로 변화시켜 거타지에게 준다. 그리고 다른 두 용으로 하여금 거타지를 호위하게 한다. 이로써 거타지는 다시 목적을 향해 길을 떠날 수 있었다. 두 용의 호위로 무사히 당나라에 도착한 거타지가 할 일은 목적을 실현하는 일이다. 그러나 당나라 사람들은 거타지가 두 용의 호위를 받고 온 것만으로 거타지를 보통 사람이 아니라 여기고 거타지와 양패무리에게 연회를 베풀고 보물을 주어 귀국시킨다. 이것으로 거타지와 양패 무리의 문제는 모두 해결된다. 이는 역사적 기록에서는 찾아 볼 수 없는 내용이다. 역사적 기록에는 당나라와의 외교 문제로 진성여왕이 겪은 어려움이 제시되었다. 결국 서해용 이야기의 전승자들은 이야기 내에서 용을 수용해 진성여왕과 그 측근 세력이 가진 문제들인 자연재해, 국내외 정치와 사회 문제 등을 모두 해결한다.

이야기에서는 노옹인 서해용79) 이 비록 힘이 쇠락하기는 했으나 여전히 나라가 위기에 처하면 나라를 위해 문제를 해결해 줄 수 있을 만큼의 능력을 지니고 있다고 한다. 이는 많은 어려움을 지닌 주인공이지만 용을 통해 현실 문제를 충분히 타개할 수 있다는 의식을 이야기를 통해 반영한 것이다. 결국 설화에서는 항상 용의 호위를 받고 있는 주인공이 문제를 해결함으로써 진성여왕의 지배권 행사의 정당성을 확보하고자 한다. 그렇다면 설화의 전승 목적은 지배이데올로기의 확립이라고 볼 수 있겠다.

용 전승집단은 진성여왕의 지배권 행사의 정당성을 확보하고자 이야기 내에서 주인공의 조력자로서 용이 필요했던 것이다. 그리고 용을 조력자로 등장시킴으로써 궁극적으로 통치의 이데올로기를 확보하게 되었다. 때문에 이야기의 최대 수혜자는 지배질서의 안정과 우월성을 염원하는 지배집단 혹은 전승집단이라고 하겠다. 지배집단 혹은 전승집단은 용으로 하여금 당면한 문제를 해결하고 궁극적으로 국가의 호위를 추구하는 인물의 역할을 연출케 함으로써 권력의 치명적인 약점과 문제점을 오히려 은폐하고 겉으로는 더 위대한 국가인 듯 보이게 한다.

셋째 용 관련 이야기 중에는 용이 국토를 방어해준다는 내용의 이야기들이 있다. 현재 구전 되는 이야기를 채록한 〈용이 된 문무왕1-4〉 이야기가 바로 이러한 자료이다. 〈용이 된 문무왕 1-4〉 설화의 내용 전문을 보이면 다음과 같다.

---

79) 한 나라의 국운을 보호하는 호국용신이라면 다른 어떤 용신보다도 뛰어난 신이력을 지녔을 것이고 또한 지녀야만 마땅하나 거타지에게 도움을 받을 만큼 호국용신의 힘이 쇠락했다. 이는 정의와 불의가 전도된 당시의 국가적 현실과 일치한다.(정상진, 「신라 호국용신의 실상과 변모 -『삼국유사』 소수 설화를 중심으로-」, 『牛岩斯黎』 8, 부산외국어대학교 국어국문학과, 1997, pp.298-299.)라고 해 호국용신과 나라 상황과의 밀접한 관련성을 제시하고 있다.

자료32. 〈용이 된 문무왕1-4〉
1) 댕바위 지금의 문무왕릉은 문무왕의 무덤이다. 문무왕은 평소 죽어서 용이 되어 나라를 수호할 것이라고 말한다. 죽기 전 아들에게 자신은 죽어서 용이 될 것이라고 말한다. 또한 용이 된 자신을 보려면 지금의 이견대로 오면 된다고 일렀다.
2) 문무왕이 죽자 신문왕은 이견대로 간다. 그러자 정말 문무왕릉에서 용이 득천을 하면서 열 한 섬을 친다. 문무왕이 원래 열 두 섬을 치려고 했으나 하늘에서 울릉도는 조선의 수구맥이라 치면 안 된다고 했다. 그래서 열 한 섬을 친다. 열 한 섬이 사라지자 왜적의 침입이 줄어들었다.
3) 일제강점기 때 일본이 감은사 종과 황룡사 종을 가져가려고 했다. 배에 실어 일본으로 향하고 있는데 문무왕릉 근처에서 갑자기 파도가 일어 배가 뒤집혀져 버렸다. 사람들은 문무왕이 일본이 종을 가져가려고 하자 이를 막으려고 그랬다고 한다. 종은 문무왕릉 근처에 파묻혔다. 지금도 파도가 일면 종소리가 들린다고 한다.

자료32는 〈표1. 현지 조사 자료 23, 24, 25, 26〉을 요약한 내용이다. 이야기에 따르면 문무왕은 죽어서 용이 되어 나라를 방위하는 것이 목적이다. 문무왕이 죽어서 용이 되어 나라를 방위하는 목적을 달성하기 위해서는 먼저 용으로 변화되어야 하는 문제를 가진다. 또한 문무왕이 용이 되어 나라를 방위하기 위해서는 용의 초월적 능력을 가져야만 하는 문제가 있다. 이야기는 문무왕이 용이 되었다고 해 문무왕이 용의 초월적 능력을 갖추게 되었다고 한다.

문무왕이 나라를 방위하고자 하는 목적을 달성하기 위한 문제해결의 수단으로 용을 등장시켰다. 문무왕이 목적을 달성하는 데 참여하는 용은 무엇보다 나라를 호위하는 목적을 달성하는 주역으로서 그 역할을 수행한다. 그러나 용이 문무왕이 나라를 호위하는 주역으로서의 역할을 수행한다는 것만으로는 용이 문무왕의 목적 달성에 수용된 이유가 충분하지 못하다. 문무왕 이야기의 전승집단이 왜 용을 수용해 주인공 문무왕이 나라를 호위하는 목적을 달성하게끔 하고 있는지를 살펴야 한다. 이를 위해 당대 사회적 상황과 관련해 살펴보기로 한다.

문무왕은 고구려와의 전쟁을 통해 반대 세력에 대한 보다 적극적인 숙청을 시도했는데, 이는 무열계가 전쟁을 그들의 정권 유지에 이용했다는 것을 알게 한다. 『삼국사기』의 기록인 '대당 총관 진주와 남천주 총관 진흠이 거짓으로 병을 핑계 삼아 방탕히 지내며 나랏일을 돌보지 않았으므로, 마침내 그들을 목베고 아울러 그 일족을 멸했다.80)'을 통해서 비정상적으로 권력을 장악한 김춘추 일파가 반발 세력의 관심을 밖으로 돌리기 위해 전쟁을 일으켰다.81)

연구에 따르면 문무왕은 반대 세력을 제거하기 위해 전쟁을 했다는 사실을 알 수 있다. 문무왕의 아버지 무열왕은 진골 출신의 최초 왕이다. 진골 출신이라는 신분적 제약 때문에 이들 부자는 왕권의 정통성에 대한 문제를 가지고 있었다. 왕권의 정통성이 확보되지 못했기 때문에 외부에서 이들의 왕권에 대한 도전이 끊임없이 계속되었다. 또한 이들은 왕권을 끊임없이 위협받았으므로 이들을 지지하는 세력이 많지 않았다. 문무왕이 왕권을 유지하는 동안 이 문제는 반드시 해결되어야 했다.

문무왕은 먼저 왕권의 정통성에 대한 문제를 해결하기 위해 외부의 전쟁을 통해 반대 세력을 숙청해나갔다. 또한 전쟁을 통해 반대 세력들의 불만을 외부로 돌려 이들과 화합해 나가면서 지지 기반을 확보해 나갔다. 하지만 계속되는 전쟁으로 국력은 소진되었다. 또한 백성들의 삶은 점점 피폐해졌다. 때문에 이러한 문제는 문무왕의 즉위 당대의 반드시 해결되어야 할 중요한 문제였다.

그런데 이야기 속 문무왕은 연구와 다소 차이점을 보인다. 연구를 통해 보였던 것처럼 왕권에 대한 정통성을 문제를 해결하기 위해 다른 나라와 전쟁을 벌여 국력을 소진하지 않는다. 설화에서 문무왕은 늘 나라 방위를 위해 죽어서도 나라를 지킬 것이라고 말한다. 그리고 문무왕이 죽어서는 용이 되어 나라를 방위한다. 문무왕이 나라를 방위하기 위해 첫 번째로 한 행위가 바로 용이 되어 꼬리로 열 한 섬을 쳐 왜적의 침입을 막은 것이

---

80) 大幢摠管眞珠南川州摠管眞欽 詐稱病 閑放不恤國事 遂誅之 幷夷其族. (金富軾,『三國史記』, 卷第六 新羅本紀 第六〈文武王〉二年 八月.)
81) 박해현,「新羅 中代의 성립과 神文王의 王權 强化」,『호남문화연구』24, 全南大學校 湖南文化研究所, 1996, pp.9-10.

다. 우리나라는 일본과 접해있어 일본의 침략이 잦았다. 문무왕은 이를 항상 근심하다가 죽어서 용이 되어 나라를 방위한다.

두 번째는 일제 강점기 때 일본 사람들이 감은사 종과 황룡사 종을 가져가려고 하자 파도를 일으켜 이를 저지한다. 기상 변화를 일으키는 것은 용의 권능이다. 이야기에서 문무왕은 용이 됨으로써 용의 권능을 가진다. 용의 권능을 가진 왕은 적으로부터 항상 나라를 보호해 준다. 결국 문무왕 이야기의 전승자들은 이야기 내에서 용을 수용해 문무왕이 가진 정통성의 문제와 정통성으로 비롯된 미약한 지지 기반의 문제, 신라의 정치·사회 문제를 모두 해결한다.

용 전승집단은 이야기에서 주인공인 문무왕이 스스로 용이 되어 왜적으로부터 나라를 방어한다고 함으로 문무왕의 치적을 높이고 있다. 이들은 문무왕이라는 인물을 내세워 국내외적 위기 상황에 처해 있는 그들의 지배권에 대한 정당성을 설화를 통해 확보하고 있다. 그렇다면 이야기의 궁극적인 전승 목적은 지배집단의 지배이데올로기의 확립에 있었다고 해도 무방할 것이다. 왜냐하면 이야기는 호국의 용을 전면에 내세워서 국내외적으로 직면한 그들의 통치상의 위기 상황을 은폐함으로써 그들의 지배권을 강화하는 결과를 낳았기 때문이다. 이렇게 보면 이야기의 최대 수혜자는 지배집단이자 이 이야기의 전승집단이라고 하겠다. 지배집단 혹은 전승집단은 용이 국가를 호위하는 모습을 설화를 통해 보여줌으로써 당대의 지배집단이 그들이 되어야만 하는 당위성과 함께 환상적 지배이데올로기를 심어 주는 결과를 낳는다.

3. 국태 민안의 용

용과 관련된 이야기 중에서 용이 나라가 태평하고 백성들이 편안하게 살 수 있도록 도와주는 이야기들이 있다. 이러한 종류의 이야기에서 용은 주인공에게 값진 보물을 주고 나라를 잘 다스릴 수 있는 방법을 예언해주는 존재로 등장하거나, 백성들이 편안하게 살 수 있는 땅을 만들어 주는 존재로 등장한다. 또한 백성들이 편안하게 살 수 있는 땅을 만들어 주고 더불어 그 땅을 보호해주는 존재로 등장하기도 한다. 여기에 해당하는 이야기들에서 용은 모두 국태 민안(國泰民安)을 추구한다고 할 수 있다. 본 장에서는 하위 장을 마련하고 국태 민안 주제의 용 관련 이야기에 대해 살펴보고자 한다.

첫째 용과 관련된 이야기 중에는 용이 등장해 주인공이 직면한 문제를 해결할 수 있는 값진 보물을 주고 나아가 나라가 평안할 방법을 예언해주는 이야기들이 있다. 특히 『삼국유사』 기이 제2의 〈만파식적〉에 수록된 동해용 이야기가 바로 그러한 자료이다. 동해용 이야기를 살펴보면 아래와 같다.

자료33. 〈만파식적〉[82]

1) 제31대 신문왕(神文王)의 이름은 정명(政明)이고 김씨이다. 개요(開耀) 원년 신사(서기 681) 7월 7일에 왕위에 오르자, 거룩하신 선대부왕인 문무대왕(文武大王)을 위해 동해 바닷가에 감은사(感恩寺)를 창건했다.(절에 있는 기록은 이러하다. "문무왕께서 왜군을 진압하려고 이 절을 짓기 시작하셨지만 다 마치지

[82) 第三十一, 神文大王, 諱政明, 金氏, 開耀元年辛巳七月七日卽位, 爲聖考文武大王, 創感恩寺於東海邊.(寺中記云, 文武王欲鎭倭兵, 故始創此寺, 未畢而崩, 爲海龍, 其子神文立, 開耀二年畢, 排金堂石切下, 東向開一穴, 乃龍之入寺旋繞之備, 蓋遺詔之葬骨處, 名大王岩, 寺名感恩寺, 後見龍現形處, 名利見臺)明年壬午五月朔,(一本云, 天授元年, 誤矣.)海官波珍喰朴夙淸奏曰, 東海中有小山, 浮來向感恩寺, 隨波往來, 王異之, 命日官金春質(一作春日)占之, 日聖考今爲海龍, 鎭護三韓, 抑又金公庾信乃三十三天之一子, 今降爲大臣, 二聖同德, 欲出守成之寶, 若陛下行幸海邊, 必得無價大寶, 王喜, 以其月七日, 駕幸利見臺, 望其山, 遺使審之, 山勢如龜頭, 上有一竿竹, 晝爲二, 夜合一.(一云, 山亦晝夜開合如竹,)使來奏之, 王御感恩寺宿, 明日午時, 竹合爲一, 天地震動, 風雨日每暗七日, 至其月十六日風霽波平, 王泛海入其山, 有龍奉黑玉帶來獻, 迎接共坐, 問曰, 此山與竹, 或判或答如何, 龍曰比如一手拍之無聲, 二手拍則有聲, 此竹之爲物, 合之然後有聲, 聖王以聲理天下之瑞也, 王取此竹, 作笛吹之, 天下和平, 今王考爲海中大龍, 庾信復爲天神, 二聖同心, 出此無價大寶, 令我獻之, 王驚喜, 以五色錦彩金玉酉州賽之, 勅使石斤竹出海時, 山與龍忽隱不現, 王宿感恩寺, 十七日, 到祇林寺西溪邊, 留駕晝饍, 太子理恭(卽孝昭大王,)守闕, 聞此事, 走馬來賀, 徐察秦曰, 此玉帶諸窠皆眞龍也, 王曰, 汝何知之, 太子曰, 摘一窠沈水示之, 乃摘左邊弟二窠沈溪, 卽成龍上天, 其地成淵, 因號龍淵, 駕還, 以其竹作笛, 藏於月城天尊庫, 吹此笛, 則兵退病愈, 早雨雨晴, 風定波平, 號萬派息笛, 稱爲國寶, 至孝昭大王代, 天授四年癸巳, 因失(夫)禮郞生還之異, 更封號曰萬萬波波息笛, 詳見彼傳.(一然, 『三國遺事』, 紀異第二 〈万波息笛〉.)

못하고 세상을 떠나시어 바다의 용이 되셨다. 그 아드님이신 신문왕께서 왕위에 오른 해인 개요 2년에 공사를 마쳤다. 금당 돌계단 아래에 동쪽을 향해 구멍을 하나 뚫어두었으니, 곧 용이 절로 들어와 돌아다니게 하려고 마련한 것이다. 왕의 유언에 따라 뼈를 보관한 곳이므로, 대왕암(大王岩)이라고 불렸고 절은 감은사(感恩寺)라고 했다. 뒤에 용이 모습을 나타낸 곳을 이견대(利見臺)라고 했다.")
2) 다음해 임오년(서기 682) 5월 초하루에[어떤 책에는 천수(天授) 원년(서기 690)이라 하나 잘못된 것이다.] 해관 파진찬 박숙청(朴夙淸)이 아뢰었다. "동해 가운데 작은 산이 있었는데, 감은사 쪽으로 떠내려 와서 물결에 따라 오가고 있습니다." 왕이 이상하게 여기어 천문을 담당한 관리인 김춘질(金春質)[춘일(春日)이라고도 한다.]에게 점을 치게 했더니 이렇게 말했다. "거룩하신 선왕께서 이제 바다의 용이 되어 삼한을 지키고 있습니다. 거기에 또 김유신 공도 삼십삼천의 한 분으로 이제 이 신라에 내려와 대신이 되었습니다. 두 성인이 덕을 같이 해 성을 지킬 보물을 내리려고 하십니다. 만일 폐하께서 바닷가에 행차하시면 반드시 값으로 따질 수 없는 큰 보물을 얻게 되실 것입니다."
3) 왕은 기뻐하며 그 달 7일에 이견대(利見臺)에 행차해 그 산을 바라보고는 사람을 보내어 살펴보도록 했다. 산의 모습은 마치 거북이 머리 같았고 그 위에는 한 줄기의 대나무가 있었는데, 낮에는 둘이 되었다가 밤에는 하나로 합해졌다. [일설에는 산도 또한 대나무처럼 낮에는 갈라지고 밤에는 합해진다고 했다.] 사신이 와서 이러한 사실을 아뢰자, 왕은 감은사로 가서 묵었다. 다음날 오시에 대나무가 합해져서 하나가 되더니 천지가 진동하고 비바람이 몰아쳐 7일 동안이나 깜깜했다가 그 달 16일이 되어서야 바람이 잦아지고 물결이 잔잔해졌다. 왕이 배를 타고 그 산에 들어갔는데, 용이 검은 옥띠를 받들고 와서 바쳤다. 왕이 용을 맞이해 함께 앉아서 물었다. "이 산의 대나무가 혹은 갈라지고 혹은 합해지는 것은 어찌해서인가?" 용이 말했다. "비유하자면 한 손으로 손뼉을 치면 소리가 나지 않지만, 두 손으로 치면 소리가 나는 것과 같습니다. 이 대나무라는 물건도 합해진 연후에야 소리가 납니다. 거룩하신 왕께서 소리로 천하를 다스릴 상서로운 징조입니다. 왕께서 이 대나무를 가져다가 피리를 만들어서 불면 천하가 평화로워질 것입니다. 지금 왕의 아버지께서 바다의 큰 용이 되셨고 김유신은 다시 천신이 되었습니다. 두 성인이 마음을 합치셔서 이처럼 값으로 따질 수 없는 큰 보물을 저에게 바치도록 하셨습니다." 왕이 놀랍기도 하고 기쁘기도 해서 오색찬란한 비단과 금과 옥으로 용에게 보답했다. 그리고 명을

내려 대나무를 베도록 했는데, 바다에서 나올 때 산과 용이 홀연히 사라져서 보이지 않았다.
4) 왕이 감은사에서 묵고는 17일에 지림사(祇林寺) 서쪽 시냇가에 이르러서 수레를 멈추고 점심을 먹고 있었는데, 태자 이공(理恭)[즉 효소대왕(孝昭大王)이다.]이 대궐을 지키다가 이 일을 듣고 말을 달려와서 축하했다. 그리고 천천히 옥대를 살펴보더니 이렇게 말했다. "이 옥띠의 여러 개의 장식은 모두 다 진짜 용입니다." 왕이 말했다. "네가 그것을 어떻게 아느냐?" 태자가 아뢰었다. " 하나를 따서 물에 넣어 보십시오." 왼쪽 두 번째 것을 따서 계곡물에 넣었더니 곧 용이 되어서 하늘로 올라갔고, 그 땅은 연못이 되었다. 그래서 이 연못을 용연(龍淵)이라고 부른다. 왕이 대궐로 돌아와서 그 대나무로 피리를 만들어 월성(月城) 천존고(天尊庫)에 보관했다. 피리를 불면 적군이 물러나고 병이 나았으며, 가물면 비가 오고 장마가 지면 날이 개었으며, 바람이 잠잠해지고 파도가 잔잔해졌다. 그래서 만파식적(萬波息笛)이라고 부르고 국보로 삼았다. 효성왕 때인 천수 4년 계사(서기 693)에 부례랑(夫禮郞)이 살아서 돌아오는 이상한 일이 있어서, 다시 이름을 만만파파식적(萬萬波波息笛)이라고 했다. 부례랑의 전기에 상세히 실려 있다.

자료33은『삼국유사』기이 제2 〈만파식적〉에 수록된 동해용 이야기이다. 이야기에 따르면 신문왕은 나라를 태평하게 하고 백성들을 편안하게 하는 것이 목적이다. 신문왕이 나라를 태평하게 하고 백성들을 편안하게 하는 목적을 달성하기 위해서는 무엇보다 정치적으로 나 사회적으로 나라가 안정되어야 한다. 나라가 안정되어야 백성들은 편안하게 살 수 있기 때문이다. 이야기는 신문왕이 나라를 태평하게 하고 백성들을 편안하게 할 수 있도록 하기 위해 신문왕이 아버지인 문무왕과 김유신 장군이 보낸 용을 만났다고 한다.

신문왕은 나라를 태평하게 하고 백성들을 편안하게 하는 목적을 달성하기 위한 문제해결의 방책으로 용과의 만남을 채택했다. 신문왕과 만나는 데 참여하는 용은 무엇보다 신문왕이 목적을 달성하는 데 결정적인 역할을 수행한다. 그러나 용이 신문왕의 목적 달성의 주역으로서의 역할을 수행한다는 것만으로는 용이 신문왕의 동해용 이야기에 수용된 이유가 뚜렷하지 않다. 신문왕의 동해용 이야기의 전승집단이 왜 용을 수용해 주인공 신문왕이 목적을 달성할 수 있도록 하고 있는지 살펴야 한다. 이를 해명하기 위해 당대 정치적 상황과 결부시켜 살펴본다.

신문왕 원년(681) 8월 8일에 소판 김흠돌·파진찬 흥원· 대아찬 진공 등이 반란을 꾀하다가 죽임을 당했으며 4년(684) 겨울 10월에 저녁부터 새벽까지 유성이 어지럽게 나타났다. 11월에 안승의 조카뻘 되는 장군 대문이 금마저에 있으면서 반역을 도모하다가 일이 발각되어 죽임을 당했다. 남은 무리들은 대문이 목 베여 죽는 것을 보고서 관리들을 죽이고 읍을 차지해 반란을 일으켰다. 왕이 군사들에게 명해 이를 토벌했는데, 맞서 싸우던 당주 핍실이 전사했다. 그 성을 함락해 그 곳 사람들을 나라 남쪽의 주와 군으로 옮기고, 그 땅을 금마군으로 삼게 된다.[83],

『삼국사기』신라본기 제8 〈신문왕〉에 수록된 기록이다. 이 기록을 통해서 알 수 있듯이 신문왕은 반역 세력으로 인해 많은 고초를 겪었다. 신문왕은 어떠한 방법을 이용해서라도 위기를 극복해야 했다. 왕의 임무는 나라를 태평하게 해 백성들을 편안하게 해야 하는 것인데, 갈등이 생긴다면 왕은 자신의 임무를 잘 수행하지 못하게 된다. 아버지 문무왕이 그랬던 것처럼 신문왕에게 반역 세력이 생기는 이유는 신문왕의 신분적 문제 때문이었다. 신문왕이 신분적 문제를 해결하지 않는 이상 반란은 계속된다.

신문왕에 대한 반란이 계속되면 지지 세력 또한 점점 줄어들게 된다. 신문왕이 왕권을 견고하게 확립하기 위해서는 지지 세력을 보충해야만 한다. 반란과 제거가 난무하게 되면 정치적 혼란을 가져오고 이는 곧 백성들의 삶을 어렵게 하는 원인이 된다. 그렇다면 신문왕은 당대 신분적 문제, 정치·사회적 문제, 지지 기반 부족의 문제 등을 가지고 있었다고 생각된다.

그런데 이야기의 신문왕은 기록의 신문왕과는 다소 차이를 보인다. 기록의 신문왕은 신분적·정치적·사회적 문제와 지지 기반 부족의 문제 등을

---

[83] 元年 八月 八日 蘇判 金欽突·波珍湌 興元·大阿湌 眞功 等 謀叛伏(伏)誅 四年 冬十月 自昏及曙 流星縱橫 十一月 安勝 族子將軍大文 在金馬渚謀叛 事發伏誅 餘人見大文誅死 殺害官吏 據邑叛 王命將士討之 逆鬪幢主逼實死之 陷其城 徙其人於國南州郡 以其地爲 金馬郡. (金富軾, 『三國史記』, 新羅 本紀 第八〈神文王〉.)

가진다. 하지만 이야기에서는 신문왕의 문제는 자세히 나타나지 않는다. 이야기에서 용이 손뼉을 치는 원리를 비유로 들어 설명하고는 대나무도 합쳐진 연후에 소리가 나온다84)고 한 언급이 신문왕 당대의 문제를 제시해 주고 있으나 자세하게 그려지지는 않는다. 이야기는 이 문제가 용이 준 보물로 인해 해결되었다고 한다.

또한 용이 준 대나무로 만든 만파식적은 적군이 침입했을 때 불면 적군이 물러나고 병이 났을 때 불면 병이 나았으며, 가물 때 불면 비가 오고 장마 때 불면 날이 개었으며, 바람이 세찰 때 불면 바람이 잠잠해지고 파도가 세찰 때 불면 파도가 잔잔해지는 진귀한 보물이었다. 때문에 이 보물을 소유한 신문왕은 모든 문제를 해결한다.

용 전승집단은 신문왕이 가진 신분적·정치적·사회적 문제와 지지 기반 부족의 문제를 해결하려 했다고 보인다. 이야기에서 신문왕이 가진 문제가 용이 준 만파식적을 통해 해결되는 것이 이를 잘 보여준다. 이야기에서는 주인공인 신문왕이 용이 준 보물을 통해 나라를 태평하게 하고 백성을 평안하게 한다고 했다. 이러한 내용을 통해 볼 때 이 이야기의 수용자는 설화를 통해 신문왕의 위대함을 높이 칭송할 것이다. 결국 이야기에서는 용이 준 보물을 신문왕이 소유하고 있다고 해 신문왕의 지배권에 정당성을 확보하고 있다.

그렇다면 이야기의 전승 목적은 신문왕의 지배권과 관련한 지배이데올로기의 확립이라고 볼 수 있다. 이야기는 신의 사제자로서 용의 역할과 용이 전해준 보물 등을 통해 용의 신성성과 초월성을 지배권에 수혈해준다. 때문에 이야기의 최대 수혜자는 지배집단이자 이러한 지배집단과 동일성을 확립한 전승자들이라고 하겠다. 지배집단과 전승집단은 증여와 예언을 통해 국태 민안을 추구 하는 용의 모습을 보여줌으로써 용의 신성성과 초월성에 기반을 한 지배이데올로기를 확립하고 지배질서의 문제점을

---

84) 신문왕대는 화합의 실패로 혼란이 발생했다고 보인다. 설화에서 손뼉 치는 원리를 설명한 것이 이것을 증명하는 것이라 하겠다. 결국 화합이 성립되어야 모든 문제를 해결할 수 있다고 하기 위해 이러한 설화가 이야기 되었다고 보인다.

은폐하고 지배권의 정당성만을 부여한다.

둘째 용과 관련한 이야기 중에는 용이 사람들에게 토지를 나눠주는 존재로 등장하는 이야기들이 있다. 『한국구비문학대계』⟨⟨형산강⟩을 친 김부대왕⟩에 수록된 김부대왕 이야기가 용이 사람들에게 토지를 나눠주는 대표적인 자료이다. 전문을 보이면 다음과 같다.

자료34. ⟨형산강(兄山江)을 친 김부대왕⟩
1) 경주가 지금의 모습이 갖춰지기 전에는 지금의 평지가 물로 가득 차 있었다. 김부대왕은 항상 경주가 물로 가득 차 있어 살 땅이 부족한 것을 걱정했다.
2) 김부대왕은 죽어서 용이 되었다. 용은 꼬리로 형산강을 쳐 고인물이 다른 곳으로 빠져나가게 만들었다. 그래서 경주가 지금의 모습을 가질 수 있게 되었다.

자료34는 ⟨자료2. 한국구비문학대계 자료 30, 31⟩을 요약한 내용이다. 이야기에 따르면 주인공 김부대왕은 살 땅이 부족한 백성들을 걱정해 죽어서 용이 되어 백성들에게 살 땅을 만들어 주겠다는 목적을 가지고 있다. 살 땅이 부족한 백성들에게 용이 되어 살 땅을 만들어주겠다는 목적을 실현하기 위해 김부대왕은 스스로 용이 되어 꼬리로 강물을 쳤다고 하고 있다.

김부대왕은 백성들에게 살 땅을 만들어주겠다는 목적을 달성하기 위한 문제해결의 수단으로 용을 등장시키는 것을 채택했다. 김부대왕의 목적 달성에 참여하는 용은 무엇보다 김부대왕 목적을 잘 달성할 수 있도록 하는 주역으로서 역할을 수행한다. 그러나 용이 단지 김부대왕 목적 달성의 주역으로서의 역할을 수행하기 위해 이야기에 수용되었다고 하기에는 용 수용의 이유가 충분하지 못하다. 이를 해명하기 위해 김부대왕 당대 사회적 상황과 연관해 살펴보고자 한다.

경순왕 원년12월, 견훤이 대목군(大木郡)에 침입해 밭과 들에 쌓아 놓은 노적가리를 모두 불태웠다. 2년(서기 928) 봄 정월, 고려 장수 김상(金相)이 초팔성(草八城)의 도적 흥종(興宗)과 싸웠으나 이기지 못하고 죽었다. 여름 5월, 강주(康州) 장군 유문(有文)이 견훤에게 항복했다. 6월, 지진이 있었다. 가을 8월, 견훤이 장군

관흔(官昕)에게 명해 양산(陽山)에 성을 쌓게 하니, 고려 태조가 명지성(命旨城)의 장군 왕충(王忠)에게 명해 병사를 이끌고 가서 격파해 쫓아버렸다. 견훤이 대야성(大耶城) 아래에 주둔하면서 군사들을 나누어 보내 대목군의 벼와 곡식을 베어 갔다. 겨울 10월, 견훤이 무곡성(武谷城)을 공격해 함락했다. 3년(서기 929) 여름 6월, 천축국(天竺國)의 삼장(三藏) 마후라(摩睺羅)가 고려에 왔다. 가을 7월, 견훤이 의성부성(義城府城)을 공격하자, 고려 장수 홍술(洪述)이 나가 싸웠으나 이기지 못하고 그곳에서 죽었다. 순주(順州) 장군 원봉(元逢)이 견훤에게 항복했다. 고려 태조가 이 말을 듣고 화를 내었으나 원봉의 지난 공적으로 용서하고, 단지 순주를 현(縣)으로 고쳤다. 겨울 10월, 견훤이 가은현(加恩縣, 경북 문경)을 포위했으나 이기지 못하고 돌아갔다. 4년(서기 930) 봄 정월, 재암성(載巖城) 장군 선필(善弼)이 고려에 항복했다. 고려 태조가 후하게 예로 대우하고 상보(尙父)라고 불렀다. 처음에 태조가 신라와 우호관계를 맺으려 할 때 선필이 안내를 해주었는데 이때에 이르러 항복하자, 그의 공로와 연로함을 생각해 은총을 베풀고 칭찬한 것이다. 태조가 고창군(古昌郡, 경북 안동) 병산(瓶山) 아래에서 견훤과 싸워 크게 이겼다. 죽이거나 사로잡은 자가 매우 많았다. 견훤의 영안(永安), 하곡(河曲), 직명(直明), 송생(松生) 등 30여 군현이 차례로 태조에게 항복했다. 2월, 태조가 사신을 보내와 승전한 소식을 전해주었다. 임금이 보답으로 사신을 보내고 만날 것을 요청했다. 가을 9월, 동쪽 바다 연안의 주와 군의 부락이 모두 태조에게 항복했다.[85]

『삼국유사』 신라본기 제12 〈경순왕〉에 수록된 김부대왕의 기록이다. 이 기록을 통해서 알 수 있듯이 김부대왕과 백성들은 견훤이 일으킨 전쟁으로 인해 많은 고초를 겪고 피폐해져 갔으며, 결국에는 고려에 항복하고 만

---

85) 元年 十二月 甄萱侵大木郡 燒盡田野積聚, 二年 春正月 高麗將金相與草八城賊輿宗戰 不克死之 夏五月 康州將軍有文 降於甄萱 六月 地震 秋八月 甄萱命將軍官昕 築城於陽山 太祖命命旨城將軍王忠 率兵擊走之 甄萱進屯於大耶城下 分遣軍士 芟取大木郡禾稼 冬十月 甄萱攻陷武谷城, 三年 夏六月 天竺國三藏摩睺羅抵高麗 秋七月 甄萱攻義城府城 高麗將洪述出戰 不克死之 順州將軍元逢 降於甄萱 太祖聞之怒 然以元逢前功 宥之 但改順州爲縣 冬十月 甄萱圍加恩縣 不克而歸, 四年 春正月 載巖城將軍善弼降高麗 太祖厚禮待之 稱爲尙父 初 太祖將通好新羅 善弼引導之 至是降也 念其有功且老 故寵褒之 太祖與甄萱戰古昌郡瓶山之下 大捷 殺虜甚衆 其永安河曲直明松生等三十餘郡縣 相次降於太祖 二月 太祖遣使告捷 王報聘兼請相會 秋九月 國東沿海州郡部落 盡降於太祖. (金富軾,『三國史記』卷第十二 新羅本紀 第十二 〈敬順王〉.)

다. 이것으로 미루어 당대의 김부대왕은 외부 침입에 대한 문제, 잦은 전쟁으로 발생한 정치·사회적인 각종 문제를 가지고 있었다고 보인다. 또한 결국 나라를 패망으로 이끈 왕이었다는 오명의 문제를 가지고 있었을 것이다.

경순왕은 견훤과 궁예의 악행으로 인해 백성들이 고초를 겪자 군사를 동원해 이를 저지하려 했다. 하지만 잦은 전쟁으로 인해 국력은 이미 쇠락해져 있었다. 쇠락해진 국력으로 인해 군사를 동원한 전쟁 역시 승리로 이끌지 못했다. 이러한 일들이 반복되자 경순왕은 태조에게 항복해 자신의 백성들을 고려 백성이 되게 한다. 이는 패망의 주역이라는 경순왕의 오명을 만들어준 결정적 사건이다.

그러나 이야기의 김부대왕은 기록을 통해 살펴본 김부대왕과 차이를 보인다. 기록 속에서 많은 문제를 극복하지 못하고 결국 고려에 항복하고 만 김부대왕이 이야기에서는 죽어서까지 백성들을 위하는 자애로운 군주로 그려지고 있다. 김부대왕은 형산강 물이 넘쳐 살 땅이 부족한 백성들을 늘 염려했다. 그래서 자신이 죽어서 용이 되어 꼬리로 강을 쳐 사람들에게 살 땅을 만들어 줄 것을 결심하고, 죽어서 용이 되어 자신의 목적을 달성한다. 결국 김부대왕 이야기의 전승자들은 이야기 내에서 용을 수용해 김부대왕이 가진 치명적 문제인 패망의 왕이라는 오명을 단 번에 해결해준다.

용 전승집단은 김부대왕이 가진 치명적 문제인 패망의 왕이라는 오명을 반드시 해결하고 싶어했다고 보인다. 이야기에서 용을 수용해 김부대왕이 목적을 실현하는 모습을 통해 김부대왕의 문제가 해결되는 것은 바로 이러한 의식을 잘 보여준다. 이야기에서 김부대왕이 죽어서 용이 되어 백성들에게 살 땅을 만들어 준다는 것은 이야기의 전승 목적이 정치적인 함의와 관련되어 있다는 것을 의미한다. 김부대왕이 처한 역사적 상황은 나라를 잃고 백성을 잃는 상황이다. 그러나 이야기에서는 김부대왕이 죽어서 국가와 백성을 위해 땅을 만들어 주었다고 한다. 현실은 그렇지 않은데 환상의 세계에서는 그렇다고 한다.

이것이 곧 환상을 통해서라도 도달하고자 하는 지배자의 바람이다. 이야기는 용을 통해 이러한 지배이데올로기를 확립한다. 때문에 이야기의 최대 수혜자는 용을 통한 환상적 지배권을 획득하게 되는 지배집단이라고 하겠다. 지배집단은 용의 토지 증여를 통한 국태 민안을 추구 하는 모습을 설화를 통해 보여줌으로써 지배이데올로기를 확립하고 지배의 정당성을 공고히 하고 있기 때문이다. 따라서 용은 현실의 결핍을 은폐하고 지배집단의 목적을 구현해주는 지배이데올로기 매체인 셈이다.

셋째 용과 관련된 이야기 중에는 용이 사람들에게 토지를 주고 나라를 보호하는 존재로 등장하는 이야기들이 있다.『한국구비문학대계』〈감은사의 종과 문무왕의 득천〉에 수록된 문무왕 이야기가 여기에 해당한다. 문무왕 이야기 전문을 제시하면 다음과 같다.

　자료35. 〈감은사의 종과 문무왕의 득천〉
　1) 신라 경주는 항상 강물이 넘쳐 사람들이 살 곳이 부족하고, 생활하기도 불편했다. 문무왕은 평소 사람들의 고통을 안타까워했다.
　2) 문무왕은 죽어서 용이 되어 형산 강물을 쳐 강물이 포항 바다로 흐르게 한다. 사람들은 이때부터 살 곳을 얻을 수 있었으며 더 이상 강물이 넘쳐나 고생하지 않았다. 또한 신라는 열 두 섬이 있어 왜적의 침입이 잦았는데, 문무왕이 열한 섬을 쳐 왜적의 침입을 줄였다.
　3) 일제 식민지 시절 일본이 감은사 종과 황룡사 종을 배에 실어 자기 나라로 가져가려 했다. 이때 문무왕릉 있는 곳에서 파도가 일어 배가 침몰하고 말았다. 사람들은 문무왕이 종을 지키려고 파도를 일으킨 것이라고 했다. 몇 십 년 전만 하더라도 바람이 불고 파도가 치는 날이면 종 울리는 소리가 들린다고 했다.

자료35는 〈자료2. 한국구비문학대계 자료 32, 33, 34〉를 요약한 내용이다. 이야기에 따르면 문무왕은 백성들이 편안하게 살 수 있도록 살 땅을 만들어주는 것과 나라가 태평할 수 있도록 왜적의 침입으로부터 나라를 보호하는 것 즉, 국태 민안이 목적이다. 국태 민안의 목적을 달성하기 위해 문무왕은 죽어서 용이 된다. 일반적인 사람이라면 용이 되지 못한다. 하지만 백성을 사랑하는 간절한 마음이 문무왕을 용이 되게 한다.

문무왕은 국태 민안이라는 목적을 달성하기 위한 문제해결의 수단으로 자신이 용이 되는 것을 채택했다. 국태 민안이라는 목적 달성에 참여하는 용은 무엇보다 문무왕이 목적을 달성하도록 도와주는 핵심적인 역할을 수행한다. 그렇다면 문무왕 이야기의 전승집단은 왜 용을 수용해 문무왕의 목적 달성에 도움을 주는 것일까? 이 물음에 대한 해명은 앞서 살펴본 문무왕 당대의 역사적 상황과 결부되어 있다. 문무왕은 왕권의 정당성 문제와 미약한 지지 세력의 문제, 그리고 각종 정치·사회 문제를 가지고 있었다. 문무왕이 왕권의 정당성을 확립하기 위해서 역사적으로 많은 노력을 기울였다. 그럼에도 불구하고 문무왕이 가진 문제를 모두 해결하기에는 역부족이었다.

문무왕 이야기의 전승집단은 문무왕과 혈통적으로나 문화적으로 동일시되는 집단이라고 생각된다. 문무왕 이야기가 문무왕의 이상적인 삶의 방향을 제시해주고 있기에 그러하다고 보인다. 문무왕 이야기에서 이상적인 삶의 방향을 제시해주는 결정적 열쇠는 바로 용이다. 현실에 존재하지 않는 용을 이야기 내에서 수용해 그들은 문무왕이 이상적인 군왕이었다고 하고 있다.

용 전승집단은 설화에서 용을 통해 자신들의 지배이데올로기를 확립한다. 자신들과 혈통적으로나 문화적으로 동일한 문무왕이 용이 되어 나라를 보호하고 백성들을 편안하게 한다고 한다면 자신들의 지배가 더욱 공고해 질 수 있다. 때문에 이야기의 최대 수혜자는 용의 권능을 통해 지배권을 획득하게 되는 지배집단이라고 할 수 있다. 지배집단은 용이 백성을 위하는 마음으로 만들어준 땅과 나라를 수호하기 위해 친 열 한 개의 섬, 파도를 일으켜 지킨 종이라는 국태 민안을 달성하기 위한 행위를 이야기를 통해 보여줌으로써 지배이데올로기를 확립하고 지배의 정당성을 공고히 하고 있기 때문이다. 따라서 이야기에서 용은 현실의 결핍을 교묘히 감추어 지배집단의 목적을 구현해주는 지배이데올로기 핵심적 수단이다.

『한국구비문학대계』〈문무왕의 득천〉에 수록된 문무왕 이야기 역시 토지를 증여하고 나라를 보호하는 용이 등장한다. 그런데 여기서 등장하는 용은 사람들에 의해 인정을 받아야만 용의 권능을 행사할 수 있는 특별한 용이다. 문무왕 이야기는 다음의 자료36과 같다.

자료36. 문무왕의 득천
1) 문무왕이 죽어서 용이 되었는데, 사람들한테 용 소리를 들어야 득천을 할 수 있었다. 모두 구렁이라고 해 득천을 할 수 없다가 유금이라는 어린아이가 용이라고 불러주어 용이 되어 득천한다. 용은 유금이를 위해 산을 쳐 유금이 들을 만들어주었다.
2) 또 죽기 전 아들에게 자신이 죽은 후 용이 되어 득천해 열 두 섬을 칠 것이라고 하고 자신을 보려면 지금의 이견대가 있는 곳으로 오라고 했다. 신문왕이 지금의 이견대가 있는 곳으로 가자 동해바다에서 용이 득천을 하면서 열 한 섬을 쳤다. 문무왕은 평소 열 두 섬을 치려했으나 울릉도 섬은 옥황상제의 명으로 칠 수 없었다. 하지만 문무왕이 열 한 섬을 쳐 일본의 침략을 막아낼 수 있었다.

자료36은 〈자료2. 한국구비문학대계 자료 35, 36〉을 요약한 내용이다. 이야기에 따르면 주인공 문무왕의 목적은 국태 민안의 실현이다. 국태 민안의 실현이라는 목적을 달성하기 위해 문무왕은 앞서 살펴보았던 〈감은사의 종과 문무왕의 득천〉에 수록된 문무왕 이야기에서와 같이 죽어서 용이 되어 꼬리로 강을 쳐 땅을 만들고, 열 한 섬을 쳐 왜적의 침입으로부터 나라를 보호한다. 하지만 〈문무왕의 득천〉에 수록된 문무왕 이야기에서는 모든 백성들에게 살 땅을 준 것이 아니라 자신을 알아 봐준 유금이에게만 들을 준다. 하지만 백성들에게 살 땅을 만들어 주었다는 점에서는 동일하다. 현실에서 문무왕이 가진 문제를 이야기 내로 끌고와 용이라는 든든한 조력자를 통해 해결한다. 때문에 이 이야기의 전승집단 또한 앞의 전승집단과 동일하다고 생각된다.

〈문무왕의 득천〉과 〈감은사의 종과 문무왕의 득천〉의 구비전승 목적은 지배이데올로기의 확립이라고 할 수 있다. 이 두 이야기에서 지배인 왕이 백성을 위해 땅을 만들어주었다는 것은 현실적으로는 불가능하다. 그러나 현실적으로는 불가능한 현실을 가능하도록 했다는 것은 지배자의 위대성과 초월성을 보여주기 위해서이다. 현실적으로는 불가능한 일을 이야기를 통해 가능하도록 하는 것은 특정한 목적의식 곧 지배권의 정당화를 위한 목적의식 때문이다. 곧 이러한 이야기의 전승은 지배 올로기의 확립을 겨냥한 의도가 있다. 그런데 현실적으로 불가능한 일이 이야기를 통해서 가능하도록 하는 문제 해결의 수단은 용이다. 용은 인간의 능력으로는 불가능한 초월적 능력을 발휘해 지배자의 문제를 해결해 준다. 주인공과 용의 관계에서 용은 조력자이지만 지배이데올로기로서 이야기의 성격을 규정하는 순간에 용은 지배이데올로기를 위한 수단이 된다.

5장. 승려집단의 용

　용 관련 이야기 중에서는 용이 위신력(神威力)을 발휘해 불교 광포(廣布)를 돕는 이야기들이 있다. 본 장에서는 용이 위신력을 발휘해 불교 광포를 돕는 용 관련 이야기에 등장하는 용을 승려집단의 용이라고 규정하고 이들 용이 이야기 내에서 어떤 역할을 하며, 나아가 전승집단인 승려집단과 관련해 어떠한 기능을 하는지를 살펴보고자 한다. 승려집단의 용 관련 이야기들에서 용은 크게 세 가지 경향성을 보인다. 절을 창건하는데 용이 기여하는가하면, 보시를 통해 건탑(建塔)을 권유하거나, 창사(創寺)를 권유하는 모습을 보인다. 또는 용이 사람들에게 해를 끼치다가 불교에 교화되는 모습을 보이기도 한다. 우리나라의 초기 불교 수용·전개는 불교 자체의 사상적 체제를 충분히 이해하지도 못한 상황에서 그때까지 있었던 우리나라의 기존종교라 할 수 있는 민간신앙(民間信仰)과 습합(習合)하면서 이루어졌다.

　전개과정에서 민간신앙의 한 형태인 선풍(仙風)의 터에 불사(佛寺)를 입지케 함으로써 불교가 기존 민간신앙의 신성개념(神聖概念)을 대신하고자 했던 사실로 이해할 수 있다. 이는 '민간(民間)의 성지(聖地)에 사찰(寺刹)을 입지시킴으로서 양자 간의 연속성을 강조해 불교(佛敎) 정착(定着)을 보다 순조롭게 이루어나가려 했던 의도로 파악할 수 있다.'[86] 결국 승려집단의 용은 불교신앙의 정착과 홍포라는 목적 달성의 일환으로 전승되었다고 하겠다. 승려집단의 용이 등장하는 『삼국유사』 소재 용 이야기는 〈처용랑망해사〉, 〈황룡사구층탑〉, 〈전후소장사리〉, 〈어산불영〉, 〈보양이목〉, 〈혜통항룡〉 등이다.

---

[86] 이동영·최효승,「民間信仰을 中心으로 한 智異山 華嚴寺 伽藍의 造營思想에 관한 硏究」,『농촌건축학회논문집』 2, 농촌건축학회, 2000, pp.85-86.

1. 사찰 연기의 용

이야기에 등장하는 용들 중에는 사찰 연기에 참여하는 용들이 있다. 이들 사찰의 연기에 참여하는 용들 중에는 왕에게 위기를 주어 왕으로 하여금 절을 창건하게 하는 용, 왕이 궁궐을 짓고자 하는 곳에 나타나 왕이 마음을 고쳐 창사를 하도록 만드는 용, 고승이 대장경을 가지고 가려고 하자 위기를 주어 자신도 함께 데리고 가 절을 창건하도록 하게 하는 용 등으로 나누어 볼 수 있다. 본 장에서는 사찰 연기에 참여하는 '왕에게 위기를 주어 사찰을 짓게 하는 용', '왕에게 나타나 절을 짓게 하는 용', '고승에게 위기를 주어 대장경과 함께 가 절을 창건하도록 하는 용' 등의 장을 만들어 먼저 용의 정체를 분석하고, 용이 이야기 내에서 수용 된 이유를 바탕으로 전승집단의 의도가 무엇인가를 논의하고자 한다.

첫째 '왕에게 위기를 주어 왕으로 하여금 절을 창건하게 하는 용'에 대해 살핀다. 이야기에서 주인공은 자신들이 추구하는 목적을 달성하기 위해 이동을 하고 이동하는 도중 위기에 봉착하고는 한다. 위기에 봉착한 왕은 위기를 벗어나기 위해 다양한 방법을 동원한다. 스스로 해결할 수도 있지만 스스로 해결하지 못한다면 다른 여러 가지의 방법을 동원해 문제를 해결한다. 이러한 문제적 상황에서 왕은 절 창건을 약속해 문제를 해결한다. 절을 창건한다는 것은 불교적인 방법으로 문제를 해결한다는 의미가 된다. 이렇게 문제를 해결한 왕 앞에 나타난 존재가 바로 용이다. 그렇다면 용은 절 창건을 원했으며, 왕에게 절을 창건하도록 하기 위해 왕에게 위기를 준 것이다. 『삼국유사』〈처용랑망해사〉에 수록된 처용 이야기에서 용은 절 창건을 통해 헌강왕이 당면한 위기 상황을 해결해준다. 처용 이야기를 살펴보면 다음과 같다.

자료37. 〈처용랑망해사〉[87]

---

87) 第四十九,憲康大王之代,自京師至於海內,比屋連墻,無一草屋,笙歌不絶道路,風雨調於四時. 於是大王遊開雲浦.(在鶴城西南,今蔚州).王將還駕,晝憩於汀邊,忽雲霧冥壹,迷失道路. 怪問左右,日官奏云,此東海龍所變也,宜行勝事以解之,於是勅有司,爲龍刱佛寺近境,施令 已出,雲開霧散,因名開雲浦.東海龍喜,乃率七子現於駕前,讚德獻舞奏樂.基一子隨駕入京,

1) 제49대 헌강대왕(憲康大王)의 시대에는 서울부터 바닷가까지 집이 즐비하고 담장이 서로 이어져 있었으며, 초가집이 단 한 채도 없었다. 풍악과 노랫소리가 길에서도 끊이질 않았고 비바람이 사계절에 순조로웠다. 이 당시 대왕이 개운포 (開雲浦)[학성(鶴城) 서남쪽에 있는데 지금의 울주(蔚州)이다.]에 놀러 갔다가 돌아오려고 하던 참이었다. 낮에 물가에서 쉬고 있었는데, 갑자기 구름과 안개가 자욱하게 끼어 길을 잃어버렸다. 이상하게 여겨 주변 신하들에게 물었더니, 천문을 담당한 관리가 아뢰었다. "이것은 동해 용의 조화입니다. 마땅히 좋은 일을 해서 풀어야 합니다." 그래서 신하에게 명해 용을 위해 이 근처에 절을 지어주도록 했다. 명을 내리자 구름이 걷히고 안개가 흩어졌다. 그래서 이름을 개운포 (開雲浦)라고 했다. 동해의 용이 기뻐하며 곧 일곱 아들을 데리고 왕의 수레 앞에 나타나서 덕을 찬미하며 춤을 추고 음악을 연주했다.
2) 그리고 그 아들 중 하나가 왕을 따라 서울에 들어와서 왕의 정치를 보좌해주었으니, 그 이름을 처용(處容)이라고 했다. 왕은 아름다운 여자를 아내로 삼아주고 그의 마음을 잡아두려고 했다. 그래서 또 급간(級干)의 벼슬도 내렸다. 처용의 아내는 너무나 아름다웠으므로 역신(疫神)이 그녀를 흠모했다. 그래서 사람으로 변신해 밤중에 처용의 집으로 가서 몰래 그 여자와 잤다. 처용이 밖에서 집으로 돌아와 잠자리에 두 사람이 있는 것을 보았다. 그리고는 곧 노래를 부르며 춤을 추다가 물러갔다. 그 노래는 이러하다. 〈서라벌 밝은 달밤 밤늦도록 노닐다가, 들어와 잠자리를 보니 다리가 넷이구나. 둘은 내 것인데 둘은 뉘 것인가. 본디 내 것이지만 빼앗은 것을 어찌하리오.〉 바로 그때 역신이 형체를 드러내고 처용 앞에 꿇어앉아 이렇게 말했다. "제가 공의 아내를 사모해 지금 범했습

輔佐王政.名曰處容.王以美女妻之.欲留其意.又賜級干職.其妻甚美.疫神欽慕之.變爲人.夜至某家.竊與之宿.處容自外至其家.見寢有二人.乃唱歌作舞而退.歌曰.東京明期月良夜入伊游行如可入良沙寢矣見昆脚鳥伊四是良羅 二肹隱吾下於叱古 二肹隱誰支下焉古本矣 吾下是如馬於隱奪叱良乙何如爲理古.時神現形.跪於前曰.吾羨公之妻.今犯之矣.公不見怒.感而美之.誓今已後.見畵公之形容.不入其門矣.因此.國人門巾占處容之形.以僻邪進慶.王旣還.乃卜靈鷲山東麓勝地.置寺.曰望海寺.亦名新房寺.乃爲龍而置也.又幸鮑石亭.南山神現舞於御前.左右不見.王獨見之.有人現舞於前.王自作舞.以像示之.神之名或曰祥審.故至今國人傳此舞.曰御舞祥審.或曰御舞山神.或云.旣神出舞.審象其貌.命工摹刻.以示後代.故云象審.或云霜髥舞.此乃以其形稱之.又幸於金剛嶺時.北岳神呈舞.名玉刀鈐.又同禮殿宴時.地神出舞.名地伯級干.語法集云.于時山神獻舞.唱歌云.智理多都波.都波等者.盖言以智理國者.知而多逃.都邑將破云謂也.乃地神山神知國將亡.故作舞以警之.國人不悟.謂爲現瑞.耽樂滋甚.故國終亡.(一然,『三國遺事』,〈處容郞望海寺〉紀異 第二.)

니다. 그런데도 공이 화를 내지 않으시니 감동해 아름답게 여깁니다. 맹세컨대 지금 이후로 공의 모습을 그린 그림만 보아도 그 문에는 들어가지 않겠습니다." 이 일로 인해 나라 사람들이 문에 처용의 모습을 그려 붙여 나쁜 귀신을 물리치고 경사스러운 일을 맞아들이게 되었다. 왕이 서울로 돌아온 뒤에 곧 영취산 동쪽 경치 좋은 곳에 터를 잡고 절을 지었으니 망해사(望德寺)라고 한다. 그리고 또 신방사(新房寺)라고도 하니, 곧 용을 위해 세운 절이다.

3) 왕이 또 포석정(鮑石亭)에 행차했는데, 남산(南山)의 신이 왕 앞에 나타나서 춤을 추었다. 주변의 신하들은 보지 못했고 왕만이 볼 수 있었다. 어떤 사람(신)이 왕 앞에 나타나 춤을 추었는데, 왕도 몸소 그 춤을 추어서 그 춤의 모습을 신하들에게 보여주었다. 신의 이름이 혹은 상심(祥審)이라고도 했다. 그래서 지금도 나라 사람들이 이 춤을 전해오는데, 어무상심(御舞詳審) 혹은 어무산신(御舞山神)이라고도 한다. 어떤 사람은, 이미 신이 나와서 춤을 출 때 그 모습을 자세히[審] 본떠서[象]장인에게 명해 똑같이 조각해 후대에 보여주었기 때문에 '상심(象審)'이라 한다고도 했다. 혹은 상염무(霜髥舞)라고도 하니, 이것은 곧 모습에 따라 부른 이름이다. 왕이 또 금강령(金剛嶺)에 행차했을 때 북악(北岳)의 신이 나타나 춤을 추었는데, 옥도령(玉刀鈐)이라고 한다. 또 동례전(同禮殿)에서 연회를 베풀 때 지신(地神)이 나타나 춤을 추었는데, 이를 지백급간(地伯級干)이라고 했다. 『어법집(語法集)』에서는 이렇게 말했다. "그 당시 산신이 춤을 추면서 노래를 불렀는데, '지리다도파도파(智理多都波都波)' 등의 말을 한 것은, 대체로 '지혜로 나라를 다스리는 사람들이 미리 알고 많이 도망갔으므로, 도읍이 장차 파괴될 것이라.'라고 말한 것이라 한다." 이것은 곧 지신과 산신이 나라가 망할 줄 미리 알았기 때문에 춤으로 경고를 한 것이다. 하지만 나라 사람들은 이 뜻을 깨닫지 못하고 상서로운 징조가 나타났다고 여기어서 더욱더 환락에 빠져들었다. 그래서 결국 나라가 망하고 말았다.

자료37은 『삼국유사』 기이 제2 〈처용랑망해사〉에 수록된 처용 이야기이다. 이야기에 따르면 주인공은 헌강왕이다. 헌강왕은 신라의 존속이 목적이다. 신라의 존속이라는 목적을 달성하기 위해 헌강왕은 불교신앙과 민간신앙 수단을 동원해 문제를 해결해나간다. 그리고 헌강왕의 문제 해결 시 불교신앙과 민간신앙에서 동원되는 존재가 바로 용이다.

헌강왕은 신라를 존속시키려는 목적을 달성하기 위한 문제해결의 수단으로 문제 해결 시 불교와 무속의 용을 동원시키는 것을 선택했다. 헌강왕의 문제 해결에 참여하는 불교와 무속의 용은 무엇보다 헌강왕이 신라의 존속이라는 목적을 달성하는 데 주역으로서 역할을 수행한다. 그러나 불교와 무속의 용이 헌강왕이 신라를 존속하려는 목적을 실현하는데 주역으로서 역할을 수행한다는 것만으로는 용이 이야기에서 수용된 이유가 충분하지 못하다. 처용 이야기의 전승집단이 왜 용을 수용해 주인공 헌강왕의 목적을 달성하게끔 하고 있는지를 살펴보지 않을 수 없다. 이를 해명하기 위해 헌강왕 당대 상황과 연결해 살펴보기로 한다.

1) 헌강왕이 즉위한 전후의 시기는 정치적으로 불안한 시기였다. 헌강왕의 가계는 정치적으로 세력이 약한 헌정계에 속했고, 부왕 경문왕은 헌정계와 균정계의 타협 속에서 왕위에 오를 수 있었으나 아들을 왕태자로 삼자 불만이 터져 나왔다. 신라 하대는 소가계별 정치적 분립성이 현저했고, 이러한 분위기는 다른 진골귀족 역시 언제든 왕권에 도전할 가능성이 있음을 의미했다. 따라서 헌강왕은 정치적인 약세를 만회하고 정치적 안정을 이뤄 내야만 했다. 이를 위해 헌강왕은 먼저 숙부 위홍을 상대등으로 임명하고 동시에 정치적 반대 세력인 예겸을 시중으로 임명해 정치세력 사이의 균형을 도모했다. 한편 범원성왕계 귀족들의 융합과 밀접한 관련이 있는 숭복사에 사액을 내리고 당에서 귀국한 최치원에게 비문을 짓게 했다.88)

2) 신라는 8세기 말 이후로 접어들면서 왕위 다툼이 격화되어 혼란을 겪었으며, 신라 말 각 지방에서는 호족들이 등장해 독자적 세력을 형성했고, 이들이 새로운 불교인 선종을 후원해 선종이 융성할 수 있었다.89) 뿐만 아니라 민간에는 미륵신앙이 선행90)되었으며 풍수지리사상91) 또한 대두 되었다.

---

88) 김영남, 「新羅 憲康王代 정치세력과 정치운영」, 한국교원대학교 대학원 석사학위논문, 2008. pp.9-11.
89) 김남윤, 「신라 말 고려 초의 사회변동과 불교」, 『내일을 여는 역사』 17, 내일을 여는 역사, 2004, pp.289-290.
90) 신라 하대의 정치적 혼란 속에서 실질적인 피해자는 일반 민중들로 그들은 과중한 세금으로 빈곤을 면치 못했다. 때문에 이 시기 일반 민중에게는 末世意識이 크게 작용했고 현세의 고통에서 구제되기를 희망하는 바램에서 미륵신앙이 더욱 성행할 수 있었다. (金惠婉, 「新羅 下代의 彌勒信仰」, 『成大士林』 8, 成均館大學校 史學會, 1992, pp.6-37.

연구에 따르면 헌강왕은 세력이 약한 헌정계에 속했으므로 지지 세력이 미약해 정치적으로 열세에 놓여있었다. 또한 항상 진골귀족의 왕권 도전을 염려해야만 했다. 헌강왕은 왕위에 오르기 전인 태자 책봉부터 왕위를 획득하고 유지하는 내내 이러한 문제에 봉착해 있어야만 했다. 헌강왕이 왕권을 유지하기 위해서는 먼저 지지 세력을 확보하고 반대 세력을 끌어안는 방법을 동원하여야만 했다.

헌강왕은 먼저 측근인 숙부 위홍을 상대등으로 임명하고 반대 세력인 예겸을 시중으로 임명하여 정치세력 사이의 균형을 유지하고자 했다. 이러한 노력은 일정기간 실효를 거두었다. 하지만 여전히 반대 세력은 존재했으며, 헌강왕은 이러한 반대세력들로 인해 항상 왕권의 위협을 받아야만 했다. 또한 헌강왕은 종교적으로 문제를 가지고 있었다. 특히 불교신앙은 자체 내에서 문제를 가지고 있었다. 연구에 따르면 헌강왕대 불교신앙은 중앙과 결탁한 교종이 타락하자 지방의 호족과 결탁한 선종이 선행하고 있었다고 한다. 교종은 학문 불교 내지 체제불교[92]이다. 이것이 불신된다면 불교 전반에 대한 체제가 견고해지지 못하게 된다. 헌강왕 당대는 불교신앙뿐만 다양한 신앙들이 난립하고 있었다. 헌강왕은 종교적인 문제를 해결하기 위해 다양한 신앙들을 탄압하는 대신에 이들을 수용해 종교문제를 극복하려 했다.[93]

그러나 이야기 속 헌강왕은 연구 자료와 다소 차이를 보인다. 이야기에서는 헌강왕 당대가 '서울부터 바닷가까지 집이 즐비하고 담장이 서로 이

---

91) 신라하대에 와서 풍수지리설은 禪僧들을 통해 全國 各處의 地方豪族들에게까지도 전파되었는데, 호족세력들은 경주 진골귀족들의 閉鎖性에 대한 반발과 그에 대한 그들의 독립적 세력형성을 합리화해 주는 논리적 근거로써 풍수지리설을 적극적으로 받아들였다.(崔柄憲,「道詵의 生涯와 羅末麗初의 風水地理說」,『한국사연구』11. 한국사연구회, 1975, p.142.
92) 박희택,「신라 하대의 불교와 정치」,『동양정치사상사』7, 한국동양정치사상사학회, 2008, p.127-129.
93) 상대등이었던 위홍은 왕실의 권위를 높이려는 노력으로 고유신앙과 관련된 종교적 권위에 바탕을 둔 왕실혈통의 신성성을 강조하게 되었다.(全基雄, 위의 논문, 2005, p.21.)는 연구를 토대로 헌강왕은 불교신앙과 고유신앙 등 다양한 종교의 화합을 꾀하고자 했다는 사실을 알 수 있다.

어져 있었으며, 초가집이 단 한 채도 없었다. 풍악과 노랫소리가 길에서도 끊이질 않았고 비바람이 사계절에 순조로웠다'고 했다. 연구에 따르면 헌강왕 당대는 정치 세력의 힘겨루기로 정국이 어수선했다. 그럼에도 불구하고 설화는 헌강왕 당대가 태평성대였다고 하고 있으니 둘 사이에는 차이가 있다.

또한 연구는 헌강왕이 정치적으로 열세에 몰려있다고 하고 있는데, 이야기에서는 동해용과 동해용의 아들 처용, 그리고 산신, 지신들이 모두 헌강왕이 목적을 달성할 수 있도록 해주고 있다고 하고 있다. 현실에서의 정치적 열세에 몰려 있는 헌강왕이 이야기에서는 신들의 도움을 받는 탁월한 군주로 재해석되고 있는 것이다. 이야기에서 동해용은 '망해사' 창건의 주역으로 불교적인 용이라고 할 수 있고, 처용은 동해용의 아들로 민간에서 벽사진경의 신으로 받들어졌으므로 민간신앙적인 용이라고 할 수 있다. 산신과 지신들도 민간신앙[94]을 상징한다고 하겠다. 이야기에서 헌강왕은 불교신앙, 민간신앙의 대상에게 모두 도움을 받고 있으니 탁월한 군주일 수밖에 없다. 결국 처용 이야기의 전승자들은 이야기 내에서 용을 수용해 헌강왕과 불교신앙이 가진 문제를 모두 해결하고 있다.

용 전승집단은 헌강왕이 가진 지지 기반의 취약, 반대 세력의 왕위 위협 등의 정치적 문제와 종교적인 문제를 모두 해결하고 싶어했다고 보인다. 이야기에서 헌강왕은 자신이 가진 각종 정치적 문제와 종교적인 문제를 용을 통해 해결한다. 이를 통해 보면 용 수용 집단이 의도한 바가 드러난다. 특히 처용 이야기에서는 동해용과 동해용의 아들인 처용이 중심이 되어 문제를 해결해나간다. 동해용은 불교적인 방법으로 문제를 해결하고, 아들인 처용은 민간신앙적인 방법으로 문제를 해결한다.

하지만 여기서 간과하지 말아야 할 사항은 동해용과 처용의 관계를 부자 관계로 설정했다는 것이다. 동해용과 처용을 부자관계로 설정하면서

---

94) 남산신, 북악신의 산신 사상과, 지신은 오랜 옛날부터 널리 신봉되어 왔는데 중국의 도교 신앙이 유입되면서 습합·혼유됨으로 온전하게 도교 신앙으로 엄격하게 구분하기 어렵다.(都珖淳, 「韓國道敎의 史的 硏究」, 『도교학연구』 7, 한국도교학회, 1991, pp.46-47.

불교신앙과 민간신앙의 자연스러운 화합을 보여준다. 그리고 이 화합이 헌강왕이 목적을 달성하는 수단으로 이용되고 있다. 이야기는 헌강왕이 민간신앙과 조화로운 화합을 보인 불교신앙의 의해 자신이 가진 문제를 해결하고 태평성대를 이룰 수 있었다는 것을 보여준다. 결국 이 이야기의 최대수혜자는 승려집단이라고 하겠다. 그들은 이야기에서 불교신앙이 헌강왕과 연대해 헌강왕이 지닌 문제를 해결해주는 모습을 보여줌으로써 불교의 포용성과 확장성을 드러낸다. 처용 이야기가 수록된 〈처용랑망해사〉라는 제목이 이를 뒷받침해준다고 보인다.

둘째 '궁궐을 세우려는 자리에 나타나 왕으로 하여금 절을 창건하게 하는 용'에 대해 살핀다.

『삼국유사』〈황룡사장육〉에 수록된 황룡 이야기에서도 사찰연기와 관련한 용의 모습이 보인다. 여기서 보이는 용은 궁궐을 지으려는 왕에게 나타나 궁궐을 고쳐 황룡사를 창건하게 한다. 황룡 이야기는 다음과 같다.

자료38. 〈황룡사장육〉[95]

1) 신라 제24대 진흥왕(眞興王)이 왕위에 오른 지 14년인 계유(서기 553) 2월에

---

[95] 新羅第二十四眞興王卽位十四年癸酉二月 將築紫宮於龍宮南 有黃龍現其地 乃改置爲佛寺 號皇龍寺 至己丑年 周圍墻宇 至十七年方畢 未幾 海南有一巨舫 來泊於河曲縣之絲浦[今蔚州谷浦也] 撿看有牒文云 西竺阿育王 聚黃鐵五萬七千斤 黃金三萬分[別傳云 鐵四十萬七千斤 金一千兩 恐誤 或云 三萬七千斤] 將鑄釋迦三尊像 未就 載舡泛海而祝曰 願到有緣國土 成丈六尊容 幷載模樣一佛二菩薩像 縣吏具狀上聞 勅使卜其縣之城東爽垲之地 創東竺寺 邀安其三尊 輸其金鐵於京師 以大建六年甲午三月[寺中記云 癸巳十月十七日] 鑄成丈六尊像 一鼓而就 重三萬五千七斤 入黃金一萬一百九十八分 二菩薩 入鐵一萬二千斤 黃金一萬一百三十六分 安於皇龍寺 明年 像淚流至踵 沃地一尺 大王升遐之兆 或云 像成在眞平之世者 謬也 別本云 阿育王在西竺大香華國 生佛後一百年間 恨不得供養眞身 斂化金鐵若干斤 三度鑄成無功 時王之太子 獨不預斯事 王使詰之 太子奏云 獨力非功 曾知不就 王然之 乃載舡泛海 南閻浮提十六大國 五百中國 十千小國 八萬聚落 靡不周旋 皆鑄不成 最後到新羅國 眞興王鑄之於文仍林 像成 相好畢備 阿育此翻無憂 後大德慈藏西學 到五臺山 感文殊現身授訣 仍囑云 汝國皇龍寺 乃釋迦與迦葉佛講演之地 宴坐石猶在 故天竺無憂王 聚黃鐵若干斤泛海 歷一千三百餘年 然後乃到而國 成安其尊 蓋威緣使然也 [與別記所載符同] 像成後 東竺寺三尊 亦移安寺中 寺記云 眞平王六年甲辰 金堂造成 善德王代 寺初主眞骨歡喜師 第二主慈藏國統 次國統惠訓 次廂律師云 今兵火已來 大像與二菩薩皆融沒 而小釋迦猶存焉 讚曰 塵方何處匪眞鄕 香火因緣最我邦 不是育王難下手 月城來訪舊行藏.(一然, 『三國遺事』, 卷第三 塔像 第四 〈皇龍寺 丈六〉.)

용궁(龍宮) 남쪽에 대궐을 지으려고 했는데, 황룡이 그 땅에서 나타났기 때문에 절로 바꾸어 짓고 황룡사(皇龍寺)라 했다. 기축년(서기 569)에 담장을 쌓아 17년 만에 완성했다.
2) 얼마 되지 않아 바다 남쪽에서 커다란 배 한 척이 나타났는데, 하곡현(河曲縣) 사포(絲浦)[지금의 울주(蔚州) 곡포(谷浦)이다.]에 정박했다. 이 배를 조사해 보니 이러한 내용의 공문이 있었다. "서축(西竺) 아육왕(阿育王)이 황철 57,000근과 황금 30,000푼을 모아[다른 전에서는 철이 47,000근이고 금이 1,000냥이라 했는데 잘못된 것인 듯하다. 혹은 37,000근이라고도 한다.] 석가삼존상(釋迦三尊像)을 만들려고 했지만 이루지 못했다. 그래서 배에 실어 바다에 띄우면서 축원하기를, '부디 인연 있는 나라에 가서 장륙존(丈六尊)의 모습을 이루기를 바랍니다.'라고 했다." 그리고 부처상 하나와 보살상 둘의 모형도 함께 실려 있었다. 하곡현의 관리가 이러한 사실을 갖추어 문서로 아뢰었다. 왕은 그 현의 성 동쪽에 높고 밝은 땅을 골라 동축사(東竺寺)를 창건하고 그 세 불상을 모시게 했다. 그리고 그 금과 쇠는 서울로 운반해 와, 대건(大建) 6년 갑오(서기 574) 3월[사중기(寺中記)에는 계사년(서기 573) 10월 17일이라고 했다.]에 장륙존상을 주조했는데 단 한 번에 성공했다. 그 무게는 35,007근으로 황금 10,198푼이 들어갔고, 두 보살에는 철 12,000근과 황금 10,136푼이 들어갔다. 이 장륙존상을 황룡사에 모셨는데, 그 이듬해 불상의 눈에서 눈물이 흘러 발꿈치까지 이르렀으니 땅을 한 자나 적셨다. 이것은 대왕이 세상을 떠날 조짐이었다. 혹은 불상이 진평왕(眞平王) 때 이루어졌다고도 하지만 잘못된 말이다.
3) 다른 책에는 이러한 기록이 있다. 아육왕(阿育王)은 인도 대향화국(大香華國)에서 부처님이 세상을 떠난 후 100년 만에 태어났다. 아육왕은 부처님에게 공양하지 못한 것을 한스럽게 여겨서 금과 쇠 몇 근을 모아 세 번이나 불상을 주조했지만 성공하지 못했다. 그런데 그 당시 유독 태자 혼자서만 그 일에 참여하지 않았기 때문에 왕은 그를 꾸짖었다. 그러자 태자가 아뢰었다. "혼자 힘으로 성공하지 못할 것입니다. 저는 벌써 안 될 줄 알고 있었습니다." 그 말을 옳게 여긴 왕은 그것을 배에 싣고 바다에 띄워 보냈다. 그 배는 남염부제(南閻浮提) 16개 나라와 500의 중간 크기의 나라, 10,000의 작은 나라와 80,000의 촌락을 두루 돌아다녔지만, 모두 불상을 만드는 일을 성공하지 못했다. 최후로 신라에 이르렀는데, 진흥왕이 문잉림(文仍林)에서 불상을 주조하는 데 드디어 성공했다. 이로써 아육왕의 근심이 사라지게 되었다. 후에 대덕(大德) 자장(慈藏)이 중국으

로 유학 가서 오대산(五臺山)에 이르렀는데, 문수보살(文殊菩薩)이 나타나 비결을 주면서 부탁했다."너희 나라의 황룡사는 바로 석가(釋迦)와 가섭불(迦葉佛)이 강의하던 곳으로 연좌석(宴坐石)이 아직도 남아 있다. 그래서 인도의 무우왕(無憂王)이 황철 약간을 모아 바다에 띄웠는데, 1,300여 년이 지나서야 너희 나라에 이르러 불상이 완성되어 그 절에 모셨던 것이다. 대개 위엄과 인연으로 그렇게 만들어 준 것이다."[별기(別記)에 기록된 것과 같다.] 불상이 다 완성된 후에 동축사의 삼존불도 황룡사로 옮겨 모셨다.
4) 절의 기록에는 이렇게 말했다."진평왕 6년 갑진(서기 584)에 금당(金堂)을 만들었다. 선덕왕(善德王) 때에 이 절의 초대 주지는 진골 환희사(歡喜師)였고, 제2대 주지는 자장(慈藏) 국통(國統)이었고 그 다음은 국통 혜훈(惠訓)이고 그 다음은 상률사(廂律師)였다고 한다."그런데 지금 몽고와의 전쟁이 있은 이래로 대상(大像)과 두 보살상은 모두 녹아 없어졌고 작은 석가상만 남아 있다. 다음과 같이 찬미한다. 〈티끌 세상 어느 곳인들 참 고향이 아니랴마는 향불 모시는 인연 우리나라가 최고라네. 아육왕이 착수하기 어려워서가 아니라 월성 옛터를 찾아오느라 그랬던 것이라네.〉

자료38은 『삼국유사』 탑상 제4 〈황룡사장육〉에 수록된 황룡 이야기이다. 이야기는 황룡사창건 배경에 대한 내용이 담겨있다. 〈황룡사장육〉이야기의 1)은 황룡사의 창건에 대한 대목, 2)는 장육존상이 황룡사에 안치된 이유에 대한 대목, 3)은 서축 아육왕이 보낸 금과 쇠를 신라에서 받아 황룡사 장육을 만들어 황룡사에 안치했다는 대목, 그리고 4)는 황룡사에 안치되었던 불상이 녹아 없어졌다는 기록을 다룬 대목이다. 이야기는 모두 네 개의 단락으로 구성되어 있다. 그리고 〈황룡사장육〉의 주인공은 신라 승려 집단이라 할 수 있다.

이야기의 3)에 '신라의 황룡사는 석가와 가섭불이 강의하던 곳으로 연좌석이 아직 남아있다'라고 해 황룡사가 석가와 가섭불과 밀접한 관계에 있다고 해 신라 불교를 높이는가 하면, '남염부제(南閻浮提) 16개 나라와 500의 중간 크기의 나라, 10,000의 작은 나라와 80,000의 촌락을 두루 돌아다녔지만, 모두 불상을 만드는 일을 성공하지 못했다. 최후로 신라에 이르렀는데, 진흥왕이 문잉림(文仍林)에서 불상을 주조하는 데 드디어 성공했다'고 해 신라의 불상 주조 기술을 극찬하고 있다. 이와 같이 신라의 불상 주조를 극찬하는 것을 통해 판단해 볼 때 이 이야기의 전승 주체가 신라 승려 집단일 개연성이 높다고 하겠다.

『삼국유사』〈황룡사장육〉의 기록은 〈가섭불연좌석〉에 대해 좀 더 자세하게 보여준다. 『가섭불연좌석』 기록은 다음과 같다.

> 『옥룡집(玉龍集)』과 『자장전(慈藏傳)』, 그리고 여러 사람들의 전기에는 모두 이러한 말이 있다. "신라 월성(城東) 동쪽 용궁(龍宮)의 남쪽에는 가섭불(迦葉佛)의 연좌석(宴坐石)이 있는데, 이곳이 바로 전불(前佛) 시대의 절터이다. 지금 황룡사(皇龍寺)가 있는 곳은 일곱 개의 절 가운데 하나이다." 『국사(國史)』를 살펴보면, 진흥왕(眞興王)이 왕위에 오른 지 14년인 개국(開國) 3년 계유(서기 553) 2월에 월성(月城) 동쪽에 신궁(神宮)을 지었는데, 여기서 황룡(皇龍)이 나타났다. 왕은 이를 이상하게 여기고, 신궁을 고쳐 황룡사로 삼았다.96)

〈가섭불연좌석〉 이야기를 통해서 황룡사가 전부 시대의 절터라는 사실을 알리고 있다. 이는 설화를 통해 신라 불교가 이질적인 것이 아닌 고유의 것이라고 하고 있다. 이를 통해 볼 때 이야기의 목적은 불교의 홍포가 아닌가 여겨진다. 그렇다면 이야기의 구성은 불교 홍포를 결핍으로 설정하고 결핍을 해소하기 위해 다양한 기록들을 제시하고 있다고 보아야 한다. 이야기의 1)을 통해 볼 때 홍포와 관련한 결핍 요소를 해결하기 위해 도움을 주는 존재가 용임을 알 수 있다. 진흥왕이 대궐을 지으려 할 때 용이 나타나지 않았다면 황룡사는 창사되지 않았을 것이기 때문이다. 이 이야기에서 주인공의 결핍 충족을 도와주는 존재가 용이므로 이야기에서 용은 주인공의 조력자가 된다.

이야기에서 왜 용이 주인공의 목적을 실현시켜주는 데 도움을 주어야 하는 지에 대해 살펴볼 필요가 있다. 굳이 용을 등장시키지 않고 다른 존

---

96) 玉龍集及慈藏傳與諸家傳紀皆云 新羅月城東龍宮南 有迦葉佛宴坐石 其地卽前佛時伽藍之墟也 今皇龍寺之地 卽七伽藍之一也 按國史 眞興王卽位十四 開國三年癸酉二月 築新宮於月城東 有皇龍現其地 王疑之 改爲皇龍寺. (一然, 『三國遺事』 卷第三 塔像 第四 〈迦葉佛宴坐石〉)

재를 등장시켜도 될 것이기 때문이다. 그렇다면 이야기에서 용을 조력자로 삼아야 할 필연적 이유가 있을 것으로 생각된다. 황룡사를 비롯한 절터에 관해서는 전통신앙의 신성지역이었다는 견해가 지배적으로, 용궁 역시 전통적인 용신신앙(龍神信仰)의 성소였을 것이다. 또 용궁은 물과 관계가 있으므로 이 부근에 강이나 못, 우물 등을 상정해 볼 수 있다. 그렇다면 용궁은 결국 황룡사가 전통신앙의 신성지역으로서 용궁으로 인식되던 늪(沼)의 남부에 창건되면서 용궁남(龍宮南)으로 설정되었던 것이다.[97]

이 견해를 토대로 용이 용궁에서 출현해 그 곳에 황룡사가 지어졌다는 것은 용신앙과 불교신앙의 결합을 보여주는 것이라고 하겠다. 결국 용 전승집단은 〈황룡사장육〉의 황룡 이야기를 통해 불교신앙을 통한 민간신앙과의 화합을 보여주고 있다고 하겠다. 때문에 이야기 전승의 근본적 목적은 불교의 이데올로기 확립이라고 할 수 있겠다. 용이 용궁에서 나타나 황룡사를 짓는 과정을 보여주는 연기와 관련된 이야기를 통해 불교신앙과 용과의 화합을 제시하는데 이 이야기를 통해 승려집단은 불교 이데올로기를 확립한다. 때문에 이야기의 최대 수혜자는 승려집단이라고 하겠다. 승려집단은 용이 불교신앙과 결합해 절을 창건하는 하는 모습을 이야기 전승을 통해 보여줌으로써 불교이데올로기를 확립하고 불교신앙의 우수함을 알리고자 했던 것이다.

『삼국유사』〈전후소장사리〉에 수록된 대장경을 지키는 용 이야기에서도 사찰연기와 관련한 용의 모습이 보인다. 〈전후소장사리〉의 내용은 다음과 같다.

자료39. 〈전후소장사리〉[98]
1) 옛날 보요선사가 처음으로 대장경을 남월에서 구해 돌아오는데, 갑자기 바람

---

97) 최선자, 「신라 황룡사의 창건과 진흥왕의 왕권 강화」, 『한국고대사연구』 72, 한국고대사학회, 2013, pp.124-126.
98) 昔普耀禪師 始求大藏於南越 洎旋返次 海風忽起 扁舟出沒於波間 師卽言曰 意者神龍欲留經耶 遂呪願乃誠 兼奉龍歸焉 於是風靜波息 旣得還國 遍賞山川 求可以安邀處 至此山 忽見瑞雲起於山上 乃與高弟弘慶 經營蓮社 然則像敎之東漸 實始乎此 寺有龍王堂 頗多靈異 乃當時隨經而來止者也 至今猶存.(一然, 『三國遺事』, 〈前後 所將 舍利〉 塔像 第四.)

이 일어나 작은 배가 파도 사이에서 잠겼다 떴다 했다.
2) 선사는 말하기를,'아마도 신룡이 대장경을 머무르게 하려는 것은 아닐까?'하고는 드디어 주문으로 축원하길 정성껏 해 용까지 함께 받들고 돌아왔다. 그러자 바람이 잠잠해지고 파도도 멎었다.
3) 보요선사와 제자 홍경은 본국에 돌아와서는 산천을 두루 둘러보며 대장경을 안치할 만한 곳을 찾다가 이 산에 이르렀다. 그런데 문득 상서로운 구름이 산 위에서 일어나는 것을 보았다. 그래서 보요선사는 수제자 홍경(弘慶)과 함께 절을 세웠다. 이러한 점으로 본다면, 불교가 동쪽으로 전해 온 것은 진실로 이때부터 시작된 것이다.
4) 이 해룡왕사에는 용왕당(龍王堂)이 있는데 자못 영험과 이적이 많았다. 용왕당은 그 당시 용이 대장경을 따라 왔다가 머물렀던 곳인데 지금도 남아 있다.

자료39는 『삼국유사』 탑상 제4에 〈전후소장사리〉에 수록된 대장경을 지키는 용에 관한 이야기이다. 이 이야기는 보요선사가 남월에서 대장경을 가지고 해룡왕사를 창건한다는 내용을 담고 있다. 이야기의 1)은 보요선사가 대장경을 가지고 돌아올 때 겪은 위기를 다룬 대목, 2)는 보요선사가 위기를 극복하는 과정을 다룬 대목, 3)은 해룡왕사의 창건 과정을 다룬 대목, 4)는 해룡왕사의 용왕당에서 일어나는 이적에 대한 대목으로 총 네 단계로 구성되어 있다. 이야기에 따르면 주인공은 보요선사이다. 보요선사가 남월에서 대장경을 가지고 온 주체이고, 대장경을 가지고 오는 과정에서 발생한 위기를 극복한 주체이기도 하기 때문이다. 또한 해룡왕사를 짓게 한 주체도 됨으로 그렇게 볼 수 있다.

이야기에서 주인공 보요선사는 대장경을 가지고 와 해룡왕사를 창건하는 데 이를 통해 주인공의 목적이 대장경을 안치한 절 축조라는 것을 알 수 있다. 보요선사가 남월에서 대장경을 가지고 오고 더불어 신룡 또한 받들어 온 것은 목적을 달성하기 위함이었다. 주인공은 대장경을 안치할 사찰의 부재라는 문제를 가지고 있었다. 주인공은 문제를 해결하기 위해 1)에서 갑자기 바람을 일으키고99), 3)에서 상서로운 구름이 산에 머물게

---

99) 바람을 일으켜 배의 순행을 막는 행위로 보아, 용이 기상을 관장할 수 있는 능력을 지녔

한 것100)은 모두 신룡의 행위로 보인다. 이야기에서 용은 대장경을 수호하고 있는 존재이므로 대장경을 수호하기 위해 바람을 일으키고, 보요선사를 따라 와서는 대장경이 잘 안치될 장소를 주인공에게 알려주는 것이다.

용이 주인공의 목적을 실현하는 데 도움을 주고 있다. 그렇다면 〈전후소장사리〉의 대장경을 지키는 용 이야기에서 용은 주인공의 조력자라고 할 수 있다. 또한 이 이야기에서는 사찰연기와 관련한 용의 모습이 보인다. 1)과 3)에서는 용이 기상을 관장하고, 4)에서는 용이 영험하다고 했으므로 용은 대단한 능력을 지진 존재이다. 그런 능력을 지닌 용이 대장경을 보호하고 있다고 한다면 사람들로 하여금 대장경에 대한 경외심과 해룡왕사라는 절에 대한 경외심은 커질 수밖에 없다. 이야기에서 용은 기장을 관장하고 영험과 이적을 일으켜 주인공인 보요선사의 목적을 실현시켜준다. 신라에서 용신앙은 불교신앙의 전래 이전에 이미 대표적인 민간신앙으로 자리 잡고 있었고, 이는 다양한 용설화 내용을 통해서 알 수 있다.101) 그렇기 때문에 용 전승 집단인 승려집단은 용신앙을 자연스럽게 불교신앙과 연관시켜 설명할 필요성이 있었을 것이다. 이에 대한 설득력을 얻기 위해 당대 시대상황과 연관해 살펴보기로 한다.

보요선사의 생몰연대가 기록에 전해지지 않기 때문에 정확한 시기를 알 수 없다. 하지만 928년에 고려에 귀국한 이후 해룡왕사를 창건하는 등 활발한 활동을 한 사실을 미루어 볼 때 10세기 후반경에 입적(入寂) 했을 가능성이 높다102)는 견해를 통해 볼 때 보요선사가 활동한 시기는 신라말에서 고려초가 된다. 신라 하대 시기는 정치·사회·경제적으로 헤이해져 가던 혼란한 시기로 잦은 왕위 쟁탈전으로 그 존립기반이 흔들리고 있었다.103) 당시 불교계 또한 당대 상황과 크게 다르지 않았을 것이다. 『삼국

다고 보여진다.
100) 한국의 용신은 우신일 것이 필수적 요청이다.((이혜화, 위의 책, 1993, pp.204-207.) 라고 한 언급에서 이러한 추정이 가능하다.
101) 이동철, 위의 책, 2005, p.140.
102) 최연식, 「〈大東金石書〉 所載 '包川 某寺碑'와 海龍王寺 圓悟大師」, 『목간과문자』 5, 한국목간학회, 2010, pp.227-228.
103) 金福順, 「新羅 下代 佛敎界의 動向」, 『신라문화』 10·11, 1994, pp.1-2.

사기』104)에는 당대의 불교신앙에 대한 비판이 담겨있는데 이로 추측 하건데 당대는 불교신앙에 대한 민중들의 의식이 부정적이었을 것으로 생각된다.

이야기에서 대장경과 신룡의 이적과 영험함을 보여준 것은 불신으로 불거진 불교신앙에 대한 민중들의 믿음을 다시 회복하기 위해서라고 생각된다. 이야기의 3)에서 '불교가 동방으로 전해 온 것은 실로 이때부터이다'라고 한 언급은 대장경과 신룡을 소유함으로써 더 이상 불교신앙의 폐해가 나타나지 않을 것이며, 사회를 안정시킬 수 있는 불교신앙으로 거듭날 것이라는 의도를 반영한 것으로 보인다. 때문에 이야기에서는 당대 신라에 숭배되고 있던 용신앙을 습합함으로써 용왕당에 사는 용의 영험한 능력을 강조한다.105) 이야기에서 보이는 용의 다양한 행위를 통해 신앙의 대상이었음을 알 수 있다. 그런데 불교신앙이 전래되어 불교신앙으로 하여금 용신앙을 단 번에 대체하려고 한다면 반발이 생기게 마련이다. 반발을 최소화하기 위해 이야기는 대장경을 보호한다는 용을 등장시켜 주인공 보요선사를 돕게 한다. 이야기에서는 대장경을 보호하고 있는 용106)과 민간신앙의 용신앙을 자연스럽게 동일시한다.

결국 〈전후소장사리〉 이야기는 용 전승 집단인 승려집단이 대장경을 안치한 해룡왕사의 창사연기를 통해 불교신앙과 민간신앙의 화합을 보여주

---

104) 불가의 법을 받들고 그 폐해를 깨닫지 못했으며, 심지어 마을에도 탑과 절이 늘어서고 백성들이 사찰로 도피해 승려가 되어, 군사와 농사를 지을 사람이 점점 줄어들고 나라는 날로 쇠락했으니, 어찌 나라가 문란하지 않고 망하지 않기를 바라겠는가? 이때에 경애왕(景哀王)은 더욱 방탕하게 되어, 궁인과 가까운 신하를 데리고 포석정에 나가 술을 마시며 놀다가 견훤이 오는 줄을 알지 못했으니, 이것이 문 밖에 한금호(韓擒虎)가 온 것을 모른 것이나, 누각 위에서 장려화(張麗華)를 데리고 놀다가 화를 당했던 것과 다름이 없었다.(而奉浮屠之法 不知其弊 至使閭里 比其塔廟 齊民逃於緇褐 兵農浸小 而國家日衰 則幾何其不亂且亡也哉 於是時也 景哀加之以荒樂 與宮人左右 出遊鮑石亭 置酒燕衎 不知甄萱之至 與夫門外韓擒虎樓頭張麗華 無以異矣. (金富軾,『三國史記』卷第十二 新羅本紀 第十二 敬順王.)
105) 이동철,「한국설화에서 용신신앙의 수용 양상과 의미 연구」, 한양대학교대학원 박사학위논문, 2002, pp.113-114.
106) 출자(出自)는 어디에서 왔느냐를 의미한다. 용의 출자를 남월로 설정해, 불교적인 용과 민간 신앙의 용을 자연스럽게 동일시하고 있다.

고 있다. 그렇기 때문에 이야기 전승의 근본적 목적은 불교의 이데올로기를 확립하는 데 있다고 하겠다. 기상을 관장하고 영험과 이적을 일으키는 용이 대장경을 보호한다는 해룡왕사의 창사연기 이야기를 통해 불교신앙과 용신앙과의 화합을 제시한다. 이 설화를 통해 승려집단은 불교 이데올로기를 확립한다. 이때 이야기의 최대 수혜자는 승려집단이라고 하겠다. 승려집단은 용이 불교신앙과 결합해 절을 창건하는 하는 모습을 이야기 전승을 통해 보여줌으로써 불교이데올로기를 확립하고 불교신앙의 우수함을 알리고자 했다.

『삼국유사』 의해 제5 〈보양이목〉에 수록된 이목 이야기에서도 창사를 권유하는 용의 모습이 나타난다. 이목 이야기의 주인공은 중국에서 불법을 전해 받고 오는 길에 서해용궁에 초대되어 서해용왕에게 불경을 외워준다. 이때 서해용은 아들을 주면서 아들을 데리고 가 절을 세운다면 장차 나라를 편안하게 하고 불교를 숭상할 임금이 나올 것이고 일러준다. 서해용의 권유로 지어진 절이 작갑사 지금의 운문사이다. 이를 통해 이 이야기는 운문사 연기와 관련되어 있다는 사실을 알 수 있다. 자세한 내용은 아래와 같다.

자료40. 〈보양이목〉[107]
1) 이 절의 시조인 지식(知識)(위의 글에서는 보양(寶壤)이라고 했다.)이 중국에서

---

[107] 五岬柱合在大鵲岬 祖師知識(上文云寶壤) 大國傳法來還 次西海中 龍邀入宮中念經 施金羅袈裟一領 兼施一子璃目 爲侍奉而追之 囑曰 于時三國擾動 未有歸依佛法之君主 若與吾子歸本國鵲岬 創寺而居 可以避賊 抑亦不數年內 必有護法賢君出 定三國矣 言訖 相別而來還 及至玆洞 忽有老僧 自稱圓光 抱印櫃而出 授之而沒 (按圓光以陳末入中國 開皇間東還 住嘉西岬 而沒於皇隆 計至淸泰之初 無慮三百年矣 今悲嘆諸岬皆廢 而喜見壤來而將興 故告之爾) 於是壤師將興廢寺 而登北嶺望之 庭有五層黃塔 下來尋之則無跡 再陟望之 有群鵲啄地 乃思海龍鵲岬之言 尋掘之 果有遺塼無數 聚而蘊崇之 塔成而無遺塼 知是前代伽藍墟也 畢創寺而住焉 因名鵲岬寺 未幾太祖統一三國 聞師至此創院而居 乃合五岬田束五百結納寺 以淸泰四年丁酉 賜額曰雲門禪寺 以奉袈裟之靈蔭 璃目常在寺側小潭 陰騭法化 忽一年亢旱 田蔬焦槁 壤勑璃目行雨 一境告足 天帝將誅不識(職) 璃目告急於師 師藏於床下 俄有天使到庭 請出璃目 師指庭前梨木 乃震之而上天 梨木萎摧 龍撫之卽蘇(一云師呪之而生) 其木近年倒地 有人作楗椎 安置善法堂及食堂 其椎柄有銘. (一然, 『三國遺事』, 〈寶壤梨木〉 義解 第五.)

불법을 전해 받고 돌아오는 길에, 서해 중간에 이르렀을 때 용이 그를 용궁으로 맞아들여 불경을 외우게 하고, 금빛 비단 가사 한 벌을 시주했다. 아울러 아들 이목(璃目)에게 조사를 모시고 가도록 했다. 그리고 용왕이 부탁해 말했다. "지금 후삼국이 어지러워 불법에 귀의한 왕이 없지만, 만일 내 아들과 함께 본국으로 돌아가서 작갑(鵲岬)에 절을 짓고 머문다면 적을 피할 수 있을 것입니다. 또 수년 이내로 반드시 불법을 보호하는 어진 임금이 나와 삼국을 평정할 것입니다."말을 마치고 서로 작별한 뒤 돌아왔다.

2) 이 골짜기에 이르렀는데 갑자기 어떤 노승이 자신을 원광(圓光)이라 하고는 도장이 든 상자를 안고 나와 조사에게 주고는 사라졌다.(살펴보건대, 원광은 진나라 말에 중국으로 들어가서 개원 연간에 돌아왔다. 가서갑에 머물다가 황룡사에서 세상을 떠났다. 청태 초까지 연수를 계산하면 무려 300년이나 된다. 이제 여러 갑사가 모두 없어진 것을 슬피 탄식하다가 보양이 와서 다시 일으키려는 것을 보고 기뻐해 이렇게 말해준 것이다.) 그래서 보양법사는 없어진 절을 일으키려고 북쪽 고개에 올라 바라보니, 뜰에 5층의 황색탑이 있었다. 하지만 내려와서 찾아보면 흔적이 없었다. 그래서 다시 올라가 바라보니 까치가 땅을 쪼고 있었다. 그제야 서해 용이'작갑'이라 했던 말이 생각나서, 그곳을 찾아가 땅을 파보니 과연 예전 벽돌이 무수히 나왔다. 이것을 모아 높이 쌓아올려 탑을 완성했는데, 남는 벽돌이 단 하나도 없었다. 그래서 이곳이 이전 시대의 절터였음을 알았다. 절을 다 창건하고 머무르면서 작갑사(鵲岬寺)라고 했다. 얼마 후 고려 태조(太祖)가 삼국을 통일했는데, 보양법사가 여기서 절을 창건하고 머물러 있다는 말을 듣고 곧 다섯 갑의 밭 500결을 합해 이 절에 바쳤다. 청태(淸泰) 4년 정유(서기 937)에 절 이름을 운문선사(雲門禪寺)라 내리고, 가사의 신령스러운 음덕을 받들게 했다.

3) 이목(璃目)은 항상 절 옆의 작은 연못에 살면서 불법의 교화를 남몰래 도왔다. 어느 해에 갑자기 가물어서 밭의 채소가 말라 죽을 지경이었다. 보양이 이목에게 비를 내리게 하자 한 고을이 충분할 정도의 비가 내렸다. 그러나 천제는 이목이 자신의 직분을 어겼다며 죽이려고 했다. 이목이 보양에게 위급함을 알렸고, 법사는 이목을 침상 밑에 숨겨 주었다. 그러자 잠시 후에 천사가 뜰에 내려와 이목을 내어달라고 청했다. 법사가 뜰의 배나무를 가리키자 곧 벼락을 친 후에 하늘로 올라갔다. 배나무가 시들고 부러졌지만 용이 어루만지자 곧 다시 살아났다.[법사가 주문을 외워서 살렸다고도 한다.] 그 나무는 최근에 땅에 쓰러졌는데,

어느 사람이 빗장 방망이를 만들어서 선법당(善法堂)과 식당에 두었다. 그 방망이 자루에는 글이 새겨져 있다.

자료40은 『삼국유사』 의해 제5 〈보양이목〉에 수록된 이목 이야기이다. 이야기는 보양이 불법을 전수받고 돌아오던 중 서해용을 만나 불경을 외워주고 나라가 평안한 방도를 전해 듣게 된다는 내용을 담고 있다. 이야기의 1)은 보양이 서해용을 만나 금빛 가사 한 벌과 서해용의 아들 이목을 보시 받는다는 대목이고, 2)는 이목과 함께 본국으로 돌아와 절을 세우자 삼국이 평안해졌다고 해 서해용의 예언이 실현되는 대목, 3)은 서해용의 아들 이목이 비를 내려주어 사람들이 가뭄으로부터 벗어날 수 있게 되었다는 대목 등으로 세 단계로 구성되어 있다.

이야기에 따르면 주인공은 승려 보양이다. 보양이 불법을 전수받고 돌아오는 길에 서해용을 만나 금빛 가사 한 벌과 아들을 시주 받아 본국으로 돌아와 절을 세워 삼국이 평안하게 되었다고 하므로 설화의 주체가 보양임을 알 수 있다. 보양이 불법을 전수 받는 것, 서해용으로부터 보시를 받아 절을 세우는 것 등을 통해 주인공의 목적이 삼국 평안과 불교 홍포라는 사실을 알 수 있다.

이야기의 주인공은 나라가 혼란하다는 문제와 불교의 홍포가 잘 이루어지지 않았다는 문제를 가지고 있다. 주인공 보양은 문제를 해결을 위해 일련의 행위를 수행하는데 여기서 가장 결정적인 역할을 하는 인물이 용이다. 서해용이 보양을 용궁으로 초대해 보시하고 나라 평안의 방법을 일러주지 않았다면 주인공 보양은 목적을 달성할 수 없다. 이를 통해 이야기에서 용은 주인공의 조력자에 해당한다고 볼 수 있다. 조력자인 용은 주인공의 목적인 나라평안을 가져다주는 데 결정적인 역할을 해주고 사람들이 가뭄으로 어려움을 겪자 이를 해결해 주기도 한다. 그렇다면 왜 주인공 보양의 목적을 달성하도록 도와주는 존재로 용을 등장시키는 지 살펴보지 않을 수 없다.

〈보양이목〉 이야기에 태조가 등장하므로 시간적 배경이 신라말에서 고려초라는 사실을 알 수 있다. 신라말 경순왕대의 사회·정치 상황을 살펴보면, 헌강왕대의 번화한 왕경의 모습은 이후 자그마치 48년 동안 각종 자연재해108) 및 정치·사회적 혼란을 거듭하다가 결국에는 사라진다. 정치·사회적인 혼란 역시 나라 사람들의 생활을 어렵게 만들었겠지만 자연재해는 그들의 생존과 관련된 부분에서 많은 어려움을 주었다. 자연재해가 계속되면 농작물에 피해를 주어 사람들은 기근에 시달린다. 용이 기후를 관장하는 농경신과 관련되어있다는 점109)을 감안한다면, 당대 기근에 시달린 사람들은 용신앙에 대한 믿음을 더욱 확고히 했을 가능성이 있다. 고려의 태조 또한 훈요십조110)에서 밝혔던 것과 같이 용신앙에 대한 믿음을 확고히 하고 있었다. 이를 통해 보면 당대에는 용신앙의 영향력이 매우 높았다고 보인다. 용신앙의 영향력이 컸으므로 용 전승 집단인 승려집단은 불교신앙을 높이기 위해 용신앙을 배제하거나 축출할 수는 없었을 것이다. 이야기의 1)과 2)를 통해 용신앙이 불교신앙과 결탁하는 모습을 보여주고, 4)를 통해서는 용이 가뭄을 해결해주는 모습을 보여준다. 그러나 이 이야기에서 용이 주인공이 되지 못하고 승려인 보양이 주인공이 되었다는 점을 통해 불교신앙을 중심으로 한 용신앙의 결탁이라는 의식이 엿보인다.

이를 통해 볼 때 용 전승집단이 승려집단의 근본적 전승 목적이 불교 이데올로기의 확립이라는 것을 알 수 있다. 신라의 결핍을 보시를 통한

---

108) 진성왕 즉위년부터 경순왕 대까지 신라는 자연재해에 시달린다.(자연재해의 기록으로는 진성왕 때 자연재해 기록2회, 효공왕 대 6회, 신덕왕 5회, 경명왕 대 1회, 경순왕 대 2회가 나타난다.(金富軾,『三國史記』, 新羅 本紀 第十一, 第十二).)
109) 천지신명을 대표하는 존재가 산신과 용신이다. 그들에게 제사지내는 목적은 단순히 풍우만을 순조롭게 하려는데 그치지 아니한다. 그들은 농사를 좌우할 뿐만이 아니라 인간의 생사화복을 또한 섭리하는 존재였다.(柳東植,『韓國巫敎의 歷史와 構造』, 延世出版部, 1978, p.229.)라고 한 논의가 참고가 된다.
110) (金富軾,『高麗史』1卷-世家1-太祖 戊子十一年)태조 계묘 26년 여름 4월에 태조가 대광 박술희(朴述希)를 불러 내린 훈요(訓要)에 그의 생각이 잘 나타난다. '국가의 왕업은 반드시 모든 부처의 도움을 받아한다. 불교사원들을 창건하고 주지들을 파견해 불도를 닦음으로써 각각 자기 직책을 다하도록 한다. 또한 부처를 섬기는 것과 하늘의 신령과 5악(岳)·명산·대천·용신(용의 신)을 섬기는 것은 가장 중요하므로 함부로 증감하려는 후세 간신들의 건의를 절대로 금지하라'는 내용에서처럼 태조라는 인물은 불교신앙과 민간에 뿌리내린 민간신앙을 숭앙했다.)라는 기록을 통해 왕이 용신앙의 믿음을 견고히 했다는 것을 알 수 있다.

운문사 창사만으로 충족할 수 있다고 하는 서해용을 통해 이야기는 불국토사상을 제시하고 있다. 용 전승 집단인 승려집단은 이 이야기의 전승을 통해 궁극적으로 불교의 이데올로기를 확립하고자 했다는 것을 추론할 수 있다. 그렇기 때문에 이야기 전승의 최대 수혜자는 승려집단이라고 할 수 있겠다. 승려집단은 용이 불교신앙과 결합하고 보시해 창사를 권유하는 모습을 이야기의 전승을 통해 보여줌으로써 궁극적으로는 불교의 이데올로기를 확립하고 불교신앙의 우수함을 알리고자 했던 것이다.

2. 건탑(建塔) 연기의 용

용 관련 설화 중에는 건탑을 요구하는 용이 등장하는 이야기가 있다. 『삼국유사』 탑상 제4 〈황룡사구층탑〉에 수록된 태화지 용 이야기가 대표적이라고 할 수 있다. 주인공은 불법을 전수 받고 중국 태화지를 지나가던 중 용을 만난다. 용은 자신의 아들이 신라 황룡사의 호법룡이라고 말하고 주인공의 나라가 지닌 문제를 해결하기 위해서는 반드시 황룡사에 구층탑을 건립해야 한다고 전한다. 이를 통해 이 이야기는 황룡사 구층탑의 건립과 관계된 것이라는 사실을 알 수 있다. 자세한 내용은 아래와 같다.

자료41. 〈황룡사구층탑=대산오만진신〉[111]

---

[111] 新羅第二十七善德王卽位五年 貞觀十年丙申 慈藏法師西學 乃於五臺感文殊授法(詳見本傳) 文殊又云 汝國王是天竺刹利種王 預受佛記 故別有因緣 不同東夷共工之族 然以山川崎嶮故 人性麤悖 多信邪見 而時或天神降禍 然有多聞比丘 在於國中 是以君臣安泰 萬庶和平矣 言已不現 藏知是大聖變化 泣血而退 經由中國大和池邊 忽有神人出問 胡爲至此 藏答曰 求菩提故 神人禮拜 又問 汝國有何留難 藏曰我國北連靺鞨 南接倭人 麗濟二國 迭犯封陲 隣寇縱橫 是爲民梗 神人云 今汝國以女爲王 有德而無威 故隣國謀之 宜速歸本國 藏問歸鄉將何爲利益乎 神曰 皇龍寺護法龍 是吾長子 受梵王之命 來護是寺 歸本國 成九層塔於寺中 隣國降伏 九韓來貢 王祚永安矣 建塔之後 設八關會 赦罪人 則外賊不能爲害 更爲我於京畿南岸 置一精廬 共資予福 予亦報之德矣 言已 遂奉玉而獻之 忽隱不現 (寺中記云 於終南山圓香禪師處 受建塔因由) 貞觀十七年癸卯十六日 將唐帝所賜經像袈裟幣帛 而還國 以建塔之事聞於上 善德王議於群臣 群臣曰 請工匠於百濟 然後方可 乃以寶帛請於百濟 匠名阿非知 受命而來 經營木石 伊干龍春(一作龍樹)幹蠱率小匠二百人 初立刹柱之日 匠夢本國百濟滅亡之狀 匠乃心疑停手 忽大地震動 晦冥之中 有一老僧一壯士 自金殿門出 乃立其柱 僧與壯士皆隱不現 匠於是改悔 畢成其塔 刹柱記云 鐵

1) 제27대 선덕왕(善德王)이 왕위에 오른 지 5년째인 정관(貞觀) 10년 병신(서기 636)에 자장법사(慈藏法師)가 중국으로 유학 갔는데, 오대산에서 문수보살에게 불법을 전수받았다.(자세한 것은 본전(本傳)에 보인다.) 문수보살이 또 이렇게 말했다. "너희 나라 왕은 바로 인도의 크샤트리아 계급의 왕으로 이미 불기(佛記)를 받았다. 그러므로 특별한 인연이 있으므로 동이(東夷)의 공공(共工) 족과는 다르다. 그렇지만 산천이 험하기 때문에 사람들의 성격이 거칠고 사나우며 많이들 미신을 믿어서 때때로 하늘의 신이 재앙을 내리기도 한다. 그렇지만 다문비구(多聞比丘)가 나라 안에 있기 때문에 임금과 신하들이 편안하고 백성이 평화로운 것이다."그리고는 말을 끝내자 곧 사라졌다. 자장은 이것이 보살의 화신임을 알고 감격해 눈물을 흘리면서 물러갔다.

2) 법사가 중국의 태화지(太和池) 옆을 지나가는데, 갑자기 신인이 나타나 물었다."어찌해 여기까지 이르렀는가?"자장이 대답했다."깨달음을 구하려고 왔습니다."신인이 예를 갖추어 절을 하고 다시 물었다."그대의 나라에 무슨 어려운 일이라도 있는가?"자장이 말했다."우리나라는 북쪽으로 말갈과 이어져 있고 남쪽으로는 왜국과 인접해 있습니다. 고구려와 백제 두 나라가 번갈아 국경을 침범해 이웃나라의 도적들이 맘대로 돌아다닙니다. 이것이 백성들의 걱정입니다." "지금 그대 나라는 여자가 왕위에 있으니 덕은 있지만 위엄이 없구려. 그래서 이웃나라가 침략을 꾀하고 있는 것이오. 그대는 빨리 돌아가야만 하오."그래서 자장이 다시 물어보았다."고국에 돌아가서 어떤 이로운 일을 해야 합니까?""황룡사의 호법용(護法龍)은 바로 나의 맏아들이오. 범왕(梵王)의 명을 받고 가서 그 절을 보호하고 있소이다. 고국에 돌아가거든 절 안에 9층탑을 세우시오. 그러면 이웃나라들이 항복할 것이고 구한(九韓)이 와서 조공할 것이며 왕업이 길이 편안할 것이오. 탑을 세운 후에는 팔관회를 열고 죄인을 용서해 풀어주면, 외적이 해를 끼치지 못할 것이오. 그리고 나를 위해 서울 인근 남쪽 언덕에 절 하나를 지어 내 복을 빌어준다면, 나 또한 그 은덕을 보답할 것이오."말을 마치

盤巳上高四十二尺 巳下一百八十三尺 慈藏以五臺所授舍利百粒 分安於柱中 幷通度寺戒壇 及大和寺塔 以副池龍之請(大和寺在阿曲縣南 今蔚州 亦藏師所創也) 樹塔之後 天地開泰 三韓爲一 豈非塔之靈蔭乎 後高麗王將謀伐羅 乃曰 新羅有三寶 不可犯也 何謂也 皇龍丈六 幷九層塔 與眞平王天賜玉帶 遂寢其謀 周有九鼎 楚人不敢北窺 此之類也 讚曰 鬼拱神扶壓帝京 輝煌金碧動飛甍 登臨何啻九韓伏 始覺乾坤特地平.(一然,『三國遺事』, 〈黃龍寺九層塔〉 塔像 第四.)

자 드디어 옥을 받들어 바친 후에 홀연히 사라져 보이지 않았다.(절의 기록에, 종남산(終南山) 원향선사(圓香禪師)가 있는 곳에서 탑을 세워야 하는 이유를 들었다고 한다.)
3) 정관 17년 계묘(서기 643) 16일에 자장법사는 당나라 황제가 준 불경과 불상, 승복과 폐백 등을 가지고 귀국해서 탑을 세울 일을 왕에게 아뢰었다. 선덕왕이 여러 신하들과 의논했는데, 신하들이 말했다. "백제에게 장인들을 청한 이후에야 일을 이룰 수 있을 것입니다." 그래서 보물과 비단을 가지고 백제에 가서 장인을 부탁했다. 아비지(阿非知)라는 공장이 명을 받고 와서는 나무와 돌을 다듬었고, 이간(伊干) 용춘(龍春)[용수(龍樹)라고도 한다.] 이 공사를 주관해 200여 명의 장인들을 통솔했다. 처음에 절의 기둥을 세우는 날에 아비지가 꿈에 자기 나라 백제가 멸망하는 모습을 보고는, 마음속으로 의구심이 생겨서 공사를 멈추었다. 그러자 갑자기 대지가 진동하면서 깜깜해졌는데, 그 어둠 속에서 어떤 노승 한 명과 장사 한 명이 금전문(金殿門)에서 나와 기둥을 세우더니, 승려와 장사가 모두 사라져 보이지 않았다. 그래서 아비지는 뉘우치고 그 탑을 완성했다.
4) 「찰주기(刹柱記)」에는 이렇게 적혀 있다. "철 기반 위 높이는 42자이고 그 아래는 183자이다." 자장법사는 오대산에서 가져온 사리 100알을 탑 기둥 속과 통도사(通度寺) 계단(戒壇, 戒를 받는 단)과 또 대화사(大和寺)의 탑에 나누어 모셨는데, 연못에서 나온 용의 부탁에 따른 것이었다.[대화사는 아곡현(阿曲縣) 남쪽에 있으니, 지금의 울주(蔚州)로 역시 자장법사가 창건했다.] 탑을 세운 뒤에 천지가 태평하고 삼한이 통일되었으니, 어찌 탑의 영험이 아니겠는가? 훗날 고구려왕이 신라를 치려 하다가 말했다. "신라에는 세 가지 보물이 있어 침범할 수 없다고 하는데, 무엇을 말하는 것인가?", "황룡사 장육존상과 9층탑, 그리고 진평왕(眞平王)의 천사옥대(天賜玉帶)입니다." 이 말을 듣고 고구려왕은 그 계획을 그만두었다. 주(周)나라에 구정(九鼎)이 있어서 초(楚)나라가 감히 주나라를 엿보지 못했다고 하니, 이와 같은 경우이다. 다음과 같이 찬미한다. 〈귀신의 도움으로 황제의 수도를 위압하니 휘황찬란한 금색과 청색 날아오를 듯한 용마루라. 이곳에 올라 어찌 구한(九韓)의 항복만을 보겠나 비로소 천지가 유달리 태평함을 깨달았다네.〉

자료41은 『삼국유사』 탑상 제4 〈황룡사구층탑〉에 수록된 태화지 용 이야기이다. 이야기는 자장이 중국의 문수보살로부터 불법을 전수 받고 돌아오는 길에 태화지 용을 만나 황룡사구층탑을 축조하게 되는 내용을 담고 있다. 이야기 1)은 자장이 문수보살을 친견하는 대목, 2) 자장이 태화지에서 용을 만나 나라의 평안할 방도를 듣는 대목, 3)은 자장이 권유해 아비지가 황룡사구층탑을 축조하는 대목, 4)는 황룡사구층탑의 영험함을 다룬 대목으로 총 네 개의 단계로 구성되어 있다. 이야기에 따르면 주인공은 자장이다. 문수보살을 친견해 불법을 전수받고, 태화지 용을 만나 나라가 평안할 방도를 전해 듣고, 고국으로 돌아와 황룡사구층탑의 축조를 권유하는 주체가 자장이 되므로 그렇게 볼 수 있다.

이야기에서 자장은 나라가 외부의 침입으로부터 안전하지 못해 백성들이 어려움을 겪고 있는 사실을 걱정하고 있다. 이를 통해 주인공 자장의 목적은 나라의 평안이라는 것을 알 수 있다. 주인공이 중국에 가서 불법을 전수 받고 태화지 용으로부터 나라 평안의 방법을 전해 듣는 것 등은 모두 주인공이 목적을 달성하기 위한 노력으로 보인다. 주인공은 나라 평안이라는 결핍을 가지고 있으며 이를 충족하기 위해 불법을 전수받고 태화지 용을 만나 나라 평안의 방법을 전해 듣는다. 하지만 태화지 용과의 만남은 자장이 의도한 것은 아니었다. 태화지 용이 등장해 자장에게 자장의 나라가 가진 문제를 방법을 알려준 것이다. 이를 통해 용이 주인공 자장의 조력자라는 사실을 알 수 있다. 주인공 자장은 용으로 인해 문제 해결의 방도를 알게 된다.

그렇다면 왜 이야기에서는 주인공 자장의 목적을 달성하는 데 도움을 주는 조력자로 용을 등장시켰을까가 궁금해진다. 용이라는 존재를 등장시키지 않고 문수보살의 존재만으로도 자장이 문제를 해결 할 수 있도록 하면 될 것이기 때문이다. 궁금증을 해결하기 위해 이 이야기의 배경이 되는 당대 상황과 관련해 살펴보기로 한다. 선덕여왕 당대는 백제의 침략[112]과

---

[112] 선덕왕, 2년, 8월, 백제가 서쪽 변경을 침범했다. 5년 여름 5월, 개구리 떼가 대궐 서쪽 옥문지에 많이 모였다. 왕이 이를 듣고 좌우 측근들에게 "개구리의 성난 눈은 병사의 모습이다. 내가 일찍이 서남쪽 변경에 옥문곡이라는 지명을 가진 곳이 있다고 들었다. 이웃 나라 군사가 혹시 이 골짜기에 잠입한 것이 아닌가 싶구나."라고 말했다. 그리고 곧 장군 알천과 필탄으로 하여금 그 곳에 가서 수색하게 했다. 그 곳에는 과연 백제

Ⅰ부. 한국 용설화의 수용집단과 전승의식 157

고구려로부터도 끊임없는 군사적 공격을 받았다. 또한 당 태종의 꽃씨 선물에 담긴 희롱, 대리 통치 요구와 대내적으로 비담과 염종의 반란 등이 여성 군주가 갖는 한계와 위기 상황을 극한에 이르게 했다.113)

이야기의 3)은 여성 군주의 한계를 지적하고 그 한계를 불교신앙의 힘으로 극복하고자 한 의지가 드러난 부분이다.114) 이야기는 문제를 해결하는 방법으로 태화지 용과 황룡사의 용을 부자 관계로 설정하여 자연스럽게 용신앙과 불교신앙의 결합을 의도한 것이다. 용에 대한 긍정적인 관념은 농경민족에서 발견되는데,115) 신라가 농경문화를 기반으로 하고 있다는 사실을 미루어 볼 때 용신앙이 중요시 되었다는 사실을 짐작할 수 있다. 신라는 농경문화를 바탕으로 하고 있으므로 치수의 문제는 치국의 문제와 직결된다. 신라의 용에 대하 국가적 제의는 민간신앙을 기반으로 해 이루어졌으며, 제의가 베풀어진 곳은 신라의 경주를 중심으로 4방위 내지는 5방위에 위치했다.116)는 점을 감안하면 이는 더 설득력을 얻을 수 있다.

용 전승집단은 신라에서 중요시 하는 용신앙을 배제할 수 없었을 것으로 생각된다. 때문에 태화지 용117)을 등장시켜 신라 황룡사 호법용과 부자 관계로 설정한 것이다. 이는 신라의 용신앙을 자연스럽게 불교신앙으로 편입시키기 위함이었다고 보인다. 신라의 불교 유입의 통로가 중국임을 감안118)한다면 전승 집단의 의도가 더욱 명확해진다. 또한 이야기의 3)에

장군 우소가 독산성을 습격하기 위해 군사 5백 명을 이끌고 와서 숨어 있었다. 알천이 이를 습격해 모두 죽였다. 자장 법사가 불법을 탐구하기 위해 당 나라에 갔다.(金富軾, 『三國史記』, 新羅 本紀 第五(善德王).)
113) 김명준, 「선덕여왕(善德女王) 대 <풍요(風謠)>의 불교정치적 의미」, 『우리文學硏究』 39, 우리문학회, 2013, p.7.
114) 황룡사 구층탑의 건설을 두고(신라의 왕권조차도 불교적인 보증을 받아서 합리화된 것으로 보고 있다.(黃浿江, 위의 책, 1975, p.245.))라고 한 지적은 좋은 참고가 된다.
115) 龍 象徵이 農耕文化에 있어서의 기후 혹은 천체의 운행을 주관하는 精靈에 대한 관념으로부터 유래되었기에 그 의미 역시 물과 매우 밀접한 관련을 지니고 있다.(김문태, 위의 논문, 1990, p.18.)라고 한 논의가 좋은 참조가 된다.
116) 이준곤, 「龍神創寺說話의 형성과 의미」, 『口碑文學 硏究』 3, 1996, p.305.
117) 『삼국사기』 赫居世六十年 9月 용 두 마리가 금성의 우물 속에서 나타났다는 기록과 『삼국사기』 儒理王三十三年 4月 용이 금성 우물에 나타났다(金富軾, 『三國史記』))는 등의 기록을 통해 연못이 용이 사는 곳이라는 의식을 살필 수 있다.

서 백제 아비지가 탑 축조를 중단한 것에 대해 서술하고 있는 부분은 당시 백제와 신라의 적대관계를 간접적으로 드러낸 것으로 보이는데,119) 이러한 갈등상황도 노승과 장수가 등장해 단번에 해결했다는 서술로 보아 황룡사구층탑의 축조만으로도 모든 어려운 문제를 해결할 수 있다는 의도가 짙게 드러난 것으로 보인다. 즉, 불교신앙을 통해서 모든 문제가 해결된다는 것을 보여준다.

이를 통해 용 전승집단은 승려집단으로 판단된다. 또한 설화 전승의 근본적 목적이 불교의 이데올로기를 확립하는 데 있다는 것을 알 수 있다. 신라가 가진 문제를 황룡사구층탑의 축조만으로 해결할 수 있다고 하는 태화지 용을 통해 이야기는 불국토 사상을 제시하고 있는 것이다. 이처럼 용 관련 이야기를 통해 승려집단은 궁극적으로 그들이 꿈꾸는 세계의 이념인 불교이데올로기를 확립하고자 한 것으로 보인다. 그렇기 때문에 이 야기의 최대 수혜자는 승려집단이라고 하겠다. 승려집단은 용이 불교신앙과 결합해 건탑을 청유하는 모습을 설화 전승을 통해 보여줌으로써 불교이데올로기를 확립하고 불교신앙의 우수함을 알리는 것이 가능하게 되었기 때문이다.

3. 교화 대상의 용

승려집단과 관련해 용이 등장하는 이야기 중에서는 용에게 악독룡이라는 부정적 인식을 드러내는 것들이 존재한다. 이야기 안에서 용이 악독룡

---

118) "중국과 신라와의 사신 왕래의 최초 기록은 내물왕 26년의 기록이다. 이때부터 중국과의 사신 외교가 중국문화의 신라유입을 본격화하는 계기가 된다. 그것은 신라의 정신 문화를 조금씩 바꾸어 가능 기능을 담당했으며, 이는 법흥왕 때의 왕호사용·불교공인 등으로 나타난다.(윤천근, 「신라에서의 불교수용과 그 정치 사회적인 의미에 대해」, 『신라문화제학술발표논문집』 12, 1991, pp.263-264.)" 고 한 기록을 통해 불교세력은 중국을 기반으로 해야만 불교신앙의 사상적인 계보를 확립할 수 있었다고 생각했다. 〈황룡사구층탑〉 설화에서 중국 태화지 용과 황룡사 용을 부자관계로 설정한 것은 또한 이러한 맥락에서 이해될 수 있을 것이다.
119) 앞서 살폈던 바와 같이, 선덕왕 2년 8월과 5년 여름 5월에 백제의 침략이 있었다는 사실만 보더라도 백제와 신라와의 적대 관계를 가늠해 볼 수 있다.

이라고 불려지는 것은 사람들에게 해를 끼치기 때문이다. 그런데 이들 이 야기에 등장하는 불교신앙을 대표하는 인물들은 악독룡을 퇴치의 대상으로 보지 않는다. 그들은 평화로운 방법인 교화의 방법을 통해 그들의 해를 그치게 한다. 『삼국유사』 탑상 제4 〈어산불영〉에 수록된 독룡 이야기가 대표적으로 용이 부정적으로 그려지는 대표적인 자료라고 하겠다. 만어산에 사는 독룡은 기상 변화를 일으켜 오곡이 자라지 못하게 하는 해를 끼친다. 왕이 이를 저지하려 했으나 실패한다. 하지만 부처는 오계를 내리는 것만으로 독룡의 해를 그치게 한다. 자세한 내용은 아래와 같다.

자료42. 〈어산불영〉[120]

1) 고기(古記)에 이러한 기록이 있다."만어산(萬魚山)은 옛날의 자성산(慈成山) 또는 아야사산(阿耶斯山)[마땅히 마야사(摩耶斯)라고 해야 한다. 이것은 물고기를 말한다.]이라고 한다. 그 옆에 가라국이 있었다. 옛날 하늘에서 알이 바닷가로 내려와 사람이 되어 나라를 다스렸으니, 곧 수로왕(首露王)이다.
2) 그 당시에 국경 안에 옥지(玉池)가 있었는데 그 연못에는 독룡이 살고 있었다. 만어산에는 사람을 잡아 먹는 다섯 명의 나찰녀(羅刹女)가 있었는데, 독룡과 서로 오가며 사귀었다. 그 때문에 때때로 번개가 치고 비가 내려 4년 동안이나 오곡이 익지 않았다.
3) 왕은 주술로써 금하려고 했지만 하지 못하고, 머리를 조아리며 부처님에게 설법을 청했다. 그런 연후에야 나찰녀가 오계를 받았고 그 이후로 재해가 없어졌다. 그래서 동해의 물고기와 용이 드디어 골짜기 가득 돌로 변해서, 각각 종과 경쇠 소리를 냈다."(이상은 고기(古記)에 있다.)

자료42는 『삼국유사』 탑상 제4 〈어산불영〉에 수록된 독룡 이야기이다. 이야기는 만어산에 있는 옥지에 사는 독룡이 사람들을 괴롭히자 부처가 이를 설법을 통해 교화했다는 내용을 담고 있다. 이야기의 1)은 수로왕이

---

120) 古記云 萬魚山者 古之慈成山也 又阿耶斯山[當作摩耶斯 此云魚也] 傍有呵囉國 昔天卵 下于海邊 作人御國 卽首露王 當此時 境内有玉池 池有毒龍焉 萬魚山有五羅刹女 往來交通 故時降電雨 歷四年 五穀不成 王呪禁不能 稽首請佛說法 然後羅刹女受五戒 而無後害 故東海魚龍 遂化爲滿洞之石 各有鍾磬之聲(已上古記)(一然, 『三國遺事』 塔像 第四 〈魚山佛影〉.)

다스리는 가라국에 만어산이 있다는 대목이고, 2)는 국경 안에 옥지에 사는 독룡과 나찰녀로 인해 오곡이 있지 않는다는 대목, 3)은 수로왕이 독룡과 나찰녀의 폐해를 막으려 했으나 실패하고 부처로 인해 재해가 없어졌다는 대목으로 총 세 단계로 구성되어 있다.

이야기에 따르면 주인공은 부처이다. 부처가 가라국 수로왕도 막지 못한 악독룡과 나찰녀의 폐해를 막는 주체이므로 그렇게 볼 수 있다. 주인공 부처가 설법을 통해 악독룡과 나찰녀를 교화하는 모습을 통해 주인공의 목적이 불교신앙의 홍포라는 것을 알 수 있다. 가라국의 왕인 수로의 탄생신화에서 나타나는 자색이나 홍색은 태양과 관련된 색깔이라는 점과 금합이나 황금알이 태양을 표상한다는 점을 미루어 볼 때 태양신의 신격을 갖추고 태어났다고 생각할 수 있다.[121]

강우조절을 책임지고 있는 왕이 천자의 능력으로 용에게 명령해 문제를 해결해야 하는데 왕의 주술로도 용은 해독을 멈추지 않는다[122]는 점을 통해 이야기에서 수로왕의 신격, 즉 태양신의 신격이 흔들리고 있다는 점을 간파하고 있다. 태양신의 신격이 흔들리고 있는 시점에서 부처가 와서 해독을 멈추었다고 하는 것은 천신의 신격을 대신해 불교신앙이 그 자리를 차지했다는 의미로도 해석해 볼 수 있다. 그런데 왜 이 이야기에서 용을 주인공이 오계를 내리는 것을 통해 교화되는 존재로 설정했을까? 다른 이야기들에서 용은 주인공의 조력자로 등장했다. 그렇다면 용을 주인공에게 교화되고 있는 존재라고 한 이유를 살펴보아야 한다.

이야기의 2)를 자세히 살펴보면 독룡과 나찰녀가 서로 교접하자 때때로 번개가 치고 비가 내려 4년 동안 이나 곡식이 익지 않았다고 하고 있다. 하지만 용과 나찰녀의 교접은 생산을 의미한다[123]고 볼 수 있다. 그렇다면 이들의 결합은 농작물의 생장을 의미한다. 그런데도 이야기 내에서 생산적인 활동을 부정적으로 인식하고 있다. 이야기 3)에서 부처가 폐해를 멈

---

121) 김화경, 위의 책, 2005, pp.173-174.
122) 이동철, 위의 책, 2005, p.150.
123) 성행위와 농경 작업 간의 유사한 상징이 있다.(미르치아 일리아데·강응섭 옮김, 『신화·꿈·신비』, 숲, 2002, p.227.)

추게 했다는 부분을 통해 용과 수로왕의 권위를 낮춘 이유를 추측해 볼 수 있다. 주인공 부처가 수로왕도 해내지 못한 문제를 해냈다고 해 부처의 권위를 높이고 있다. 부처의 권위를 높이자니 우리 고유의 신앙에 해당하는 용과 수로왕의 권위를 낮출 수밖에 없었던 것이다.

이를 통해 이야기의 근본적인 전승의 목적이 불교의 이데올로기의 확립이라는 것을 알 수 있다. 이야기는 천신의 신격인 수로왕도 해결하지 못하는 용의 폐해를 부처가 설법하는 것만으로 멈추게 했다고 하고 있으므로 용이 표면적으로 부처의 적대자로 보이나 이면적으로는 불교신앙의 위대함을 드러내주는 존재가 되므로 조력자가 된다고 할 수 있다. 용 전승집단은 이 이야기를 통해 불교 이데올로기를 확립하고 있는 것이다. 때문에 이야기의 최대 수혜자는 승려집단이라고 하겠다. 용 전승 집단인 승려집단은 용이 불교신앙에 교화되어 악독을 멈추는 모습을 이야기 전승을 통해 보여줌으로써 불교이데올로기를 확립하고 불교신앙의 우수함을 알리고자 했다.

『삼국유사』신주 제6 〈혜통항룡〉에서 사람에게 해를 끼치는 용이 불법에 교화되는 모습으로 드러난다. 주인공은 불법을 전수 받기위해 당나라로 건너가 갖은 고생 끝에 불법을 전수 받게 된다. 주인공의 능력을 높이 산 스승이 그를 당나라 황실 공주의 병을 고치는 데 보낸다. 주인공은 당나라 공주 병의 원인이 교룡임을 알고 주술을 써서 교룡을 쫓아낸다. 이에 앙심을 품은 용은 공간을 이동하며 사람들을 괴롭히고 마침내는 주인공에게 불법으로 교화되는 모습을 보인다. 이야기의 자세한 내용은 아래와 같다.

자료43. 〈혜통항룡〉[124]

---

[124] 時唐室有公主疾病 高宗請救於三藏 擧通自代 通受敎別處 以白豆一斗呪銀器中 變白甲神兵 逐崇不克 又以黑豆一斗呪金器中 變黑甲神兵 令二色合逐之 忽有蛟龍走出 疾逐瘳 龍怨通之逐己也 來本國文仍林 害命尤毒 是時鄭恭奉使於唐 見通而謂曰 師所逐毒龍 歸本國害甚 速去除之 乃與恭 以麟德二年乙丑 還國而黜之 龍又怨恭 乃托之柳生鄭氏門外 恭不之覺 但賞其蔥密 酷愛之 及神文王崩 孝昭卽位 修山陵 除葬路 鄭氏之柳當道 有司欲伐之 恭恚曰 寧斬我頭 莫伐此樹 有司奏聞 王大怒 命司寇曰 鄭恭恃王和尙神術 將謀不遜 侮逆王命 言斬我頭 宜從所好 乃誅之 坑其家 朝議王和尙與恭甚厚 應有忌嫌 宜先

1) 승려 혜통(惠通)은 그 가족의 내력을 자세히 알 수 없다. 출가하기 전, 그의 집은 남산(南山) 서쪽 기슭 은천동(銀川洞)의 어귀에 있었다.(지금의 남간사(南澗寺) 동쪽 마을이다.) 하루는 집 동쪽의 시냇가에서 놀다가 수달 한 마리를 잡아 죽이고 그 뼈를 동산에 버렸다. 그런데 그 이튿날 아침에 그 뼈가 없어져서, 핏자국을 따라 찾아갔더니 뼈가 자신의 굴 속으로 돌아가서 다섯 마리의 새끼를 안고 웅크리고 있었다. 이것을 바라보며 한참 동안 놀라고 이상하게 여겼다. 그는 감탄하고 망설이다가 문득 속세를 버리고 출가해 이름을 혜통으로 바꾸었다. 당나라로 가서 무외삼장(無畏三藏)을 뵙고 수업을 청하자 삼장이 말했다. "신라 사람이 어찌 불법을 닦는 그릇이 될 수 있겠는가?" 이렇게 무시하고 끝내 가르쳐주지 않았다. 혜통은 가벼이 물러가지 않고 3년 동안이나 부지런히 섬겼지만, 여전히 허락하지 않았다. 분하고 애가 탄 혜통이 뜰에 서서 머리에 화로를 이자, 잠깐 사이에 이마가 터지면서 우레 소리가 났다. 삼장이 이 소리를 듣고 와서 보고는, 화로를 치우고 손가락으로 터진 곳을 어루만지며 시비한 주문을 외우자 상처가 아물어 예전처럼 되었지만, 왕(王)자 무늬와 같은 흉터가 생겼다. 그래서 왕화상(王和尙)이라 부르게 되었다. 삼장은 혜통의 그릇을 깊이 인정하고 심법의 비결을 전해 주었다.

2) 이때 당나라 황실의 공주가 병이 나서 고종(高宗)은 삼장에게 치료를 청했고, 삼장은 자기 대신 혜통을 천거했다. 혜통이 명을 받고 별실에 머물면서 흰 콩 한 말을 은그릇에 담아 주문을 외우자, 흰 갑옷을 입은 신병(神兵)으로 변해 마귀를 쫓으려고 했지만 이기지 못했다. 그래서 다시 검은 콩 한 말을 금그릇에 넣고 주문을 외우자 검은 갑옷을 입은 신병으로 변했다. 흰색과 검은색 신병에게 힘을 합쳐 마귀를 쫓게 하자, 홀연히 교룡이 달아났고 질병도 드디어 치료되었다. 용은 혜통이 자신을 쫓아내었다고 원망해서, 신라의 문잉림(文仍林)으로 가서 사람들을 매우 독하게 해쳤다. 이 당시 정공(鄭恭)이 당나라에 사신으로 갔는데 혜통을 만나 이렇게 말했다. "법사께서 쫓아낸 독룡이 본국으로 와서 해

圖之 乃徵甲尋捕 通在王望寺 見甲徒至 登屋携砂甁 研朱筆而呼曰 見我所爲 乃於甁項抹一畵曰 爾輩宜各見項 視之皆朱畵 相視愕然 又呼曰 若斷甁項 應斷爾項 如何 其徒奔走 以朱項赴王 王曰 和尙神通 豈人力所能圖 乃捨之 王女忽有疾 詔通治之 疾愈 王大悅 通因言 恭被毒龍之汚 濫膺國刑 王聞之心悔 乃免恭妻孥 拜通爲國師 龍旣報冤於恭 往機張山爲熊神 慘毒滋甚 民多梗之 通到山中 諭龍授不殺戒 神害乃息 (一然, 『三國遺事』 神呪第六 〈惠通降龍〉.)

가 심합니다. 속히 가서 없애주십시오."그래서 혜통은 정공과 함께 인덕(麟德) 2년 을축(서기 665)에 귀국해서 용을 쫓아버렸다.
3) 용은 이번엔 정공을 원망해서 버드나무에 의탁해서 정공의 문 밖에 살았다. 정공은 이러한 사실을 모르고 버드나무가 무성한 것만 좋아해 무척 아꼈다. 신문왕(神文王)이 세상을 떠나자 효소왕(孝昭王)이 왕위에 올라 신문왕의 왕릉을 만들고 장사 지낼 길을 닦았다. 그런데 정공의 버드나무가 길을 막고 있었으므로 관리가 버드나무를 베려고 했다. 하지만 정공은 화를 내며 말했다."차라리 내 머리를 벨지언정 이 나무를 벨 수는 없소!"관리가 왕에게 이러한 말을 고하자, 왕은 대단히 화가 나서 법관에게 명했다."정공이 왕화상의 신술을 믿고 불손한 일을 꾸미려고 왕명을 거역하며 자신의 머리를 베라고 하니, 마땅히 저가 좋아하는 대로 해주어야 하리라."그래서 정공을 베어 죽이고 집도 묻어버렸다. 그러자 조정에서 논의하기를, 왕화상과 정공은 매우 친했기 때문에 왕화상이 이 일을 싫어할 것이니, 마땅히 먼저 왕화상을 없애야 한다고 했다. 그래서 곧 갑옷 입은 병사들을 보내 잡아오게 했다. 혜통은 왕망사(王望寺)에 있었는데 갑옷 입은 병사들이 오는 것을 보고 지붕 위로 올라가 사기병과 붉은 먹을 묻힌 붓을 들고 외쳤다."내가 하는 것을 보아라!"병의 목에 한 획을 긋고는 다시 말했다."너희들은 각자의 목을 보아라."그들이 목을 보니 모두 붉은 획이 그어져 있었다. 서로들 쳐다보고 크게 놀랐다. 혜통은 또 소리쳤다."만약 병의 목을 자른다면 응당 너희들 목도 잘라질 것이다. 어찌 하겠느냐?"그러자 병사들이 달아나, 붉은 색 획이 그어진 목을 왕에게 보였다. 왕이 말했다."화상의 신통력을 어찌 사람의 힘으로 제압할 수 있겠느냐?"그리고는 곧 내버려두었다.
4) 어느 날 왕의 딸이 갑자기 병이 났다. 왕이 혜통에게 명해 치료하게 했더니 병이 나았다. 왕이 크게 기뻐하자 혜통이 말했다."정공은 독룡의 해를 입어 억울하게 나라의 형벌을 받았던 것입니다."왕은 이 말을 듣고 마음으로 뉘우치고는 곧 정공의 처자에게 죄를 면해 주고, 혜통을 국사로 삼았다. 용은 정공에게 원수를 갚은 후 기장산(機張山)으로 가 곰신이 되어서 해독을 더욱 심하게 끼치자 백성들이 너무나 괴로워했다. 혜통이 그 산 속으로 들어가 용을 타이르고 살생하지 말라는 계를 주었더니, 그제서야 곰신의 해독이 없어졌다.

자료43은 『삼국유사』 신주 제6 〈혜통항룡〉에 수록된 용 이야기이다. 이 야기는 무외삼장의 비법을 전수받은 혜통이 악룡의 해를 그치게 했다는 내용을 담고 있다. 이야기의 1)은 혜통이 출가해 당나라 무외삼장에게 비법을 전수 받는 대목, 2)는 혜통이 교룡과 대결을 다룬 대목, 3)은 정공의 죽음으로 혜통이 죽을 위기에 처하지만 주술로 이를 막았다는 대목, 4)는 혜통이 기장산으로 가 해를 끼치는 용에게 불살계를 내려 교화시켰다는 대목 등으로 총 네 단계로 구성되어 있다.

이야기에 따르면 주인공은 혜통이다. 1)에서 4)까지 문제를 해결하는 주체가 혜통이므로 그렇게 볼 수 있다. 끊임없는 이동을 통해 악행을 저지르는 용을 혜통이 저지하므로 주인공 혜통의 목적은 용의 교화 즉 불법 홍포라고 할 수 있다. 주인공 혜통은 불교 홍포를 위해 고난을 참으며 무외삼장에게 심법의 비결을 전수 받고 당나라 황실 공주의 병을 고쳐주고 문잉림과 기장산에서 용의 폐해를 막았다. 용은 이야기에서 교화된 대상이 된다. 이야기에서 왜 용이 교화의 대상이 되어야만 하는지 자세히 살펴볼 필요가 있다.

2)에서는 용이 혜통에 의해 쫓겨난다. 하지만 3)에서는 정공을 죽게 만들고 혜통 또한 위기에 처하게 만든다. 4)에서는 기장산의 웅신이 된다. 이를 통해 용이 혜통과 대결을 펼칠 만큼의 힘을 가졌다는 추정이 가능하다. 만약 용의 힘이 미약했다면 끊임없는 이동과 대결을 보이지는 않았을 것이다. 설화에서는 혜통과 맞설 수 있는 힘을 가진 용을 부정적 대상으로 규정한다. 용은 정공의 집에서는 버드나무로 변하고, 기장산에서는 웅신[125]으로 변한다. 그렇다면 용은 자신을 다른 모습으로 변화시킬 수 있는 능력을 지녔다는 지적이 가능하다. 용이 혜통에게 쫓겨나 간 문잉림이란 장소는 자연신을 모시는 제장이었으며[126] 기장산[127] 또한 자연신의 근거

---

125) 민속신앙의 발전단계를 고려해 볼 때, 미분화된 복합적 신앙체계는 당연한 것으로 여겨진다. 인간의 욕구에는 끝이 없으므로 끝이 없는 소원과 기도가 이루어지고 이러한 요구에 부응해주는 산신이 등장하게 되며, 인간의 욕구가 변화함에 따라 산신 역시 수신도 되어야 하고 동물신도 되어야 한다고 여겨진다.(하정룡,「『三國遺事』所載 山神 關聯記事와 그 性格에 대한 一考察」,『종교와문화』9, 서울대학교 종교문제연구소, 2003, p.155.)
126) 신라가 불교를 수용하면서 자연신을 모시는 제장에 불교사찰이 자리잡았는데 이로 인해 토착신앙과 불교가 마찰을 하지만 결국 융화해 독특한 가람을 형성했다(최광식,「

지라고 할 수 있다. 이를 통해 용이 곧 민간신앙을 상징한다고 하겠다.

그렇다면 설화에서 문잉림과 기장산에서 용이 부정적으로 비춰진 이유는 주인공 혜통의 목적을 달성하기 위함이라는 것을 알 수 있다. 용이 표면적으로는 주인공 혜통의 적대자이나, 이면적으로는 주인공이 목적을 달성할 수 있도록 도와주는 조력자가 되는 셈이다. 결국 주인공 혜통과 용의 갈등은 불교신앙이 신라에 정착하는 과정에서 민간신앙과의 마찰을 드러낸 것이며, 불교신앙은 갈등 관계에 놓인 민간신앙을 배척하지 않고 끌어안으면서 자연스럽게 신라에 정착하게 된다.

이를 통해 이야기의 근본적 전승 목적이 불교의 이데올로기 확립에 있다는 것을 알 수 있다. 이야기는 민간신앙의 용이 사람들에게 준 폐해를 멈추게 함으로써 불교신앙의 위대함을 드러내고 있다. 때문에 용은 표면적으로 부처의 적대자로 보이나 이면적으로 불교신앙의 위대함을 드러내주는 존재가 되므로 조력자가 된다고 할 수 있다. 이 이야기를 통해 용 전승 집단은 불교 이데올로기를 확립한다고 생각된다. 때문에 이야기의 최대 수혜자는 승려집단이라고 하겠다. 승려집단은 용이 불교신앙에 교화되어 악독을 멈추는 모습을 이야기의 전승을 통해 보여줌으로써 불교의 이데올로기를 확립하고 불교신앙의 우수함을 알리고자 했다.

현지 조사를 통해 채록한 〈용이 자장에게 굴복하기 1-2〉에서도 용이 불교신앙에 교화되는 모습을 보인다. 주인공은 절을 짓고자 좋은 땅을 찾아다니다가 지금의 불영사가 있는 곳이 좋은 땅임을 알고 절을 세우려고 한다. 하지만 그곳에는 선주해 있는 용이 있었다. 주인공 먼저 용들을 타일렀으나 한 마리 용을 제외한 나머지 용들은 반항했다. 자장은 한 마리 용

巫俗信仰이 韓國佛敎에 끼친 影響-山神閣과 長栍을 中心으로-」, 『白山學報』 26, 白山學會, 1981, pp.47-77.)의 논의를 참조할 만하다. 용은 당나라 황실에서의 세력을 잃고 자신의 근거지로 가 세력을 키우려고 했다고 보여진다.
127) 산은 신의 하강장소이며 또 돌아가는 곳이듯 인간에게도 돌아갈 본향과 같은 곳이다. (장정태, 「한국불교 속의 산신신앙 연구 -『삼국유사』에 나타난 산신신앙을 중심으로」, 『한국불교사연구』 3, 한국불교사연구소, 2013. p.195.)의 논의가 좋은 참고가 된다. 용의 기장산으로의 이동은 같은 맥락에서 용이 자신의 신앙 근거지로 간 것으로 이해될 수 있다.

이 살 수 있도록 연못을 파주고 절을 세운다. 자세한 이야기의 내용은 다음과 같다.

자료44 〈용이 의상에게 굴복하기1-2〉
1) 불영사를 지을 때 의상대사가 산천을 둘러보다가 좋은 터가 있었다. 그곳에 연못에 아홉마리 용이 살았는데 용은 절을 짓는다고 해도 그 자리를 떠나지 않았다.
2) 용과 의상이 팽팽히 맞서다가 의상대사가 주문을 외고 火자를 써서 연못에 넣자 물이 끓어 여덟 마리 용은 죽고 한 마리 용은 의상대사를 돕겠다고 남는다.
3) 의상대사는 이 용을 위해 절 안에다가 연못을 파주었다.

자료44는 〈표1. 현지 조사 자료 27, 28〉을 요약한 내용이다. 이야기는 불영사라는 절터의 연못에 사는 아홉 마리 용이 의상과 대결을 보이는 내용을 담고 있다. 이야기의 1)은 의상대사가 불영사를 짓고자 절터에 있는 아홉 마리 용에게 자리를 떠나 달라고 하는 대목, 2)는 절터를 떠나지 않으려는 용과 의상이 대결해 여덟 마리의 용은 죽고 한 마리의 용이 남아 의상대사를 돕겠다고 하는 대목, 3)은 의상이 남은 한 마리의 용을 위해 절을 짓고 연못을 파주었다는 대목이다. 이야기는 총 세 단계로 구성되어 있다.

이야기에 따르면 주인공은 승려 의상이다. 자장이 불영사 절터에 있는 용들을 쫓아내기 위해 도술을 부리고 결국에는 여덟 마리 용을 굴복시키는 주체가 되기에 그렇다고 볼 수 있다. 이야기에서 주인공인 의상대사는 아홉 마리 용이 사는 터에 결국 절을 짓고 만다. 이를 통해 주인공 의상의 목적이 창사라는 것을 알 수 있다. 자장이 터를 떠나지 않으려는 용에게 도술을 부리는 것은 주인공이 목적을 달성하기 위한 행위이다. 이때 죽임을 당한 여덟 마리 용은 표면적으로는 의상의 적대자로 나타나나, 결국 불교신앙의 승리로 끝나는 결말부를 통해 불교신앙에 굴복하지 않으면 좋지 않은 결과를 가져온다는 교훈을 보여줌으로써 이면적으로는 의상대상의 조력자가 되는 셈이다.

이를 통해 이야기 전승의 근본적인 목적이 불교의 이데올로기의 확립이라는 것을 알 수 있다. 이야기는 민간신앙의 용이 불교신앙에 굴복하는 모습을 보여주어 불교신앙의 위대함을 드러내고 있다. 때문에 용은 표면적으로 의상대사로 대표되는 불교신앙의 적대자이나 이면적으로 불교신앙의 위대함을 드러내주는 존재가 되므로 조력자가 된다고 할 수 있다. 때문에 이야기의 최대 수혜자는 승려집단이라고 하겠다. 용 전승 집단인 승려집단은 용이 불교신앙에 반항하면 퇴치 대상이 되어 죽음을 당하는 모습과 더불어 불교신앙에 순응해 교화되면 불교신앙과 더불어 조화롭게 살아가는 모습을 보여줌으로써 불교신앙의 위상과 포용력을 동시에 드러낸다. 결국 이야기 전승을 통해 불교의 이데올로기를 확립하고 불교신앙의 우수함을 알리고자 했다고 생각된다.

현지 조사에서 채록된 〈용이 대비사 상좌되어 살아가기 1-2〉에서도 용이 승려에게 교화되어 더불어 살아가는 모습이 볼 수 있다. 주인공은 용이 승천하기 위해 매일 저녁 못을 판다는 사실을 알고 있음에도 불구하고 이를 묵인해준다. 얼마 후 사람들이 문제에 봉착하자 주인공은 용에게 문제를 해결해 줄 것을 부탁하고, 사람들의 부탁을 들어주어 승천할 수 없는 용은 주인공과 함께 대비사라는 절에서 주인공을 도우며 살게 된다. 자세한 이야기는 아래와 같다.

자료45. 〈용이 대비사 상좌되어 살아가기1-2〉
1) 대비사에 상좌와 스님이 살았다. 상좌는 매일 저녁 스님이 자면 밖으로 나갔다. 이를 의심한 스님은 상좌를 따라 가 보았다. 상좌는 훌쩍 뛰더니 용으로 변해 연못을 파고 있었다. 스님은 이를 알면서도 모른 체했다.
2) 하루는 사람들이 가뭄으로 힘들어 하자 스님이 상좌에게 상좌가 용인 사실을 알고 있다고 하면서 비를 내려 달라고 했다. 상좌는 옥황상제의 지시가 있어야 한다고 말한다. 하지만 스님의 명을 거절할 수 없어 비를 내린다.
3) 천제는 용이 자신의 지시도 없이 비를 내린 상좌에게 화가나 죽이려 한다. 스님은 기지를 발휘해 배나무가 상좌라고 속인다. 상좌는 스님으로 인해 목숨을 구한다. 상좌는 옥황상제의 명을 어겼으므로 득천을 포기하고 스님을 도우며 절에서 살았다.

자료45는 〈표1. 현지 조사 자료 29, 30〉을 요약한 내용이다. 이야기는 대비사에 상좌로 살고 있는 용에게 가뭄으로 고생하는 사람들을 위해 비를 내려달라고 부탁하는 내용을 담고 있다. 이야기의 1)은 대비사 상좌로 살아가는 용이 득천하기 위해 밤마다 몰래 연못을 파다가 스님에게 들키나, 스님은 모른 체한다는 대목, 2)는 사람들이 가뭄으로 인해 어려워하자 스님이 상좌에게 상좌가 용인 사실을 알고 있다고 하고 비를 내려달라고 부탁하는 대목, 3)은 자신의 소임이 아닌 일을 행한 용에게 화가 난 천제가 용을 죽이려 하자 스님이 기지를 발휘해 용을 구해주는 대목 등으로 총 세 단계로 구성되어 있다.

　이야기에 따르면 주인공은 스님이다. 스님이 사람들이 가뭄으로 시달리자 용에게 비를 내리게 하고, 용이 위기에 처하자 용을 위기에서 구해주는 주체가 되므로 그렇게 볼 수 있다. 설화에서는 사람들과 용의 위기를 모두 불교신앙의 힘으로 해결하는 모습을 보이므로 주인공의 목적은 불교신앙의 홍포라 할 수 있다. 주인공은 불교가 잘 홍포되지 못하는 문제를 가지고 있다. 이를 해결하기 위해 주인공은 사람들의 위기와 용의 위기를 해결해준다.

　이를 통해 이야기 전승 근본적 목적이 불교의 이데올로기의 확립이라는 것을 알 수 있다. 이야기는 민간신앙의 용이 불교신앙에 교화되는 모습을 통해 불교신앙의 위대함을 드러내고 있다. 이렇게 본다면 이야기의 최대 수혜자는 승려집단이라고 하겠다. 용 전승집단인 승려집단은 사람들과 용의 위기를 불교신앙의 힘으로 해결해 주는 모습을 이야기 전승을 통해 보여줌으로써 불교의 이데올로기를 확립하고 불교신앙의 우수함을 알리고자 했다고 생각된다.

6장. 전승집단의 관점에서 본 용 수용과 전승의 의미

논의를 시작하면서 용 설화를 전승 담당 집단의 관점에서 볼 때 수용된 용의 정체와 그 성격이 설화 전승 담당을 어느 집단이 맡느냐에 따라 달라진다는 것을 확인할 수 있었다. 용 이야기 전승 담당층과 용의 성격 사이의 관계를 요약해서 제시하면 다음의 표4와 같다.

<표 4> 용의 수용 집단과 용의 성격

용의 수용 집단	수용된 용의 정체	수용 된 용의 성격			
		공통의 성격		이질적 성격	
민간집단	민속의 용	善神	水神		
승려집단	불교의 용	善神	水神	護法神	護國神
지배집단	유교의 용	善神	水神	王權象徵	

본 연구는 이와 같이 전승집단에 따라 용의 성격이 달라지는 현상에 착안을 해 전승 집단에 따라 왜 상이한 성격의 용을 수용했는지에 대해 답하고자 했다. 이 문제를 제기한 것은 용을 통해 전승집단이 그들의 삶에서 마주하는 문제가 무엇인지에 접근하고자 했기 때문이다. 만약 그들 삶의 문제에 대해 접근이 가능하다면 일차적으로 용 전승집단의 삶과 관련해 설화에 대한 성격 규정이 가능할 것이라 보았다. 그리고 이 문제에 대한 해명은 이야기에 수용 된 용이 궁극적으로 전승 집단의 어떠한 의도를 충족시켜 주는지에 해명할 수 있으리라 생각했다.

용을 수용한 원인과 관련해 용 이야기를 분석한 결과 용 이야기에 반영된 '현실적 삶'은 모두 특정한 집단과 관련된 심각한 정치적·종교적·생존적 문제를 안고 있다는 점을 확인할 수 있었다. 그리고 이렇게 제기된 삶의 문제는 현실 차원에서는 크게 해결되거나 충족되는 결과로 나타나지 않는 다는 점도 확인되었다. 그러나 이야기 내 삶에서는 모두 특정한 집단의 문제가 심각하게 제기되지만 마침내는 해결되고 있었다. 현실적 삶과 이야기 내의 삶이 보이는 문제 해결의 심각한 차이는 이야기에 용이 수용된 이유를 해명하는 근거로 삼을 수 있었다. 왜냐하면 용은 현실적 삶의 문제를 반영하고 있는 이야기 내의 문제를 해결하는 결정적 문제해결 수단으로 역할을 했기 때문이다. 현실적 삶에서 제기 된 문제와 용의 문제 해결 결과를 나타내면 표5와 같다.

<표 5> 문제와 문제해결의 관계

용의 수용 집단	A. 삶에서 제기 된 문제	B. 용을 통해 해결 된 문제
민간집단	가난, 낮은 신분, 가뭄, 凶漁 등	벽사, 부유함, 명예, 풍농, 풍어,
승려집단	불법의 전래, 불법의 보호, 불법의 포교, 보호해야 할 국가 등	불법 부흥, 불법 보호, 불법 포교, 호국
지배집단	창조해야 할 왕권, 약화된 왕권, 회복해야 할 왕권, 보호해야 할 국가 등	건국, 강한 왕권, 왕권 회복, 호국

표5에서 A는 이야기에 투영되었으리라 보이는 특정 집단과 관계 된 삶의 문제이다. B는 이야기에서 특정의 집단과 관계 된 삶의 문제가 해결 된 상태이다. 여기서 문제해결이 없는 A만의 것은 특정 집단과 관계 된 현실적 삶의 이야기라 할 수 있다. 문제인 A와 문제 해결인 B가 동시에 있는 것은 특정 집단과 관계 된 허구적 용 이야기라고 할 수 있다. 전자를 특정 집단과 관계 된 문제가 상존하는 현실적 이야기라 할 수 있다. 후자는 특정 집단과 관계 된 문제가 해결된 대안의 이야기(alternative-story)[128]

---

[128] 원하는 것을 방해하는 것, 괴로움에 빠뜨리는 것 등으로 인해 괴로움에 처했을 때 사람들은 원망이나 비난을 하게 된다. 이러한 원망이나 비난을 그치게 하기 위해 문제의 상황을 새롭게 해석하게 하고, 문제의 영향력을 벗어난 관점에서 그 문제를 서술할 공간을 열어줄 필요가 있다. (고미영, 『이야기 치료와 이야기의 세계』, 청목출판사, pp.114-147.) 본고에서는 바로 이러한 공간이 각 전승집단이 전승한 설화라고 생각한

라 정의할 수 있다. 이러한 관계를 통해 볼 때, 용 설화에 대해서는 특정한 집단의 문제가 해결된 대안의 이야기(alternative-story)라 정의할 수 있다. 여기서 용은 특정의 집단이 안고 있는 문제를 해결하기 위한 조치(move) 혹은 조작자(operator)로 정의할 수 있다. 따라서 특정 설화 담당층들이 용을 수용한 이유로 그들이 봉착한 현실의 문제를 해결하기 위한 대안의 이야기를 만들기 위한 것으로 보았다. 그리고 대안의 이야기에서 용은 문제를 해결하는 조작자(operator) 정의했다.

용을 수용한 이야기는 특정한 집단들의 대안의 이야기이며, 용은 대안의 이야기를 위한 조작자인 것이다. 한편 조작자로서 용을 수용한 대안의 이야기는 대안의 이야기로서 그 성격을 띠는 동시에 전승 담당층을 위한 이데올로기로서 역할을 수행한다는 것을 확인했다. 왜냐하면 설화 담당층이 용을 수용하게 됨으로써 그들 집단은 다른 집단과 차별성과 우월성을 확보하게 되기 때문이다. 민간집단은 용을 통한 대안의 이야기를 성공적으로 만듦으로써, 그들은 선신(善神)과 수신(水神)의 은혜와 보호를 받는 특별한 집단이 되기 때문이다. 민속의 용을 전승하는 집단은 그렇지 않는 집단과 차별화해서 용으로부터 현세의 복을 받는다는 믿음을 만들어 낸다.

지배집단은 용을 통한 대안의 이야기를 성공적으로 만듦으로써, 특히 용과의 혈연적 상관성을 확보함으로써 용의 태종(太宗)성인 위대성과 신성성을 공유하게 된다. 이를 통해 지배집단은 용과 혈연적 관계를 맺지 않은 다른 집단보다 위대하고 초월적이라는 믿음을 형성하는 데 성공한다. 인간이 인간에 대한 지배권을 획득하기 위해서는 모두가 인정하는 지배권의 정당성이 인정되어야 한다. 지배권 혹은 왕권(王權)의 정당성을 확보하지 않는다면 그 누구도 지배와 피지배의 위상을 인정하지 않는다. 지배권을 확보한 집단이나 이제 지배권을 확보하려는 집단에게 반드시 필요한 것은 지배의 정당성 확보이다. 용을 수용한 집단은 초월적이고 신성한 용과의 혈연적 일체를 확보함으로써 그들의 지배 이데올로기를 확보하게 된다.

다. 각 집단은 그들이 겪는 현실적 문제를 해결하기 위한 이상적인 공간을 설화를 통해 만들고 실현해나간다.

승려집단은 용을 통한 대안의 이야기를 성공적으로 만듦으로써, 그들은 호법선신(護法善神)의 가피를 받는 특별한 집단이 된다. 호법의 용을 전승하는 집단은 그들의 불법을 용으로부터 특별하게 보호받는다는 믿음을 만들어 낸 것이다. 이를 통해 승려집단은 그들의 법이 얼마나 우월하고 위대한지에 관한 관념을 만드는 데 성공한다. 사실 종교란 타 종교와 공존을 하지만 때로는 우월성을 두고 경쟁을 한다. 승려집단이 용을 수용한 것은 다른 종교와의 경쟁에서 그들이 신앙하는 법(法)이 보다 우월하다는 것을 보일 필요가 있었던 것에 따른 것이다. 승려집단은 용의 수용을 통해 궁극적으로 타종교에 대한 불법(佛法)의 우월성을 보일 수 있게 되었다.

특정의 전승집단은 삶에서 직면한 문제를 해결하는 대안의 이야기를 만들기 위한 특별한 목적을 달성하기 위해 용을 수용했다. 그리고 그렇게 이야기에 수용 된 용은 특정한 전승집단의 목적 달성을 위한 매개체로서 역할을 했던 것이다. 그런데 세 집단이 각각 수용한 용의 관계를 보면, 민간집단의 용이 지닌 선신(善神)과 수신(水神)의 성격이 공동의 매개 고리 역할을 하며, 이 공동의 매개 고리를 중심으로 해 왕권상징의 지배집단의 용과 호법선신의 승려집단의 용이 수용되었다는 것이 확인된다. 따라서 대안의 이야기로서 용 관련 이야기에서 용의 토대적 성격 혹은 매개적 성격은 선신(善神)과 수신(水神)의 성격이며, 그 호법선신(護法善神)과 왕권상징(王權象徵)의 성격은 이 매개적 성격을 중심으로 확장된 것이라고 할 수 있다.

선신(善神)과 수신(水神)의 매개 고리를 통해 확장된 호국선신(護國善神)의 성격과 왕권상징(王權象徵)의 성격은 전승의 통시적 지속성에서 한계를 드러낸다. 현전 구비전승 자료인 『구비문학대계』의 자료 36편과 연구자가 채록한 자료30편을 전승집단과 관련해서 분석하면, 민간전승집단과 관련한 용 자료들이 대부분을 차지하고 있었다. 오늘날 구비전승 되는 자료에는 『삼국유사』와 『고려사』 등에서 보이는 지배집단의 용과 승려집단의 용은 거의 보이지 않았다. 말하자면 호국선신(護國善神)의 용과 왕권상징(王權象徵)의 용은 전승이 미미하다고 하겠다. 『삼국유사』에 수록된 용 관련 설화 자료와 오늘날 전승 되는 용 관련 설화 자료를 비교하면 이처럼 뚜렷한 차이가 나타난다.

『삼국유사』에 수록 된 15편의 용 수용 설화를 보면, 〈수로부인〉조의 이야기를 제외하고는 대부분 지배집단의 용이거나 승려집단의 용이다. 〈북부여〉의 해모수 이야기, 〈신라시조혁거세왕〉의 알영 이야기, 〈제4대탈해왕〉의 탈해왕 이야기, 〈만파식적〉의 동해용 이야기, 〈진성여대왕거타지〉의 서해용 이야기, 〈원성대왕〉의 호국용 이야기, 〈무왕〉의 지룡 이야기, 〈작제건〉의 용녀 이야기 등은 대체로 지배집단의 이야기이다. 반면 〈처용랑망해사〉, 〈황룡사장육〉, 〈황룡사구층탑〉, 〈전후소장사리〉, 〈어산불영〉, 〈보양이목〉, 〈혜통항룡〉 등의 이야기는 대체로 승려집단의 이야기다. 『삼국유사』에 용 관련 설화가 채록되던 시기와 『고려사』가 집필되었던 시기는 오늘날과는 달리 세 집단의 이야기가 왕성하게 전승 되고 있었던 것으로 보인다.

『삼국유사』와 『고려사』의 시기와 오늘날 시기의 차는 적지 않다. 그리고 이 시기 동안 용 관련 설화의 전승에서는 중요한 변화가 있었다. 지배집단의 용 설화와 승려집단의 용 설화는 현격히 전승의 장에서 점차 사라져가고 민간집단의 용은 여전히 전승의 자리를 지키고 있는 현상이 나타났다. 선신(善神)과 수신(水神)의 매개 고리를 중심으로 확장적 성격을 띤 용을 수용한 지배집단과 승려집단의 용 관련 설화가 점차 사라지고 있다는 것을 알 수 있다. 역으로 말하면 선신(善神)과 수신(水神)의 용은 수렴적 성격을 띤 용으로 전승의 과정에서 그 지속성을 유지하고 있다는 것을 확인할 수 있다. 이렇게 볼 때 수렴적·기저적 성격의 용인 민간의 용은 그 전승의 생명력을 고갈하지 않고 있다고 할 수 있다. 반면 확장적 성격의 용인 지배집단의 용과 승려집단의 용은 그 생명력이 점차 고갈되고 있다는 것을 확인할 수 있다.

이렇게 보면 확장적 성격인 호법선신과 왕권상징의 용 관련 설화는 전승에서 점차 소멸될 것이고, 선신과 수신의 수렴적·기저적 성격의 용 관련 설화는 지속적으로 전승되기 때문에 점차 소멸의 길을 걷게 되는 원인이 확장적 성격에 있는 것처럼 보인다. 그러나 확장적 성격 그 자체가 소멸의 길을 걷게 되는 원인이 될 수는 없다고 생각된다. 그렇다면 소멸의 길을 걷게 되는 가장 큰 원인은 그러한 성격의 용을 수용한 전승집단의 소멸이라고 볼 수 있다. 지배집단의 용 설화 전승에서 이러한 현상이 뚜렷이 드러난다. 『삼국유사』 소재 용 설화와 『고려사』 소재 용 설화 중 지배집단의 왕권상징과 관련 된 이야기는 상대적으로 적지 않다. 그러나 현재 구비전승 되는 설화 자료에는 이러한 성격을 띤 용 설화가 거의 보이지 않는다. 이것은 왕권과 관련한 대안의 이야기를 필요로 하는 집단이 사라졌다는 데서 그 원인을 찾을 수 있다. 하지만 아직도 이들 설화가 근근이 이어지는 이유는 전승의 지역성과 깊이 관련되어 있다. 이 이야기는 이데올로기 확립에 더 이상 관여되지 않는다. 하지만 전승 지역의 자부심과 긍지를 일깨우는 데는 일조할 수 있다. 때문에 이들은 지배집단이 활동한 공간 안에서 여전히 이들 설화는 강하지는 않지만 여전히 전승되고 있는 것이다.

승려집단과 승려집단이 수용한 용 설화의 경우는 지배집단의 경우와는 다소 다르다. 현재 구비전승 되는 자료에는 승려집단의 용 설화가 거의 보이지 않지만 전승집단인 승려집단은 여전히 존재하고 있다. 전승의 주체는 상존하지만 그 집단과 관련된 대안의 용 이야기는 구술되지 않고 도상(圖上)의 형태로 유지되고 있다는 점이다. 이것은 승려집단과 용 관련 설화의 상관성이 느슨해지거나 관계가 단절되었다는 것을 의미하는 듯하다. 가령 사찰, 탑, 불상 등 특정의 불교적 조형의 기원 등과 관련해서 용의 이야기가 남아 있기는 하다. 그러나 그것이 기록으로 남아 있을 뿐 승려집단에 의해 생생하게 구술되는 기회를 거의 얻지는 못하고 있는 실정이다. 이것은 승려집단이 그들의 문제 해결을 위해 수용했던 용이라는 매개체를 다른 것으로 대체했다는 데 원인이 있는 듯하다. 가령 포교를 위해 인정되었을 용의 역할은 요즘 다양한 매체로 대체되고 있는 듯하다. 특히 방송매체가 그러한 역할을 대신하는 것으로 보인다.

지배집단의 용과 승려집단의 용과는 달리 민간집단의 용은 여전히 전승력을 확보하고 있는 것으로 보인다. 현장에 나가서 용 관련 설화를 채록하면, 그 지역의 전설로서 강력하게 전승되고 있기 때문이다. 이러한 전승력의 요인을 두 군데서 찾을 수 있다. 하나는 전승의 주체가 되는 민간집단이 과거와는 다른 모습이기는 하나 존재한다는 점이다. 다른 하나는 용의 성격이 선신(善神)과 수신(水神)으로 응축되어 삶의 보편적 문제 및 보편적 문제의 해결과 관련되어 있기 때문이다. 설화 전승의 집단이 존재하며, 전승의 목적이 길흉화복(吉凶禍福)과 관련한 생존의 문제와 관련이 있기 때문에 민간집단의 용 설화는 오늘날에도 전승 되고 있다고 할 수 있다.

민간집단의 용 설화, 지배집단의 용 설화, 그리고 승려 집단 각각의 용 설화의 통시적 전승 흐름을 나타내면 그림1과 같다.

<그림 1> 전승집단과 용 전승의 통시적 관계

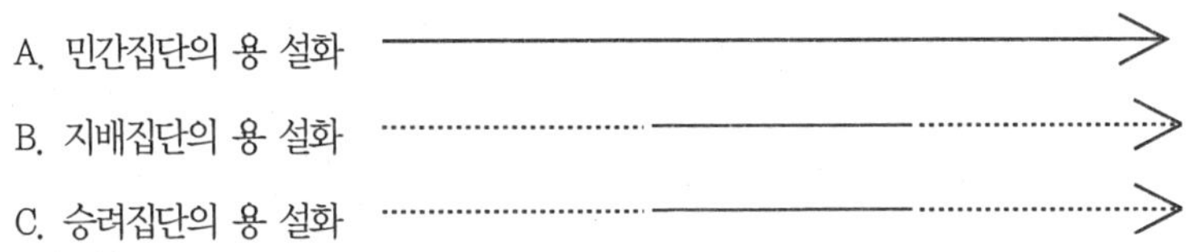

A. 민간집단의 용 설화 ──────────────→
B. 지배집단의 용 설화 ············──────────············→
C. 승려집단의 용 설화 ············──────────············→

위의 그림1을 통해 볼 때, 제한적인 집단 즉, 특정 집단의 이익과 목적을 위해 수용 된 용 이야기 곧 대안의 이야기는 점차 소멸하고 있다는 점이다. 반면 일반 집단의 이익과 목적을 위해 수용 된 용 이야기 곧 대안의 이야기는 전승력을 강하게 유지한다는 점이다. 이러한 사실로 부터 용 설화와 관련한 두 가지 전승 원리를 추출할 수 있다. 하나는 민간집단이 설화에 수용하고 전승시킨 용의 성격과 용 설화는 과거에도 그러했고 현재에도 그러하듯이 기저로서 미래에도 꾸준히 전승 될 것이라는 점이다. 둘째 민간집단의 용 성격은 제2의 제3의 특정한 집단의 목적을 위해 기저가 되어 주면서 그들의 목적에 부합하는 새로운 용의 성격을 탄생하는 동력이 될 것이라는 점이다. 이렇게 보면 원형적 용을 수용한 한국의 용 관련 설화는 과거에도 그러했듯이 미래에도 새로운 용 이야기 탄생을 위한 원천(源泉)

이 되리라 본다.

　미래의 용 이야기 탄생을 위한 탄생지(誕生地)로서 민간전승 용 역할에 대한 예측은 현재로서도 가능하다. 그것은 민간집단의 용 이야기를 원천으로 해 우리 시대의 교육과 문화, 혹은 오락을 위한 내용으로 재탄생시키는 작업이 가능하기 때문이다. 이것은 민간집단이 전승한 용 설화의 현재적 활용 가치를 의미한다. 가령 민간집단의 용 설화를 원천으로 새로운 스토리텔링 모델이나 교육을 위한 이야기 만들기 모델 창출이 가능하리라 본다. 이렇게 된다면, 용을 수용한 집단은 교육집단이 될 것이다. 교육집단이 민간집단의 용 설화를 활용해 확장적으로 용 이야기 문법을 만드는 일은 용의 새로운 전승이 될 것이다.

　오늘날 교육집단이 교육의 목적을 위해 용을 활용할 수 있듯이 또 다른 특정한 집단들도 그들의 현실적 문제를 해결하기 위해 그들의 용을 수용하는 일은 가능하다. 과거 지배집단과 승려집단이 그렇게 했듯이 그들의 목적을 위해 문제해결에 맞는 용을 창조할 수 있다. 오락을 위한 목적을 가진 전문가 집단이라면 오락의 문제를 해결하기 위해서 용을 수용하는 일은 가능하다. 예술적 목적을 가진 전문가 집단이라면 그들의 문제를 해결하기 위해서 용을 수용하는 일은 가능하다. 종교적 목적을 가진 집단이라면 그들의 종교적 문제를 해결하기 위해서 용을 수용하는 일은 가능하다. 모든 집단은 그들이 원하는 대안의 이야기를 위해 여러 매체를 활용할 수 있지만 그 중에 하나로 용을 활용할 수 있다.

　특정의 집단이 용을 수용해 그들의 대안의 이야기를 만들고자 한다면 과거와 현재에 구비전승의 한 주체가 되는 민간집단이 용을 수용한 사례를 활용하는 것이 도움이 될 것이다. 오늘날 창조성을 추구하는 교육, 문화, 게임콘텐츠 등 다양한 영역에서 영역의 주체가 고유한 우리의 민간집단의 용을 기저로 수용해 용의 성격을 확장해 나간다면, 창조적 상상력은 영역의 문제를 해결하는 데 크게 일조할 것이라 본다. 지배집단의 용 수용과 승려집단의 용 수용 또한 그들의 정치적·종교적 문제를 해결하기 위한 창조적 상상력의 적용이라 볼 수 있다.

7장. 결론과 전망

 한국에 전하는 용설화는 크게 세 가지 경우로 전승된다는 사실을 알 수 있었다. 첫 번째는 민간집단과 관련되어 전하는 용설화이다. 두 번째는 지배집단과 관련되어 전하는 용설화이다. 세 번째는 승려집단과 관련되어 전하는 용설화이다. 각각의 설화를 살펴본 후 다음과 같은 결론에 도달할 수 있었다.
 먼저 민간집단과 관련되어 용이 등장하는 설화는 크게 세 가지 정도로 구분되어 전승된다. 첫 번째는 기복 대상의 용이고, 두 번째는 금기 대상의 용, 세 번째는 퇴치 대상의 용이다. 이들 설화에서 용은 주인공의 조력자로 등장해 주인공의 목적을 실현해주는 존재이거나, 주인공이 금기를 어기는 행위를 할 시 화를 입히는 존재로 등장한다. 또한 용은 주인공에게 적대자로 나타나 주인공이 퇴치해야만 하는 존재가 되기도 한다.
 기복 대상의 용과 금기 대상의 용, 퇴치 대상의 용이 등장하는 설화들은 모두 민간집단과 밀접한 관련을 맺고 있다. 여기서 사람들은 개인의 소박한 소망을 용이라는 존재에게 투영해 복을 빌고, 복을 빌었던 신성한 존재인 용에게 금기를 어기는 행위를 함으로써 벌을 받기도 하고, 때로는 용의 신성성을 부정하기도 한다. 하지만 설화 모두는 용을 자신과 밀접한 대상이라고 인식한다는 공통점을 지닌다. 용을 밀접한 대상이라고 인식한 것은 용이 기후를 관장해 풍농에 중요한 역할을 한다는 것에서 기인한다고 생각된다.
 다음으로 지배집단과 관련되어 용이 등장하는 설화는 크게 세 가지 정도로 구분되어 전승된다. 첫 번째는 왕권 기원(王權起源)의 용이고, 두 번째는 국가 호위(國家保衛)의 용, 세 번째는 국태 민안(國泰民安)의 용이다. 이들 설화에서 용은 모두 지배집단으로 대표되는 주인공의 조력자로 등장한다. 용들이 지배집단 혹은 전승집단과 관계 될 때 용은 그들의 지배이데올로기를 위한 매개체로서 역할을 한다. 왜냐하면 지배집단 혹은 전승집단은 용의 신성성, 초월성, 완전성을 이용해 그들의 역사적 삶에서 처하게 된 문제를 은폐하고 이상화된 삶을 그려내는 데 활용한다.

왕권 기원의 용과 국가 호위의 용, 국태 민안의 용이 등장하는 설화들은 모두 용이 지배집단과 관련되어 전하는 것들이다. 이들 설화는 모두 지배집단과 용의 관계를 명시하고 있는데, 지배집단은 그들 지배의 정당성을 용신앙에 기반해 찾으려고 하는 특징을 보이고 있다. 용은 그 무한하고 경이로운 統治力 때문에 예부터 동양에서는 제왕의 권력이나 지위로 상징되어 왔다. '임금과 관련 있는 것에는 모두 '龍'이란 접두어를 붙였다는 사실을 통해 결국 龍―君王―天의 관계로 규정되고 신앙에까지 이르게 되면서 용의 호국사상이 발생하게 되었다.'[129] 지배집단은 설화에서 용이 지배집단의 이동에 관여했다거나 탄생에 관여했다고 해 왕권 기원의 정당성을 확립하고, 용이 나라를 호위하고 있다고 해 지배의 정당성을 확보한다. 또한 용이 나라를 태평하게 하고 백성을 편안하게 했다고 해 자신들의 지배 이데올로기 정당성을 확고히 하고자 했다.

승려집단과 관련되어 용이 등장하는 설화는 크게 세 가지 정도로 구분되어 전승된다. 첫 번째는 사찰 연기의 용이고, 두 번째는 건탑(建塔) 연기의 용, 세 번째는 교화 대상의 용이다. 이들 설화에서 용은 모두 불교신앙으로 대표되는 주인공의 조력자로 등장해 설화의 목적인 불교 이데올로기를 확립하는 데 일조한다. 왜냐하면 승려집단 혹은 전승집단은 불교신앙이 외래종교라는 이질성을 가지고 있었으므로 고유한 용의 신성성, 초월성, 완전성을 자연스럽게 불교신앙과 연관시킴으로써 이질성을 탈피하고자 했기 때문이다.

사찰 연기의 용, 건탑(建塔) 연기의 용은 모두 승려집단과 밀접한 관련을 맺고 있다. 이들 설화는 불교신앙과 용과의 화합을 창사와 연관시켜 전하는가 하면, 신라의 결핍을 건탑하는 것만으로 충족할 수 있다고 하고 또한 해악을 저지르는 용을 불교신앙을 대표하는 주인공이 강압적인 방법

---

129) 張德順, 위의 책, 1993, p.111.

이 아닌 교화의 방법을 통해 순응시키는 모습을 보임으로써 불교이데올로기를 확립한다.

이처럼 특정의 전승집단은 삶에서 직면한 문제를 해결하는 대안의 이야기를 만들기 위한 목적을 달성하기 위해 용을 수용했다. 그리고 그렇게 이야기에 수용 된 용은 특정한 전승집단의 목적 달성을 위한 매개체로서 역할을 했던 것이다. 그런데 세 집단이 각각 수용한 용의 관계를 보면, 민간집단의 용이 지닌 선신(善神)과 수신(水神)의 성격이 공동의 매개 고리 역할을 하며, 이 공동의 매개 고리를 중심으로 해 왕권상징의 지배집단의 용과 호법선신의 승려집단의 용이 수용되었다는 것이 확인된다. 따라서 대안의 이야기로서 용 관련 이야기에서 용의 토대적 성격 혹은 매개적 성격은 선신(善神)과 수신(水神)의 성격이며, 그 호법선신(護法善神)과 왕권상징(王權象徵)의 성격은 이 매개적 성격을 중심으로 확장된 것이라고 할 수 있다.

선신(善神)과 수신(水神)의 매개 고리를 통해 확장된 호국선신(護國善神)의 성격과 왕권상징(王權象徵)의 성격은 전승의 지속성에서 한계를 드러낸다. 선신(善神)과 수신(水神)의 매개 고리를 중심으로 확장적 성격을 띤 용을 수용한 지배집단과 승려집단의 용 관련 설화가 점차 사라지고 있다는 사실이 그러하다. 선신(善神)과 수신(水神)의 용은 수렴적 성격을 띤 용으로 전승의 과정에서 그 지속성을 유지하고 있다는 것을 확인할 수 있다. 이렇게 볼 때 수렴적·기저적 성격의 용인 민간의 용은 그 전승의 생명력을 고갈하지 않고 있다고 할 수 있다. 반면 확장적 성격의 용인 지배집단의 용과 승려집단의 용은 그 생명력을 점차 고갈하고 있다는 사실이 확인된다.

이렇게 보면 확장적 성격인 호법선신과 왕권상징의 용 관련 설화는 전승에서 점차 소멸될 것이고, 선신과 수신의 수렴적·기저적 성격의 용 관련 설화는 지속적으로 전승될 것으로 예상된다. 그렇다면 확장적 성격의 용 관련 설화가 소멸의 길을 걷게 되는 원인이 확장적 성격에 있는 것처럼 보인다. 그러나 확장적 성격 그 자체가 소멸의 길을 걷게 되는 원인이 될 수는 없다고 생각된다. 소멸의 길을 걷게 되는 가장 큰 원인은 그러한 성격의 용을 수용한 전승집단의 소멸이라고 볼 수 있다. 지배집단의 용 설화 전승에서 이러한 현상이 뚜렷이 드러난다. 『삼국유사』 소재 용 설화와 『고려사』 소재 용 설화 중 지배집단의 왕권상징과 관련된 이야기는 상대적으로 적지 않다. 그러나 현재 구비전승 되는 설화 자료에는 이러한 성격을 띤 용 설화가 거의 보이지 않는다. 이것은 왕권과 관련한 대안의 이야기를 필요로 하는 집단이 사라졌다는 데서 그 원인을 찾을 수 있다. 하지만 아직도 이들 설화가 근근이 이어지는 이유는 전승의 지역성과 깊이 관련되어 있다. 이 이야기는 이데올로기 확립에 더 이상 관여되지 않는다. 하지만 전승 지역의 자부심과 긍지를 일깨우는 데는 일조할 수 있다. 때문에 이들 설화는 지배집단이 활동한 공간 안에서 강하지는 않지만 여전히 전승되고 있는 것이다.

승려집단이 수용한 용 설화의 경우는 지배집단의 경우와는 다소 차이를 드러낸다. 현재 구비전승 되는 자료에는 승려집단의 용 설화가 거의 보이지 않지만 전승집단인 승려집단은 여전히 존재하고 있다. 전승의 주체는 상존하지만 그 집단과 관련된 대안의 용 이야기는 구술되지 않고 도상(圖上)의 형태로 유지되고 있다는 점이 지배집단의 용 설화와의 차이점이다. 이것은 승려집단과 용 관련 설화의 상관성이 느슨해지거나 관계가 단절되었다는 것을 의미하는 듯하다. 가령 사찰, 탑, 불상 등 특정의 불교적 조형의 기원 등과 관련해서 용의 이야기가 남아 있기는 하다. 그러나 그것이 기록으로 남아 있을 뿐 승려집단에 의해 생생하게 구술되는 기회를 거의 얻지는 못하고 있는 실정이다. 이것은 승려집단이 그들의 문제 해결을 위해 수용했던 용이라는 매개체를 다른 것으로 대체했다는 데 원인이 있는 듯하다. 가령 포교를 위해 수용되었던 용의 역할이 요즘은 다양한 매체로 대체된 것으로 보인다. 특히 방송매체가 그러한 역할을 대신한다고 하겠다.

지배집단의 용과 승려집단의 용과는 달리 민간집단의 용은 여전히 전승력을 확보하고 있는 것으로 보인다. 현장에 나가서 용 관련 설화를 채록하면, 그 지역의 전설로서 강력하게 전승되고 있기 때문이다. 이러한 전승력의 요인을 두 군데서 찾을 수 있다. 하나는 전승의 주체가 되는 민간집단이 과거와는 다른 모습이기는 하나 여전히 존재한다는 점이다. 다른 하나는 용의 성격이 선신(善神)과 수신(水神)으로 응축되어 삶의 보편적 문제 및 보편적 문제의 해결과 관련되어 있기 때문이다. 설화 전승의 집단이 존재하며, 전승의 목적이 길흉화복(吉凶禍福)과 관련한 생존의 문제와 관련이 있기 때문에 민간집단의 용 설화는 오늘날에도 전승 되고 있다고 할 수 있다.

이처럼 일반 집단의 이익과 목적을 위해 수용 된 용 이야기 곧 대안의 이야기는 전승력을 강하게 유지한다. 이러한 사실로부터 용 설화와 관련한 두 가지 전승 원리를 추출할 수 있다. 민간집단의 용 설화를 통해 하나는 민간집단이 설화에 수용하고 전승시킨 용의 성격과 용 설화는 과거에도 그러했고 현재에도 그러하듯이 기저로서 미래에도 꾸준히 전승 될 것이라는 점이다. 둘째 민간집단의 용 성격은 제2의 제3의 특정한 집단의 목적을 위해 기저가 되어주면서 그들의 목적에 부합하는 새로운 용의 성격을 탄생시키는 동력이 될 것이라는 점이다. 이렇게 보면 원형적 용을 수용한 한국의 용 관련 설화는 과거에도 그러했듯이 미래에도 새로운 용 이야기 탄생을 위한 원천(源泉)이 되리라 생각된다.

미래의 용 이야기 탄생을 위한 탄생지(誕生地)로서 민간전승 용 역할에 대한 예측은 현재로서도 가능하다. 그것은 민간집단의 용 이야기를 원천으로 해 우리 시대의 교육과 문화, 혹은 오락을 위한 내용으로 재탄생시키는 작업이 가능하기 때문이다. 이것은 민간집단이 전승한 용 설화의 현재적 활용 가치를 의미한다. 가령 민간집단의 용 설화를 원천으로 새로운 스토리텔링 모델이나 교육을 위한 이야기 만들기 모델 창출이 가능하리라 본다. 이렇게 된다면, 용을 수용한 집단은 교육집단이 될 것이다. 교육집단이 민간집단의 용 설화를 활용해 확장적으로 용 이야기 문법을 만드는 일은 용의 새로운 전승이 될 것이다.

오늘날 교육집단이 교육의 목적을 위해 용을 활용할 수 있듯이 또 다른 특정한 집단들도 그들의 현실적 문제를 해결하기 위해 그들의 용을 수용하는 일은 가능하다. 과거 지배집단과 승려집단이 그렇게 했듯이 그들의 목적을 위해 문제해결에 맞는 용을 창조할 수 있다. 오락을 위한 목적을 가진 전문가 집단이라면 오락의 문제를 해결하기 위해서 용을 수용하는 일은 가능하다. 예술적 목적을 가진 전문가 집단이라면 그들의 문제를 해결하기 위해서 용을 수용하는 일은 또한 가능할 것이다. 종교적 목적을 가진 집단이라면 그들의 종교적 문제를 해결하기 위해서 용을 수용하는 일도 가능하다. 모든 집단은 그들이 원하는 대안의 이야기를 위해 여러 매체를 활용할 수 있지만 그 중에 하나로 용을 활용할 수 있다.

특정의 집단이 용을 수용해 그들의 대안의 이야기를 만들고자 한다면 과거와 현재에 구비전승의 한 주체가 되는 민간집단이 용을 수용한 사례를 활용하는 것이 도움이 될 것이다. 오늘날 창조성을 추구하는 교육, 문화, 게임콘텐츠 등 다양한 영역에서 영역의 주체가 고유한 우리의 민간집단의 용을 기저로 수용해 용의 성격을 확장해 나간다면, 창조적 상상력은 영역의 문제를 해결하는 데 크게 일조할 것이라 본다. 지배집단의 용 수용과 승려집단의 용 수용 또한 그들의 정치적·종교적 문제를 해결하기 위한 창조적 상상력의 적용이라 볼 수 있다.

II부

『삼국유사』 용설화의
　　양상과 그 의미

1장. 서사구조로 본 <처용랑망해사>의 성격

1. <처용랑망해사>의 서사구조

〈처용랑망해사〉는『삼국유사』의 어느 대목보다 논란이 많으며, 의견이 합치되지 않고 있다. 향가 〈處容歌〉 때문에 관심의 대상이 되기 시작해서, 설화·민속연극의 측면에서 다각도의 해석이 이루어졌고, 역사적 사실과의 관련에 관해서도 견해의 차이가 심하다.[1] 이러한 견해의 차이는 기존의 연구가 〈처용랑망해사〉를 하나의 이야기로 보지 않고 해체 해석함과, 사상적 측면에만 주안점을 둔데서 나왔을 것이다. 그렇다면 왜 기존의 연구에서 〈처용랑망해사〉를 해체 해석한 것인가가 궁금해지는데, 그것은 처용을 주인공으로 삼게 됨으로써 이루어졌다고 할 수 있다. 처용이 중심이 되면 이야기는 조각나게 되기 때문이다. 본고는 〈처용랑망해사〉를 해체 해석한 기존 연구의 문제점에서 출발해 논의를 전개해 나가려고 한다.

〈처용랑망해사〉는 하나의 완벽한 스토리라인을 구비했다. 서사를 분석해 보면 세 부분으로 나누어지는데, 왕과 동해용왕의 이야기와, 처용과 역신의 이야기, 왕과 산신·지신과의 이야기이다. 여기서 중심인물은 왕이 된다. 헌강왕을 주인공으로 한 액자식 구성을 취하고 있다. 헌강왕이 중심인물인데 어찌 이야기가 조각나 해석될 수 있겠는가, 하나의 이야기로 간주함이 타당하다.

또 〈처용랑망해사〉는『삼국유사』의 일반적인 서술 양상과는 사뭇 다르게 서술되어있다. 즉, 일반적인 서술인 불교 신앙 중심의 서술이 아니라 무속 신앙과 무속에 귀속되어 있는 도교 신앙이 중심이 되어 서술되어져 있어 무·불·도의 귀속관계가 정합성을 띤다는 것이다. 기존의 논의는 대부분 불교에 귀속된 무속 신앙을 이야기 했는데 서사를 분석해 보면 불교에

---

[1] 조동일,『삼국시대 설화의 뜻풀이』, 集文堂, 2004, p.29.

귀속된 무속 신앙이 아니라 무속에 귀속된 불교 신앙이 나타난다. 〈처용랑 망해사〉에서 불교 신앙은 힘을 발휘하지 못한다. 오히려 무속 신앙이 삶의 문제를 해결해 가기 때문이다. 여기서 무속 신앙은 불교 신앙 이전부터 존재했던 신앙이므로 토속 신앙으로 간주해도 무방하리라 생각된다.

『삼국유사』의 편찬자인 일연이 승려이기 때문에 서술의 관점이 지극히 불교적이라는 것은 모두 주지하고 있는 사실이다.2) 하지만 〈처용랑망해사〉의 토속 신앙 위주의 서술은 상당히 흥미로운 사실이라 여겨진다. 왜 일연이 〈처용랑망해사〉를 토속 신앙을 우위로 서술했는가. 이는 그 당시 불교 신앙의 쇠락을 말해주는 것이 아닌가한다. 불교 신앙은 쇠락의 길로 접어들면서 더 이상 문제 해결의 중심이 될 수 없었을 것이다. 때문에 기존에 존재해 왔던 토속 신앙인 무속 신앙과 무속 신앙과 긴밀하게 결부된 도교 신앙이 불교 신앙을 대신해 문제를 해결했을 것이다. 이러한 신앙 구조의 정합성은 이 이야기가 완결된 작품임을 입증해주고 있다.

〈처용랑망해사〉의 서술에서 불교 신앙과 무속 신앙, 도교 신앙 사이의 갈등은 가시화되어 있지 않다. 하지만 실제적으로는 암투와 갈등이 내포되어 있을 것이다. 기존의 문제 해결의 중심이었던 불교 신앙이 그 자리를 호락호락 토속 신앙에게 전해 주지는 않았을 것이다. 우위 쟁탈은 암투와 갈등을 수반한다. 때문에 서술에 가려져 있을 뿐 치열한 우위 쟁탈 끝에 토속 신앙이 우위를 점할 수 있었을 것이다.

앞서 살폈던 세 가지 측면에서 〈처용랑망해사〉라는 설화 작품을 다루고자 한다. 이 세 가지 추정이 증명된다면 〈처용랑망해사〉의 새로운 해석이 가능하리라 생각된다.

〈처용랑망해사〉는 헌강왕과 동해용, 처용과 역신, 헌강왕과 지신, 산신이 등장하는 한 편의 설화라 할 수 있겠다. 〈처용랑망해사〉를 파악하기 위해서는 각 등장인물들의 활동을 구체적으로 살펴야 할 것이다. 등장인물들의 활동이 구체적으로 파악된다면 인물간의 관계가 보다 선명해질 것으로 기대한다. 등장인물들의 활동을 살펴보기 위해서 작품의 줄거리를

---

2) 김나영, 「『삼국유사』 피은 편의 이해」, 『돈암어문학』 21, 돈암어문학회, 2008, p.135.

제시하기로 한다. 줄거리는 하나의 사건의 시작과 끝을 하나의 단락으로 보고 일련번호를 붙여 제시하면 다음과 같다.

(자료1) 〈처용랑망해사〉3)
A : 제49대 헌강왕대 태평성대를 구가함(해결)

B : 헌강왕의 개운포 출유(미해결)
B-① 갑자기 구름과 안개가 자욱해서 길을 잃었다.(미해결의 암시)
B-② 일관이 동해용의 조화이니 좋은 일로 풀라고 아룀
B-③ 왕이 절 짓기를 명함(문제해결의 노력)
B-④ 구름과 안개가 걷힘, 그곳을 개운포라 함(일시적 해결)
B-⑤ 용이 기뻐, 일곱 아들을 거느리고 나타남
B-⑥ 왕의 덕을 찬양하며 춤추고 노래함

C : 동해용의 아들 처용이 임금을 따라 서울로 감(미해결)
C-① 왕의 정사를 도움
C-② 왕은 미녀로 아내를 삼게 해 처용의 뜻을 잡아 두고자 함
C-③ 처용에게 급간의 직위를 줌
C-④ 처용의 아내가 무척 아름다움
C-⑤ 역신이 처용의 아내를 흠모해 남몰래 동침함(미해결의 암시)
C-⑥ 처용이 밖에서 돌아와 그 모습을 보고 노래를 부르고 춤을 추며 물러남(문제해결의 노력)
C-⑦ 역신이 처용에게 감복해 무릎 꿇음(일시적 해결)
C-⑧ 처용은 辟邪進慶의 능력을 획득함
C-⑨ 왕이 돌아와 용을 위해 절(망해사, 신방사)을 세움

D : 왕의 포석정 출유(미해결의 암시)
D-① 왕만이 남산신을 봄
D-② 남산신이 춤을 춤
D-③ 왕이 따라 춤춰 형상을 보임

---

3) 一然, 『三國遺事』, 〈處容郎望海寺〉 紀異 第二.

D-④ 춤의 이름을 어무상심, 어무산신 이라고 함

F : 왕의 금강령 출유(미해결의 암시)
F-① 북악신이 나타나 춤을 춤
F-② 춤을 옥도검 이라고 함

G : 왕의 동례전 출유(미해결의 암시)
G-① 지신이 나타나 춤을 춤
G-② 춤을 지백급간 이라고 함

H : 어법집(語法集)에 전하기를 산신이 춤을 추고 '지리다도파도파'라고 한 것은 장차 나라가 망할 것을 알려준 것이라고 이르고, 자신이나 산신이 나라가 장차 망할 것이 라는 것을 춤을 추어 깨우치려 했으나 나라 사람들이 깨닫지 못해나라가 망함(미해결의 당위성 설명)

설화의 내용을 단락별로 정리해 보면 크게 세 부분으로 나누어 진다. 첫 번째는 A-B까지의 이야기이고 두 번째는 C이며 세 번째는 D-H까지의 이야기이다. C-⑨의 내용으로 미루어볼 때 첫 번째 이야기에 귀속됨이 옳을 듯하다. 세 부분의 이야기는 각기 헌강왕과 동해용의 활동, 처용과 역신의 활동, 헌강왕과 산신, 지신의 활동으로 나누어진다. 세 부분 가운데 첫 번째 부분과 두 번째 부분은 연관성이 상당히 떨어져 보인다. 첫 번째 부분에는 헌강왕이 중심이 되어 이야기가 전개되고 있으나 두 번째 부분에서는 처용이 중심이 되어 이야기가 전개되고 있기 때문이다. 사실이 이러하니 한 편의 이야기는 조각나 보인다.

여기서 우리는 일연의 서술 시점을 살필 필요가 있다. 일연은 '왕 -〉 처용 -〉 왕'으로 중심인물을 달리 하면서 서술해 이야기를 조각나 보이게 한데 한 몫을 담당했다. 중심인물이 다르다는 것은 자칫 다른 이야기라는 것으로 받아들여질 소지가 있다. 때문에 기존의 논의에서 많은 연구자들이 〈처용랑망해사〉를 조각난 이야기로 보고 논의를 펼쳤던 것이다. 하지만 이것은 일연의 의도4)를 제대로 파악하지 못한 것이다. 일연의 의도는 서술에 충분히 반영되었다고 하겠다.

〈처용랑망해사〉를 한 편의 설화로 규정하는 데 인물의 입체감만을 거론하는 것은 뭔가 설득력이 약해 보인다. 때문에 이를 좀 더 세밀하게 살펴볼 필요가 제기된다. 언뜻 보면 세 개의 이야기로 나누어져 있는듯하지만 〈처용랑망해사〉의 설화 내용을 유심히 살펴보면 헌강왕을 중심으로 서사구조가 전개되고 있다는 것을 알 수 있다. 앞서 살핀 A-B, D-H는 말할 것도 없거니와 기존 연구에서 다른 이야기로 간주한 C인 처용 중심의 이야기에서 C-②, C-③은 헌강왕이 배후에 존재하고 있다는 것을 알려준다. 즉, 처용이 왕을 보좌하기 위해 신라의 서울로 오게 된 것과 아름다운 여인을 아내로 맞아들이게 된 것, 급간의 벼슬을 부여받게 된 것 모두가 왕인 헌강왕이 있기에 가능한 일이기 때문이다. 헌강왕의 존재가 없다면 처용의 존재 또한 없었을 것이다. 헌강왕의 존재를 부각한다면 별개의 이야기로 비춰졌던 세 개의 이야기는 하나로 연결될 수 있다.

〈처용랑망해사〉는 헌강왕을 중심으로 서사구조가 전개되고 있다고 보고 다시 내용을 재구성할 필요가 있다. 헌강왕은 出遊시 동해용과 남산신, 북악신, 지신을 만난다. 이때 遊로 표현된 국왕의 행차는 단순한 놀이일 수 없으며 국가의 수호신이나 각 지역의 신령스런 존재와의 만남을 갖기 위한 준비과정으로 이해하는 것이 타당하다.[5]는 견해를 따르면 헌강왕의 공간이동은 상당한 시사점을 부여해준다. 헌강왕은 出遊시 신들과 遭遇한 것처럼 서술되어 있으나 결국 준비된 만남이었다는 것이다. 준비된 만남은 그 이유를 수반한다. 그렇다면 왜 신들과의 만남을 준비하고 신들을 만났느냐가 논의의 핵심이 된다. 핵심을 살피기 위해 헌강왕의 공간이동에 따른 직무 수행을 중심으로 내용을 살펴본다.

헌강왕의 첫 번째 출유지는 개운포이다. 태평성대 즉, 해결의 중심에서

---

4) 일연은 〈처용랑망해사〉에서 각각의 인물들에 입체감을 부여하기 위해 중심인물을 달리해 서술한 결과가 사람들로 하여금 세 편의 각기 다른 이야기를 의도적으로 하나의 이야기에 포함시킨 것처럼 받아들이도록 했기 때문이다.
5) 全基雄, 「眞聖女大王代의 花郎 孝宗과 孝女知恩 說話」, 『한국민족문화』 25집, 釜山大學校 韓國民族文化硏究所, 2005, p.209.

무엇인가 문제가 발생했기에 개운포라는 곳으로의 공간이동이 수반되었다. 따라서 헌강왕의 공간이동은 미해결로 인해서 였다는 것을 알 수 있다. 그리고 헌강왕은 개운포에서 길을 잃게 되는 시련을 겪는다. 시련은 곧 미해결을 암시하는 것이다. 미해결의 문제를 해결하기 위한 노력으로 동해용을 위해 절 지을 것을 명한다. 그리고 운무가 걷혀 문제를 해결하게 된다. 그리고 신라로 돌아와 절을 축조한다. 하지만 동해용의 아들인 처용을 데리고 서울로 돌아온다는 데서 또 다른 문제가 발생했다는 것을 알 수 있다. 때문에 앞서 절 축조로 인한 해결은 일시적 해결임을 알 수 있다. 처용의 동해에서 신라로의 이동은 문제의 중심이 경주에 있다는 것을 알려주며 사건이 다시 미해결의 상태로 전이되었음을 말해준다. 그리고 역신의 등장은 미해결의 상태를 좀 더 확실히 알려주는 단서가 된다. 역신이 처용의 아름다운 처를 사모해 몰래 동침하게 된다. 일반적이 사람이었다면 그 모습을 보고 가만히 있지 않았을 것이다. 집에 돌아와 밖에서 안으로 이동을 한 처용은 그 모습을 보고 춤을 추고 노래를 부르며 물러나올 따름이다. 자신의 처가 다른 남자와 같이 잠을 자고 있는 상황을 보고 노래를 부르고 춤을 추며 물러나왔다는 것은 상식적으로 이해하기 어려운 일이다. 하지만 처용은 그것을 실행했다. 그리고 그의 행동으로 인해 역신은 감복해 무릎을 꿇고 사죄하며 처용의 형상만 그려져 있어도 그 문안에 들어가지 않겠다고 맹세하고 사라진다. 이것은 두 번째 해결로 볼 수 있다. 화를 내야 마땅한 처용은 춤을 추고 노래를 부르는 것으로 문제해결을 시도 하고 결국 문제를 해결하게 된다.

그렇다면 처용의 춤과 노래가 무엇을 의미하는지가 궁금하다. 역신은 처용의 행동에 감복해 무릎을 꿇고 처용의 형상만으로도 문안에 들어가지 않겠다고 다짐까지 한다. 이것으로 처용은 辟邪의 기능을 획득했다고 볼 수 있다. 그리고 벽사의 기능 이외에 나라 사람들로 하여금 進慶의 기능까지 수행하는 인물이 된다. 결국 이러한 직능의 부여는 그가 춤을 추고 노래를 부름으로 가능했다. 때문에 처용의 춤과 노래는 굿의 한 행위로 간주해도 무방하리라 생각된다. 그렇다면 처용의 동해에서 경주로 즉, 바다에서 육지로, 밖에서 안으로의 공간이동은 문제의 발생지가 육지 즉 경주라는 것을 알려주고, 미해결의 과제가 부여되어 그것을 해결하기 위해 공간이동을 했다는 것을 보여준다. 문제의 중심지에서 역신을 만났다는 것은 미해결을 암시해 이러한 추정에 설득력을 더해준다. 처용은 미해결의 상황을 굿을 연행함으로써 해결의 상황으로 바꾸었다. 그리고 그 과정에서 辟邪進慶의 직능까지 부여받게 되었음을 알 수 있다. 문제는 해결되었다. 하지만 헌강왕의 포석정 출유는 처용의 문제 해결도 역시 일시적 해결에 불가했다는 것을 보여주었다.

포석정에 출유한 헌강왕을 어떻게 해석해야 하는지에 대해 또 문제가 제기된다. 하지만 미해결과 해결이라는 두 개의 중심축으로 본다면 처용으로 문제 해결에 이를 수 없다는 것을 간파한 헌강왕이 스스로 문제 해결의 현장으로 다시 돌아오게 되었다고 보면 문제는 쉬이 풀릴 수 있다. 즉, 처용의 문제해결은 일시적 해결로 다시 상황은 미해결의 상태로 전환되었다. 문제의 중심지인 포석정으로 헌강왕은 공간을 이동한다. 그리고 포석정에서 남산신을 보게 되는데 남산신은 다른 사람의 눈에는 보이지 않고 오로지 헌강왕에게만 모습을 보였다. 그리고 춤을 춘다. 헌강왕은 남산신의 춤을 따라 추어 형상을 보였는데 그 춤을 어무상심, 어무산신이라고 한다고 했다. 그런데 남산신의 모습을 왜 헌강왕만이 볼 수 있었는가가 의문이다. 일반 사람들은 신의 모습을 볼 수 없다. 다른 사람의 눈에는 보이지 않는 신이 헌강왕에게만 보였다는 것은 헌강왕이 일반 사람이 아님을 말해주는 것이다. 그리고 신의 춤을 보고 그 형상을 사람들에게 보였다는 것으로 보건대 헌강왕의 춤사위는 굿의 연행으로 봄이 타당할 것 같다. 헌강왕이 무당이나 무당의 능력을 지니고 있는 사람이었다면 신의 모습을 보는 것은 당연할 것이며, 그러한 신의 모습을 사람들에게 자신의 몸을 빌어 보여주는 것이 가능하기 때문이다. 헌강왕은 춤을 추어 사람들에게 보임으로 신의 경고를 전달해 준 것이다. 그런데 다시 그는 금강령으로 공간이동하게 된다. 앞서 포석정으로의 이동에서도 그는 문제에 대한 해결을 하지 못했다. 그런데 또 금강령으로의 공간이동을 하게 된다.

헌강왕의 공간이동은 여전히 미해결이라는 과제를 안고 있다. 그 과제를 짊어지고 다시 공간이동을 택한다. 그리고 그 공간이동에서 다시 북악신을 보게 되고 북악신이 춤을 춘다. 그리고 그 춤을 옥도령이라고 했다고 한다. 서사에서 헌강왕의 직접적인 행동은 나타나지 않지만, 남산신과 같은 구조를 가지고 있다는 측면에서 본다면 헌강왕이 이 춤의 형상을 보이고 사람들이 그 춤을 옥도령이라고 했음이 옳을 것이다. 그리고 다시 동례전으로 이동해 지신을 대면하고 지신이 춘 춤을 보게 되고 남산신의 구조와 동일하게 헌강왕이 그 춤의 형상을 사람들에게 보이고, 사람들이 그 춤을 일러 지백급간이라고 했다라고 해야 옳을 것이다. 이렇게 본다면 헌강왕이 다시 문제 발생 현장으로 돌아와 포석정 -> 금강령 -> 동례전이라는 3번의 공간이동을 하게 되는데 여기서 헌강왕은 신들의 형상을 사람들에게 자신의 몸을 통해 보여준다. 하지만 H를 통해 헌강왕의 3번의 공간이동과 춤을 춤으로써 문제 해결을 하려했던 그의 노력은 결국 수포로 돌아감을 말해주고 있다. 즉, 남산신, 북악신, 지신의 춤이 신라 망국을 미리 알려 주려는 신들의 의도였다. 그래서 헌강왕은 신들의 의도를 사람들에게 춤으로써 보여주었다. 하지만 사람들은 이것을 인지하지 못했다.

〈처용랑망해사〉는 헌강왕이 공간이동을 통해 미해결의 문제를 해결하려고 하는 일련의 과정이 서술되어 있다. 첫 번째 문제 해결은 절을 창건한다는 것으로 보아 불교 신앙적인 해결을 꾀한 것으로 간주해 볼 수 있다. 두 번째 문제 해결에서부터 노래와 춤이 등장하는데 이것들은 무속 신앙적인 요소로 간주해야 할 것이다. 그리고 산신, 지신의 등장으로 보아 도교 신앙적인 요소 또한 이야기 안에 내재되어 있음을 알 수 있다. 그렇다면 무속 신앙과 도교 신앙, 불교 신앙이 어떻게 혼재되어 있는지 살펴볼 필요가 있다. 먼저 신앙적 요소를 가지는 내용을 정리하면 B-③, B-⑤, B-⑥, C-⑥, C-⑧, C-⑨, D-①, D-②, D-③, F-①, G-①이다. 여기서 불교 신앙적인 요소를 추출하면 B-③, C-⑨이고, 무속 신앙적인 요소는 B-⑥, C-⑥, C-⑧, D-③이다. B-⑥을 B-③을 위한 것이라고 볼 수 있지만 '동해용'과 '처용'[6]이

---

6) '동해용'은 망해사 창건을 위해 운무를 가리어 왕에게 길을 잃게 한다. 그러나 아들인

라는 인물을 중심으로 해석한다면 무속적인 요소로 보는 것이 타당할 것이다. 마지막으로 도교 신앙적 요소를 들 수 있는데 이것은 D-①, D-②, D-③, F-①, G-①이다. 그러나 도교 신앙은 무속 신앙과 습합되어 분명하게 분리되지 않으므로 무속의 외피가 덧입혀진 도교 신앙[7]적인 요소로 규정함이 옳을 것이라 생각된다.

따라서 불교 신앙적 요소는 2개, 무속 신앙적인 요소는 4개, 도교 신앙적 요소는 5개가 된다. 따라서 도교 〉 무속 〉 불교 신앙 순으로 신앙의 우위를 가릴 수 있다. 하지만 여기서 간과하지 말아야 할 것은 남산신, 북악신, 지신이 등장한 서사를 동일한 구조로 본다면 북악신과, 지신의 등장시 헌강왕의 춤을 추어 사람들에게 보였다는 내용이 생략되어 있다고 볼 수 있으며, 이렇게 본다면 무속 〉 도교 〉 불교 신앙의 순으로 우위를 가릴 수 있게 된다. 때문에 〈처용랑망해사〉에서 무·불·도 3자의 관계는 무속이 가장 우세함을 알 수 있다.

이상의 논의를 통해 〈처용랑망해사〉 서사구조를 적어보면 다음과 같다. 헌강왕은 번성을 누리고 있었다. 이것은 해결의 구조로 간주할 수 있을 것이다. 그러나 헌강왕의 개운포 출유는 해결에서 미해결로의 전환을 보여준다. 이것은 절 창건을 약속하면서 해결로 나아간다. 다시 헌강왕이 개운포에서 경주로 돌아오면서 처용을 데리고 왔다는 데서 앞의 해결은 일시적 해결이었고, 다시 미해결로 전이되었음을 알려준다. 처용은 미해결의 문제를 춤을 추고 노래를 부르는 것 즉, 굿을 연행함으로 해결하게 된다. 그러나 이 또한 산신, 지신의 등장으로 일시적 해결에 지나지 않았음을 보여준다. 다시 헌강왕이 문제의 중심지에 등장해 남산신, 북악신, 지신을 대면하는 것으로 처용의 해결은 일시적 해결이 되고, 미해결의 상황으로

처용이 수행하는 직무는 무속 신앙적인 요소가 다분하다. 또 용신신앙이 불교도래 이전의 재래 신앙이었다는 점과 〈처용랑망해사〉를 굿 연행의 이야기라는 점을 감안 한다면 이것들을 무속 신앙의 요소로 보는 것에는 무리가 없을 것이다.
[7] 남산신, 북악신의 산신 사상과, 지신은 오랜 옛날부터 널리 신봉되어 왔는데 중국의 도교 신앙이 유입되면서 습합·혼유됨으로 온전하게 도교 신앙으로 엄격하게 구분하기 어렵다.(都珖淳, 「韓國道教의 史的 研究」, 『도교학연구』 7, 한국도교학회, 1991, pp.46-47.

전환된다. 헌강왕은 여기서 춤을 추는 굿을 연행함으로 사람들에게 신의 의도를 전달해 준다. 하지만 사람들이 깨닫지 못해 문제는 미해결 상태로 마무리 된다. 따라서 〈처용랑망해사〉는 해결 -〉 미해결 -〉 일시적 해결 -〉 미해결 -〉 일시적 해결 -〉 미해결 이라는 구조를 가지고 있다고 할 수 있다. 그리고 이것은 크게 보아 상승구조에서 하강구조로 전환을 의미한다고 하겠다. 그리고 문제 해결의 측면에서 불교 신앙으로 문제를 해결하려고 했으나 결국 무속 신앙의 힘에 의지 하는 방향으로 나아가게 됨을 알 수 있었다. 이로 볼 때 불교 신앙은 그 세력이 매우 약화되어 설 자리를 잃어가고 있다는 것을 알 수 있다.

2. 무·불·도의 관계와 헌강왕의 위상

앞장에서는 서사구조에 나타난 무·불·도의 영향을 살펴보았다. 그 결과 무속 신앙이 가장 많은 비중을 차지하고 있었으며, 도교 또한 무속 신앙의 외피를 쓰고 상당한 비중으로 서사에 나타남을 알 수 있었다. 그러나 불교 신앙은 무속 및 도교 신앙에 비해 위력이 현저하게 약화되어 나타났다. 이러한 불교 신앙의 세력 약화는 분명 이유가 있었을 것인데 서사구조만으로는 세 신앙의 위력의 편중만을 알 수 있을 뿐 왜 편중되어 나타나는지에 대한 이유를 알 수 없었다. 때문에 〈처용랑망해사〉 서사에서 왜 불교의 위력이 약화되고 무속도교의 위력이 강해지는 신앙의 역전 현상이 나타나는지를 헌강왕대의 정치·사회와 연관 지어 살펴보지 않으면 안 된다. 서사구조에서는 갈등 양상이 가시화되어 드러나지 않았다.

그렇다면 숨어 있는 갈등 양상을 어떻게 가시화 할 수 있는가가 관건이 되겠다. 이것은 신라 전반을 관통하는 불교 신앙과의 관계 속에서 모색되어야 할 것이다. 신라는 불교 국가라 해도 과언이 아닐 만큼 정치·문화·사회 전반에 걸쳐 불교가 차지하는 비중이 상당히 컸다. 헌강왕 이전인 신라 중대는 정치상황과 불교사상이 상호반영·상호침투 되는 연기변증법적 관계였다.[8] 그러나 8세기 말 이후로 접어들면서 왕위 다툼이 격화되어 혼란을 겪었으며, 신라 말 각 지방에서는 호족들이 등장해 독자적 세력을 형성했고, 이들이 새로운 불교인 선종을 후원해 선종이 융성할 수 있었다.9) 뿐만 아니라 민간에는 미륵신앙이 선행10)되었으며 풍수지리사상11) 또한 대두 되었다. 이것으로 미루어 신라 하대 권력구조와 종교구조는 분리되었다는 것을 알 수 있다.

권력구조와 종교구조의 분리는 각기 다른 구조의 이질성을 내포한다고 할 수 있겠는데, 신라 하대의 권력 구조는 중앙의 귀족중심구조와 지방의 호족과 민중의 구조를 들 수 있을 것이다12) 중앙과 지방 사이의 사상적 괴리가 심하다는 것은 곧 이중적 구조로 나뉘어 있다는 것을 의미한다고 할 수 있다. 이중적으로 나누어진 구조를 가진 나라는 분열이 초래되기 용이하다. 때문에 왕은 분열이 초래되기 전에 이중적인 구조를 하나로 묶을 대안을 모색해야 했을 것이다. 그렇다면 헌강왕은 어떠한 방법을 취해 분열의 야기를 막으려 했는가가 문제인데, 서사구조에서 보인 왕의 출유가 그것을 알려주는 좋은 단서가 될 것이다. 왕은 처음에 개운포라는 장소로 출유한다. 원래 왕이 머무르는 장소는 육지의 경주이다. 경주에 머무르던 왕이 개운포라는 장소로 이동한 것이다. 때문에 개운포로의 이동은 이유를 수반한다.

---

8) 박희택, 「신라 하대의 불교와 정치」, 『동양정치사상사』 7, 2008, p.132-133.
9) 김남윤, 「신라 말 고려 초의 사회변동과 불교」, 『내일을 여는 역사』 17, 내일을 여는 역사, 2004, pp.289-290.
10) 신라 하대의 정치적 혼란 속에서 실질적 피해자는 일반 민중들로 그들은 과중한 세금으로 빈곤을 면치 못했다. 때문에 이 시기 일반 민중에게는 末世意識이 크게 작용했고 현세의 고통에서 구제되기를 희망하는 바램에서 미륵신앙이 더욱 성행할 수 있었다. (金惠婉, 「新羅 下代의 彌勒信仰」, 『成大士林』 8, 成均館大學校 史學會, 1992, pp.6-37.
11) 신라하대에 와서 풍수지리설은 禪僧들을 통해 全國 各處의 地方豪族들에게까지도 전파되었는데, 호족세력들은 경주 진골귀족들의 閉鎖性에 대한 반발과 그에 대한 그들의 독립적 세력형성을 합리화해 주는 논리적 근거로써 풍수지리설을 적극적으로 받아들였다.(崔柄憲, 「道詵의 生涯와 羅末麗初의 風水地理說」, 『한국사연구』 11. 한국사연구회, 1975, p.142.
12) 왕실은 진골귀족의 관직독점과 田莊확대에 대해 선사들과 결연해 진골귀족의 세력을 약화시키려 했다. (金周成, 「신라하대 왕실의 지방통치」, 『신라문화』 26, 동국대학교 신라문화연구소, 2005, p.2.)

이유는 바로 중심이 아닌 지방의 문제발생이라 할 수 있겠는데 B-①에서 '갑자기 구름과 안개가 자욱해'라는 구절은 이러한 문제를 구체적으로 암시해준다고 할 수 있다. 개운포는 바로 문제발생의 근원지였던 것이다. 왕은 문제발생의 근원지였던 개운포로 이동해 문제를 해결하려고 했으며 결과적으로 문제는 일시적 해결이라는 국면을 맞게 되었다. 그렇다면 역사적으로 개운포라는 장소가 어떤 곳 이었는가 또한 중요한 부분이 될 것이다. 개운포는 바닷가의 장소로 민간의 용 신앙과 관련된 곳이다.13) 민간의 용 신앙 중심지로 왕은 이동한 것이다. 때문에 앞에서 밝힌 이중적 구조를 화합하기 위해 왕의 출유가 있었다는 것은 증명된 것이다.

왕의 다음 출유 장소는 포석정이다. 하지만 그전에 서사구조에서 알 수 있었듯이 처용으로 하여금 왕의 직능을 대신할 수 있도록 했던 왕의 행동을 미루어 처용과 왕의 존재를 일치시켜 보아도 무방하리라 생각된다.14) 이렇게 보면 처용의 이동은 곧 왕의 이동이 된다. 그리고 그것은 앞서 밝힌바와 같이 왕이 분열을 막기 위해 개운포 일대 지역의 중심인물을 중앙으로 이동시켜 중앙과 지방의 화합15)을 꾀하려 했다는 것으로도 해석될 수 있을 것이다. 하지만 무엇으로 해석되든 왕의 이동은 문제해결을 위한 것이었다는 것을 감안할 때 처용의 경주로의 이동은 신라의 중심에서 문제가 발생했음을 의미한다고 할 수 있다. 문제는 서사에서 역신과의 만남으로 가시화 되었는데, 처용은 춤과 노래를 불러 역신을 감복케 하고 辟邪進慶의 직능을 부여받는다. 역신이 물러남으로 문제는 일시적으로 해결된다. 그렇다면 역신으로 가시화되었던 당대 신라에서 발생한 문제가 무엇

---

13) 개운포 한 가운데 위치한 처용암은 대왕암에 비견될 수 있는 신성한 성역으로 용신호위와 용자탄생의 갈망이 응결되어 처용의 출생지라고 전승되는 개운포 용신신앙의 중심이다.(김유미,「처용전승의 전개양상과 의미 연구」, 부산대학교 박사학위논문, 1998, pp.25-26.)
14) 처용이 중심이 되어 서술된 부분에서는 처용의 이동을 왕의 이동과 동일하게 보아도 무방할 것이다. 왕은 처용에게 아름다운 아내와 벼슬을 주어 처용을 머무르게 한 장본인이기 때문이다.
15) 왕실은 지방통치력 약화를 지방의 선사와의 결연해 그들에게 일정한 주석처를 제공하고 지방관을 보좌하게 함으로써 극복하고자 했다. (金周成, 앞의 논문, 2005, p.11.)

인지 궁금하다. 문제는 아마도 중앙에서의 권력다툼이었을 것이다.16) 이러한 문제를 해결하기 위해 처용이 지방에서 중앙으로 이동되었고 문제는 일시적으로 해결되었다.

하지만 왕은 다시 서사에 등장한다. 처용이라는 인물로도 문제가 일시적 해결로 끝나 버렸기 때문이다. 왕은 다시 등장해 포석정으로 출유한다. 포석정은 효종랑의 화랑도가 국가를 위한 종교적 성격의 회합을 갖는 곳, 팔관회 같은 종교적 의례가 치러지던 곳이며, 화랑과 관련된 사당이 있었던 곳으로 역사적으로 신성한 곳17)이다. 여기서 왕은 남산신을 만난다. 남산은 동악(토함산), 서악(선도산), 중악(단석산), 북악(금강산)과 함께 경주 五岳18)중 하나이다. 이렇게 신성한 신이 '남산신이 왕 앞에서 나와 춤을 추었다'라고 하는 구절에서 알 수 있듯이 왕의 앞에 등장해서 춤을 추었다는 것은 상당한 시사성을 내포한다고 하겠다. 신들의 춤은 일반적인 현상에서 발생하지 않는 것이기 때문이다. 그렇다면 신은 필시 무엇인가를 알려주기 위해 등장했을 것이다. 그런데 '좌우의 신하들은 보지 못하고, 왕이 홀로 남산신의 모습을 보았다'라는 구절19)에서 보듯이 남산신의 모습을 볼 수 있는 것은 헌강왕뿐이었다. 여기서 왜 왕에게만 신의 모습을 드러내보였는가 또한 중요한 문제가 된다. 신의 모습을 헌강왕만이 볼 수 있었다는 것은 헌강왕이 특별한 능력의 소유자임을 말해준다. 헌강왕은 샤먼적 능력을 소유했거나 스스로 샤먼이었던 것으로 볼 수 있는데 그렇다면 헌강왕이 '스스로 춤을 추어 그 형상을 나타냈다'라는 구절을 통해 신의 예언을 사람들에게 전달해주었다고 볼 수 있을 것이다. 예언을 끝내고 왕은 또다시 금강령으로 이동한다.

금강령은 북악을 말한다. 북악은 남악과 함께 경주의 오악 중 하나이다.

---

16) 신라하대 사회의 근본적인 모순은 진골귀족의 관직독점과 田莊의 확대에서 비롯된 것이다.(金周成, 앞의 논문, 2005, p.11.)
17) 姜敦求, 「鮑石亭의 종교사적 이해」, 『韓國思想史學』, 1993, pp.47-66.
18) 최강식, 『고대 한국의 국가와 제사』, 한길사, 1994, p.300.
19) 이 구절을 통해 헌강왕이 次次雄 또는 慈充이라고 하던 무당 구실을 했음을 알 수 있다. (조동일, 앞의 책, 2004, p.37.)

여기서 헌강왕은 다시 신성한 북악신을 조우하게 된다. 거듭된 신들의 출현은 심각한 사태에 대한 예언임을 드러내준다고 할 수 있겠는데, 여기서 헌강왕은 다시 북악신의 춤을 자신의 몸을 통해 사람들에게 신의 예언을 전해준다. 그리고 다시 경주 월성의 동례전으로 이동한다. 동례전은 종교적 의례와 관련 있는20)곳으로 신성한 곳이다. 여기서 왕은 지신과 만나고 지신의 춤을 통한 예언을 사람들에게 보여준다. 남산신, 북악신을 통해 경주를 중심으로 중요한 산신들이 등장했으며, 경주에 있는 신성한 장소에서 지신 또한 등장한다. 이 세 신들이 출현해 춘 춤은 이후 일연의 '지신이나, 산신이 나라가 장차 망하리라는 것을 알아 춤을 추어 깨우치려 했다. 그런데도 나라 사람들이 깨닫지 못하고, 상서로운 일이 나타났다면서 환란에 탐닉했으므로 마침내 나라가 망했다'라는 부분의 해석을 통해 망국의 예언임을 알 수 있었다.

그런데 주목해야 할 것은 지방으로의 출유는 한 번밖에 없는 반면에 경주 중심으로의 출유는 잦았다. 이것으로 보아 지방에서의 문제 보다 중앙에서의 문제가 더욱 심각했음을 알 수 있겠다. 심각한 문제를 파악하기 위해 헌강왕대 정치사를 좀 더 살펴볼 필요성이 제기된다. 헌강왕대의 정치사회에서 가장 중요한 인물로 위홍을 들 수 있다. '그는 왕실의 고유 신앙에 대한 경사와 신성한 왕실혈통을 더욱 강조했는데 그의 주도 아래 헌강왕은 종교적 현상들에 탐닉했고, 국인들은 耽樂했으며 왕경에는 밤낮으로 가무가 그치지 않았다. 왕은 諸神들에게 은혜를 베풀고 성덕으로 감복시키며 상위에서 통제하려 했다. 이는 왕의 신이함과 샤만적 능력을 과시하는 것이며, 왕실은 신성한 권의로 포장되었다.21)' 는 연구에서 당대는 왕실의 혈통을 중시했으며, 고유 신앙을 공경하고 섬겼다는 것을 알 수 있었다. 하지만 논의에서처럼 '헌강왕은 종교적 현상들에 탐닉했고, 왕은 諸神들에게 은혜를 베풀고 성덕으로 감복시켜 왕의 신이함과 샤만적 능력을

---

20) 全基雄, 「憲康王代의 정치사회와 '處容郎望海寺'條 설화」, 『신라문화』 26, 동국대학교 신라문화연구소, 2005, pp.1-72.
21) 全基雄, 앞의 논문, 2005, pp.74-79.

과시하려 했다'는 내용은 지나치게 확대 해석한 것이 아닌가 하는 생각이 든다. 헌강왕의 출유를 살펴본 결과 헌강왕이 샤먼인 능력을 소유하고 있는 인물이었다는 것을 알 수 있었다. 남산신, 북악신, 지신을 유일하게 헌강왕만이 대면하고 그들의 춤을 볼 수 있었기 때문이다. 그리고 왕은 '국인들은 耽樂했으며 왕경에는 밤낮으로 가무가 그치지 않았으며'라고 한 구절에서 알 수 있듯이 중앙귀족이 향락에 빠져 있어 왕권이 흔들리는 것을 막기 위해 샤먼적인 힘을 통해 사람들에게 예언을 전해주었다고 할 수 있다.

그렇다면 헌강왕의 중앙과 지방으로 오갔던 출유는 무엇을 의미하는가에 대한 의문이 제기된다. 이것은 당시 신라가 정치적, 종교적으로 분리된 구조를 가지고 있었기 때문으로 볼 수 있다. 정치는 중앙과 지방이 분리되어 있었으며 종교 또한 중앙의 화엄종과 지방의 선종, 그리고 무속 신앙과 도교 신앙으로 나뉘어져 있었다. 따라서 당시 신라의 사회구조를 중앙과 지방으로 대표되는 이중적 구조로 볼 수 있다. 왕인 헌강왕으로서는 이중적 구조를 하나로 묶어 중앙집권을 강화하는 것이 시급했다. 먼저 신라의 기반 신앙인 화엄종을 위시해 중앙집권을 강화하려고 했다. 하지만 헌강왕 당대에 화엄종은 귀족과 결탁해 많이 퇴색했다. 그리고 민중들 또한 무속 신앙이나 도교 신앙으로 선회해 불교 신앙[22]을 위시해 지방을 통치하고 왕권을 강화하기는 무리가 있었다. 왕권의 강화가 시급했던 헌강왕으로서 두 집단의 사상 괴리는 집단의 분리를 야기하므로 시련이 아닐 수 없었다. 더군다나 강력한 왕권을 지향하던 헌강왕에게는 더 그랬을 가능성이 크다.

헌강왕은 불교 신앙의 문제성을 감지하고 개운포에서 무속 신앙의 인물인 처용을 신라의 서울인 경주로 데리고 온다. 그리고 왕의 샤먼적 능력을 처용으로 대신하게 한다. 여기서 처용은 무속 신앙의 힘으로 신라의 중심을 다스리고 일시적으로 문제를 해결하는데 공헌한다. 하지만 완전한 해

---

22) 신라 중기 왕권과 밀접하게 관련 있었던 화엄종을 말한다. 하지만 이 당시 화엄종은 중앙귀족과 밀착되어 있어 각종 부패의 근원이 되었으며, 지방은 중앙의 화엄종과 달리 호족의 세력을 등에 업은 선종이 주류를 이루고 있었다.

결이 아닌 일시적 해결이었으므로 문제는 다시 붉어질 수밖에 없다. 그래서 왕은 직접 포석정, 금강령, 동례전으로 이동해 신들과 조우한다.23) 헌강왕은 신들의 망국에 대한 예언을 사람들에게 알려주려고 굿을 연행해 보여준다. 이러한 왕의 행동은 무엇을 의미하는 것일까 생각해 볼 수 있다. 왕은 신라의 중심 신앙인 불교 신앙으로서는 더 이상 문제를 해결할 수 없다는 것을 감지했다. 중앙 귀족과 결탁한 불교 신앙은 이미 퇴락의 길로 접어들고 있었기 때문이다. 여기서 왕은 기층의 힘을 이용하려고 했을 것이다. 기층은 무한한 힘을 지니고 있다. 국가의 교체 시에는 항상 저변에 있던 기층의 힘이 발휘되기 때문이다. 기층의 무한한 힘을 가진 무속 신앙 및 도교 신앙은 이러한 헌강왕의 의지와 부합되는 신앙들이었을 것이며, 헌강왕 자신이 그러한 능력의 소유자였으므로 더 용이하게 그 신앙들을 기층에서 표층으로 끌어올릴 수 있었다. 그리고 그는 표층과 기층24)의 합치를 꾀해, 분리된 구조를 하나로 묶으려고 했던 것이다.

표층	정치권
	불교 중시
	중앙
기층	민중
	무속·도교 중시
	지방

헌강왕은 기층의 무속 신앙과 도교 신앙을 전면에 내세움으로써 지방을 중앙과 연결시켰다. 그의 굿 행위는 바로 이러한 연결을 설명해 주는 단서가 되는 것이다. 그리고 그는 더 나아가 완벽한 중앙집권체제를 갖추고자 했다. 완벽한 중앙집권체제가 유지되기 위해서는 분리된 구조의 단단한

---
23) 산신과 지신은 민간 신앙과 관련된 것이라고 할 수 있겠는데 후에 도교가 들어오면서 민간 신앙과 도교와의 관계가 모호해졌다. 때문에 여기서는 도교 신앙을 무속의 외피를 쓴 도교 신앙으로 정의하기로 한다.
24) 민중 없는 정치권은 존재할 수 없으므로 민중을 기층으로 보고 정치권을 이러한 기층을 가시화한 표층으로 보았다.

결속이 필요할 뿐 아니라 통치권자의 무한한 능력이 뒷받침되어야만 한다. 그래서 헌강왕은 일단 무속과 도교 신앙을 중앙으로 끌어와 지방과 중앙을 연결시킨 후 자신의 샤먼적 능력을 통해 祭·政을 일치시키고자 했을 것이다. 표층은 결국 심층의 전제하에서 존재한다고 볼 때 그가 선택한 방법인 무속과 도교는 심층의 무한한 잠재력을 끌어올릴 수 있는 것이었다. 즉, 샤먼의 직능을 수행할 수 있는 능력을 지니고 있는 그로서는 가장 적합한 방법이었다. 그는 심층의 무속과 도교를 이용해 신라를 통합하려 했던 것이며, 헌강왕은 이것을 실천할 수 있는 유일한 인물이었다. 그러나 헌강왕이 샤먼이었다면 신라의 멸망이라는 필연적 귀결을 미리 간파했을 것이다. 그래서 그것을 지연시키기 위해 제정일치를 기반으로 심층의 힘을 표층으로 끌어 올리고자 했던 것이다. 하지만 충족된 상태가 지속될 수 없듯이 충족된 상황은 결핍의 상황으로 내닫게 된다.

3. 민간신앙 전승에서 <처용랑망해사>가 지니는 의의

<처용랑망해사> 설화는 일국의 군왕인 헌강왕이 심층의 힘인 무속과 도교 신앙에 입각해 신라 망국을 지연시키려는 의지의 과정이 그려져 있다고 하겠다. 때문에 설화의 주인공은 헌강왕이다. 하지만 헌강왕만을 중심에 놓고 서술하지 않았다. 처용이라는 인물을 중심에도 놓고 서술함으로써 처용이 중심이 되는 듯한 인상을 주었다. 이런 현상은 화자가 헌강왕을 배후에 배치하고 처용을 표면에 드러내는 방식을 취했기 때문이라고 볼 수 있다. 그렇다면 화자는 처용이라는 인물을 부각시키기 위해 처용을 표면에 드러냈겠느냐는 문제를 생각해 볼 수 있다. 화자는 왜 처용이라는 인물을 표면화 했는가 그것은 화자의 의식과 연결되어 있는 불교 신앙 때문이라고 볼 수 있다. 화자가 불교 신앙과 상당히 밀접한 관계를 가진 인물이기 때문에 처용이라는 인물이 표면에 가시화 되어 드러난 것이다.

하지만 <처용랑망해사>의 서사구조를 살펴보면 불교 신앙적 요소는 잘 드러나지 않는다. 서사구조에서는 일연의 불교적 사고와는 다르게 무속

〉도교 〉불교 신앙의 순으로 무·불·도 3자의 관계는 무속이 가장 우세함을 알 수 있었다. 그렇다면 왜 일연의 불교적 사고가 서술구조에서 드러나지 않았을까가 의문인데 이것을 알기위해서는 『삼국유사』에 전하는 다른 민간신앙 전승 설화와의 비교가 요청된다. 비교를 통해서 일연의 불교적 사고가 왜 서술에 가시화되어 나타나지 않았으며 오히려 불교 신앙이 무속 신앙에 압도되어 서술되었는가가 밝혀질 것이기 때문이다. 그렇다면 불교 신앙과 무속 신앙 및 무속의 외피를 쓴 도교 신앙으로 대표되는 민간 신앙의 관계를 구체적으로 다룬 작품을 살펴보아야 할 것이다. 비교가 목적이므로 관계의 양상이 뚜렷하게 나타나는 것을 중심으로 자료를 수집해 보니 모두 네 편이었다. 내용을 정리해서 제시하면 다음과 같다.

(자료1) 〈전후소장사리〉[25]
　　보요선사가 남월(南越)에서 대장경을 구해 돌아오는 길이었다. 갑자기 바람이 일어 조각배가 뒤집힐 위기에 놓였다. 선사는 신령이 대장경을 여기에 머물러 있게 하려고 위기에 직면 하게 한 것이라 여기고 주문으로 정성껏 축원해 용까지 받들고 돌아왔다. 바람이 잠잠해지고 물결도 가라앉았다. 대장경을 안치할 곳을 구하다가 상서로운 구름이 일어나는 것을 보고 연사를 세웠다. 용왕은 대장경을 따라와서 이곳에 머물렀는데 자못 신령하고 이상한 일이 많았다.

(자료2) 〈어산불영〉[26]
　　국경 안 옥지(玉池)가 있고 못 속에는 국경 안에 옥지(玉池)가 있었고 못 속에는 독룡(毒龍)이 살고 있었다. 만어산(萬漁山)에 나찰녀(羅刹女) 다섯이 있어 독룡과 왕래하면서 사귀었다. 때문에 때때로 번개가 치고 비가 내려 4년 동안 오곡이 익지 못했다. 수로왕이 주문을 외어 그것을 금하려 했으나 이루어지지 않았다. 부처를 청해 설법하자 나찰녀는 오계를 받고 그 후로는 재앙이 없어졌다.

(자료3) 〈보양이목〉[27]
　　보양(寶壤)이 중국에서 불법을 전해 받아 돌아오는 길에 서해 용궁에 초대되어

---

25) 一然, 『三國遺事』, 〈前後所將舍利〉 塔像 第四.
26) 一然, 『三國遺事』, 〈魚山佛影〉 塔像 第四.
27) 一然, 『三國遺事』, 〈寶壤梨木〉 義解 第五.

불경을 외운다. 서해용은 금빛의 비단 가사 한 벌과 아들 이목(離目)을 시봉으로 삼아 돌아가게 했는데 용왕은 삼국이 시끄러운 것은 불법에 귀의한 임금이 없어서 라고 하고 이목과 더불어 돌아가 작갑(鵲岬)에 절을 지으면 능히 적을 피할 수 있을 것이며 몇 해가 되지 않아 불법을 보호하는 어진 임금이 나와 삼국을 평정할 것이라고 한다. 보양이 돌아와 작갑사(鵲岬寺)를 세우니 태조가 삼국을 통일하고 절에 다섯 갑(岬)의 밭 5백 결(結)을 합해 절에 바쳤다. 때문에 운문선사(雲門禪寺)라 하고 가사(袈裟)의 신령스러운 음덕을 받들게 했다. 당시 이목이 절 작은 못에 살며 법화(法化)를 음(陰)으로 도왔다. 어느해 가뭄이 극심하자 보양이 이목으로 하여금 비를 내리게 했는데 화난 천제가 이목을 죽이려 했다. 보양은 배나무를 이목이라고 속였다. 그러자 배나무가 벼락을 맞아 죽게 되었다. 이목이 죽은 배나무를 쓰다듬자 다시 살아났다.

(자료4) 〈혜통항룡〉[28]

혜통이 삼장에게 인결(印訣)을 받았다. 그때 당나라 황실 공주가 병이 나 삼장에게 치료해주길 청했는데 삼장이 혜통을 천거했다. 혜통은 흰 팥 한말을 은그릇에 담고 검은 콩 한 말을 금그릇에 담아 주문을 외자 흰색과 검은색의 신병으로 변했는데 그들로 하여금 병마를 쫓으니 교룡(蛟龍)이 달아나고 병이 나았다. 용은 혜통을 원망해 신라 문잉림(文仍林)으로 와 인명을 심하게 해쳤다. 정공(鄭恭)이 당나라에 사신가 혜통을 만나 독룡의 패해를 말했다. 혜통이 정공과 더불어 와 용을 쫓으니 용이 정공을 원망해 버드나무로 변신해 정공의 문 밖에 자라났다. 정공은 알지 못하고 버드나무를 소중히 아긴다. 그때 효소왕이 즉위해 신문왕을 위해 산릉을 닦고 장례길을 내는데 정공의 버드나무가 길을 막고 있어 베고자 했다. 정공이 극심하게 반대하자 화가 난 왕은 정공의 목을 베고 혜통 또한 죽이려고 한다. 혜통이 주술로 죽이러 온 병사들을 혼내주자 도망을 간다. 왕녀가 병이 나자 임금이 혜통을 불러 치료하게 했다. 병이 낳자 혜통이 그간의 정황을 이야기 했다. 왕은 잘못을 뉘우치고 정공의 처자에게 죄를 면해주고 혜통을 국사로 삼았다. 용은 기장산에 가 웅신(熊神)이 되어 참혹한 해독이 더욱 심해 백성들이 몹시 괴로워했다. 혜통이 산 속에 들어가 용을 타일러 불살계(不殺戒)를 받게 하니 웅신의 해가 그 치었다.

---

28) 一然, 『三國遺事』, 〈惠通降龍〉 神呪 第六.

네 편의 자료는 모두 불교 신앙과 민간 신앙과의 관계가 두드러지는 것들이다. 여기서 불교 신앙과 연관된 인물들은 구체적으로 나와 있지만, 민간 신앙과 연관된 인물에 대해서는 구체적인 언급이 없다. 때문에 민간 신앙과 연관된 인물을 찾기 위해서는 가시화되어 있는 불교 신앙과 연관된 인물들부터 소거해야 하겠다. 자료1에서는 보요선사라고 해 구체적으로 승려가 거론된다. 때문에 불교 신앙과 관련된 인물은 보요선사가 되고 그에 반하는 세력으로 용이 등장하는데 용을 민간 신앙29)으로 보는 것이 타당하리라 생각된다. 자료2에서는 불교 신앙과 연관된 인물로 부처가 직접 거론되고, 이에 반하는 민간 신앙으로는 독룡이 될 것이다. 자료3과4에서도 불교 신앙과 연관된 인물로 보요선사와 혜통이 등장하고 이에 반하는 민간 신앙과 관계된 세력으로는 용이 등장하고 있다.

네 편의 자료는 모두 불교 신앙과 민간 신앙의 관계를 드러내는 것으로 불교 신앙과 관계된 승려나 부처, 그리고 불교 신앙에 반대되는 세력으로 용이 등장하는 특징을 보인다. 먼저 자료 1을 중심으로 〈처용랑망해사〉의 서사구조와 비교해 살펴보기로 하겠다. 먼저 〈처용랑망해사〉의 서사구조는 해결-〉미해결-〉일시적 해결-〉 미해결 -〉일시적 해결 -〉 미해결의 구조를 가지고 있다. 이에 비해 자료1의 구조는 '갑자기 조각배가 뒤집힐 위기에 놓이게 되었다'라고 해 안정된 해결의 구조에서 문제가 발생하는 미해결로 그리고 다시 '주문을 외우고 용을 축원해 받들어 돌아오니 바람이 잠잠해지고 물결도 잦아졌다'라고 해 다시 안정된 해결로 나아간다. 다시 한번 정리하면 자료1의 구조는 해결 -〉 미해결 -〉 해결의 구조를 가진다. 하지만 여기서 주목할 것은 〈처용랑망해사〉의 구조와는 달리 불교 신앙의 힘으로 사건이 해결로 마무리되고 있다는 것이다. 민간 신앙은 절의 연못에 살면서 '자못 신령스러운 일이 많았다'에서 알 수 있는 것처럼 불교에 포섭되어 자신의 능력을 발하고 있는 모습을 보였다.

---

29) 용은 수변지역과 관련된 능력있는 자로서 왕자의 위치에 있음을 의미하고 민속에서는 수신으로 관념되고 있다. (姜英卿,「新羅 傳統信仰의 政治·社會的 機能 硏究」, 숙명여자대학교 박사논문, 1991, pp.48-54)

자료2에서는 '독룡과 나찰녀의 왕래로 번개가 치고 비가 내려 4년 동안 오곡이 익지 못한다'라고 해 미해결의 상황이 먼저 놓이게 된다. '왕이 주문을 외워 해결' 하려고 했으나 실패해 여전히 미해결로 지속된다. 그때 '부처의 설법'으로 사건이 해결로 마무리 되고 재앙은 사라지게 된다. 이것을 구조화 시키면 미해결 -> 미해결 -> 해결이 된다. 그런데 주목해야 할 것은 문제를 해결하기 위해 신화적인 인물인 수로왕이 등장해 주문을 외웠지만 재앙을 막을 수 없었는데 부처의 설법으로는 재앙이 그쳤다는 것이다. 문제 해결의 중심이 불교 신앙이 되는 것이다. 여기서 민간 신앙은 오곡을 자라지 못하게 하는 악행을 저지른다. 하지만 불교 신앙에 대해서는 별달리 저항을 하지 못한다. 때문에 이 자료에서 민간 신앙은 불교 신앙에 압도되는 양상을 보인다고 할 수 있겠다.

자료3은 '보양이 서해 용궁에 초대되어 불경을 외우고 금빛의 비단 가사 한 벌과 아들 이목을 받게' 되는 것에서 안정된 해결로 사건이 시작된다는 것을 알 수 있다. 이러한 해결의 상태는 계속이어 가다가 '보양이 이목으로 하여금 비를 내리게 하는데 이에 화가난 천제가 이목을 죽이려 한다'는 대목에서 문제가 발생해 미해결의 상태로 나아간다. 이때 보양이 배나무라고 속여 문제를 해결하고 이목은 죽었던 배나무를 다시 살아나게 한다. 자료3의 서사구조는 해결 -> 미해결 -> 해결의 구조이고 여기서도 사건의 해결은 승려인 보요에 의해 이루어지고 있다. 용왕의 아들인 이목은 민간 신앙으로 대표될 수 있다. 하지만 민간 신앙인 이목은 불교 신앙에 포섭된 상태에 놓여있다. '법화를 음으로 돕는다'는 구절과 보양으로 인해 목숨을 구하는 대목에서 알 수 있었다. 하지만 이 자료는 다른 설화와는 다르게 불교의 영역 속에 포섭된 용의 모습이지만 보양에게 예언을 해주거나, 비를 내리게 하고, 죽은 나무를 소생 시키는 능력을 여전히 지니고 있는 민간 신앙의 모습을 보여주고 있다.

마지막 자료4는 앞서 살폈던 세 개의 자료와는 다르게 불교 신앙과 민간 신앙의 갈등이 가장 격렬하게 불거지는데, 먼저 안정 상태인 해결에서 '당나라 황실 공주의 병'이라는 문제의 발생으로 미해결 상태에 놓이게 된다.

'혜통은 흰 팥과 검은 콩으로 주문을 외워 병마의 원인이었던 교룡을 쫓아내어' 다시 일시적 해결을 맞는다. 그러나 '교룡은 신라 문잉림으로 가 인명을 해친다'라고 해서 다시 문제가 발생되어 미해결의 상태에 놓이게 된다. 다시 '혜통이 정공과 더불어 와 용을 쫓고' 일시적 해결을 맞는다. 하지만 '앙심을 품은 용은 버드나무로 변해 정공을 죽음에 이르게 하고 혜통 또한 죽이려고 한다' 다시 미해결의 상태에 놓이게 되나 다시 혜통의 주술로 위기를 모면해 일시적 해결을 맞는다. '용은 기장산에 들어가 다시 인명을 괴롭힌다' 혜통은 불살계를 주어 재앙을 멈추어 해결로 마무리 된다. 이것을 구조화 하면 해결 -〉 미해결 -〉 일시적 해결 -〉 미해결 -〉 일시적 해결 -〉 미해결 -〉 일시적 해결 -〉 미해결 -〉 해결이 된다. 여기서 주목해야 할 것은 거듭되는 미해결과 해결의 구조에서 해결의 과정으로 이끄는 신앙이 불교라는 것이다. 불교의 위력이 강함을 알 수 있다. 반면에 반복되는 미해결 -〉 해결의 구조에서 이에 반하는 인물이 용으로 대표되는 민간신앙이라는 것이다. 이것으로 미루어볼 때 결국 불교 신앙에 포섭되었지만 민간 신앙의 세력 또한 무시할 수 없음을 서사에서 드러내 준다고 할 수 있다.

   자료 1과 자료3은 모두 해결 -〉 미해결 -〉 해결의 구조를 가지고 있다. 하지만 자료1에서 '자못 신령스러운 일이 많았다'라고 해 단순하게 민간신앙의 능력을 소개하고 있는 반면에, 자료3에서는 미래에 대한 예언을 하고 비를 내리게 하고, 죽은 생물을 소생하게 하는 다양한 능력이 직접적으로 제시되어 있었다. 자료 2는 미해결 -〉 미해결 -〉 해결이라는 구조를 가지고 있어 미해결이 거듭 반복되었는데, 여기서 주목해야 할 것은 신화의 주인공인 수로왕조차도 독룡의 악행을 저지하지 못했다는 것이다. 그러나 부처의 설법은 저항 없이 독룡의 악행을 저지하는데 성공한다. 자료4는 해결 -〉 미해결 -〉 일시적 해결 -〉 미해결 -〉 일시적 해결 -〉 미해결 -〉 일시적 해결 -〉 미해결 -〉 해결의 구조로 다소 복잡하게 미해결과 해결이 반복된다. 하지만 주목해야 할 것은 문제 해결이 모두 불교 신앙에 의해 이루어진다는 것이다. 그리고 민간 신앙으로 대표되는 용 또한 구조의 반복을 통해 그 세력이 상당함을 알 수 있었다.

불교 신앙과 민간 신앙의 대립구도가 드러나는 네 개의 자료를 살핀 결과 정도의 차이가 있기는 하지만 모두 불교 신앙이 문제 해결의 중심이 되어 해결로 나아가 이야기가 마무리되는 양상을 보였다. 이것은 〈처용랑망해사〉의 서사구조와는 사뭇 다른 구조를 가진다고 할 수 있다. 〈처용랑망해사〉는 불교 신앙이 오히려 민간 신앙에 압도되는 구조의 역전현상이 보인다. 그렇다면 네 개의 자료에서 보이는 불교 신앙이 압도하는 구조가 〈처용랑망해사〉에서는 민간 신앙이 압도하는 구조로 나타나는가에 의문이 제기된다. 이것은 서술자의 서술태도와 관련 있어 보인다. 서술자인 일연은 앞서 살핀 네 개의 자료에서도 알 수 있듯이 불교 신앙이 압도하는 구조로 이야기들을 서술했다. 그런데 〈처용랑망해사〉만은 이러한 구조로 서술하지 못했다. 이것이 일연이 의도한 일이라고 보여 지지는 않는다. 일연은 헌강왕 이후의 신라의 망국을 알았다. 전성기의 정점에 달하면 기울어져 사라져 버린다는 사실을 너무나 잘 인식하고 있었으며, 결국 기층문화에 의해 다시 재편성되는 역사가 시작될 것이라는 것 또한 인식하고 있었다. 이것으로 인해 일연은 기층문화를 중심으로 〈처용랑망해사〉를 서술했고, 기층문화인 민간 신앙이 부각되는 상황에 놓이게 된 것이다. 때문에 이 작품은 불교 신앙의 사고를 가진 일연의 사고의 틀을 깨고 존재하는 중요한 작품이라고 할 수 있다.

2장. <진성여대왕거타지> 설화에 나타난 사회구조와 그 의미

1. 서사 내부의 사회구조

『삼국유사』의 <진성여대왕거타지>조에는 진성여대왕 대를 배경으로 해 서로 다른 이야기가 하나의 설화에 묶여 전하고 있다. 하지만 기존 논의들 에서는30) 이 부분에 대한 연구가 미진했다. 그렇다면 무엇 때문에 서로 다른 이야기가 하나의 설화에 묶여 전하고 있을까라는 생각을 해본다. 먼 저 단순히 배경이 같기 때문에 하나의 설화에 전하고 있을 것이라고 추정 해본다. <진성여대왕거타지> 설화 이외에도 이런 구조가 드물게 나타나고 있으므로31) 이런 추정이 가능하다. 내부를 들여다보면 배경 때문에 묶여 전하고 있다고 보일 만큼 두 이야기의 연결고리를 찾기 힘들다. 그러므로 겉으로 보기에 이 둘은 전혀 관련성 없는 설화의 조합으로 밖에 보이지 않는다.

설화의 내부를 좀 더 세밀하게 분석해 볼 필요가 있을 것이다. 설화는 왕거인 이야기와 거타지 이야기로 구성되어 있다. 왕거인 이야기는 왕거 인과 왕실 그리고 국인이 중심이 되어 전개된 신라 내부의 이야기며 거타 지 이야기는 거타지와 왕실세력·서해용·사미승·당나라 황실 등이 중심

---

30) 申東益, 「居陀知 說話 小考 -龍救出譚의 比較를 중심으로-」, 『陸士論文集』 26, (陸軍士官 學校, 1984.), 박철완, 「거타지설화의 상징성 고찰」, 『청람어문학』 1, (청람어문교육학회, 1988.), 申蓮雨, 「『三國遺事』 居陀知 說話의 神話的 屬性」, 『서울産業大學校論文集』 48, (서울산업대학교, 2008.), 全基雄, 「『삼국유사』 소재 '眞聖女大王居陀知'조 설화의 검토 」, 『한국민족문화』 38, (부산대학교 한국민족문화연구소, 2010.)
31) <진성여대왕거타지> 설화 이외에도 <보장봉노 보덕이암>과 <태종춘추공> 그리고 <김 현감호> 등에서 이러한 조합이 보인다. (정환국,「『삼국유사』의 인용자료와 이야기의 중 층성 -초기 서사의 구축형태에 주목하여-」, 『동양한문학연구』 23, 동양한문학회, 2006, pp.128-145.

이 되어 전개된 신라 외부의 이야기다. 또 왕거인 이야기에서는 왕거인이 하늘에 의해 풀려났다는 것 말고는 해결된 것이 없다. 반면 거타지 이야기에서 거타지는 서해용의 목숨을 구해 주어 아내를 얻고 당나라 황실에게 융숭한 대접까지 받게 된다. 서해용과 신라 왕실뿐만 아니라 거타지 개인의 문제 또한 동시에 해결되고 있다.

이것은 바로 서술자 일연이 고의적으로 두 이야기를 조합했다는 사실에 힘을 실어준다. 작품 내의 배경과 인물 그리고 문제 해결의 측면에서 대립 구도를 설화를 통해 보여주기 때문이다. 왕거인 이야기는 신라 내부를 거타지 이야기는 신라 외부를 배경으로 하고 있다. 또 왕거인은 지식인으로 상층을 대표하는 반면 거타지는 궁수로 하층을 대표한다. 왕거인 이야기에서 문제 해결은 왕거인 일인에 한정되어졌으나 거타지 이야기에서는 문제 해결의 대상이 확대되고 있다. 이러한 대립 구도는 양 극단의 양상을 극명하게 드러내주는 역할을 한다. 서술자는 바로 이러한 구도를 통해 무엇인가를 드러내고자 했음을 알 수 있다.

본고는 기존 연구들에서 미흡했던 두 이야기를 하나에 조합한 설화가 〈진성여대왕거타지〉라는 견해를 중심으로 서술자가 드러내고자 한 것이 무엇인가를 밝히고자 한다. 아울러 〈진성여대왕거타지〉 설화와 유사하게 전승되고 있는 민간전승과의 관련성 또한 살피고자 한다. 민간전승은 전승 집단의 의식을 반영하는데 유사한 구조를 가진 세 개의 전승이 중심인물이나 배경의 측면에서 상이한 차이를 보이고 있다는 것은 바로 이 집단 의식에서 연유한 것이기 때문이다. 이것들이 가능해진다면 설화를 통해 서술자가 드러내고자 한 의도의 전모를 알 수 있을 것이며 더불어 민간전승으로의 전이 과정 중에 반영된 전승 집단의 의식 또한 밝힐 수 있으리라 기대한다.

〈진성여대왕거타지〉 설화는 대립 구도를 취하고 있다. 왕거인 이야기에서는 왕거인과 왕실세력, 백성들을 중심으로 신라 내부에서 서사가 진행되고 거타지 이야기에서는 거타지와 왕실세력 그리고 사미승과 서해용을 중심으로 신라 외부에서 서사가 진행된다. 또 왕거인 이야기에서는 상층의 인물이 거타지 이야기에서는 하층의 인물이 중심인물로 등장한다. 문제 해결의 측면에서도 왕거인 이야기에서는 왕거인 개인만이 문제 해결에 이르게 되고 거타지 이야기에서는 등장 인물 대부분이 문제 해결을 맞게 된다. 설화의 대립 구도를 좀 더 구체적으로 살펴보기 위해 작품의 줄거리를 제시한다. 줄거리는 하나의 사건의 시작과 끝을 하나의 단락으로 보고 일련번호를 붙이면 다음과 같다.

(자료1) 〈진성여대왕거타지〉32)
A-① 진성여왕과 유모인 부호부인, 위홍잡간, 3, 4명의 총신들이 권력을 마음대로 행사해 정사가 어지러움(사건 원인)
A-② 도적들이 벌떼처럼 일어남(사건 발생/미해결)
A-③ 나라 사람들이 걱정해 다라니로 은어를 만들어 길 위에 던짐(사건원인)
A-④ 왕과 권세 있는 신하들이 은어를 주워보고 왕거인 의심해 옥에 가둠
 (사건 발생/미해결/일시적 해결)
A-⑤ 왕거인이 시를 지어 하늘에 호소함(위기 극복 시도/미해결 암시)
A-⑥ 하늘이 옥에 벼락을 침(위기 극복/미해결)
A-⑦ 왕거인이 옥에서 풀려남(사건의 해결/새로운 사건 암시)

B-① 아찬 양패가 활 쏘는 군사 50명을 데리고 당나라로 감(사건 원인)
B-② 배가 곡도에서 큰 풍랑을 만남(사건 발생)
B-③ 십여 일 동안 묶게 됨(위기)
B-④ 근심해 점을 치게 함(위기 극복 노력)
B-⑤ 귀신 못에 제사를 지내면 괜찮다고 함(사건 해결 암시)
B-⑥ 제사를 지내자 못의 물이 한 길 넘게 솟아오름(사건 해결 암시)
B-⑦ 꿈에 노인이 나타나 활 잘 쏘는 사람을 섬에 남겨두면 순풍을 얻을 것이라고 함 (해결 방법 예언)
B-⑧ 거타지를 남겨둠(위기 극복 시도/위기)
B-⑨ 순풍이 불어 배가 나아감(일시적 해결)

---

32) 一然,『三國遺事』,〈眞聖女大王居陀知〉紀異 第二.

B-⑩ 서해용이 나타나 자신을 괴롭히는 사미승을 거타지에게 쏘아 달라 부탁함
(사건 원인)
B-⑪ 거타지가 수락함(사건 해결 암시)
B-⑫ 사미승이 나타나 다라니를 외며 늙은 용의 간을 먹으려 함(위기)
B-⑬ 거타지가 활을 쏘자 늙은 여우로 변해 죽음(위기 극복/사건 해결 일시적 해결)
B-⑭ 서해용이 거타지에 대한 고마움으로 딸을 주고자 함
B-⑮ 거타지가 수락함
B-⑯ 서해용이 딸을 꽃으로 변화시켜 거타지에게 줌
B-⑰ 서해용이 두 용으로 하여금 거타지를 수행하게 함 (사건 원인)
B-⑱ 당나라 사람들이 용을 보고 거타지를 보통 인물이 아니라 추정함
(사건 해결)
B-⑲ 당나라 사람들이 연회를 베풀고 금과 비단을 줌(사건 해결)
B-⑳ 거타지는 본국으로 돌아와 꽃을 여자로 변하게 해 함께 삶
(사건 해결)

설화의 내용을 단락별로 정리해 보면 크게 두 부분으로 나누어진다. 첫 번째는 A-①에서 A-⑦까지의 이야기이고 두 번째는 B-①에서 B-⑳까지의 이야기이다. 두 부분의 이야기는 각기 왕실세력과 국인 그리고 왕거인과 하늘이 중심이 된 이야기와 왕실세력과 거타지 그리고 서해용과 사미승이 중심이 된 이야기로 나누어졌다. 먼저 왕거인 이야기인 A를 등장인물을 중심으로 사건 해결과 관련해 살펴본다. 등장인물은 왕거인이 중심이 된 지식인과 진성여대왕이 중심이 된 왕실세력 그리고 국인으로 대표되는 하층인 또 하늘을 대표하는 천신이다. 이렇게 보면 A는 세 개의 사회계층과 신이 등장하는 신라 내부의 이야기이다. 내부의 이야기를 구체적으로 짚어보기로 한다.

A에서 펼쳐지는 신라 내부는 A-①에서와 같이 매우 혼탁해졌다. 상층부가 혼탁하니 자연히 중층과 하층은 흔들릴 수밖에 없다. A-②에서와 같이 도적들이 벌떼처럼 일어난 것은 신라 하층의 반란이라고 보아도 무방할 것이다. 그렇다면 신라는 상층을 필두로 해 안정의 상태에서 불안정의 상태로 이행하는 단계에 접어들었다. 평시에 수직관계는 견고하게 고정되어

있다. 하지만 불안정의 상태가 된다면 이야기는 달라진다. 수직 관계는 극도로 흔들리게 되고 분열의 조짐이 나타난다. 분열이 나타나면 상층은 어떠한 방법을 써서라도 자신의 위치를 공고히 하고자 할 것이다. 반대로 지식인과 하층은 상층부를 개혁하고자 시도할 것이다. 이 시도가 성공한다면 상하층간의 위치 이동이 가능할 것이고 불안정했던 정세 또한 일시적으로 안정을 찾을 수 있을 것이다.

이 이야기에서는 먼저 하층인의 노력이 보인다. 불안한 하층의 국인들은 A-②와 같이 도적의 무리가 되어 반란을 일으키기도 하고 A-③과 같이 은어를 길 위에 던져 분열의 조짐을 막아보려 하기도 한다. 그렇지만 두 번의 노력 모두 적극적인 개혁의 시도로는 보이지 않는다. 당시가 철저한 신분제 사회였기 때문에 국인들의 개혁 시도는 생각처럼 쉽지 않았을 터이다. 개혁의 기미라도 포착된다면 상층부는 갖은 횡포로 그들을 괴롭힐 것이고 극단적인 경우 목숨을 잃게 될 것이다. 힘없는 대부분의 국인들은 죽음을 담보로 하면서까지 개혁을 시도하지는 않았을 것이다. 때문에 그들은 주술의 힘을 빌어 혼탁한 세상을 바로 잡아보려고 시도할 것이며 목숨을 담보로 도적떼를 일으키는 무리는 적었을 것이다. 그러나 이것도 쉽지는 않았다. A-④에서와 같이 상층 지식인 왕거인이 A-③의 주동자로 몰려 감옥에 갇히게 된다. 결국 하층인 국인의 노력은 A-③→ A-④에서처럼 수포로 돌아간다. 상층인을 대표하는 왕실세력을 살펴본다. A-①이 사건의 원인이 되어 A-②가 발생했다. 하지만 왕실세력은 A-②를 해결하지 못한 채로 A-③의 사건에 맞닥뜨리게 되고 A-④에서처럼 일시적 해결을 맞는다. 그러나 A-⑤에서 왕거인이 하늘에 호소하게 되면서 사건을 해결하지 못하게 된다. 상층은 하층을 억압할 뿐 자체적인 문제를 해결하거나 해결해주지 못했다. 곧 사회는 상층부의 무기력함으로 인해 더욱더 혼탁해질 것이다.

지식인 왕거인을 살펴본다. A-④에서 A-③의 주동자로 몰려 위기에 처하게 된다. 위기를 모면하기 위해 A-⑤의 노력을 기울이고 A-⑥처럼 위기를 극복하고 A-⑦에서처럼 사건을 해결한다. 지식인 왕거인은 상층 왕실세력의 무기력함을 개혁하려는 시도를 해보지도 않고 스스로의 안위를 택했다. 하늘에 호소함으로써 자신의 목숨을 구했지만 신라 사회의 전반적인 혼탁함에는 아무것도 기여해 주지 못한 것이다. 천신을 대표하는 하늘 또한 A-⑥처럼 지식인 왕거인을 구해주기는 하나 상층의 왕실세력이나 하층을 대표하는 국인의 문제를 해결해주지는 않았다. 이렇게 본다면 A의 이야기는 계층 각각의 문제를 중심으로 그들 나름의 해결 방식들을 보여주고 있다고 하겠다.

B에서 펼쳐지는 신라 외부는 B-①과 같이 아찬 양패의 무리가 당나라로 가야만 하는 상황이다. 왕실이 전면에 등장하지는 않지만 양패가 왕의 막내아들이라는 기록에 비추어 양패 무리를 왕실 세력을 대표하는 것으로 간주해도 무방할 것이다. 그들은 신라 내부에서 신라 외부인 당나라로 가야하는 목적을 가지고 있고 여기에 군사 50명이 대동된다. 상층을 대표하는 왕실세력인 양패무리와 하층을 대표하는 군사 50명의 동행인 것이다. 서로 다른 계층의 사람들이 동행을 하는 데에는 문제33)가 따르기 마련인데 그들의 동행에는 문제가 없어 보인다. 오히려 공통의 목적을 달성하기 위해 협력할 뿐이다. 문제는 외부에서 발생한다.

B-②와 같이 풍랑이 일어 당나라로의 출항을 방해해 위기에 처하게 된다. B-③에서 십 여일을 발이 묶인 채로 지낼 수밖에 없다. B-④에서 위기극복을 위해 점을 치고 B-⑤처럼 제사를 지내자 못의 물이 B-⑥처럼 솟아올라 사건 해결을 암시해준다. B-⑦에서 노인이 해결 방법을 예언해주고 B-⑧과 같이 위기 극복을 위한 시도를 한다. B-⑨에서 순풍을 얻어 상층의 양패 무리와 하층의 거타지를 제외한 군사들은 위기를 극복하고 일시적인 문제 해결을 맞는다. 그들은 당나라로 가야하는 문제를 아직 해결하지 못했기 때문에 그들의 문제 해결은 일시적 해결일 수밖에 없다.

하층의 거타지는 B-⑩에서 서해용을 만나 그의 문제를 해결해 줄 것을 부탁받는다. B-⑪처럼 거타지가 수락함으로 사건 해결을 암시해준다. 이튿날 아침 B-⑫에서처럼 사미승이 나타나 위기에 처하게 된다. 거타지가

---

33) 사회계층간에는 위계질서가 존재한다. 상층의 하층에 대한 지배가 가능할 때 위계질서가 공고해짐으로 상층이 자신의 지위를 유지하기 하층을 압박하는 현상은 으레 존재한다.

B-⑬에서처럼 활을 쏘아 서해용이 위기에 극복할 수 있도록 한다. 서해용의 문제가 해결된 것이다. 그러나 거타지는 여전히 문제를 해결하지 못한다. 서해용은 B-⑭ ~ B-⑰과 같이 자신의 목숨을 살려준 대가로 딸을 주고 거타지의 문제를 해결해준다. 그는 거타지로 하여금 당나라로 안전하게 갈 수 있도록 용의 호위를 받게 한다.

서해용은 상층이나 하층의 사회계층을 표상하지 않지만 무한한 능력의 소유자라고 볼 수 있다. 그는 딸을 꽃으로 변화시키는 능력, 그리고 다른 용들로 하여금 거타지를 호위하게 하는 능력을 지니고 있었다. 거타지에게 도움을 청하던 무기력한 용의 모습과는 대조적이다. 서해용의 보답으로 하층의 거타지는 그의 문제를 해결하고자 B-⑰에서와 같이 용의 호위를 받아 당나라에 도착한다. 그의 문제가 해결된 것이다. 그런데 당나라 사람들은 용의 호의를 받고 온 거타지를 B-⑱처럼 보통 인물이 아니라 추정해 B-⑲와 같이 연회를 베풀어 주어 금과 비단을 주어 본국으로 돌아갈 수 있도록 한다. B-⑲와 B-⑳은 하층을 대표하는 거타지와 군사들뿐만 아니라 상층의 양패 무리를 비롯한 모두의 문제 해결을 보여준다. 즉, B이야기는 상층과 하층 그리고 바다신(神)으로 대표할 수 있는 서해용 모두의 문제 해결이 이루어지고 있다.

이처럼 A와B의 두 이야기는 대립 구도를 보여준다. 왕거인 이야기에서는 신라 내부를 배경으로 하고 있고 거타지 이야기에서는 신라 외부를 배경으로 하고 있다. 또 왕거인 이야기에서 지식인 왕거인은 위기 → 위기극복 → 문제 해결의 국면을 맞았으나 왕실세력과 국인은 위기 → 위기극복 시도 → 좌절로 문제 해결을 꾀하지 못한다. 천신으로 대표될 수 있는 하늘도 왕거인의 위기극복을 도와주기는 했으나 다른 계층들의 문제 해결에는 어떠한 도움도 주지 않는다. 결국 왕거인을 제외한 모두는 문제를 해결하지 못하는 구조를 가진다. 이는 사회계층간 연대를 꾀하지 못한데서 오는 문제 해결의 실패로 보인다. 이에 반해 거타지 이야기는 신라 외부를 배경으로 상층을 대표하는 왕실세력과 양패 무리 그리고 하층을 대표하는 거타지를 비롯한 바다의 신인 서해용 모두 위기 → 위기극복 → 문제 해결을 보인다. 이 이야기의 문제 해결은 바로 하층인을 중심으로 아래에서 위로의 연대를 통해 가능했다. 하층을 대표하는 거타지가 아니었다면 그들은 공통의 문제를 해결하지 못했을 것이며 바다의 신 서해용 또한 개인의 문제를 해결하지 못했을 것이다. 하지만 거타지라는 인물을 통해 서해용뿐만 아니라 상하층 모두의 문제가 해결되었다. 바로 이것이 서술자가 두 이야기를 조합한 이유이다.

2. 사회문제의 해결방식과 그 의미

서사구조를 통해 〈진성여대왕거타지〉 설화를 분석한 결과 왕거인 이야기에서는 왕거인 일인만이 문제해결에 이를 수 있었고, 왕거인을 제외한 다른 계층들의 문제는 여전히 미해결의 구조를 가지고 있었다. 반면 거타지 이야기에서는 거타지뿐만 아니라 다른 계층들도 모두 문제를 해결하는 구조를 가졌다. 두 이야기는 해결 구조의 차이를 드러냈다. 이러한 해결 구조의 차이는 분명 이유가 있을 것이다. 그러나 서사구조만으로는 해결 구조의 차이가 드러난다는 양상만 알 수 있을 뿐 왜 그러한 구조의 차이가 나타나는지에 대한 이유를 알 수 없었다. 때문에 〈진성여대왕거타지〉 서사에서 왜 왕거인 이야기와 거타지 이야기에서 해결구조의 차이를 보이는지에 대해 진성여대왕대의 사회·정치와 연관 지어 살피지 않으면 안 된다.

그렇다면 먼저 진성여대왕대의 사회·정치 상황을 살펴본다. 진성여대왕대 이전 왕대인 헌강왕대는 『삼국사기』 권11 신라본기 헌강왕 6년 9월9일 조[34])에서 알 수 있듯이 태평성대를 구가했다고 할 수 있다. 하지만 왕경의 번화한 모습은 불과 10여년도 미치지 않아서 진성여왕대의 혼란과 분열로 이어지게 된다.[35]) 혼란과 분열의 징후가 존재했겠지만 나라 사람

---

34) 六年春二月, 太白犯月. 侍中〈乂謙〉退, 伊湌〈敏恭〉爲侍中. 秋八月, 〈熊州〉進嘉禾. 九月九日, 王與左右登〈月上樓〉四望, 京都民屋相屬, 歌吹連聲. 王顧謂侍中〈敏恭〉曰: "孤聞今之民間, 覆屋以瓦不以茅, 炊飯以炭不以薪, 有是耶?" 〈敏恭〉對曰: "臣亦嘗聞之如此." 因奏曰: "上卽位以來, 陰陽和, 風雨順, 歲有年, 民足食, 邊境謐靜, 市井歡娛, 此聖德之所致也." 王欣然曰: "此卿等輔佐之力也, 朕何德焉?"(金富軾, 『三國史記』, 新羅本紀 第十一 〈憲康王〉 六年 九月九日.)

들에게는 태평성대에서 혼란으로의 전환이 쉬이 받아들여지지는 않았을 것이다. 적응을 하기에도 버거운 상황에 직면하게 되기 때문이다. 『삼국사기』 권11 신라본기 진성왕 3년 기사36)에서를 보면 실제 국내 여러 주와 군에서 납세를 하지 않아 창고가 비고 국가 재정이 어려워지자, 왕이 사신을 파견해 독촉했다. 이로 인해 도처에서 도적이 봉기했다는 것을 알 수 있다. 도적의 봉기는 살기 위한 몸부림이었을 것이다.

〈진성여대왕거타지〉 설화의 왕거인 이야기에서도 A-①과 A-②의 '진성여왕과 유모인 부호부인, 위홍잡간, 3,4명의 총신들이 권력을 제멋대로 해 정치를 어지럽히자 도적들이 벌떼처럼 일어났다'고 해 당시의 혼란상을 알려주고 있다. 혼란한 상황은 국인들에게 불안과 두려움을 주었을 것이다. 때문에 도적의 봉기와 같은 일들이 발생했던 것이다. 그렇다면 도적 봉기 이외에 일반 국인들은 어떠한 형태로 불안한 현실을 벗어 나려고 했는가가 궁금해진다. 도적 봉기는 극단적 행동의 표출이다. 극단적 행동의 표출은 죽음을 담보로 하는 것이기에 일반 모든 국인들이 그러한 방법을 택했을리는 만무하기 때문이다. 『삼국사기』 권11 신라본기 진성왕 11년 기사37)에 왕은 자신의 부덕함으로 인해 백성들이 곤궁해졌으며 도적들이 봉기한다고 시인하고 있다.

정황을 미루어 볼 때 진성여왕 스스로 과오를 시인할 만큼 백성들의 생활은 피폐해져만 갔다. A-③에서 '나라 사람들이 걱정해 다라니로 은어를 만들어 길 위에 던졌다'라는 것은 일반 국인들이 할 수 있는 소극적인 방법의 하나였을 것이다. 그들은 다라니로 은어를 만들어 던짐으로써 그 상황이 극복되기를 간절히 바랬던 것이다. 하지만 그러한 바람은 이루어지지 않았다. 왕실세력이 은어를 쓴 장본인이 왕거인이라 여기고 그를 잡아들

---

35) 全基雄, 「憲康王代의 정치사회와 '處容郎望海寺'條 설화」, 『신라문화』 26, 동국대학교 신라문화연구소, 2005, pp.6-57.
36) 國內諸州郡, 不輸貢賦, 府庫虛竭, 國用窮乏, 王發使督促. 由是, 所在盜賊蜂起.(金富軾, 『三國史記』, 新羅本紀 第十一 〈眞聖王〉 三年.)
37) 王謂左右曰: "近年以來, 百姓困窮, 盜賊蜂起, 此, 孤之不德也..(金富軾, 『三國史記』, 新羅本紀 第十一 〈眞聖王〉 十一年.)

였기 때문이다. 국인들의 현실 극복 방안은 왕실세력의 힘에 의해 저지당했다. 국인들은 왕거인이 잡혀가는 모습을 보면서 타들어 가는 마음을 금치 못했을 것이다. 그들의 노력이 수포로 돌아갔기 때문이다. 일반 국인들의 현실 타계는 불가능했다. 그렇다면 왕거인의 현실 극복은 어떠했을까 그는 자신의 부당함에 항의한다.

『삼국사기』 권11 신라본기 진성왕 2년38)에 실재로 왕거인 사건이 있었음을 알 수 있는데 기사에는 '필시 문인으로서 뜻을 펴지 못한 자의 소행이니, 아마도 대야주에 숨어 사는 거인이 아닌가 생각합니다'라고 해 대야주라는 지명이 등장해 신빙성을 더해주고 있다. 왕거인은 왕실세력과 뜻이 같지 않아 은둔해 있는 지식인으로 나타난다. 은둔은 두가지 의미로 해석될 수 있는데 뜻을 펼 때를 기다린다는 것과 현실 도피가 그것이라고 하겠다. 왕거인의 행적으로 보아 전자의 의미로 보인다. 왕실세력이 일의 정황을 미루어 왕거인이라는 인물을 지목했다면 왕거인이라는 인물은 보통의 인물이 아니라는 추정이 가능하다. 그런 그가 왕실세력에 의해 궁으로 붙들려 왔다는 것은 시사하는 바가 크다. 왕실세력은 불안한 상황에서 그들의 권력을 위협할 수 있는 인물로 왕거인을 지목한 것이다. 그렇다면 왕거인이라는 인물이 실제로 왕실 권력을 위협했느냐는 것은 『삼국사기』나 『삼국유사』 어디에도 찾아 볼 수 없다. 하지만 부당함에 항의한 것은 나타난다. 『삼국사기』에서는 벽에다 글을 써 자신의 부당함을 호소했고39) 『삼국유사』에서는 시를 지어 하늘에 호소했다40)라고 했다.

그렇다면 지식인 왕거인은 하늘에 자신의 부당함을 호소해 자신의 안위

---

38) 及〈魏弘〉卒, 追諡爲〈惠成大王〉. 此後, 潛引少年美丈夫兩三人淫亂, 仍授其人以要職, 委以國政. 由是, 佞倖肆志, 貨賂公行, 賞罰不公, 紀綱壞弛. 時有無名子, 欺謗時政, 構辭榜於朝路. 王命人搜索, 不能得. 或告王曰: "此必文人不得志者所爲, 殆是〈大耶州〉隱者〈巨仁〉耶?" 王命拘〈巨仁〉京獄, 將刑之. 〈巨仁〉憤怨, 書於獄壁曰: "〈于公〉慟哭三年旱, 〈鄒衍〉含悲五月霜. 今我幽愁還似古, 皇天無語但蒼蒼." 其夕, 忽雲霧震雷雨雹, 王懼, 出〈巨仁〉放歸. 三月戊戌朔, 日有食之. 王不豫, 錄囚徒, 赦殊死已下, 許度僧六十人. 王疾乃瘳. 夏五月, 旱.(金富軾, 『三國史記』, 新羅本紀 第十一 〈眞聖王〉 二年.)
39) 〈巨仁〉憤怨, 書於獄壁曰: "〈于公〉慟哭三年旱, 〈鄒衍〉含悲五月霜. 今我幽愁還似古, 皇天無語但蒼蒼."(金富軾, 『三國史記』, 新羅本紀 第十一 〈眞聖王〉 二年.)
40) 居仁作詩訴于天.(一然, 『三國遺事』, 〈眞聖女大王居陀知〉 紀異 第二.)

만을 보존했을 뿐 힘들어 하는 국인들을 위해 어떤 행동도 취하지 않았다는 것일까하는 의문이 든다.『삼국사기』에는 '그날 저녁에 갑자기 구름과 안개가 덮이고 번개가 치며 우박이 내렸다. 왕이 이를 두려워해 거인을 석방해 돌려 보냈다'[41]라고 하고『삼국유사』에는 '하늘이 옥에 벼락을 쳐서 그를 나가게 했다'[42]고 해 왕실세력이 두려워한 흔적이 보인다. 그렇다면 왕거인 또한 혼탁한 현실을 개혁하기 위해 나름의 노력을 기울였다고 보는 것이 타당하다. 하지만 그 또한 하나의 개인이기에 혼자 힘으로 현실을 개혁한다는 것은 어려운 일이었을 것이다. 때문에 옥에서 풀려나 개인적 안위는 보장 받을 수 있었으나 현실 개혁에는 실패했다. 즉, 국인은 하층인의 신분으로 도적 떼를 일으키거나 아니면 소극적인 방법으로 다라니를 은어로 만들어 길 위에 던져두는 행동으로 현실을 벗어나고자 했고 왕실은 국인의 어려움을 헤아리기보다는 자신들을 위협으로부터 지키기 위해 하층을 압박할 뿐이다. 지식인 역시 하층을 아울러 현실을 타파하는 것이 아니라 자신의 안위만 보장 받았다. 각 계층은 결속되지 못하고 각자의 위치에서 노력한 흔적만이 보일 뿐이다. 때문에 이러한 노력은 결실을 맺지 못했다.

반면 거타지 이야기에는 각 계층 간 화합을 보여주고 있다. 그러나 왕거인과는 달리『三國史記』에는 거타지의 기록이 보이지 않는다. 다만 당대 당나라와의 사신관계에 대한 기록이 보일 뿐이다. 진성여대왕 7년의 병부시랑 김처회를 당나라에 보내 정절을 바치게 했는데, 바다에 빠져 익사했다.[43]는 내용과 진성여대왕 11년에 왕이 당에 사신을 보내 표문을 올려 요의 왕위계승을 알리는 내용[44]이 그것이다. 이를 통해 당나라는 신라의

---

41) 其夕, 忽雲霧震雷雨雹, 王懼, 出〈巨仁〉放歸.(金富軾,『三國史記』, 新羅本紀 第十一〈眞聖王〉二年.)
42) 天乃震其獄囚以免之.(一然,『三國遺事』,〈眞聖女大王居陀知〉紀異 第二.)
43) 遣兵部侍郎〈金處誨〉, 如〈唐〉納旌節, 沒於海.(金富軾,『三國史記』, 新羅本紀 第十一〈眞聖王〉七年.)
44) 於是, 遣使入〈唐〉表奏曰:"臣某言, 居義仲之官, 非臣素分; 守〈延陵〉之節, 是臣良圖. 以臣姪男〈嶢〉, 是臣亡兄〈晸〉息. 年將志學, 器可興宗, 不假外求, 爰從內擧, 近已俾權藩寄, 用靖國災."(金富軾,『三國史記』, 新羅本紀 第十一〈眞聖王〉十一年.)

사회・정치에 상당한 영향력을 행사했다는 것을 알 수 있으며, 당대 사신 파견은 왕실세력에게 더 없이 중요한 문제였다는 추정이 가능해진다. 때문에 〈진성여대왕거타지〉조의 거타지 이야기는 실제의 인물을 기술한 것이라고 할 수는 없지만 B-①의 '양패 무리가 군사 50명을 데리고 당나라에 간다'는 것은 역사적인 사실을 전하고 있는 부분45)으로 당시의 당나라와의 관계가 나타난다고 볼 수 있다.

당나라와의 관계에 문제가 생긴다면 신라 사회는 더욱 혼란에 빠질 것이다. 그런데 B-②와 B-③에서처럼 풍랑을 만나 당나라 사신 길이 막히게 된다. 왕실세력과 군사 무리들은 난처한 상황에 놓이게 되었는데 빨리 이 어려움을 벗어나야만 더 큰 문제인 당나라와의 외교 문제에 봉착하지 않는다. 그들은 점을 치고 제사를 지내 해결 방법을 알아낸다. 거타지를 섬에 남겨두니 순풍을 얻어 다시 길을 떠나게 된다. 거타지를 제외한 왕실세력과 군사 무리들은 순풍으로 일시적 해결을 맞았다고 보인다. 그들의 궁극적 목적은 당나라와의 우호적인 협력관계를 더욱 공고히 하는 것이므로 아직 그 문제는 해결되지 않은 상태이기 때문이다.

거타지는 이중적 문제를 가지게 된다. 섬에 갇히게 되었다는 것과 당나라와의 우호적인 협력관계를 위해 양패 무리를 수행할 수 없다는 것이 그것이다. 그 때 서해용이 등장한다. 서해용은 B-⑩에서 '자신을 괴롭히는 사미승을 쏘아 달라 부탁'하게 되고 거타지는 서해용의 부탁을 들어준다. 이것으로 서해용의 개인적 문제는 해결되었다. 하지만 여전히 거타지의 문제는 미해결 상태로 남아있다. 이때 서해용은 딸을 거타지에게 주고 두 용으로 하여금 당나라로 가는 거타지를 수행하게 한다. 두 용의 호위를 받으며 당나라에 도착한 거타지를 그곳 사람들은 범상치 않은 사람이라 여겨 연회를 베풀어 주고 금과 비단을 주어 본국으로 돌아가게 한다. 이로 인해 왕실세력과 군사 무리 그리고 거타지 모두 가장 중요한 당과의 우호적인 관계 성립이 가능하게 되어 문제가 해결된다. 이 해결은 각 계층간 연대와 화합을 통해 이루어진 것이다.

---

45) 全基雄, 위의 논문, 2010, p.9.

진성여대왕대의 사회·정치를 통해서 이 설화를 들여다 보았다. 그 결과 진성여대왕대는 매우 혼란한 시기였음이 나타났다. 그리고 진성여대왕 후 급격하게 쇠잔한 신라는 멸망에 이르게 된다. 서술자 일연은 바로 이 시기를 포착한 것이 아닌가 생각된다. 일연 당대는 몽고에 굴복한 후 일본 정벌을 위해 고려에 강요된 경제적·군사적 부담은 몽고와의 30년 전쟁으로 피폐할 대로 피폐46)해 진성여대왕대의 현실과 매우 유사한 상황이었다. 일연은 〈진성여대왕거타지〉조 설화의 신라 내부를 배경으로 하고 있는 왕거인 이야기와 신라 외부를 배경으로 하고 있는 거타지 이야기의 대립 구도를 통해 경계와 권고를 드러내고 있다. 즉, 신라 내부에서 실제로 일어났던 왕거인 이야기를 통해 각 계층 간 개별적 노력으로 문제를 해결하려고 한다면 고려 또한 멸망에 이를 수 있다는 경계와 허구적 이야기인 거타지 이야기를 통해 배경을 신라 외부까지 확대해 각 계층간 연대와 화합만 있다면 외교 문제뿐 아니라 신라 내부의 문제 또한 해결될 수 있다는 것을 시사한다. 바로 이러한 서술자 일연이 전하고 있는 메시지가 〈진성여대왕거타지〉 설화의 의의라고 하겠다.

3. <진성여대왕거타지> 설화와 민간전승과의 상관관계

〈진성여대왕거타지〉 설화는 문제 해결 방법을 경계와 권고를 통해 드러냈다. 바로 왕거인 이야기에서는 경계를 거타지 이야기에서는 권고를 했다고 할 수 있다. 그런데 권고를 한 거타지 이야기만이 민간에 전승되고 있어 주의가 필요하다. 왜 경계를 한 왕거인 이야기는 전승되지 않고 거타지 이야기만이 민간에 전승되었을까 그것은 아마도 전승집단의 의식과 관련되어 있으리라 생각된다. 때문에 이번 장에서는 거타지 이야기가 전승되어 창작되었다고 생각되는47) 작제건과 도조 이야기와의 비교를 통해 왜 거타지 이야기가 민간에 전승되어야만 했는지에 대해 살펴보고자 한다.

---

46) 이범교, 『삼국유사의 종합적 해석 上』, 민족사, 2005, p.22.
47) 이에 대해서는 張德順, 『韓國說話文學硏究』, (서울大學校出版部, 1978, pp. 65-66.)에서 상세하게 다루었다.

작제건 이야기의 내용을 정리해서 제시하면 다음과 같다.

(자료1) 〈작제건〉[48]
　작제건은 어려서 총명하고 지혜롭고 용맹이 있었다. 나이 대여섯 살이 되자 어머니에게 아버지가 누구냐고 물었는데 그의 어머니는 당나라 사람이라고 답했다. 자라자 재주가 육예를 겸했으며 글 쓰고 활 쏘는 솜씨가 특히 절묘했다. 나이 열여섯이 되자, 아버지가 남기고 간 활을 어머니가 내 주었다. 그 활을 쏘니 백발백중이었다. 세상에서 신궁이라고 했다. 아버지를 찾고자 해 배를 탔는데 바다 가운데서 구름과 안개가 어둡게 끼어 배가 사흘 동안이나 갈 수 없었다. 배 안의 사람이 점을 쳐보고 말했다. "마땅히 고려인을 내보야한다."라고 해 작제건은 활과 화살을 잡고, 자기 몸을 스스로 바다에 던졌다. 아래에 바위가 있어 그 위에 섰다. 안개가 개이고 바람이 순조로와 배는 나는 듯이 갔다. 조금 있으니 어떤 노인이 절하고 말했다. "나는 서해용왕입니다 매일 해 질 무렵에 늙은 여우가 빛이 나는 부처의 모습을 하고 공중에서 내려옵니다. 구름과 안개 사이에 해, 달, 별을 벌어 놓고, 나발을 불고 북을 치며 풍악을 잡히고 이 바위에 앉아 옹종경을 읽으면 내 머리가 아주 아픕니다. 듣건대 그대는 활을 잘 쏜다 하니, 나의 재해를 물리쳐 주십시오." 작제건은 허락했다. 급기야 공중에서 음악 소리가 나더니, 서북쪽에서 오는 것이 있었다. 작제건은 그것이 진짜 부처인가 여겨 감히 활을 쏘지 못했다. 노옹이 다시 와서 말했다. "그것은 바로 여우니, 의심하지 마십시오." 작제건은 활을 들고 화살을 먹여서 겨누어 쏘았다. 시위 소리에 맞추어 떨어지는 것이 과연 늙은 여우였다. 노옹은 크게 기뻐 궁중으로 맞이해 사례하면서 말했다. "낭군의 힘을 입어 나의 환란을 제거했으니 크게 보답하고자 합니다. 장차 서쪽으로 당나라로 가서 천자인 아버지를 뵈려 하십니까? 부유한 칠보를 가지고 동쪽으로 가서 어머니를 모시려 하십니까?" 말했다. "내가 바라는 바는 동쪽 땅의 왕이 되는 것입니다." 노옹이 말했다. "그대의 자손 삼건을 기다려야 합니다. 그 밖의 것이야 명하시는 대로 반드시 거행하겠습니다." 작제건은 그 말을 듣고 때의 운수가 아직 이르지 못한 줄 알았다. 우물쭈물 소월 대답을 하지 못하고 있는데, 자리 뒤에서 어떤 노파가 장난하면서 말했다. "어째서 저 사람 딸에게 장가들고 가지 않으려 합니까?" 작제건이 알아차리고 그 일을 청했다. 노옹이 장녀 저민의로 작제건의 처를 삼았다. 작제건이 칠보

---

48) 『高麗史』, 高麗世係.

를 가지고 돌아가려고 하니 용녀가 말했다. "아버지가 가지신 지팡이와 돼지가 칠보다 나으니 청하세요." 작제건이 칠보를 돌려주고 지팡이와 돼지를 청하니 노옹이 말했다. "이 두 가지는 내가 신통하게 하는 것이다. 그러나 그대가 청하니 따르지 않을 수 없다"며 돼지를 덧보태 주었다. 이에 칠선을 타고 칠보와 돼지를 싣고 바다를 건너 해안에 이르니, 그곳이 창릉굴 앞 강변이었다.

(자료2) 〈도조〉49)

익조(翼祖)가 정숙왕후(貞淑王后)와 함께 강원도 낙산(洛山) 관음굴(觀音窟)에 가서 자식을 빌었다. 밤에 꿈을 꾸었는데, 누비옷을 입은 중 하나가 와서 말하기를, "반드시 귀한 자식을 나을 텐데 그 이름을 선래(善來)라고 하라."고 했다. 얼마 되지 않아서 도조가 태어나, 이름을 서래라고 했으니 소자(小子)이다.

도조가 일찍이 행영(行榮)에 있을 때 까치 두 마리가 숙영지의 큰 나무에 앉았다. 도조가 이 새를 쏘려고 했는데 거리가 몇 백보나 떨어져 있었다. 부하들이 모두 맞출 수 없다고 했다. 드디어 쏘았는데 까치 두 마리가 다 떨어졌다. 이때 큰 뱀이 나와 이것을 물고 다른 나무 위에 가져다 놓고 먹지는 않았다. 이때 사람들이 기이하게 생각해 칭송했다.

도조의 꿈에 어떤 알리는 자가 있어 말하기를 "나는 백룡(白龍)인데 지금 모처(某處)에 있습니다. 흑룡(黑龍)이 나의 거처를 빼앗으려고 하니 청컨대 공께서 구해주십시오."라고 했다. 도조가 깨어나서 보통일이라 여기고 이상히 여기지 않았다. 또 꿈에 백룡이 다시 나타나서 간청하기를 "공께서는 어찌 나의 말을 뜻을 삼지 않으려 하십니까? 또 날짜를 알려드리겠습니다."라고 했다. 도조가 비로소 그것을 이상하게 여겼다. 기약한 날짜가 이르러 활과 화살을 치고 그것을 보려고 갔더니, 구름과 안개로 어두워 백색과 흑색의 두 마리 용이 바야흐로 연못 안에서 싸우고 있었다. 도조가 흑룡을 쏘아 한 화살에 죽이니 연못에 가라앉았다. 나중에 꿈에 백룡이 나와 사례하며 말하기를 "공의 커다란 경사는 앞으로 자손에게 있을 것입니다."라고 했다.

〈진성여대왕거타지〉설화의 거타지 이야기와 고려사 고려世系의 작제건 이야기 그리고 용비어천가 22장 도조 이야기는 일정부분 차이를 보이

---

49) 『龍飛御天歌』第 七章, 二十一章, 二十二章 註.

나 전체적인 내용은 유사하다. 세 이야기 모두 주인공에게 용이 나타나 자신을 도와줄 것을 부탁한다는 공통점이 있다. 또 세 이야기는 영웅의 일대기를 보여준다고 할 수 있다. 그렇다면 기본적인 영웅의 일대기인 A. 고귀한 혈통을 지닌 인물이다→ B. 잉태나 출생이 비정상적이다→ C. 범인과는 다른 초월한 능력을 타고 났다→ D. 어려서 기아가 되어 죽을 고비에 이르렀다→ E. 구출·양육자를 만나 죽을 고비에서 벗어났다→ F. 자라서 다시 위에 부딪쳤다→ G. 위기를 투쟁적으로 극복하고 승리자가 되었다의 7단계[50]가 각각의 이야기에 포함되어 있는지 살펴본다. 먼저 거타지 이야기에서는 '비범한 능력→위기→위기 극복'이라는 3단계의 비교적 간단한 구조를 보이고 있다. 거타지라는 인물은 고귀한 혈통을 지닌 것도 아니며 비정상적인 탄생을 하지도 않았다. 하지만 활을 잘 쏘는 비범한 능력을 지닌 인물이다. 그는 그 능력을 이용해 서해용의 문제를 해결해 주고 서해용은 거타지의 위기를 극복하게 도와주고 딸을 주어 거타지와 혼인하게 한다.

이에 비해 작제건과 도조의 이야기는 전체적인 구조가 영웅의 일대기 구조에 더 부합되고 있다. 먼저 작제건 이야기를 살펴보면 당나라 천자의 아들이라는 고귀한 혈통을 지녔고, 아버지의 존재를 알지 못하는 비정상적 탄생을 했으며, 세상에 신궁이라고 불릴 만큼 비범한 능력을 가지고 있었다. 하지만 기아와 양육자의 도움 부분은 나타나지 않는다. 아버지를 찾던 도중 안개가 끼어 배가 갈 수 없게 되는 위기에 직면하게 되나 서해용을 도와줌으로써 위기에서 벗어날 수 있게 되고 서해용의 딸을 아내로 맞이 할 수 있게 된다는 '고귀한 혈통→비정상적 출생→비범한 능력→위기→위기 극복' 5단계가 나타나고 있다. 거타지 이야기가 먼저 생성되었다고 가정할 때 이것은 시사하는 바가 크다고 하겠다. 거타지 이야기의 영웅의 일대기 구조를 바로 작제건 이야기에서 확대해서 사용하고 있기 때문이다.

---

50) 본고에서는 7단계를 축약해 'A. 고귀한 신분→B. 비정상적 탄생→C. 비범한 능력→D. 기아→E. 기아구출→F. 위기→G. 위기극복'으로 약식해 사용하기로 한다. (조동일,「英雄의 一生, 그 文學史的」展開,『東亞文學』10, 서울대학교 동아문화연구소, 1971, p.169.)

도조 이야기를 살펴본다. 도조는 할아버지인 목조(穆祖)와 아버지 익조(翼朝)가 모두 영웅적인 면모를 가지고 있기에 고귀한 출생이며, '누비승'의 현몽으로 나온 아들이므로 비정상적인 출생을 했다. 또 사람들이 기이하게 생각해 칭송했으므로 비범한 능력을 지녔다. 하지만 작제건 이야기와 동일하게 기아와 양육자의 도움 부분이 나타나지 않으며 거타지와 작제건 이야기에서 보인 개인의 위기 또한 나타나지 않는다. 개인의 위기 결여는 도조의 영웅성을 더욱 부각시켜준다. 그는 자신의 위기를 극복한 것이 아니라 다른 인물의 위기를 극복해 줌으로써 그 인물을 구원해준다.51) 그래서 '고귀한 혈통→비정상적 출생→비범한 능력→위기 극복'의 4단계를 보여준다. 시기적으로 거타지 이야기의 기록 연대가 도조의 이야기 기록 연대보다 앞서있다는 것을 감안할 때 도조 이야기 또한 거타지 이야기에서 영웅적 면모를 더욱 부각시켜 사용하고 있다고 하겠다.

하지만 영웅의 일대기 구조만으로 거타지 이야기를 수용해 작제건과 도조 이야기가 만들어졌다고 쉬이 단정 지을 수는 없는 일이다. 때문에 서사 내부를 좀 더 치밀하게 분석할 필요가 있다. 앞장에서 살핀 바와 같이 거타지 이야기는 하층민이 중심이 된 아래로부터 위로의 연대가 핵심을 이룬다고 할 수 있다. 이런 연대가 가능했기에 거타지뿐만 아니라 다른 계층들 또한 문제를 해결할 수 있었다. 그렇다면 작제건과 도조의 이야기는 어떨까가 궁금해진다. 작제건 이야기에서는 연대와 화합보다는 '어려서 총명하고 지혜롭고 용맹이 있었다'와 '자라자 재주가 육예를 겸했으며 글 쓰고 활 쏘는 솜씨가 특히 절묘했다'라는 구절에서 알 수 있듯이 작제건 일인의 능력에 초점이 맞추어져 있다. 때문에 문제 해결은 전적으로 작제건 혼자의 힘으로 이루어진다. 도조 이야기에서도 작제건 이야기와 유사하게 연대와 화합보다는 '몇 백보나 떨어진 곳에서 까치를 쏘아 맞혔다'와 '도조가 쏜 까치를 큰 뱀이 나와 가져가 먹지 않는 모습을 본 사람들이 그를 기이하게 생각해 칭송했다'는 구절에서 알 수 있듯이 도조 일인의 능력에 초점

---

51) 스스로의 위기 극복은 인간이면 누구나 할 수 있는 것이나 다른 인물의 위기를 극복해 주는 것은 일반인들이 쉬이 하기 힘든 일이기 때문이다.

이 맞춰져 있으며 문제 해결도 도조 일인에 의해 이루어지고 있다.

용의 역할 또한 세 이야기에서 차이를 보이고 있다. 거타지 이야기에서는 용은 거타지로 하여금 자신의 문제를 해결 받는 존재임과 동시에 거타지의 문제를 해결해 주는 존재이기도 하다. 즉, 거타지가 사미승을 죽임으로 용은 개인적인 문제를 해결할 수 있었다. 그리고 거타지의 문제는 용이 다른 두 용으로 하여금 거타지를 호위하게 함으로 당나라 사람들이 거타지를 비범한 인물로 여길 수 있게 해 해결되었다. 이것으로 거타지와 용은 서로 연대와 협력의 관계라고 볼 수 있다. 반면 작제건과 도조의 이야기에서 용은 작제건과 도조의 영웅적 면모를 부각시켜주는 부차적 인물에 불과하다. 물론 작제건 이야기의 경우 자신의 딸을 작제건의 아내로 삼게 해주고 영험이 있는 지팡이와 돼지를 주었다는 점과 도조 이야기의 경우 '장차 자손에게 큰 경사가 있을 것이다'라고 예언해주었다는 점에서 협력의 관계로 보이기도 한다. 하지만 이것들은 고마움에 대한 보답일 뿐이며 작제건이나 도조의 문제 해결에 대한 도움이 아니다.

작제건이 용을 구해주고 용에게 '서쪽으로 가 당나라 천제인 아버지를 만날 것인지 아니면 칠보의 보물을 가지고 동쪽으로 가 어머니를 모실 것인지'에 대한 질문을 듣는다. 그는 '동쪽으로 가 왕이 되기를 원한다' 고 답한다. 그의 답에서 왕권에 대한 욕망을 알 수 있다. 그러나 용은 '삼건을 기다려야 왕이 된다'는 말을 한다. 작제건의 욕망은 좌절된다. 하지만 그의 후손이 반드시 왕이 될 것이라는 예언을 알게 되는데 바로 이 구절이 왕건에 의해 의도적으로 이야기가 만들어졌다는 단서를 제공해준다고 하겠다.[52] 왕건의 가문은 작제건 대에 이르러 고려왕실의 연고지인 송악지방에 독자적인 세력을 구축하고 대규모의 해외무역을 전개하고 막대한 재부(財富)를 쌓아

---

[52] 거타지 이야기에서 용녀와의 결합은 거타지 개인의 영웅적 면모를 부각시키는 역할 이외에 다른 목적은 보이지 않는다. 하지만 작제건 이야기에서 용녀와의 결합은 영웅과 용녀의 결합으로 후대 왕건이라는 인물이 탄생되어 왕이 된다는 설정을 두어 왕건 가문의 신성화라는 목적이 보인다. 이것과 관련해서는 (張德順, 위의 책, 1978, p.65. ; 최주성, 「高麗 太祖 王建政權의 性格」, 『상명대학교논문집』 26, 상명대학교 논문집, 1990, pp.19-41. ; 朴大福, 「『高麗世系』에 나타난 始祖說話의 性格과 文學史的 意味」, 『語文研究』 39, 한국어문교육연구회, 2011, p.142.) 등에서도 지적하고 있다.

송악근방의 무시 못 할 해상세력으로 성장했다.53) 해상세력이었던 왕건이 왕권을 장악한다는 것은 사회 계층 간의 수직 관계의 파괴를 뜻한다. 그래서 고려 초기 왕실세력은 거타지 이야기를 차용해 그들의 정당성을 확보하고자 했던 것이다. 정당성을 확보하지 못한다면 왕권은 유지될 수 없다. 때문에 정당성 확보는 고려 초기 왕실세력에게 필연적 과업이었다.54)

도조의 이야기 또한 작제건 이야기와 유사하다. '장차 자손에게 큰 경사가 있을 것이다'라고 한 구절에서 조선 왕조의 정당성을 부여하기 위해 의도적으로 이야기가 만들어졌다는 것을 알 수 있다. 고려에서 조선으로의 왕조 교체는 기본적으로 백성들의 동의와는 무관한 강제적인 권력의 찬탈이었다. 따라서 피지배계층에게 건국의 정당성을 설득할 필요가 있었다.55) 무신 세력이었던 이성계가 새로운 왕조의 왕이 된다는 것은 사회 계층 간의 수직적 관계의 파괴이다. 때문에 조선 초기 왕실세력 또한 그들 세력의 정당성을 확보해야 왕조를 유지할 수 있었다. 용비어천가의 서(序)56)에서 알 수 있듯이 그들 왕조의 개국을 천명으로 받아들이게 함으로 정당성을 확보하고자 했다. 그리고 그런 정당성 확보에 거타지 이야기는 상당한 도움을 줄 수 있었다.

거타지 이야기에는 하층민이 중심이 된 아래로부터 위로의 연대가 나타난다. 바로 거타지가 하층민의 중심인물인 것이다. 거타지를 중심으로 신과 왕실세력 그리고 국인들까지 모두의 화합으로 문제를 해결했다는 것은

---

53) 蔡守煥, 「王建의 高麗建國 過程에 있어서 豪族勢力」, 『白山學報』 82, 백산학보, 2008, pp.108-109.
54) 실제로 고려초기 왕실은 이중고를 겪고 있었다고 해도 과언이 아닐 것이다. 먼저 확고한 세력을 확보하지 못한 고려왕조로서는 호족세력들을 회유 포섭해 자기 기반 속으로 흡수하는 것이 중요했을 터이고 또한 하층민들의 왕조 타당성에 대한 인식을 확고히 해야 했을 것이다.(蔡守煥, 「高麗太祖 王建의 勢力實態에 關한 考察」, 『東西史學』 5, 한국동서사학회, 1991, pp.11-33.)등에서 이 점을 지적하고 있다.
55) 최연식·이승규, 「용비어천가(龍飛御天歌)와 조선 건국의 정당화: 신화와 역사의 긴장」, 『동양정치사상사』 7, 한국동양정치사상사학회, 2007, p.251.
56) 우리나라 역대 여러 성인들이 왕위에 오르기 전에 새운 문무의 공덕이 성대함이며, 하늘의 명과 사람들의 마음이 여기에 붙좇은 것이며, 또 상서로운 조점이 나타난 것이 그 어느 시대보다도 뛰어났습니다. 그 멀고도 오랫동안 쌓아온 일을 영원토록 세상에 나누어주게 될 것을 미리 알 수 있습니다.(『龍飛御天歌』 序.)

고려 초기 왕실세력과 조선 초기 왕실세력에게 매우 필요한 요소였다. 사회 계층의 수직 이동을 자연스럽게 받아들일 수 있게 하는 동인을 바로 거타지 이야기가 가지고 있기 때문이다. 그래서 그들은 거타지라는 중심 인물을 각각 작제건과 도조라는 인물로 대체하고 그 인물에게 고귀한 혈통과 비범한 탄생 등을 덧 입혀 작제건과 도조의 후예가 왕권을 잡는 것은 필연적인 것으로 생각하게 한 것57)이다. 하지만 작제건과 도조의 이야기는 거타지 이야기의 의의를 제대로 실현하지 못했다. 아래로부터 위로의 연대를 통한 문제 해결은 작제건과 도조 이야기에서 결핍되었다. 그들은 신분적 결점에 대한 정당성만을 거타지 이야기에서 취했다. 그리고 신성성과 영웅성에 초점을 맞추어 그 부분을 강조했다. 그 결과 거타지 이야기에서 보여준 사회 연대의 측면은 사라지고 신분적인 요소만 부각되었다.

　서술자 일연은 〈진성여대왕거타지〉 설화 속의 두 이야기의 대립 구도를 통해 아래로부터 위로의 연대를 통한 문제 해결을 잘 보여주었다. 서술자의 의도를 고려 초기 왕실과 조선 초기 왕실에서 알아채고 거타지 이야기만을 그들의 정당성을 확보하기 위해 작제건과 도조의 이야기로 탈바꿈시켰다는 섣부른 판단을 할 수는 없다. 하지만 거타지 이야기 속의 하층인을 중심의 문제 해결은 고려 초기와 조선 초기 왕실의 정당성 확보에 매우 필요한 요소였다는 것은 분명한 사실로 보인다. 새로운 왕조의 건설은 사회계층 간 수직적인 위계질서의 붕괴로 가능해진다. 때문에 붕괴로 쟁취한 왕권을 공고히 하기 위해서는 정당성 확보가 필요했을 것이다. 정당성을 하층인 중심의 문제 해결에서 찾아 자연스럽게 왕권 획득을 받아들이게 했으며 영웅의 일대기를 더 첨가함으로써 그것을 더욱 공고히 했다고 할 수 있다. 때문에 민간에서는 고려와 조선 왕조의 건설을 자연스럽게 받아들이고 이러한 이야기를 전승시켰을 것이다.

---

57) 원래의 설화가 단순히 비정상적인 탄생 과정을 거침으로써 주인공의 자손이 영웅으로 변모되었다는 내용이었는 데 반해, 확장된 설화에서는 제 2의 주인공의 자손이 영웅으로 태어날 수밖에 없었던 필연적인 이유를 합리적으로 이야기해 주는 내용으로 되어 있다(김화경, 『韓國說話의 硏究』, 嶺南大學校出版部, 1983, pp.117-118.)는 견해를 통해서 알 수 있다.

3장. 『三國遺事』<惠通降龍> 설화의 공간과 인물 관계

1. 설화의 구성과 공간설정의 방법

『삼국유사』<혜통항룡> 설화에는 고승인 혜통과 용의 이야기가 전해진다. 이 설화에서 용은 인간에게 해악을 끼치는 존재이다. 혜통은 인간에게 해악을 끼치는 용에게 불살계를 주어 악독을 멈추게 한다. 설화를 표면적으로만 살핀다면 기존의 논의들58)에서처럼 불교에 복속하는 용, 즉 토속신앙이 불교와 습합하는 과정을 그리고 있다고 하겠다. 또한 혜통과 용이 거듭 대결구도를 벌인다는 점에서 토속신앙의 반항이 어느 정도인지 가늠할 수 있다고도 보인다. 그런데 거듭되는 대결의 구도에만 집중해 다루었을 뿐 대결이 펼쳐지는 공간에 대한 연구는 미약했다고 보인다.

설화에서 중심인물인 혜통과 용은 각자 그들에게 생긴 문제를 해결하기 위해 이동을 감행한다. 혜통은 공간을 이동하면서 문제를 해결해나간다. 이에 비해 용은 자신의 문제를 해결하지 못한다. 인물의 행보는 다르나 만나게 되는 경우가 생긴다. 그들이 만남을 가지게 되는 경우 각 인물은

---

58) 외래의 종교인 불교가 토착화하는 과정에서는 신라사회의 현실과 타협이 불가피한 것이며 신라불교설화의 성격도 이 범주 안에서 형성되었다고 한 황패강의 논의는 이 설화가 이러한 맥락에서 살펴야 한다는 점을 시사해주고 있다.(黃浿江,『新羅佛敎說話硏究』, 一志社, 1975, pp.235.), 서대석은 용을 천신족의 이주 이전부터 한반도에 거주했던 토착세력으로 보고 있다.(서대석,『한국신화의 연구』, 집문당, 2001, pp.421-425.), 신태수는 혜통항룡 설화를 통해 불교신앙을 표방하는 세력과 토속신앙을 표방하는 세력 간의 대립이 결국에는 불교신앙의 승리로 방향이 전환될 것이라고 전망했다.(신태수,「『三國遺事』<神呪篇 >을 통해 본 土俗信仰의 向方」, 국어국문학』140, 국어국문학회, 2005, pp.401-428.),박진태는 혜통이 교룡을 불살계를 주어 조복시키는 것은 퇴치에서 융합으로 대응방식을 바꾸는 경우라고 보았다.(박진태,「『삼국유사』의 설화를 통해 본 <토착-외래>의 관계유형」,『국어교육』134, 한국어교육학회, 2011, p.254.) 이 밖에도 많은 연구들에서 같은 논의들이 보이고 있다.

동일한 장소에 시간차를 두고 당도한다는 점이 주목된다. 왜 그들은 각기 시간차를 두고 하나의 공간에 모이게 되는가 생각해보아야 한다. 인물이 문제 해결을 위해 이동을 감행한다고 했으니 문제 해결이 시급한 인물이 공간에 먼저 당도할 것이고 뒤에 공간에 당도한 자는 문제 해결이 앞선 인물보다 덜 시급하니 시간차가 생긴다는 것이 일반적인 생각이다. 그렇다면 각 인물이 지닌 문제의 심각성이 다르기에 시간차가 발생한다라고 규정내릴 수 있을까? 아니다.

두 인물은 동일한 공간 안에서 서로 대치되어 밀어내고 밀려나간다. 밀어내고 밀려나간다는 입장에서 우세와 열세를 판가름 할 수 있으나 현상적인 부분만으로는 쉬이 판단해서는 안 된다. 왜 우세와 열세라는 위치를 점하고 있는지에 대한 이면적인 의미를 살펴야 한다. 먼저 당도한 인물은 공간에서 내몰리기 일쑤이며 후에 공간으로 당도한 인물은 먼저 공간으로 당도한 인물을 밀어내기 일쑤이다. 밀고 밀려나는 것은 공간에 의해 이루어졌다. 이는 공간이 인물에게 영향력을 행사한다는 의미로 해석 된다. 때문에 우리는 공간에 주목해야 한다.[59] 즉, 시간차는 공간의 요청에 의해 발생하고 우세와 열세를 판가름하는 것은 다름 아닌 공간이다.

공간은 지리적 공간과 사회적 공간으로 살펴볼 수 있다. 이 설화에서는 당나라와 신라라는 지리적 공간을 제시하고 있다. 선학들의 연구에서 알 수 있듯이 설화는 불교적 성격이 강하다. 당나라와 신라라는 지리적 공간의 제시는 불교신앙의 전파 통로라는 점에서 이해 될 수 있다. 또한 지리적 공간 안에서 사회적 공간을 제시한다. 사회적 공간은 당나라 황실과 신라 왕실, 정공의 집으로 대표되는 상층의 공간과 문잉림, 기장산으로 대표되는 하층의 공간이다. 인물들은 상층과 하층의 공간에서 대응 태도를 달리한다. 상층의 공간에서 그들은 세력을 확보하려고 노력하고 하층의 공간에서는 세력을 휘두르기에 바쁘다. 때문에 공간의 차이에서 오는 인

---

[59] 공간이 인물과 긴밀한 관련을 맺는다는 점에서, 공간은 그 자체만으로 독자적인 의의를 가진다. 즉, 인물과, 상생·상극의 입장에선 個物이기도 하고 운동성을 지닌 생명의 주체이기도 하다.(신태수, 「군담소설에 나타난 공간과 영웅의 관계」, 『국어국문학』 131, 국어국문학회, 2002, p.285.)는 공간에 운동성에 논의를 주목할 만하다.

물의 대응 태도의 고찰이 필요하다고 하겠다.
〈혜통항룡〉 설화는 대표적인 『삼국유사』 용설화의 하나이다. 이 설화의 공간과 인물 관계가 모색된다면 공간과 인물 관계를 통한 『삼국유사』 전반의 용설화 유형화가 가능할 것으로 기대된다. 공간의 운동성에 주목하면 공간 안에 내재된 지리적 사회적 관계망을 읽어낼 수 있으니 말이다. 소기의 목적이 달성된다면 공간의 관계망을 통해 『삼국유사』 용설화가 지닌 참된 의미의 고찰까지 가능할 수 있으리라 기대된다.
〈혜통항룡〉 설화는 고승인 혜통과 용 두 인물의 문제 해결과정을 제시하고 있다. 고승인 혜통은 일곱 번의 문제에 봉착한다. 세 번의 문제는 혜통 개인의 문제이다. 나머지 네 번의 문제는 혜통 개인의 문제라기보다는 공간을 둘러싼 문제로 혜통은 요청으로 인해 문제 해결에 나서는 특징을 가진다. 이에 비해 용은 네 번의 문제에 봉착하고 이 문제들은 모두 용 개인의 문제였다. 그의 문제는 두 번의 해결과 두 번의 해결되지 못하는 결과를 가졌다. 이러한 문제 해결의 구도를 좀 더 자세히 살펴야 한다. 줄거리는 하나의 사건의 시작과 끝을 하나의 단락으로 보고 일련번호를 붙이면 다음과 같다.

(자료1) 〈혜통항룡〉[60]
1) 혜통이 속인으로 있을 때, 하루는 집의 동쪽 시냇가에서 놀다가 수달 한 마리를 잡아 죽이고 뼈를 동산 안에 버렸다.
2) 이튿날 새벽 그 뼈가 없어졌으므로 핏자국을 따라 가 보니 뼈는 옛날에 살던 굴속으로 돌아가 다섯 마리의 새끼를 끌어안은 채 웅크리고 있었다.
3) 혜통이 바라보고 한참이나 놀라고 이상히 여기며 감탄하고 망설이다가 속세를 버리고 승려가 되었다.
4) 혜통이 당나라에 가서 무외삼장에게 배우기를 청했으나 신라 사람으로 감히 불법을 닦을 그릇이 될 수 없다해 거절당한다.
5) 혜통은 물러나지 않고 3년 동안 열심히 섬겼으나 끝내 허락하지 않는다.
6) 애가 탄 혜통은 뜰에 서서 머리에 화로를 이고 있다가 이마가 터져 우레와 같은

---
60) 一然, 『三國遺事』, 〈惠通降龍〉 卷第五 神呪 第六.

소리를 냈다.
7) 무외삼장이 소리를 듣고 와 화로를 치우고 터진 곳을 손으로 어루만지며 신비스런 주문을 외우자 상처가 아물어 전과 같이 되었으나 왕 자 무늬의 흉터가 생겼다.
8) 이로 인해 왕화상이라 불리고 무외 삼장이 혜통의 재질을 높이 사 심법의 비결을 전해주었다.
9) 당나라 황실의 공주가 병이 나서 고종이 무외삼장에게 치료를 청하니 삼장이 혜통을 천거했다.
10) 혜통이 명을 받들어 별실에 거처하면서 흰콩 한 말을 은그릇에 담고 주문을 외워 흰 갑옷을 입은 신병으로 변하게 해 병마와 싸우게 했으나 이기지 못했다.
11) 또다시 검은콩 한 말을 금으로 된 그릇에 담고 주문을 외우자 검은 갑옷을 입은 병사들로 변했다.
12) 이들을 흰 갑옷을 입은 병사들과 더불어 싸우게 해 병마를 쫓으니 교룡이 뛰쳐나와 병이 나았다.
13) 정공이 사신으로 당나라에 갔다가 혜통을 만나 혜통이 쫓아낸 독룡이 문잉림 사람들을 해치고 있다고 말했다.
14) 혜통은 정공과 함께 인덕 2년 을축에 본국으로 돌아와 용을 내쫓았다.
15) 용이 정공을 원망해 정공의 문밖에 있는 버드나무가 되어 살고 있었는데 이를 알지 못하는 정공은 버드나무를 매우 사랑했다.
16) 효소왕이 신문왕의 무덤을 만들고자 장사지낼 길을 내는데 버드나무가 가로막고 있어 베어버리라고 명령했으나 정공이 이를 저지했다.
17) 왕이 노해 정공의 목을 베어 죽이고 그의 집을 흙으로 묻어버렸다.
18) 조정에서 의논하기를 정공과 친한 혜통을 죽이고자 해 병사를 소집해 왕망사로 가게 했다.
19) 혜통은 갑옷을 입은 병사들이 오는 것을 보고 지붕으로 올라가 사기병과 붉은 색 먹을 묻힌 붓을 들고 병의 목에 한 획을 긋자 병사들의 목에 붉은 획이 그어졌다.
20) 놀란 병사들이 황망히 도망해 왕의 앞에 달려 나아가자 왕이 혜통의 신통력은 사람의 힘으로 도모할 수 없다고 해 그대로 내버려 두었다.
21) 왕녀가 병이 나자 혜통을 불러 치료하게 했더니 병이 나았다.
22) 혜통은 정공의 억울함에 대해 호소하고 왕은 후회해 정공의 처자에게는 죄를 면하게 하고 혜통을 국사로 삼았다.

23) 용은 정공에게 원한을 갚고 기장산으로 가 곰신이 되어 해독을 심하게 끼쳐 백성들을 괴롭혔다.
24) 혜통이 그곳으로 가 용을 타이르고 살생하지 말라는 계율을 주었더니 용의 해가 없어졌다.

〈혜통항룡〉 설화는 제목에서 알 수 있듯이 혜통이 용을 굴복시키는 내용을 담고 있다. 굴복시키게해 강제적인 방법을 동원하는 것이 아니라 불살계를 내려 용을 교화시킨다. 용은 저항 없이 혜통의 불살계를 받아 그동안 백성들을 괴롭게 했던 행동을 하지 않게 된다. 앞서 용이 문제를 해결하는 과정에서의 혜통에게 한 저항들은 간곳없이 고분고분 혜통의 불살계를 받아 들여 해를 끼치지 않게 되었다는 사실이 쉬이 받아들여지지 않는다. 혜통 또한 진작 불살계를 용에게 주었더라면 둘은 갈등을 벌이지 않았으며 용에게나 혜통에게나 체력을 소진하는 일이 없었을 터이다. 또한 더 나아가 이유 없이 괴롭힘을 당해야 했던 문잉림과 기장산의 사람들은 어떠한가? 정공은 목이 베여 죽임을 당하고 집까지 땅 속에 묻히게 되었다.

혜통과 용의 움직임은 이유가 있어 보인다. 이유가 없다면 서로 체력적인 소모 없이 우세한 인물이 열세한 인물을 제압하면 될 것이다. 당장 제압하지 못함은 둘의 세력이 팽팽하게 맞서 있다고 보아야 마땅하다. 이를 좀 더 살피기 위해 혜통과 용의 문제를 도식화 해보기로 한다. 각 인물이 가진 문제를 파악하면 인물의 추구하고자 하는 바가 드러난다. 혜통은 개인적인 문제와 공간의 요청 문제로 나누어 제시하고 용은 개인적인 문제이므로 개인적 문제로 제시한다.

<표 1>

■ 혜통의 문제		■ 용의 문제
개인적 문제	공간 요청의 문제	개인적 문제
깨달음에 무지		
무외삼장의 비법 전수 저지		
	당나라 공주의 치병	당나라 공주와 지속적 거주

	문잉림에서 해를 끼치는 용을 처단	문잉림 지속 거주
죽음에 직면		정공에게 품은 원한을 갚고자 함
	신라 왕녀의 치병	
	기장산에서 해를 끼치는 용을 처단	기장산 지속 거주

혜통의 개인적 문제는 1) - 2)와 같다. 혜통은 승려가 되기 전 거리낌 없이 살아있는 생물인 수달을 죽였으나 수달의 뼈가 자신의 새끼를 끌어 안고 있는 모습을 보고 깨달음을 얻게 된다. 3)은 혜통이 깨달음을 얻기 위해 승려가 되었음을 알려준다. 4)에서는 승려가 되는 것만으로 모든 깨달음을 깨우치는 것이 어려움을 알고 당나라의 무외삼장에게 배우기를 청한 모습이 나타난다. 인물은 신라에서 당나라로 공간을 이동한다. 처음 당나라 무외삼장의 거처에서 거절당한 혜통은 굴하지 않고 5)처럼 3년 동안 열심히 섬겼다. 그래도 안 되자 그는 6)에서와 같이 처절한 움직임을 보인다.

그는 처절한 움직임을 통해 이마가 터져 우레와 같은 소리를 냈다. 불교에서 자내증(自內證)이라고 하는 깨달음을 드디어 그가 얻게 된다.[61] 7) - 8)처럼 무외삼장은 깨달음의 경지에 오른 그의 이마 상처를 주문을 외워 낫게 해주고 심법의 비결을 전해준다. 혜통의 처절한 움직임을 통해 어려웠던 문제는 드디어 해결의 국면을 맞게 된 것이다. 혜통의 세 번째 개인적 문제는 18)에서 비롯된다. 정공이 왕의 명을 거역하자, 왕실은 정공을 죽여 버리고 집 또한 묻어버린다. 그리고 후환을 없애기 위해 정공과 친분이 두터운 혜통을 죽이고자 한다. 혜통은 19)와 같이 지붕에 올라 너무도 간단히 병사들을 내 쫓아 버린다. 두 번째 문제 해결과는 사뭇 다르게 문제 해결 움직임의 강도가 매우 미약하다.

---

61) 자내증은 개인적 신비체험의 세계이다. 이것은 말이나 문자로 전달 할 수 없는 심오한 비밀의 영역이다. 깨닫지 못한 중생은 이러한 신비체험의 비밀세계를 알 수 없다.(이범교, 『밀교와 한국의 문화유적』, 민족사, 2008, p.19.)는 내용과 같이 혜통은 아무도 알려주지 않는 깨달음을 신비체험을 통해 깨우친 것이다.

세 번의 개인적 문제 해결 시 움직임의 강도는 두 번째 문제 해결 과정에서 가장 강했다. 강렬함은 어려운 문제 해결의 판도를 바꾸어 놓을 수 있을 정도로 매우 중요한 역할을 했다. 강렬했던 두 번째 문제 해결의 움직임을 통해 혜통은 많은 능력을 구비할 수 있었다. 문제 해결 움직임의 강도에서 보여 지는 혜통의 모습은 영역 통과의례[62]의 한 모습이다. 혹독한 영역의 통과의례 과정을 거치게 되자 그는 무외삼장에게 심법의 비결을 전수받을 수 있게 된다. 즉, 하나의 영역에서 다른 영역으로 나아가는 의례를 무사히 통과한 것이다. 이를 통해 공간 요청에 의한 문제들은 쉬이 해결할 수 있게 된다.

혜통의 공간 요청에 의한 문제들은 대부분 용의 개인적 문제와 직결되고 그들이 동일한 공간에서 맞서게 된다는 데서 주의를 기울일 필요가 생긴다. 먼저 혜통은 9)에서와 같이 무외삼장의 천거를 통해 당나라 황실로 입성하게 된다. 공간의 요청은 당나라 공주의 치병이다. 12)를 통해 공주 병의 근원이 교룡임을 알 수 있다. 혜통은 당나라 공주의 치병을 위해 10)과 같이 한다. 10)의 움직임의 강도로는 교룡을 쫓아 낼 수 없었다. 11)처럼 검은 병사를 만들어 흰 병사와 힘을 합쳐 싸우게 하자 드디어 교룡을 쫓아내게 된다. 혜통의 문제 발생 시 움직임의 강도는 개인적 문제의 두 번째 보다는 미약했으나 공간의 요청에 대한 문제 해결 시에도 움직임의 강도를 강하게 했다. 10) - 11)은 이 사실을 잘 반영해 준다. 혜통의 생각으로는 10)의 강도만으로도 교룡을 없앨 수 있으리라 생각했으나 교룡의 힘이 미약하지 않았던 것이다. 10) - 11)의 강도로 겨우 교룡을 공간 밖으로 밀어내는 데 성공한다.

교룡이 공간에서 밀려남은 거주지의 상실이다. 그가 언제부터 당나라 황실에 거주하게 되었는지는 알 수 없으나 공주가 병을 얻어 괴로워한 사

---

[62] 경계는 특정 집단이 의식을 통해 특정 지점에 설치한 것이다. 이것을 소유하는 집단은 만약 낯선 자가 이것을 넘어 발을 들여놓는다면 세속적 영역의 사람이 신성한 숲이나 사찰에 침접하는 것과 같이 신성을 모독하는 것을 보여주는 것이다. 때문에 영역 통과의례를 거쳐야만 그곳으로 편입될 수 있다(A. 반게넵 전경수 옮김, 『통과의례』, 을유문화사, pp.45-57.)라고 한 A. 반게넵의 논의가 좋은 참고가 된다. 〈혜통항룡〉 설화에서 무외삼장이 혜통의 배움에 대한 열의를 잇달아 거절한 것은 이러한 맥락에서 이해될 수 있다.

실만은 9)를 통해 안다. 그렇다면 교룡은 당나라 황실과 매우 밀접한 관계에 놓여 있었다는 추측이 가능하다. 비록 병마라는 몰아내야하는 대상으로 치부되고 있지만 그들 사이의 거리는 가깝다.63) 가까운 거리의 인물이 서로를 등지고 있는 형국이다. 혜통의 문제 해결과정을 살펴본다. 혜통은 영역의 통과의례를 거쳐야만 그 공간에의 편입이 인정되었다. 영역의 통과의례는 모든 인물이 거쳐야 하는 일련의 과정임을 인식한다면 용 또한 병마로 인식되기 이전에는 영역의 통과의례를 거쳐 당나라 황실에 편입된 인물이었으리라 생각된다.

편입이 인정될 당시에는 용과 당나라 황실 또한 서로 대치되지 않고 조화로웠을 터이다. 그렇다면 그들이 서로 대치하게 한 무언가가 공간 내부에 존재하고 있다고 보인다. 서로 대치할 무엇인가를 찾아야 한다. 공간 요청으로 혜통이 외부에서 공간으로 유입된다. 혜통은 신라에서 당나라로 불법을 구하기 위해 건너온 인물이다. 결국 그는 영역의 통과의례를 통해 고승이 된다. 그의 신분을 고려한다면 그는 불교신앙64)을 상징한다고 하겠다. 불교신앙으로 대표되는 그가 용을 공간에서 몰아낸다. 공간 내부는 치병의 능력을 인정해 불교신앙을 인정했다. 반면 교룡은 공간에서 배척당하고 내몰렸다. 당나라 황실과 동일한 의식을 가지고 있다면 배척당하지 않는다. 교룡은 배척당해야 하는 다른 무언가로 대표된다고 보인다. 하지만 하나의 문제 해결과정으로 교룡으로 대표되는 무언가를 밝혀낼 수

---

63) 교룡은 대단한 능력을 지니고 인간의 삶 속에 깊숙이 작용하고 있다(신태수, 위의 논문, 2005. pp.407-425.)라고 한 논의가 좋은 참고가 된다. 교룡을 토속 신앙의 하나로 상정하고 신주편의 세 설화를 통해 토속 신앙이 불교 신상에 복속 될 것이라는 견해를 펴고 있다.
64) 불교는 밀교(密敎)와 현교(顯敎)로 나뉘는 데 『아함경』에 의하면 석가모니불은 현교를 중시했다. 제자들에게 세속의 주술을 행하는 것을 엄밀히 금하고, 만약 이를 어길 경우 파계할 것이라고 했다. 그러나 인간의 삶에서 일어나는 질병과 자연재해는 신앙만으로 해결할 수 없는 것이다. 승려나 신자들도 예외가 아니다. 결국 석가모니불로 하여금 고대로부터 내려오는 해결방법인 주술의 사용을 인정하게 할 수밖에 없었다. 이것이 밀교의 형성과정이다. 자기의 몸을 보호하기 위한 주술을 허용한 이후, 주문의 신비로운 힘에 의해 재앙을 물리치는 비법이 불교교단에 일반화되었다.(이범교, 위의 책, 2008, pp.30-33.) 혜통이 당나라 공주의 병마를 낫게 한 것은 바로 밀교의 비법임을 알 수 있다.

없다. 다른 문제 해결 방법들도 살핀다.
 교룡은 당나라 황실에서 내몰려졌다. 그가 선택한 곳은 다름 아닌 신라의 문잉림이다. 13)에서 정공이 알려주기 이전까지 혜통은 교룡을 쫓아낸 공으로 당나라 황실의 인정을 받아 당나라에 머무른다. 교룡 또한 정공이 사실을 발설하기 전까지 문잉림에서 새롭게 거주지를 마련했다. 정공만 아니었다면 혜통도 용도 모두 각자의 공간에 머물러 있었을 것이다.65) 그러나 정공은 혜통에게 당나라를 떠나 신라 문잉림으로 갈 것을 권유한다. 14)와 같이 정공과 혜통은 귀국해 문잉림으로 가 독룡을 쫓아낸다. 혜통은 또다시 문잉림이라는 공간에서 용을 몰아낸다. 용은 또 내몰린다. 문잉림은 혜통에 의해 평화로워진다.
 용은 앙심을 품고 정공의 집 앞 버드나무로 변한다. 문잉림에서 정공의 집 앞으로 거주지를 옮긴다. 또한 정공으로 하여금 자신을 사랑하게 만든다. 결국 16)처럼 정공은 왕명을 거역한다. 17)에서와 같이 정공은 제거된다. 정공의 집에서 용은 기존 문제 해결과는 다르게 자신이 원하는 바 즉, 문제를 해결한다. 문제 해결 방법은 다름 아닌 왕실을 이용한 것이다. 반면 18)에서처럼 혜통은 죽을 위기에 놓인다. 용이 문제 해결을 하자 혜통이 문제에 직면한다. 혜통은 의연하다. 19)처럼 왕망사 지붕에 올라가 주술로 병사들을 내쫓는다. 20)에서와 같이 왕실은 혜통 죽이기를 포기한다. 혜통이 위기에서 벗어나긴 했지만 여전히 왕실과 대척중이다. 20)은 왕녀의 병으로 혜통이 왕실과 결합하는 과정이 그려진다. 혜통은 왕녀의 치병을 통해 국사가 되고 정공의 누명도 풀어준다.
 혜통이 신라 왕실과 결합하자 23)에서와 같이 용은 기장산으로 가 곰신이 되어 백성들에게 해독을 끼친다. 24)는 혜통이 기장산이라는 공간에 다

---

65) 혜통은 불법을 습득하기 위해 신라에서 당나라로 이동을 감행한 인물이다. 그가 무외삼장에게 심법의 비결을 전수 받았다는 것은 그의 불법이 완성되었음을 뜻한다. 때문에 정공이 아니더라도 혜통은 신라로 다시 돌아왔을 가능성이 크다. 하지만 여기서 주목해야 할 것은 정공으로 인해 그의 입국이 촉박하게 진행되었다는 점이다. '교룡은 이 지상에서 오직 혜통 한 사람만을 두려워했다. 그래서 혜통이 당나라에 머무는 동안에 신라로 피신한 것이다'(서대석, 위의 책, 2001, p.423.)라고 한 부분이 좋은 참조가 된다.

시 한 번 용과 대면하는 모습이 그려진다. 혜통은 기존의 방법과는 다르게 기장산에서는 용을 내몰지 않는다. 몰고 내몰리기를 반복하던 그들은 기장산에서 단합한다. 단합의 방법은 불살계이다. 결국 불교신앙에 포용됨을 의미한다고 하겠다.[66] 용이 불교신앙에 포용되자 그는 더 이상 다른 거점을 찾아 공간을 이동할 필요가 없다. 기장산에서 해독을 멈추고 살면 된다. 그렇다면 이전까지의 대립은 용이 불교신앙에 포용되지 않기 위한 움직임이라고 하겠다. 혜통의 문제 해결과정을 통해 살펴본다면 용은 혜통 이전에 영역의 통과의례를 거쳐 공간에 확고한 자리를 매김하고 있던 인물이었다. 하지만 혜통을 위시한 불교신앙이 공간을 점령하게 되면서 용은 자신의 공간 확보를 위해 계속되는 움직임을 보인 것이다.[67]

혜통과 용의 문제 해결을 통한 설화구조를 살폈다. 〈혜통항룡〉의 설화구조는 문제와 문제 해결과정을 그리고 있었다. 혜통은 당나라 고승인 무외삼장의 거처, 당나라 황실, 문잉림, 신라 왕실, 기장산에서 각각 영역의 통과의례를 거쳐 인정을 받게 된다. 즉, 문제 해결의 과정은 영역의 통과의례이고 문제 해결은 곧 그 영역에로의 편입으로 볼 수 있다. 당나라 황실과, 문잉림, 정공의 집, 기장산은 용과 혜통의 문제가 서로 맞물리는 공간이다. 당나라 황실, 문잉림에서는 용이 배척되고 혜통이 공간을 확보한다. 여기서는 공간이 주도적인 역할을 수행하지 않는다. 인물이 주도적인 역할을 수행해 공간 내부의 의식에 변화를 주고 있으므로 인물이 중심이 된 공간이라고 하겠다.

용의 개인적 문제인 정공에 대한 복수는 정공의 집에서 이루어진다. 용은 정공의 집에서 정공을 제거하는데 성공한다. 용이 문제를 해결하자 혜통이 죽음의 위기에 놓이는 문제가 발생한다. 서로 대면하지는 않았지만

---

66) 『삼국유사』의 〈어산불영〉 설화에서 수로왕과 독룡의 대치 상황을 부처가 해결한 것에 대해 불교설화가 건국신화를 밀어내는 과정을 그리고 있다(조동일, 『삼국시대 설화의 뜻풀이』, 집문당, 2004.)라고 한 논의를 참조할 만하다.
67) 설화에서 용은 교룡, 독룡, 웅신 등으로 악행을 저지르는 인물로 그려진다. 설화의 문제와 문제 해결 구조를 통해 이는 불교신앙의 견지에서 용을 인식한 것이었음을 알 수 있다.

용의 문제 해결이 곧 혜통의 문제 발생이라는 결과를 초래한다. 때문에 정공의 집이라는 공간은 용의 세력 확보에 중요한 역할 한 곳이라는 추정이 가능하다. 혜통은 왕망사라는 공간에서 죽음의 위기로부터 벗어나게 된다. 또한 그곳에서 신라왕실의 요청을 받는다. 왕망사는 혜통에게 떨어진 위상을 찾아주는 공간임과 동시에 신라 왕실로 진입하는 계기를 마련해 주는 공간이다. 용은 정공의 집에서 혜통은 왕망사에서 각각의 힘을 확보한다. 공간이 인물의 힘을 확보하게 만드는 경우를 나타낸다고 하겠다. 때문에 이곳은 공간이 인물을 지배한다. 기장산은 두 인물이 서로 화합했다는 점에서 공간과 인물이 모두 중심이 되는 곳이다. 설화의 구조를 통해 공간이 세 가지 경우로 나타남을 알았다. 그렇다면 이 공간의 설정이 무엇을 의미하는 지를 살펴야 하겠다.

2. 공간의 양상과 인물의 대응 방법

설화는 문제와 문제의 해결로 구성되어 있었다. 문제가 발생하면 인물은 공간을 이동하면서 문제 해결을 꾀했다. 다른 공간에서 또 다른 공간으로 들어가기 위해서는 영역의 통과의례를 반드시 거쳐야만 했다. 때문에 공간을 먼저 점하고 있는 인물은 뒤에 공간에 진입한 인물보다 먼저 영역의 통과의례를 거쳐 그곳에 정착하고 있었다. 설화의 구성을 통해 인물이 서로 대면하거나 관련되어 있던 공간은 세 개의 공간으로 설정됨을 알았다. 인물이 중심이 된 경우, 공간이 중심이 된 경우, 공간과 인물이 모두 중심이 되는 경우이다.

하지만 이러한 세 가지 양상의 공간이 왜 나타나게 된 지에 대한 배경에 대해서는 알 수 없었다. 공간의 양상이 왜 나타나게 된 지에 대한 배경 고찰이 필요하다. 공간의 세 가지 양상은 사회적 상황과 연관되어 있다. 당나라 무외삼장의 거처, 당나라 황실, 문잉림, 정공의 집, 왕망사, 신라왕실, 기장산 등은 그 공간을 점하고 있는 인물을 알려준다. 당나라 무외삼장은 불교세력을 , 당나라 황실은 당나라의 상층의 세력을, 문잉림과 기장산에는 백성이 고통당하는 상황을 알려주고 있으므로 하층의 세력을 그리고 정공과 신라 왕실은 신라 상층 세력을 각각 표상해 주고 있다. 때문에 공간의 양상에 따른 인물의 대응 태도를 사회 상황과 결부시켜 살펴보아야 한다.

논의의 편의상 인물이 중심이 된 경우는 A공간, 공간이 중심이 된 경우는 B공간, 인물과 공간이 모두 중심이 되는 경우는 C공간이라 칭하기로 한다. 공간은 단순한 배경으로서의 공간일 수도 있다. 인물이 자신의 의지로 공간을 이동하는 경우도 있기 때문이다. 이 설화에서는 공간이 단순한 배경일 수 없다. 인물이 수용되거나 힘을 형성하는 것 등이 모두 공간을 통하고 있기 때문이다. 공간은 인간사회가 내포되어 있다는 점을 주목해야 한다.[68] 각각의 공간에 구성인물과 상황을 살펴볼 필요가 생긴다. 구성인물이 동일한 경우라면 문제가 되지 않지만 동일하지 않는 경우라면 반드시 재고해야 한다. 각 공간의 구성인물과 상황을 제시하면 다음과 같다.

```
A 공간 : 구성인물 :─── 상층
                  하층
   상황 : 원인- 상층에서 치병의 이유로 혜통을 공간으로 요청.
              하층에서 용의 괴롭힘을 이유로 혜통을 공간으로 요청.
          결과- 상층: 혜통이 선주해 있던 용을 공간에서 몰아냄.
              혜통이 국사가 되고 정공의 권위를 회복해줌.
              하층: 혜통이 선주해 있던 용을 공간에서 몰아냄.
B 공간 : 구성인물 :─── 상층
                  불교세력
   상황 : 원인- 용이 정공에게 복수하기 위해 정공의 집으로 이동.
              혜통이 왕의 세력에 맞서기 위해 왕망사로 이동.
          결과- 용이 왕실을 이용해 정공을 죽임.
              혜통이 주술을 이용해 왕의 세력을 몰아냄.
C 공간 : 구성인물 : 하층
   상황 : 원인 - 용이 웅신으로 변해 사람들을 괴롭힘.
          결과 - 혜통이 용에게 불살계를 주어 악독을 그치게 함.
```

---

68) 우리가 살아가고 있는 세계에서 공간에는 물질과 에너지 심지어는 동식물 생태계와 인간사회가 내포되어 있다(권오혁, 김남주, 김두환, 김창현, 김한준, 손정원, 「공간의 개념 정의에 관한 온라인 토론」, 『공간과 사회』 36, 한국공간환경학회, 2011, p.259.)라고 한 논의가 참조가 된다.

먼저 A공간 인물의 구성은 상층과 하층을 아우른다. 상층은 다시 당나라 황실과 신라 왕실이 되는 데 득병[69]을 이유로 혜통에게 치병을 요청한다. 치병을 목적으로 혜통이라는 인물은 상층이 거주하는 공간에 유입된다. 유입된 공간인 당나라 황실에서는 공주 병의 원인이 교룡이었으므로 교룡을 쫓아 보내자 병이 나았다. 신라 왕녀의 병은 원인을 알 수 없으나 혜통이 당도하자 낫게 된다. 결국 상층이 거주하는 공간에서 혜통을 필요로 해 혜통이 그곳으로 간 것이며, 혜통은 영역의 통과의례를 거쳐 인정을 받는다. 혜통이 영역의 통과의례를 거쳐 진입한 곳은 다름 아닌 상층의 공간이었다는데 주목해야 한다. 상층은 먼저 용으로 대표되는 무언가를 수용했고, 뒤에 병마라고 매도하며 용을 처단하고자 한다.[70] 혜통은 상층의 요구에 부합해 용을 쫓아내고 상층의 인정을 받는다.

하층의 인물이 있는 곳은 문잉림과 기장산이다. 문잉림에서 교룡은 독룡으로 비춰진다. 상층 인물인 정공의 폭로는 문잉림이라는 공간의 요청을 대변해 준 것으로 보인다. 문잉림의 사람들이 직접 혜통에게 찾아가 사실을 알리는 것이 좋겠지만 상황이 여의치 않았던 것이다. 하층의 인물이 당나라로 건너가는 것도 힘들거니와 승려 혜통을 알고 있다고 보기도 어렵기 때문이다. 혜통은 하층의 문제를 영역의 통과의례를 거쳐 해결함으로 그들에게 인정받는다.

B공간은 용과 혜통이 각각 자신의 힘을 확보하는 곳이다. 혜통이 힘을 키운 공간은 사찰이다. 혜통이 승려임을 가만했을 때 승려가 사찰 내에 있을 때 힘이 증가할 수 있다[71]는 것은 납득이 간다. 그런데 용은 정공의 집이다. 용은 정공과 왕실이 서로 다른 의견을 가진 것을 교묘하게 이용한다.

정공은 하층을 아우르는 신앙체계를 구축하고자 한 인물이라는 추정을

---

[69] 병을 얻는다는 것은 육체적 정신적 고통을 의미한다. 인간은 이 고통을 피하기 위해 안간 힘을 쓴다. 이 설화에서는 치병을 위해 혜통이라는 고승을 요청한다. 그리고 고승은 요청에 대한 기대를 충족시켜준다.
[70] 기존의 논의에서처럼 용은 토속신앙을 상징한다. 그렇다면 토속신앙인 용 또한 숭앙의 대상으로 인정받기 위해서는 영역의 통과의례를 통해 신성이 확보되었다고 볼 수 있겠다.
[71] 불상을 모시고 불도(佛道)를 닦으며 교법을 펴는 집이라는 뜻을 지닌 사찰은 불교신앙의 중심이라 하겠다. 때문에 승려는 사찰 안에서 세력이 확보될 수 있다.

해본다. 상층의 왕실은 문잉림의 사람들이 고통을 겪고 있는 사실조차 알지 못했다. 정공은 그들의 고통을 혜통에게 전해준다. 반면 왕실은 하층에게 해독을 끼친 용을 도와주는 역할을 하게 된다. 때문에 혜통과 정공, 왕실과 용은 서로 다른 이상을 가지고 있다고 하겠다.[72] 혜통은 문잉림에서 하층 인물들의 인정을 받아 그들의 힘을 얻었으나 왕실과 용에 의해 죽음의 위기에 놓인다. 하층과의 결합만으로는 높은 위상을 점하기 어렵다는 사실이 드러난다. 혜통은 왕망사 지붕으로 올라가 주문으로 왕실 세력을 쫓아낸다. 이를 통해 신라의 상층 내부에서도 용을 옹호하는 세력과 혜통과 뜻을 같이하는 세력이 팽팽히 맞서고 있었다고 하겠다. 정공의 죽음을 통해 용을 옹호하는 세력이 우세해졌다.

그런데 왕녀가 병이 나자 상층은 배척했던 혜통을 왕실로 불러들인다. 당나라 황실은 용을 쫓아내기 위해 혜통을 요청했다.[73] 신라 왕실도 마찬가지로 득병의 이유로 혜통을 요청한다. 왕실의 혜통 요청은 용과의 결별을 의미한다고 보아야 하겠다.[74] 왕녀를 치병함으로 혜통은 국사가 되고 정공의 한 또한 풀어줄 수 있게 되었다. 왕망사는 바로 혜통이 신라 왕실로 진입하는 계기를 마련해준 공간이며 혜통 힘의 근원지 즉, 불교신앙의 근거지이다. 혜통은 당나라 황실, 신라 왕실에서 모두 치병이라는 영역의 통과의례를 거쳐 인정받는다. 결국 상층과의 결합을 통해 용보다 우세한 위상을 점할 수 있었다.

B공간을 통해 정공은 혜통과 같은 뜻을 가진 밀교계 인물임을 알았다. 그는 혜통과는 다르게 왕실 세력 안에 있으면서 하층의 생활상까지 알고 있는 인물이다. 그는 밀교가 상층뿐만 아니라 하층에까지 전파되기를 도모했다.[75] 용이 세력을 키운 정공의 집이라는 공간은 정공의 소유라고도

---

72) 서로 이상이 동일하다면 대치되는 일이 생기지 않는다는 사실을 상기할 필요가 있다.
73) 용은 신라 왕실 즉, 상층의 세력에게 내몰림을 당한다. 앞서 당나라 황실에서도 용은 내몰렸다. 신라 왕실과 용의 관계를 통해 당나라 황실에서 용이 내몰림을 당한 이유는 동맹관계의 절연으로 볼 수 있겠다. 동맹관계에 있을 때 용은 배척의 대상이 아니다. 하지만 동맹관계가 절연되는 순간 내몰림의 대상이 된다.
74) 용은 정공의 집에서 승리를 거두었음에도 불구하고 혜통이 신라 왕실과 결합하자, 기장산으로 가 백성들에게 악독을 행한다는 점에서 이러한 추정이 가능하다.

볼 수 있지만 실상 왕실세력의 근거지의 하나로 보인다. 그 근거지를 필두로 왕실과 용은 깊이 결합되었다. 이를 타파하려는 정공은 미약한 힘으로 대항했다. 하지만 용과 왕실의 힘에 굴복당하고 말았다. 혜통은 정공을 통해 세력의 확장을 꾀하기 위해 왕망사로 이동한 것이다. 즉, 용은 왕실세력과 결합했을 때 힘을 얻고 혜통은 불교세력을 통해 힘을 얻고 더 나아가 왕실 세력, 하층의 세력까지 아울러 힘을 가지게 된다.

C공간은 하층의 인물로 구성되어 있다. 혜통이 신라 왕실과의 관계가 호전되고 국사로 삼아지자, 용은 기장산의 웅신이 되어 사람을 괴롭힌다. A공간과 동일한 사건이 벌어졌다. A공간과 동일하게 대응하면 될 것인데, C공간은 용을 쫓아내지 않는다. 혜통은 다른 곳에서와는 다르게 C공간에서만큼은 불살계로 용을 타이른다. 용 또한 반항하지 않는다. 결국 기장산이라는 공간은 두 인물의 결합을 이끄는 공간이 되었다.

A, B, C의 공간은 각각의 인물들로 구성되어 있었다. 단순한 배경으로써의 공간이 아니다. 공간은 운동성을 가지고 있다. 공간이 인물에 지배당하기도 하지만 인물에게 힘을 부여해 주기도 하고 두 인물을 모두 포용해주기도 한다. 각각의 공간을 살펴본 결과 공간이동을 거듭하면서 각 인물의 위상이 조금씩 차이가 생겼다. A공간에서 용은 한 없이 혜통에게 밀려나고 있다. 용의 밀려남은 위상의 추락으로 볼 수 있겠다. 반면 혜통의 위상은 한 단계씩 상승했다. 용이 힘을 얻은 정공의 집에서는 용이 문제를 해결하므로 다시금 위상을 높였다. 반대로 혜통의 위상은 떨어진다. 혜통은 왕망사로 이동해 다시금 떨어진 위상을 회복한다. 이를 표로 나타내면 다음과 같다.

---

75) 정공이 당나라로 가 혜통으로 하여금 신라 문잉림 사람들의 고통을 해결하게 했다는 점에서 이러한 추정이 가능하다.

<표2>

장소\위상의크기	당나라 황실	문잉림	정공의 집	왕망사	신라왕실	기장산
용						
혜통						

표를 통해 살펴본 결과 A공간에서 용의 위상은 추락하고, 혜통의 위상은 높아짐을 알았다. B공간에서는 용과 혜통 모두 위상이 높아졌다. C공간에서는 혜통의 위상은 높아지고 용 또한 위상이 절하되지 않았다. 이는 C공간이 모두를 수용했기 때문으로 보인다. 용의 위상과 혜통의 위상이 반비례한 A공간은 상층의 공간과 하층의 공간으로 구성되어 있다. 먼저 상층의 공간인 당나라 황실에서 용은 선주했던 인물이었다. 혜통의 공간 이동 경로를 통해 위상이 상승됨에 비추어 본다면 용 또한 혜통이 공간으로 유입되기 이전에는 상층과의 결합으로 인해 높은 위상을 점했을 것이다. 공간이 용을 병마로 인식하자 그는 구축의 대상이 되었고, 그를 구축하기 위해 공간은 혜통을 공간으로 유입시킨다. 이렇게 본다면 A공간은 혜통 즉, 불교신앙인 밀교를 필요로 하고 있었다고 하겠다.

하층의 공간은 문잉림이다. 혜통과 같은 의식을 지니고 있는 상층의 인물인 정공이 당나라 사신으로 가 혜통에게 문잉림에서 용의 해악을 알린다. 정공이 당나라에 있는 혜통에게 사실을 고했다는 것으로 문잉림[76)]이라는 공간 역시도 혜통을 필요로 했다고 하겠다. 교룡이 당나라 황실을 떠나 신라 문잉림이라는 토속신앙의 성소로 옮긴 것은 예사 일이 아

---

76) 황룡사에는 많은 보물이 있는데, 황룡사 丈六尊像은 신라 삼보 가운데 하나이다. 이 장육존상을 만든 곳은 문잉림으로서 전통신앙의 성소라고 할 수 있다(김복순,『한국 고대 불교사 연구』,「삼국시대 불교의 전래와 승려」, 민족사, 2002, pp.37-38.)라고 한 논의가 참조가 된다.

니다. 용의 이동 또한 공간의 요청으로 본다면 용도 공간의 요청으로 그 곳에 유입되었다고도 할 수 있다. 때문에 독룡으로 간주되기 이전까지 그는 성소에서 숭앙의 대상이었다. 하지만 공간이 이제 그를 독룡이라 칭한 것은 새로운 무언가를 갈망한다는 것이다. 갈망의 대상은 혜통으로 상징되는 불교신앙이다. 문잉림은 토속신앙을 밀어내고 불교신앙을 받아들인다.

그렇다면 A공간은 신라 상층과 하층의 이데올로기[77]를 드러내준다. 하지만 공간이 주도적인 역할을 수행하지는 않는다. 그들은 용과 혜통이 각축을 벌일 수 있는 장을 열어줄 뿐이다. 공간이 주도적인 역할을 수행했다면 인물은 공간에 의해 지배되어야 마땅한데, 인물은 공간에 지배됨이 없이 인물들 스스로 공간을 이용하고 있기 때문이다. 혜통이 치병했으므로 용을 당나라 황실에서 몰아낼 수 있었으며 혜통으로 인해 문잉림[78] 사람들은 피해로부터 벗어났다. 여기서 정공의 역할 또한 적지 않다. 혜통이 없었더라면 A공간은 침체되고 암울한 공간이 된다. 때문에 A공간은 인물이 주도적인 역할 수행하는 곳이라는 것을 알 수 있다.

용이 B공간으로 진입했다. A공간과는 다르게 B공간은 인물이 주도적이지 않다. B공간으로 들어서는 순간 용이나 혜통이나 공간의 지배를 받는다. 이렇게 본다면 B공간은 공간이 인물을 지배한다고 보인다.

용은 C공간인 기장산으로 간다. 그 곳에서는 웅신이 되어 사람들에게 해악을 끼친다. 혜통이 C공간인 기장산으로 간다. 하지만 그들은 충돌 하지 않는다. 혜통이 불살계를 주어 웅신의 해악을 잠재운다. C공간인 기장

---

[77] 인간, 사회 그리고 혹은 자연의 대상들에 대한 인식, 감정, 평가 및 그 대상들의 미래에 대한 예상으로 구성된 관념체계로서, 다소간 일관된 논리적 체계를 형성하기 이해 그 기반에 명시적 혹은 묵시적인 인식, 감정, 평가의 기준을 함축하고 있을 수 있다.(柳泰建, 「이데올로기 개념의 대한 일고 -형태학적 접근-」, 『동북아문화연구』 18, 동북아시아 문화학회, 2005, pp.235-253.
[78] 신라가 불교를 수용하면서 불교사찰이 자연신을 모시는 제장에 자리잡으면서 토착신앙과 불교가 마찰을 하지만 결국 융화해 독특한 가람을 형성했다(최광식, 「巫俗信仰이 韓國佛教에 끼친 影響 -山神閣과 長栍을 中心으로-」, 『白山學報』 26, 白山學會, 1981, pp.47-77.)의 논의를 참조할 만하다. 용은 당나라 황실에서의 세력을 잃고 자신의 근거지로 가 세력을 키우려고 했다고 보여진다.

산79)은 두 인물의 화합을 보여준다. C공간은 인물과 공간이 조화를 이루는 곳이다.

설화는 인물이 공간을 지배하는 경우, 공간이 인물을 지배하는 경우, 공간과 인물이 조화를 이루는 경우를 A, B, C라는 공간을 통해 드러냈다. 그리고 모두 조화를 이룬 C공간이 가장 이상적이라는 것을 의도적으로 드러냈다고 보인다. 설화는 공간의 양상과 인물의 대응방법을 통해서 인물과 공간이 각각 서로의 우위에 서서 서로를 장악하는 구도를 보여주었는가 하면 인물과 공간이 조화를 이루는 구도를 보여주기도 했다. 기장산80)은 조화의 장소다. 기장산에서 용은 웅신81)의 모습을 하고 있는데 이는 토속신앙의 변화무쌍한 모습을 나타내준다. 그렇다면 혜통은 설화에서 불교신앙을 바탕으로 토속신앙을 포용하고 있다. 불교신앙을 통한 조화이지만 토속신앙82)을 일방적으로 굴복시키거나 배척하지 않았다. 무력적인 방법 대신에 불살계를 통해 감화시켰다. 결국 이 설화의 공간과 인물의 관계를 통해 편찬자 일연은 불교신앙을 우리 인식에 자연스럽게 침투시킬 수 있었다고 하겠다.

---

79) 산은 신의 하강장소이며 또 돌아가는 곳이듯 인간에게도 도라갈 본향과 같은 곳이다(장정태, 「한국불교 소의 산신신앙 연구 -『삼국유사』에 나타난 산신신앙을 중심으로-」, 『한국불교사연구』3, 한국불교사연구소, 2013. p.195.)의 논의가 좋은 참고가 된다. 용의 기장산으로의 이동은 같은 맥락에서 용이 자신의 신앙 근거지로 간 것으로 이해될 수 있다.
80) 인도불교가 중국에 전해지면서 도교와 만나 선불교를 만들었고 우리 민족문화권에 들어와서는 고유신앙으로 분류되는 산신신앙을 비롯 여타 신앙체계와 습합하면서 불교는 친숙하게 대중화되었다(장정태, 위의 논문, 2013. p.203.)라는 논의를 참조하면, 결국 기장산이라는 공간은 민간신앙의 중심지라고 보인다. 민간신앙의 중심지에서 불교신앙은 그들을 모두 포용했다는 의미로 보여진다.
81) 토속신앙의 발전단계를 고려해 볼 때, 미분화된 복합적 신앙체계는 당연한 것으로 여겨진다. 인간의 욕구에는 끝이 없으므로 끝이 없는 소원과 기도가 이루어지고 이러한 요구에 부응해주는 산신이 등장하게 되며, 인간의 욕구가 변화함에 따라 산신 역시 수신도 되어야 하고 동물신도 되어야 한다고 여겨진다.(하정룡, 「『三國遺事』所載 山神 關聯記事와 그 性格에 대한 一考察」, 『종교와문화』9, 서울대학교 종교문제연구소, 2003. p.155.
82) 독룡은 당 황실의 공주를 병들게 했던 당의 교룡으로 혜통에게 쫓겨난 것에 앙심을 품고 혜통의 분국인 신라로 와서 악독한 짓으로 앙갚음을 했던 외래 독룡이다(金鎭煥, 「龍神思想에 관한 考察 -三國遺事 中心-」, 『東國思想』18, 東國大學校 佛敎大學, 1985, p.57.)라고 해 용을 외래의 용으로 본 논의가 있다. 용이 당나라의 독룡이라고 한다면 복수가 성공하면 회귀하는 것이 마땅하다. 하지만 용은 신라에 머무르면서 불살계를 받고 악독을 멈추었기에 토속신앙으로 간주해도 무방하리라 생각된다.

3. 공간의 인물관계를 통해 본 『삼국유사』 용설화의 구성 원리

『삼국유사』〈혜통항룡〉 설화를 공간과 인물과의 관계를 통해 살펴보았다. 설화는 세 가지의 공간 양상을 통해 이상적인 공간과 인물의 관계를 제시하고 있었다. 불교신앙이 외래종교라는 거부감을 설화를 통해 없애고자 한 것이다. 이 설화가 불교의 포교과정을 그리고 있다고 보아도 무방하다고 하겠다. 그렇다면 공간과 인물의 관계를 통해서『삼국유사』 용설화[83] 전반을 살핀다면 용설화 구성원리를 알 수 있을 것으로 기대된다.

용설화 자료[84]에서 A공간이 두드러지는 자료는 〈원성대왕〉, 〈수로부인〉[85]이다. A와 B공간이 두드러지는 작품은 〈처용랑망해사〉다. B공간이 두드러지는 자료는 〈만파식적〉이라 하겠다. C공간이 두드러진 자료는 〈보양이목〉이다. 〈어산불영〉과 〈진성여대왕거타지〉는 A, B, C의 공간이 모두 제시되는 자료다. 〈혜통항룡〉 설화는 C공간을 통해 공간과 인물의 조화를 보여주고자 한다고 했다. 그렇다면 A공간이 두드러진 것과 B공간이 두드러진 것, C공간이 두드러진 자료를 살펴 〈혜통항룡〉 설화와 비교해 본다면 용설화 전반에 내재된 원리를 알 수 있다고 하겠다.[86] A공간이 두드러진 자료는 원성대왕이다.

(자료2) 〈원성대왕〉[87]
왕이 즉위한지 11년 을해 당나라 사자가 서울에 와서 한 달을 머물러 있다 돌아갔다. 다음날 두 여자가 내정에 와 자신들은 동지·청지에 사는 두 용의 아내라고

---

83) 용이 단순한 모티프로 등장하는 것이 아니라 하나의 사건에 핵심적인 역할을 하는 설화들을 살피고자 한다. 그래야 용설화 전반의 구성 원리를 살피는데 용이하기 때문이다.
84) 〈만파식적〉, 〈수로부인〉, 〈원성대왕〉, 〈처용랑 망해사〉, 〈진성여대왕 거타지〉, 〈황룡사 구층탑〉, 〈어산불영〉, 〈보양이목〉, 〈혜통항룡〉 총 9개의 자료이다.
85) 〈원성대왕〉과 〈수로부인〉에서 공간은 별다른 역할을 수행하지 못한다. 이들 설화에서 중심은 인물이다. 때문에 A공간이 두드러진다고 하겠다.
86) 『삼국유사』 용설화 전반을 살피기 위해서는 수록된 모든 자료를 살펴야 마땅하다. 하지만 본 논의에서는 『삼국유사』 용설화의 구성원리를 구명하는 것이 목적이므로 공간의 양상이 뚜렷하게 제시된 작품을 선정해 논의하기로 한다. 각 작품의 자세한 분석은 차후의 과제로 둔다.
87) 一然, 『三國遺事』, 〈元聖大王〉 紀異 第二.

하면서 당나라 사자가 하서국 사람을 이용해 자신의 남편과 분황사 우물의 용을 물고기로 변하게 해 잡아갔다고 했다. 왕은 하양관으로 쫓아가서 연회를 열어주고 당나라 사신들을 꾸짖고 세 마리 용을 구해냈다.

〈원성대왕〉 설화에서 공간의 이동 경로를 보면 신라 경주 → 하양관(永川)이다. 서울은 신라의 수도 경주이다. 경주는 신라의 공간이므로 인물이 공간의 지배를 받기 마련이라고 생각할 수 있으나 당나라 사신들은 1달여 나 머무르면서 환대한 대접을 받았다. 그들이 길을 떠나고 하루 뒤 동지·청지에 사는 호국용의 부인들이 자신들의 남편을 구해달라고 한다. 공간이 인물을 지배했다면 경주라는 공간 안에서 당나라 사신들은 힘을 발휘하지 못한다. 하지만 그들은 호국용을 물고기로 변하게 해 아무런 제지 없이 경주 땅을 벗어난다.

경주라는 사실만으로 당나라 사신들은 위세가 낮아져야 마땅한데 경주에서 당나라 사신들은 환대한 대접을 받는다. 때문에 공간이 인물을 지배한다고 보여지지는 않는다. 용 아내들의 하소연을 듣고 원성왕은 하양관 지금의 영천 서쪽인 하양의 관사로 이동한다. 여기서 공간의 이동도 공간의 요청이라기보다는 인물이 세 용을 구하기 위해 자진해서 이동하는 것이다. 왕은 하서국 사람들에게 명령해 호국용을 내놓으라고 한다. 용은 왕에 의해 구출되어 기뻐하며 자신의 근거지인 경주로 간다. 당나라 사람들이 왕을 보고 감탄한다. A공간은 설화에서 왕의 위상은 올려주고 용의 위상은 한 없이 낮추었다.[88] 〈혜통항룡〉 설화에서도 A의 공간은 혜통의 위상은 높아지고 용의 위상을 낮추었다. 또한 왕을 위시한 상층 세력의 위상만 두드러질 뿐 하층의 생활상을 드러내주지 못하고 있다.

B공간이 두드러진 작품은 〈만파식적〉 설화이다. 설화를 살펴보면 다음과 같다.

---

88) 〈원성대왕〉 설화에서 원성대왕은 누구의 도움을 받지 않고 스스로의 힘으로 욕망을 성취하고 있다. 용은 직접 왕의 도움을 요청하고, 왕의 명철함으로 문제를 해결하게 된다 (이동철, 『한국 용설화의 역사적 전개』, 민속원, 2005, p.230.)는 것으로 왕은 더 높은 위상을 가지게 되고 이에 비해 용은 낮은 위상을 점함을 알 수 있다.

〈자료3〉〈만파식적〉[89]

임오년 5월 초하루 해관 박숙청이 신문왕에게 동해바다 가운데 작은 산이 감은사 쪽으로 둥둥 떠서 왔다갔다 한다고 했다. 일관 김춘길이 점을 치니 선대 부친인 문무왕은 용이 되어 삼한을 수호하고 김유신공은 33천의 한 분으로 인간에 내려와 대신이 되었다고 하면서 두 성인이 덕을 함께 해 성을 지키는 보물을 내리려 하니 해변으로 행차한다면 큰 보물을 얻을 수 있다고 했다. 왕이 감은사로 행차하니 용한 마리가 검은 옥대를 받들어 바친다. 또한 감은사 쪽으로 떠다니는 산에 있는 대나무를 베어 피리를 만들어 불면 천하가 화평해 질 것이라고 말하고 사라진다. 왕이 대궐로 돌아와 대나무로 피리를 만들었다. 이 피리를 불면 적병이 물러나고 병이 나았으며 가뭄에는 비가 오고 장마지면 날이 개며 바람이 멎고 물결이 가라앉았다. 이 피리를 만파식적(萬波息笛)이라 부르고 국보로 삼았다.

〈만파식적〉 설화의 공간이동은 경주 → 감은사 → 동해해변가 → 감은사 쪽의 작은 산 → 지림사 서쪽이다. 공간이동의 주체는 왕의 행렬이었다. 왕 행렬의 이동은 인물들의 의해 자진해서 이루어진 것이 아니다. 인물들은 감은사 주변에 작은 산이 둥둥 떠왔다갔다를 반복한다고 해 왕의 행렬을 그곳으로 가게끔 유도한다. 때문에 이는 공간에 의해 인물이 이동을 감행한 것이라고 보아도 무방하다. 왕은 감은사로 이동한다. 공간의 요청은 바로 선대 임금인 문무왕과 김유신 장군이라는 것을 알려준다. 왕의 행렬은 용으로부터 검은 옥대를 받고 용의 말에 따라 대나무 또한 베어 나온다. 그리고 그것을 이용해 나라가 위험에 처해있을 때 유용하게 사용했다. B 공간이 두드러진 설화에서는 공간이 인물을 장악한다. 인물은 공간에 의해 움직인다. 거대한 공간을 인물이 배척할 수 없으며 그저 따를 뿐이다. 하지만 인물들의 위상이 격하되지 않고 오히려 상승한다. 공간의 요청을 잘 따랐기에 얻은 보물로 더 높은 위상을 부여받게 된다. 〈혜통항룡〉에서도 B 공간은 각각의 인물들이 힘을 키우는 공간이며 위상을 상승하는 공간이었다. 하지만 왕 세력 즉, 상층의 위상만이 높아질 뿐 하층의 사람들은 제시되지 않아[90] 조화롭지 못하다고 하겠다.

---

[89] 一然,『三國遺事』,〈万波息笛〉紀異 第二.

C 공간이 두드러진 작품은 〈보양이목〉 설화이다. 자료를 살펴보면 다음과 같다.

(자료4) 〈보양이목〉[91]
보양이 중국에서 불법을 전수 받아 돌아오는 길에 서해용왕이 그를 초대해 불경을 외우게 하고 금빛 가사 한 벌을 시주하고 겸해 그의 아들 이목을 바쳤다. 그리고 삼국이 어지럽고 난리가 일어나 아직은 불법에 귀의하는 임금이 없지만 만일 이목과 함께 본국으로 돌아가 작갑에 절을 짓고 거기에 거처하면 적병을 피할 수 있을 것이라고 했다. 보양은 이목과 본국으로 작갑사를 짓고 살았다. 얼마 되지 않아 태조가 삼국을 통일하고 작갑사에 전답을 바치고 운문선사라는 현판을 내려 가사의 신령스런 음덕을 받들게 했다. 어느 해 몹시 가물어 밭의 채소가 말라서 타 죽으므로 보양이 이목을 시켜 비를 내리게 했다. 천제가 이목이 소임이 아닌 일을 했다라고 하면서 이목을 죽이기 위해 사자를 보냈다. 보양이 이목을 숨기고 배나무를 가리켜 이목이라 했다. 사자는 배나무에게 벼락을 친 후 올라가 버렸다. 이목이 죽은 배나를 어루만지니 다시 살아났다.

〈보양이목〉 설화의 공간 이동은 당나라 → 서해용궁 → 작갑사이다. 설화는 인물과 공간의 조화를 보여준다. 먼저 당나라에서 신라로 가기위해 길을 나섰던 보양은 서해용왕의 초청을 받아 서해용궁으로 가게 된다. 공간의 요청으로 그곳으로 가 불법을 외게 되는데 금빛 비단 가사와 아들 이목을 용왕으로부터 받는다. 인물이 공간을 이동했으나 공간의 지배를 받아 인물이 저지당하는 부분이 보이지 않는다. 용왕은 오히려 용궁 안에서 보양에게 여러 가지 도움을 준다. 두 인물은 자연스럽게 조화를 이루었다[92]고 하겠다. 보양은 이목과 신라로 가 작갑사를 세운다. 그들은 작갑사

---

90) 〈만파식적〉 설화는 군신간의 조화와 합심을 강조한 것으로 생각된다(金相鉉,「萬波息笛 說話의 形成과 意義」,『한국사연구』 34, 한국사연구회, 1981, pp.1-27.)라고 한 논의를 참조할 만하다. B 공간은 상층의 결속만을 강조하고 있다고 하겠다.
91) 一然,『三國遺事』,〈寶壤梨木〉 義解 第五.
92) 이목과 보양은 상호보완적인 관계를 형성하고 있다. 보양이 창건한 사찰에 그의 명령을 받는 용이 거주하고 있다는 사실만으로도 불법의 대중화는 이루어질 수 있었다(이동철, 위의 책, p.166.)라는 논의를 참고하면 결국 불교신앙과 토속신앙이 자연스럽게 조화를 이루고 있는 설화가 바로 〈보양이목〉 설화라고 하겠다.

에서 가뭄으로 인해 천제와 갈등을 빚기도 한다. 이 부분을 조화를 이루지 못한 공간으로 생각할 수 있으나 천제가 배나무를 죽이고 다시 내려오지 않았다는 데서 결국 조화를 이루었다고 보아도 좋을 것이다. 또한 이 설화는 불교신앙의 힘을 바탕으로 용과 왕건이 화합해 삼국을 통일하고 평안을 얻었다고 하고 있다. 그리고 가뭄이라는 하층의 고층도 해결해주어 상층 하층을 모두 아우르는 조화를 이루었다. 때문에 〈보양이목〉 설화를 C공간이 두드러진 자료라고 볼 수 있는 것이다. 〈혜통항룡〉 설화 또한 보양이목과 마찬가지로 C공간을 부각해 조화를 보여주고자 한 공통점을 지닌다.

용설화는 A공간이 두드러진 자료, B공간이 두드러진 자료, C 공간이 두드러진 자료로 나뉘었다. 여러 공간이 혼재된 자료들도 보였다. A공간을 통해 인물이 공간을 지배해 한 인물의 위상은 높아지고 다른 인물의 위상은 낮아지는 상황을 보여주었다. 하나의 위상이 낮아지니 다른 하나는 부당하다고 여길 수 있다. B공간을 통해서는 공간이 인물을 지배해 인물들의 위상을 높여줌을 드러냈다. 하지만 이 공간 역시 상층 인물들에게만 국한되게 이루어졌다. 때문에 인물들이 서로 조화를 이룰 수 없어 이상적인 공간이 될 수 없었다. C공간을 통해서는 인물과 공간이 서로에게 지배됨이 없이 조화로움을 보여주었다. 때문에 의도적으로 설화에서 C공간을 부각하고 있다. 조화로움을 모두가 바라는 이상이기 때문이다.

결국 『삼국유사』 용설화를 통해 C공간 즉, 상층과 하층이 불교신앙을 중심으로 자연스럽게 조화를 이루는 공간을 구현하고자 하는 것이다. 『삼국유사』 용설화 전반을 공간과 인물 관계를 통해 살펴보고자 했다. 모든 자료를 하나 하나 자세하게 분석해야 좀 더 폭넓은 논의가 되겠지만 그렇지 못했다는 미비한 점이 있다. 미비점은 차후의 과제로 넘기기로 한다.

4장. 『삼국유사』 <보양이목(寶壤梨木)> 설화의 서사구조와 그 의미

1. <보양이목> 설화의 서사구조

『삼국유사』<보양이목(寶壤梨木)> 설화는 운문사 창건(創建)과 관련된 이야기를 전하고 있다. 편찬자 일연(一然)은 후세 사람들이 『신라수이전』을 고쳐 지으면서 작갑의 탑과 이목의 일을 원광(圓光)의 전기 속에 잘못 기록하였다.[93]라고 했다. 그 잘못된 기록을 시정하기 위해 운문사 창건(創建)이 보양의 행적이라는 것을 여러 가지 자료를 통해 고증하고 있다. 일연(一然)의 고증에도 불구하고 보양선사와 <보양이목(寶壤梨木)> 설화에 나오는 인물들이 태조(太祖)와 원광(圓光)을 제외하고는 삼국유사 이외에 다른 곳에서는 발견되지 않는다[94]. 또한 이 이야기에 등장하고 있는 이목도 다른 자료에서는 찾아 볼 수 없다. 그러나 구비전승에서는 이목관련 설화가 다양하게 전해지고 있어 흥미롭다.

그러므로 보양과 이목의 행적[95]이 드러난 이 설화에 주의를 기울일 필요가 있다고 본다. 설화가 이목을 끌만큼 흥미로운 주제임에도 불구하고 <보양이목(寶壤梨木)> 설화에만 집중한 논의는 다양하게 이루어지지 못했다.[96] 지금까지의 논의는 <보양이목(寶壤梨木)> 설화를 역사적 사실이라

---

93) 一然, 『三國遺事』, <寶壤梨木> 義解 第四.
94) 이재범, 「『삼국유사』 '보양이목'조의 검토」, 『신라문화제학술발표논문집』, 동국대학교 신라문화연구소, 2012, p.113.
95) (우리 선인들은 고소설을 순수한 독창적 창작물로 인식한 것이 아니라 옛날의 역사적 사실이나 奇譚 일화를 演義 확대하여 새로운 이야기를 꾸미는 것으로 생각했다.(김현룡, 「고소설의 설화소재 수용에 관한 고찰」, 『국학연구론총』 2, 택민국학연구원, 2008, pp.3-4.))에서처럼 <보양이목(寶壤梨木)> 설화 또한 창사(創寺)와 건국(建國)과 관련된 역사적 사실을 기반으로 하고 있으므로 이러한 인식을 가졌을 가능성이 크다고 할 수 있을 것이다.
96) <보양이목(寶壤梨木)> 설화를 집중적으로 다룬 대표적인 논의들은 다음과 같다.(姜晶

고 보았다. 이목을 반 신라 세력으로 보양은 불교 세력으로 보아 반 신라 세력과 불교 세력이 힘을 모아 고려 태조(太祖)가 나라를 건국할 수 있도록 도와주는 역할을 수행했다고 하였다. 설화와 역사를 일대일로 대응시켜 설화의 문학적인 의미를 탐구하는 데는 미진했다고 보여진다. 그러나 이 연구들이 〈보양이목(寶壤梨木)〉 설화를 다양하게 살필 수 있는 교두보 역할을 해주었음에는 틀림없다.

〈보양이목(寶壤梨木)〉 설화의 문학적인 의미를 탐구하기 위해서는 설화가 어떠한 방식으로 구성되었는지 따져보지 않을 수 없을 것이다. 이러한 의미에서 〈보양이목(寶壤梨木)〉 설화의 서사구조를 살펴야 하겠다. 『삼국유사』의 〈보양이목(寶壤梨木)〉 설화의 내부 구조를 세밀하게 분석해 볼 필요가 있다. 설화의 주인공은 보양과 이목이다. 보양의 위기와 그 해결 방안은 쉬이 해결되는 반면 이목의 위기와 문제 해결은 험난하다. 해결 방법에서는 모두 불교신앙(佛敎信仰)이라는 종교의 힘이 작용했다. 문제 해결이 왜 불교신앙(佛敎信仰)이라는 종교의 힘으로 가능해야 했을까를 살펴야 한다.

구비전승에서 상황은 조금 다르게 전개된다. 구비전승에서 등장하는 이무기 또는 꽝철이는 불교신앙(佛敎信仰)과 관련이 없어 보인다. 문제의 해결 또한 불교신앙(佛敎信仰)이라는 종교의 힘이 아니다. 이렇게 『삼국유사』의 〈보양이목(寶壤梨木)〉 설화와 구비전승이 차이가 나는 이유는 무엇일까? 이것은 아마도 편찬자 일연(一然)의 의도가 개입되었다고 생각된다. 일연(一然)이 『삼국유사』를 편찬했을 당시에도 〈보양이목〉 설화와 유사한 설화들이 존재했을 것이다. 하지만 일연(一然)은 〈보양이목(寶壤梨木)〉 설화만을 취해 『삼국유사』에 전하고 있다. 설화의 취사선택에서 일연(一然)

植,「寶壤梨木 說話 硏究」,『白鹿語文』, 제주대학교 사범대학 국어교육과 국어교육연구회, 1989, 이재범, 위의 논문, 2012, 신태수, 「『三國遺事』寶壤梨木說話의 서술층위와 인물층위」,『韓民族語文學』66, 한민족어문학회, 2014.) 그 이외에 논의들에서는 〈보양이목(寶壤梨木)〉 설화만을 집중해서 다룬 것이 아니라 다른 설화와의 관계 속에서 〈보양이목(寶壤梨木)〉 설화가 조명되었다. (황패강,『신라불교설화연구』, 일지사, 1975, 서대석,『한국신화의연구』, 집문당, 2001, 조동일,『삼국설화의 뜻풀이』, 집문당, 2004, 이동철,『한국 용설화의 역사적 전개』, 민속원, 2005 등에서 다루고 있다.)

의 의도가 짙게 담겼다고 하겠다. 본고는 『삼국유사』〈보양이목(寶壤梨木)〉설화와 구비전승을 비교하여 일연(一然)이 왜 『삼국유사』에 〈보양이목(寶壤梨木)〉설화만을 취해 전한 것인지에 대한 의문을 해결하고 〈보양이목(寶壤梨木)〉설화가 지니는 의의를 밝히고자 한다.

〈보양이목(寶壤梨木)〉설화는 고승인 보양[97]과 서해용의 아들 이목이 운문사를 짓게 되는 과정을 제시하고 있다. 보양과 이목이 운문사를 창건(創建)하는 배경이 서사의 축을 이루고 있어서, 보양과 이목 그리고 천제와의 갈등 부분만 제거하면 틀림없는 운문사 연기(緣起)[98]설화에 해당된다. 운문사 연기설화라고 해서 보양과 이목 그리고 천제의 갈등을 제거하고 다룰 수는 없다. 〈보양이목(寶壤梨木)〉설화에서 운문사를 창건(創建)하게 되는 결정적인 요인이 바로 서해용에게 있다는 점을 감안하면 보양과 이목 그리고 천제와의 갈등에 주의를 기울여야 한다[99]. 이 점에서 보양과 이목 그리고 천제와의 갈등이 문제를 통해 가시화되는 부분들을 살펴보지 않을 수 없다.

- 설화 내부의 문제
  삼국 불안
  불교 홍포의 미흡
  가뭄

〈보양이목(寶壤梨木)〉설화의 문제는 사회와 관련되어 있다. 설화의 주인공인 보양이 가진 문제들이 사회적이기 때문에 그렇게 볼 수 있다. 이에 비해 이목의 문제는 개인적인 것이 대부분이다. 문제의 측면에서만 살핀

---

97) (나말여초(羅末麗初) 고승들의 탄생담은 당대 사회적 분위기와 관련해 신이하고 숭고해야만 한다.(한미옥,「도선설화에 나타난 신화성과 정치성」,『국학연구론총』12, 택민국학연구원, 2008, pp.21-22.))라는 논의에서처럼 〈보양이목〉 설화에서 보양과 용왕과의 만남이 바로 이러한 맥락에서 이해 될 수 있을 것이다.
98) 이범교,『삼국유사의 종합적 해석』下, 민족사, 2005, p.294.
99) 이목은 서해용의 아들이다. 아버지인 서해용과 뜻이 같지 않았다면 보양을 적극적으로 돕지 못한다.

다면 보양은 사회의 안위를 걱정하는 인물로, 이목은 개인의 안위를 걱정하는 인물로 비춰진다. 그러나 사회적, 개인적으로 나눠진 각각의 문제들은 서로 맞물려 있다. 보양의 문제는 이목이 개입되어야 해결 될 수 있으며, 이목의 문제 또한 보양이 없이는 해결이 어렵다. 보양이 지닌 삼국의 불안과 불교 홍포의 미흡이라는 사회적 문제는 이목과 함께 작갑사를 창건(創建)하면서 해결된다. 결국 이목의 힘이 작용해야 보양의 문제가 해결되는 것이다. 이목은 가뭄이라는 문제를 해결함으로써 천제와 갈등하게 된다. 직분이 아닌 일을 했다는 이유로 천제가 이목을 죽이려고 한다. 죽음이라는 이목의 개인적 문제는 보양을 통해 해결된다. 이목 역시도 보양을 통해서만 문제를 해결할 수 있다. 이러한 문제 해결의 구도를 좀 더 자세히 살펴야 한다. 줄거리는 하나의 사건의 시작과 끝을 하나의 단락으로 보고 일련번호를 붙이면 다음과 같다.

(자료1) 〈보양이목(寶壤梨木)〉[100]
1) 보양이 중국에서 불법을 전수 받아 돌아오는 길에 서해 바다 가운데 용이 그를 초대해 불경을 외우게 했다.
2) 서해용왕이 금빛 가사 한 벌과 그의 아들 이목을 바치며 지금 삼국이 어지럽고 난리가 일어나 아직은 불법에 귀의하는 임금이 없지만 만일 자신의 아들과 함께 본국으로 돌아가 작갑에 절을 짓고 거기에 거처하면 적병을 피할 수 있을 것이라 했다.
3) 또한 몇 해가 안 되어 반드시 불교를 보호하는 현명한 임금이 나와 삼국을 평정할 것이라 일러주었다.
4) 서로 작별하고 돌아와 골짜기에 도착하니 홀연 노승이 나와 원광이라 하면서 도장이 든 상자를 보양에게 주고 사라졌다.
5) 허물어진 절을 일으키기 위해 북면고개 위에 올라가 바라보니 뜰에 황색의 5층 탑이 있어 내려가 찾아 보았으나 흔적이 없었다.
6) 다시 올라가 바라보자 여러 마리 까치들이 땅을 쪼고 있었다.
7) 그제야 서해의 용왕이 작갑이라 했던 말이 생각나 그 곳을 찾아 땅을 파니 옛날

---

[100] 一然,『三國遺事』,〈寶養梨木〉卷第四 義解 第五.

벽돌들이 많이 있었다.
8) 그것을 모아 탑을 완성하니 남는 벽돌이 없었다. 이에 이곳이 절터임을 알고 절을 세우고 거기에 머물면서 작갑사라 했다.
9) 얼마 안 되어 태조(太祖)가 삼국을 통일하고 보양법사가 여기 와서 절을 짓고 머무른다는 것을 알고 전답 500결을 바치고 청태 4년 정유에 운문선사라는 현판을 내려 가사의 신령스런 음덕을 받들게 했다.
10) 이목이 항상 절 옆 작은 못에 살면서 불법의 교화를 남몰래 도왔다.
11) 어느 해 몹시 가물어 밭의 채소가 말라서 타 죽었다.
12) 보양이 이목을 시켜 비를 내리게 하니 한 마을이 모두 흡족하였다.
13) 천제가 이목이 소임을 아닌 일을 했다하여 이목을 죽이려고 했다.
14) 보양이 마루 밑에 이목을 숨겼다.
15) 천제의 사자가 내려와 이목을 내놓으라고 하자 보양이 배나무를 가리키며 이목이라 했다.
16) 사자는 배나무에 벼락을 친 후 하늘로 올라가 버렸다.
17) 배나무가 시들어 죽었다.
18) 용이 어루만지어 다시 살아났다.
19) 일설에는 법사가 주문을 외우자 살아났다고 한다.

〈보양이목(寶壤梨木)〉 설화는 보양이 불법을 전수받고 돌아오는 길에 서해 용궁에 초청되어 불법을 외워준다. 서해용왕은 보양에게 금빛 비단의 가사와 용왕의 아들 이목을 준다. 보양은 금빛 가사를 받아 들고 이목을 데리고 본국으로 돌아와 운문사를 세운다는 내용이다. 이러한 일련의 과정은 문제와 문제 해결에 초점을 맞추고 있다. 문제가 발생[101]했다는 것은 결핍을 내포한다. 그러나 결핍된 요소는 어떠한 것의 개입으로 해소된다. 이를 통해 다음과 같은 구조가 추출된다.

---

[101] 문제의 발생은 해결하기 어렵거나 난처한 일이 생겼다는 의미이다. 해결하기 어렵다는 의미는 결핍을 수반하므로 문제의 발생을 결핍의 상황으로 간주한다.

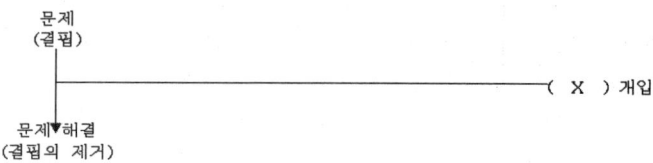

　〈보양이목(寶壤梨木)〉 설화는 문제가 발생하면 X의 개입으로 문제가 해결되는 구조를 가진다. X가 무엇인지를 알아보기 위해 내용을 살펴본다. 3)에서처럼 보양이 지닌 사회적 문제 즉, 결핍된 요소는 삼국평안과 불교 홍포이다. 보양은 서해용왕에게 불경을 외워주는 것으로 자신이 지닌 문제 해결 방안을 알게 된다. 서해용왕은 보양에게 보양이 안고 있는 문제를 자신의 아들을 데려가 절을 세움으로 해결할 수 있다고 한다. 4) - 8)과 같이 이목을 데리고 본국으로 돌아온 보양은 쉬이 절을 세운다. 4)처럼 원광이 나와 도장이 든 상자를 보양에게 주어 절을 세울 수 있도록 돕는다. 5) - 6)처럼 까치들의 도움으로 절터 또한 알게 된다. 이것들은 보양이 많은 노력을 기울이지 않고도 절을 세울 수 있게 하는 원동력이었다.
　마침내 8)에서처럼 작갑사라는 절을 세운다. 이제는 3)과 같이 서해용왕이 보양에게 제시한 문제 해결 방법이 실제로 문제를 해결할 수 있었느냐이다. 9)에서처럼 태조(太祖)가 삼국을 평정하면서 나라가 평안해졌다. 또한 전답 500결을 바쳤다. 청태 4년 정유에는 운문선사라는 현판을 내려 가사의 신령스런 음덕을 받들게 해 불교 홍포라는 문제가 해결된다. 보양이 지닌 결핍요소인 나라의 평안과 불교 홍포가 모두 제거되었다. 2)와 3)에서 예언한 서해용왕의 문제 해결 방법은 실제로 보양의 문제를 해결해준다. 결국 보양은 불경을 외우고 이목을 데려와 절을 세운 것만으로 문제를 해결한 셈이다.
　다시 한 번 보양에게 문제가 직면한다. 11)과 같이 몹시 가물어 밭의 채소가 말라서 타 죽게 된다. 문제 해결이 시급하다. 가뭄은 보양과 이목에게 사회적 문제임과 동시에 개인적 문제가 된다. 보양은 12)처럼 이목을 시켜 비를 내리게 한다. 이목은 비를 내릴 수 있는 능력이 있음에도 불구하고 보양의 지시가 없으면 비를 내리지 않는다. 이목은 설화 내에서 불교 홍포와 나라 평안이라는 문제 해결의 결정적인 열쇠였다. 그런 이목은 보양의 지시에 따라 사람들의 문제를 해결한다. 이로써 이목은 보양의 지시를 따르는 존재임이 판명된다. 보양의 지시가 없다면 이목은 어떠한 능력도 발휘하지 않는 존재이다.

그런데 이목의 개인적 문제는 바로 가뭄이라는 문제 해결을 통해 파생된다. 이목은 13)에서처럼 천제에게 죽임을 당할 위기에 놓인다. 위기의 근원을 따져보면 이목 보다는 보양에게 있다고 해야 마땅하다. 12)에서 알 수 있듯이 보양이 이목에게 지시해서 비를 내리게 한 것이기 때문이다. 천제는 이목만을 죽이려고 하고 있다. 왜 천제가 보양의 지시로 인해 이목이 비를 내렸다는 사실을 모르는지[102]에 대해서는 알 수 없다. 이목은 죽음의 위기에서 보양에게 자신을 살려달라고 부탁한다. 14)처럼 보양은 이목을 마루 밑에 숨기고, 천제의 사자에게 배나무를 이목이라고 지목한다. 16)에서와 같이 사자들은 배나무에 벼락을 치고 올라가 버린다. 보양의 지략은 성공한다.

이목의 문제는 보양의 지략으로 해결된다. 하지만 17)처럼 배나무는 이목 때문에 죽게 된다. 18)과 같이 이목은 자신 때문에 죽은 배나무를 쓰다듬어 다시 살아나게 한다. 바로 이 부분은 다른 문제 해결의 방식과 차이를 보인다. 즉 보양의 지시가 아닌 스스로 배나무를 살린다. 그러나 19)처

---

[102] 신화에서 천제는 가장 강력한 존재로 등장한다. 대표적인 신화인 〈단군신화〉에서 환인은 천제로 서자인 환웅에게 천·부인의 권한을 준다. 〈단군신화〉에서처럼 강력한 존재라면 사건의 전말을 알 수 있어야만 한다. 하지만 〈보양이목(寶壤梨木)〉 설화의 천제는 보이는 현상에만 집중하여 잘못된 판단을 한다. 서대석은 재래의 천신 숭앙이 퇴색하고 불교 신앙이 그 자리를 대치하여 부처가 천제를 고승이 천제의 후손을 대신하는 양상을 보인다고 하였다.(서대석, '위의 책', 2001, 427쪽.) 때문에 천제의 무능함이 부각될 수 있었다고 여겨진다. 하지만 고승과 천제가 왜 직접적인 갈등을 보이지 않느냐에 대한 설명은 되지 않는다. 이에 (박성지, 「삼국유사 소재 불교설화 연구 -토착신앙과 불교의 갈등양상을 중심으로-」, 『대학원연구논집』, 이화여자대학교 대학원, 2003, pp.171-173.)에서 천신신앙은 불교에 완전히 융화되지 않았고 간접적이나마 다른 자신의 정체성을 주장한다. 〈보양이목(寶壤梨木)〉 설화에서 천제와 보양의 직접적으로 맞부딪쳐서 갈등을 표면화 하지 않는 것은 서로 융화되지 못했기 때문이라고 다루고 있어 참고가 된다.

럼 일연(一然)은 보양이 주문을 외워 배나무를 살렸다고 제시하고 있다.103) 19)의 이야기를 취한다면 배나무의 위기 역시 보양에 의해 해결된다. 하지만 18)의 내용은 간과할 수 없는 부분이다.

바로 18)과 19)의 문제 해결 방식 차이가 편찬자인 일연(一然)이 불교신앙(佛敎信仰)에 의한 문제 해결을 의도적으로 보여주려고 한 구체적 증거라 보인다. 19)를 통해 보양은 불교신앙(佛敎信仰)으로 대표될 수 있겠다. 이 설화에서 불교신앙(佛敎信仰)은 천제를 능가한다.104) 천제는 11)처럼 사람들이 괴로워하는 것을 지켜보고만 있다. 또한 삼국의 혼란을 막지 못한다. 불교신앙(佛敎信仰)은 삼국의 평안을 안겨다 주고 마을 사람들과 배나무의 문제도 해결해준다. 보양으로 대표되는 불교신앙(佛敎信仰)이 많은 사람들의 문제를 해결해준다. 이목의 문제도 소홀히 하지 않는다. 보양으로 대표되는 불교신앙(佛敎信仰)은 이목의 문제도 해결한다. 이를 통해 〈보양이목(寶壤梨木)〉 설화에서 X는 불교신앙(佛敎信仰)에 해당한다고 하겠다. 때문에 〈보양이목(寶壤梨木)〉 설화는 불교신앙(佛敎信仰)을 통해서만 나라가 평안할 수 있다는 논리가 내재되어 있다고 할 수 있겠다.

이목의 행적 또한 간과할 수 없다. 이목을 개인적 문제 해결에만 급급한 인물로 취급하기는 무언가 석연치 않은 부분들이 있어 보인다. 가뭄이라는 문제를 해결하기 위해 그는 개인적으로 죽음이라는 위기에 봉착한다. 죽음의 위기는 이목이 처음부터 예상한 일이었다. 그렇지 않았다면 고심해서 가뭄이라는 문제를 해결하지는 않았을 것이기 때문이다. 그는 결국 죽음을 무릅쓰고 12)와 같이 비를 내려준다. 또한 자신으로 인해 죽임을 당한 배나무를 18)에서처럼 소생시킨다.

이는 이목이 개인의 안위보다는 오히려 타인의 안위를 생각하는 인물임

---

103) (조동일, '위의 책', p.68.)에서는 이 대목을 스님과 이무기 사이 시합의 자취라고 보았다. 때문에 스님과 이무기가 서로 다른 신앙을 대표한다고 상정하는 것이 가능해 보인다.
104) 『삼국유사』〈어산불영〉 설화에서도 천신계통의 김수로왕이 독룡과 나찰녀의 횡포를 막지 못하고 불도에 귀의하여 부처의 힘에 의존하여 문제를 해결한다.(박진태, 「『삼국유사』 용신설화의 유형과 작품양상」, 『고전문학과 교육』 21, 2010, pp.392-393.) 여기서도 부처 〉 천신의 관계가 성립된다.

을 보여주는 증거라고 하겠다. 이목이 서해용왕의 아들 즉 용자105)임을 상기할 필요가 있다. 이목에 의한 문제 해결은 19)에서처럼 보양의 업적 즉, 불교신앙(佛敎信仰)의 힘을 통한 문제 해결이라는 불교적 외피를 입고 있지만 용인 이목의 능력이다. 그렇다면 용의 능력은 불교신앙(佛敎信仰)과는 다른 무언가를 대표한다고 할 수 있다. '물과 관련된 용의 상징은 실제로 기우제에서 다양하고도 강렬하게 드러난다. 용과 물의 상징연합의 유구한 전통이 만들어낸 기우제를 통해 우리는 용신앙의 역동성을 확인할 수 있다.'106)는 논의를 통해서 용은 강우의 능력을 가진 신앙의 대상이었다는 사실을 알 수 있다. 〈보양이목(寶壤梨木)〉 설화에서도 용은 강우의 능력을 가진다. 때문에 용인 이목을 민족 숭앙의 대상이었던 토속신앙(土俗信仰)107)으로 보아도 무리가 없을 것으로 생각된다. 그렇다면 또 하나의 X는 토속신앙(土俗信仰)이다. 〈보양이목(寶壤梨木)〉 설화는 표면적으로 불교신앙(佛敎信仰)을 중심으로 한 문제 해결을 보여주려고 노력했다. 하지만 12), 18)과 같은 단서들을 통해 토속신앙(土俗信仰)의 문제 해결 또한 보여주고 말았다고 할 수 있다.

---

105) 용의 수신적 연장선 위에 있는 것이 우신 관념이다. 수신인 용은 물을 다스리고, 구름과 바람을 일으키고, 천둥 번개를 부리고, 그러다간 비를 내리는 것이다. 삼국시대 이래로, 화룡이나 토룡에게 빌건 용소에 가서 빌건 용을 우신으로 인식함에는 차이가 없다. 우신은 또한 농경 민족에게 곧 농신(農神)이기도 했다. 관개시설이 거의 없던 시절에 강우는 풍겸을 결정짓는 열쇠였기 때문이다.(이혜화, 『龍사상과 한국고전문학』, 깊은샘, 1992, pp.23-24.)
106) 최종성, 「용과 기우제〈祈雨祭龍〉-潛龍祈雨를 중심으로-」, 『용, 그 신화와 문화』, 민속원, 2002, p.292.
107) 우리나라는 四至에 北면 一面만은 山이 있어서 이웃나라와 連陸이 되어 있지마는 그 남은 東·西·南 三面은 모두 바다에 臨한 半島國이다. 그래서 바다에 대한 관념도 상당히 깊었다. (중략) 바다는 다만 물이 모여있는 곳이고 그곳에 主掌하고 있는 靈物은 오직 龍王이 있어서 나라의 四境을 수호하며 水府의 群類를 통솔하고 비도 주며 바람도 일으키며 波濤도 일어나게 하는 大威猛이 있다 하여 各 寺院의 神象秩에도 반드시 山神과 같은 神으로 들어왔고, 沿海邊에 사는 사람들은 반드시 一年 一次의 龍王祭를 지내는 것이 마치 山中 사람들의 山祭를 지내는 것과 마찬가지로 정성을 드리며 (중략) (權相老, 「韓國古代信仰의 一欒」-미리,(龍)信仰과 미륵(彌勒)信仰에 對하여-, 『불교학보』 1, 불교문화연구원, 1963, pp.88-89.)는 이목이 토속신앙(土俗信仰)이라 추측할 수 있는 좋은 자료가 된다.

2. 사회문제의 해결방식과 그 의미

　서사구조를 통해 〈보양이목(寶壤梨木)〉 설화를 분석한 결과 문제가 발생하면 불교신앙(佛敎信仰)의 힘으로 문제는 해결된다. 그러나 불교신앙(佛敎信仰)의 힘이 미치는 못하는 곳에서는 이목으로 대표되는 토속신앙(土俗信仰)이 문제를 해결한다. 편찬자 일연(一然)이 문제의 해결 방안으로 불교신앙(佛敎信仰)을 전면에 내세운 설화를 『삼국유사』에 전하고 있지만 토속신앙(土俗信仰) 역시도 여전히 건재함을 드러내는 형국이 되고 말았다. 그렇다면 편찬자가 문제 해결 방식에서 불교신앙(佛敎信仰)이 강조된 설화를 실은 까닭이 있어 보인다. 또한 불교신앙(佛敎信仰)을 강조했음에도 불구하고 토속신앙(土俗信仰)의 존재가 갈무리 되지 않고 나타나는 이유도 살펴보아야 한다. 서사구조만으로는 불교신앙(佛敎信仰)을 강조했다는 정황만을 알 수 있을 뿐 무엇 때문에 문제 해결의 절대적 열쇠가 불교신앙(佛敎信仰)이라고 강조한 것인지에 대해서는 알 수 없다. 때문에 이를 당대의 사회·정치와 연관 지어 살피지 않으면 안 된다.
　먼저 신라말 경순왕대의 사회·정치 상황을 살펴본다. 헌강왕대의 번화한 왕경의 모습은 불과 10여년도 미치지 않아서 진성여왕대의 혼란과 분열로 이어지게 된다.108) 이후 자그마치 48년 동안 각종 자연재해와 도적들의 봉기109)를 겪게 된다. 자연재해는 농작물에게 영향을 주어 사람들은 기근에 시달린다. 나라는 기근에 시달리는 백성을 돌보지는 못할망정 납세를 요구하며 사신까지 파견한다. 아무것도 남지 않은 사람들은 살기위해 도적이 되어 봉기한다.110) 식읍(食邑)·녹읍(祿邑)이 점차 전장화(田莊化)

---

108) 박유미, 「진성여대왕 거타지설화에 나타난 사회구조와 그 의미」, 『韓民族語文學』 61, 한민족어문학회, 2012, pp.128-129.
109) 진성왕 즉위년부터 경순왕 대까지 신라는 자연재해에 시달리고 도적이 봉기하는 등 혼란과 분열이 난무한다.(자연재해의 기록으로는 진성왕 때 자연재해 기록2회, 효공왕 대 6회, 신덕왕 5회, 경명왕 대 1회, 경순왕 대 2회가 나타난다. 또한 도적의 봉기나 견훤, 궁예의 침략은 다수 기록되어 있다. 〈金富軾, 『三國史記』, 新羅 本紀 第十一, 第十二.〉)
110) 三年, 國內諸州郡, 不輸貢賦, 府庫虛竭, 國用窮乏, 王發使督促. 由是, 所在盜賊蜂起.(金富軾, 『三國史記』, 新羅本紀 第十一 〈眞聖王〉 三年.)

하면서 중앙귀족들의 과도한 고대적 수취 또한 사람들을 유랑의 길로 내 몬다. 마침내 전국적인 반란이 일어나고 후삼국의 성립을 가져오게 된 다.111)

이후 효공왕, 신덕왕, 경명왕, 경애왕, 경순왕에 이르기까지도 도적의 봉기는 계속된다. 〈보양이목(寶壤梨木)〉 설화 2)에서 서해용왕이 보양에게 삼국이 어지럽고 난리가 일어나고 있다고 언급한 부분은 사회 현실을 반영하고 있다고 보인다. 『삼국사기』 권11 신라본기 진성왕 6년 기사112)와 진성왕 8년 기사113)는 견훤과 궁예가 스스로 무리를 일으켜 봉기한 기록이다. 견훤과 궁예의 무리는 이후 수많은 공격을 감행하는데, 공격한 면이나 공격을 받은 면 모두 전쟁으로 삶이 곤궁해졌다. 정황을 미루어 볼 때 삼국의 사람들의 생활은 점점 더 피폐해져 갔을 것이다.

보양은 중국에서 불법을 전수 받고 돌아오는 길이었지만 삼국의 사정을 모르지 않았다고 보인다. 보양이 2)와 3)에서처럼 서해용왕의 예언 '지금 삼국이 어지럽고 난리가 일어나 불법에 귀의하는 임금이 없다. 만일 자신의 아들과 함께 본국으로 돌아가 작갑에 절을 짓고 거기에 거처하면 적병을 피할 수 있다. 또한 얼마 지나지 않아 불교를 보호하는 현명한 임금이 나와 삼국을 평정할 것이다'를 듣고 그것을 실현하는 모습을 보이기 때문이다.

그는 삼국이 안정되기를 간절히 바라고 있으며 불법을 보호하는 현명한 임금이 나와 주기를 기원했다. 왕건(王建)이라는 인물은 바로 보양이 간절히 기원하는 임금의 면모를 지녔다고 보인다. 『고려사』 권1 세가 제1 태조(太祖) 무자11년에 그가 견훤에게 보낸 답장에 '근년에 삼한이 액운을 만나고 전국에 흉년이 들어 백성들은 대부분이 폭동에 가담해 전야는 적토

---

111) 全基雄, 「羅末麗初 政治社會史의 理解」, 『考古歷史學志』 7, 東亞大學校博物館, 1991, 294쪽.
112) 國內諸州郡, 不輸貢賦, 府庫虛竭, 國用窮乏, 王發使督促. 由是, 所在盜賊蜂起.(金富軾, 『三國史記』, 新羅本紀 第十一 〈眞聖王〉 三年.)
113) 冬十月, 弓裔自北原入何瑟羅, 衆至六百餘人, 自稱將軍.(金富軾, 『三國史記』, 新羅本紀 第十一 〈眞聖王〉 八年.)

로 아니 된 곳이 없다. 나는 전란을 평정하고 국가의 재변을 구원하려고 기도한다'114)는 내용에서 그가 힘들어하는 백성들을 얼마나 생각하는 지가 드러난다. 그는 흉년으로 기근에 시달리는 백성들이 폭동하는 것을 안타깝게 여기고 하루빨리 전란을 평정하기를 기원하고 있다. 이것은 바로 보양이 생각하는 이상에 부합되는 임금의 면모이다.

보양은 4) - 8)과 같이 금빛 가사를 받아들고 서해용왕의 아들인 이목을 데리고 본국으로 돌아온다. 여기서 본국이 정확히 어디를 지칭하고 있는지는 알 수 없다. 그러나 그가 분명 삼국의 안정과 불교의 홍포를 바라고 있다는 사실은 알 수 있다. 그는 삼국 안정과 불교 홍포를 위해 절을 세운다. 절이 세워지자 9)와 같이 태조(太祖)가 삼국을 통일한다. 태조(太祖)가 보양이 절을 짓고 머무른다는 것을 알고 전답500결을 바치고, 청태 4년 정유에는 운문선사라는 현판을 내려 가사의 신령스런 음덕을 받들게 한다. 설화에서처럼 보양이 이목을 데려가 절을 세운 것만으로 태조(太祖)가 보양이 머무는 절에 전답을 바치고 현판을 내려 가사의 신령스런 음덕을 받들게 하지는 않았다고 보인다.

『삼국유사』〈보양이목(寶壤梨木)〉 설화에는 법사가 당나라에서 돌아와 봉성사에 머물렀을 때 이야기가 전해진다. 마침 태조(太祖)가 동면 지방을 정벌해 청도 지역까지 진출했으나 산적들이 견성(犬城)에서 항복하지 않아 고심했다. 이때 보양이 신통한 계책을 알려주어 산적들을 소탕할 수 있었다115)는 내용을 통해서 태조(太祖)가 작갑사에 전답과 현판을 내린 이유가 드러난다. 이목에 행적은 나타나지 않는다. 하지만 설화에서 가사의 신령스런 음덕을 받들게 했다는 내용을 통해서 태조(太祖)가 이목에 대한 감사의 표시로 이를 실행했다는 추정이 가능해 보인다. 이 부분에 대해

---

114) (戊子)十一年,頃以三韓厄會九土凶荒黎多屬於黃巾田野無非於赤土庶幾弭風塵之警有以救邦國之灾. (金富軾,『高麗史』1卷-世家1-太祖 戊子十一年.)

115) 初師入唐廻. 先止于推火之奉聖寺. 適太祖東征. 至清道境. 山賊嘯聚于犬城有山岑臨水峭立. 今俗惡其名. 改云犬城]. 驕傲不格. 太祖至于山下. 問師以易制之術. 師答曰: 夫犬之爲物. 司夜而不司晝. 守前而忘其後. 宜以晝擊其北. 太祖從之. 果敗降. 太祖嘉乃神謀. 歲給近縣租五十碩. 以供香火. 是以寺安二聖眞容 因名奉聖寺 後遷至鵲岬 而大創終焉. (一然,『三國遺事』,〈寶養梨木〉卷第四 義解 第五.)

강정식은 일연(一然)이 고려 태조(太祖)가 용손(龍孫)이라는 사실을 알고 청도지역에서 강한 전승력을 지니고 있는 이무기 설화를 가져왔다116)고 한다. 이무기를 서해용자로 설정하면 태조(太祖)와 용자와의 관계가 선명하게 드러나기 때문이다.

이재범은 이목을 지방호족으로 보았다. 『삼국유사』〈보양이목(寶壤梨木)〉 설화에서 견성(犬城)에 대한 공략방법은 보양의 계책이 아니라 이목의 계책일 가능성이 높다고 했다.117) 지방호족인 이목이 태조(太祖)를 도왔기 때문에 그에 상응하는 대가를 받았다는 것이다. 이러한 논의들은 태조(太祖)와 이목의 관계를 조명했다는 점에서 많은 의의를 가진다. 강정식의 논의를 통해서는 용이 신앙적 존재였다는 사실을 알 수 있고, 이재범의 논의를 통해서는 이목이 지방호족이라는 집단을 표상하고 있다는 사실을 알 수 있었다. 결국 두 논의를 통해서 설화에서 등장하는 이목이 용신앙을 가진 집단이라 추정해 볼 수 있다. 태조(太祖)는 용신앙 집단의 도움으로 견성(犬城)을 공략할 수 있었다고 하겠다.

여기서 보양과 이목 그리고 태조(太祖)와의 관계를 다시 볼 필요가 있다. 보양은 불교신앙(佛敎信仰)(佛敎信仰)을 대표하는 고승으로 태조(太祖)가 나라를 세우는 데 공헌을 한다. 이목은 서해용의 아들로 불법 교화를 남몰래 돕고 사람들을 위해 비를 내려주었으며 태조(太祖)가 나를 세울 수 있도록 돕는다. 태조(太祖)는 보양과 이목의 힘을 얻어 고려라는 나라를 건국한 것이다. 설화에서 각각의 집단은 서로의 힘을 화합해 어지럽고 황폐해진 삼국을 안정의 길로 접어들게 한다. 이렇게 본다면 『삼국유사』〈보양이목(寶壤梨木)〉 설화에는 화합으로 안정된 사회를 구축할 수 있다는 원리가 내재되어 있다고 하겠다. 편찬자 일연(一然)은 설화에 내재된 원리를 알리고 싶었다고 보인다. 그가 〈보양이목(寶壤梨木)〉 설화를 『삼국유사』에 싣고 있다는 사실이 일연(一然)이 화합으로 안정된 사회를

---

116) 姜晶植, 「寶養梨木 說話 硏究」, 『白鹿語文』, 제주대학교 사범대학 국어교육과 국어교육 연구회, 1989, pp.81-103.
117) 이재범, '위의 논문', pp.122-123.

구축하려는 원리를 사람들에게 전하고 싶었다는 추정을 뒷받침해준다고 하겠다.

『고려사』권2 세가2 태조(太祖) 계묘 26년 여름 4월에 태조(太祖)가 대광 박술희(朴述希)를 불러 내린 훈요(訓要)에 그의 생각이 잘 나타난다. '국가의 왕업은 반드시 모든 부처의 도움을 받아한다. 불교사원들을 창건(創建)하고 주지들을 파견해 불도를 닦음으로써 각각 자기 직책을 다하도록 한다. 또한 부처를 섬기는 것과 하늘의 신령과 5악(岳)·명산·대천·용신(용의 신)을 섬기는 것은 가장 중요하므로 함부로 증감하려는 후세 간신들의 건의를 절대로 금지하라'118)는 내용에서처럼 태조(太祖)라는 인물은 불교신앙(佛敎信仰)과 민간에 뿌리내린 토속신앙(土俗信仰)을 숭앙했다. 그런 그의 모습은 불교신앙(佛敎信仰)의 세력과 토속신앙(土俗信仰)의 세력을 모두 포용해 안정된 국정을 형성해 가는데 중요한 역할로 작용한다. 때문에 편찬자 일연(一然)은 〈보양이목(寶壤梨木)〉 설화에서 불교신앙(佛敎信仰)이 중심이 된 화합의 모습을 통해 현실 문제 해결 열쇠를 보여주고자 했다고 생각된다.

신라말대의 사회·정치를 통해서 이 설화를 검토해 보았다. 그 결과 신라말대는 사회·정치가 매우 혼란한 시기였다. 편찬자 일연(一然)은 바로 이 시점을 포착한다. 그가 살고 있던 당대 또한 신라말대와 유사하게 매우 힘든 시기이다. 몽고와의 30년 전쟁은 고려를 피폐하게 만들었다.119) 당대 사람들은 몽고에 대한 뿌리 깊은 복수심이 생겼으나 그것이 실현될 수 없다는 무력감과 갈등하게 된다. 여기서 불국토 사상이 나타난다.120) 일연(一然)은 『삼국유사』〈보양이목(寶壤梨木)〉 설화를 통해 불국토 사상을 명시했다.121) 하지만 일연(一然)이 명시한건 불국토 사상만이 아니다. 현실

---

118) 夏四月御內殿召大匡朴述希親授訓要曰:其一曰:我國家大業必資諸佛護衛之力故創禪敎寺院差遣住持焚修使各治其業. 其六曰:朕所至願在於燃燈八關燃燈所以事佛八關所以事天靈及五嶽名山大川龍神也. 後世姦臣建白加減者切宜禁止.(金富軾,『高麗史』二卷-世家1-太祖 癸卯二十六年.)
119) 이범교, '위의 책', p.22.
120) 박진태·정호완·이강옥·김복순·조수동, 「삼국유사의 종합적 연구(1)」, 『한국민속학』 29, 한국민속학회, 1997, p.532.

을 타개(打開)하기 위해서는 무엇보다도 분산된 세력들의 화합이 중요하다고 생각했다. 『삼국유사』〈보양이목(寶壤梨木)〉설화는 문제와 문제 해결이 X의 개입으로 가능하다고 보여주고 있다. X는 보양으로 대표되는 불교신앙(佛敎信仰)과 이목으로 대표되는 토속신앙(土俗信仰)이다. 이들이 태조(太祖)와 화합해 사회를 안정되게 만들었다. 일연(一然)은 그가 살고 있던 당대에도 이러한 X들의 화합이 중요한 열쇠라고 생각했다. 화합이 이루어진다면 안정된 사회를 이룩할 수 있다는 믿음을 이 설화를 통해 보여주고자 『삼국유사』에 이 설화를 실었을 것이다.

3. 〈보양이목〉 설화와 구비전승과의 상관관계

〈보양이목(寶壤梨木)〉설화는 매번 봉착한 문제를 불교신앙(佛敎信仰)이 중심이 되어 해결하는 구조를 가지고 있었다. 그런데 전승되는 구비전승에서는 〈보양이목(寶壤梨木)〉설화와 동일하게 문제 해결에 있어 불교신앙(佛敎信仰)이 절대적인 힘을 발휘하는 설화가 있는 반면 이목이라는 용이 중심이 되어 문제를 해결해 나가는 구조를 가진 설화도 보이고 있다. 이러한 차이는 어디에서 연유하는가를 살펴보아야 할 것이다. 차이를 밝히기 위해서는 『삼국유사』〈보양이목(寶壤梨木)〉설화와 구비전승과의 비교가 필요하다.

(자료2) 〈시래호박소의 이무기전설〉[122]
신라말 고려초 보양이 왕건(王建)의 무공을 세우는 데 도움을 주어 봉성사를 지어 불도를 닦게 했다. 보양이 불경을 배우기 위해 당나라로 유학을 하고 돌아오는 길에 용궁에 초청되어 강론을 해주었다. 용왕은 보양에게 자신의 아들을 데리고

---

[121] (한예원, 「『삼국유사』의 불교설화를 통해 본 편찬의도」, 『동방한문연구』 23, 동방한문학회, 2006, pp.75-76.)에서 일연(一然)은 삼국유사 불교설화 기사와 찬서를 통해 나라에서 호국수법의 일환으로 불교를 중흥하면 왕권의 확고한 권위는 물론이고 천지를 태평하게 하는 이상국가를 이룩할 수 있다는 것을 당시 13세기의 독자에게 계몽하고자 했다라고 하고 있어 참고가 된다.
[122] 한국정신문화연구원 저, 『한국구비문학대계』 8-7, 한국정신문화연구원, pp.134-137.

가 세상에 도움을 줄 수 있는 것을 가르쳐 달라고 했다. 보양은 용왕의 뜻을 거절하지 못해 용자를 봉성사에 데리고 와 이목이라 이름 지어주고 못을 파 살도록 했다. 이목은 가뭄을 해갈해 주고 재해를 막아 주는 소임을 맡았다. 그러던 중 마을에 심한 가뭄이 들었다. 백성들은 자신들을 구해 달라고 이목에게 간청했으나 이목은 자신의 소임이 아니라고 못 들은 채했다. 보양이 이목을 설득해 비를 내리게 했다. 하늘이 뜻을 배반해 비를 오게 했다는 이유로 이목을 죽이려 하자 이목은 보양에게 도와달라고 간청했다. 보양은 불당 밑에 보양을 숨겨두고 사자들이 오자 배나무를 이목이라고 지목했다. 사자들은 배나무에 벼락을 내렸다. 이목은 죽기를 면했으므로 좋은 일을 해야겠다고 하면서 보양에게 허락을 받아 시래 호박소로 갔다. 그는 득천하지 않고 인간들을 도울 것이라 하며 지금도 살아 있다고 한다. 때문에 가물면 그 곳에 가 기우제를 지냈는데 옛날에는 소에 범대가리를 넣으면 틀림없이 비가 왔다.

(자료3) 〈시래호박소의 이무기〉[123]
이무기라는 제자와 어느 스승이 같이 살고 있었다. 이무기라는 제자는 재주가 뛰어나 하나를 가르치면 열을 알았다. 이무기와 스승이 밤이 되어 잠자리에 들었는데 스승이 깨어보니 이무기가 없었다. 스승은 소변을 보러갔다고 생각하고 잠을 청했다. 그런데 다음날도 자고 일어나니 이무기가 없었다. 스승은 이무기를 따라가 보아야겠다고 생각하고 잠을 자는 것처럼 했다. 자시쯤 되자 이무기가 나갔다. 이무기는 마을에 있는 소(沼)로가 옷을 벗고 물에 들어가 노는 것이었다. 자세히 살펴보니 구렁이였다. 한참을 논 후에 다시 사람으로 변해 나와 옷을 입고 스승이 자는 곁으로 와 잠을 청했다. 스승은 잠을 자는 척 하면서 이무기에 몸에 손을 대자 몸이 싸늘하게 식어있었다. 옛날 풍속에 사람이 용이 되어 올라가면 날이 가문다라는 속담이 있었다. 스승은 지금 가뭄의 원인이 이무기라고 생각했다. 마을사람들은 가뭄에 비를 내리게 해 달라고 스승을 찾아와 간절히 부탁했다. 하지만 스승은 글을 가르치는 재주가 있을 뿐 비를 내리게 할 수 있는 조화를 부리지 못한다고 말했다. 사람들의 간절한 부탁에 하루는 스승이 이무기에게 백성들이 도탄에 빠져있으니 그들을 위해 비를 내려 달라고 한다. 그러자 이무기는 자신에게는 그런 능력이 없다고 대답한다. 다시 스승이 하나가 희생해서 백 사람이 산다면 얼마든지

---

[123] 한국정신문화연구원 저, '위의 책', pp.341-345.

할 수 있지 않느냐면서 재주가 있다면 몰래 비를 내려 달라고 했다. 이무기는 스승의 부탁을 거절할 수 없어. 자신이 쓰던 먹을 손가락에 찍어 하늘로 튕겼다. 비가 내리기 시작했다. 그러나 이무기는 하늘의 명령 없이 비를 내렸기 때문에 득천을 할 수 없었을 뿐만 아니라 죽음을 당할 위기에 놓였다. 하늘이 노여워해 벼락이 치고 비가 쏟아졌다. 이무기는 스승의 옷자락에 들어가 살려달라고 애원했다. 하늘의 차사가 내려와 이무기를 찾았다. 선생은 뒷산에 가면 이무기라는 나무있다라고 대답한다. 하늘에서는 이 나무에게 벼락을 내렸다. 날이 개였다. 이무기는 죄를 지어 득천을 할 수 없었으므로 공부를 그만 두고 시래호박소로 갔다. 그 당시 친구가 이무기가 생각이 나 가면 그가 눈을 뜨고 눈물을 흘린다고 했다. 그래서 시래호박소 가믄 이기미라 카는 용이 들었다라고 한다.

(자료4) 〈대비못의 이무기〉124)

경상북도 금천면 대비못에 가면 지금도 큰 암석이 복판이 갈라져 있다. 이는 이무기가 된 상좌가 그랬다. 대비절이라는 조그만 암자에 중과 상좌가 살고 있었다. 함께 잠을 자고 있는데 중이 자는 틈을 타 상좌가 나가 버리는 것이었다. 한 달이 되어도 계속 나가자 중은 상좌의 뒤를 밟아 보기로 결심한다. 상좌의 뒤를 따라가 보니 상좌가 돌을 후리쳐 내리고 있었다. 그가 득천을 하기 위해서는 대비못이 큰 못이 되도록 둑을 쌓아야 하기 때문이다. 중이 지금 무얼하고 있냐고 상좌에게 말했다. 상좌는 중에게 들켜 용이 되어 득천하지 못하자 못에 들어가 앉아 버렸다. 그러자 꼬리가 쑥 나와 강철이가 되었다. 전설에 소나기가 오는 이무기가 설친다고 이야기 되어진다고 한다.

(자료5) 〈호박소와 대비못 이무기〉125)

대비골 대비사에 시승과 이목이라는 상좌가 살고 있었다. 상좌는 매일 시승이 자는 틈을 타 나갔다. 시승이 이상히 여겨 잠을 자는 척 하다가 상좌를 따라 갔다. 상좌는 공중에서 세 번 회전을 하더니 큰 청룡으로 변했다. 그는 꼬리를 쳐 자신이 거주할 못을 파고 있었다. 그 해 날이 몹시 가물었다. 시승은 이목에게 재주가 있고 조화가 있으니 비를 내려 해갈만이라도 면하게 해달라고 한다. 이목은 하늘나라 옥황상제의 명령없이는 비를 내릴 수 없다고 거절한다. 시승은 계속해서 애걸한다.

---

124) 한국정신문화연구원 저, '위의 책', pp.303-305.
125) 한국정신문화연구원 저, '위의 책' 8-8, pp.510-518.

이목은 스승의 말을 저버릴 수 없어서 소나기를 내려주었다. 그리고는 시승에게 와 자기는 죽을 것이니 살리기 위해서는 시승이 앉은 자리에 구덩이를 파고 독을 묻어 자신을 숨겨야 한다고 말한다. 그리고 사자가 오면 대추나무를 이목이라고 하라고 하고 독 안에 숨었다. 옥황상제가 보낸 사람이 오자 시승은 대추나무를 이목이라고 했다. 하지만 옥황상제는 믿을 수 없어 거듭 사람을 보낸다. 하지만 매번 시승은 대추나무를 이목이라고 했다. 마침내 대추나무에 벼락이 떨어졌다. 이목은 시승에게 목숨을 살려주어 고맙다고 하면서 작별을 고하고 호박소로 갔다. 비가 오지 않으면 밀양군수가 그곳에 무지를 지낸다. 그년에 가뭄이 있어 그곳에 무지를 지냈는데도 비가 오지 않자 사람들은 그 못을 메우기 위해 돌들을 모아 놓았다. 하지만 선뜻 돌을 못에 넣는 사람이 없었다. 그때 천상구라는 사람이 돌을 못에 집어 넣었다. 그러자 사람들은 너도 나도 할 것 없이 돌을 넣기 시작했다. 돌을 넣고 돌아오는 길에 마을 강변에서 비가 내리기 시작했다. 그러더니 복판에 서 있던 천상구에게 벼락이 떨어져 그가 죽었다.

〈보양이목(寶壤梨木)〉 설화와 (자료2)와 (자료3) 그리고 (자료5)는 일정 부분에서는 차이가 있으나 전체적인 내용은 유사하다. 네 이야기 모두 가뭄이라는 문제에 직면하게 된다. 즉, 가뭄이라는 결핍을 가진다. 가뭄은 농작물의 생성을 억제한다. 가뭄이 계속된다면 사람들은 먹을 식량이 확보되지 못해 살길이 막막해진다. 이때 가뭄을 해갈해 주는 것이 〈보양이목(寶壤梨木)〉 설화와 (자료2)에서는 용왕의 아들인 이목이 되고 (자료3)에서는 이무기라는 제자가 되고 (자료5)에서는 이목이라는 상좌가 된다. 가뭄의 문제를 해결해 주는 대상은 조금씩 차이가 있지만 그 인물이 가뭄 해갈에 결정적인 열쇠를 지고 있기 때문에 이들은 같은 유형의 설화라고 보아야 할 것이다.

먼저 〈보양이목(寶壤梨木)〉 설화에서는 앞서 살폈던 것과 같이 보양의 문제와 이목의 문제가 함께 등장한다. 설화에서 대부분의 문제는 불교신앙(佛敎信仰)의 개입으로 극복된다. 이는 설화가 불교신앙(佛敎信仰)의 힘을 서사구조를 통해 보여주고자 함이라고 생각된다. 하지만 설화에서 모든 문제가 불교신앙(佛敎信仰)으로 극복되지는 않았다. 토속신앙(土俗信仰)의 개입이 문제를 해결하기도 한다. 이를 통해 〈보양이목(寶壤梨木)〉

설화는 불교신앙(佛敎信仰)이라는 외피를 입고 있지만 여전히 존재하고 있는 이목 즉 토속신앙(土俗信仰)의 위상도 드러내주고 있다고 생각된다.

(자료2)는 〈보양이목(寶壤梨木)〉 설화와 거의 동일한 구조를 가진다. 배경 또한 〈보양이목(寶壤梨木)〉 설화와 동일하다. 설화에서'보양이 왕건(王建)의 무공을 세우는 데 도움을 주어 봉성사를 지어 불도를 닦게 했다'고 하고 있다. 이는 구술자 보양과 태조(太祖) 관계 그리고 봉성사의 관계를 알고 있다는 사실을 알려준다. 문제 해결의 과정도 〈보양이목(寶壤梨木)〉 설화와 유사하나 (자료2)의 구조에서는 삼국의 평안과 불교 홍포라는 문제로 고민하는 보양이 전면적으로 드러나지 않는다. 가뭄이라는 문제로 고민하는 이목만이 전면적으로 드러날 뿐이다. (자료2)의 구조는 다음과 같다.

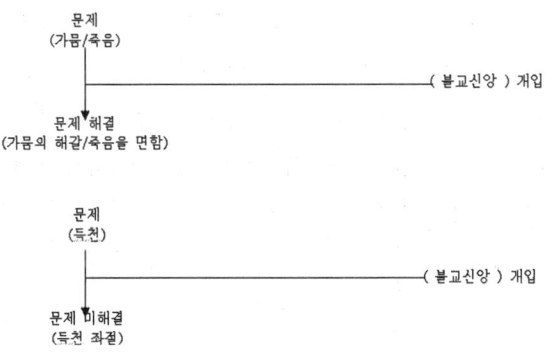

(자료2)는 세 번의 문제에 봉착한다. 두 번의 문제는 불교신앙(佛敎信仰)의 개입으로 해결된다. 나머지 한 번의 문제는 미해결로 남는다. 세 번의 문제를 살펴본다. 사람들은 가뭄으로 고통 받고 있다. 이목에게 비를 내려 달라고 애원했으나 이목은 거절한다. 백성들은 다시 보양에게 이목을 설득해 문제를 해결해 달라고 부탁한다. 보양은 이목을 설득한다. 이목은 보양의 청을 거절하지 못하고 비를 내려준다. 백성들의 문제는 2차 시도에서 해결된다. 이번에는 이목에게 문제가 발생한다. 하늘의 뜻을 어기고 비를 내렸다고 해 천제의 노여움을 산다. 이목은 죽음에 위기에 놓이게 된다.

보양은 이목을 불당 밑에 숨겨 두고 배나무를 이목이라고 속여 그의 문제를 해결해준다. 이목은 죽음은 면했지만 죄를 지어 득천을 포기한다. 이것은 〈보양이목(寶壤梨木)〉 설화와는 사뭇 다른 모습이다. 이목은 득천이라는 문제를 미해결하고 봉성사를 떠나 시래호박소로 가 인간을 돕는다. 그리고 기우제를 지내는 대상이 된다. 즉, 이목은 불교신앙(佛敎信仰)의 힘으로 자신의 문제를 해결할 수 없게 되자 보양으로 대표되는 불교신앙(佛敎信仰)을 떠나 스스로 인간에게 도움을 주는 존재로 좌정한다.

(자료3)은 (자료2)와는 다르게 배경이 시래호박소 주변이며, 이무기라는 제자와 스승이 등장한다. (자료3)에서는 불교신앙(佛敎信仰)적인 특징이 보이지 않는다. 이 자료에서 특징적인 부분은 이무기의 득천과 가뭄의 해갈이라는 문제의 해결이 대립구도를 선명하게 보인다는 것이다. (자료3)에서는 이무기가 득천을 하기 위해 밤마다 구렁이로 변해 시래호박소를 헤엄치고 다닌다. 그러나 '사람이 용이 되어 올라가면 날이 가문다'라는 풍속으로 인해 스승은 제자 이무기의 득천을 바라지 않는다. 그의 입장에서는 가뭄 해갈이 우선이기 때문이다. (자료3)의 구도는 다음과 같다.

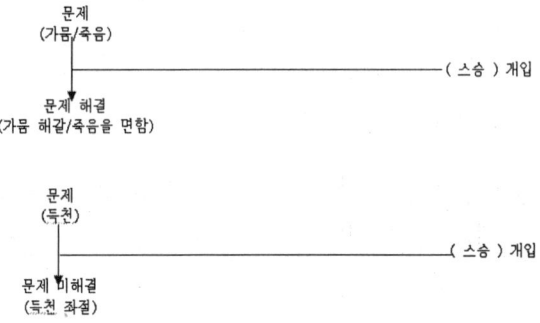

(자료3)에서 이무기는 득천하고자 한다. 이에 비해 사람들은 비가 오기만을 바란다. 둘 중 하나가 문제를 해결하면 다른 한 쪽은 문제를 해결하지 못한다. 대립구도는 팽팽하다. 하지만 스승은 이무기에게 '하나가 희생해 백 사람을 살린다'라고 해 이무기의 희생을 강요한다. 팽팽한 대립구도

는 이무기의 희생으로 끝난다. 이무기는 사람들에게 비를 내려 가뭄을 해갈해주었으나, 하늘의 명령 없이 비를 내려 죽음이라는 문제에 놓인다. 스승은 뒷산의 나무가 이무기라고 차사를 속인다. 이목은 목숨을 구한다. 그러나 이무기는 득천이라는 문제를 해결하지 못했으므로 그 곳을 떠나 시래호박소로 이동한다. 또한 그곳에서 자신의 문제를 해결하지 못함으로 인해 눈물을 흘리는 존재가 된다.

(자료4)는 대비사를 주요 배경으로 하고 있으며, 득천에 실패한 이무기가 등장한다. 이 자료에서 문제는 상좌의 득천 여부이다. 상좌는 대비못을 크게 완성해야만 용이 되어 득천할 수 있으므로 둑을 쌓기 위해 바위를 세게 후려치는 행위를 한다. 자료에서는 문제를 해결하기 위해서는 상좌가 못을 완성하는 모습을 아무도 보아서는 안 된다는 금지가 정해진다. 이야기에 전면적으로 나타나지 않았지만 스승에게 들켜 그가 득천을 하지 못하고 이무기로 변한다는 대목에서 유추 가능하다. 모든 이야기에서 그렇듯이 금지는 깨어진다.126) 화가 난 상좌는 자신이 파고 있는 못에 몸을 담근다. 그러자 꼬리가 나와 이무기로 변한다.

자료에서 문제가 해결되지 못했으므로 상좌는 용 되기 실패한 이무기가 된다. 또한 '소나기가 오면 이무기가 설친다'라고 하는 구술을 통해 구술자는 용 되지 못한 이무기를 부정적으로 생각하고 있다는 것을 알 수 있다. 비는 인간과 모든 생물에게 많은 도움을 주지만 지나치면 오히려 화가 된다. 다른 자료들을 통해 개인적인 문제를 해결하지는 못했지만 사람들의

---

126) '금지'의 위반으로 파기되는 것은 좋은 일 다음에는 나쁜 일도 있을 수 있기 때문에 그것에 대한 준비가 필요하다는 사실을 깨우치기 위한 것으로 볼 수 있다.(김화경, 『한국의 설화』, 지식산업사, 2002, pp.165-167.)

문제를 해결해 준 용은 신앙의 대상이 되었다는 사실을 알 수 있다. 이에 비해 (자료4)에 등장하는 이무기는 개인의 문제 해결에만 급급하다. 때문에 신앙의 대상이 되지 못하고 부정적인 존재로 인식된다.

(자료5)는 (자료4)의 내용을 앞부분으로 가지고 있지만 시승으로 인해 직접적으로 이무기의 득천이 좌절되는 내용은 보이지 않는다. (자료5)는 다음과 같은 구조를 가진다.

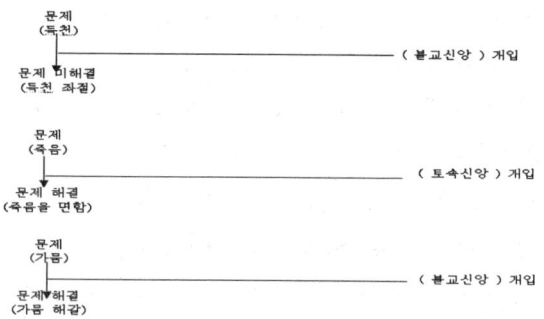

사람들은 가뭄이라는 문제에 직면한다. 시승은 비를 내리도록 이목을 설득한다. 이목은 옥황상제의 명령 없이는 비를 내릴 수 없다고 하고 거절해버린다. 시승은 여러 번 이목을 설득한다. 더 이상 스승의 부탁을 저버릴 수 없었던 이목은 결국 비를 내린다. 이로 인해 사람들의 문제는 해결된다. 반면에 이목은 옥황상제의 뜻을 저버렸기 때문에 문제에 직면하게 된다. 여기서 이목은 다른 자료들에서와 다르게 주체적으로 행동한다. 스스로 자신이 살 방도를 시승에게 알려준다. 이목은 죽음이라는 문제를 스스로의 힘으로 해결했다.127) 그리고는 보양의 곁을 떠나 호박소로 간다. (자료5)에서 불교신앙은 이목의 문제를 해결해주지 못했다. 때문에 그는 불교신앙과 결별하고 '비가 오지 않으면 밀양 군수가 그곳에 무지를 지낸다'는

---

127) 보양이 문제를 해결했다고 볼 수도 있으나 여기서 보양은 이목이 일러준 대로 약속을 이행했을 뿐이다. 물론 보양이 약속을 지키지 못했다면 이목이 죽음을 당했을 것이나 주체적인 역할을 수행했다고 보기는 어렵다.

기록을 토대로 기우제의 대상이 된다.
　〈보양이목〉 설화와 구비전승과의 상관관계를 비교해 보았다. 〈보양이목〉 설화는 대부분의 문제 해결 방법을 불교신앙에서 구하고 있었다. 구비전승에서는 〈보양이목〉 설화와 유사하게 문제 해결 방법을 불교신앙에서 구한 설화들도 존재했지만 문제 해결의 방법을 이목 즉, 토속신앙이 해결하고 있는 자료도 보였다. (자료5)는 이목이 시승으로 대표되는 불교신앙의 지시로 비를 내려 사람들을 고통에서 벗어나게 하지만 정작 자신의 문제는 불교신앙을 통해 해결하지 못한다. 그는 불교신앙을 떠나 스스로의 공간으로 이동해 사람들에게 신앙의 대상이 되었다. 일연은 토속신앙과 불교신앙과의 관계를 정립시킬 필요성을 느꼈을 것이다.
　〈보양이목〉 설화는 불교신앙이 중심이 된 화합을 보여준다는 측면에서 일연의 의식을 잘 반영하고 있다고 하겠다. 때문에 일연은 여러 구비전승들 가운데 〈보양이목〉 설화를 택해 『삼국유사』에 전했을 것이다. (자료5)는 일연 당대에 존재했는지의 여부는 알 수 없으나 〈보양이목〉 설화와 다른 결론을 도달한다는 것에는 틀림이 없다. 화합이 이루어지지 않고 결별을 선언했기 때문이다. 앞서 보았듯이 일연의 당대는 매우 혼란한 시기였다. 그는 이 혼란한 시기를 타개할 방법을 모색하고 있었다. 그때 그는 〈보양이목〉 설화의 구조를 통해 화합의 중요성을 강조한 것이라고 보인다. 각자가 어려움을 타개하려는 움직임보다는 불교신앙과 토속신앙 그리고 다른 것들과의 화합을 통해 함께 어려움을 타개하려고 노력해야 만이 지금의 상황을 극복할 수 있다는 메시지가 〈보양이목〉 설화에 담겨져 있다고 하겠다.

5장. 『삼국유사』 용성(龍聖) 구현 설화의 양상과 그 의미

1. 용성(龍聖) 구현 설화의 양상

우리 민족의식 속에 용은 四靈이라 해 영적인 동물로 인간의 정신생활을 지배해왔다. 용에 대한 인식은 하나의 신앙을 형성해 용을 대상으로 한 신앙행위의 근원이 되었으며, 또한 우리 민족의 꿈과 상상력을 자극해 많은 신화와 전설들을 만들어내는 바탕이 되었다.128) 특히 신화와 전설들은 많은 장소와 관련되어 전하고 있다. 이러한 장소는 성소로 여겨져 지상의 속된 곳과는 달리 생명력이 솟아나는 장소였다. 즉 성은 숭고한 유혹임과 동시에 자칫하면 큰 화를 자초하는 곳이기도 하다.129) 때문에 용설화에서 반드시 제고되어야 할 부분이 성(聖)과 속(俗)130)의 경계이다. 설화에서 등장하는 용의 모습에서 성이 두드러지게 나타나면 신앙의 대상131)이 되고, 속이 두드러지게 나타난다면 신성은 제거되기 마련이겠다. 『삼국유사』 용설화 또한 성과 속의 문제를 피해갈 수 없다.

『삼국유사』 소재 설화에 등장하는 용이 다양하게 형상화되어 나타난다는 것132)은 여러 의식들이 설화 속에 녹아있기 때문이라고 여겨진다. 설화

---

128) 신월균(서영대·송화섭 엮음), 『용, 그 신화와 문화』, 민속원, 2002, p.245.
129) M. 일리아데 이은봉 옮김, 『성(聖)과 속(俗)』, 한길사, 2008, p.24.
130) (M. 일리아데 이은봉 옮김, 위의 책, 2008.)이 성(聖)과 속(俗)의 정의가 좋은 참조가 된다.
131) (龍은 초기설화에서는 다분히 신화적 상징으로 표상되었다. 특히 비범한 인물을 용과 인간의 교혼에 의해서 탄생시킴으로써 인간을 신화하거나 혹은 영웅화하고 또 그렇게 탄생된 신인을 유기시키거나, 신화적 고아로 유랑시킨 후 사람들에게 구조되게 해 왕이거나 비범한 인물로 확인하는 통과의례의 전형을 보여 준다. 洪慶杓, 「龍神說話와 그 象徵體系 試攷」『韓國傳統文化硏究』第1輯 효성여자대학교 한국전통문화연구소, 1985, pp.259-281.) 여기에서 홍경표의 논의는 좋은 참고 자료가 된다.
132) 용설화를 살펴보는 데 주안점이 있으므로 설화 내에서 용과 관련된 서사를 중심으로

는 인간과 동물 또는 사물과의 교섭이 자유롭게 이루어지는 공간이다. 교섭이 이루어진다는 것은 소통이 가능하다는 의미다. 현실에서 인간과 동물 또는 사물이 서로 이야기를 나누고 생각을 공유한다면 이상한 일이다. 그리고 현실에서 이루어지지 않고 있다. 하지만 설화에서는 너무나 자연스럽게 이들의 교섭이 이루어진다. 설화를 구연하는 구연자나 설화를 듣고 있는 청자 또한 이들의 교섭을 이상하게 생각하지 않는다. 이는 설화 속에서 내재되어 있는 신화적 사고133) 때문이다. 신화적 사고는 감정적인 사고이며 인간을 통해 직관되어 나타나는 표상을 사실로 받아들인다.134) 때문에 신화적 사고의 개입이 어느 정도이냐에 따라 설화는 다른 모습을 띨 여지가 있다. 가령 신화적 사고가 깊이 개입되어 있다면 원초적 사고135)가 풍부하게 담겨 있을 것이고, 신화적 사고가 깊이 개입되어 있지 않다면 과학적·합리적 사고에 의해 원초적 사고는 은폐될 가능성이 있다. 즉, 설화가 화자나 편찬자 의식에 따라 변화될 수 있다는 사실을 알려준다. "편찬자의 서술이 지배적으로 나타나지만, 편찬자의 서술에만 얽매여서는 안 된다. 매몰된 목소리를 최대한 찾아낼 수 있어야 하는데 이를 위해 서술층위와 인물층위의 개념을 사용할 필요성이 있다."136)고 한 것처럼

살피기로 한다.
137) 원시적 사고 또는 원초적 사고로 상상력으로써 통일적·포괄적인 세계상을 구체적인 이미지의 형태로 파악해 인생의 갖가지 일들에 총체적인 의미를 부여한다. 이는 주로 주술적·종교적인 갖가지 의례와 결합해 총체적으로 의미와 질서가 부여된 우주에서 인간의 위치를 정립케 한다.(안진태, 『신화학 강의』, 열린책들, 2004, pp.47-48.)와 인간과 자연이 하나가 되어 어울리던 신화시대의 의식을 표방한다. 문명이 발달하면서 신화시대의 질서는 무너졌지만, 신화시대의 의식은 인간과 자연의 상동성을 소망하거나 그런 상동성에 대한 믿음이 있는 자에게서 표출되곤 한다.(신태수,「『殊異傳』逸文의 神話的 性格과 교환 가능성의 실현 양상」, 『어문학』 85, 한국어문학회, 2004, p.194.)라는 신화적 사고의 개념은 인물층위 고찰의 당위성을 부여해준다.
138) (김내균,「哲學的 思惟 이전의 神話的 思考」, 『철학탐구』 10, 중앙대학부설 중앙철학연구소, 1993, pp.47-48.)라고 한 논문에서 '신화론적 사고를 행한 사람들은 분명 자신들이 지니고 있었던 문제들에 대해 그들 나름대로의 사유방식을 가지고 해답을 얻고자 시도했다'고 하고 있다. 즉, 신화적 사고의 이해가 가능하다면 신화적 사고를 행한 사람들의 문제에 대한 사유방식의 모색이 가능하다는 중요한 사실에 대한 시사로 생각된다.
139) 인간과 동물, 인간과 사물, 인간과 귀신 등의 교섭이 제약 없이 자유롭다.

편찬자의 서술에만 주목해 설화를 바라보는 것이 아니라 편찬자의 서술에 의해 갈무리 되어 숨겨진 목소리들을 밝혀내야만 할 것이다.

서술층위에 의해 은폐된 목소리가 바로 인물층위다. 서술층위에서는 화자의 목소리가 주를 이룬다. 원래 존재하고 있던 인물층위가 서술층위에 의해 가려졌으니 서술층위를 통해 인물층위를 역추적 해나가야 한다. 그런데 서술층위와 인물층위를 살펴볼 때 하나의 장치가 필요하다. 바로 대칭적 세계관[137]이다. 용설화에서 용은 인간과 그 밖의 자연물 등과 상호 대등한 입장에서 교감하고 있다. 대칭적 세계관이 용설화에서 주를 이루기에 이 관점에서 설화를 분석해야만 온전한 분석이 될 수 있다.

또한 인간과 그 밖의 자연물 등과 상호 대등한 입장에서 교감하는 것은 일상에서 일어날 수 없는 환상적인 것이다. 환상적인 것은 문화의 말해지지 않은 부분, 보이지 않는 것, 즉 지금까지 침묵당하고 가려져왔으며 은폐되고 부재하는 것으로 취급되어온 것들을 추적한다.[138] 때문에 서술층위와 인물층위에서 분석은 침묵당하고 가려지고 은폐되고 부재한 것을 추적하는 좋은 장치가 된다. 『삼국유사』 소재 용설화는 성(聖)과 속(俗)의 표출 정도에 용성(龍聖) 구현형[139]과 용성(龍聖) 제거형[140], 타성(他聖)·용성(龍聖) 융합형[141]의 세 가지 유형을 가진다. 이들 유형을 서술층위와 인물

---

140) (신태수, 「『三國遺事』〈神呪篇〉을 통해 본 土俗信仰의 向方」, 『국어국문학』 140, 국어국문학회, 2005, pp.402-403.)에서 밝히고 있는 바와 같이 서술층위는 화자의 목소리이고, 인물층위는 화자에 의해 은폐된 인물의 목소리이다.
137) 주체와 객체가 대등하고 주체와 객체를 별도로 구분하지 않는 시각이나 관점.(신태수, 「〈桃花女·鼻荊郎〉說話의 構成原理와 對稱的 世界觀의 向方」, 『韓民族語文學』 45, 2004, pp.15-16.)
138) 로지잭슨·서강여성문학연구회 옮김, 『환상성』, 문학동네, pp.12-13.
139) 성(聖)이 가시화되어 나타나는 특징을 가진 설화들이다. 이들 설화에서 용은 용성(龍聖)의 구현을 통해 상대자인 왕의 권위를 높여준다. 때문에 이들 설화를 용성(龍聖) 구현형이라 하겠다.
140) 성(聖) 보다는 속(俗)이 가시화되어 나타나는 설화다. 이 설화에서 용의 상대자인 노인은 지속적으로 권위를 향상해 나간다. 반면 용은 노인, 즉 인간에 의해 성(聖)이 제거되는 특징을 가진다. 용이 인간에 의해 용성(龍聖) 제거가 이루어지므로 이 설화를 용성(龍聖) 제거형이라 한다.
141) 성(聖)과 속(俗)이 동시에 나타나는 설화이다. 이들 설화에서 용은 타성(他聖)인 불교신앙과 갈등하기도 하고 결탁하기도 하는 모습을 보인다. 하지만 종국에는 타성(他聖)인

층위로 분석한다면 온전한 설화의 의미를 밝힐 수 있다. 먼저 본고에서는 용성(龍聖) 구현형 설화의 양상과 의미를 고찰한다. 의미 고찰이 잘 이루어진다면, 『삼국유사』 소재 용설화의 나머지 유형에 대한 의미 파악을 위한 기틀이 마련될 수 있을 것으로 생각된다.

『삼국유사』에 등장하는 용성(龍聖) 구현 유형을 살펴본다. 용성(龍聖) 구현에 속하는 자료는 용이 상대자인 인간에게 영향을 끼친 정도가 큰 설화들이다. 구현이라는 용어에서 알 수 있듯이, 이들 자료에서는 용의 성(聖)이 두드러지게 나타난다. 용성(聖)이 두드러지니 인간에게 미치는 영향력도 크다고 할 수 있다. 용성(龍聖) 구현의 설화들에서 용과 상대자인 인간은 종국에 동등한 권위를 가지게 되는데, 동등한 권위를 획득하는 과정에서 용성(龍聖)이 구현되기 때문에 그렇게 볼 수 있겠다.

기이 제 2의 〈〈만파식적〉, 〈원성대왕〉, 〈진성여대왕거타지〉에서 이러한 측면을 살필 수 있다. 〈만파식적〉은 신문왕이라는 지배계층에게 만파식적이라는 보물을 전해주는 역할로 용이 등장한다. 반면 〈원성대왕〉, 〈진성여대왕거타지〉는 용이 다른 존재에게 도움을 청해 자신의 문제를 해결하는 역할로 나온다. 도움을 청한다는 것은 용의 위상이 높지 않음을 의미한다고 보인다. 위상이 높지 않기에 다른 존재에 의지해야만 문제가 해결될 수 있다. 〈만파식적〉과 〈원성대왕〉, 〈진성여대왕거타지〉는 용의 위상이 각기 다르게 나타난다. 특히 〈원성대왕〉, 〈진성여대왕거타지〉에서 용은 낮은 위상을 보인다. 그런데 두 자료들에서도 용의 위상 차이가 난다. 차이가 드러나므로 차이의 연원이 어디인지를 살피지 않을 수 없다.

1.1 <만파식적> 설화

〈만파식적〉의 설화는 신문왕이 용에게 받은 보물로 인해 나라의 문제를 해결한다는 내용을 골간으로 하고 있다. 때문에 설화에서는 갈등 상황이 제시되지 않은 듯이 보인다. 특히 신문왕이 보물을 소유해 문제를 해결해

불교신앙에 의해 두 성이 융합하는 특징을 가진다. 융합은 녹아서 하나로 합쳐짐을 의미한다. 용성(龍聖)이 타성(他聖)과 하나로 합쳐지기 때문이 이들 설화를 타성(他聖)·용성(龍聖) 융합형이라 하겠다.

나가는 과정이 너무나 담담하게 그려지고 있다. 문제의 해결은 결코 쉬운 일이 아니다. 문제가 발생하는 근본적인 이유를 찾아 해결하는 데는 많은 노력과 시간이 걸리기 때문이다. 그럼에도 불구하고 문제 해결을 쉽게 제시한 것은 이유가 있어 보인다. 어려운 문제를 쉬이 해결할 수 있다고 한 논법이 왜 제시되었는지를 따져 보지 않을 수 없다. 화자는 설화에서 신문왕이기에 문제를 쉬이 해결할 수 있다고 하는데 바로 이 점이 화자가 신문왕의 권위를 드높이기 위한 의도가 아닌가 생각된다.

그렇다면 화자의 논법을 걷어내야만 온전한 설화의 의미를 파악할 수 있다고 하겠다. 화자의 논법을 걷어내는 방법은 서술층위에 감춰진 인물층위를 감지하는 것이다. 서술층위와 인물층위의 측면이 동일한 시각일 경우도 존재하겠지만 이것들이 이질적인 시각을 보일 경우도 있다. 동일한 시각인 경우 서술층위 측면에서의 분석만으로 설화를 파악할 수 있지만, 이질적인 경우에서는 서술층위 측면만 분석한다면 인물층위의 측면이 매몰되기에 온전한 분석이 되지 못한다. 서술층위에 보이는 인물층위를 끌어올려 분석을 해야 하겠다.

서술층위에서 보이는 〈만파식적〉의 구성은 네 부분으로 이루어져 있다. 첫째 부분은 앞일에 대한 암시를 다룬 대목이고, 둘째 부분은 암시가 실현되는 대목, 셋째 부분은 용에게 증여받은 검은 옥대가 진용으로 이루어진 사실과 진용으로 인해 생긴 용연의 유래를 제시한 대목이고, 넷째 부분은 〈만파식적〉의 영험함을 다룬 대목이다. 네 부분은 신문왕의 권위를 높이는 방향으로 제시된다. 첫째 부분에서는 기이한 일의 발생으로 인한 암시를 준다고 하고, 둘째 부분에서는 기이한 일의 발생으로 인한 암시가 실현되었다고 하고, 셋째 부분에서는 왕이 진용으로 된 검은 옥대를 소유하고 있다고 하고, 넷째 부분에서는 왕이 현재 또는 다가 올 문제에 대해 해결할 능력을 가지고 있다고 한다.

네 부분이 각기 징조로써의 권위 향상, 실현으로써의 권위 향상, 증여로써의 권위 향상, 소유로써의 권위 향상이라는 내용을 담고 있으니, 징조, 실현, 증여, 소유가 계기적으로 맞물리면서 권위의 단계가 점차적으로 높아진다. 징조로써의 권위보다는 실현으로써의 권위가 더 영향력을 가지고, 실현으로써의 권위 보다는 증여로써의 권위가, 증여로써의 권위 보다는 소유로써의 권위가 더 영향력을 가지게 되기 때문에 이렇게 볼 수 있다. 그렇다면 각 부분에서 나타나는 권위 향상의 양상을 구체적으로 살피기로 한다.

〈만파식적〉142)
첫째 부분: 앞일에 대한 암시
1) 이듬해 임오년 5월 초하루 해관 박숙청이 말하기를 동해바다 가운데 작은 산이 감은사 쪽으로 둥둥 떠서 왔다갔다 한다고 했다.
2) 일관 김춘질이 점을 치니 선대 부친인 문무왕은 용이 되어 삼한을 수호하고 김유신 공은 33천의 한 분으로 인간에 내려와 대신이 되었다고 하면서 두 성인이 덕을 함께 해 성을 지키는 보물을 내리려 하니 해변으로 행차한다면 큰 보물을 얻을 수 있다고 했다.

둘째 부분: 앞일에 대한 암시가 현실화
1) 왕이 기뻐 그 달 7일 이견대로 행차해 감은사 쪽으로 떠있는 작은 산을 보고 사람을 보내어 살피게 했다.
2) 심부름 갔던 사람이 말하기를 산 모양은 거북이 머리처럼 생겼고 그 위에 대나무 막대기가 한 개 있어 낮에는 둘이 되었다가 저녁에는 하나로 합쳐진다고 했다.
3) 왕은 감은사에서 묵는데 이튿날 점심 때 보니 대나무가 합쳐져서 하나가 되는데, 천지가 진동하고 비바람이 몰아치며 7일 동안이나 어두웠다.
4) 그 달 16일에 가니 용 한 마리가 검은 옥대(玉帶)를 받들어 바친다.
5) 왕은 용에게 산이 대나무와 함께 혹은 갈라지고 혹은 합치는 것은 무엇 때문인지 물었다.
6) 용이 대답하기를 비유해 말하면 한 손으로 치면 소리가 나지 않고 두 손으로 치면 소리가 나는 것과 같다고 하면서 이 대나무를 가지고 피리를 만들어 불면 천하가 화평해 질것이라 했다.
7) 또 선대부왕은 큰 용이 되고 유신은 천신(天神)이 되어 큰 보물 자신으로 하여

---

142) 一然, 『三國遺事』, 〈万波息笛〉 紀異 第二.

금 바치게 한 것이라고 말했다.
8) 왕은 놀라고 기뻐해 오색비단과 금과 옥을 주고는 사자를 시켜 대나무를 베어 바다에서 나왔다.
9) 그때 산과 용은 갑자기 모양을 감추고 보이지 않았다.

 셋째 부분: 용에게 증여받은 검은 옥대가 진용으로 이루어진 사실과 진용으로 인해 생긴 용연의 유래 제시
1) 왕이 감은사에서 묵고 17일에 지림사(祗林寺) 서쪽 시냇가에 이르러 수레를 멈추고 점심을 먹었다.
2) 태자 이공이 대궐을 지키고 있다가 소식을 듣고 와서 하례하고는 천천히 살펴보고는 옥대의 여러 쪽은 모두 진짜 용이라고 말했다.
3) 왕은 어찌 태자가 그것을 아느냐고 물었다.
4) 태자는 하나를 떼어 물에 넣어 보라고 했다.
5) 이에 왼편 둘째 쪽을 떼어서 시냇물에 넣으니 용이 되어 하늘로 올라가고 그 땅은 못이 되어 용연이라고 불렀다.

 넷째 부분: 〈만파식적〉의 영험함 제시
1) 왕이 대궐로 돌아와 대나무로 피리를 만들어 월성천존고(月城天尊庫)에 간직해 두었다.
2) 이 피리를 불면 적병이 물러가고 병이 나았으며 가뭄에는 비가 오고 장마지면 날이 개며 바람이 멎고 물결이 가라앉았다.
3) 이 피리를 〈만파식적〉(萬波息笛)이라 부르고 국보(國寶)로 삼았다.

 첫째 부분에서 나타나는 신문왕에 대한 권위 향상의 양상은 긴장과 이완의 교차적 경험을 통해 조성된다. 1은 긴장에 해당된다. 산은 고정되어 있는 것이다. 그런데 '동해바다 가운데 작은 산은 둥둥 떠서 왔다갔다 한다'라고 해 고정되지 않고 움직인다. 고정되어 있는 산이 움직인다는 것은 비일상적인 일이며 이는 사람들로 해금 긴장143)을 고조시킨다. 한편, 2는 이완에 해당된다. 긴장을 해소하기 위해 왕은 일관 김춘질에게 명령하여

---

143) 사람들은 일상적인 일의 반복을 당연시한다. 하지만 일상적인 일이 아니라 비일상적인 일이 발생하면 위축되어 긴장하게 된다.

점을 치게 한다. 문무왕과 김유신이 신문왕에게 선물을 주려 함이라는 점 괘를 통해 긴장이 해소된 이완의 상태가 된다. 1은 긴장이고 2는 이완이니, 양자는 대조의 국면을 보인다. 대조의 결과는 신문왕의 권위가 향상되는 것이다. 일반적인 사람이라면 고인이 된 문무왕과 김유신 장군에게 보물을 받을 수 없다. 즉, 신문왕이기에 보물을 획득할 수 있는 기회를 얻는다. 긴장과 이완은 권위를 향상하는 수단이 된다.

둘째 부분에서 나타나는 신문왕에 대한 권위 향상의 양상은 점괘의 실현에서 비롯된다. 이 실현은 첫째 부분의 긴장과 이완을 내포한다. 왕은 점괘에 따라 동해바다로 행차하여 동해바다 떠다니는 산을 살피게 한다. 산에는 대나무가 막대기가 있는데 낮에는 둘이 되었다가 저녁에는 하나로 합쳐졌다. 왕이 점심때 감은사에서 산을 보니 대나무가 합쳐졌다. 그러자 7일 동안 어둠이 찾아온다. 7일 동안의 어둠은 다시 긴장을 고조시킨다. 어둠이 걷히자 용이 등장한다. 용의 등장은 고조된 긴장을 이완 상태로 돌려놓는다. 그리고 점괘를 실현을 보여준다. 권위의 향상은 단계를 거듭한다. 첫째의 긴장과 이완의 단계는 한층 더 높은 단계로 거듭난다. 거듭되는 긴장과 이완에 결과 점괘가 실현된다. 점괘의 실현으로 권위 향상은 한 단계 더 도약한다.

셋째 부분에서 나타나는 신문왕에 대한 권위 향상의 양상은 증여의 과정을 통해 조성된다. 검은 옥대는 용으로부터 즉, 선대왕인 문무왕과 김유신 장군으로부터 증여 받은 것이다. 죽은 선대왕과 문무왕이 용을 통해 살아있는 왕에게 보물을 증여한다는 것은 이치에 맞지 않는다.[144] 이치에 맞지 않는 사실을 전면에 내세워 왕의 권위를 더욱 향상 시키는 결과를 낳는다. 또한 증여받은 검은 옥대가 진짜 용이라는 것을 강조함으로, 왕은 비일상적인 일을 경험하고 진짜 용을 가진 존재가 된다. 때문에 신문왕의

---

144) 현생을 중시하는 오늘날의 관점에서 죽은 사람이 존재한다는 이생은 받아들이기 힘든 공간이다. 물론 신에 의한 영적 경험을 믿는 사람들에게는 이생의 공간은 납득할만한 공간일 수 있다. 용의 제시 또한 살아있는 존재가 아니기에 이치에 맞지 않는다. 하지만 설화에서 이러한 상황을 제시한 것은 비일상적인 경험을 하는 왕의 존재를 부각시키기 위함으로 보인다.

권위는 향상될 수밖에 없다.
 넷째 부분에서 나타나는 신문왕에 대한 권위 향상의 양상은 소유에 의해 이루어진다. 소유가 곧 권위의 향상을 가져왔다고 할 수는 없다. 상황 제시를 통해 소유의 힘을 말하고 있다. 즉, 왕은 용이 일러준 데로 대나무를 꺾어와 피리를 만들어 불었다. 그러자 2)에서처럼 각종 문제를 해결할 수 있게 된다. 왕은 적병을 물리치고, 병을 낳게 하고, 기상을 관장하는 능력을 〈만파식적〉을 통해 소유하게 되었다고 한다는 점이 바로 그 근거이다. 단순한 소유가 아니라 모든 문제를 해결할 수 있는 〈만파식적〉이라는 보물의 소유가 왕의 권위를 향상하는 데 주안점이라고 하겠다.
 신문왕에 대한 권위 향상의 양상을 점검해보니, 단계와 단계 사이가 서로 유기적으로 얽혀있다. 즉, 첫째 부분의 권위 향상 위에 둘째 부분의 권위 향상이, 둘째 부분의 권위 향상 위에 셋째 부분의 권위 향상이, 셋째 부분의 권위 향상 위에 넷째 부분의 권위 향상이 놓인다. 화자가 신문왕이 모든 문제를 쉬이 해결한다고 하고 있기 때문에 이런 판단을 해볼 수 있다. 유기적인 구성과 점층적인 권위 향상의 과정은 왕의 권위 향상에 정당성을 확보해주게 된다. 지배계층에게 적병과 득병, 기상 문제의 해결은 권력을 유지하는 핵심이다. 이들 문제가 해결되지 않으면 지배계층은 권력을 빼앗기고 심지어는 죽임을 당하기도 했다.145) 이는 문제의 해결이 녹록치 않음을 보여준다. 그런데 신문왕은 용을 통해 〈만파식적〉을 소유해 어려움 없이, 너무나 쉽게 문제를 해결한다. 왜 신문왕은 어려운 문제를 그토록 쉽게 해결할 수 있는가라는 의문이 생긴다.
 또한 서술층위에서 용은 왕의 권위 향상을 위해 도움을 주는 보조적인 존재로 등장한다. 하지만 사정은 그렇지 않아 보인다. 서술층위에서 잘 보이지 않지만 언뜻 언뜻 보이는 용의 목소리가 그것을 말해준다. 용은 〈만파식적〉을 전해주는 결정적인 역할을 수행한다. 그럼에도 불구하고 서술층위에선 신문왕의 행적만을 부각시키고 있다. 서술층위를 걷어내고 인물층위를 끌어올려 두 가지 의문에 대한 궁금증을 살펴보아야 한다. 서술층

---

145) J. G. Frazer, 김상일 역, 『황금가지』, 을유문화사, 1996, p.128.

위에서 화자는 왕의 능력을 통해 문제를 해결한다고 하고 있다. 그런데 첫째 부분에서 넷째 부분을 관통하고 있는 용 움직임의 정황이 포착된다. 서술층위는 화자의 목소리이다. 화자의 목소리를 걷어내고 인물의 목소리를 재구한다면 용의 진정한 모습을 볼 수 있을 것이다.

용의 행적
첫째 부분: 용이 기이한 징조를 통해 왕의 무리에게 긴장을 야기 시킨다.
둘째 부분: 용이 7일 동안 어둠을 주어 왕의 무리를 다시 긴장 상태에 놓이게 한 후 징조의 실현을 보여준다.
셋째 부분: 용이 〈만파식적〉이라는 값진 것을 왕에게 증여한다.
넷째 부분: 용이 전해준 〈만파식적〉으로 인해 모든 문제를 해결한다.

서술층위를 걷어내고 인물층위의 측면에서 용의 행적을 점검해보니 네 부분 모두에서 용의 행적이 포착된다. 첫째 부분에서 용은 기이한 징조[146]를 보임으로써 왕의 무리에게 긴장을 불러일으킨다. 둘째 부분은 용이 기상을 관장[147]하여 왕의 무리에게 긴장을 주고 난 후 등장하여, 징조의 실현을 보여준다. 셋째 부분에서 용은 〈만파식적〉을 왕에게 증여한다.[148] 넷째는 셋째 부분을 통해서 이루어지기 때문에 인과관계에 놓인다. 설화에서 용은 뛰어난 능력을 소유하고 있다. 용은 기상을 관장하고, 예언을 해주고, 그 예언이 실현되고, 값진 물건을 전해주는 존재이다.

이렇게 보면 용은 왕의 문제를 해결해주는 결정적 단서를 제공한다는

---

146) 동해바다 가운데 있는 작은 산이 물결 따라 왔다갔다 한다는 사실을 해관 박숙청이 왕에게 고한다. 고정되어 있는 산은 움직일 수 없다. 그런데 산이 움직인다고 하고 있으므로 긴장은 고조된다.
147) 용의 수신적 성격을 나타내는 것으로 수신인 용이 물을 다스리고, 구름과 바람을 일으키고, 천둥 번개를 부리고, 그러다간 비를 내리곤 한다.(이혜화, 『龍사상과 한국고전문학』, 깊은샘, 1993, p.23)라고 한 논의가 좋은 참고가 된다. 결국 용은 수신으로 기상을 관장하는 능력을 지니고 있다.
148) 용이 왕에게 증여한다는 것은 논란의 여지가 있다. 설화에서 용은 문무왕과 김유신이 보냈다고 하고 있기 때문이다. 그렇다면 네 부분에서 보이는 행적이 모두 문무왕과 김유신이 한 일이라고 해야 마땅하나 실상은 아니다. 문무왕이 용으로 화했다는 데서 그 점이 드러난다. 때문에 네 부분에서 보이는 행적들은 용의 행적으로 보아도 좋을 것이다.

측면에서 대단한 능력의 소유자라는 해석이 가능하다.149) 〈만파식적〉의 서술층위에서는 볼 수 없었던 용의 면모가 인물층위에 숨어 있었다. 인물층위에서 용은 신문왕에게 권위를 부여해주는 존재이다. 결국 신문왕의 문제 해결은 용에 의한 것이다. 대단한 능력을 보유한 용이기에 문제 해결이 간단할 수 있었던 거다. 실재로 신문왕 원년150)과 4년151)에 신문왕은 반역 세력 때문에 위기를 겪었다. 왕은 어떠한 방법을 써서라도 위기를 극복하여야 했다. 왕의 임무는 나라를 평안하게 다스려야 하는 것인데 갈등을 빚으면 평안이 찾아 올 수 없다. 서술층위에서 용이 손뼉을 치는 원리를 비유로 들어 설명하고는 대나무도 합쳐진 연후에 소리가 나오는 것152)이라고 한 부분은 신문왕 당대의 문제를 여실히 보여주고 있다고 하겠다. 문제를 가진 신문왕이 용이 되었다는 선대 부왕과 김유신153)까지 언급하면서 문제를 해결하려고 한다.

---

149) 신문왕이 만나는 용은 단순한 전달자에 불과하다고 하다는 견해가 있을 수 있다. 하지만 본고에서는 각각의 용의 행적이 아니라 용 전체의 행적을 추적하고자 한 것이므로 이러한 해석이 가능하다고 생각된다.
150) 원년(681) 8월 8일에 소판 김흠돌·파진찬 흥원· 대아찬 진공 등이 반란을 꾀하다가 죽임을 당했다.(元年 八月 八日 蘇判 金欽突·波珍湌 興元·大阿湌 眞功 等 謀叛伏(伏)誅 〈金富軾,『三國史記』, 新羅 本紀 第八《神文王》 元年.〉)
151) 4년(684) 겨울 10월에 저녁부터 새벽까지 유성이 어지럽게 나타났다. 11월에 안승의 조카뻘되는 장군 대문이 금마저에 있으면서 반역을 도모하다가 일이 발각되어 죽임을 당했다. 남은 무리들은 대문이 목베여 죽는 것을 보고서 관리들을 죽이고 읍을 차지하여 반란을 일으켰다. 왕이 군사들에게 명하여 이를 토벌했는데, 맞서 싸우던 당주 핍실이 전사했다. 그 성을 함락하여 그 곳 사람들을 나라 남쪽의 주와 군으로 옮기고, 그 땅을 금마군으로 삼았다.(四年 冬十月 自昏及曙 流星縱橫 十一月 安勝 族子將軍大文 在金馬渚謀叛 事發伏誅 餘人見大文誅死 殺害官吏 據邑叛 王命將士討之 逆鬪幢主逼實 死之 陷其城 徒其人於國南州郡 以其地爲金馬郡 〈金富軾,『三國史記』, 新羅 本紀 第八 《神文王》 四年.〉)
152) 신문왕대는 화합의 실패로 혼란이 발생했다고 보인다. 설화에서 손뼉 치는 원리를 설명한 것이 이것을 증명하는 것이라 하겠다. 결국 화합이 성립되어야 모든 문제를 해결할 수 있다고 하기 위해 이러한 설화가 이야기 되었다고 보여 진다.
153) 김유신을 33천의 아들이라고 한 부분을 두고 불교의 영향을 거론하기도 한다. 하지만 결국 인간의 단결하여 힘을 합치는 상징인 〈만파식적〉으로서 호국하여야 하다는 의식을 반영하고 있기에 불교를 멀리하는 움직임으로 해석된다(金鉉龍,『韓國古說話論』, 새문사, 1994, p.146.)라고 한 논의는 설화가 불교의 영향을 벗어나 있다는 근거로 좋은 참고가 된다.

왕은 용을 통해 문제 해결을 꾀한다. 이는 용의 행적을 통해 그대로 드러난다고 하겠다. 용의 행적이 왕의 행적으로 그대로 옮겨진 것이다.154) 용의 행적은 신문왕의 행적을 지배하고 있다. 왕의 무리가 보물을 얻는 과정은 이동을 통해서 이루어지는데155) 이 설화의 공간은 용을 포함하고 있다. 때문에 용이 신문왕을 지배하고 있다. 용으로 인해 신문왕은 문제를 해결한다.

위엄의 부재와 혼란 + 〈만파식적〉의 획득 → 문제 해결

신문왕의 문제는 용을 만나는 기이한 경험을 통해 〈만파식적〉을 획득하게 되면서 일시에 해소된다. 위엄의 부재와 국가 평안이라는 문제를 안고 있는 신문왕은 용을 통해 문제를 해결한다. 설화의 서술층위는 신문왕에 초점을 두고 신문왕의 왕권신장을 위해 용을 이용하고 있다.156)고 하겠다. 설화의 인물층위를 통해 살펴본 결과 서술층위에서 화자는 '행적의 전이'라는 구성을 통해 용의 행적을 신문왕의 행적으로 자연스럽게 옮겨 놓았으며 이로 인해 문제의 해결이 쉽게 이루어질 수 있었다. 결국 용성(龍聖)이 구현되어 상대자인 왕이, 용과 동등한 권위를 지니게 된다.

〈원성대왕〉, 〈진성여대왕거타지〉는 〈만파식적〉과는 다르게 용의 낮은 위상이 드러난다고 했다. 특히 〈원성대왕〉은 용이 전적으로 원성왕에게 의지하고 있기에 용의 위상이 가장 낮다고 보인다. 〈원성대왕〉의 설화는 원성왕이 당나라 사신에게 잡혀간 용을 구해온다는 내용을 골간으로 하고

---

154) 용의 행적이 왕의 행적이 되었으므로 행적의 위치 바꿈이 생겼다. 때문에 옮겨갔다는 의미의 '전이'라는 용어를 사용하기로 한다.
155) 〈〈만파식적〉〉 설화는 공간이 지배적인 역할을 담당한다. 공간이 인물을 이끌어 보물을 전해줌으로 인물인 지배계층의 위상이 높아진다. 하지만 하층의 인물이 제시되지 않아 조화로운 공간이 되지는 못한다(박다원, 「『三國遺事』〈惠通降龍〉 설화의 공간과 인물 관계」, 『韓民族語文學』 68집, 2014, pp.63-64.)라는 논의를 참조하면 화자는 이 설화를 통해 상층의 위상을 높이는 데 주력했다고 하겠다.
156) 설화의 주체자인 신문왕과 집권세력은 〈〈만파식적〉〉 설화를 창작하고, 혹옥대와 〈만파식적〉의 소유가 자신임을 드러냄으로써 왕권을 강화하고자 했던 것이다.(이동철, 『한국 용설화의 역사적 전개』, 민속원, 2005, p.228.)라고 한 이동철의 논의는 참조할 만하다.

있다. 원성왕이 당나라 사신에게 잡혀간 용을 도와준다고 하는데서, 용과 당나라 사신과의 갈등이 드러난다. 갈등을 파악하기 위해서는 갈등 표출의 근거를 포착하지 않을 수 없다. <원성대왕>은 용의 위상을 낮추는 행위화소의 비율이 더 높다. 하지만 용은 원성왕의 도움을 통해 호국용이라는 신분을 다시 회복하므로 용의 위상이 현저히 낮아졌다고는 볼 수 없다. 용은 강한 힘을 가진자에게 의존한다. 용이 당해 낼 수 없음에 상대도 강한 힘을 가진자라고 판단되나, 용이 의존한 자가 승리하게 되므로 원성왕의 힘이 우세하다고 볼 수 있다. <원성대왕>은 상대자인 원성대왕이라는 지배계층에 의해 용의 문제가 해결된다.

대결의 양상은 설화 마다 조금씩 차이를 지니고 있다. 이는 대등한 정도의 차이에 기인한 것이리라. 대등한 정도의 차이가 크다면 갈등 양상이 두드러지지 않지만 대등한 정도의 차이가 작을 경우 첨예한 갈등이 빚어지기 때문이다. 갈등은 개인이나 집단 사이에 목표나 이해관계가 달라 서로 적대시하거나 충돌하는 것을 의미한다. 여기서는 용과 당나라사신과의 갈등이 드러난다. 그런데 설화에서 용은 저항할 힘조차 없어 일방적으로 끌려간다. 때문에 강한 존재에게 의지하는 방법밖에는 없다. 서술층위에서 원성왕은 갈등을 뛰어 넘는 존재이다. 갈등을 보여야 하는데, 갈등이 보이지 않는다. 왜 필연적인 갈등이 나타나지 않는 것인가? 이것이 바로 인물층위를 들여다보아야 하는 이유가 된다.

1.2 <원성대왕> 설화

서술층위에서 보이는 <원성대왕>의 구성은 네 부분으로 이루어져 있다. 첫째 부분은 북천신의 도움으로 왕이 된 원성왕의 능력을 다룬 대목이고, 둘째 부분은 만파식적의 영험함과 일본의 만파식적 소유 욕망을 다룬 대목이고, 셋째 부분은 당나라 사신에게 잡혀간 호국용을 다룬 대목, 넷째 부분은 원성왕이 당나라 사신에게 잡혀간 호국용을 구해오는 대목이다. 네 부분은 원성왕의 권위를 높이는 방향으로 제시된다. 첫째 부분에서는 북천신의 조력을 받는 자라고 하고, 둘째 부분에서는 영험함을 지닌 만파식적을 소유했다고 하고, 셋째 부분에서는 호국용의 아내가 도움을 구하는 존재라고 하고, 넷째 부분에서는 당나라 사신에 의해 빼앗긴 용을 구출했다고 한다.

네 부분이 각기 신의 조력을 받는 자로써의 권위 획득, 소유로써의 권위 획득, 조력자로써의 권위 획득, 구출자로써의 권위 획득이라는 내용을 담고 있으니, 신의 조력, 소유, 조력자, 구출자가 계기적으로 맞물리면서 권위의 단계가 점차적으로 향상된다. 신의 조력으로써의 권위 보다는 소유로써의 권위가, 소유로써의 권위 보다는 조력자로써의 권위가 더 영향력을 가지고, 조력자로써의 권위 보다는 구출자로써의 권위가 더 영향력을 가지기 때문에 이렇게 볼 수 있겠다. 그렇다면 각 부분에서 나타나는 권위 향상의 양상을 구체적으로 살피기로 한다.

〈원성대왕〉157)
첫째 부분: 북천 신의 도움으로 왕이 된 원성왕의 능력
1) 원성대왕이 각간에 있을 때 머리에 썼던 복두를 벗고 흰 갓을 쓰고 12줄 가야금을 들고 천관사 우물 속으로 들어가는 꿈을 꾸었다.
2) 왕이 꿈에서 깨어나 사람을 시켜 점을 쳐보니 매우 불길한 징조로 나왔다. 왕이 근심하여 출입을 삼가니 아찬 여삼이 왕에게 꿈이 길몽임을 말하고 북천의 신에게 제사를 지내면 왕위에 오를 수 있다고 일러준다.
3) 선덕왕이 세상을 뜨자 나라 사람들이 주원을 왕으로 삼으려고 궁궐로 맞아들이고자 했으나 북천의 냇물이 불어나 원성왕이 먼저 궁에 들어가 왕위에 올랐다.
4) 좋은 꿈을 꾼 것이 들어맞았다.
5) 대왕은 곤궁과 영달의 변화를 잘 알아 신공사뇌가를 지었다.

둘째 부분: 〈만파식적〉의 영험함과 일본의 〈만파식적〉 소유 욕망
1) 아버지 대각간 효양이 선조 때부터 내려오던 〈만파식적〉을 왕에게 전했다.
2) 왕이 〈만파식적〉을 얻었으므로 하늘이 내리는 은혜를 두텁게 받아서 그 덕이 널리 빛났다.
3) 정원2년 병인 10월11일에 일본 왕 문경이 군사를 일으켜 신라를 치려다가 신라

---

157) 一然, 『三國遺事』, 〈元聖大王〉 紀異 第二.

에 〈만파식적〉이 있다는 소문을 듣고 군사를 퇴각 시켰다.
4) 사신을 보내 금 50냥으로 그 피리를 달라고 했으나 왕은 피리가 없다고 말한다.
5) 이듬해 7월7일 다시 사신을 보내 금 1천냥을 주면서 피리를 달라고 했으나 왕은 금을 받지 않고 은 3천냥을 주어서 돌려 보낸다.
6) 8월에 사신이 돌아가자 피리를 내황전에 간직했다.

셋째 부분: 당나라 사신에 의해 잡혀간 용
1) 왕이 즉위한 지 11년 을해에 당나라 사신이 서울에 와서 한 달을 머물러 있다 돌아갔다.
2) 하루 뒤에 두 여자가 내정에 나와서 자신들은 동지·청지에 사는 두 용의 아내라고 했다.
3) 당나라 사신이 하서국 사람들을 데리고 와 남편인 두 용과 분황사 우물에 있는 용까지 작은 고기로 변화시켜 통 속에 넣어갔으니 왕에게 나라를 지키는 용들을 구해달라고 했다.

넷째 부분: 원성왕이 잡혀간 호국용을 다시 구해옴
1) 왕은 하양관까지 쫓아가서 친히 연회를 열고 하서국 사람들에게 명령했다.
2) 세 용을 당장 내어 놓으라고 말했다.
3) 하서국 사람들이 고기 세 마리를 내어 세 곳에 각각 놓아 주자 물 속에서 한 길이나 뛰고 기뻐하면서 가 버렸다.
4) 당나라 사람들은 왕의 명철함에 감복했다.

첫째 부분에서 나타나는 원성왕에 대한 권위 향상의 양상은 비현실과 현실, 흉몽과 길몽이라는 대립적 요소의 교차로 조성된다. 1)에서 머리에 썼던 복두를 벗고 흰 갓을 쓰고 12줄 가야금을 들고 천관사로 들어간다는 꿈은 비현실적 요소이다. 비현실은 두 인물을 통해 각기 다른 징조로 해석된다. 하나는 불길한 징조, 다른 하나는 길한 징조이다. 몰래 북천신에게 제사를 지내자, 결국 길한 징조가 현실에서 실현되어 각간이라는 신분이 왕의 신분으로 격상된다. 이는 비현실과 현실이라는 큰 테두리 안에 다시 흉몽과 길몽이라는 대립적 요소를 넣어 자연스럽게 현실로 이끄는 역할을 한다. 즉, 원성왕의 등극이 신에 도움에 의한 비현실적인 것이었으나 이러한 장치들로 인해 현실화 된다. 때문에 독자들은 자연스럽게 받아들인다.
둘째 부분에서 나타나는 원성왕에 대한 권위 향상의 양상은 〈만파식적〉의 소유에 의해 이루어진다. 〈만파식적〉은 앞서 살펴보았던 〈만파식적〉의 설화에서도 등장했다. 〈만파식적〉만 소유한다면 현실의 문제뿐만 아니라 다가 올 미래의 문제도 해결 가능하다. 둘째 부분은 바로 이러한 부분을 이야기 하고 있다. 모든 문제를 해결할 수 있는 〈만파식적〉을 원성왕이 소유했기 때문에 원성왕의 권위는 향상될 수밖에 없다. 또한 이 권위는 첫째 부분에서의 비현실의 현실화를 통한 권위 향상을 기반으로 하고 있다. 비현실의 현실화를 가능하게 한 원성왕이기에 〈만파식적〉을 소유하여 각종 문제를 해결해 나갈 수 있다.
셋째 부분에서 나타나는 원성왕에 대한 권위 향상의 양상은 용의 조력자가 됨으로써 조성된다. 원성왕은 신의 조력을 받는자, 〈만파식적〉까지 소유한 자이다. 때문에 설화의 내용으로만 본다면 원성왕의 권위를 위협할 수 있는 자가 존재할 수 없다.[158] 더군다나 나라를 지킨다고 하는 호국용이 도움을 청해오기까지에 이른다. 호국용은 나라를 지키는 용이다. 그런데 여기서 나라를 지키던 용은 당나라 사신·하서국 사람들에 의해 잡혀가는 나약한 모습을 보인다. 나약한 용이라고 해서 내버려두어서는 안 된다. 나라를 지키기 위해서는 나약한 용이라도 있어야 한다. 나약한 용의 처들은 원성왕에게 호국용의 처지를 알려준다. 즉, 용이 의지하는 자가 상대자인 원성왕이 된다. 원성왕은 모든 문제를 해결할 수 있는 능력을 가진 자이다. 때문에 원성왕에 의해서만 호국용이 처한 문제를 해결할 수 있다.
넷째 부분에서 나타나는 원성왕에 대한 권위 향상의 양상은 용을 구출함으로 조성된다. 원성왕은 두 부인의 부탁을 듣고 하양관으로 간다. 앞서 세 단계를 통해 원성왕의 권위는 점차적으로 향상되었다. 이 부분에서는 원성왕의 권위 향상이 정점을 찍는 단계라고 하겠다. 원성왕은 하서국 사

---

158) 신의 조력으로 왕위를 계승한 원성왕이기에 언제나 그의 뒤에는 신의 조력이 따른다라고 생각할 수 있다. 또한 〈만파식적〉으로 가진 자이므로 모든 문제를 해결할 수 있는 능력의 소유자이기에 대적할 상대가 없다는 추정이 가능하겠다.

람에게 명령하여 용을 풀어 주도록 만들어 버린다. 하서국 사람들은 원성왕에 명령에 굴복하여 용을 풀어준다. 또한 이 장면을 지켜 본 당나라 사람들은 왕의 명철함에 감동하여 충심으로 복종하게 된다고 했다. 바로 이 상황이 원성왕의 권위 향상이 정점을 찍는 단계라는 것을 뒷받침해준다. 결국 원성왕은 당나라 사람들이 복종할 만큼 뛰어난 능력을 보유한 인물이라고 말한다.

권위 향상의 양상을 점검해보니, 단계와 단계 사이가 유기적으로 얽혀있다. 즉, 첫째 부분에서 나타난 권위 위에 둘째 부분의 권위가, 둘째 부분의 권위 위에 셋째 부분의 권위, 셋째 부분의 권위 위에 넷째 부분의 권위가 있으니 넷째 부분에서 나타난 권위가 가장 높다고 판단되어 진다. 서술층위에서 보여 지는 유기적 구성과 점층적인 권위 향상의 과정은 왕의 정당성을 확보해준다. 신의 조력을 받는 자이며, 〈만파식적〉을 소유한 자이고, 조력자이며, 구출자라는 그의 면모는 왕의 권위 향상의 정당성을 확보하기에 충분하다.

그런데 여기서 개운하게 풀리지 않는 부분들이 보인다. 첫째 부분에서 넷째 부분에 이르기 까지 보이는 용의 행적이 그것이다. 첫째 부분과 둘째 부분에서는 감춰져 있고, 셋째 부분과 넷째 부분에서는 전면에 드러나 있다. 감춰져 있다고 해서 행적이 미미한 것이 아니고 전면에 드러난다고 해서 행적이 도드라지는 것도 아니다. 감춰지거나 전면에 드러나거나 하는 것은 서술층위를 걷어낸 인물층위의 측면에서 판단할 문제이다. 서술층위에서 보이는 용의 행적으로 인물층위를 살펴야 한다.

 용의 행적
 첫째 부분: 북천의 신인 용이 냇물을 불어나게 하여 원성왕이 즉위한다.
 둘째 부분: 용이 전해준 〈만파식적〉으로 인해 나라가 평안하다.
 셋째 부분: 나라를 지키는 용이 당나라 사신에 의해 잡혀간다.
 넷째 부분: 잡혀간 용이 원성왕에 의해 풀려 다시 나라를 지킨다.

인물층위에서 나타나는 용의 행적들이다. 첫째 부분에서는 용의 행적이 감춰져 있다. 북천신159)인 용으로 인해 냇가의 물이 불어났다.160) 불어난 물 때문에 원성왕이 등극하게 된다. 북천신인 용의 도움으로 등극이 가능했기에 신의 조력을 받는 자의 권위를 그대로 부여받을 수 있다. 둘째 부분에서는 〈만파식적〉에서 알 수 있듯이 용이 전해준 〈만파식적〉을 통해 나라가 평안하다. 나라 평안의 근원을 찾으면 용에서 기인한다고 볼 수 있다. 용이 선사한 〈만파식적〉의 소유로 모든 문제를 해결하게 된 원성왕은 소유한 자의 권위를 얻었다. 결국 첫째 부분과 둘째 부분은 용의 행적이 전면에 드러나지 않지만 〈만파식적〉에서와 같이 용의 행적이 왕의 행적으로 전이되는 과정을 거치고 있다. 이는 화자의 목소리로, 서술층위가 설화를 지배하고 있어 인물층위인 인물의 목소리는 은폐되어진 상황이라고 하겠다. 또한 서술층위가 설화를 지배하고 있으니 '행적의 전이'라는 구성을 통해 왕의 위엄이 가중되게 나타날 수밖에 없다.

셋째 부분은 용의 행적이 드러나 있다. 나라를 지키는 용이 너무나 허무하게 당나라 사신·하서국 사람들에 의해 잡혀간다. 넷째 부분은 하서국 사람들이 잡아간 호국용을 원성왕이 호통 치는 것만으로 쉽게 풀어준다고 했다. 또 이 장면을 지켜본 당나라 사람들이 왕에게 탄복한다고 하고 있다. 용의 행적이 드러난 셋째 부분과 넷째 부분에서 우리는 갈등의 양상이 숨어 있음을 알 수 있다. 셋째 부분은 용과 당나라 사신·하서국 사람들, 넷째 부분은 왕과 당나라 사신·하서국 사람들의 갈등 양상이다. 둘은 치열한 갈등 상황을 보여야 한다. 나라를 지켜야하는 용을 당나라 사신·하서국 사람들은 자기 나라로 가져가려고 하고, 왕은 당나라 사신·하서국 사람들이 가져간 용을 되찾으려 한다. 여기에서 갈등은 필연적이다.

---

159) 북천의 신은 龍蛇라 볼 수 있다. 용사의 비호를 받는 존재라는 것은 불안정한 상황에서 왕위에 오른 원성왕에게 있어서는 그 왕권의 정통성을 인정받는 데 있어서 불가결한 요소였다.(李京和, 「한·일 龍蛇 설화의 비교 연구-왕권의 확립과 세속으로의 변용-」, 韓國外國語大學校 日語日文學科 博士學位論文, 2014, p.49.)라고 한 논의가 좋은 참조가 된다.

160) 용은 바다, 강, 못 등 물에서 나고 물을 바탕으로 활동하는 수신(水神)으로 알려져 있다.(신월균(서영대·송화섭 엮음), 위의 책, 2002, p.256.)라는 논의를 참조하면, 〈원성대왕〉에서 북천신 또한 수신인 용으로 보아야 할 것이다.

하지만 서술층위에서는 갈등 양상이 첨예하게 드러나지 않았다. 갈등이 보여야 할 부분에 갈등이 보이지 않는다는 사실이 무언가 있음을 암시해 준다. 호국용은 당나라 사신·하서국 사람들에 의해 너무나 쉽게 잡혀가고 원성왕에 의해 너무나 쉽게 풀려난다. 쉽게 잡아간다면 쉽게 풀어주지도 못한다.161) 호국용은 나라를 지키는 임무를 부여받은 존재이다. 임무를 부여 받았다는 것은 그러한 능력을 소유하고 있음을 방증한다. 나약한 용은 나라를 지키기가 어렵다. 호국용을 나약한 용으로 말하는 것은 화자의 목소리일 가능성이 크다. 그렇다면 화자가 의도적으로 나약한 용을 만든 이유가 있을 것이다. 이유를 당대 역사와 접목하여 고찰한다면 해답을 찾을 수 있겠다.

왕은 두 용의 아내가 세 마리 용을 구해달라고 부탁하러 오기 전 까지 까맣게 그 사실을 모르고 있었다. 왕에게 호국용은 매우 중요한 존재이다. 왕을 도와 나라의 평안을 지키는 존재이기 때문이다. 호국용이 사라지면 왕 또한 매우 위태로운 지경에 처하게 된다. 실재 원성왕은 즉위 당시 많은 어려움을 안고 있었다.162) 뿐만 아니라 당나라와의 관계에서도 어려움을 겪었다. 당나라는 신라를 위협할 만큼 큰 힘을 가졌다.163) 원성왕은 당나라에게 용을 빼앗겼음에도 불구하고 그 사실조차 알지 못하고 있다가

---

161) 갈등 양상이 전면에 드러나지 않지만 잡아가고, 풀어주고의 관계는 갈등을 내포하고 있다. 설화에서는 왕>당나라 사신·하서국 사람들>용이라는 힘의 차이를 보여준다. 서술층위에서 드러나 있듯이 왕과 당나라 사신·하서국 사람들 사이에는 엄연한 힘의 차이가 드러나는데 왕이 지배하는 나라의 호국용을 너무 쉽게 제압하여 데리고 간다는 설정은 감춰진 무언가가 존재한다는 의미로 해석 가능하다.
162) '선덕왕이 세상을 뜨자 나라 사람들이 주원을 받들어 왕으로 삼으려고 궁궐로 맞아들이려고 했다. 그의 집이 북쪽에 있었는데 갑자기 냇물이 불어나서 건널 수가 없게 되자 왕이 먼저 궁에 들어가 왕위에 올랐다.'『三國遺事』,〈元聖大王〉紀異 第二의 기록을 통해 알 수 있듯이 기반 세력이 약한 왕이었다. 때문에 이 설화에서 보이는 왕의 권위는 왜곡된 것일 가능성이 있다.
163) '삼국사기 기록에 따르면 원성왕2년 김원전을 당나라에 보내 토산물을 바쳤으며 8년 가을 7월에 당나라 사신을 보내 미녀 김정란을 바쳤다.(二年 遣金元全入唐 進奉方物, 八年 秋七月 遣使入唐〉, 獻美女金井蘭〈金富軾,『三國史記』, 新羅 本紀 第十〈元聖王〉二年, 八年.〉)'이 사실을 통해 원성왕이 당나라 사람들에게 자신의 목소리를 내고 권위를 내세웠다는 기록은 진실이 아니었음을 알 수 있다.

사실을 알고 난 후에야 하양관으로 발걸음을 옮긴다.

이 정황만 보더라도 왕은 사람들에게 존중받을 수 없다. 더구나 당나라 사람들에게는 더욱 그렇다고 하겠다. 그럼에도 불구하고 화자는 넷째 부분의 4)와 같이 원성왕을 칭송한다.164) 결국 실재 왕은 많은 능력을 보유한 존재라고 보기 어려우며, 세 마리의 호국용 또한 당나라 사신에게 잡혀 갈 만큼 힘이 쇠락해 있었다고 보인다.165) 삼국사기의 기록을 살펴보면 원성왕의 재위기간 동안 많은 자연재해로 백성들의 삶이 피폐해져 있었다는 사실을 알 수 있다.166) 원성왕은 정치적 부담감과 백성들의 구휼 등의 문제에 당면해 있었다고 보는 것이 타당하다. 그는 각종 문제들을 해결해야만 재위를 이어나갈 수 있다.

원성왕의 셋째 부분과 넷째 부분은 화자의 시각에서 해석한 부분이 두드러진다고 할 수 있는데, 이는 서술층위에서 용의 행적이 보이고 있기 때문이다. 용의 행적이 보인다고해서 인물층위가 더 지배적이라고 할 수는

---

164) 이 부분을 합리적인 원성왕의 지혜와 명철함만으로는 나라의 쇠퇴를 막을 수 없었다. (이범교, 『삼국유사의 종합적 해석 上』, 2005, p.406.)라는 해석을 하기도 한다. 원성왕이 명철함과 지혜를 겸비했다면 용이 잡혀간 사실을 미리 알 수 있어야 하는 것이 옳을 것이다. 하지만 원성왕은 두 용의 아내가 도움을 요청하러 와서야 호국용이 사라진 사실을 알 수 있었다. 때문에 이 해석은 적절하지 않다고 보인다.

165) '정원 2년 병인 10월 11일에 일본 왕 문경이 군사를 일으켜 신라를 치려다가 신라에〈만파식적〉이 있다는 소문을 듣고 군사를 퇴각시켰다.(『三國遺事』,〈元聖大王〉紀異第二)'는 기록이 있으나 삼국사기 원성왕 2년 기록에는 전하고 있지 않다. 이를 통해 삼국유사의 원성왕 기록은 설화 담당층이나 편찬자를 통해 많이 변질되었다는 것을 알 수 있다.

166) 원성대왕 2년 7월에 자연재해가 있어 9월에 백성들이 굶주리고 3년 봄 2월에 서울에 지진이 났으며 가을 7월에는 누리가 곡식을 해쳤으며 4년 가을에는 나라 서쪽 지방에 가뭄이 들고 누리가 발생했으며 도적이 많이 일어났다. 5년에는 한산주 백성들이 굶주렸다. 가을 7월 서리가 내려 곡식을 해쳤다. 6년 봄에는 크게 가물었다. 7년 이찬 제공이 반역하다가 목이 베여 죽임을 당했으며 겨울 10월에는 서울에 눈이 세 자 내렸고 얼어 죽은 사람이 있었다. 11월에 서울에 지진이 났다. 8년 가을 7월에 당나라 사신을 보내 미녀 김정란을 받쳤다. 9년 가을 8월에 큰 바람이 불어 나무가 부러지고 벼가 쓰러졌다. 10년 봄 2월 지진이 일어났다. 11년 여름 4월에 가물었으며 가을 8월 서리가 내려 곡식을 해쳤다. 12년 봄에 서울에 기근이 들고 전염병이 번졌다. 13년 가을 9월에 나라 동쪽 지방에 누리가 곡식을 해쳤고 홍수가 나서 산이 무너졌다. 14년 여름 6월에 가물었다.(金富軾, 『三國史記』, 新羅 本紀 第十〈元聖王〉.)

없다. 오히려 셋째 부분과 넷째 부분에서는 용이 권위 있는 모습→나약한 모습으로 변화되어 나타난다는 데서 그렇게 볼 수 있는 여지가 있다. 변화되어 나타난다는 것은 서술층위인 화자의 목소리가 첫째 부분과 둘째 부분보다 더 지배적으로 작용한다고 해야 옳다. 용의 행위가 드러나니 화자는 용의 행위를 축소하기 위해 더 노력해야만 했다. 때문에 화자는 셋째와 넷째 부분에서 '대상의 교체'라는 구성 취한다. 나약한 원성왕을 → 나약한 용으로 대체하는 '대상의 교체'라는 구성을 취해야만이 원성왕의 권위를 향상시킬 수 있다. 서술층위에서는 원성왕이 문제를 해결하는 존재라고 하고 있지만, 문제 해결의 장본인은 용이다. 결국 용성(龍聖)의 구현으로 상대자인 왕이 용과 대등한 권위를 가지게 된다.

1.3 <진성여대왕거타지> 설화

<진성여대왕거타지> 역시 <원성대왕>과 마찬가지로 나약한 용의 모습이 보인다. <진성여대왕거타지>의 설화는 첫째 부분인 왕거인 이야기와 둘째 부분인 거타지 이야기로 구성되어 있다. 첫째 부분은 왕거인과 왕실 그리고 국인이 중심이 되어 전개된 신라 내부의 이야기며 둘째 부분은 거타지와 왕실세력·서해용·사미승·당나라 황실 등이 중심이 되어 전개된 신라 외부의 이야기다. 또 첫째 부분에서는 왕거인이 하늘에 의해 풀러났다는 것 말고는 해결된 것이 없다. 반면 둘째 부분에서 거타지는 서해용의 목숨을 구해 주어 아내를 얻고 당나라 황실에게 융숭한 대접까지 받게 된다. 서해용과 신라 왕실뿐만 아니라 거타지 개인의 문제 또한 동시에 해결되고 있다.

이것은 바로 편찬자 일연이 고의적으로 두 이야기를 조합했다는 사실에 힘을 실어준다. 작품 내의 배경과 인물 그리고 문제 해결의 측면에서 대립 구도를 설화를 통해 보여주기 때문이다. 첫째 부분의 왕거인은 지식인으로 상층을 대표하는 반면 둘째 부분의 거타지는 궁수로 하층을 대표한다. 첫째 부분에서 문제 해결은 왕거인 일인에 한정되어졌으나 둘째 부분에서는 문제 해결의 대상이 확대되고 있다. 이러한 대립 구도는 양 극단의 양

상을 극명하게 드러내주는 역할을 한다. 편찬자는 바로 이러한 구도를 통해 무엇인가를 드러내고자 했음을 알 수 있다.

서술층위에서 보이는 〈진성여대왕거타지〉의 구성은 크게 두 부분으로 이루어져 있다. 먼저 첫째 부분은 다시 2개로 구성되어 있다. 먼저 A는 진성여왕대에 정사가 어지러워 왕거인이 누명을 쓰고 옥에 갇힌다는 대목이고, B는 억울한 왕거인이 하늘에 호소하자 감옥에서 풀려났다는 대목이다. 문제 해결이 지식인 왕거인에게 한정되어 있고 왕거인의 문제를 해결해 주는 존재는 천신(天神)이다. 둘째 부분은 3개로 구성되어 있다. A는 왕의 아들인 양패와 거타지 무리가 당나라로 가던 중 풍랑을 만나 꼼짝없이 곡도에 머물게 된다는 대목, B는 꿈에서 노인이 일러준 대로 거타지를 두자 양패 무리는 길을 떠나게 되었고 거타지는 남아서 용의 부탁을 들어주었다는 대목이고, C는 용이 보답으로 거타지에게 딸을 주고 다른 용을 시켜 거타지를 호위해 당나라에 가게 하자 당나라 사람들이 거타지를 기이하게 여겨 연회를 베풀고 보물을 주어 본국으로 돌려보냈다는 대목이다.

여기서는 쌍방의 문제가 해결된다. 첫째 부분에서 보이는 일방의 문제 해결과는 차이를 보인다. 용의 문제는 거타지가, 왕거인·거타지 무리의 문제는 용이 해결한다. 그렇다면 둘째 부분에서 문제 해결을 위해서는 서로의 협력이 공고해야 한다는 사실을 포착할 수 있다. 결국, 협력의 여부가 문제 해결의 핵심이다. 첫째 부분에서는 개인적 문제의 해결을 보이고, 둘째 부분에서는 집단의 문제 해결을 보인다. 두 부분이 각기 문제의 해결을 담고 있지만, 둘째 부분에서 문제 해결의 대상이 확대된다. 첫째 부분에서는 개인만 가능했고, 둘째 부분에서는 집단 모두 문제를 해결했으니 이렇게 볼 수 있겠다. 각 부분에서 나타나는 이러한 양상을 구체적으로 살피기로 한다.

〈진성여대왕 거타지〉[167]
첫째 부분: 왕거인 이야기
A: 정사가 어지러워 왕거인이 누명을 쓰고 옥에 갇힌다.

---

[167] 一然, 『三國遺事』, 〈眞聖女大王居陀知〉 紀異 第二.

1) 진성여왕과 유모인 부호부인, 위홍잡간, 3, 4명의 총신들이 권력을 마음대로 행사해 정사가 어지러웠다.
2) 도적들이 벌떼처럼 일어났다.
3) 나라 사람들이 걱정해 다라니로 은어를 만들어 길 위에 던졌다.
4) 왕과 권세 있는 신하들이 은어를 주워보고 왕거인을 의심하여 옥에 가두었다.

B: 하늘에 호소하여 옥에서 풀려난다.
1) 왕거인이 시를 지어 하늘에 호소했다.
2) 하늘이 옥에 벼락을 쳐 왕거인이 옥에서 풀려났다.

둘째 부분: 거타지 이야기
A: 양패·거타지 무리가 당나라로 가던 중 풍랑을 만나 움직이지 못했다.
1) 왕의 막내아들 아찬 양패가 활 쏘는 군사 50명을 데리고 당나라로 갔다.
2) 배가 곡도에서 큰 풍랑을 만나 십여 일 동안 묵게 되었다.
3) 근심하여 점을 치니 귀신 못에 제사를 지내면 괜찮다고 했다.
4) 제사를 지내자 못의 물이 한 길 넘게 솟아 올랐다.
5) 공의 꿈에 노인이 나타나 활 잘 쏘는 사람을 섬에 남겨두면 순풍을 얻을 것이라고 했다.

B: 거타지를 남겨주자 순풍이 불어 배가 나아갔고 거타지는 용을 위해 사미승 (늙은 여우)을 죽였다.
1) 거타지를 남겨두자 갑자기 순풍이 불어 배가 나아갔다.
2) 서해용이 나타나 자신을 괴롭히는 사미승을 거타지에게 쏘아 달라 부탁했다.
3) 이튿날 동쪽이 밝아오자 중이 와서 주문을 외워 늙은 용의 간을 빼먹으려고 했다.
4) 거타지가 활을 쏘아 중을 맞추자 늙은 여우로 변하여 땅에 쓰러져 죽었다.

C: 용이 보답으로 거타지에게 딸을 주고 호위하여 당나라로 가자 당나라 사람들이 기이하게 여겨 연회와 각종 보물을 주고 돌려보냈다.
1) 서해용이 고마움의 표시로 딸을 꽃으로 변화시켜 그 품속에 넣어주고 두 용으로 하여금 거타지를 호위하게 했다.
2) 당나라 사람들이 용의 호위를 받은 거타지를 보통 인물이 아니라고 추정 해

연회를 베풀어주고 금과 비단을 주었다.
3) 거타지는 본국으로 돌아와 꽃을 여자로 변하게 하여 함께 살았다.

첫째 부분은 A와 B로써 문제 해결이 개인에 국한됨을 보여준다. 먼저 A에서 펼쳐지는 신라 내부는 A-1)에서와 같이 매우 혼탁해졌다. 상층부가 혼탁하니 자연히 중층과 하층은 흔들릴 수밖에 없다. A-2)에서와 같이 도적들이 벌떼처럼 일어난 것은 신라 하층의 반란이라고 보아도 무방할 것이다. 그렇다면 신라는 상층을 필두로 해 안정의 상태에서 불안정의 상태로 이행하는 단계에 접어들었다. 평시에 수직관계는 견고하게 고정되어 있다. 하지만 불안정의 상태가 된다면 이야기는 달라진다. 수직 관계는 극도로 흔들리게 되고 분열의 조짐이 나타난다. 분열이 나타나면 상층은 어떠한 방법을 써서라도 자신의 위치를 공고히 하고자 할 것이다. 반대로 지식인과 하층은 상층부를 개혁하고자 시도할 것이다. 이 시도가 성공한다면 상하층간의 위치 이동이 가능할 것이고 불안정했던 정세 또한 일시적으로 안정을 찾을 수 있을 것이다.

첫째 부분 A에서는 먼저 하층인의 노력이 보인다. 불안한 하층의 국인들은 A-2)와 같이 도적의 무리가 되어 반란을 일으키기도 하고 A-3)과 같이 은어를 길 위에 던져 분열의 조짐을 막아보려 하기도 한다. 그렇지만 두 번의 노력 모두 적극적인 개혁의 시도로는 보이지 않는다. 당시가 철저한 신분제 사회였기 때문에 국인들의 개혁 시도는 생각처럼 쉽지 않았을 터이다. 개혁의 기미라도 포착된다면 상층부는 갖은 횡포로 하층인을 괴롭힐 것이고 극단적인 경우 목숨을 잃게 된다. 힘없는 대부분의 국인들은 죽음을 담보로 하면서까지 개혁을 시도하지는 않을 것이다. 때문에 그들은 주술의 힘을 빌어 혼탁한 세상을 바로 잡아보려고 시도했다. 목숨을 담보로 도적떼를 일으키는 무리는 많지 않았다. 그러나 이것도 쉽지는 않았다.

A-4)에서와 같이 상층 지식인 왕거인이 A-3)의 주동자로 몰려 감옥에 갇히게 된다. 결국 하층인 국인의 노력은 수포로 돌아간다. 애꿎은 왕거인만 감옥에 갇히는 신세가 된다. 상층인을 대표하는 왕실세력을 살펴본다.

A-1)이 사건의 원인이 되어 A-2)가 발생했다. 하지만 왕실세력은 A-2)를 해결하지 못한 채로 A-3)의 사건에 맞닥뜨리게 되고 A-4)에서처럼 일시적 해결을 꾀한다. 그러나 B는 A에서 보였던 문제 해결이 완전한 것이 아니었음을 알려준다. B-1)에서 왕거인이 하늘에 호소하게 되면서 상층의 문제 해결은 미완의 것으로 마무리 된다. 상층은 하층을 억압할 뿐 자체적인 문제를 해결하지 못했다. 곧 사회는 상층부의 무기력함으로 인해 더욱더 혼란해 질 수밖에 없다.

지식인 왕거인은 A-3)의 주동자로 몰려 위기에 처한다. 위기를 모면하기 위해 B-1)의 노력을 기울이고 B-2)처럼 위기를 극복하여 문제를 해결한다. 지식인 왕거인은 상층의 모순을 극복해 보려는 시도조차 없이 개인적 문제만을 해결해버렸다. 하늘에 호소함으로써 자신의 목숨을 구했지만 신라 사회의 전반적인 혼탁함에는 아무것도 기여해 주지 않는다. 천신을 대표하는 하늘 또한 B-2)처럼 지식인 왕거인을 구해주기는 하나 상층의 왕실세력이나 하층을 대표하는 국인의 문제를 해결해주지는 않는다. 이렇게 본다면 첫째 부분은 계층 각각의 문제를 중심으로 그들 나름의 해결 방식들을 보여 주고 있다고 하겠다.

둘째 부분 A에서 펼쳐지는 신라 외부는 A-1)과 같이 아찬 양패의 무리가 당나라로 가야만 하는 상황이다. 왕실이 전면에 등장하지는 않지만 양패가 왕의 막내아들이라는 기록에 비추어 양패 무리를 왕실 세력을 대표한다고 본다. 그들은 신라 내부에서 신라 외부인 당나라로 가야하는 목적을 가지고 있고 여기에 군사 50명이 대동된다. 상층을 대표하는 왕실세력인 양패무리와 하층을 대표하는 군사 50명의 동행인 것이다. 서로 다른 계층의 사람들이 동행을 하는 데에는 문제168)가 따르기 마련인데, 그들의 동행에는 문제가 없어 보인다. 오히려 공통의 목적을 달성하기 위해 협력할 뿐이다. 문제는 외부에서 발생한다.

A-2)와 같이 풍랑이 일어 십 여일을 당나라로 출발하지 못하고 발이 묶

---

168) 사회계층간에는 위계질서가 존재한다. 상층의 하층에 대한 지배가 가능할 때 위계질서가 공고해짐으로 상층이 자신의 지위를 유지하기 하층을 압박하는 현상은 으레 존재한다.

인 채로 지낼 수밖에 없다. A-3)에서 위기 극복을 위해 점을 치고 A-4)처럼 제사를 지내자 못의 물이 솟아올라 사건 해결을 암시해준다. A-5)에서는 노인이 해결 방법을 예언해주고 준다. 상층의 양패 무리와 하층의 거타지를 제외한 나머지 군사들은 B-1)처럼 순풍을 얻어 다시 길을 떠나게 됨으로써 일시적인 문제 해결을 맞는다. 당나라로 가야하는 문제를 해결하지 못했기 때문에 그들의 문제 해결은 일시적 해결일 수밖에 없다.

하층의 거타지는 B-2)에서 서해용을 만나 그의 문제를 해결해 줄 것을 부탁받는다. B-3)에서처럼 사미승의 등장으로 용은 위기에 처하게 된다. 거타지가 B-4)에서처럼 활을 쏘아 서해용이 위기에 극복할 수 있도록 도와준다. 서해용의 문제가 해결된 것이다. 그러나 거타지는 여전히 문제를 해결하지 못했다. 서해용은 C-1)~C-3)과 같이 자신의 목숨을 살려준 대가로 딸을 주고, 거타지의 문제를 해결해준다. 그는 거타지로 하여금 당나라로 안전하게 갈 수 있도록 용의 호위를 받게 한다.

서해용은 딸을 꽃으로 변화시키는 능력, 그리고 다른 용들로 하여금 거타지를 호위하게 하는 능력을 가지고 있다. 거타지에게 도움을 청하던 무기력한 용의 모습과는 대조적이다. 서해용의 보답으로 하층의 거타지는 그의 문제를 해결하고자 C-1)에서와 같이 용의 호위를 받아 당나라에 도착한다. 그의 문제가 해결된 것이다. 그런데 당나라 사람들은 용의 호의를 받고 온 거타지를 C-2)처럼 보통 인물이 아니라 추정한다. 당나라 사람들은 양패·거타지 무리에게 연회를 베풀고, 금과 비단을 주어 본국으로 돌아갈 수 있도록 한다. C-2)는 하층을 대표하는 거타지와 군사들뿐만 아니라 상층의 양패 무리를 비롯한 모두의 문제 해결을 보여준다. 즉, 둘째 부분의 이야기는 상층과 하층 그리고 서해용 모두의 문제 해결이 이루어지고 있다.

이처럼 첫째와 둘째 부분의 이야기는 대립 구도를 보여준다. 왕거인 이야기에서는 신라 내부를 배경으로 하고 있고, 거타지 이야기에서는 신라 외부를 배경으로 하고 있다. 또 왕거인 이야기에서 지식인 왕거인은 위기 → 위기극복 → 문제 해결의 국면을 맞았으나 왕실세력과 국인은 위기 →

위기극복시도 → 좌절로 문제 해결을 꾀하지 못한다. 천신으로 대표될 수 있는 하늘도 왕거인의 위기극복을 도와주기는 했으나, 다른 계층들의 문제 해결에는 어떠한 도움도 주지 않는다.

결국 왕거인을 제외한 모두는 문제를 해결하지 못하는 구조를 가진다. 이는 사회계층간 연대를 꾀하지 못한데서 오는 문제 해결의 실패로 보인다. 이에 반해 거타지 이야기는 신라 외부를 배경으로 상층을 대표하는 왕실세력과 양패 무리 그리고 하층을 대표하는 거타지를 비롯한 바다의 신169)인 서해용 모두 위기 → 위기극복 → 문제 해결을 보인다. 이 이야기의 문제 해결은 바로 하층인을 중심으로 한 아래에서 위로의 연대를 통해 가능했다. 하층을 대표하는 거타지와 바다의 신 서해용 그리고 상층을 대표하는 양패 무리들이 모두 문제를 해결한다. 서술층위를 통해 살펴본 결과 편찬자는 연대를 통한 문제 해결이 필요하다고 하고 있다.

그런데 거타지의 문제와 양패 무리의 문제를 해결해준 용은 사미승으로부터 자신의 가족조차 보호하지 못할 만큼 나약하다고 한다. 사미승은 주문을 외워 용 가족의 간을 빼 먹고 있었다. 그리고 그런 그를 거타지가 쏘자 여우로 변한다. 그렇다면 용을 괴롭힌 것의 실체는 여우라는 것이다. 왜 여우가 용을 괴롭혔을까? 그리고 용은 왜 사미승으로 변한 여우에게 괴롭힘을 당했는가? 인데 여기서 화자가 의도적으로 사미승인 승려를 여우로 변하게 한 것은 아닐까하는 의문이 든다.

서해용은 자신을 괴롭히는 사미승을 활로 쏘아 줄 것을 부탁한다. 그런데 풍랑을 일으키는 능력을 소유한 그가, 거타지라는 궁수에게 도움을 요청한다는 것이 석연치 않다. 그가 왜 거타지에게 도움을 요청해야만 했을까이다. 풍랑을 일으키는 능력을 소유하기는 했으나, 사미승을 물리칠 만큼의 힘이 남아있지 않았거나, 사미승을 대표하는 불교와의 협력관계가 너무 견고하기에 자신의 손으로 직접 그 사미승(여우)170)을 죽일 수는 없

---

169) 첫째 부분의 이야기에서는 신의 존재로 천신이 등장한다. 둘째 부분의 이야기에서는 천신에 대응하는 존재로 서해용을 삼아도 좋을 것이다. 둘째 부분에서 서해용은 비록 나약한 모습을 보이고 있지만 전반적으로는 경외의 대상이 되고 있기 때문이다.
170) 여우는 신성성을 지닌 동물로 향(香)을 살라 제(祭)를 올리면 집안을 평안하게 해주고

었다는 가정이 모두 가능하다.

둘 중 어느 것을 택한다 해도 결국 거타지의 도움이 있지 않고서는 사미승을 죽일 수 없다는 것이 서해용의 문제이다. 서해용의 문제를 통해 서술층위에서 보이는 용에 대한 이중적 시선이 보인다. 서술층위를 걷어내고 인물층위를 복원해 보아야 하겠다. 인물층위의 복원이 가능해야만 이중적 시선의 원인을 규명할 수 있기 때문이다. 이중적 시선을 알아보기 위해 서술층위를 걷어내고 인물층위의 측면에서 보이는 둘째 부분 A, B, C에서 용의 행적을 살펴본다.

용의 행적

둘째 부분 A: 서해용이 풍랑을 일으켜 양패·거타지 무리의 운행을 저지한다.
둘째 부분 B: 서해용이 나타나 거타지에게 자신을 괴롭히는 여우를 제거해 줄 것을 부탁한다.
둘째 부분 C: 서해용이 보답으로 딸을 꽃으로 변화시켜 거타지에게 주고, 다른 두 용으로 하여금 거타지를 호위하게 해 거타지가 당나라 사람들에게 대접을 받고 귀국할 수 있도록 해준다.

둘째 부분A에서는 간접적으로 둘째 부분B와 C에서는 직접적으로 용의 행적이 드러난다. 둘째 부분A에서 용은 전면에 등장하지 않는다. 하지만 앞 뒤 상황을 추정해 보면 용이 풍랑을 일으킨 장본인이라는 것을 알 수 있다. 용은 기상을 관장하는 능력을 가지고 있다고 하겠다. 둘째 부분B에서 용은 전면에 등장한다. 전면에 등장한 용은 여우와 각축을 벌이고 있다. 각축의 상황은 용에게 불리하다. 여우가 토속신앙이라는 점을 감안할 때 여우가 용을 제압하고 있는 상황이다. 여우가 기상을 관장하는 용을 능가하는 능력을 지녔다고 하겠다. 그런데도 여우에 대해서는 부정적이다. 이것으로 천신과 다른 토속신앙에 대한 존숭[171]은 사라지고 있는 시점

오곡을 풍성하게 해준다고 전해진다.(신태수, 위의 논문, 2005, pp.411-412.)라고 한 논의를 참고하면 여우는 토속신앙의 존재라고 보여진다. 그렇다면 첫째 부분에서의 천신과 둘째 부분에서의 여우는 신앙의 대상에서 조금 멀어져 부정적인 시각으로 비춰지고 있다는 사실을 알 수 있다.

이었다는 지적이 가능하다.
　사라지고 있는 시점이라고 해서 완전히 소멸되는 것은 아니다. 화자는 천신과 토속신인 여우의 부정적인 모습을 드러냄으로써 용의 위상을 높이는 꼴이 되었다. 천신과 토속신인 여우가 부정적이 되면서, 그들이 가진 위상이 고스란히 용에게 전달되고172) 있기 때문이다. '행적의 전이'의 구성이 여기에서도 보인다. 용은 거타지에게 도움을 청한다. 거타지는 활을 쏘아 여우를 제거한다. 거타지의 여우 제거는 토속신앙인 여우가 더 이상 인간의 숭배 대상이 될 수 없다는 사실을 말해준다. 인간인 거타지는 여우와 용 두 토속신앙 중에 용을 선택했다.
　그렇다면 용은 거타지와의 협력을 통해 높은 신직173)을 부여받았다고 하겠다. 둘째 부분C는 둘째 부분B에서 '행적의 전이'라는 구성을 통해 천신과 여우의 위상이, 용에게 전이되어 용의 위상이 정점을 달한 모습을 보여준다. 변신의 능력을 발휘하고, 다른 용에게 명령하여 거타지의 호위를 돕는다. 용신과 결탁한 거타지이기에 당나라 사람들이 기이하게 여길 수밖에 없다. 거타지의 문제는 자연스럽게 해결된다.
　둘째 부분A와 둘째 부분C의 용은 권위를 가진 모습인데 반해 둘째 부분B는 나약한 모습을 가지고 있었다. 이는 둘째 부분A와 둘째 부분C 그리고 둘째 부분B사이에는 서술층위의 또 다른 구성이 숨어 있음을 뜻한다. 둘째 부분A와 둘째 부분C 그리고 둘째 부분B사이에서 보이는 이중적 시각, 그것은 '시각의 괴리'라는 구성이다. '시각의 괴리'는 연대를 위한 문제 해결에 가장 핵심적인 부분이라고 보인다. 나약한 용이 등장해야만 문제 해

---

171) 역사적 세계관이 지배이데올로기를 형성한다.(신태수, 「수로부인설화의 다층적 주제와 그 콘텐츠 방안」, 『국학연구론총』 10, 택민국학연구원, 2012, pp.127-128.)라고 한 논의를 참고하면 토속신앙에 대한 존숭이 역사적 세계관에 짓눌려 부정적으로 인식된다. 하지만 서해용에 관한 부분에서는 대칭적 세계관이 역사적 세계관을 뚫고 나간 흔적이 보인다.
172) 『삼국유사』 용설화에서 불교신앙과의 관계가 보이는 곳에서 용은 항상 불교 신앙에 교화되거나 불교 신앙의 교화를 돕는 존재로 등장한다는 점에서 부정적인 존재가 아니었다는 언급이 가능하다.
173) 신의 직분이 높아진다는 것은 성(聖)의 표출이 증가함을 의미한다.

결을 위해 다른 존재와의 연대를 생각해 볼 것이기 때문이다. '행적의 전이'로 위상이 높아진 용이지만 여우에게 괴롭힘을 당하고 있다. 때문에 용은 다른 존재에게 도움을 요청하고 다른 존재 또한 용으로 인해 자신의 문제들을 해결한다. 설화는 용과 하층, 상층의 문제 해결의 열쇠는 연대라는 것을 말해준다. 이것으로 설화의 창작 배경이 '연대를 통한 문제 해결'임을 알 수 있다. 결국 용성(龍聖)의 구현으로 상대자인 인간이 용과 대등한 권위를 가지게 된다.

〈만파식적〉, 〈원성대왕〉, 〈진성여대왕거타지〉에서 인물층위를 복원한 결과 모두 '행적의 전이'라는 구성을 보이고 있었다. 하지만 차이점 또한 존재한다. 〈원성대왕〉에서는 '대상의 교체'라는 구성을 더 추가했다. 또한 〈진성여대왕거타지〉에서는 '시각의 괴리'라는 구성이 적용되었다. 〈만파식적〉, 〈원성대왕〉, 〈진성여대왕거타지〉에서 공통적으로 보이는 '행적의 전이'라는 구성은 행위의 행적이나 자취가 다른 곳으로 옮겨감을 뜻한다. '행적의 전이'라는 동일한 구성 방식을 적용하고 있기에 세 자료를 같은 유형으로 보아야 한다.

2. 용성(龍聖) 구현 설화의 의미

〈만파식적〉과 〈원성대왕〉 그리고 〈진성여대왕거타지〉는 '행적의 전이'라는 구성을 통해 용성(龍聖) 구현을 하고 있다. 이때 구현된 용성(龍聖)은 상대자인 인간의 권위를 용과 대등하게 만들어 준다. 즉, 용과 상대자인 인간의 조화[174]를 보여준다. 하지만 용성(龍聖) 구현의 방법에서는 차이를 보인다. 〈만파식적〉과 〈원성대왕〉의 경우 서술층위에서 간접적으로 용성(龍聖)이 구현된다. 반면, 〈진성여대왕거타지〉에서는 서술층위에서 직접적으로 용성(龍聖)이 구현되었다. 동일한 유형은 공통점을 가지기에 동일 유형으로 묶일 수 있다. 그런데 자료들에서 나타나는 방법 차이는 동일

---

174) 조화는 어울림을 뜻한다. 용성(龍聖) 구현의 자료들에서는 용과 상대자인 인간이 서로 어울리는 조화로운 모습을 보인다.

유형인 자료들 간의 이질적인 요소가 포함되어 있다는 사실을 알려준다고 하겠다. 왜 동일한 유형에서 이질적인 요소를 가지고 있어야만 하는지에 대한 원인 규명이 필요해 보인다.

〈만파식적〉은 '신문왕의 권위 향상'이라는 창작 배경을 가짐으로 '행적의 전이'라는 구성을 취해 용의 행적을 왕의 행적으로 전이시킨다. 〈만파식적〉의 서술층위에서 '신문왕의 권위 향상'은 징조+징조의 실현+증여+소유의 단계를 거듭하면서 이루어진다. '왕의 권위 향상'은 간접적으로 '용의 권위'를 담보로 한다. 때문에 〈만파식적〉은 간접적인 용성(龍聖) 구현을 보이는 설화라고 규정할 수 있겠다.

〈원성대왕〉은 '원성왕의 권위 향상'이라는 창작 배경을 가짐으로 '행적의 전이'라는 구성을 취해 용의 행적을 왕의 행적으로 전이시켰다. 〈원성대왕〉의 서술층위에서 '원성왕의 권위 향상'은 신의 조력+소유+조력자+구출자의 단계를 거듭하면서 완성된다. 〈원성대왕〉에서도 〈만파식적〉과 같이 '왕의 권위 향상'은 간접적인 '용의 권위'를 담보로 한다. 〈원성대왕〉 또한 〈만파식적〉과 마찬가지로 간접적인 용성(龍聖) 구현을 보이는 설화이다.

〈진성여대왕거타지〉는 '연대를 통한 문제 해결'이라는 창작 배경 때문에 '행적의 전이'라는 구성을 취했다. 〈진성여대왕거타지〉의 서술층위 첫째 부분에서 천신과 상층 지식인의 결합을 통해 문제를 해결하는 과정을 보여주고, 둘째 부분에서는 상층과 하층 그리고 용의 결합을 통해 각 계층의 문제가 아울러 해결되는 것을 보여주었다. 문제 해결의 결과가 다르게 제시되어 나타나기에 창작배경이 '연대를 통한 문제 해결'이라고 할 수 있는 것이다. 이 과정에서 천신과 여우의 행적이 용의 행적으로 쌓이게 된다. 이는 용의 위상을 높여 연대에 꼭 필요한 존재라는 것을 부각시키기 위함이었다. 용의 위상을 부각시켜야 하므로 서술층위에서 직접적으로 용성(龍聖)이 구현된다. 〈만파식적〉과 〈원성대왕〉 그리고 〈진성여대왕거타지〉의 용 형상이 쌓여 〈표1〉처럼 나타난다.

용의 행적
〈만파식적〉: ①기이한 징조+②기상변화+③징조의 실현+④예언+⑤예언의 실현+⑥증여+⑦문제 해결
〈원성대왕〉: ①조력자+②증여+③문제 해결
〈진성여대왕거타지〉: ①천신·여우의 권위 부여+②기상변화+③변신+④증여+⑤호위+⑥문제 해결

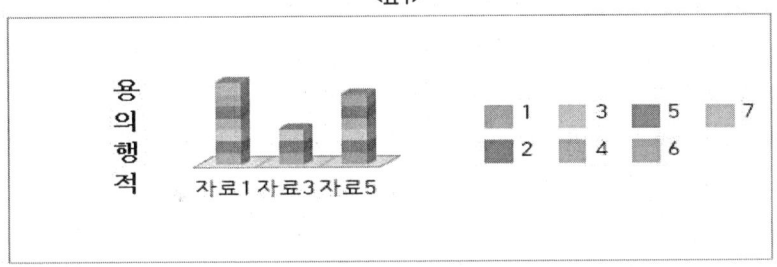

<표1>

　〈만파식적〉과 〈원성대왕〉 그리고 〈진성여대왕거타지〉의 세 자료는 모두 '행적의 전이'라는 구성을 취해 용의 행적을 단계적으로 적층175)시키고 있었다. 또한 적층되는 용의 행적은 용의 위상을 높여주는 방향으로 진행된다. 〈만파식적〉과 〈원성대왕〉에서는 왕들을 우선시해야 하므로 서술층위에서 용을 드러내지 않으려고 애써야 한다. 〈진성여대왕거타지〉에서는 연대를 위해서는 권위를 확보한 용이 필요하므로 서술층위에서 직접적으로 용을 드러낼 수밖에 없었다. 결국, 〈만파식적〉과 〈원성대왕〉은 서술층위에서 간접적으로 용성(龍聖)이 구현되는 설화이며, 〈진성여대왕거타지〉는 서술층위에서 직접적으로 용성(龍聖)이 구현되는 설화다. 설화가 간·직접적으로 용성(龍聖)이 구현되나 상대자인 인간이 용과 동등한 권위를 가지게 된다는 점에서는 공통점을 지닌다.

---

175) 〈만파식적〉과 〈원성대왕〉은 '왕의 권위 향상'→'용의 위상 향상'이고, 〈진성여대왕거타지〉는 천신의 권위+여우의 권위→'용의 위상 향상'으로 나아간다.

전자를 A형 설화, 후자를 B형 설화라고 지칭하기로 한다. A형 설화는 왕이 등장하는 경우로 '행적의 전이'를 통해 용성(龍聖) 구현을 간접적으로 보여주고, B형 설화는 용과 상층, 하층이 모두 등장하는 경우로 용성(龍聖) 구현을 직접적으로 보여준다. A형에는 용과 상대자인 상층이, B형에는 용과 상대자인 상층 그리고 하층이 등장하므로, 등장하는 인물의 차이에 의해 용성(龍聖) 구현의 양상이 다르게 나타난다는 언급이 가능하다. 또한 A형 설화는 상층이 가진 문제 해결만을 보이고, B형 설화는 모든 계층의 문제를 아울러 해결한다. A형과 B형 설화가 문제 해결의 측면에서도 차이를 보이므로, 문제 해결의 측면 또한 두 유형의 차이를 가져오는 요인의 하나가 될 수 있다. 그렇다면 요인을 규명하기 위한 지렛대는 인물간의 관계와 문제 해결 방법이라고 보인다. 두 유형의 설화를 인물간의 관계와 문제 해결 방법의 측면에서 다시 들여다본다.

A형 설화인 〈만파식적〉과 〈원성대왕〉 그리고 B형 설화인 〈진성여대왕 거타지〉는 설화의 배경이 각각 100년의 시차를 가진다. 또한 A형 설화의 인물인 신문왕과 원성왕 그리고 B형 설화의 인물인 진성여왕 모두 역사적으로 많은 문제를 안고 있는 시대의 왕들이라는 공통점을 지닌다. 많은 문제를 가졌으니 이 문제를 해결하는 것이 무엇보다 중요한 과업이었을 것이다. 또한 A형의 설화에서는 용과 상층이 등장하고, B형의 설화에서는 용과 상층 그리고 하층이 등장해 차이를 보인다.

A형 설화인 〈만파식적〉과 〈원성대왕〉의 왕들은 공통적으로 왕의 권위를 향상시켜야 하는 과제를 안고 있었다. 먼저 〈만파식적〉의 신문왕은 기반이 부족했다.[176] 자신을 지지할 세력이 많아야 안정적으로 정국을 유지할 수 있는데 신문왕의 사정을 그렇지 못했다. 설화를 통한 왕의 권위 향상에 주력할 수밖에 없었다. 왕의 권위 향상에 목적을 두었기 때문에 용성 (龍聖) 구현이 간접적으로 드러나야 한다. 〈만파식적〉에서 용과 상대자인 왕이 연대한다. 하지만 하층은 연대에서 배제된다. 배타적 연대를 보이기

---

[176] 신문왕은 중고기 진흥왕계와 중대를 여는 무열계 왕권의 대립 투쟁을 겪어야 했다.(이동철, 위의 책, 2005, p.207.)

에 문제 해결의 수준이 향상되지 못했다고 볼 수 있다.

〈원성대왕〉의 원성왕은 굴욕적인 국가 상황과 왕의 권위 추락을 복원177)해야만 했다. 〈만파식적〉에서와 같이 왕의 권위 향상에 주력해야 한다. 또한 추락한 왕의 권위를 복원해야만 했다. 추락한 왕의 권위를 복원하기 위해 서술층위에서 '대상의 교체'라는 구성을 취한다. 나약한 왕을 → 나약한 용으로 교체해야 만이 권위가 복원된다. 때문에 용성(龍聖) 구현이 간접적으로 나타난다. 당나라에 대해서도 굴욕적이면 안 된다. 당나라에 잡혀간 나약한 용을 구하면서 당나라 사람들에게 명철한 왕이라는 인정을 받게 된다. 국내외의 문제를 제시하고 용과 상층의 연대를 통한 문제 해결을 꾀했다. 하지만 여기서도 문제 해결 과정에서 하층과의 연대가 배제되어 있어 문제 해결의 수준이 미약한 향상을 보였다고 하겠다.

결국 A형 설화에 속하는 〈만파식적〉과 〈원성대왕〉은 '왕의 권위 향상'이 목적이므로 용성(龍聖) 구현을 간접적으로 드러낼 수밖에 없다. 또한 상층과 용의 연대만으로 문제를 해결한다. 문제 해결 과정에서 하층을 배제시켰으므로 배타적 연대를 통한 문제 해결과 간접적 용성(龍聖) 구현이 A형 설화의 특징이라고 하겠다. A형 설화인 〈만파식적〉과 〈원성대왕〉의 설화조차 차이를 나타냈는데, 〈만파식적〉의 경우 국내 문제만을 다루었다. 반면 〈원성대왕〉의 경우 당나라와의 관계가 제시되어 국외의 문제까지 다루고 있다. 이는 자료들 간의 100년이라는 시대적 배경의 차이에서 기인한다. 때문에 〈만파식적〉보다 〈원성대왕〉의 경우가 문제 해결의 수준이 향상되었다고 볼 수 있겠다.

B형 설화인 〈진성여대왕거타지〉의 진성여왕 또한 국내외적으로 많은 문제를 가졌다. 문제 해결이 우선되어야만 왕권이 유지된다. 문제 해결이 반드시 필요하다. 설화는 서술층위에서 '시각의 괴리'라는 구성을 통해 용

---

177) 〈원성대왕〉에 등장하는 호국용은 무열왕계의 왕권을 상징한다. 설화에서 왜소한 호국용을 원성왕이 구해주게 함으로써, 무능한 무열왕계 왕권은 단절될 수밖에 없고 대신 능력 있는 내물왕계인 원성왕의 왕위 계승이 필연적임을 설화를 통해 드러냈다(이동철, 위의 책, 2005, pp.232-233.)고 하고 있다. 호국용에 대한 언급은 동의 할 수 없으나, 이 설화가 원성왕의 권위를 향상하는 데 이용되었다는 점은 참조할 만하다.

의 나약함과 뛰어남을 동시에 보여준다. 나약함은 연대의 동기가 되고, 뛰어남은 문제 해결의 동력이 되었다. 다른 계층과 용의 연대를 필요로 함으로 직접적으로 용성(龍聖)이 구현된다. 〈진성여대왕거타지〉에서 용과 하층을 대표하는 거타지의 연대는 상층까지 아우르는 연대를 형성하게 되고 이 연대를 통해 용의 문제, 거타지의 문제 및 상층의 문제를 해결한다. 문제 해결과정에서 다양한 계층을 포함하고 있기에 문제 해결의 수준이 가장 향상되었다고 하겠다.

결국 B형 설화에 속하는 〈진성여대왕거타지〉는 '연대를 통한 문제 해결'이 목적이므로 용성(龍聖) 구현을 직접적으로 드러낼 수밖에 없다. 또한 용과 상층 그리고 하층의 연대가 형성되어 각 계층의 문제를 아울러 해결한다. 각 계층이 연대를 도모하므로 배제된 연대가 될 수 없다. 따라서 다양한 계층의 연대를 통한 문제 해결과 직접적 용성(龍聖) 구현이 B형 설화의 특징이라고 하겠다. 〈만파식적〉, 〈원성대왕〉, 〈진성여대왕거타지〉의 문제 해결의 수준은 〈표2〉과 같다.

〈표2〉

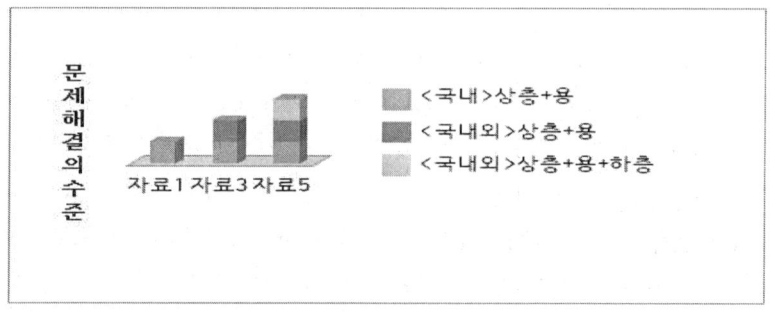

〈표1〉과 〈표2〉를 비교해 본 결과 A형 설화인 〈만파식적〉은 용성(龍聖) 구현을 간접적으로 강화했으나, 문제 해결 과정에서 국외 문제와 하층의 문제는 제외되었다. 배타적 연대와 한정된 문제만을 해결하고 있으므로 문제 해결의 수준이 향상되지 못하는 결과를 낳았다. 또 다른 A형 설화인

〈원성대왕〉은 추락한 권위의 복원이 필요했으므로 용성(龍聖) 구현을 간접적으로 약화시킬 수밖에 없었다. 문제 해결 과정의 측면에서는 국내외 문제를 두루 해결하고 있으므로 〈만파식적〉보다 수준이 향상되었다고 볼 수 있다. 그러나 여기서도 문제 해결 과정에서 하층은 배제되었다. B형 설화인 〈진성여대왕거타지〉는 용에 대한 연대 동기와 동력이 모두 필요했으므로 직접적으로 용성(龍聖)을 구현한다. 또한 국내외 문제를 두루 제시하고, 상층과 하층 그리고 용의 연대를 통해 문제 해결을 꾀하고 있기에 문제 해결의 수준이 가장 향상되었다고 할 수 있다. 각 자료에서 나타나는 용성(龍聖) 구현과 문제 해결의 수준은 다음과 같다.

<표3>

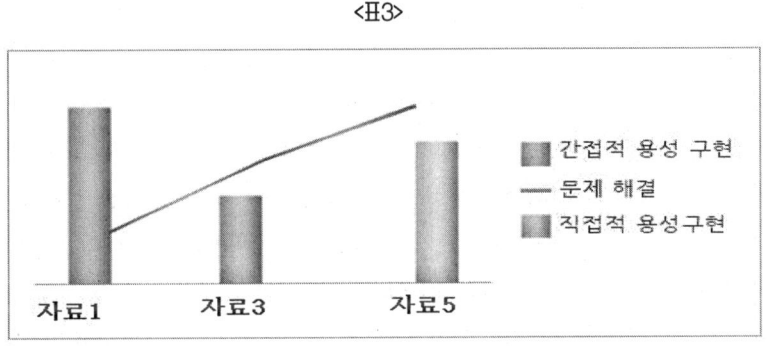

〈표3〉에서와 같이 A형 설화인 〈만파식적〉은 간접적 용성(龍聖) 구현의 측면에서는 가장 돋보이고 있으나 문제 해결의 수준은 가장 떨어졌다. A형 설화인 〈원성대왕〉은 간접적 용성(龍聖) 구현의 측면에서는 저조하지만 국외의 문제를 다루고 있기에 문제 해결 수준에서의 향상을 보인다고 하겠다. B형 설화인 〈진성여대왕거타지〉는 용성(龍聖) 구현의 정도가 〈만파식적〉보다는 미약하나 직접적인 용성(龍聖) 구현을 보이고 있고, 문제 해결 방법 또한 가장 향상된다. 〈원성대왕〉은 〈만파식적〉의 영향을 〈진성여대왕거타지〉는 〈만파식적〉과 〈원성대왕〉의 영향을 받는다. 〈만파식적〉과 〈원성대왕〉 그리고 〈진성여대왕거타지〉는 상호 영향 관계를 이룬다고 하겠다.

A형 설화인 〈만파식적〉과 〈원성대왕〉 그리고 B형 설화인 〈진성여대왕거타지〉는 각각 100년의 시차를 두고 문제 해결의 수준이 지속적인 향상을 보인다. 용성(龍聖) 구현의 측면에서도 간접적→직접적인 현상을 보인다. 이는 "연대"라는 큰 과업 때문에 발생한다. A형 설화인 〈만파식적〉과 〈원성대왕〉은 한정된 연대만을 형성했다. 이에 비해 B형 설화인 〈진성여대왕거타지〉는 확장된 연대를 형성한다. B형 설화인 〈진성여대왕거타지〉의 확장된 연대는 A형 설화인 〈만파식적〉→〈원성대왕〉에서와 같이 간접적으로 줄어들었던 용성(龍聖)의 부활을 촉구하고 직접적인 용성(龍聖) 구현을 보여준다. 때문에 "연대"의 축소와 확장에 따라 A형 설화는 B형 설화에, B형 설화는 A형 설화에 영향을 받았다고 할 수 있다.

서로 영향 관계에 있는 용성(龍聖) 구현형의 설화들은 "확장된 연대를 통한 문제 해결의 수준 향상하기"라는 관계망으로 서로 연결되어있다. 배타적 "연대"를 가지는 A형의 설화들은 간접적으로 용성(龍聖) 구현을 보여 용성(龍聖)이 구현된 정도가 약화된 모습을 띤다. 문제 해결의 측면에서도 문제 해결의 수준이 향상되지 못한다. "연대"가 확장되는 B형의 설화는 직접적인 용성(龍聖) 구현을 보이고 있으나, 용성(龍聖)이 강하게 구현되는 방향으로 나아가지는 못한다. 하지만 문제 해결의 수준은 가장 향상되었다. 때문에 "확장된 연대를 통한 문제 해결의 수준 향상하기"는 용성(龍聖) 구현형의 구성 원리가 된다. "연대"의 확장이 이루어지면 용성(龍聖) 구현의 정도 또한 지속적으로 높아지게 된다.

그런데 『삼국유사』의 용성(龍聖) 구현형의 설화에서는 용성(龍聖) 구현의 정도가 약화된 A형과 용성(龍聖) 구현의 정도가 조금 강화된 B형 설화만이 보일 뿐이다. 화자는 서술층위를 통해 A형의 설화를 지양하고 B형의 설화를 지향한다. B형 설화를 통해 지향하는 바가 연대를 통한 문제 해결이라는 것을 알 수 있다. B형 설화는 용성(龍聖) 구현이 조금의 강화를 보일 뿐 지속적인 강화로 나아가지는 못했다. 만약 설화에서 용성(龍聖) 구현이 지속적으로 강화되면 "연대"는 이루어지지 못한다. 즉, 연대의 실패는 "확장된 연대를 통한 문제 해결의 수준 향상하기"라는 구성 원리에 위배된다. 편찬자인 일연은 구성 원리를 위배하고 싶지 않았을 것이기에 용성(龍聖)이 강화되는 설화를 의도적으로 싣지 않았다고 보인다. 이는『삼국유사』용성(龍聖) 구현형의 설화를 한정적으로 만들어 버렸다는 한계를 낳았다. 하지만 용성(龍聖) 구현형의 "확장된 연대를 통한 문제 해결의 수준 향상하기"라는 구성 원리를 통해 "연대"의 중요성을 알려주었으며, 용성(龍聖) 구현을 통해 용과 상대자인 인간이 서로 배척하거나, 배척당함이 없이 조화를 이루는 모습을 보여주고 자 한 의미를 가진다고 하겠다.

3. 용성(龍聖) 제거 설화와의 상관관계

『삼국유사』소재 용설화의 또 다른 유형에는 용성(龍聖) 제거형이 있다. 용성(龍聖) 제거에 속하는 자료는 상대자인 인간이 용에게 영향을 끼친 정도가 큰 설화이다. 제거라는 용어에서 알 수 있듯이, 이 자료에서는 용의 성(聖)이 인간에 의해 침해당한다. 때문에 용성(龍聖)은 없어져 버린다. 용성(龍聖)이 제거되었으므로 용은 좌절한다. 인간의 입장에서 보면, 용을 굴복하게 해 자신들의 문제를 해결한다. 이런 움직임이 포착되는 설화가 기이 제2의 〈수로부인〉설화라고 하겠다. 용성(龍聖) 구현과 용성(龍聖)의 제거는 서로 상반되는 특징을 가진다.

용성(龍聖) 구현형은 용의 성(聖)이 가시화 되어 상대자인 왕의 권위를 향상해주는 반면, 용성(龍聖) 제거형은 용의 성(聖)이 부정되고 폄하 된다. 용의 성(聖)이 부정되고 폄하 되니, 용의 속(俗)이 가시화 된다고 하겠다. 이처럼 용의 성(聖)과 속(俗)이 상반되는 두 유형을 모두『삼국유사』소재 용설화에 담고 있는 데는 이유가 있어 보인다. 강조를 하기 위해서는 한 쪽의 유형만을 제시하면 될 터인데, 상반되는 두 유형을 제시했다는 사실이 그렇다고 하겠다. 그렇다면 용성(龍聖) 제거형 설화를 분석하여 용성(龍聖) 구현형 설화와의 비교가 필요하다. 비교를 통해 편찬자의 의도를 파악할 수 있기 때문이다.

서술층위에서 보이는 〈수로부인〉의 구성은 네 부분으로 이루어져 있다.

첫째 부분은 절벽의 철쭉꽃을 꺾어 수로부인에게 바친 노인을 다룬 대목이고, 둘째 부분은 노인이 알려준 방도로 용에게 잡혀간 수로부인을 되찾는 대목, 셋째 부분은 수로부인이 용궁에서 겪은 기이한 일을 다룬 대목이고, 넷째 부분은 종종 신물에게 잡혀간 수로부인과 부인과 관련해 전해지는 노래에 관한 대목이다. 네 부분은 노인[178]의 권위를 확보하는 방향으로 제시된다. 첫째 부분에서는 범인들이 갈 수 없는 곳을 혼자서만 갈 수 있다고 하고, 둘째 부분에서는 범인들이 계책을 마련치 못해 주저앉아 있을 때 계책을 마련해 주었다고 하고, 셋째 부분에서는 신물들이 종종 수로부인을 납치한 사실을 제시하여, 노인의 계책이 수로부인을 구해내는 데 사용되었다는 것을 암시하고, 넷째 부분에서는 노인에 의해 불려 진 노래를 제시한다.

네 부분이 각기 천장절벽 도달로써의 권위 향상, 계책 마련으로써의 권위 향상, 신물들의 납치 행위로써의 권위 향상, 증거 노래로써의 권위 향상이라는 내용을 담고 있으니, 천장절벽 도달, 계책 마련, 신물들의 납치 행위, 증거노래가 계기적으로 맞물리면서 권위의 양상이 점차적으로 높아진다. 천장절벽 도달로써의 권위 향상 보다는 계책 마련으로써의 권위 향상이, 계책 마련으로써의 권위 향상 보다는 신물들의 납치 행위로써의 권위 향상이, 신물들의 납치 행위로써의 권위 향상 보다는 증거 노래로써의 권위 향상이 더 영향력을 가지게 되기 때문에 이렇게 볼 수 있다.

〈수로부인〉[179]

---

[178] 첫째 부분과 둘째 부분에 등장하는 노인을 동일 인물로 볼 수는 없다. 하지만 두 부분에서 각기 등장한 노인은 범인들이 해결할 수 없는 문제를 해결한다. (윤영옥, 『신라시가의 연구』, 형설출판사, 1980, p.170.)에서 두 노인의 정체를 지역의 사정을 잘 알고 있는 촌노로 규정하고 있다. 노인은 일반적으로 인류의 오랜 지혜나 집단무의식의 인격화로소 간주되어 유태교에서는 신비적 원리의 상징으로 여겨졌다(강등학, 「헌화가의 심층」, 『새국어교육』 33, 한국국어교육학회, 1981, pp.76-94.)는 것을 감안할 때 설득력을 가진다. 지역의 사정을 잘 아는 촌노라면 천장 절벽의 철쭉꽃이나, 용에 의해 납치당한 수로부인을 구해오는 방법 등을 알 수 있을 것이기 때문이다.

[179] 一然, 『三國遺事』, 〈水路夫人〉 紀異 第二.

첫째 부분: 절벽의 철쭉꽃을 꺾어 수로부인에게 바친 노인.
1) 성덕왕 때에 순정공이 강릉태수로 부임을 할 때에 바닷가에서 점심을 먹었다.
2) 그 곁에 있는 바위 봉우리의 높이가 천장(千仗)이나 되고 그 위에는 철쭉꽃이 만발했다.
3) 순정공의 부인 수로가 철쭉꽃을 꺾어 달라고 좌우를 둘러보고 말했으나 아무도 할 수 없다고 했다.
4) 한 노인이 암소를 몰고 그 곳을 지나다가 부인의 말을 듣고 꽃을 꺾어 가지고 와 노래를 지어 바쳤다.

둘째 부분: 노인이 알려준 방도로 용에게 잡혀간 수로부인을 되찾음.
1) 순정공이 이틀을 순행하며 임해정에 다달아 점심을 먹고 있었다.
2) 바다의 용이 나타나 홀연히 부인을 끌고 바닷속으로 들어가 버렸다.
3) 순정공이 땅을 치며 주저앉았으나 아무런 계책이 없었다.
4) 한 노인이 나타나 여러 사람의 말은 쇠도 녹인다하며 지역 내 백성들이 노래를 지어 부르면서 막대기로 언덕을 치면 부인을 볼 수 있을 것이라고 말했다.
5) 순정공이 그 말대로 했더니 용이 부인을 받들고 나와 바치었다.

셋째 부분: 용궁에서 수로부인이 겪은 기이한 일.
1) 공이 바다 속 이야기를 물으니 부인이 칠보로 장식된 궁전에 음식은 달고 향기로운 것이 인간의 음식은 아니었다고 대답했다.
2) 부인의 몸에서는 기이한 향기가 풍기었는데 세상에서 맡아보지 못한 향기였다.

넷째 부분: 미모의 수로부인이 자주 신물들의 납치 대상이 된다는 사실과 노인과 관련되어 전하는 해가, 헌화가.
1) 부인은 그 용모가 세상에 견줄 사람이 없었으므로 빈번히 깊은 산이나 큰 못을 지날 때에는 신물(神物)들에게 붙들림을 당하곤 했다.
2) 이때 여러 사람이 부르던 노래가 〈해가〉이고, 노인의 부른 노래는 〈헌화가〉이다.

〈수로부인〉 설화의 서술층위에서 '노인의 권위 향상'은 노인1의 문제해결+노인2의 문제 해결+신물의 폄하+증거물 제시의 단계를 거듭하면서 향상된다. 설화가 '노인의 권위 향상' 과정에 주력하고 있으므로 창작배경을 '인간능력의 고양'이라고 할 수 있겠다. 노인을 촌노로 보면, 촌노는 마을의 사정을 가장 잘 알고 있는 존재이므로, 타향인인 순정공 무리가 감히 올라갈 수 없는 천장절벽을 오를 수 있는 방법을 알았거나, 철쭉꽃이 핀 다른 장소를 알고 그것을 꺾어다 주었을 것이다. 또 노인은 용에게 잡혀간 수로부인의 회귀 방법을 알아 순정공 무리에게 도움을 주기도 했다. 이러한 측면에서 본다면 노인은 해결자가 된다. 미해결에 늪에 빠진 문제를 해결했으므로 노인의 권위는 향상될 수밖에 없으며, 노인으로 대표되는 인간 또한 권위가 향상된다고 하겠다.

〈수로부인〉의 창작배경을 고려한다. 〈수로부인〉의 창작배경은 '인간 능력의 고양'이다. 서술층위에서 '노인의 권위 향상' 과정을 그리고 있으니 이렇게 볼 수 있겠다. 인간의 능력을 고양하려면, 반대로 신으로 표상되는 존재에 대한 부정이 있어야 한다. 설화에서는 용 또는 신물을 대상으로 부정적인 시각을 드러낸다. 서술층위 둘째 부분에서 용과 신물을 '掠'과 '傍生'으로 셋째 부분에서는 '掠攬'으로 폄하한다. 이러한 양상을 노인의 권위 향상 단계와 비교해 정리하면 다음과 같다.

노인의 위상 확보
①노인1의 문제해결+②노인2의 문제 해결+③신물의 폄하+④증거물 제시

용과 신물의 인식
①掠+②傍生+③掠攬

노인에 대한 권위 향상의 양상은 두 번의 문제 해결 과정을 제시, 인간과 대비되는 신물을 등장시켜 폄하, 증거물을 제시하여 향상해나간다. 단계와 단계는 유기적이어서 단계 하나를 거치는 동안 향상된 권위는 다음 단계의 권위 아래에 놓이게 된다. 반면 용과 신물에 대한 인식은 단계를 거듭하면서 폄하되고 있다고 하겠다. 용과 신물은 '掠' 또는 '傍生', '掠攬'한 존재로 인식한다. 또한 '七寶宮殿 所饍甘滑香潔 非人間煙火 且夫人衣襲異香'으로 표현해 기이함을 드러내기도 한다. 서술층위는 화자의 인식을 드러낸 것이므로, 용과 신물로 대표되는 토속신앙은 성(聖)이 제거되어 인간에게 굴복180)하는 모습으로 나타난다. 그렇다면 용과 신물에 대한 인식은

세 번의 수난을 겪었다고 하겠다. 세 번의 수난을 겪는 동안 용과 신물에 대한 인식은 폄하될 수밖에 없었다. 용과 신물을 신으로 인식하고 숭배했다는 것을 고려할 때, 이들의 폄하는 성(聖)의 제거 과정으로 볼 수 있겠다. 이 현상을 자세히 들여다본다.

〈수로부인〉 설화의 서술층위에서 용은 인간과 적대적이다. 서술층위의 둘째와 셋째 부분에서 이러한 현상이 보인다고 하겠다. 순정공의 무리는 용을 수로부인을 납치한 대상으로 보고 노인은 용을 하찮은 동물로 인식한다. 하지만 설화의 배경인 성덕왕 14년 6월[181] 기사를 통해 실재로 그가 기우제를 지낸 기록이 보인다. 이는 성덕왕 당대에도 여전히 용신 숭배가 행해지고 있었음을 보여준다. 용이 신앙의 대상이 되기도 했기에 용을 완전한 부정의 대상으로 인식할 수는 없었다. 때문에 서술층위의 둘째와 셋째 부분에서 수로부인의 용궁체험을 기이함으로 표현한다. 서술층위의 이러한 현상은 설화의 창작배경에 기인한 것이다. 서술층위에서 화자는 노인 즉, 인간의 능력을 향상시키는 방향을 궁구하다보니 인물층위를 압박하는 방법을 생각해낸 것이다.

설화의 화자가 '노인의 권위 향상'에 주력한 사실은 창작배경인 '인간 능력의 고양' 때문이다. 그렇다면 인간의 능력을 고양해야하는 이유가 궁금하다. 박진태는 수로부인 설화를 인간들의 가치관이 신본주의에서 인본주의로 바뀌어 민속신앙을 부정적으로 인식하게 된 과정을 그리고 있다[182]고 보았다. 인간들의 가치관이 인간 중심적으로 바뀌어 가면서 인간 중심의 문제 해결이 필요했던 것이다. 때문에 서출층위의 구성을 '노인의 권위

---

180) 힘이 모잘라 복종한다는 의미를 나타낸다. 서술층위에서 "衆口鑠金 何不畏衆口乎"라 하여 인간 능력의 무한함으로 드러내고 있으며, "水路姿容絶代"이라하여 신(神)도 인간에게 반할 수 있는 존재라고 하고 있다. 두 표현은 모두 인간의 권위를 향상시키는 것들이다. 때문에 용이나 신물인 토속신앙은 인간의 권위에 굴복할 수밖에 없다.
181) 14년 6월, 큰 가뭄이 들자, 왕이 하서주 용명에 사는 거사 이효를 불러 임천사 연못에서 기우제를 지내게 했는데, 곧 비가 열흘 동안이나 계속 내렸다. (金富軾,『三國史記』, 新羅 本紀 第八〈聖德王〉.)
182) 박진태,「『삼국유사』 용신설화의 유형과 작품양상」,『고전문학과교육』 21, 한국고적문학교육학회, 2011, pp.381-381.

향상'에 두고 단계적으로 권위를 향상시켜 나간다. '노인의 권위 향상'이 우선시 되어야 하니 용과 신물은 화자에 의해 세 번의 수난을 겪게 되고, 이러한 수난의 결과 용의 성(聖)을 퇴색하게 만들어 결국 성(聖)이 제거되는 과정을 여실히 보여준다.

〈수로부인〉 설화에서 두 양상의 대비는 즉, 인간으로 대표되는 노인과 신으로 대표되는 용과 신물은 서로 다른 국면을 맞이한다. 인간의 권위는 점차적으로 향상되고, 신의 권위는 점차적으로 쇄락해간다. 이러한 서술 층위의 대비는 인간의 사고 변화 과정을 그대로 반영하고 있는데, 변화의 과정이 갑작스럽게 이루어진 것이 아니라 수난의 과정에 의해 점차적으로 변화를 겪었다고 보인다. 이 과정에서 용과 신물에 대한 시각의 이중성이 설화에 드러날 수밖에 없었다. 용은 토속신앙으로 여전히 숭배의 대상이 되었기에, 부정적인 인식으로 일관할 수는 없었을 것이다. 설화가 신에 대한 숭배가 사라지는 과정을 그리고 있기에 결국, 용성(龍聖) 제거형인 〈수로부인〉은 '신본주의 탈피하기'라는 구성 원리를 내재하고 있다고 하겠다. 이 구성 원리를 통해 용성(龍聖) 제거가 이루어진다.

용성(龍聖) 구현형은 세 가지 유형 중 용의 위상이 가장 높게 나타나난다. 이 유형은 용의 성(聖)이 두드러진다. 두드러진 용성(龍聖)은 부족한 왕의 권위를 위해 이용된다. 왕은 용성(龍聖)을 통해 권위를 회복하고 정당화 한다. 용성(龍聖) 제거형은 용의 위상이 가장 낮게 나타나므로 용이 속(俗)된 것으로 인식된다. 용성(龍聖)을 속된 것으로 폄하하니 상대적으로 인간의 권위는 향상된다. 이처럼 상반되는 두 유형의 설화를 제시한 이유를 편찬자가 설화를 편찬할 당시 두 유형의 설화가 존재했으므로, 두 가지 유형의 설화를 『삼국유사』 용설화에 실었다고 추정해 볼 수 있다. 그런데 이는 일연이 『삼국유사』를 편찬할 당시로 돌아가지 않는다면 확인 할 수 없다. 하지만 적어도 두 유형의 설화가 전하고 있었다는 개연성은 확보된다.

이 개연성을 바탕으로 용성(龍聖) 구현형에서 용을 성(聖)스럽게 생각하는 기류와 용성(龍聖) 제거형에서 용을 속(俗)되게 생각하는 기류가 편찬자인 일연이 『삼국유사』를 편찬할 당시에 존재했다고 하겠다. 편찬자인 일연은 두 가지 기류를 『삼국유사』 용설화를 통해 제시하고 있는데, 두 유형은 서로 상충된다. 어느 한 쪽을 강조하기 위해서는 상충되는 유형은 배제되어야 한다. 그럼에도 불구하고 두 유형이 제시된 것을 바탕으로 일연이 '문화전달자로서의 역할'을 자청했다고 추론해 볼 수 있겠다. 문화전달자[183]는 있는 사실을 충실히 전해준다.

일연은 어느 한 기류가 또 다른 기류에 상충된다고 해서 한 쪽을 배척하지 않았다. 서로 상충되는 기류를 기록을 통해 전하고 있기에 이러한 추론이 설득력을 얻을 수 있다. 그렇다면 용성(龍聖) 구현형과 용성(龍聖) 제거형이 제시된 이유는 일연의 편찬의도 때문이라고 하겠다. 일연은 용성(龍聖) 구현형을 통해 용이 성(聖)스럽다는 신본주의를 제시하고, 용성(龍聖) 제거형을 통해 용이 속(俗)되다는 인간중심주의 제시해 양 가치관이 일연 당대에 여전히 존재했다는 사실을 우리에게 알려주었다. 이들 유형의 용설화를 통해 우리는 일연의 문화전달자로써의 면모를 살필 수 있다.

[183) 적어도 일연 당대에 용설화에서 세 가지 기류가 존재했다는 사실을 자세히 전하고 있기 때문에 전달자의 역할을 수행했다고 할 수 있겠다.

6장. 『삼국유사』 용성(龍聖) 제거형 설화의 양상과 그 의미

1. 용성(龍聖) 제거형 설화의 양상

선인들의 생각 속에서 용은 어딘가에 존재하는 신령스런 동물이었다. 이러한 선인들의 생각은 『山海經』같은 奇書에 잘 나타나 있는데, 여기서 선인들은 용이라는 동물을 두려워하거나 숭배했음을 알 수 있다.[184] 용에 관한 두려움과 숭배는 설화를 통해서 잘 제시된다. 이는 설화가 성인들의 생각이 반영된 집합체이기 때문이다. 그렇다면 용설화에서 반드시 제고되어야 할 부분은 두려움과 숭배에서 나타난 용의 성(聖)이다. 하지만 설화에서는 용의 성(聖)만 도드라져 나타나지 않는다. 용이 폄하의 대상이 되거나, 무찔러야 할 대상이 되기도 한다. 폄하되거나 무찔러야 할 대상이 된다는 것은 용의 속(俗)이 두드러진 부분이라고 하겠다. 설화에서 등장하는 용의 모습에서 성이 두드러지게 나타나면 신앙의 대상이 되고, 속이 두드러지게 나타난다면 신성은 제거되기 마련이겠다. 『삼국유사』 소재 용설화 또한 성(聖)과 속(俗)[185]의 문제를 피해갈 수 없다.

『삼국유사』 소재 용설화에서 용은 인간과 자유롭게 소통한다. 소통이 이루어진다는 것은 서로 교섭하고 있다는 것이다. 설화에서 이들의 교섭은 전혀 어색하지 않다. 하지만 현실에서 인간과 동물 또는 인간과 사물 사이의 소통은 불가능하다. 불가능하다고 여긴다는 것은 바로 합리적 사고에 기인한 바가 크다. 이와는 달리 설화에서 인간과 동물 또는 인간과

---

184) 윤열수(서영대·송화섭 엮음), 『용, 그 신화와 문화』, 민속원, 2002, p.72.
185) M. 일리아데 이은봉 옮김, 『성(聖)과 속(俗)』, 한길사, 2008이 성(聖)과 속(俗)의 개념 정의에 좋은 참조가 된다.

사물 사이의 소통이 어색하지 않은 것은 바로 신화적 사고186)가 반영되어 있기 때문이다. 그렇다면 신화적 사고나 합리적 사고의 반영 정도에 따라 설화의 양상이 달리 나타날 여지가 크다고 하겠다.

신화적 사고가 두드러지게 나타난다면 고태성을 유지한 설화라고 할 수 있을 것이고, 합리적 사고가 두드러지게 나타난다면 고태성은 약화된 형태의 설화라고 할 것이다. 그렇다면 신화적 사고와 합리적 사고의 개입 여부는 설화 담당층의 몫이라고 하겠다. 이는 설화가 화자나 편찬자 의식에 따라 변화될 수 있다는 사실을 알려준다. "설화는 화자의 서술이 지배적으로 나타나 정황만을 요약해서 전달하는 데 주력할 뿐이고 인물의 목소리를 직접적으로 드러내는 데는 인색하다. 때문에 화자의 서술에 매몰된 목소리를 찾아서 복원해야 한다."187)고 한 것처럼 화자의 서술에만 주목해 설화를 이해하는 것이 아니라 화자에 의해 감춰진 목소리까지 추적해 복원해야만 설화를 올바르게 이해할 수 있다.

서술층위에 의해 가려진 것이 인물층위이다. 서술층위에서는 화자의 목소리가 주가 된다. 때문에 인물층위인 인물의 목소리는 가려지게 마련이다. 원래 존재하고 있던 인물층위가 서술층위에 의해 가려졌으니 서술층위의 정황을 통해 인물층위를 역추적 해야만 한다. 서술층위와 인물층위를 살펴볼 때 대칭적 세계관188)이라는 장치가 필요하다. 용설화에서 용은 인간 또는 자연물들과 상호 교감한다. 상호 교감의 토대가 될 수 있는 것이 대칭적 세계관이다. 『삼국유사』 소재 용설화는 대칭적 세계관이 주를 이루기 때문에 대칭적 세계관의 관점에서 분석해야 온전한 분석이 될 수 있다.

---

186) 원시적, 원초적 사고라고도 하며 과학적·합리적·이성적 사고 등의 대비 개념이다. 신화적 사고는 상상력으로써 통일적·포괄적인 세계상을 구체적인 이미지의 형태로 파악하여 인생의 갖가지 일들에 총제적인 의미를 부여한다.(안진태, 『신화학 강의』, 열린책들, 2004, pp.47-48.)
187) (신태수, 「『三國遺事』〈神呪篇〉을 통해 본 土俗信仰의 向方」, 『국어국문학』 140, 국어국문학호, 2005, pp.204-205.)에서 밝히고 있는 바와 같이 서술층위는 화자에 의한 정황적 설명인 화자의 목소리이고, 인물층위는 화자에 의해 매몰된 인물의 목소리이다.
188) 주체와 객체가 대등하고 주체와 객체를 별도로 구분하지 않는 시각이나 관점을 대칭적 세계관이라고 한다..(신태수, 「〈桃花女·鼻荊郎〉說話의 構成原理와 對稱的 世界觀의 向方」, 『韓民族語文學』 45, 2004, pp.15-16.)

인간과 자연물 사이에 교감이 이루어진다는 것은 일상에서 이루어지지 않는 비일상적이고, 환상적인 것이다. 환상적인 것은 감추어져 보이지 않는 것, 즉 지금까지 침묵당하고 가려져왔으며 은폐되고 부재하는 것으로 취급되어온 것들을 추적한다.189) 때문에 서술층위를 통한 인물층위의 분석은 숨겨진 것을 추적하는 좋은 장치가 되겠다. 『삼국유사』 소재 용설화는 성(聖)과 속(俗)의 표출 정도에 따라 용성(龍聖) 구현형190)과 용성(龍聖) 제거형191), 타성(他聖)·용성(龍聖) 융합형192)의 세 가지 유형을 가진다. 본고에서는 먼저 용성(龍聖) 제거형 설화의 양상과 의미를 고찰한다. 용성(龍聖) 제거 설화의 의미 고찰이 잘 이루어진다면, 『삼국유사』 소재 용설화의 나머지 유형에 대한 의미 파악을 위한 기틀이 마련될 수 있으며, 나아가 『삼국유사』 소재 용설화의 의의를 밝힐 수 있을 것으로 기대한다.

『삼국유사』에 등장하는 용성(龍聖) 제거형 설화를 살펴본다. 용성(龍聖) 제거형에 속하는 설화는 상대자인 인간이 용에게 영향을 끼친 정도가 큰 것들이다. 제거라는 용어에서 알 수 있듯이, 이 자료에서는 용의 성(聖)이 인간에 의해 침해 당한다. 때문에 용성(龍聖)은 없어져 버린다. 용성(龍聖)이 제거되었으므로 용은 좌절한다. 인간의 입장에서 보면, 용을 굴복하게 해 자신들의 문제를 해결한다.

이런 움직임이 포착되는 것이 바로 기이 제2의 〈수로부인〉 설화라고 하겠다. 〈수로부인〉 설화는 강릉태수 순정공의 아내인 수로부인을 납치하는 존재로 용이 등장한다. 납치는 강제 수단을 써서 끌고 가는 것을 의미한다. 그런데 설화에서 용에게 납치를 당한 수로부인은 용에게 기이한 음식

---

189) 로지잭슨·서강여성문학연구회 옮김, 『환상성』, 문학동네, pp.12-13.
190) 성(聖)이 가시화되어 나타나는 특징을 가진 설화들이다. 이들 설화에서 용은 상대자인 왕의 권위를 높여주는 역할을 해준다. 때문에 이들 설화를 용성(龍聖) 구현형이라 하겠다.
191) 성(聖) 보다는 속(俗)이 가시화되어 나타나는 설화다. 이 설화에서 용의 상대자인 노인은 지속적으로 권위를 향상해 나간다. 반면 용은 노인, 즉 인간에 의해 성(聖)이 제거되는 특징을 가진다. 때문에 이 설화를 용성(龍聖) 제거형이라 한다.
192) 성(聖)과 속(俗)이 동시에 나타나는 설화이다. 이들 설화에서 용은 타성(他聖)인 불교신앙과 갈등하기도 하고 결탁하기도 하는 모습을 보인다. 하지만 종국에는 타성(他聖)인 불교신앙에 의해 두 성이 융합하는 특징을 가진다. 때문이 이들 설화를 타성(他聖)·용성(龍聖) 융합형이라 하겠다.

을 대접받는다. 용이 기이한 음식을 수로부인에게 대접했다는 것은 납치했다는 사실과 잘 부합이 되지 않는다. 잘 부합되지 않는 상황이 제시되므로 그 연원이 무엇인지 살피지 않을 수 없다.

〈수로부인〉 설화는 용이 강릉태수 순정공의 아내인 수로부인을 납치했다는 내용을 골간으로 하고 있다. 때문에 설화에서 갈등 상황이 제시 된다. 갈등 상황은 용과 순정공의 무리 사이에서 발생한다. 납치된 인물은 수로부인임에도 불구하고 수로부인은 용과 갈등 상황에 놓이지 않는다. 납치당한 수로부인이 용과 갈등 상황에 놓이지 않는 사실은 이유가 있어 보인다. 수로부인과 용이 갈등 상황에 놓이지 않는 이유를 살펴보지 않을 수 없다. 화자는 설화에서 갈등 상황을 제시하지만, 갈등의 전면에서 용과 갈등을 보여야할 수로부인은 정작 갈등 상황에서 제외시키고 있다. 이는 화자가 수로부인을 순정공 무리와는 다른 존재라는 의식을 가진 게 아닌가 하는 생각을 들게 한다.

그렇다면 화자의 논법이 왜 그러해야만 했는가를 파악해야 설화를 온전히 파악할 수 있다. 〈수로부인〉 설화에는 두 서사층위가 존재한다고 보인다. 용과 수로부인의 갈등 상황이 제시되지 않기에 그러하다. 두 서사층위는 화자가 서술하는 측면의 서술층위와 인물을 통해 직·간접으로 드러나는 정황의 측면인 인물층위이다. 서술층위와 인물층위는 일치하기도 하고 일치하지 않기도 한다. 일치하는 경우는 화자의 서술에 인물의 말과 행동이 모두 제시되고, 일치하지 않는 경우는 화자의 서술에 인물의 말과 행동이 모두 제시되지 않는다. 〈수로부인〉 설화의 경우 후자 쪽이다. 때문에 서술층위에 의해 감춰진 인물층위를 복원해야만 온전한 설화를 파악할 수 있겠다.

서술층위에서 보이는 〈수로부인〉의 구성은 네 부분으로 이루어져 있다. 첫째 부분은 절벽의 철쭉꽃을 꺾어 수로부인에게 바친 노인을 다룬 대목이고, 둘째 부분은 노인이 알려준 방도로 용에게 잡혀간 수로부인을 되찾는 대목, 셋째 부분은 수로부인이 용궁에서 겪은 기이한 일을 다룬 대목이고, 넷째 부분은 종종 신물에게 잡혀간 수로부인과 부인과 관련해 전해지는 노래에 관한 대목이다. 네 부분은 노인193)의 권위를 확보하는 방향으로 제시된다. 첫째 부분에서는 범인들이 갈 수 없는 곳을 혼자서만 갈 수 있다고 하고, 둘째 부분에서는 범인들이 계책을 마련치 못해 주저앉아 있을 때 계책을 마련해 주었다고 하고, 셋째 부분에서는 신물들이 종종 수로부인을 납치한 사실을 제시하여, 노인의 계책이 수로부인을 구해내는 데 사용되었다는 것을 암시하고, 넷째 부분에서는 노인에 의해 불려 진 노래를 제시한다.

네 부분이 각기 천장절벽 도달로써의 권위 향상, 계책 마련으로써의 권위 향상, 신물들의 납치 행위로써의 권위 향상, 증거 노래로써의 권위 향상이라는 내용을 담고 있으니, 천장절벽 도달, 계책 마련, 신물들의 납치 행위, 증거노래가 계기적으로 맞물리면서 권위의 양상이 점차적으로 높아진다. 천장절벽 도달로써의 권위 향상 보다는 계책 마련으로써의 권위 향상이, 계책 마련으로써의 권위 향상 보다는 신물들의 납치 행위로써의 권위 향상이, 신물들의 납치 행위로써의 권위 향상 보다는 증거 노래로써의 권위 향상이 더 영향력을 가지게 되기 때문에 이렇게 볼 수 있다. 그렇다면 각 부분에서 나타나는 노인에 대한 권위 향상의 양상을 구체적으로 살피기로 한다.

〈수로부인〉194)

첫째 부분: 절벽의 철쭉꽃을 꺾어 수로부인에게 바친 노인.
1) 성덕왕 때에 순정공이 강릉태수로 부임을 할 때에 바닷가에서 점심을 먹었다.
2) 그 곁에 있는 바위 봉우리의 높이가 천장(千仗)이나 되고 그 위에는 철쭉꽃이

---

193) 첫째 부분과 둘째 부분에 등장하는 노인을 동일 인물로 볼 수는 없다. 하지만 두 부분에서 각기 등장한 노인은 범인들이 해결할 수 없는 문제를 해결한다. (윤영옥, 『신라시가의 연구』, 형설출판사, 1980, p.170.)에서 두 노인의 정체를 지역의 사정을 잘 알고 있는 촌노로 규정하고 있다. 노인은 일반적으로 인류의 오랜 지혜나 집단무의식의 인격화로소 간주되어 유태교에서는 신비적 원리의 상징으로 여겨졌다(강등학, 「헌화가의 심층」, 『새국어교육』 33, 한국국어교육학회, 1981, pp.76-94.)는 것을 감안할 때 설득력을 가진다. 지역의 사정을 잘 아는 촌노라면 천장 절벽의 철쭉꽃이나, 용에 의해 납치당한 수로부인을 구해오는 방법 등을 알 수 있을 것이기 때문이다.
194) 一然, 『三國遺事』, 〈水路夫人〉 紀異 第二.

만발했다.
3) 순정공의 부인 수로가 철쭉꽃을 꺾어 달라고 좌우를 둘러보고 말했으나 아무도 할 수 없다고 했다.
4) 한 노인이 암소를 몰고 그 곳을 지나다가 부인의 말을 듣고 꽃을 꺾어 가지고 와 노래를 지어 바쳤다.

둘째 부분: 노인이 알려준 방도로 용에게 잡혀간 수로부인을 되찾음.
1) 순정공이 이틀을 순행하며 임해정에 다달아 점심을 먹고 있었다.
2) 바다의 용이 나타나 홀연히 부인을 끌고 바닷속으로 들어가 버렸다.
3) 순정공이 땅을 치며 주저앉았으나 아무런 계책이 없었다.
4) 한 노인이 나타나 여러 사람의 말은 쇠도 녹인다하며 지역 내 백성들이 노래를 지어 부르면서 막대기로 언덕을 치면 부인을 볼 수 있을 것이라고 말했다.
5) 순정공이 그 말대로 했더니 용이 부인을 받들고 나와 바치었다.

셋째 부분: 용궁에서 수로부인이 겪은 기이한 일.
1) 공이 바다 속 이야기를 물으니 부인이 칠보로 장식된 궁전에 음식은 달고 향기로운 것이 인간의 음식은 아니었다고 대답했다.
2) 부인의 몸에서는 기이한 향기가 풍기었는데 세상에서 맡아보지 못한 향기였다.

넷째 부분: 미모의 수로부인이 자주 신물들의 납치 대상이 된다는 사실과 노인과 관련되어 전하는 해가, 헌화가.
1) 부인은 그 용모가 세상에 견줄 사람이 없었으므로 빈번히 깊은 산이나 큰 못을 지날 때에는 신물(神物)들에게 붙들림을 당하곤 했다.
2) 이때 여러 사람이 부르던 노래가 〈해가〉이고, 노인의 부른 노래는 〈헌화가〉이다.

첫째 부분에서 나타나는 노인에 대한 권위 향상의 양상은 불가능과 가능의 교차적 경험을 통해 조성된다. 3은 불가능에 해당된다. 천장절벽은 높아서 범인이 도달할 수 없는 곳이다. 그럼에도 불구하고 수로부인은 천장절벽에 핀 철쭉꽃을 꺾어 달라고 해 사람들로 하여금 불가능한 일을 수행하도록 강요한다. 불가능한 일이므로 좌우의 누구도 그 일을 실행에 옮기지 않는다. 한편 4는 가능에 해당된다. 아무도 선뜻 실행에 옮기지 않았던 일을 소를 끄는 노인이 수행한다. 노인은 철장절벽에 도달해 철쭉꽃을 꺾어 수로부인에게 바치고 노래까지 지어 불러준다. 3은 불가능이고 4는 가능이니, 양자는 대조의 국면을 보인다. 대조의 결과는 노인의 권위 향상이다. 범인이라면 천장절벽에 도달할 수 없다. 즉, 노인이라는 뛰어난 능력을 구비한 자이기에 천장절벽에 도달해 꽃을 꺾을 수 있다. 천장절벽의 도달은 노인에 대한 권위를 향상하게 해준다.

둘째 부분에서 나타나는 노인에 대한 권위 향상의 양상은 계책의 마련에서 비롯된다. 순정공은 아내 수로부인을 용에게 납치당한 후[195] 아무 계책이 없어 땅을 치고 주저앉아 있었다. 그때 한 노인이 나타나 '중구삭금(衆口鑠金)'을 논하면서 계내(界內)의 사람을 모아 노래를 지어 부르면서 막대기로 언덕을 치면 부인을 찾을 수 있다고 말해준다. 순정공 무리가 노인을 말대로 시행하니 정말로 용이 수로부인을 받들고 나와 바치게 된다. 속수무책이었던 순정공의 무리는 노인의 계책으로 수로부인을 찾을 수 있었으므로 이 사건으로 인해 노인은 한 단계 높은 권위를 확보하게 된다.

셋째 부분에서 나타나는 노인에 대한 권위 향상의 양상은 신물들의 납치행위로 조성된다. 수로부인은 자주 신물들에게 납치되어 끌려가곤 했다고 한다. 둘째 부분에서 수로부인이 용에게 납치당하는 과정에서 속수무책이었던 순정공 무리는, 노인에게 들은 계책으로 수로부인을 구해내는 방도를 알게 되었다는 지적이 가능하다. 때문에 그런 일이 반복된다하더라도 당황하지 않고 문제를 해결해 나갈 수 있다. 즉, 순정공 무리에게 문제 해결 방도를 알려준 노인으로 인해 문제가 발생했을 때마다 수로부인을 구해낼 수 있게 된다. 그러므로 노인의 위상은 높아질 수밖에 없다.

넷째 부분에서 나타나는 노인의 위상 확보의 양상은 〈해가〉와 〈헌화가〉의 기록을 제시해 이루어진다. 〈해가〉는 속수무책이었던 순정공 무리에게 수로부인을 구할 수 있는 계책을 알려주었던 증거이고, 〈헌화가〉 역시 노

---

195) 이를 주명희는 부녀납치형 대적설화 유형으로 간주했다.(주명희, 「부녀납치형 대적퇴치 설화고」, 『한국고전산문연구』 장덕순선생 회갑기념논문집, 동화문화사, 1981, pp.21-54.

인이 범인은 도달할 수 없는 천장절벽에 도달해 철쭉꽃을 꺾어 수로부인에게 바친 일을 증명해주는 것이다. 두 노래는 비현실적인 일을 실현하는 노인의 능력을 드러낸 것이므로 노인의 권위는 한 단계 더 도약한다.

노인에 대한 권위 향상의 양상을 점검해보니, 단계와 단계 사이가 서로 유기적으로 얽혀있다. 즉, 첫째 부분의 위상 확보 위에 둘째 부분의 위상 확보가 놓이고, 셋째 부분의 위상 확보 위에 넷째 부분의 위상 확보가 놓인다. 화자가 노인을 문제 해결의 대상으로 보고 있기 때문에 이런 판단을 해볼 수 있다. 유기적 구성과 점층적인 위상 확보의 과정은 노인의 위상 확보를 더욱 공고히 해준다. 또한 노인으로 인해 문제는 해결되는 구조를 보인다. 때문에 설화의 구성을 '노인의 위상 확보'라고 할 수 있겠다. 그런데 셋째 부분에서 수로부인에게 환대한 대접을 해주고 둘째 부분에서 수로부인을 '奉'해서 '獻'한 용을 왜 순정공의 무리와 노인이 폄하하고 있는지가 궁금하다.

셋째 부분에서 수로부인의 기이한 경험은 '七寶宮殿 所饌甘滑香潔 非人間煙火 且夫人衣襲異香'으로 표현된다. 반면 둘째 부분의 '掠' 또는 '傍生'이라 하여 용을 폄하하고, 셋째 부분에서는 신물(神物)의 행위[196]를 들어 '掠攬'이라고 한다. 화자는 서술층위를 통해 노인의 권위를 향상시키는 방향으로 전개하고 있으므로 노인에 대해서는 우호적인 입장을 취하여 문제 해결의 중심인물로 간주한다. 그런데 용에 대해서는 둘째 부분을 통해서는 부정적인 시각을, 셋째 부분에서는 경외의 시각[197]과 부정적 시각을 동시에 보인다.

서술층위에서 용과 신물에 대해서만 유독 이중적 시각 모두를 제시하고 있으니, 그 이유를 따져 보지 않을 수 없다. 한 인물에 대한 시선이 동일하

---

196) '每經過深山大澤 屢被神物掠攬'에서 신물의 행위를 '掠攬'을 간주하고 있다. 이는 둘째 부분에서 용에게 화자가 했던 것과 동일하다. 때문에 신물 또한 숭배의 대상이었으나 인간의 능력을 강조하는 구성을 취하다보니 왜곡되어 표현되었다고 하겠다.

197) 칠보로 장식된 궁전에 음식이 인간의 음식이 아니었다는 것과, 부인의 몸에서 기이한 향기가 풍기었는데 이 또한 세상에서 맡아보지 못한 향기였다는 서술에서 이를 포착할 수 있다. 인간의 것이 아니기에 경외의 대상이 된다.

지 않고 서로 다르게 존재한다는 사실은 서술층위와 인물층위 간의 틈이 나 있다는 것을 알려준다. 이유를 따져 보기 위해서는 서술층위에 의해 가려져 보이지 않는 인물층위를 복구하지 않으면 안 된다. 화자의 이중적 시각의 원인이 바로 인물층위에 기인하기 때문이다. 서술층위에서 보이는 용의 행적으로 인물층위를 살펴야 한다.

용의 행적
둘째 부분 1: 바다의 용이 홀연히 나타나 부인을 모시고 바다 속으로 들어갔다.
둘째 부분 2: 용이 계내의 사람들이 노래를 지어 부르면서 막대기로 언덕을 치자 부인을 받들고 나와 바치었다.
셋째 부분 : 용이 수로부인을 칠보 장식된 궁전으로 데리고 가 달고 향기로운 음식을 대접해준다.

서술층위를 걷어내고 인물층위의 측면에서 용의 행적을 점검해보니 두 부분에서 용의 행적이 포착된다. 둘째 부분은 용이 수로부인을 모시고 용궁으로 들어간다. 사람들이 용이 모시고 간 수로부인을 다시 되찾기 위해 모여서 노래를 지어 부르고 막대기로 언덕을 친다. 그러자 용은 부인을 받들고 나와 사람들에게 바친다. 셋째 부분은 용이 모시고 간 수로부인에게 인간세상에서 맛 볼 수 없는 향기로운 음식을 대접해준다. 이렇게 보면 용은 서술층위에서 보여진 납치의 대상이나, 하찮은 미물이 아니다.

오히려 용은 칠보 궁전에 살며, 인간 세상에서 맛 볼 수 없는 진귀한 음식을 먹고 사는 존재이다. 그는 수로부인을 강제로 납치한 존재가 아니라 그가 사는 용궁으로 모시고 가 환대한 대접을 해준 것이 된다. 결국 인물층위 둘째 부분에서 드러난 용에 대한 부정적 인식은 화자에서 기인한다. 인물층위 복원을 통해 부정적 인식이 화자에 의한 것임을 알았다. 그렇다면 화자가 왜 용에 대해서 부정적 인식을 가졌는지가 궁금하다. 부정적 인식에는 필연적 이유가 있을 것이기 때문이다. 필연적 이유를 밝히기 위해 당대 역사와 결부시켜 설화를 살피기로 한다.

순정공이 강릉태수로 부임해 가던 시기의 왕은 성덕왕이다. 성덕왕대는 빈번한 자연재해로 인해 민심이 흉흉했다. 왕은 민심을 바로잡기 위해 구휼활동에 힘썼음을 알 수 있다.[198] 왕으로써 민심을 바로잡는 것은 가장 큰 임무였다. 때문에 어떤 방법을 동원해서라도 문제를 해결하고자 했을 것이다. 성덕왕 14년 6월[199] 기사를 통해 실재로 그가 기우제를 지낸 기록이 보인다. 기우제의 장소가 연못[200]이라는 점을 감안할 때 용 숭배가 이루어졌다는 사실을 알 수 있다. 이 설화를 제의적 측면으로 인식[201]한 것도 이러한 맥락에서 일 것이다.[202] 그렇다면 셋째 부분에서 용을 경외의

---

[198] 성덕왕 4년 여름 5월 가뭄이 들었다. 가을 8월, 노인들에게 술과 밥을 하사했다. 9월 살생을 금하는 교서를 내렸다. 겨울 10월, 동쪽 지방으 주와 군에 흉년이 들어 사람들이 많이 유랑하자, 왕이 사신을 보내 구제했다. 5년 봄 정월 나라에 흉년이 들었으므로 창고를 풀어 구제했다. 이 해에 곡식이 잘 익지 않았다. 12월, 죄수들을 크게 사면했다. 6년 봄 정월, 백성 가운데 아사자가 늘어나자, 한 사람에게 하루 조 3되를 7월까지 나누어주었다. 2월, 죄수를 크게 사면했다. 백성들에게 5곡의 종자를 정도에 따라 나누어주었다. 7년 2월, 지진이 있었다. 여름 4월, 죄수들을 크게 사면했다. 8년 여름 5월, 가뭄이 들었다. 가을 8월, 죄수들을 석방했다. 10년 봄 3월, 큰 눈이 내렸다. 여름 5월, 가축의 도살을 금했다. 14년 6월, 큰 가뭄이 들자, 왕이 하서주 용명에 사는 거사 이효를 불러 임천사 연못에서 기우제를 지내게 했는데, 곧 비가 열흘 동안이나 계속 내렸다. 12월, 죄수들을 석방했다. 16년 여름 4월, 지진이 있었다. 17년 3월, 지진이 있었다. 19년 봄 정월, 지진이 있었다. 여름4월, 큰 비가 내려 산이 열세 곳이나 무너졌다. 우박이 내려 볏모를 해쳤다. 가을 7월, 메뚜기 떼가 곡식을 해쳤다. 20년 겨울, 눈이 내리지 않았다. 23년 3월, 눈이 내렸다. 여름 4월, 우박이 내렸다. 겨울 10월, 지진이 있었다.(金富軾,『三國史記』, 新羅 本紀 第八〈聖德王〉.)
[199] 14년 6월, 큰 가뭄이 들자, 왕이 하서주 용명에 사는 거사 이효를 불러 임천사 연못에서 기우제를 지내게 했는데, 곧 비가 열흘 동안이나 계속 내렸다. (金富軾,『三國史記』, 新羅 本紀 第八〈聖德王〉.)
[200] 용은 물을 상징한다. 농업을 주업으로 하는 우리 민족에게 물은 소중하다. 때문에 용 숭배 사상을 가진다. 기우제에서 비를 내리게 하기 위해 물을 상징하는 용을 자극한다는 것은 만물의 생명력을 얻기 위한 방법이다. (홍태환(서영대 · 송화섭 엮음), 위의 책, 2002, pp.273-289.)
[201] 〈헌화가〉를 민심을 수습하게 되는 과정을 굿으로 보여주는 것으로, 〈해가〉를 용거리라고 보고 악룡을 퇴치의 대상으로 여기지 않고 타협하면서 화해를 이루려는 의도를 나타낸다고 했다.(조동일,『한국문학통사』 1, 지식산업사, p.163.) 또한 수로부인을 두고 강신무라고 언급하기도 했다.(이동철,「수로부인 설화의 의미」,『한민족문화연구』 18, 한민족문화학회, 2006, pp.232-249.)
[202] (林治均,「水路 夫人 說話 小攷」,『冠嶽語文硏究』 12, 서울대학교 국어국문학과, 1987, pp.274-283.)에서 수로부인 설화를 고찰하면서 이 설화에서 나타난 용에 대한 시각의

대상으로 인식한 요인은 바로 용 숭배 사상에서 비롯되었다고 보인다.

그럼에도 불구하고 둘째 부분에서 용을 하찮은 존재로 인식한 까닭은 첫 번째에서 네 번째까지 이어지는 '노인의 권위 향상' 과정과 관련된다. 화자는 '노인의 권위 향상'에 주력한다. '노인의 권위 향상'에 주력하기 위해서는 용을 '掠' 또는 '傍生', '掠攬'으로 치부할 수밖에 없다. 노인은 문제를 해결할 수 있는 존재가 되어야 하고 용 또는 신물은 문제를 해결하지 못하는 존재가 되어야 한다. '노인의 권위 향상' 과정에서 노인으로 인해 수로부인은 철쭉꽃을 얻을 수 있었고, 순정공의 무리는 수로부인을 되찾을 수 있었다. 하지만 용이나 신물의 문제는 해결하지 못한다. 수로부인을 순정공 무리에게 내어주어야 했다. 문제 해결의 대비 구조를 통해서도 화자의 의도가 드러난다. 결국, 신이 만든 문제를 인간의 힘으로 해결하고 있다고 하겠다.

또한 화자는 서술층위에서 노인의 입을 통해 "衆口鑠金"이라 하여 사람이 힘을 모으면 금도 녹일 수 있으니, "何不畏衆口乎"해 어찌 사람들의 입을 두려워하지 않을 수 있는가라고 한다. 이는 사람들이 힘을 모으면 어려운 일도 해결할 수 있다는 것을 강조하는 말이다. 또한 "水路姿容絶代"라고 해, 용과 신물이 수로부인의 미모에 반했다고 하고 있다. 용이나 신물 또한 인간의 미모에 반할 수 있다고 하니 인간은 대단한 존재가 된다. 이는 화자가 의도적으로 노인으로 대표되는 인간의 능력을 강조했다는 증거가 된다. 즉, 인간의 능력을 강조하는 인간 중심적 사고가 드러나기에 용 숭배는 부정적으로 인식될 수밖에 없다.

설화의 첫째 부분에서 노인은 순정공 무리가 해결하지 못하는 문제를 해결해 권위를 향상하고, 둘째 부분에서도 노인은 순정공 무리에게 계책을 알려 주어 권위를 향상시킨다. 셋째 부분에서는 신물(神物)의 행위를 '掠攬'이라고 표현하면서 상대적으로 노인의 권위를 향상하게 하고 있다. 또 넷째 부분에서는 증거물을 제시해 노인의 권위 향상이 한 단계 더 도약하게 만든다. 설화의 구성이 '노인의 권위 향상'이므로 용과 신물은 부정된

이중성을 언급하고 있다.

다. 그럼에도 불구하고 여전히 신앙의 대상으로 존재203)하므로 전면적인 부정은 이루어질 수 없었으며, 기이함으로 대체되었던 것이라고 보인다. 이 설화는 결국, 용성(龍聖)의 제거로 상대자인 인간의 권위가 상대적으로 향상되어 나타난다고 하겠다.

2. 용성(龍聖) 제거형 설화의 의미

〈수로부인〉설화의 인물층위를 복원해 본 결과 서술층위에서 '노인의 권위 향상'라는 구성을 취하고 있었다. 서술층위에서 '노인의 권위 향상'은 노인1의 문제해결+노인2의 문제 해결+신물의 폄하+증거물 제시의 단계를 거듭하면서 향상된다. 설화가 '노인의 권위 향상' 과정에 주력하고 있으므로 창작배경을 '인간능력의 고양'이라고 할 수 있겠다. 노인을 촌노로 보면, 촌노는 마을의 사정을 가장 잘 알고 있는 존재이므로, 타향인인 순정공 무리가 감히 올라갈 수 없는 천장절벽을 오를 수 있는 방법을 알았거나, 철쭉꽃이 핀 다른 장소를 알고 그것을 꺾어다 주었을 것이다. 또 노인은 용에게 잡혀간 수로부인의 회귀 방법을 알아 순정공 무리에게 도움을 주기도 했다. 이러한 측면에서 본다면 노인은 해결자가 된다. 미해결에 늪에 빠진 문제를 해결했으므로 노인의 권위는 향상될 수밖에 없으며, 노인으로 대표되는 인간 또한 권위가 향상된다고 하겠다.

〈수로부인〉설화의 창작배경을 고려한다. 〈수로부인〉설화의 창작배경은 '인간 능력의 고양'이다. 서술층위에서 '노인의 권위 향상' 과정을 그리고 있으니 이렇게 볼 수 있겠다. 인간의 능력을 고양하려면, 반대로 신으로 표상되는 존재에 대한 부정이 있어야 한다. 설화에서는 용 또는 신물을 대상으로 부정적인 시각을 드러낸다. 서술층위 둘째 부분에서 용과 신물을 '掠'과 '傍生'으로 셋째 부분에서는 '掠攬'으로 폄하한다. 이러한 양상을 노인의 권위 향상 단계와 비교해 정리하면 다음과 같다.

---

203) 둘째 부분에서는 용을 경외의 대상으로 인식했으며, 셋째 부분에서 掠攬을 행한 존재를 신물(神物)이라고 표현한데서 전면적인 부정이 이루어지지 못했음이 드러난다.

노인의 위상 확보
①노인1의 문제해결+②노인2의 문제 해결+③신물의 폄하+④증거물 제시

용과 신물의 인식
①掠+②傍生+③掠攬

　노인에 대한 권위 향상의 양상은 두 번의 문제 해결 과정을 제시, 인간과 대비되는 신물을 등장시켜 폄하, 증거물을 제시하여 향상해나간다. 단계와 단계는 유기적이어서 단계 하나를 거치는 동안 향상된 권위는 다음 단계의 권위 아래에 놓이게 된다. 반면 용과 신물에 대한 인식은 단계를 거듭하면서 폄하되고 있다고 하겠다. 용과 신물은 '掠' 또는 '傍生', '掠攬'한 존재로 인식한다. 또한 '七寶宮殿 所饍甘滑香潔 非人間煙火 且夫人衣襲異香'으로 표현해 기이함을 드러내기도 한다. 서술층위에서 보인 이러한 시각의 이중성을 통해 인물층위를 복원해 본 결과, 용과 신물에 대한 서술층위의 왜곡이 있었음이 드러났다. 서술층위는 화자의 인식을 드러낸 것이므로, 용과 신물로 대표되는 토속신앙은 성(聖)이 제거되어 인간에게 굴복204)하는 모습으로 나타난다. 그렇다면 용과 신물에 대한 인식은 세 번의 수난을 겪었다고 하겠다. 세 번의 수난을 겪는 동안 용과 신물에 대한 인식은 폄하될 수밖에 없었다. 용과 신물을 신으로 인식하고 숭배했다는 것을 고려할 때, 이들의 폄하는 성(聖)의 제거 과정으로 볼 수 있겠다. 이 현상을 자세히 들여다본다.
　〈수로부인〉설화의 서술층위에서 용은 인간과 적대적이다. 서술층위의 둘째와 셋째 부분에서 이러한 현상이 보인다고 하겠다. 순정공의 무리는 용을 수로부인을 납치한 대상으로 보고 노인은 용을 하찮은 동물로 인식한다. 하지만 성덕왕 당대에 여전히 용신 숭배가 행해지고 있었다. 때문에 용을 완전한 부정의 대상으로 인식할 수는 없었다. 때문에 서술층위의 둘

---

204) 힘이 모잘라 복종한다는 의미를 나타낸다. 서술층위에서 "衆口鑠金 何不畏衆口乎"라 하여 인간 능력의 무한함으로 드러내고 있으며, "水路姿容絶代"이라하여 신(神)도 인간에게 반할 수 있는 존재라고 하고 있다. 두 표현은 모두 인간의 권위를 향상시키는 것들이다. 때문에 용이나 신물인 토속신앙은 인간의 권위에 굴복할 수밖에 없다.

째와 셋째 부분에서 수로부인의 용궁체험을 기이함으로 표현한다. 서술층위의 이러한 현상은 설화의 창작배경에 기인한 것이다. 서술층위에서 화자는 노인 즉, 인간의 능력을 향상시키는 방향을 궁구하다보니 인물층위를 압박하는 방법을 생각해낸 것이다.

설화의 화자가 '노인의 권위 향상'에 주력한 사실은 창작배경인 '인간 능력의 고양' 때문이다. 그렇다면 인간의 능력을 고양해야하는 이유가 궁금하다. 박진태는 수로부인 설화를 인간들의 가치관이 신본주의에서 인본주의로 바뀌어 민속신앙을 부정적으로 인식하게 된 과정을 그리고 있다[205]고 보았다. 인간들의 가치관이 인간 중심적으로 바뀌어 가면서 인간 중심의 문제 해결이 필요했던 것이다. 때문에 서출층위의 구성을 '노인의 권위 향상'에 두고 단계적으로 권위를 향상시켜 나간다. '노인의 권위 향상'이 우선시 되어야 하니 용과 신물은 화자에 의해 세 번의 수난을 겪게 되고, 이러한 수난의 결과 용의 성을 퇴색하게 만들어 결국 성(聖)이 제거 되는 과정을 여실히 보여준다. 이 과정을 표로 나타내면 다음과 같다.

<표1>

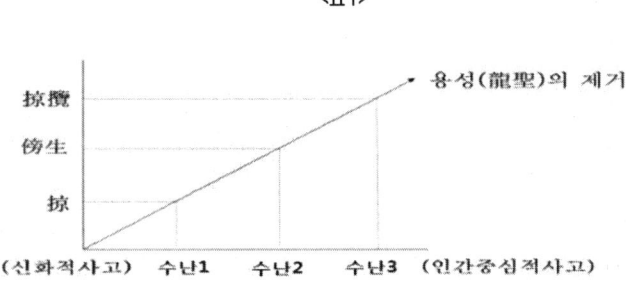

<표1>는 인식의 변화를 나타낸다. 설화의 서술층위에서 인간을 대표하는 노인의 권위는 단계를 거듭하면서 향상되어갔다. 인간을 대표하는 노인의 권위가 향상되니, 인간의 권위가 향상되는 것은 당연한 결과이다.

---

205) 박진태, 「『삼국유사』 용신설화의 유형과 작품양상」, 『고전문학과교육』 21, 한국고전문학교육학회, 2011, 381-381쪽.

반면 용과 신물206)은 수난을 거듭하면서 성(龍聖)이 조금씩 제거되고 있다. 이는 인간의 사고가 신화적 사고에서, 인간 중심적 사고로 전환하는 과정을 나타낸다고 하겠다. '掠' 또는 '傍生', '掠攬'은 용과 신물에 대한 인식이 변화하는 단계를 나타낸다. 이 단계를 거듭해 결국 용성(龍聖)이 제거되는 방향으로 나아간다고 하겠다.

〈수로부인〉 설화에서 두 양상의 대비는 즉, 인간으로 대표되는 노인과 신으로 대표되는 용과 신물은 서로 다른 국면을 맞이한다. 인간의 권위는 점차적으로 향상되고, 신의 권위는 점차적으로 쇠락해간다. 이러한 서술 층위의 대비는 인간의 사고 변화 과정을 그대로 반영하고 있는데, 변화의 과정이 갑작스럽게 이루어진 것이 아니라 수난의 과정에 의해 점차적으로 변화를 겪었다고 보인다. 이 과정에서 용과 신물에 대한 시각의 이중성이 설화에 드러날 수밖에 없었다. 용은 토속신앙으로 여전히 숭배의 대상이 되었기에, 부정적인 인식으로 일관할 수는 없었을 것이다. 설화가 신에 대한 숭배가 사라지는 과정을 그리고 있기에 결국, 용성(龍聖) 제거형인 〈수로부인〉 설화는 '신본주의 탈피하기'라는 구성 원리를 내재하고 있다고 하겠다. 이 구성 원리를 통해 용성(龍聖) 제거가 이루어진다.

3. 타성(他聖)·용성(龍聖) 융합형 설화와의 상관관계

『삼국유사』에 등장하는 타성(他聖)·용성(龍聖) 융합형 설화를 살펴본다. 타성(他聖)·용성(龍聖) 융합형의 설화는 타성(他聖)이 용에게 끼친 영향이 큰 것들이다. 이들 설화에서는 타성(他聖)이 용보다 큰 힘을 가지고 있다고 해서 그것을 무리하게 사용하지 않는다. 용을 교화한다. 융합은 하나로 뭉쳐짐을 의미하는데, 교화의 방법을 통해 타성(他聖)·용성(龍聖)은 융합207)한다. 이들 자료의 가장 큰 특징은 타성(他聖)인 불교신앙와 관련

---

206) 용과 신물을 모두 숭배의 대상으로 간주하고 있기에 동일한 존재로 파악해도 무리가 없어 보인다. 용과 신물을 동일 선상에 놓고 볼 때, 성(聖)의 제거 양상은 결국 용성(龍聖)의 제거로 귀결될 수 있다.
207) 이에 해당되는 설화는 기이 제2의 〈처용랑망해사〉, 탑상 제4의 〈황룡사 구층탑〉, 〈전

을 맺고 있다는 것이다. 용성(龍聖) 제거형과 타성(他聖) · 용성(龍聖) 융합형은 서로 상반되는 특징을 가진다.

용성(龍聖) 제거 설화는 용의 성(聖)이 부정되고 폄하 되는 반면, 타성(他聖) · 용성(龍聖) 융합 설화는 용의 성(聖)이 보존된다. 용이 불교에 교화되므로 타성(他聖)인 불교신앙과 용성(龍聖)인 토속신앙이 자연스럽게 융합된다. 이처럼 용의 속(俗)이 두드러지는 설화와 용의 성(聖)이 보존되어 융합을 이루는 설화를 『삼국유사』 소재 용설화에 모두 담고 있는 데는 이유가 있어 보인다. 강조를 하기 위해서는 한 쪽의 설화만을 제시하면 될 터인데, 두 설화를 모두 제시하고 있기에 그렇다고 하겠다. 그렇다면 두 유형간 비교를 통해 편찬자의 의도를 살펴보아야 한다. 본고에서는 유형간 비교가 목적이므로 타성(他聖) · (龍聖) 융합이 가장 뚜렷하게 드러난 〈혜통항룡〉을 중심으로 살펴보겠다.

서술층위에서 보이는 〈혜통항룡〉 설화의 구성은 여섯 부분으로 이루어져 있다. 첫째 부분에서는 혜통이 당나라 무외삼장에게 심법의 비결을 받는 대목이고, 둘째 부분에서는 혜통이 당나라 왕실에 들어가 용과 대결하는 대목, 셋째 부분에서는 혜통이 신라 문잉림으로 가 용과 대결하는 대목이고, 넷째 부분은 혜통의 신통력을 다룬 대목, 다섯째 부분은 혜통과 신라 왕실이 오해를 풀고 결탁하는 대목, 여섯째 부분은 기장산에서 혜통과 용이 대결하는 대목이다.

여섯 부분은 모두 혜통의 권위를 향상하는 방향으로 제시된다. 첫째 부분에서 혜통은 갖은 노력과 고통을 겪고 나서야 비로소 심법의 비결을 받아낸 존재라고 하고, 둘째 부분에서는 혜통이 당나라 황실 공주의 병을 낫게 했다고 하고, 셋째 부분에서는 신라 문잉림 사라들의 문제를 해결했다고 하고, 넷째 부분에서는 혜통이 뛰어난 신통력으로 신라 왕실 무리를 쫓아냈다고 하고, 다섯째 부분은 혜통이 신라 공주의 병을 낫게 했다고 하고, 여섯째 부분은 기장산 사람들의 문제를 해결했다고 하니 그렇게 볼 수 있다.

여섯 부분이 각기 심법의 비결을 전수받음으로써의 권위 향상, 치병으

후 소장 사리〉, 〈어산불영〉, 의해 제5의 〈보양이목〉, 신주 제6의 〈혜통항룡〉이다.

로써의 권위 향상1, 해결자로써의 권위 향상1, 신통력으로써의 권위 향상, 치병으로써의 권위 향상2, 해결자로써의 권위 향상2라는 내용을 담고 있으니, 전수, 치병, 신통력, 해결자가 계기적으로 맞물리면서 권위의 단계가 점차적으로 높아진다. 전수로써의 권위보다는 치병으로써의 권위1이, 치병으로써의 권위1 보다는 신통력으로써의 권위가, 신통력으로써의 권위보다는 치병으로써의 권위2가, 치병으로써의 권위2 보다는 해결자로써의 권위2가 더 영향력을 가지게 되기 때문에 이렇게 볼 수 있다. 그렇다면 인물이 시간차를 두고 나타난 이유는 화자가 혜통의 권위 향상을 위해 설정한 것이라는 추정이 가능해진다.

〈혜통항룡〉208)
첫째 부분: 혜통이 무외삼장에게 심법의 비결을 받는 과정
1) 혜통이 속인으로 있을 때, 하루는 집의 동쪽 시냇가에서 놀다가 수달 한 마리를 잡아 죽이고 뼈를 동산 안에 버렸다.
2) 이튿날 새벽 그 뼈가 없어졌으므로 핏자국을 따라 가 보니 뼈는 옛날에 살던 굴속으로 돌아가 다섯 마리의 새끼를 끌어안은 채 웅크리고 있었다.
3) 혜통이 바라보고 한참이나 놀라고 이상히 여기며 감탄하고 망설이다가 속세를 버리고 승려가 되었다.
4) 혜통이 당나라에 가서 무외삼장에게 배우기를 청했으나 신라 사람으로 감히 불법을 닦을 그릇이 될 수 없다하여 거절당한다.
5) 혜통은 물러나지 않고 3년 동안 열심히 섬겼으나 끝내 허락하지 않는다.
6) 애가 탄 혜통은 뜰에 서서 머리에 화로를 이고 있다가 이마가 터져 우레와 같은 소리를 냈다.
7) 무외삼장이 소리를 듣고 와 화로를 치우고 터진 곳을 손으로 어루만지며 신비스런 주문을 외우자 상처가 아물어 전과 같이 되었으나 왕 자 무늬의 흉터가 생겼다.
8) 이로 인해 왕화상이라 불리고 무외 삼장이 혜통의 재질을 높이 사 심법의 비결을 전해주었다.

둘째 부분: 당나라 황실에서 벌어진 혜통과 용의 대결

---

208) 一然,『三國遺事』,〈惠通降龍〉神呪 第六.

1) 당나라 황실의 공주가 병이 나서 고종이 무외삼장에게 치료를 청하니 삼장이 혜통을 천거했다.
2) 혜통이 명을 받들어 별실에 거처하면서 흰콩 한 말을 은그릇에 담고 주문을 외워 흰 갑옷을 입은 신병으로 변하게 해 병마와 싸우게 했으나 이기지 못했다.
3) 또다시 검은콩 한 말을 금으로 된 그릇에 담고 주문을 외우자 검은 갑옷을 입은 병사들로 변했다.
4) 이들을 흰 갑옷을 입은 병사들과 더불어 싸우게 하여 병마를 쫓으니 교룡이 뛰쳐나와 병이 나았다.

셋째 부분: 신라 문잉림에서 벌어진 혜통과 용의 대결
1) 정공이 사신으로 당나라에 갔다가 혜통을 만나 혜통이 쫓아낸 독룡이 문잉림 사람들을 해치고 있다고 말했다.
2) 혜통은 정공과 함께 인덕 2년 을축에 본국으로 돌아와 용을 내쫓았다.

넷째 부분: 혜통의 신통력.
1) 용이 정공을 원망하여 정공의 문밖에 있는 버드나무가 되어 살고 있었는데 이를 알지 못하는 정공은 버드나무를 매우 사랑했다.
2) 효소왕이 신문왕의 무덤을 만들고자 장사지낼 길을 내는데 버드나무가 가로 막고 있어 베어버리라고 명령했으나 정공이 이를 저지했다.
3) 왕이 노하여 정공의 목을 베어 죽이고 그의 집을 흙으로 묻어버렸다.
4) 조정에서 의논하기를 정공과 친한 혜통을 죽이고자 하여 병서를 소집하여 왕망사로 가게 했다.
5) 혜통은 갑옷을 입은 병사들이 오는 것을 보고 지붕으로 올라가 사기병과 붉은색 먹을 묻힌 붓을 들고 병의 목에 한 획을 긋자 병사들의 목에 붉은 획이 그어졌다.
6) 놀란 병사들이 황망히 도망하여 왕의 앞에 달려 나아가자 왕이 혜통의 신통력은 사람의 힘으로 도모할 수 없다고 하여 그대로 내버려 두었다.

다섯째 부분: 혜통과 신라 왕실의 결탁
1) 왕녀가 병이 나자 혜통을 불러 치료하게 했더니 병이 나았다.
2) 혜통은 정공의 억울함에 대해 호소하고 왕은 후회하여 정공의 처자에게는 죄를 면하게 하고 혜통을 국사로 삼았다.

여섯째 부분: 기장산에서 벌어진 혜통과 용의 대결
1) 용은 정공에게 원한을 갚고 기장산으로 가 곰신이 되어 해독을 심하게 끼쳐 백성들을 괴롭혔다.
2) 혜통이 그곳으로 가 용을 타이르고 살생하지 말라는 계율을 주었더니 용의 해가 없어졌다.

설화의 서술층위에서 화자는 불교신앙의 권위 향상을 위해 혜통의 권위를 향상하는 구성을 취하고 있다고 하겠다. 그렇다면 화자가 왜 불교신앙의 권위를 향상시키기 위해 이러한 구성을 취했을 지가 궁금해진다. 단순히 불교신앙을 강조하기 위해 불교신앙의 권위 향상을 위한 구성을 취했다고 하기에는 뭔가 석연치 않다. 이를 좀 더 살피기 위해서 서술층위에 드러난 인물층위를 복원해 보기로 한다.

용의 행적
둘째 부분 : 용이 당나라 황실에서 세력을 잃는다.
셋째 부분 : 용이 신라 문잉림에서 세력을 잃는다.
넷째 부분 : 용이 신라 왕실과는 돈독한 관계를 유지한다.
여섯째 부분 : 용이 기장산에서 혜통의 세력과 결합한다.

서술층위를 걷어내고 인물층위의 측면에서 용의 행적을 점검해 보니 네 부분에서 용의 행적이 포착된다. 둘째와 셋째 부분에서 용은 각 장소에서 세력을 잃는다. 넷째 부분에서는 용이 신라 왕실과는 여전히 돈독한 관계를 유지한다. 여섯째 부분에서는 용이 기장산에서 혜통의 세력과 결합하는 모습을 보여준다. 서술층위 둘째 부분에서 용은 당나라 황실 공주가 득병한 원인이 된다. 왜 병의 근원이 용이라고 했는지는 알 수 없으나 득병의 요인인 용이 부정적인 존재로 인식되었음은 틀림이 없다. 부정적이기에 쫓겨났다는 표현을 사용했다고 보여진다. 그렇다면 혜통은 당나라 사람들이 요청한 존재이므로 긍정적인 대상이 되겠다.

서술층위 셋째 부분에서도 신라 문잉림 사람들에게 해를 끼치고, 넷째 부분에서는 정공을 죽음으로 내몰며, 여섯째 부분에서는 기장산 사람들에게 해를 끼쳐 부정적 존재로 인식된다. 하지만 인물층위를 복원해 본 결과 용이 부정적인 존재로 인식된 것은 서술층위 '혜통의 권위 향상'이라는 구성 때문이었다. 화자는 혜통의 권위 향상을 위해 상대적으로 용의 권위를 낮추기만 해도 목적을 달성하게 된다. 그런데 화자는 어떤 장소에서는 용을 부정적인 존재로 인식해 용의 권위를 추락시켜 버리고 또 다른 어떤 장소에서는 불법으로 교화시킨다. 장소가 달라짐에 따라 혜통이 용을 대하는 태도가 달라진 이유가 무엇일까? 이를 살피기 위해서는 장소에 따른 혜통의 대처 방안을 먼저 따져보아야 한다.

서술층위에서는 혜통만이 용의 해독을 멈추게 할 수 있는 존재라고 하나 거듭되는 만남에서 혜통은 용을 쫓아 낼뿐 용의 악행을 근본적으로 저지하지 못한다. 혜통이 용의 악행을 근본적으로 저지하지 못한다는 사실은, 용 또한 혜통에 버금가는 능력을 소유하고 있다는 것을 나타내주고 있다고 하겠다. 용의 능력이 뛰어나기에 혜통이 용의 악행을 근본적으로 잠재울 수 없는 것이다. 당나라 황실과 신라 왕실은 득병[209]을 이유로 혜통에게 치병의 도움을 요청한다. 치병을 목적으로 혜통이라는 인물은 상층이 거주하는 공간에 유입된다. 유입된 공간인 당나라 황실에서는 공주 병의 원인이 교룡이었으므로 교룡을 쫓아 보내자 병이 나았다.

신라 왕녀의 병은 원인을 알 수 없으나 혜통이 당도하자 낫게 된다. 결국 상층이 거주하는 공간에서 혜통을 필요로 하여 혜통이 그곳으로 간 것이며, 혜통은 용을 쫓아내는 문제를 해결하는 것으로 당나라 황실이라는 영역의 통과의례를 통과한다. 혜통이 영역의 통과의례를 거쳐 진입한 곳은 다름 아닌 상층의 공간이었다는데 주목해야 한다. 상층은 먼저 용으로 대표되는 무언가를 수용했고, 뒤에 병마라고 매도하며 용을 처단하고자 한다.[210]고 추정해 볼 수 있다.

---

[209] 병을 얻는다는 것은 육체적 정신적 고통을 의미한다. 인간은 이 고통을 피하기 위해 안간힘을 쓴다. 이 설화에서는 치병을 위해 혜통이라는 고승을 도움을 요청한다. 그리고 고승은 도움의 요청에 대한 기대를 충족시켜준다.
[210] 기존의 논의에서처럼 용은 토속신앙을 상징한다. 그렇다면 토속신앙인 용 또한 숭앙의 대상으로 인정받기 위해서는 영역의 통과의례를 통해 신성이 확보되었다고 볼 수 있겠다.

하층의 인물이 있는 곳은 문잉림과 기장산이다. 문잉림에서 교룡은 독룡으로 비춰진다. 상층 인물인 정공의 폭로는 문잉림이라는 공간의 요청을 대변해 준 것으로 보인다. 문잉림의 사람들이 직접 혜통에게 찾아가 사실을 알리는 것이 좋겠지만 상황이 여의치 않았던 것이다. 하층의 인물이 당나라로 건너가는 것도 힘들거니와 승려 혜통을 알고 있다고 보기도 어렵기 때문이다. 혜통은 용을 쫓아냄으로써 문잉림 사람들의 문제를 해결하는 것으로 영역의 통과의례를 통과하게 된다. 그러나 기장산에서 혜통의 태도는 달라진다. 지금까지 용을 쫓아내기에만 급급했던 혜통이 기장산에서는 용을 불법을 통해 교화시킨다.

기장산은 하층의 인물로 구성되어 있다. 혜통이 신라 왕실과의 관계가 호전되고 국사로 삼아지자, 용은 기장산의 웅신이 되어 사람을 괴롭힌다. 당나라 황실에서 벌어진 일이 다시 벌어졌다. 같은 일이 벌어졌으므로 동일한 방법으로 문제를 해결하면 될 것이다. 하지만 기장산에서는 용을 쫓아내지 않는다. 혜통은 기장산에서 만큼은 불살계로 용을 타이른다. 용 또한 반항하지 않는다. 결국 기장산이라는 공간은 두 인물의 결합을 이끄는 공간이라고 보여진다.

정공의 집서 각각의 존재들은 모두 자신의 힘을 확보한다. 혜통이 힘을 은 상층이 사는 공간이다. 왕망사는 불교신앙의 거점이다. 각각의 공간에키운 공간은 사찰이다. 혜통이 승려임을 가만했을 때 승려가 사찰 내에 있을 때 힘이 증가할 수 있다211)는 것은 납득이 간다. 그런데 용은 정공의 집이다. 용은 정공과 왕실이 서로 다른 의견을 가진 것을 교묘하게 이용한다.

정공은 하층을 아우르는 신앙체계를 구축하고자 한 인물이라는 추정을 해본다. 상층의 왕실은 문잉림의 사람들이 고통을 겪고 있는 사실조차 알지 못했다. 정공은 그들의 고통을 혜통에게 전해준다. 반면 왕실은 하층에게 해독을 끼친 용을 도와주는 역할을 하게 된다. 때문에 혜통과 정공, 왕실과 용은 서로 다른 이상을 가지고 있다고 하겠다.212) 혜통은 문잉림에서

---

211) 불상을 모시고 불도(佛道)를 닦으며 교법을 펴는 집이라는 뜻을 지닌 사찰은 불교신앙의 중심이라 하겠다. 때문에 승려는 사찰 안에서 세력이 확보될 수 있다.

하층 인물들의 인정을 받아 그들의 힘을 얻었으나 왕실과 용에 의해 죽음의 위기에 놓인다.

하층과의 결합만으로는 높은 위상을 점하기 어렵다는 사실이 드러난다. 혜통은 왕망사 지붕으로 올라가 주문으로 왕실 세력을 쫓아낸다. 이를 통해 신라의 상층 내부에서도 용을 옹호하는 세력과 혜통과 뜻을 같이하는 세력이 팽팽히 맞서고 있었다고 하겠다. 그런데 왕녀가 병이 나자 상층은 배척했던 혜통을 왕실로 불러들인다. 당나라 황실은 용을 쫓아내기 위해 혜통을 요청했다.213) 신라 왕실도 마찬가지로 득병의 이유로 혜통을 요청한다. 왕실의 혜통 요청은 용과의 결별을 의미한다고 보아야 하겠다.214)

왕녀를 치병함으로 혜통은 국사가 되고 정공의 한 또한 풀어줄 수 있게 되었다. 왕망사는 바로 혜통이 신라 왕실로 진입하는 계기를 마련해준 공간이며 혜통 힘의 근원지 즉, 불교신앙의 근거지이다. 혜통은 당나라 황실, 신라 왕실에서 모두 치병 문제의 해결을 통해 영역의 통과의례를 통과한다. 결국 혜통은 상층과의 결합을 통해 용보다 우세한 위상을 점할 수 있었다. 하지만 상층과의 결합만으로는 해결되지 않는 문제가 생긴다. 바로 용과의 갈등이다. 용과의 갈등이라는 문제가 사라지지 않는다면, 혜통은 거듭해서 용과 갈등 상황을 겪어야만 한다.

기장산은 다른 장소들과는 차별성을 가진다. 기장산에서는 모든 문제가 해결된다. 때문에 기장산215)은 조화의 장소라고 하겠다. 기장산에서 용은

---

212) 서로 이상이 동일하다면 대치되는 일이 생기지 않는다는 사실을 상기할 필요가 있다.
213) 용은 신라 왕실 즉, 상층의 세력에게 내몰림을 당한다. 앞서 당나라 황실에서도 용은 내몰렸다. 신라 왕실과 용의 관계를 통해 당나라 황실에서 용이 내몰림을 당한 이유는 동맹관계의 절연으로 볼 수 있겠다. 동맹관계에 있을 때 용은 배척의 대상이 아니다. 하지만 동맹관계가 절연되는 순간 내몰림의 대상이 된다.
214) 용은 정공의 집에서 승리를 거두었음에도 불구하고 혜통이 신라 왕실과 결합하자, 기장산으로 가 백성들에게 악독을 행한다는 점에서 이러한 추정이 가능하다.
215) 인도불교가 중국에 전해지면서 도교와 만나 선불교를 만들었고 우리 민족문화권에 들어와서는 고유신앙으로 분류되는 산신신앙을 비롯 여타 신앙체계와 습합되면서 불교는 친숙하게 대중화되었다(장정태, 「한국불교 속의 산신신앙 연구 -『삼국유사』에 나타난 산신신앙을 중심으로」, 『한국불교사연구』 3, 한국불교사연구소, 2013, p.203.)라는 논의를 참조하면, 결국 기장산이라는 공간은 민간신앙의 중심지라고 보인다. 민간신앙의 중심지에서 불교신앙은 그들을 모두 포용했다는 의미로 보여진다.

웅신216)의 모습을 하고 있는데 이는 토속신앙의 변화무쌍한 모습을 나타내준다. 그렇다면 혜통이 설화에서 불법을 통해 용을 교화시킨다는 것은, 불교신앙을 바탕으로 토속신앙을 교화하고 있는 모습이라 하겠다. 불교신앙을 통한 교화이지만 토속신앙217)을 일방적으로 굴복시키거나 배척하지 않았다. 무력적인 방법 대신에 불살계를 통해 감화시켰다. 설화의 화자는 공간과 인물의 관계를 통해 불교신앙을 우리 인식에 자연스럽게 침투시키려고 했다. 결국, 이 설화를 통해 타성(他聖)·용성(龍聖) 융합을 보여주고 있다고 하겠다.

용성(龍聖) 제거형 설화는 용의 위상이 가장 낮게 나타난다. 이 설화에서 용의 성(聖)은 속(俗)된 것으로 인식된다. 용성(龍聖)을 속된 것으로 폄하하니 상대적으로 인간의 권위는 향상된다. 반면 타성(他聖)·용성(龍聖) 융합형 설화에서는 용성(龍聖)을 대표하는 '토속신앙의 위력·저항을 드러나긴218)' 하지만 타성(他聖)을 대표하는 불교신앙은 용을 굴복시키거나 제거하지 않는다. 이처럼 상반되는 두 유형의 설화를 제시한 이유를 편찬자가 설화를 편찬할 당시 두 종류의 설화가 존재했으므로, 두 가지 종류의 설화를 『삼국유사』 용설화에 실었다고 할 수 있을 것이다. 그런데 이는 일연이 『삼국유사』를 편찬할 당시로 돌아가지 않는다면 확인 할 수 없다.

---

216) 토속신앙의 발전단계를 고려해 볼 때, 미분화된 복합적 신앙체계는 당연한 것으로 여겨진다. 인간의 욕구에는 끝이 없으므로 끝이 없는 소원과 기도가 이루어지고 이러한 요구에 부응해주는 산신이 등장하게 되며, 인간의 욕구가 변화함에 따라 산신 역시 수신도 되어야 하고 동물신도 되어야 한다고 여겨진다.(하정룡, 「『三國遺事』所載 山神 關聯記事와 그 性格에 대한 一考察」, 『종교와문화』 9, 서울대학교 종교문제연구소, 2003, p.155.

217) 독룡은 당 황실의 공주를 병들게 했던 당의 교룡으로 혜통에게 쫓겨난 것에 앙심을 품고 혜통의 분국인 신라로 와서 악독한 짓으로 앙갚음을 했던 외래 독룡이다(金鎭煥, 「龍神思想에 관한 考察 -三國遺事 中心-」, 『東國思想』 18, 東國大學校 佛敎大學, 1985, p.57.)라고 하여 용을 외래의 용으로 본 논의가 있다. 용이 당나라의 독룡이라고 한다면 복수가 성공하면 회귀하는 것이 마땅하다. 하지만 용은 신라에 머무르면서 불살계를 받고 악독을 멈추었기에 토속신앙으로 간주해도 무방하리라 생각된다.

218) 일연은 삼국유사 불교설화 기사와 찬서를 통해 나라에서 호국수법의 일환으로 불교를 중흥하면 왕권의 확고한 권위는 물론이고 천지를 태평하게 하는 이상국가를 이룩할 수 있다는 것을 당시 13세기의 독자에게 계몽하고자 했다.(한예원, 「『삼국유사』의 불교설화를 통해 본 편찬의도」, 『동방한문연구』 23, 동방한문학회, 2006, pp.75-76.)

하지만 적어도 두 종류의 설화가 전하고 있었다는 개연성은 확보된다.

이 개연성을 바탕으로 용성(龍聖) 제거형 설화에서 용을 속(俗)되게 생각하여 배척하자는 기류와 타성(他聖)·용성(龍聖) 융합형 설화에서 용성(龍聖)을 제거하지 않고, 유지하면서 타성(他聖)과의 융합을 꾀하자는 기류가 편찬자인 일연이 『삼국유사』를 편찬할 당시에 존재했다고 하겠다. 편찬자인 일연은 두 가지 기류를 『삼국유사』 용설화를 통해 제시하고 있다. 일연이 이 같이 두 유형의 설화를 제시한 까닭은 융합이라는 단어에 함축되어 있지 않나 생각된다. 용성(龍聖) 제거형 설화를 통해 배제의 오류를 지적하고, 타성(他聖)·용성(龍聖) 융합형 설화를 통해 통합의 원리를 제시했다고 보여진다. 이렇게 본다면 일연은 『삼국유사』 소재 용설화를 통해 보편론·전체론의 입장에서 융합을 꾀하고자 했다고 하겠다. 보편론·전체론219)은 전체라는 큰 틀 속에서 부분을 본다. 때문에 일연은 당대의 상황220)을 보편적·전체론적 입장에서 살피고, 융합의 필요성을 타성(他聖)·용성(龍聖) 융합형 설화를 통해 드러내고자 했다고 보인다. 하지만 배제의 오류가 있는 용성(龍聖) 제거형 설화가 없다면 융합으로 나아가는 발판이 마련되지 않았을 것이다. 이것이 바로 용성(龍聖) 제거 설화가 가지는 의의라고 하겠다.

---

219) 세계를 하나의 전체로 파악하여 각 부분을 전체와 연관성 속에서 파악하고자 하는 접근방식이다. 전체는 부분을 초월하는 총체이며, 부분은 전체를 위해 전체 속에서 의미를 가진다. 따라서 이 세계를 분석하고 이해하려 할 때는 전체적인 관점에서 보아야지 개별적으로 나누어 보아서는 세계를 제대로 이해할 수 없다.(김유신, 「전체론(Holism)의 네 가지 개념:과학철학적 관점에서」, 『오늘의 문예 비평』 31, 오늘의 문예 비평, 1998, p.221.)
220) 일연이 생존했던 13세기는 대내외적인 격동기였다. 무신란이 일어나 최충헌이 집권하여 전횡을 일삼고, 대외적으로는 여진·글안·몽골의 침입에 의해서 국가가 피폐해졌다. 그리하여 이러한 위기를 극복하기 위해서 통일적인 저항의식과 민족적 자주 의식이 고양되었다.(박진태·정호완·이강옥·김복순··조수동, 「삼국유사의 종합적 연구(1)」, 『한국민속학』 29, 한국민속학회, 1997, p.508.)

7장. 『삼국유사(三國遺事)』 설화에 나타난 용(龍)의 양상과 그 의미

1. <황룡사구층탑(皇龍寺九層塔)> 설화에 나타난 용의 양상과 그 의미

어떠한 문화 현상도 독자적으로 형성되지는 못한다. 또 다른 문화와의 관계 속에서 형성된다. 일연의 『삼국유사(三國遺事)』 소재 설화 또한 다른 문화와의 관계 속에서 형성되었다고 할 수 있다. 『삼국유사(三國遺事)』 편찬자인 일연 당대를 전후한 시기에 각자 목적과 경향성은 달라도 설화를 수집하고 정리하는 시류가 있었다고 보인다. 이인로의 『파한집』과 최자의 『보한집』이 대표적인 예라고 할 수 있다. 그렇다면 일연 당대를 전후한 시기에 설화를 수집하고 수록한 시류가 존재한 까닭이 무엇인지에 대한 문제를 다시 생각하지 않을 수 없다.

일연 당대를 전후한 시기에 고려는 몽고와 30년 가까운 기간 동안 전쟁을 치르는 어려움을 겪었다. 일연에게 고려의 국가적 위기는 민족의식과 자주의식을 고양시키는 원동력이 되었다. 일연의 저술에서 이 같은 경향이 강하게 드러난다.[221] 또한 일연은 禪宗뿐만 아니라 교종의 여러 사상경향에 대해 폭넓게 이해하고, 화엄사상은 물론 유학 사상에 대해서도 깊은 지식을 가지고 있었다.[222] 『삼국유사(三國遺事)』 설화는 일연에 의해 취사선택된 자료들이므로 일연의 사상이 담겨져 있을 가능성이 크다고 할 수 있다. 앞선 시기의 이인로의 『파한집』에서는 시 해석을 위해 설화를 싣고 있었으며,[223] 최자의 『보한집』에서는 도덕적 교훈성을 찾는 유교적 효용

---

221) 박용운, 「고려시기 사람들의 고려의 고구려계승의식」, 『북방사논총』 2, 동북아역사재단, 2004, pp.183-184.
222) 김두진, 「一然의 生涯와 저술」, 『역사학연구』 19, 전남사학회, 2002, pp.188-189.
223) 『破閑集』 저작자의 일차적 기본적 의도에 나타난 것을 민족시집적 성격으로 보고 있

주의를 강조하기 위해 설화를 실었다.[224] 각각의 책에서 설화를 싣고 있는 목적성이 다르다.

특히 일연의 『삼국유사(三國遺事)』 설화는 일연의 당대 상황에 대한 인식과 일연의 다양한 사상들의 통합이 잘 그려진 작품이라고 할 수 있을 것이다. 본고에서는 바로 이 부분에 착안해 일연의 『삼국유사(三國遺事)』 설화 중 불교설화와 용의 관계를 그리고 있는 작품을 대상으로 연구를 진행하려고 한다. 일연이 다양한 사상을 포용하려 노력했지만 의식의 기저에는 불교 사상에 대한 영향이 적지 않았을 것이다. 일연이 『삼국유사(三國遺事)』 설화에서 불교설화를 가장 많이 수록하고 있는 것만 보아도, 일연의 의식에서 불교 사상에 대한 영향력이 크다는 사실을 잘 보여준다.

그런데 일연의 불교 사상에 대한 강한 영향에도 불구하고 용과 관련되어 전하는 일부 설화에서는, 불교 사상에 대한 영향력이 설화 전체를 장악하지 못하고 있다는 느낌이 든다.[225] 이러한 현상은 일연이 당대 설화를 수집하여 『삼국유사(三國遺事)』에 수록했으므로 그러하다고 할 수 있다. 하지만 간과하지 말아야 할 사실은 『삼국유사(三國遺事)』 설화가 일연에 의해 취사선택되어 전해졌다는 사실이다. 일연이 취사선택하여 설화를 싣고 있으므로 취사선택 시 목적성을 내포하고 있다고 보아야 한다. 그렇다면 용과 관련되어 전하는 일부 설화에서 불교 사상의 영향력이 크지 않다는 사실은, 일연이 이 사실을 인지하고서라도, 이 설화를 『삼국유사(三國遺事)』에 전해야 하는 필요성이 있었기 때문이라고 여겨진다.

일연이 어떠한 필요성을 가지지 않았다면, 일연의 사상 기저에 자리 잡고 있는 불교 사상이 옅어진 설화를 굳이 『삼국유사(三國遺事)』에 전할 필요가 없었을 것이라고 생각된다. 일연에 의해 취사선택된 설화에서 용은

다. 이 논의를 바탕으로 설화를 소개한 이유가 시 해석에 주안점을 두고 있다는 사실을 알 수 있다.(沈浩澤, 「『破閑集』의 歷史的 性格-撰錄意圖의 時代的 背景-」, 『한문교육연구』1, 한국한문교육학회, 1986, pp.92-98.

224) 허영미, 「보한집(補閑集)의 문학적 성격」, 『동방한문학』1, 동방한문학회, 1982, pp.53-54.
225) (박다원, 「『삼국유사(三國遺事)』 용성(龍聖) 제거형 설화의 양상과 그 의미」, 『국학연구론총』 15, 2015, pp.251-282.)에서 논의 된 〈수로부인〉 설화와 〈혜통항룡〉 설화 등이 대표적이라 할 수 있다.

사람들에게 성스러운 존재로, 때로는 부정적인 존재로, 혹은 불교신앙에 순응하는 존재로 인식되는 등 세 가지 경향성을 드러낸다. 그렇다면 설화에 나타난 세 가지 경향성은 일연의 사고를 대변하고 있다고 보아야 할 것이다. 본고에서는 이 세 가지 경향성을 가진 설화 중에서도 용이 불교신앙에 순응하는 설화를 중심으로 살피려고 한다.

용이 불교신앙에 순응한다고 인식되는 설화들에서 용은 불교신앙에 순응하는 존재이므로 불교신앙과의 갈등은 보이지 않는다. 그런데 이들 중에서는 용과 사람들의 갈등이 보이는 설화가 존재한다. 같은 경향성을 보이는 설화들임에도 불구하고 용과 사람들과의 관계가 갈등을 보이는 것과 그렇지 않는 것으로 나눠진다는 점은 설화들 간의 이질성이 존재하고 있다는 사실을 알려준다. 〈황룡사구층탑(皇龍寺九層塔)〉과 〈어산불영(魚山佛影)〉은 바로 이런 이질성을 잘 보여주는 설화라고 할 수 있다.

두 설화가 같은 경향성을 가지고 있음에도 불구하고 이질성을 가지고 있다는 사실을 해명하기 위해 〈황룡사구층탑(皇龍寺九層塔)〉과 〈어산불영(魚山佛影)〉 설화를 중심으로 살펴보고자 한다.226) 〈황룡사구층탑(皇龍寺九層塔)〉 설화에서 용은 승려인 자장과 신라 왕실을 도와주는 조력자의 면모를 보인다. 반면 〈어산불영(魚山佛影)〉 설화에서 용은 해를 끼쳐 사람들을 괴롭히는 존재로 등장한다. 이처럼 용과 사람들과의 갈등 상황이 드러난 것과 드러나지 않는 두 부류의 설화를 일연이 『삼국유사(三國遺事)』에 실었으므로 일연의 의도를 파악하기 위해서는 이들 설화를 살펴 원인을 따져보지 않을 수 없다. 본고에서는 두 설화를 통해 일연이 『삼국유사(三國遺事)』에 왜 이러한 설화를 싣고 있는지에 대한 문제를 해명하고자 한다.

〈황룡사구층탑(皇龍寺九層塔)〉의 설화는 자장이 중국으로 유학을 가 오

---

226) 〈처용랑망해사〉 (一然, 『三國遺事』 紀異 第二), 〈전후소장사리〉 (一然, 『三國遺事』 塔像 第四), 〈어산불영(魚山佛影)〉 (一然, 『三國遺事』 卷第三 塔像 第四) , 〈보양이목〉 (一然, 『三國遺事』 義解 第五) 설화에서도 이러한 이질성이 드러난다. 하지만 이들 설화에서 용과 불교신앙과의 갈등 상황 유무는 〈황룡사구층탑(皇龍寺九層塔)〉 설화와 〈혜통항룡〉 설화에서 보인 용과 불교신앙과의 갈등 상황 유무처럼 뚜렷하게 나타나지는 않는다. 때문에 본고에서 두 설화를 연구의 대상으로 삼는다.

대산에서 문수보살의 불법을 전수받아 오는 길에 태화지 신인을 만나 나라가 평안할 방도를 듣는다는 내용을 골간으로 하고 있다. 승려의 불법 전수는 오랜 시간과 노력이 드는데도 불구하고 설화에서 자장은 빠르게 불법을 전수 받았을 뿐 아니라 나라를 평안하게 할 방도까지 알게 된다는 것이 석연치 않아 보인다. 자장의 이러한 행보가 왜 제시되었는지 따져보지 않을 수 없다. 설화는 자장이기에 문수보살의 진신을 보고 빠르게 불법을 전수받는다고 하고, 태화지 신인에게서 나라가 평안할 방도까지 듣게 되는 것이라고 한다. 바로 이 점이 설화가 자장을 드높이기 위해 만들어진 것이 아닌가 하는 의구심을 들게 한다.

〈황룡사구층탑(皇龍寺九層塔)〉 설화의 구성은 다섯 부분으로 이루어져 있다. 첫째 부분은 자장의 불법전수를 다룬 대목이고, 둘째 부분은 자장과 태화지 신인이 만나 신인이 자장에게 나라가 평안할 방도를 알려주는 대목, 셋째 부분은 황룡사 구층탑을 완성하는 대목이고, 넷째 부분은 지룡에 청에 부응해 쌓은 황룡사 구층탑의 영험함을 다룬 대목, 다섯째 부분은 다른 기록에서 전해지는 탑의 재건과 소실을 다룬 대목이다. 다섯 부분은 모두 자장의 권위를 높이는 방향으로 제시된다. 첫째 부분에서는 자장이 문수보살의 진신을 보고 그에게서 불법전수를 받았다고 하고, 둘째 부분에서는 태화지 신인을 만나 신인에게서 나라의 평안할 방도를 들었다고 하고, 셋째 부분에서는 황룡사 구층탑을 완성할 때 신이한 일이 있었다고 하고, 넷째 부분에서는 지룡의 청으로 완성된 탑이 영험하다고 하고, 다섯째 부분에서는 다른 기록에서 여러 번 벼락을 맞아 왕들이 재건했으나 몽고의 침략으로 불타버렸다고 한다.

다섯 부분이 각기 불법 전수로써의 권위 향상, 방도 획득으로써의 권위 향상, 신의 조력으로써의 권위 향상, 영험함으로써의 권위 향상, 탑 보존 노력으로써의 권위 향상이라는 내용을 담고 있으니, 불법 전수, 방도 획득, 신의 조력, 영험함, 노력이 계기적으로 맞물리면서 권위의 단계가 점차적으로 높아진다. 불법 전수로써의 권위보다는 방도 획득으로써의 권위가, 방도 획득으로써의 권위 보다는 신의 조력으로써의 권위가, 신의 조력으로써의 권위 보다는 영험함으로써의 권위가, 영험함으로써의 권위 보다는 노력 으로써의 권위가 더 영향을 가지게 되기 때문에 이렇게 볼 수 있다. 그렇다 면 각 부분에서 나타나는 권위 향상의 양상을 구체적으로 살피기로 한다.

〈황룡사구층탑(皇龍寺九層塔)〉227)

첫째 부분: 문수보살의 중언과 자장의 불법전수.
1) 신라 제27대 성덕왕이 왕위에 오른지 5년 되는 정관 10년 병신에 자장법사가 중국에 유학 가서 오대산에서 감응하여 문수보살로부터 불법을 전수 받았다.
2) 문수보살이 자장에게 선덕왕이 불기(佛記) 받은 몸으로 다른 족속과 다르다고 말하고, 신라의 산천이 험하여 사람들이 거칠고 사나우며 미신을 믿어 천신이 화를 내리는 것이나, 다문비구가 나라 안에 있기 때문에 임금과 신하, 백성들이 평화롭다고 일러준다.
3) 말을 마치자 문수보살이 보이지 않으니 자장은 이것이 보살의 화신임을 알고 감격의 눈물을 흘리며 물러나왔다.

둘째 부분: 자장과 태화지 신인의 만남과 나라 평안의 방법 획득.
1) 자장이 태화지 옆을 지나는데 홀연히 신인이 나와 자장에게 어찌 이곳에 왔느냐고 묻고, 자장은 깨달음을 얻기 위해 왔다고 대답한다.
2) 신인이 절하며 자장에게 다시 나라의 어려움에 대해 묻자, 자장이 북쪽의 말갈과 남쪽의 왜와 접해 있고, 고구려와 백제가 번갈아 국경을 침범하니 걱정이라고 답한다.
3) 신인은 자장에게 당신의 나라가 여왕을 왕으로 삼았기 때문에 덕은 있으나 위엄이 없어 이웃 나라가 침략을 도모하는 것이니 속히 본국으로 돌아가라고 이른다.
4) 자장은 본국으로 돌아가 무엇을 해야 이익이 되느냐고 되묻자, 신인은 황룡사의 불법을 옹호하는 용이 자신의 맏아들로 범천왕의 명령을 받고 절을 보호하고 있다고 하면서 본국에 돌아가 절 안에 9층탑을 세우면 이웃 나라들은 항복할 것이고 9한이 와서 조공할 것이며 왕위가 길이 편안할 것이라고 한다.
5) 또 탑을 세운 후 팔관회를 열고 죄수들을 용서하여 석방하면 외국의 적들이

---

227) 一然, 『三國遺事』, 〈黃龍寺 九層塔〉 塔像 第四. (〈臺山 五萬眞身〉에도 태화지 용을 만나는 구절이 실려 있으나 동일한 내용이므로 다루지 않기로 한다.)

침해할 수 없다고 하고 자신을 위해 서울 부근 지방의 남쪽 언덕에 절 한 채를 지어 복을 빌면 그 은덕에 보답할 것이라 하고 옥을 받들어 바치고 홀연히 사라졌다.

셋째 부분: 황룡사 구층탑의 완성
1) 정관 17년 계묘 16일 자장법사가 당나라 황제가 준 불경·불상·가사·폐백을 가지고 환국함.
2) 임금에게 탑 세울 일을 말하자, 의논하여 백제 기술자인 아비지로 하여금 탑을 건설하게 함.
3) 처음 아비지 꿈에 백제가 멸망하는 것을 보고 의심이 생겨 공사를 정지했으나, 갑자기 대지가 진동하고 어두워지는 가운데 노승 한 사람과 장사 한 사람이 금전문으로 나와 바로 그 기둥을 세우고 승려와 장사는 사라진다.
4) 아비지는 이를 뉘우치고 탑을 완성한다.

넷째 부분: 지룡의 청에 부응해 쌓은 탑의 영험함.
1) 자장이 오대산에서 받은 사리 1백 알을 황룡사 구층탑의 찰주 속과 통도사 계단 및 태화사 탑에 나누어 모셨으니 이로써 지룡의 청에 부응함.
2) 탑을 세운 후 천지가 비로소 태평하고 삼한이 통일 되어 탑의 영험함을 앎.
3) 고려왕이 신라를 치려고 도모했으나 신라의 세 가지 보물인 황룡사 장육존불과 구층탑과 진평왕의 천사옥대로 인해 중지함.

다섯째 부분: 다른 기록에 전해지는 절과 탑의 재건과 소실
1) 진흥왕 계유에 절을 세운 뒤 선덕왕 대인 정관 19년 을사에 탑이 처음으로 완성됨.
2) 32대 효소왕이 왕위에 오른지 7년 되는 성력 원년 무술 6월에 탑이 벼락을 았으나, 33대 성덕왕 대인 경신에 중수하여 완성함.
3) 48대 경문왕 대인 문자 6월에 두 번째 벼락을 맞자 그 임금 때에 세 번째 중수를 함.
4) 고려 과종 5년 계축 10월에 세 번째 벼락을 맞고, 현종 12년 신유에 네 번째 중수하여 완공함.
5) 정종 2년 을해에 네 번째 벼락을 맞았는데 다시 문종 갑진에 다섯 번째로 중수함.

6) 헌종 말년인 을해에 다섯 번째 벼락을 맞고 숙종 병자에 여섯 번째 중수함.
7) 고종 25년 무술 겨울에 몽고의 침략으로 탑과 장육존상 및 절의 전각들이 모두 불탐.

첫째 부분에서 나타나는 자장에 대한 권위 향상의 양상은 문수보살 친견을 통해 이루어진다. 불법전수를 위해 중국으로 떠났던 자장은 어려움 없이228) 바로 오대산에서 감응하여 문수보살로부터 불법을 전수 받았다. 3)은 자장이 문수보살을 친견해 감격스러워 하는 부분이다. 보통의 사람들이라면 문수보살을 친견하지 못한다. 더군다나 문수보살은 자장에게 선덕왕과 다문비구들로 인해 백성들이 평안하게 살 것이라고 일러준다. 설화에서는 문수보살을 친견하고 문수보살로부터 여러 가지 일을 전해들은 것이 자장이기에 가능하다고 하고 있으므로 자장의 권위는 향상될 수밖에 없다고 하겠다.

둘째 부분에서 나타나는 자장에 대한 권위 향상의 양상은 태화지의 신인과의 만남을 통해 조성된다. 자장이 태화지 옆을 지나고 있는데 신인이 홀연히 나타난다. 신인은 자장에게 여왕을 왕으로 삼았으므로 덕은 있으나 위엄이 없어 이웃 나라가 침략을 도모하는 것이라고 말했다. 또한 속히 돌아가 황룡사에 구층 석탑을 쌓으면 이웃 나라가 항복하고 9한이 와서 조공할 것이며 왕위가 길이 편안할 것이라고 알려줄 것이라고 한다. 그리고 자신을 위해서도 절 한 채를 지어 복을 빌면 은덕에 보답할 것이라고 하면서 옥을 바치고 사라진다. 자장은 나라 평안의 방도를 신인으로부터 획득하게 된다. 설화에서는 신인을 만나 방도를 획득할 수 있는 것이 자장이기에 가능하다고 하고 있으므로 자장의 권위는 향상된다.

228) 『삼국유사(三國遺事)』 의해(義解) 제5의 〈관동풍악발연수석기(關東楓岳鉢淵藪石記)〉에서 진표율사는 미륵상 앞에서 부지런히 계법을 구했으나 3년이 되어도 수기를 받지 못하자, 바위 아래로 몸을 던지거나, 돌로 오체를 두드리면서 참회하여 손과 팔뚝이 떨어져 나가는 고통을 겪어서야 법을 구할 수 있었으며, 신주(神呪) 제6의 〈혜통항룡(惠通降龍)〉의 혜통 또한 무외삼장을 3년 동안 열심히 섬겼으나 신라 사람이라는 이유로 가르침을 주지 않으니 화로를 머리에 여 이마가 터지는 고통을 겪고서야 가르침을 받을 수 있었다. 이처럼 불법 전수는 시련이 따른다. 하지만 설화는 자장이 어려움 없이 불법 전수를 받았다고 하고 있다.

셋째 부분에서 나타나는 자장에 대한 권위 향상의 양상은 긴장과 이완의 교차적 경험을 통해 이루어진다. 설화에서 백제 기술자 아비지는 탑의 건설을 중단한다. 그런데 갑자기 대지가 진동하고 주위가 어두워진다. 어두움과 대지의 진동은 아비지로 하여금 긴장을 조성한다. 그때 노승과 장수 한 사람이 금전문을 통해 나와 기둥을 세우고 사라져 버린다. 이 광경을 목격한 아비지는 탑 건설을 중단한 것을 뉘우친다. 그리고 마침내 탑을 완성한다. 대지의 진동과 주위의 어두움은 탑 건설을 중단한 아비지에 대한 경고였다. 아비지의 긴장으로 경고는 받아들여졌고, 노승과 장사의 등장은 다시 탑 건설을 진행하라는 메시지를 아비지에게 준다. 메시지를 전달받은 아비지는 긴장이 해소되고 자신의 잘못을 뉘우쳐 탑을 완성하게 된다. 신인이 자장에게 권유하여 쌓으라고 한 탑의 준공 단계에서 문제가 발생한다. 문제의 발생은 곧 신의 조력으로 해결된다. 신의 조력을 통한 문제의 해결은 사람들에게 신비감을 가져다준다. 때문에 셋째 부분에서도 자장의 권위가 향상 될 수밖에 없다고 하겠다.

넷째 부분에서 나타나는 자장에 대한 권위 향상의 양상은 구층탑의 영험함을 통해 조성된다. 신라는 지룡의 청으로 구층탑을 쌓는다. 탑이 완공되자 그 당대에 신라가 안고 있던 고질적인 문제인 이웃나라의 침략은 사라진다. 이웃나라의 침략이 없어지니 나라 안은 평안하게 되고 삼한 또한 통일된다. 신라에 대한 침략을 도모하던 고려왕 또한 탑으로 인해 침략 도모를 중지한다. 결국 신라가 안고 있던 문제는 자장이 신라왕에게 권유하여 세운 구층탑으로 인해 해소된다. 고질적 문제가 해소되었으므로 자장의 권위는 향상된다.

다섯째 부분에서 나타나는 자장에 대한 권위 향상의 양상은 거듭되는 노력을 통해 이루어지게 된다. 자장의 건의에 의해 세워진 탑은 삼국이 통일되고 이웃나라의 침략이 사라지면서 영험함이 증명되었다. 나라의 평안을 계속 유지하기 위해서는 탑은 보존되어야 한다. 즉, 탑의 보존이 담보되어야 나라의 평안이 유지된다. 때문에 탑 보존에 대한 노력은 끊임없이 계속된다. 소실되기 이전까지 많은 왕들을 거쳐가면서 탑은 그 생명을 유지한다. 탑 생명 유지의 노력이 계속되어지는 한, 영험한 탑 건설의 기여도가 큰 자장의 권위 또한 향상될 수밖에 없다.

권위 향상의 양상을 점검해보니, 단계와 단계 사이가 유기적으로 얽혀 있다. 즉, 첫째 부분의 권위 향상 위에 둘째 부분의 권위 향상이 놓이고, 둘째 부분의 권위 향상 위에 셋째 부분의 권위 향상이, 셋째 부분의 권위 향상 위에 넷째 부분의 권위 향상이 놓이고, 넷째 부분의 권위 향상 위에 다섯째 부분의 권위 향상이 놓인다. 설화가 자장에 의해서 탑이 건설되고 그 영험함으로 나라 평안이 이루어졌다고 하는 데서 이런 판단을 해볼 수 있다. 유기적인 구성과 점층적인 권위 향상의 과정은 자장의 권위 향상에 정당성을 확보해주고 있다고 하겠다.

둘째 부분에서 자장은 태화지 못에서 신인을 만난다. 신인은 황룡사 호법용이 자신의 아들이라고 말하므로 신인 또한 용임을 알 수 있다. 자장은 용과의 만남을 통해 나라 평안의 방도를 획득하게 된다. 이렇게 본다면 자장은 태화지 용과의 만남이 없었다면 첫째 부분에서 문수보살로부터 불법 전수를 받아 깨달음을 얻을 수는 있었겠지만, 나라 평안의 방도를 획득하지는 못하게 된다. 결국, 태화지 용이 나라 안위의 열쇠를 쥐고 있는 셈이다. 그런데도 설화에서는 자장의 권위 향상에만 주력해, 용의 역할을 자장에게 귀속시키고 있다. 또한 태화지 용이 알려준 나라의 평안의 방도가 불교신앙과 밀접한 관련을 맺고 있다는 점이 설화가 의도적으로 자장의 권위 향상을 꾀하고 있다는 것을 알려준다고 하겠다. 그렇다면 이를 해명하기 위해 자장과 신라왕실의 조력자로 등장하는 용의 행적을 살펴보아야 할 것이다.

용의 행적

둘째 부분 1: 태화지 용이 나타나 자장에게 나라가 여자를 왕으로 삼았기 때문에 덕은 있으나 위엄이 없어 이웃나라가 침략을 도모 한다고 말하며 속히 본국으로 돌아가라고 한다.

둘째 부분 2: 태화지 용이 자장에게 황룡사의 불법을 옹호하는 용이 자신의 아들이며 범천왕의 명령으로 받고 절을 보호하고 있는데, 절 안에 구층탑을 세운다면 이웃 나라들은 항복하고, 9한이 와서 조공하여, 왕위가 길이 평안할 것이라고 알려준다.
둘째 부분 3: 또한 태화지 용이 자장에게 팔관회 개최와 죄수를 사면하면, 외국의 적들이 침해할 수 없다고 일러주고, 자신을 위해서 절을 지어 복을 빌면 은덕에 보답하겠다고 한다.
셋째 부분 : 탑의 공사를 맡은 아비지가 공사를 중단하자. 태화지 용이 보낸 노승과 장사가 나타나 기둥을 세우고 사라지자, 아비지가 뉘우치고 탑을 완성한다.
넷째 부분 : 자장이 태화지 용의 청에 부응하자 천지가 태평하고 삼한이 통일되며, 고려왕이 침략을 도모하나 중지하게 된다.

둘째 부분과 셋째 부분, 넷째 부분에서 보여지는 용의 행적들이다. 둘째 부분에서 용은 자장에게 다른 나라가 침범하려고 하니 속히 신라로 돌아가라고 경고한다. 또한 나라 평안의 방도로 황룡사 구층탑을 쌓으라고 일러준다. 그리고 팔관회 개최와 죄수를 사면하여, 외국의 적들이 침해할 수 없도록 하고 자신을 위해 절을 창건해 달라고 부탁한다. 셋째 부분에서는 용이 직접적으로 나타나지 않는다. 자장은 용이 지시한 대로 왕에게 건의하여 백제 장인 아비지로 하여금 탑을 쌓게 한다. 하지만 아비지가 탑 건설을 중단한다. 신라의 입장에서 본다면 구층탑의 건설이 하루 빨리 이루어져야 나라 평안을 얻을 수 있다. 그렇다면 아비지의 탑 건설 중단은 아비지와 신라 왕실과의 갈등을 유발시킬 수 있다. 그러나 갈등은 제시 되지 않는다. 설화는 노승과 장사가 나타나 기둥을 세우고 사라진다고 해 쉽게 문제가 해결되었다고 한다.

설화에서는 노승과 장사로 인해 문제가 쉽게 해결되었다고 하고 있으므로 두 인물이 용과 관련되어 있다고 짐작해 볼 수 있겠다. 황룡사 호법용은 태화지 용의 자식이다. 황룡사 호법용이 자신의 임무를 잘 수행하기 위해서는 구층탑의 건설이 중요하다. 때문에 호법용의 아버지인 태화지 용이 자식을 위해 노승과 장수로 하여금 탑의 기둥을 세우게 했다고 할 수 있다. 그렇다면 셋째 부분에서도 직접적이지 않으나 용의 행적이 드러나 있다고 하겠다. 넷째 부분도 셋째 부분과 마찬가지로 용의 행적이 직접적으로 드러나지 않으나 용이 알려준 방도가 정확하게 실현되므로 용의 행적이 간접적으로 나타난다고 볼 수 있다.

그렇다면 설화는 왜 둘째 부분에서는 용의 행적을 직접적으로 드러내고, 셋째와 넷째 부분에서는 용의 행적을 간접적으로 드러냈을까, 또한 갈등 상황이 주어졌음에도 불구하고 갈등이 보이기는커녕 오히려 너무나 쉽게 문제 해결이 이루어진다고 한 이유는 무엇일까? 두 가지 의문을 해결하기 위해 설화의 배경이 된 당대 상황을 살펴보기로 한다. 설화는 만들어진 이야기다. 그럼에도 불구하고 〈황룡사구층탑(皇龍寺九層塔)〉 설화는 역사적 사실을 배경으로 하고 있으니, 역사적 사실과의 관련성이 설화 속에 들어있을 것이기 때문이다. 선덕왕 당대는 백제229)와 고구려의 침략이 빈번했다. 또한 당 태종이 꽃씨 선물을 주고 희롱하는 사건과 대리 통치 요구하는 사건이 발생한다. 대내적으로 비담과 염종의 반란까지 발생하여 선덕왕은 여러모로 위기 상황에 놓이게 된다..230)

설화에서 첫째 부분 2)와 둘째 부분 3)은 여성 군주의 한계를 지적한 부분이며, 여성 군주의 한계를 불력의 힘으로 극복하고자 하는 의지가 드러난 부분이라고 할 수 있다.231) 설화는 당대가 주어진 문제를 해결하는 방법으로 태화지 용과 황룡사 용을 부자 관계로 설정하여 자연스럽게 용신앙과 불교신앙의 결합을 의도한 것이 아닌가 하는 생각이 든다. 첫째 부분

---

229) 선덕왕, 2년, 8월, 백제가 서쪽 변경을 침범했다. 5년 여름 5월, 개구리 떼가 대궐 서쪽 옥문지에 많이 모였다. 왕이 이를 듣고 좌우 측근들에게 "개구리의 성난 눈은 병사의 모습이다. 내가 일찍이 서남쪽 변경에 옥문곡이라는 지명을 가진 곳이 있다고 들었다. 이웃 나라 군사가 혹시 이 골짜기에 잠입한 것이 아닌가 싶구나."라고 말했다. 그리고 곧 장군 알천과 필탄으로 하여금 그 곳에 가서 수색하게 했다. 그 곳에는 과연 백제 장군 우소가 독산성을 습격하기 위하여 군사 5백 명을 이끌고 와서 숨어 있었다. 알천이 이를 습격하여 모두 죽였다. 자장 법사가 불법을 탐구하기 위하여 당 나라로 갔다. (金富軾, 『三國史記』, 新羅 本紀 第五〈善德王〉.)
230) 김명준, 「선덕여왕(善德女王) 대 〈풍요(風謠)〉의 불교정치적 의미」, 『우리文學研究』 39, 우리문학회, 2013, p.7.
231) 신라의 황룡사 구층탑 건설을 신라의 왕권조차도 불교적인 보증을 받아서 합리화된 것으로 보고 있다.(黃浿江, 『신라불교의 연구』, 一志社, p.245.))라고 한 부분은 이 설화가 불교신앙의 영향력을 지대하게 받았다는 사실을 알려준다고 하겠다.

3)에서 지적한 "然以山川崎嶮 故人性麤悖 多信邪見 而時或天神降禍"는 신라 사람들이 미신을 믿어 천신이 화를 내리는 것이라 하고 있는데, 여기서 미신이라고 지적한 부분이 바로 민간신앙을 의미한다고 보인다. 신라의 민간신앙 중에서도 용신앙은 특히 더 중요시 되었다. 용을 신앙으로 섬기는 경우는 농경민족에서 발견된다.232) 신라 또한 농경문화를 근간으로 하기에 치수를 담당한다고 생각되는 수신계열의 용233)은 중요한 신앙으로 섬겨졌을 것이다. 실재로 신라는 용신에 대한 제의를 신라의 경주를 중심으로 4방위 내지는 5방위에 위치한 곳에서 행했는데234) 이를 통해 선덕왕 당대에도 용신앙의 영향력이 지대했다는 사실을 유추해 볼 수 있다.

설화는 신라에서 중시하는 용신앙을 "然有多聞比丘 在於國中 是以君臣安泰 萬庶和平矣 言已不現 藏知是大聖變化 泣血而退"하여 폄하하면서 불교신앙의 뛰어남만을 강조할 수만은 없었을 것이다. 설화의 둘째 부분에서 보이는 바와 같이 태화지 용235)을 등장시켜 신라 황룡사 호법용과 부자관계로 설정한다. 이는 신라의 용신앙을 자연스럽게 불교신앙에 편입시키기 위함이 아닌가 한다. 신라의 불교 유입의 통로가 중국임을 감안한다면236) 이러한 추정은 가능하리라 생각된다.

---

232) 龍 象徵이 農耕文化에 있어서의 기후 혹은 천체의 운행을 주관하는 精靈에 대한 관념으로부터 유래되었기에 그 의미 역시 물과 매우 밀접한 관련을 지니고 있다.(김문태, 「『三國遺事』所載 '龍' 傳承 硏究 : 敍述構造와 變貌樣相을 중심으로」, 성균관대학교 박사학위논문, 1990, p.18.)라고 한 논의가 좋은 참조가 된다.
233) 구름과 바람을 일으키고, 천둥 번개를 부리고, 비를 내리게 하는 용은 수신적 성격의 용으로 규정된다.(이혜화, 『龍思想과 한국고전문학』, 깊은샘, 1993, pp.23-24.)라고 한 논의를 통해 용이 신앙적 성격을 가지고 있다는 사실을 알 수 있다.
234) 이준곤, 「龍神創寺說話의 형성과 의미」, 『口碑文學 硏究』 3, 1996, p.305.
235) (『삼국사기』 赫居世六十年 9월 용 두 마리가 금성의 우물 속에서 나타났다는 기록과 『삼국사기』 儒理王三十三年 4월 용이 금성 우물에 나타났다(金富軾, 『三國史記』))는 등의 기록을 통해 연못이 용이 사는 곳이라는 의식을 살필 수 있다.
236) (7-9세기 말 한반도와 당 간에는 불교 교류가 활발했다. 7세기 초 신라의 입당구법승은 현장(玄奘) 법사 주도의 불경 번역 사업에 참여하여 불교 종파의 발전과 교의(敎義) 전파에 중대한 공헌을 했다. 8·9세기 중국에 온 신라 승려들 중 일부는 당을 중간기점으로 삼아 인도로 구법여행을 떠났으며 일부는 중국의 명승(名僧) 대덕(大德)을 스승으로 삼아 경론을 연구하여 배움이 완성된 후 신라로 돌아와 신라 구산선문(九山禪門)의 기초를 놓았으며, 일부는 당에서 생을 마쳤다.(拜根興, 『입당구법(入唐九法) 당과

그렇다면 설화의 둘째 부분에서 용의 행적을 직접적으로 드러낸 이유는 신라의 민간신앙인 용을 자연스럽게 불교신앙과 연결시키기 위함이었으며, 셋째와 넷째 부분에서 용의 행적을 간접적으로 드러낸 것은 불교신앙이 나라 평안의 가장 중요한 열쇠임을 강조하기 위함이라고 하겠다. 설화에서 백제 장인 아비지가 탑 건설을 중단했다고 한 것은 당시 백제와 신라의 적대관계를 간접적으로 드러낸 것으로237) 보인다. 그러면서 갈등이 일어날 상황에 갈등을 그리지 않고 노승과 장수의 등장으로 문제를 해결해 버렸다는 설정은 불교신앙의 위대함을 드러낸 것이라고 볼 수 있다. 결국 설화는 불교신앙과 용신앙의 결합을 보여주고, 불교신앙이 문제 해결의 열쇠라는 의식을 드러내고 있다고 하겠다.

2. <어산불영(魚山佛影)> 설화에 나타난 용의 양상과 그 의미

<어산불영(魚山佛影)>의 설화는 만어산 부처의 그림자에 관한 내용을 골간으로 하고 있다. 설화에서는 독룡·나찰녀와 수로왕·사람들 사이의 갈등 상황이 제시된다. 그런데 독룡·나찰녀와 수로왕·사람들 사이의 갈등은 첨예하게 드러나는데 반해 독룡·나찰녀와 부처와의 갈등은 존재하지 않는다. 갈등은 개인이나 집단 사이에 목표나 이해관계가 달라 서로 적대시하거나 충돌하는 것을 의미한다. 독룡·나찰녀와 왕은 갈등 관계에 놓이므로 서로의 목표나 이해관계가 다르다고 할 수 있겠다. 부처는 독룡·나찰녀 그리고 수로왕·사람들과의 갈등을 와해시키는 역할로 등장한다.

그렇다면 독룡·나찰녀가 수로왕·사람들과는 갈등을 드러내면서, 부

신라간에 불교문화 교류의 다리를 놓다-입당구법 승려를 중심으로-」,『佛敎文化』29, 한국불교연구원, 2008, 101쪽.))고 한 논의를 통해 불교세력은 불교 교리를 습득하고 돌아온 중국을 기반으로 하여야만 불교신앙의 사상적인 계보를 확립할 수 있었다고 생각했다. <황룡사구층탑(皇龍寺九層塔)> 설화에서 중국 태화지 용과 황룡사 용을 부자관계로 설정한 것은 또한 이러한 맥락에서 이해될 수 있을 것이다.
237) 앞서 살폈던 바와 같이, 선덕왕 2년 8월과 5년 여름 5월에 백제의 침략이 있었다는 사실만 보더라도 백제와 신라의 적대 관계를 가늠해 볼 수 있다.

처에게는 그러한 모습을 보이지 않는 이유가 무엇인지 따져 보지 않을 수 없다. 설화에서는 부처이기에 독룡·나찰녀의 해독을 멈추게 했다고 하고 있는데 바로 이 점이 설화가 부처의 권위를 드높이기 위해 이러한 갈등관계를 조성하지 않았나 하는 의구심을 들게 한다.

〈어산불영(魚山佛影)〉 설화의 구성은 여덟 부분으로 이루어져 있다. 첫째 부분은 만어산 부처 그림자에 대한 고기의 기록을 다룬 대목이고, 둘째 부분은 보림이 기이한 사적에 관해 임금께 올린 글을 다룬 대목, 셋째 부분은 편찬자의 논찬이 들어있는 대목이고, 넷째 부분은 가자함의 『관불삼매경』 제7권에 관한 기록을 다룬 대목, 다섯째 부분은 고승전의 기록을 다룬 대목이고, 여섯째 부분은 법현의 『서역전』을 다룬 대목, 일곱째 부분은 성자함의 『서역기』 제2권을 다룬 대목이며, 여덟째 부분은 다시 편찬자의 논찬을 다룬 대목이다.

여덟 부분이 각기 뛰어난 능력으로써의 권위 향상, 동일함으로써의 권위 향상1, 증언으로써의 권위 향상1, 동일함으로써의 권위 향상2, 동일함으로써의 권위 향상3, 동일함으로써의 권위 향상4, 동일함으로써의 권위 향상5, 증언으로써의 권위 향상2의 내용을 담고 있으니, 뛰어난 능력, 동일함, 증언이 계기적으로 맞물리면서 권위의 단계가 점차적으로 높아진다. 뛰어난 능력으로써의 권위보다는 동일함으로써의 권위가, 동일함으로써의 권위보다는 증언으로써의 권위가 더 영향을 가지게 되기 때문에 이렇게 볼 수 있다. 그렇다면 각 부분에서 나타나는 부처에 대한 권위 향상의 양상을 구체적으로 살피기로 한다.

〈어산불영(魚山佛影)〉[238]

첫째 부분: 만어산 독룡과 부처에 대한 고기 기록
1) 만어산 이웃에는 가락국이 있었다.
2) 옛날 하늘에서 알이 바닷가로 내려와 사람이 되어 나라를 다스렸으니 수로왕이다.
3) 당시 나라 안에는 옥지라는 연못이 있었는데 그 못 안에는 독룡이 있었다.

---

238) 一然, 『三國遺事』, 〈魚山佛影〉 塔像 第四.

4) 만어산에는 나찰녀 다섯 명이 있어 독룡과 서로 오가며 교접을 했다.
5) 이로 인해 때때로 번개가 치고 비가 내려 4년 동안이나 모든 곡식이 익지 않았다.
6) 왕이 주술로써 이를 제지하려 했으나 하지 못하고 머리를 조아려 부처에게 설법을 청했다.
7) 부처의 설법 후 나찰녀는 그녀가 지켜야 할 다섯 가지 계율을 받고서 폐해가 없어졌다.
8) 이 때문에 동해의 고기와 용이 돌로 변하여 골짜기에 가득 차서 저마다 쇠북과 경쇠의 소리를 냈다.

둘째 부분: 만어사와 북천축 가라국 부처 그림자의 공통점
1) 명종 11년 처음으로 만어사를 창건했다.
2) 동량의 직위에 있던 보림이 임금께 기이한 사적에 관해 글을 올렸다.
3) 보림은 만어사에 전해지는 부처의 그림자에 관한 일과 북천축 가라국 부처의 그림자에 관한 일이 서로 세 가지 부분에서 서로 일치한다고 했다.
4) 첫째는 산 근처의 양주 땅의 옥지에 독룡이 살고 있는 것이며, 둘째는 때때로 강가에서 구름의 기운이 떠올라 산꼭대기에 닿으면 음악소리가 나는 것이고, 셋째는 부처 그림자의 서북쪽에 반석이 있어 항상 물이 고여 마르지 않는데 이곳이 부처가 가사를 세탁한 곳이라는 점이다.

셋째 부분: 편찬자의 논찬
1) 친히 예를 올리고 보니 공경하고 믿을 만한 것이 두 가지 있다.
2) 골짜기의 돌 중 거의 3분의 2는 모두 금과 옥소리가 나는 것이 하나이며, 멀리서 바라보면 나타나고 가까이서 바라보면 보이지 않는다. 혹 보이기도 하고 보이지 않기도 하는 것이 그 하나이다.

넷째 부분: 가자함의 『관불삼매경』 제7권의 기록
1) 부처님이 악독한 용이 사는 담복화 숲의 옆이며, 청련화 샘의 북쪽이고, 나찰의 동굴이 있는 아나사산의 남쪽인 야건가라국 고선산에 오셨다.
2) 이때 그 동굴 안에는 다섯 나찰이 암컷용이 되어 독룡들과 사통했는데, 독룡은 때때로 우박을 내리고 나찰은 난폭한 행동을 하므로 기근이 들고 전염병이 돌았다.

3) 4년이 지니니 왕이 놀라고 두려워 천지신명에게 기도를 하며 제사를 올렸으나 아무런 도움이 되지 않았다.
4) 그때 총명하고 지혜가 많은 바라문이 대왕에게 "가비라국 정반왕의 왕자가 지금 도를 이루어 이름을 석가문이라 합니다"라 하니, 왕이 말을 듣고 크게 기뻐하여 부처가 계시는 곳으로 가 예를 올리며 자신의 나라로 부처를 청했다.
5) 석가부처의 이마에서 광명이 솟아 나와 1만이나 되는 여러 천신과 화불을 만들어 가라국으로 가 왕의 청을 들어주었다.
6) 이때 용왕과 나찰녀는 오체투지하여 부처님께 계율 받기를 원하니 부처가 즉시 삼귀와 오계를 설법했다.
7) 용왕이 다 듣고 무릎을 꿇고 부처가 없으면 악한 마음이 있어 아뇩보리를 얻게 될 수 없다고 하면서 석가부처가 그 곳에 머물기를 청했다.
8) 범천왕이 부처에게 미래 중생들을 위하여야 하니 편벽되게 작은 하나의 용만을 위해서는 안된다라고 건의 하자 수많은 범왕들이 모두 이 같이 청을 했다.
9) 용왕이 칠보로 꾸민 대를 내어 석가여래에게 바치니, 부처는 대가 필요 없다고 하면서 나찰 석굴을 가져다가 시주하라고 일렀는데, 이때 용왕이 매우 기뻐했다고 한다.
10) 석가여래가 용왕을 청을 들어 동굴 속에서 1천5백년을 지내겠다고 하면서 몸을 솟구쳐 돌 속으로 들어가니, 그 돌이 밝은 거울과 같았으므로 사람들이 그 얼굴을 볼 수 있었으며 여러 용들도 모두 부처의 모습을 보았다.
11) 부처가 돌 속에 있으면서 밖으로 형상을 나타내니 여러 용들이 합장하면서 기뻐하여 그 곳을 떠나지 않고 언제나 부처님을 친견하게 되었다.
12) 이때 석가세존이 석벽 안에서 결가부좌를 하고 있었는데 중생들이 멀리서 보면 나타나고 가까이서 보면 나타나지 않았다. 여러 범천이 부처의 영상에 공양하니 부처의 그림자가 역시 설법했다. 또 말하여지기를 부처가 바위 위를 밟으니 문득 금과 옥소리가 났다고 했다.

다섯째 부분: 고승전의 기록
1) 혜원이 천축에 부처의 그림자가 있다는 말을 들었는데, 이는 옛날에 용을 위하여 남겼던 그림자로서 북천축 월지국 나갈가성의 남쪽 옛 선인의 석실 속에 있었다라고 한다.

여섯째 부분: 법현의 『서역전』의 기록
1) 나갈국의 경계에 있는 나갈성에서 남쪽으로 반 유순되는 곳에 석실이 있는데, 이곳은 박산 서남쪽에 있는데 그 석실 안에 부처가 영상을 남겼다.
2) 10여 보 떨어진 곳에서 그것을 보면 부처의 참모습처럼 광명이 밝게 빛나지만 가까워질수록 희미하게 보였는데, 여러 왕들이 그림 그리는 사람을 보내어 그것을 본떠 그리려 했으나 비슷하게도 그리지 못했다.
3) 나라 사람들이 전하기로는 현겁 1천의 부처가 모두 여기에 마땅히 영상을 남겼다 했다. 그 영상의 서쪽 백 보쯤에 부처님이 세상에 계실 때 머리를 깎고 손톱을 자르던 곳이 있었다라고 한다.

일곱째 부분: 성자하의 『서역기』 제2권의 기록
1) 옛날 서가여래가 세상에 계실 때 용이 소 기르는 목자가 되어 왕에게 우유를 바쳤다.
2) 우유의 진상을 잘못하여 견책을 받으니 마음속으로 원한을 품고 돈을 주어 꽃을 사서 공양하면서 솔도파에 수기하기를 악독한 용이 되어 나라를 파멸시키고 왕을 해치게 해달고 하면서 몸을 던져 죽었다.
3) 이리하여 이 굴에 살면서 대용왕이 되어 마침내 악한 마음을 일으켰는데 여래가 이를 알고 신통력의 조화로 굴에 오게 되었다.
4) 용이 부처님을 친견하게 되자 악독한 마음이 그만 가라앉게 되어 생물을 죽이지 않는다는 계율을 받았다.
5) 이로 인해 용이 여래에게 동굴에 항상 머물면서 자기의 공양 받기를 청하자, 부처가 자신의 영상을 남길테니 독하고 분한 마음이 생길 때 언제나 영상을 보면, 독한 마음이 사라질 것이라고 하면서 석실로 들어가니 멀리서 보면 나타나고 가까이서 보면 나타나지 않았다. 또 돌 위의 발자취를 칠보로 삼았다.

여덟째 부분: 편찬자의 논찬
1) 이상은 모두 경문의 내용이다.
2) 우리나라 사람들은 이 산 이름을 아나사라 불렀는데 마땅히 마나사라고 해야 할 것이다. 마나사를 번역하면 물고기가 되니 대게 저 북천축의 이야기를 취하여 이렇게 부르는 것이다.

첫째 부분에서 나타나는 부처에 대한 권위 향상의 양상은 악룡과 나찰녀의 해독을 수로왕이 해결하지 못하면서 이루어진다. 수로는 가라국의 왕이다. 그의 임무는 국가의 평안 즉 사람들이 편안하고 안락하게 살아갈 수 있도록 하는 것이다. 5)에서와 같이 4년 동안 독룡과 나찰녀로 인해서 그의 백성들은 어려움을 겪는다. 백성들의 어려움을 등한시 할 수 없는 수로왕으로써는 독룡과 나찰녀의 해독으로부터 나라 사람들이 하루 빨리 벗어나도록 해야만 한다. 그래서 그는 6)에서처럼 주문을 외워 자신이 해독을 없애보려 한다. 하지만 노력은 실패해버린다. 그런데 고통 받는 나라 사람들을 구제해 줄 수 없었던 그는 〈가락국기〉 설화에서 탈해와 신술 경쟁에서 승리한 매우 뛰어난 능력의 왕이다. 더욱이 출자를 하늘에 두고 있는 인물이다.[239] 그런 그가 용과의 대결에서 지고 만 것이다. 그러나 부처는 설법만으로 단번에 문제를 해결해버린다. 뛰어난 수로왕도 해결하지 못한 문제를 부처가 해결한 셈이다. 때문에 부처의 권위는 향상될 수밖에 없다.

둘째 부분에서 나타나는 부처에 대한 권위 향상의 양상은 만어사에 있는 부처의 그림자와 북천축 가라국에 있는 부처의 그림자가 일치하는데서 조성된다. 단지 그림자만이 일치하는 것이 아니라 옥지에 독룡이 살고 있는 것이나, 강가의 구름의 기운이 꼭대기에 닿아 나는 음악소리, 반석에 물이 고여 마르지 않는 것까지 일치한다. 만어사는 우리나라에 있는 절이다. 북천축 가라국은 먼 곳에 있다. 부처는 북천축에서 우리나라까지 이동을 감행하여 독룡과 나찰녀의 해독을 그치게 한 인물이다. 이 증거는 돌에 새겨져 있는 부처의 그림자. 그림자가 증거물이므로, 증거물을 통해 부처의 권위는 향상되게 된다.

셋째 부분에서 나타나는 부처에 대한 권위 향상의 양상은 편찬자가 실제 답사를 한 다음 보림의 기록을 확인하면서 이루어진다. 누구나 기록된 내용만으로 기록된 내용의 진위 여부를 판단하기는 어렵다. 때문에 편찬자는 실제 만어사에 가 보림의 기록이 사실인지 확인한다. 그곳에서 편찬자는 골짜기의 돌에서 금과 옥소리가 나는 것과 돌에 새겨진 부처의 영상

---

239) 『三國遺事』, 〈駕洛國記〉 紀異 卷第二 '신술경쟁의 부분이 잘 드러나 있다.

이 멀리서 보면 나타나고, 가까이서 보면 나타나지 않음을 확인한다. 단순 기록에 의한 것이 아니라 자신이 직접 체험해 그것을 확인하므로 믿음은 더욱 공고해진다. 믿음이 공고해졌음으로 부처의 권위는 더 향상된다.

넷째와 다섯째, 여섯째, 일곱째 부분에서 나타나는 부처에 대한 권위 향상의 양상은 가자함의『관불삼매경』기록, 고승전의 기록, 법현의『서역전』기록, 성자하의『서역기』기록을 확인하면서 이루어진다. 이 기록들은 모두 만어산 부처 그림자를 북천축 가라국의 부처 그림자와 동일하게 볼 수 있는 이유를 다양한 기록들을 통해 증명하고 있다. 기록들은 거의 유사한 내용을 가지고 있다. 유사한 내용의 기록들이 지속적으로 제시함에 따라 부처의 권위는 한 단계씩 더 향상 될 수밖에 없다.

여덟째 부분에서 나타나는 부처에 대한 권위 향상은 편찬자가 앞선 기록들을 통해 다시 한 번 만어산의 부처 그림자와 북천축 가라국의 부처 그림자가 동일하다는 사실을 확인하면서 조성된다. 편찬자는 셋째 부분에서 직접 만어사를 찾아 보림의 기록을 확인한 다음 우리나라와 다른 나라에서 전해지는 기록들을 제시한다. 제시된 기록들은 만어사의 부처 그림자와 관련된 이야기와 유사한 내용의 것들이다. 여기서 편찬자는 이 기록을 통해 다시 한 번 사실을 증명하고 있다. 증명된 사실은 다름 아닌 부처의 위대함이다. 때문에 부처의 권위는 거듭 향상된다.

권위 향상의 양상을 점검해보니, 단계와 단계 사이가 유기적으로 얽혀 있다. 즉 첫째 부분에서 나타난 권위 위에 둘째 부분의 권위가, 둘째 부분의 권위 위에 셋째 부분의 권위가, 셋째 부분의 권위 위에 넷째 부분의 권위가, 넷째 부분의 권위 위에 다섯째 부분의 권위가, 다섯째 부분의 권위 위에 여섯째 부분의 권위가, 여섯째 부분의 권위 위에 일곱째 부분의 권위가, 일곱째 부분의 권위 위에 여덟째 부분의 권위가 있으니, 여덟째 부분의 권위가 가장 높다고 판단되어 진다. 설화에서 보여지는 유기적 구성과 점층적인 권위 향상의 과정은 부처라는 인물을 통한 불교신앙의 정당성을 확보한다. 뛰어난 능력을 지닌 자이며, 먼 거리로의 이동을 감행하면서 문제를 해결하는 자라는 그의 면모는 그가 꽃피운 불교신앙의 정당성을 확보해주기에 충분하다.

그런데 여기서 개운하게 풀리지 않는 부분이 있다. 첫째 부분과 넷째 부분, 일곱째 부분에서 모두 용이 독룡으로 그려지고 있으며, 부처는 독룡의 해를 그치게 하는 뛰어난 능력으로 그려진다. 설화에서 살펴본 바와 같이 편찬자가 부처의 권위를 향상시키기 위해 이러한 구성을 취했다고 보여진다. 하지만 첫째와 넷째 부분에서 용은 기상을 관장하고, 왕을 제압할 만큼의 능력을 소유하고 있다는 사실을 간과할 수 있다. 그렇다면 편찬자가 의도적으로 용을 악용으로 규정했다고 추정해 볼 수도 있지 않을까 한다. 이를 구체적으로 살피기 위해 각 대목에서 나타나는 용의 행적에 대해 살펴본다.

용의 행적

첫째 부분 1: 용이 나찰녀가 결합한다.
     2: 용이 기상을 통해 오곡의 성장에 관여한다.
     3: 왕이 용을 주술로 제압하려 했으나 제압하지 못한다.
     4. 부처가 설법하자 용과 나찰녀가 부처에게 교화된다.

넷째 부분 1: 용과 암컷용이 된 나찰녀가 결합한다.
     2: 용이 기상을 통해 생산에 관여한다.
     3: 왕이 용이 놀라고 두려워 천지신명에게 기도를 하며 제사를 올렸으나 용을 제압 할 수 없다.
     4: 부처가 오계를 설법하자, 용이 부처에게 자신이 있는 곳에 머물러 주기를 간청한다.

각 대목에 나타나는 용의 행적들이다. 암컷과 수컷의 결합은 생산을 의미한다.[240] 첫째 부분 1)과 둘째 부분 1)에서 용과 나찰녀의 결합이 보인다. 첫째 부분 2)와 둘째 부분 2를 통해 이들의 결합은 오곡의 성장 및 농작물의 생산과 관련[241]된다는 것을 수 있다. 그런데 설화의 둘째 부분에서

---

240) 성행위와 농경 작업 간의 유사한 상징이 있다.(미르치아 일리아데·강응섭 옮김,『신화·꿈·신비』, 숨, 2002, p.227.)고 한 논의를 통해 용은 농경과 관련되어 있다고 보인다.
241) (신태수,「수로부인설화의 다층적 주제와 그 컨텐츠 방안」,『국학연구론총』10, 택민국

이들의 결합은 번개와 비를 가져와 오곡을 자라지 못하게 한다고 하고, 넷째 부분 1)에서도 암컷용과 용의 교접이 2)처럼 기근과 전염병을 가져오게 했다고 한다. 결합은 농작물의 생장을 의미한다. 그럼에도 불구하고 설화는 생산을 의미하는 결합이 오히려 오곡이 자라지 않게 하고, 기근이나 전염병을 일으킨다고 하고 있으니 설화에서 용의 역할이 의도적으로 왜곡되어 있는 것은 아닐까라는 의구심을 들게 한다. 의구심을 해결하기 위해 용의 행적을 좀 더 자세히 따져본다.

설화의 첫째와 넷째 부분에서 왕은 모두 용의 해독을 막지 못한다. 고대인은 태양신이 토지와 사람들에게 결실을 풍부하게 해준다는 믿음을 가지고 있었다. 수로왕은 탄생 신화에서 등장하는 자색이나 홍색이 태양과 관련된 색깔이라는 점과 금합이나 황금알이 태양을 표상한다는 점으로 미루어 볼 때, 태양신의 신격을 갖추고 태어났다고 생각할 수 있다.242) 태양신의 신격을 가지고 있는 왕임에도 불구하고 독룡의 해독을 멈추지 못했다고 한 점은 설화가 만들어질 당시 태양신의 권위가 실추되었다는 사실을 유추할 수 있게 한다. 더불어 농작물 생산과 밀접한 관련을 지니고 있는 용의 권위 또한 실추되었다는 것도 알 수 있다.

그런데 용의 해독을 그치지 못한 수로왕은 부처에 의해 도움을 받고 있다. 부처는 용의 해독을 그치게 해 수로왕의 문제를 해결한다. 또한 용은 부처로 인해 악한 마음이 생기지 않게 된다. 여기서 설화가 부처의 권위 향상에 초점을 두고 있다는 사실을 상기할 필요가 생긴다. 설화가 부처의 권위 향상에 초점을 맞추기 위해 생산과 관련 있는 용과 수로왕의 권위를, 부처의 권위 아래에 둔다면, 자연스럽게 부처의 권위는 향상될 수밖에 없다.

때문에 설화에서 편찬자가 의도적으로 용과 수로왕의 권위를 낮추었다는 지적이 가능하다고 보인다. 부처의 권위 향상은 불교신앙의 권위 향상으로 이어진다. 농경사회에서 용신신앙과 태양신앙은 매우 중요하다. 용

학연구원, 2012, pp.111-142.)의 논의는 용을 민간신앙으로 규정하는 데 좋은 참조가 된다.
242) 김화경, 『한국 신화의 원류』, 지식산업사, 2005, pp.173-174.

신신앙과 태양신앙의 권위 위에 불교신앙의 권위를 선정함으로써, 불교신앙은 가장 큰 우위를 점할 수 있게 된다. 이렇게 되면 불교신앙에 대한 믿음이 확고해진다. 불교신앙에 대한 믿음이 높아짐으로 외래 종교였던 불교신앙은 자연스럽게 정착할 수 있었다고 보인다.

3. <황룡사구층탑(皇龍寺九層塔)> 설화와 <어산불영(魚山佛影)> 설화와의 상관관계

 <황룡사구층탑(皇龍寺九層塔)> 설화와 <어산불영(魚山佛影)> 설화는 모두 불교신앙의 권위를 강조하고자 한 공통점을 가지고 있다.[243] 또한 용으로 표상되는 민간신앙이 불교신앙과 어떠한 방법으로 결속되는 지에 대한 과정이 그려진다. 하지만 결속되는 양상은 차이를 보인다. 먼저 <황룡사구층탑(皇龍寺九層塔)> 설화를 살펴본다. <황룡사구층탑(皇龍寺九層塔)> 설화에서는 용과 자장이라는 승려가 등장한다. 설화는 자장이기에 문수보살을 친견하고 빠른 시일 안에 불법을 전수 받을 수 있었다고 하며, 불법전수를 받고 태화지를 지나던 중 용을 만나 나라의 걱정꺼리에 대한 해결 방안을 전해 주었다고 했다. 또한 자장이 태화지 용이 알려준 방도대로 황룡사 구층탑을 세우고자 했는데, 백제 장인 아비지가 탑 세우기를 중단하자, 홀연히 노승과 장수가 나타나 기둥을 세우고 사라져 아비지가 반성하고 탑을 완성했다고도 한다. 마침내 황룡사 구층탑을 세우니, 이웃나라가 침범하지 않고 구한이 와서 조공하여 나라 안이 평안했다고 한다.

 이를 통해 설화는 "자장의 권위 향상"이라는 구성을 택했다고 보여 진다. 설화의 배경이 되는 선덕왕 당대는 백제와 고구려에 대한 침략과 당의 야욕이 가시적으로 드러났으므로, 정국이 혼란했다. 침략과 야욕의 빌미는 군주가 여성이라는 성의 한계를 가짐으로써 더 극대화되었으므로, 당대는 혼란한 정국을 안정시키려는 노력이 계속되었을 것이다. 황룡사 구층탑의

---

243) (한예원, 「『삼국유사(三國遺事)』의 불교설화를 통해 본 편찬의도」, 『동방한문연구』 23, 동양한문학회, 2006, pp.57-91.)의 논의를 통해서도 편찬자 일연이 설화를 통해 불교신앙의 권위 향상을 꾀하고 있다는 사실을 알 수 있다.

축조는 바로 이러한 노력의 일환[244]이었다. 여성 군주라는 한계를 극복하여 왕권을 강화하고 정치집단 간 대립을 극복하기 위해 불국토 사상을 기반으로 한 나라의 안정을 꾀하고자 황룡사 구층탑을 축조한다. 그리고 태화지 용과 황룡사 용을 부자관계로 설정하여 민간신앙인 용신앙과 불교신앙의 호법용을 일치시키고자 했다. 신라는 농경문화를 기반으로 하고 있었으므로 치수와 관련된 수신계열의 용신앙에 대한 신앙적 중요성은 계속되었을 것이다. 신라에서 중시하는 용신앙이었기 때문에 설화는 용신앙을 외면하고, 불교신앙의 뛰어남만을 강조할 수만은 없었을 것이다.

〈어산불영(魚山佛影)〉 설화에서는 용과 왕, 부처가 등장한다. 설화는 가장 강력한 존재가 부처라고 설정한다. 설화는 용과 수로왕의 대결 구도를 통해 용의 승리를 보여준다. 수로왕은 출자를 하늘에 둔 천신신앙을 대표한다. 그런 그가 용과의 대결에서 패배함으로써, 사람들은 용의 해독에서 벗어날 수 없게 된다. 수로왕은 부처에게 도움을 청한다. 천신신앙이 불교신앙에게 문제 해결을 부탁한다는 것이다. 부처는 수로왕의 부탁을 수락하고 먼 길을 와 용의 해독을 그치게 해 문제를 해결해 준다. 강력한 존재인 용을 부처가 제압했으니 부처가 가장 강력한 존재가 되는 것은 당연하다.

이를 통해 설화는 "부처의 권위 향상"이라는 구성을 택했음을 알 수 있다. 〈어산불영(魚山佛影)〉 설화는 농경과 밀접한 관련을 지니는 용과 수로왕·사람들의 갈등 상황과 문제 해결 과정을 통해 부처의 권위 즉 불교신앙의 위상을 높이는 데 일조했다고 생각된다. 태양신도 저지 하지 못하는 일을 부처의 설법만으로 해결했다는 데서 그 사실이 드러난다. 또한 용·나찰녀와 수로왕·사람들의 갈등 상황을 종식시키고 조화를 이루었다는 점에서 불교신앙이 우리나라에 정착하는 과정에서 용과 수로왕으로 대표되는 민간신앙을 흡수하는 과정을 거쳤다는 사실 또한 짐작할 수 있다.

그렇다면 〈황룡사구층탑(皇龍寺九層塔)〉 설화와 〈어산불영(魚山佛影)〉

---

[244] 불교에서 통합의 원리는 제시하는 화엄사상을 기반으로 화엄만다라의 정점인 국왕을 중심으로 샤먼을 포함한 모든 사상이 포용되며, 헐벗은 민중과 귀족뿐만 아니라 9한까지도 포함된다. 이러한 화엄사상에 의한 가람배치를 보여준 것이 황룡사이다.(이범교, 『삼국유사의 종합적 해석』上, 민족사 2005, pp.98-99.)라고 한 논의가 좋은 참고가 된다.

설화는 모두 불교신앙의 권위향상에 주력한 것으로 외래종교인 불교신앙이 우리나라에 정착하는 과정을 담고 있다고 하겠다. 즉 불교신앙이 민간신앙을 포섭하고 정착하는 과정이 설화를 통해 그려지고 있다. 불교신앙이 민간신앙을 포섭하는 방법은 감복을 통해 이루어졌다고 하겠다.[245] 〈황룡사구층탑(皇龍寺九層塔)〉 설화의 경우 용이 황룡사구층탑을 세우고, 죄수의 사면과 팔관회 개최, 절 창건을 행하면 나라가 안정되고 삼국이 통일된다고 자장에게 예언하는 존재로 등장한다. 이를 통해 설화는 민간신앙인 용신앙이 불교신앙에 감복한 이후의 상황을 보여준다. 〈어산불영(魚山佛影)〉 설화의 경우 용이 불교신앙에 교화되는 존재로 등장한다. 여기서 불교신앙은 강제력을 동원하지 않는다. 설법을 통해 감복시킨다. 이를 통해 민간신앙인 용신앙이 불교신앙에 감복한 시점의 상황을 보여준다고 하겠다. 〈황룡사구층탑(皇龍寺九層塔)〉 설화와 〈어산불영(魚山佛影)〉 설화는 감복의 정도에서 차이를 보인다. 각 설화에서 드러난 감복의 정도를 알기 위해 자세히 살펴볼 필요가 있다.

감복의 흔적
〈황룡사구층탑(皇龍寺九層塔)〉: ①태화지 용과 황룡사 용을 부자로 설정+②태화지 용과 황룡사 용을 호법용으로 설정+③불교신앙이 모든 문제 해결에 열쇠라는 설정
〈어산불영(魚山佛影)〉: ①부처가 설법을 통해 용의 해독을 그치게 했다고 설정

〈황룡사구층탑(皇龍寺九層塔)〉 설화의 경우 '①태화지 용과 황룡사 용을 부자로 설정+②태화지 용과 황룡사 용을 호법용으로 설정+③불교신앙이 모든 문제 해결에 열쇠라는 설정' 가짐으로 감복이 세 번에 걸쳐 이루어

---

245) 감복(感服)은 감동하여 충심으로 탄복함을 의미하는 말로 〈어산불영(魚山佛影)〉 설화에서 독룡과 나찰녀가 부처의 설법을 듣고 행한 행위를 대표한다고 할 수 있다. 외래종교인 불교가 유입된 초기에는 민간신앙이 우위를 점했을 것이고, 다음에는 두 신앙 사이의 갈등이, 마지막 단계에서는 감복을 통한 화합이 이루어졌고 보인다. 『삼국유사』 용설화가 세가지 경향성을 가지는 것도 바로 이런 이유에서이다. (박진태, 「『삼국유사』 용신설화의 유형과 작품양상」, 『고전문학과교육』 21, 고전문학교육학회, 2011, pp.375-402.)의 논의가 좋은 참조가 된다.

졌음을 알 수 있다. 이에 비해 〈어산불영(魚山佛影)〉 설화의 경우는 '①부처가 설법을 통해 용의 해독을 그치게 했다고 설정'한 것을 가짐으로 한 번의 감복 과정을 거쳤다. 〈황룡사구층탑(皇龍寺九層塔)〉 설화는 총 세 번의 감복 과정을 거치고 〈어산불영(魚山佛影)〉 설화는 한 번의 감복 과정을 걸친다. 감복의 과정은 불교신앙에 순응한 정도를 나타낸다고 할 수 있다.

〈황룡사구층탑(皇龍寺九層塔)〉 설화와 〈어산불영(魚山佛影)〉 설화는 모두 불교신앙의 권위를 향상하려는 의도를 담고 있다. 용과 불교신앙과의 관계를 중심으로 살펴보면 각각의 설화는 불교신앙과 용신앙의 결합 단계를 나타내고 있다고 보인다. 〈황룡사구층탑(皇龍寺九層塔)〉 설화의 경우는 용신앙과 불교신앙의 관계가 상호 협조적이다.246) 상호 협조적인 모습을 보이기에 갈등이 나타나지 않으며, 용이 불교신앙에 순응하는 모습만 드러날 뿐이다. 〈어산불영(魚山佛影)〉 설화의 경우 용신앙과 태양신의 갈등이 드러난다. 이 갈등은 종국에 불교신앙이 용을 포섭하는 것으로 끝이 난다. 그렇다면 〈황룡사구층탑(皇龍寺九層塔)〉 설화와 〈어산불영(魚山佛影)〉 설화는 다음과 같은 양상을 보인다고 하겠다.

<그림1> 〈황룡사구층탑(皇龍寺九層塔)〉 설화와 〈어산불영(魚山佛影)〉 설화에 나타난 용신앙과 불교신앙의 관계

〈그림1〉에서와 〈황룡사구층탑(皇龍寺九層塔)〉 설화에서 용신앙은 불교신앙에 세 번의 감복 과정을 거친다. 감복의 과정을 많이 거치는 만큼 불

---

246) 용이 대장경을 수호하거나, 불법을 수호하는 모습은 불교신앙에 편입된 모습을 보이기 때문이다.

Ⅱ부. 『삼국유사』 용설화의 양상과 그 의미   367

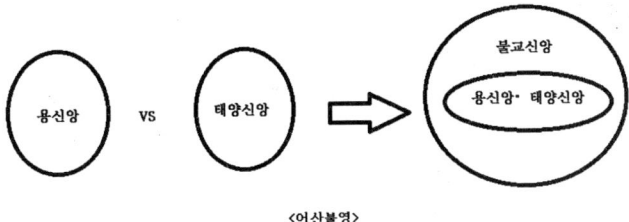

〈어산불영〉

교신앙에 대한 순응이 강하게 드러난다. 세 번의 감복 과정을 통해 불교신앙이 모든 문제 해결의 열쇠라는 결론을 얻기에 이른다. 〈어산불영(魚山佛影)〉 설화에서 용신앙은 불교신앙에 한 번의 감복 과정을 거친다. 한 번의 감복 과정은 불교신앙에 의한 용신신앙의 교화이다. 강제적인 방법이 설정되지 않아 가장 이상적인 형태를 띤다. 가락국 사람들과 수로왕에게 해를 끼치던 용이 부처의 설법만으로 부처에게 감복해 해독을 멈추었기 때문에 그렇다고 볼 수 있다. 그렇다면 〈어산불영(魚山佛影)〉 설화에서도 문제 해결의 열쇠는 불교신앙이라는 결론을 얻을 수 있다.

〈황룡사구층탑(皇龍寺九層塔)〉 설화와 〈어산불영(魚山佛影)〉 설화의 구성과 감복의 정도를 통해 이들 설화의 창작배경은 '불교신앙의 이상적인 정착과정'이라고 할 수 있겠다. 불교신앙의 권위가 향상되는 방법이 〈황룡사구층탑(皇龍寺九層塔)〉 설화와 〈어산불영(魚山佛影)〉 설화에 나타나 있기 때문에 그렇게 볼 수 있겠다. 편찬자인 일연은 결국 『삼국유사(三國遺事)』에 〈어산불영(魚山佛影)〉 설화를 실어 불교신앙과 용신앙의 이상적인 결합을 보여주고, 〈황룡사구층탑(皇龍寺九層塔)〉 설화를 통해서는 불교신앙을 통해 문제 해결을 보여주어, 호불(護佛)이 곧 호국(護國)이라는 이념을 보여주고 있다고 하겠다.247)

---

247) 신태수, 「『삼국유사』〈남백월이성〉의 서술층위와 인물층위」, 『국학연구론총』 13, 택민국학연구원, 2014, pp.76-106.)의 논의는 『삼국유사』 편찬자 일연의 서술 의도를 짐작하게 하는 데 좋은 참조가 된다.

참 고 문 헌

1. 기본자료

管仲, 『管子』
『高麗史』
金富軾, 『三國史記』
陳壽, 『三國志』
一然, 『三國遺事』
許愼, 『說文解字』
『龍飛御天歌』
『韓國口碑文學大系』

2. 논문

강등학, 「헌화가의 심층」, 『새국어교육』 33, 한국국어교육학회, 1981.
고미영, 『이야기 치료와 이야기의 세계』, 청목출판사, 2004.
권오경, 김남주, 김두환, 김창현, 김한준, 손정원, 「공간의 개념정의에 관한 온라인 토론」, 『공간과 사회』 36, 한국공간환경학회, 2011.
權相老, 「韓國古代信仰의 一臠」-미리(龍)信仰과 미륵(彌勒)信仰에 對하여-, 『佛教學報』 1, 佛教文化研究院, 1963.
김나영, 「『삼국유사』 피은 편의 이해」, 『돈암어문학』 21, 돈암어문학회, 2008.
김남윤, 「신라 말 고려 초의 사회변동과 불교」, 『내일을 여는 역사』 17, 내일을 여는 역사, 2004.
김내균, 「哲學的 思惟 이전의 神話的 思考」, 『철학탐구』, 10, 중앙대학교부설 중앙철학연구소, 1993.
김대숙, 「문학적 제재로서의 용(龍)의 변용(變容)」, 『국어국문학』 100호, 국어국문학회, 1988.
金德原, 「佛教經典의 사상이 한국 傳統信仰에 끼친 영향-天神(太陽)·산신(山神)·수신(龍)思想을 중심으로-」, 『韓國古代史探究』 12, 2012.
김두진, 「一然의 生涯와 저술」, 『역사학연구』 19, 전남사학회, 2002.
김명준, 「선덕여왕(善德女王) 대 〈풍요(風謠)〉의 불교정치적 의미」, 『우리文學研究』 39, 우리문학회, 2013.

金文泰, 「『三國遺事』所載 '龍'傳承 硏究-敍述構造와 變貌樣相을 중심으로-」, 成均館大學校 博士學位論文, 1990.
金福順, 「新羅 下代 佛敎界의 動向」, 『신라문학』 10·11, 1994.
金相鉉, 「萬波息笛說話의 形成과 意義」, 『한국사연구』 34, 한국사연구회, 1981.
김유미, 「처용전승의 전개양상과 의미 연구」, 부산대학교 박사학위논문, 1998.
金周成, 「신라하대 왕실의 지방통치」, 『신라문화』 26, 동국대학교 신라문화연구소, 2005.
金烈圭, 「龍女傳承과 再生主旨」, 『國文學論集』, 檀國大學校 國語國文學科, 1970.
김영남, 「新羅 憲康王代 정치세력과 정치운영」, 한국교원대학교 대학원 석사학위논문, 2008.
金煐泰, 「新羅佛敎에 있어서의 龍神思想」, 『佛敎學報』 11輯, 東國大學校 佛敎文化研究所, 1974.
金鍾雨, 「佛敎의 '龍'觀念과 處龍歌」, 『睡蓮』 7輯, 釜山女子大學校, 1972.
金鎭煥, 「龍神思想에 관한 考察」, 『동국사상』 제18집, 동국대학교 불교학회, 1985.
김현룡, 「고소설의 설화소재 수용에 관한 고찰」, 『국학연구론총』 2, 택민국학연구원, 2008.
金惠婉, 「新羅 下代의 彌勒信仰」, 『成大史林』 8, 成均館大學校 史學會, 1992.
都珖淳, 「韓國道敎의 史的 硏究」, 『도교학연구』 7, 한국도교학회, 1991.
朴桂弘, 「古代龍神思想에 關한 硏究」, 『韓國語文學』 6, 韓國語文學會, 1969.
朴大福, 「『高麗世系』에 나타난 始祖說話의 性格과 文學史的 意味」, 『語文研究』 39, 한국어문교육연구회, 2011.
박성지, 「삼국유사 소재 불교설화 연구 –토착신앙과 불교의 갈등양상을 중심으로-」, 『대학원연구논집』, 이화여자대학교 대학원, 2003.
박진태·정호완·이강옥·김복순·조수동, 「삼국유사의 종합적 연구(1)」, 『한국민속학』 29, 한국민속학회, 1997.
_____, 「『삼국유사』 용신설화의 유형과 작품양상」, 『고전문학과 교육』 21, 2010.
_____, 「『삼국유사』의 설화를 통해 본 〈토착-외래〉의 관계유형」, 『국어교육』 134, 한국어교육학회, 2011.
박해현, 「新羅 中代의 성립과 神文王의 王權 强化」, 『호남문화연구』 24, 全南大學校 湖南文化研究所, 1996.
박희택, 「신라 하대의 불교와 정치」, 『동양정치사상사』 7, 한국동양정치사상사학회, 2008.
拜根興, 「입당구법(入唐求法) 당과 신라간에 불교문화 교류의 다리를 놓다.-입당구법 승려를 중심으로-」, 『佛敎文化』 29, 한국불교연구원, 2008.
邊榮錫, 「韓國龍說話의 起源과 象徵의意味研究」, 高麗大學校 敎育大學院 碩士學位論文, 1987.
라정숙, 「一然의 生涯와 歷史認識」, 『지역학논집』 4, 숙명여자대학교 지역학연구소, 2000.

설중환, 「단군신화에 나타난 한국의 이상적 인간관」, 『국학연구론총』 5, 택민국학연구원, 2010.
신태수, 「군담소설에 나타난 공간과 영웅의 관계」, 『국어국문학』 131, 국어국문학회, 2002.
_____, 「『殊異傳』 逸文의 神話的 性格과 교환 가능성의 실현 양상」, 『어문학』 85, 한국어문학회, 2004,
_____, 「『三國遺事』〈神呪篇〉을 통해 본 土俗信仰의 向方」, 『국어국문학』 140, 국어국문학회, 2005.
_____, 「수로부인설화의 다층적 주제와 그 컨텐츠 방안」, 『국학연구론총』 10, 택민국학연구원, 2012.
沈浩澤, 「『破閑集』의 歷史的 性格-撰錄意圖의 時代的 背景-」, 『한문교육연구』 1, 한국한문교육학회, 1986.
柳增善, 「龍神思想과 說話文學」, 『語文學』, 通卷 11號, 韓國語文學會, 1964.
尹敬洙, 「龍의 象徵論」, 『현대문학』 9-4, 현대문학사, 1963.
윤석효, 「신라 下代의 固有思想硏究」, 『역사와실학』 31, 역사실학회, 2006,
윤천근, 「신라에서의 불교수용과 그 정치 사회적인 의미에 대하여」, 『신라문화제학술발표논문집』 12, 1991.
李京和, 「한·일 龍蛇 설화의 비교 연구」, 韓國外國語大學校 博士學位論文, 2014.
이도학, 「百濟 武王 系譜와 執權 基盤」, 『백제문화』 34, 공주대학교 백제문화연구소, 2005.
이동영·최효승, 「民間信仰을 中心으로 한 智異山 華嚴寺 迦藍의 造營思想에 관한 硏究」, 『농촌건축학회논문집』 2, 농촌건축학회, 2002.
이동철, 「한국설화에서 용신신앙의 수용 양상과 의미 연구」, 한양대학교대학원 박사학위논문, 2002.
_____, 「수로부인 설화의 의미」, 『한민족문화연구』 18, 한민족문화학회, 2006.
이은봉, 「新羅神話의 考古學的 硏究(1) : 三國遺事의 赫居世神話와 金閼智神話를 中心으로」, 『신라문화제학술발표논문지』 11, 新羅文化宣揚會, 1990.
이재범, 「『삼국유사』 '보양이목'조의 검토」, 『신라문화제학술발표논문집』 33, 동국대학교 신라문화연구소, 2012.
이준곤, 「龍神創寺說話의 형성과 의미」, 『口碑文學 硏究』 3, 1996.
李惠和, 「龍思想의 韓國文學的 受容樣相」, 高麗大學校 博士學位論文, 1988.
임재해, 「護國龍說話의 傳承樣相과 神人關係」, 『韓國民俗學』 13輯, 韓國民俗學硏究會, 1980.
林治均, 「水路 夫人 說話 小攷」, 『冠嶽語文硏究』 12, 서울대학교 국어국문학과, 1987.
張正泰, 「韓國 佛敎와 民間信仰의 習合關係 硏究」, 『한국의청소년문화』 17, 한국청소년효문화학회, 2011.

_____, 「한국불교 속의 산신신앙 연구-『삼국유사』에 나타난 산신신앙을 중심으로-」, 『한국불교사연구』 3, 한국불교사연구소, 2013.
장 휘, 「韓·中 龍傳承의 政治·宗教的 比較 研究」, 慶熙大學校大學院 박사학위논문, 2014.
田寬秀, 「朱蒙神話의 古代 天文學的 研究」, 『동방학』 16, 한서대학교 동양고전연구소, 2008.
全基雄, 「羅末麗初 政治社會史의 理解」, 『考古歷史學志』 7, 東亞大學校博物館, 1991.
_____, 「眞聖女大王代의 花郎 孝宗과 孝女知恩 說話」, 『한국민족문화』 25집, 釜山大學校 韓國民族文化研究所, 2005.
_____, 「憲康王代의 정치상황과 '處容郎望海寺'條 설화」, 『신라문화』 26, 동국대학교 신라문화연구소, 2005.
_____, 「『삼국유사』 설화 속의 龍」, 『지역과역사』 27, 2010.
全駿杰, 「古典小說의 龍宮說話研究」, 東國大學校 碩士學位論文, 1979.
정상진, 「신라 호국용신의 실상과 변모-『삼국유사』 소수 설화를 중심으로-」, 『牛岩斯黎』 8, 부산외국어대학교 국어국문학과, 1997.
정은주, 「韓國龍說話研究」, 全南大學校 碩士學位論文, 1993.
정환국, 「『삼국유사』의 인용자료와 이야기의 중층성 -초기 서사의 구축형태에 주목하여」, 『동양한문학연구』 23, 동양한문학회, 2006.
趙東來, 「李朝小說에 介入된 龍설화」, 『語文學』 通卷 27號, 韓國語文學會, 1972.
조성담, 「승천하는 용(龍)설화의 통과의례적 의미」, 『인문논총』 34, 경남대학교 인문과학연구소, 2014.
趙現鐘, 「韓國 初期 稻作文化 研究」, 全南大學校 碩士學位論文, 2008.
주명희, 「부녀납치형 대적퇴치설화고」, 『한국고전산문연구』 장덕순선생 회갑기념논문집, 동화문화사, 1981.
진덕재, 「삼국과 통일신라시대 가뭄 발생 현황과 정부의 대책」, 『韓國史研究』 160, 2013.
채미하, 「신라의 건국신화와 국가제의」, 『한국사학보』 55, 고려사학회, 2014.
蔡守煥, 「高麗太祖 王建의 勢力實態에 關한 考察」, 『東西史學』 5, 한국동서사학회, 1999.
_____, 「王建의 高麗建國 過程에 있어서 豪族勢力」, 『白山學報』 82, 백산학보, 2008.
천소은, 「『三國遺事』에 나타난 龍神說話 研究 所載 '龍傳承 研究'」, 『강남어문』 7, 강남대학교 국어국문학과, 1992.
최광식, 「巫俗信仰이 韓國佛教에 끼친 影響-山神閣과 長柱을 중심으로-」, 『白山學報』 26, 白山學會, 1981.
최명림, 「한국 설화의 꿈ासो 연구」, 전남대학교 석사학위논문, 1997.
崔柄憲, 「道詵의 生涯와 羅末麗初의 風水地理說」, 『한국사연구』 11, 한국사연구회, 1975.

_____, 「『三國遺事』神呪第六 惠通降龍條와 新羅密敎」, 『화당학보』 7, 화당학회, 2002.
최선자, 「신라 황룡사의 창건과 진흥왕의 왕권 강화」, 『한국고대사연구』 72, 한국고대사학회, 2013.
최연식·이승규, 「용비어천가(龍飛御天歌)와 조선 건국의 정당성 -신화와 역사의 긴장」, 『동양정치사상사』 7, 한국동양정치사상사학회, 2007.
최연식, 「〈大東金石書〉 所載 '包川 某寺碑'와 海龍王寺 圓悟大師」, 『목간과문자』 5, 한국목간학회, 2010.
최주성, 「高麗 太祖 王建政權의 性格」, 『상명대학교논문집』 26, 상명대학교 논문집, 1990.
하정룡, 「『三國遺事』 所載 山神 關聯記事와 그 性格에 대한 一考察」, 『종교와 문화』 9, 서울대학교 종교문제연구소, 2003.
河孝吉, 「새(鳥)·王船考」, 『韓國民俗學』 11輯, 韓國民俗學硏究所, 1979.
한미옥, 「도선설화에 나타난 신화성과 정치성」, 『국학연구론총』 12, 택민국학연구원, 2008.
한순화, 「龍說話에 關한 一考察」, 梨花女子大學校 敎育大學院 碩士學位論文, 1978.
한예원, 「『삼국유사』의 불교설화를 통해 본 편찬의도」, 『동방한문연구』 23, 동양한문학회, 2006.
한정훈, 「전남 용설화 연구」, 전남대학교 석사학위논문, 2005.
허영미, 「보한집(補閑集)의 문학적 성격」, 『동방한문학』 1, 동방한문학회, 1982.

3. 단행본

김무조, 『韓國神話의 原型』, 정음문화사 1988.
김복순, 『한국 고대불교사 연구』, 민족사, 2002.
金奉斗 編譯, 『三國遺事』, 敎文社, 1993.
김성도, 『구조에서 감성으로』, 고려대학교 출판부, 2003.
김영태, 『新羅佛敎硏究』, 民族文化史, 1987.
金鉉龍, 『韓國古說話論』, 새문사, 1994.
김화경, 『韓國說話의 硏究』, 嶺南大學校出版部, 1987.
_____, 『한국의 설화』, 지식산업사, 2002.
_____, 『한국 신화의 원류』, 지식산업사. 2005.
朴桂弘, 『韓國民俗硏究』, 螢雪出版社, 1982.
_____, 『增補 韓國民俗學槪論』, 螢雪出版社, 2004.

박성지,「삼국유사 소재 불교설화 연구 -토착신앙과 불교의 갈등양상을 중심으로-」, 『대학원연구논집』, 이화여자대학교 대학원, 2003.
朴湧植,『韓國說話의 原始宗敎思想研究』, 一志社, 1984.
서대석,『한국신화의연구』, 집문당, 2001.
서영대·송화섭,『용, 그 신화와 문화-한국편』, 민속원, 2002.
송호정,『처음 읽는 부여사』, 사계절, 2015.
송화섭,「韓國의 龍信仰과 彌勒信仰」,『洪潤植博士停年紀念論叢 : 韓國文化의 傳統과 佛敎, 論叢刊行委員會. 2002.
全圭泰,『韓國神話와 原初意識』, 二友出版社, 1985.
조동일,「英雄의 一生, 그 文學史的 展開」,『東亞文化』10, 서울대학교 동아문화연구소, 1971.
_____,『삼국시대 설화의 뜻풀이』, 集文堂, 2004.
_____,『한국문학통사』1, 지식산업사, 2005.
안진태,『신화학 강의』, 열린책들, 2004.
柳東植,『韓國巫敎의 歷史와 構造』, 延世出版部, 1978.
윤영옥,『신라시가의 연구』, 형설출판사, 1980.
이동철,『한국 용설화의 역사적 전개』, 민속원, 2005.
이범교,『삼국유사의 종합적 해석』上, 민족사, 2005.
_____,『삼국유사의 종합적 해석』下, 민족사, 2005
_____,『밀교와 한국의 문화유적』, 민족사, 2008.
李恩奉,『韓國古代宗敎思想』, 集文堂, 1984.
이혜화,『龍사상과 한국고전문학』, 깊은샘, 1993.
張德順,『韓國說話文學研究』, 서울대학교출판부, 1993.
曺喜雄,『說話學 綱要』, 새문사, 1989.
최강식,『고대 한국의 국가와 제사』, 한길사, 1994.
한국문화상징사전편찬위원회,『한국문화상징사전』, 동아출판사, 1992.
한국정신문화연구원,『한국민족문화대백과사전』16, 1995.
耘虛龍夏,『佛敎辭典』, 東國譯經院, 1992.
黃浿江,『新羅佛敎說話研究』, 一志社, 1975.
M. 일리아데·이은봉 옮김,『성(聖)과 속(俗)』, 한길사, 2008.
미르치아 일리아데·강응섭 옮김,『신화·꿈·신비』, 숲, 2002.
로지잭슨·서강여성문학연구회 옮김,『환상성』, 문학동네, 2004.
J. G. Frazer, 김상일 역,『황금가지』, 을유문화사, 1996.

현지 조사 자료

자료1. 용이 착한 나무꾼 복주기

　그카이 나도 생각난다. 옛날에 우리 할매가 이야기를 해줬어. 옛날에 홀어매를 잘 모시고 효도하는 착한 나무꾼이 있었따케. 하리는 나무꾼이 나무를 하러 산에 갔어. 한참 나무를 하고 이제 옮기가 연못 옆에서 나무를 할라꼬 도끼를 치다가 고마 연못에 퐁당 빠뜨리뿟써. 빨리 나무를 해가 내리가가 팔어가 양식을 사가 홀어매 밥을 챙기줘야 되는데, 그란데 도끼가 없으이 나무를 몬하거덩. 어매 밥을 몬챙기준다 생각하니 눈물이 뚝뚝 나거덩, 연모실 보고 눈물을 흘리니까. 각죄 구름이 찌고 컴컴해지미 용이 올라오는 기라. 용이 나타나가 "니 와 울고 있노"이카거덩. 그라이 나무꾼이 사정이 이러이러하다. 그라거덩. 그라이 용이 "니는 평소에 홀어매를 잘모시고 효도하는 사람인기라. 그래가 내가 니 도끼를 찾어줄란다"이라거덩. 그라고 용이 연못 속에 들어가가 도끼를 찾어가 나무꾼에게 줬어. 나무꾼이 "용님 고맙습니다. 이 은혜를 우에 갚으까요"이라거덩, 그라이 용님이 "괴안타 너거 어매를 더 잘 모시라"이카거덩. 그라고 용님이 "니 소원이 있나"이래 묻그덩, 그라이 나무꾼이 "내가 아직 장개를 못가가 어매가 근심이 많습미더"이라거덩 그라이 용님이 "그래 그라만 내가 처자를 점지해주지"이래 각쭈 연못에서 또 처자가 툭 티나온다. 용이 그 처자를 나무꾼한테 주민서 "이 처자는 복이 있는 처자라가 잘 살끼다"카거덩. 나무꾼이 좋아가지고 그 처자를 델꼬 집에 왔어. 용님이 말해준데로 참말로 처자가 신통한기라. 그 처자 덕분으로다가 가산도 불기고 이래가 잘 살었데. 용님도 착하게 사는 사람한테는 복을 준다 이른 애기라.

　　　▶ 경상북도 의성군, 임차연 여,80세 2013년 8월9일

자료2. 용이 효자·효부 복주기

옛날에 부부지간에 정이 있어가 부모를 지극 정성으로 모시는 사람들이 있었어. 어무이는 일찍 죽고, 아부지만 남았는데. 아부지가 병이 들어가 죽을 때를 바라보거든. 그런데 이 집이 찢어지게 가난하이 묘자리를 쓸 때도 만만치가 않아. 그래가 걱정을 딱하고 있으이 어느날 꿈에 선몽을 하는기라. 용이 꿈에 나타나가 "너거 부부지간에 참 효성이 지극하고 해가 내가 너거를 도와줄라고 이렇게 나타났다"이래. 그리고 "저 우에 산 꼭대기에서 아래로 닐다보만 펑펑한 자리가 하나 보일끼래 거 내가 누버 있는 자리다. 내가 곧 득천을 하이 그 자리에 너거 아부지를 모시만 너거는 대대로 부자가 되가 살 수가 있다"이카고 고마 꿈이 깨뻤는기라. 그래가 아들이 그 담 날로 해가 산꼭대에 가가 밑으로 닐다보이 차말로 거어 펑펑한 자리가 있거덩 그래가 거를 터로 잡았다. 그리고 얼매 있다가 아부지가 돌아가서 거 묘를 썼어. 묘를 씨이 천둥이 치고 야다인 기래. 원래 용이 천둥번개를 몰고 댕긴다 캐써. 그리고 고마 그때부터 참말로 이 집이 부자가 되가 몇 대가 떵떵 거리미 살았어. 용님이 착한 사람한테는 복을 주이, 착하게 살믄 그래 되지 뭐.

▮경상북도 의성군, 김명숙, 여, 78 2013년 8월9일

자료3. 용이 청년 부탁 들어주기

마을에 용샘이라꼬 있었어. 그 용샘은 고마 아무리 가물어도 물이 안 마르는기래. 따른 동네서 물이 바짝 말러가 농사도 몬 짓고 밥도 못 먹고 이래도 용샘 있는 마을은 괜차네. 용샘 있는 마을 옆에 쪼매난 마을이 있었어. 거는 착한 청녀이 저거 어무이를 모시고 잘 살고 있었는데. 이 청녀이 저거 어무이 한테 잘해. 어무이가 거동을 몬하는데. 업고 댕기고 밥 미기주고, 옷도 입피주고, 똥오줌도 가리준다이말이래. 그른데 가물어가 묵을 껏도 없고 이라이, 지는 괜차는데, 어무이가 아무것도 못무이 참 걱정인 기라. 그래가 저거 마을에 있는 샘에 갔어. 샘에 가가 빌었어. 옛날에 샘이

에 용이 산다고 캤어. 그래가 새미 그튼거 파마, 막걸리 부우 놓고 그래 빌지 용님한테. 그래가 거 가가 빌었겠지. 청녀이 거 가가 지극 정성으로 빌었어. 물을 좀 달라고 미칠을 그래 빌고 집에 와가 자는데. 꿈에서 용님이 나타나써. 나타나가 "나는 너거 마을 샘에 사는 용이다, 니가 착하고 지극 정성이래가 내가 나터났다. 지금 샘에 물이 없어가 고생이 많다. 저 용샘에 가만 내 형님이 산다. 주전자를 들고 거기 가라. 아무도 안볼 때 저녁 땁에 캄캄해지만 가가 내가 보냈다카고 빌어라 그라고 주전자에 물을 따라가 거서부터 한 방울씩 떨어뜨리가 내 있는 새미까지 온나 그라만 물이 이리로 티인다" 이라거덩 그라고 꿈이 싹 깼어. 저녁땁에 캄캄할 때 용님이 알려준데로 가가 빌었어. 빌고 물을 주전자에 버가 용샘부터 물을 떨끼가 새미까지 떨끼가 갔어. 그래가 청녀이 그라고 나이 샘에서 물이 콸콸 쏟아져 나왔어. 그래가 농사도 짓고, 밥도 묵고 그래 행복하게 살았데.....

▮경상북도 의성군, 박태희 남, 80세 2013년 8월9일

자료4. 용이 사람의 도움으로 등천하고 보답하기

옛날에 어떤 사람이 있었는데, 도무지 가사를 경영을 몬하는 기라. 가사를 경영을 몬하이 식구들이 옳기 살 수가 있나. 거기다가 아는 얼마나 마이 나나가 먹을 것도 없었어. 신랑이 새벽에 눈을 뜨이 아가 한거 누버있고 옆에는 마누라가 있는기라. 갑자기 덜썩 겁이나가. '이래는 안되겠다. 고마 내가 죽어야 가야겠다'카고 그 질로 집을 나갔어. 죽을라꼬 죽을 장소를 찾어가 산중으로 한참갔어. 가다보이 날도 어둑어둑하고 배도 고프고 하거든. 산중이라 뭐 있나. 이제 이래가 죽는구나 카고 있었어. 그런데 저 저보이 빛이 보이거덩. 거어 갔어. 가이 큰 기와집이 한 채 서 있는기라. 어짜피 죽을 꺼 내일 죽어야겠다 카고 그 집으로 들어갔어. 드러가 잠 좀 재아 달라 그랬어. 그라이 이쁜 처자가 나와가. 밥도 채리주고 잘 채비도 해줘. 그라고 하는 말이 "내가 지금 과부가 돼서 혼자 지냅니다. 돈도

있고 집도 있고 이라이 고마 내랑 삽시다"이라거덩. 남자는 고마 죽어뿔라고 집에서 나왔는데. 막상 이쁜 처자가 앞에서 그라이 마음이 동해. 그래가 사정 이야기를 했어. 그래도 처자가 괜찮다고 하민서 살자고 하는기라. 그래가 한 삼년을 잘 묵고 배불리 살었어. 잘 묵고 배부르이 식구 생각이 절로 나는기라. 그라고 며칠있으면 저거 아부지 지삿날이라. 그래가 마누라 보고 집에 잠깐 댕기온다고 했어. 그라이 마누라가 쪼매만 더 있다가라 하는기라. 그래도 자꾸 때를 썼어. 할 수 없이 마누라가 댕겨온나고 했어. 기뻐가 한 달음에 집으로 갔는데 저거 집은 없고 큰 기와집이 있는기라. 동네를 다 댕기고 저거 집이 없어. 그래가 저거 집 있는 자리에 가가 털썩 앉었어. 고마 식구들이 죽었구나 이카고 있는데. 대문이 열리는 기라. 대문이 열리민서 마누라가 뛰쳐 나왔어. "당신 언제 왔는교"카거덩. 그라고 "당신이 보내준 돈으로 잘 사니더"이래. 그래 그간 사정이야기를 한다. 그라이 마누라가 "오늘 밤만 자고 가이소. 나는 괜찮니더 그 마누라가 우리를 살리 줬는데, 거가가 사이소"이캤어. 그래가 잠을 자고 그 담날로 해가 길을 갔어. 글을 가다가 보이 어떤 노인이 길을 막고 서면서 "니가 살고 있는 마누래는 이시미다. 잘못을 저질러가 용이 이시미가 됐는데, 니를 잡아먹으만 다시 용이 되이 니를 잡아묵을라 할끼라 그라이 집에 가거덩 마누라가 채리주는 밥에 침을 세 번 뱉어라. 그라만 이시미가 죽는다"이래 그래가 그 질로 집에 갔어. 인기척을 안하고 살금살금갔는데, 집 있는 자리에 샘이 있고 그 샘에 용이 몸을 꿈틀꿈틀하고 있어. 얼마나 무섭노 그래가 고마 소리를 내뿌써. 그라이 기와집이 다시 생기고 용이 마누라가 되는기라. 그래가 모른척하고 집에 드갔다. 그가이 마누라가 집에 잘 댕기왔나 카믄서 밥을 챙기준다. 그래가 침을 세 번 밭을라 하는데, 마누라 덕분에 저거 식구랑 지가 잘 살았거덩. 정으로 차마 그래는 몬하겠는기라. 그래가 밥을 꿀꺽 삼켰어. 그라이 마누래가 용으로 변해가 고맙다고 하는기라. 저거 서방 덕분에 용으로 돼가 득천을 할 수 있다고. 아까 서방이 만난 노인은 여운데. 지하고 둘이 용이 될라고 서로 경쟁을 했다고 그래. 경쟁을 해가 이겨야 용이 되는데, 저거 서방 덕분으로 용이 됐다고. 갑자기 쏘나기가 쏟아지고 뇌성벽력이 친다. 그라고 고마 마누래가 요이 되가 하늘로 올라 갔어. 서방은 다시 옛날 마누라를 찾아가가 자식하고 잘 살았어.
▎경상북도 포항시, 서철광, 남, 77살, 2014년 10월15일

자료5. 용이 사람되기1

옛날에 착헌 총각이 있었어요. 하루는 나무를 하러 가는데, 동네 빨래터에서 빨래를 하는 처자를 봤어요. 처자가 이쁘거든요. 총각은 살믄서 이리 이쁜 처자를 본적이 없었어요. 그래서 돌맹이를 줘가 떤지고 이래도 꿈쩍도 안하는거든요. 처자가 빨래를 다하고 집에 가는데 총각이 따라갔어요. 골짜기 골짜이로 들어가이 기와집이 있어요. 처자가 글로 들어갔어요. 총각은 부잣집 처잔갑따 카고 발길을 돌리라 카는데, 그래도 처자가 너무 이뻐가 포기가 안되는 거라요. 그래가 들어 갔어요. 들어가이 처자가 "여는 혼자 사는 집이라 남자가 들오만 안됩니다"이카거든요. 그래도 들어갔어요. 그라이 처자가 하는 수 없이 "그라만 하루밤에 자고 가이소"이래요. 그래가 처자가 총각을 아랫방에 들라놓고 밥을 채리주미 "밥 잡수코 주무십시오. 지도 가가 잘랍니다"이래, 남자가 잘라꼬 누부이 자꾸 처자가 생각나거덩요. 그래가 갔어요. 처자 방으로, 처자 방으로 가가 문틈에 구멍을 냈으요. 처자를 볼라꼬, 그란데 처자는 온데간데 없고 한 마리 용이 꿈틀꿈틀 거리는 기라. 그라이 총각이 안놀래겠어요. 인지척이 나빴어요. 그라이 용이 여자가 됐으요. 여자가 되가 나와가 무슨일이 있습니까?물어요. 그라이 총각이 "화장실 좀 갈라고 합니다"캐, 처자가 "요강이 있으이 거어 일보십시오"이라거덩요. 그래도 총각이 "화장실 갈랍니다" 그래 그라이 처녀가 "그람 가십시오"이래 그래가 총각이 줄행랑을 친다 이말이래 한참을 걸어가 처자를 본 빨래터에 와가 잠깐 쉈어요. 근데 그때 용이 몸을 칭칭 감는 거에요. 총각은 포기하고 "날 잡아 묵으십시오"그래요. 그라이 처녀가 "나는 용이요. 사람이 되고 싶어가 공을 드리고 있었어요. 삼일만 지나만 이제 여자가 됩니다"이래, 그라고 "당신이 삼일만 기다리 주마 당신하고 평생

해로 할 수 있습니다. 이 구슬을 줄테이 소원을 말하마 들어줄껍니다. 집에 가가 있으시오"이래 청녀이 생각해 보니 용은 겁나는데 처자는 이쁘거덩 그래가 "알았어요 그라마 내가 집에 가가 기다리께요"이라고 길을 간다. 집에 가가 구슬을 보고 참말인가 시퍼가 집을 달라 카거덩 그라이 집이 나오네, 그리고 쌀을 달라카거덩 그라이 곡식이 창고에 쌓이가 있네. 참 신기하단 말이지. 그래가 삼일을 보냈으요. 그라이 정말로 이쁜 처자가 오네. 그리고 "삼일을 도망 안가고 잘 기다렸어요. 그라만 이제 백년 해로 합시다"이래 그래가 행복하게 살았데요.

▎경북 포항시, 김건식, 58세 2014년 10월15일

자료6. 용이 사람되기2

옛날에 착한 총각이 있었어. 이 총각은 아픈 홀엄마를 지극정성으로 모싰어. 홀엄마가 죽고 혼자 사는데. 이 총각은 따른 사람을 잘 도와줘요. 지도 가난한데 자테 가난한 사람이 있으만 밥도주고 옷도주고 이랬어. 하루는 낭글하러 갔어. 가다가 빨래터에서 잠깐 앉어가 쉬는데 빨래를 하는 아가씨를 봤어. 그 아가씨가 얼마나 이쁘던동. 한 참을 쳐다봤어. 그라이 아가씨도 눈치를 챘겠지. 그래도 모른척하고 빨래를 하고 집으로 가더란 말이지. 그래가 청녀이 따러갔어. 꼴짜기 꼴짜기 자꾸 들어가는 기라. 집이 있나 싶을 정도에 산 속으로 가는데 가마이 있다 기와집이 있어. 글로 쏙 들어간다. 아가씨를 쎄기 청년도 따라갔어. 그라이 아가씨가 깜짝 놀라거덩. 그리고 있자니 청녀이 "이제 깜깜해져가 길을 잃을 것같습니다. 잠 좀 재아 주이소"이캐요. 그라이 아가씨가 "여는 내 혼자만 있기 때문에 남자를 들일 수 없습니다" 카거덩, 그래도 청녀이 자꾸 쪼르이 어쩔 수 없거덩. 그래가 자라 카고 지녁을 챙기준다. 그라민서 지 있는 방에는 들오지 말라칸다. 청녀이 방에 가마이 누버 있자니 아가씨가 자꾸 생각나거덩. 그래가 몰래 아가씨 방으로 가가 엿본다. 근데 아가씨는 없고 용이 혀를 낼름낼름 거리미 있는기라. 청녀이 시껍하지. 깜짝 놀랬어. 인기척이 있으

이 용이 다시 아가씨로 변해가 나온다. 나오는데. 청녀이 얼굴이 하야이 되있거든. 그라이 아가씨가 모른체 하고 "왜 그랍니까?"이라거덩 청녀은 아무일도 없다카고 잠깐 화장실 좀 갔다온다 캐 그라이 아가씨가 갔다오라 카거덩. 그 질로 청녀이 도망을 해 한참 가이 이제 안따라오겠다 시퍼가 빨래터에 앉어가 쉬어. 근데 숨통이 맥히는 기라 보이 용이 몸을 칭칭 감고 있어. 청년은 죽었다 카고 있어러. 그라이 아가씨가 한다는 말이 "내가 삼일만 있으면 사람이 되는데 삼일만 기달리라" 이래 그리고 "니는 평소에 착하이 내가 복을 주고 내랑 살게도 해주께"카거덩. 용인데 얼매나 무섭노. 덜덜 떨고만 있었지. 아가씨가 다시 물어 "내캉 살래 안 살래"이카거덩, 자꾸 물으이 청녀이 무서버서 알았다고 대답해. 그라이 용이 청년을 풀어주고 다시 여자로 되가 집에 가서 기달리라 칸다. 청녀이 막 도망가가 집에서 삼일을 보냈어. 그라이 참말로 용이 아가씨가 되가 온다 이말이라. 청녀이 다시 이쁜 아가씨를 보이 용으로 빈할 때 모습이 생각이 안나는 기라. 다시 좋다 이말이라. 아가씨가 "기다리 줘가 고맙다. 이제 같이 살자."이라거덩 그리고 도술을 부리가 집도 맹들고 돈도 맹들고 해가 잘 살았데.....

▎대구광역시, 박경순, 68세, 2014년 6월18일

자료7. 용이 사람되기3

어느 마을에 부모가 일찍 죽어뿌고 불쌍하게 사는 처자가 있는기래. 이 처자는 참 착해 마을 어른들한테 잘하고 이래가. 착하다고 소문이 낫제. 그른데 이 처자 한테는 밤마다 찾아오는 남자가 있는기라. 처음에는 무서버가 방에 들로치도 않았는데, 참 이 남자가 잘생기고, 참 유식하고 좋은기라. 그래가 서로 정이 났어. 그리고 얼마 안 있다가 처자가 아를 뱄는기라. 그래가 남자가 왔는데 그 이야기를 했어. 그라이 남자가 자기는 사람이 아니라 용이라 카는 기라. 용인데, 처자가 참말로 착하고 이뻐가 그래가 고마 그래 됐다 이카민서, 자기는 처자하고 같이 살 수 없다캤어. 그라이 처자가 용이라도 괴안으니 살자카네. 그래도 남자가 완고하게 안된다 캤어. 그리고 처자 한테. "당신이 아를 노만 얼굴은 사람이고 몸은 용인 아가 나오이 무서버가 아를 직이지 말고 똑똑한 아이 잘 키우소" 이라고 고마 사라져 뿐다. 남자가 가이 우얄 수 있나? 혼자 아를 낳어. 그라이 동네 사람들이 야단이 낫는 기라. 처자가 지 혼자 아를 낳으이 난리가 났지. 그른데 아도 보이 얼굴은 사람이고 몸은 용인기라. 그래가 희한한 일이라고 쫓까 보낼라 캤어. 그른데 참 처자가 딱하고 불쌍한 기라. 그래가 동네 사람들이 살어라 캤어. 그래가 처자하고 아하고 사는데, 동네 아들이 가마이 있나 맨날 놀리고 그라지. 그라이 아는 맨날 우는 기라. 저거 엄마가 하도 불쌍해서 "야야 그라만 니랑 엄마랑 죽어뿌까, 맨날 사람들이 놀 리가 맘이 상해가 우는데 엄마가 그거 못보겠다"이카거덩. 그라이 아가 "어무이 나는 괜찮심더 아직 내가 어리가 그르심더 앞으로는 안 울겠습니다"이라거덩. 그라이 어마이가 보이 장하단 말이래. 그래가 열심히 살었어. 하루는 동네에 비가 안 온단 말이래. 그래가 마카 난리가 났어. 비가 안 오만 농사가 되나. 그래가 동네 사람들이 근심을 하고 앉었는데. 아들이 어마이 보고 동네 어른을 불러 달라 이라는 기라. 그래가 어마이가 왜 그라노카고 물어도 가마이 있어. 그래가 동네 어른을 불러다가 앉헜어. 그라이 아가 한다는 말이 "할부지들 저는 용의 자식임더. 그런데 어무이가 사람이래가 지는 용도 되고 사람도 됩니더. 요새 비가 안와가 근심이 많지요. 비가 안 오는 거는 사람들이 지를 괄시해가 그릇습니다. 지를 괄시하이 아부지 용이 비를 안내리는 겁니다. 제가 아부지한테 사정 이야기를 잘 할 것이니까. 앞으로는 우리 어무이하고 내하고 괄시하지 마이소. 지는 사람들 하고 사람으로 살고 싶습니다"이카거덩 노인들이 들어보이 아가 하는 말이 틸린 기 없거덩. 그래가 괄시를 안하기로 약조를 했어. 그라고 쪼매 있으이 갑자기 천둥이 치고 비가 막 쏟아지는 기래. 그래가 소문이 낫지. 아가 신통하다고. 그다음부터는 사람들이 아하고 어마이 하고 괄시를 안했어. 다 좋아하는 기라. 아가 똑똑끄덩 모리는거 있으만 아한테 가가 물어보만 답을 잘 알리준다 말이래. 그라이 사람들이 아하고 잘 지내거덩. 보만 인사도 하고

그래. 동네 아들도 칭구 맺어가 잘 놀아. 몸이 용이이까 기이댕긴다 말이
래. 그래도 아들이 이제 마 사람그치 대해주고 그랬어. 그래가 숨바꼭질도
하고 뭐 그래 놀고 잘 살았는기라. 그라고 난주 동네에 착한 처자하고 결
혼도 하고 잘 살았어. 사람이 되 가주.

경상북도 포항시, 남, 82세 2014년 10월15일

자료8. 용이 김씨의 도움으로 마누라 찾고 보답하기

 청룡·백룡·황룡 싸움이야긴데, 어렸을 때 동네 할아버지 한테 들은 거
야. 옛날에 연못이 있었데. 연못 있는데 거기 황룡하고 백룡하고 살았어.
황룡이 남자용이고 백룡이 여자 용이었어. 잘 살고 있는데, 그만 백룡이
청룡하고 바람이 난거야. 황룡이 잠깐 나갔다가 온 사이에 두리 바람이
나서 난리가 난거야. 황룡이 화가 나서 백룡이랑 싸웠거든. 그런데. 황룡
이 나이가 많아서 힘에 부치는 거야. 황룡이 생각을 해보니 마을에 김씨라
고 활을 잘 쏘는 사람이 있거든, 그래가 김씨를 찾아가 부탁을 해야겠다.
생각했어. 황룡이 김씨 있는데를 찾아 갔어. 김씨 있는데를 찾아가서 김씨
앞에 탁 나타나니까 김씨가 깜짝 놀래지. 용이 떡하니 나타나니 "살려주십
시오" 하면서 빌었어. 황룡이 "나는 니한테 벌을 줄라고 여기를 온 게 아니
다. 내 마누라가 청룡하고 바람이 났다. 니가 청룡을 처리해주면 내가 니
한테 복을 주께"이랬어. 김씨가 "어떻게 하면 백룡을 죽이는 데요"그랬어.
황룡이 "내일 모시에 연못에 가면 청룡하고 백룡이 얽혀서 있을 것이니 그
때 청룡을 향해가 활을 쏴라"이랬어. 그래 김씨가 알았다 하고 그 담날 저
녁에 연못으로 갔어. 그러니까 비바람이 몰아치는데 두 용이 얽혀서 왔다
갔다 하고 있거든, 김씨가 청룡한테 활을 겨누고 쐈어. 청룡이 활을 맞고
딱 쓰러졌어, 그때 황룡이 나타났어. 백룡이 싹싹 빌어 잘못했다고. 황룡
이 김씨한테 가가 소원을 말해라 그랬어. 김씨가 한 평생 배불리 살고 싶
다고 하거든 그래서 황룡이 여의주를 주고 그것을 가지고 가서 소원을 빌
면 모두 이루어질꺼라고 말하고 백룡을 데리고 하늘로 올라갔어. 집에 온

김씨는 여의주를 가지고 소원을 비니까 정말 다 이루어져서 한 평생 잘 살았어.

▎경상북도 포항시, 이도섭, 남, 82세 2014년 10월15일

자료9. 용이 자신을 알아준 유그미에게 뜰 만들어 주기

나도 옛날에 들은기라 마카 이자뿌고 유그미뜰인가 먼가 그거는 알어. 저 경주에 가만 유그미뜰이라꼬 있어. 거 얽힌 이야긴데, 옛날에 용이 마 득천을 할라꼬 하늘에 오리는데, 사람들이 그거를 보고 "저 구리간다" 이깼는기라. 그 말을 듣고 고마 용이 득천을 몬하고 깡철이가 됐어. 깡철이가 머냐면, 용이 못되만 깡철이가 된다캐써. 용이 득천을 몬해노이 고마 깡철이가 돼가 비를 안삐맀는기라. 비가 안오이 들에 논에 곡식이 다 말라가 죽었뿌써 그라이 사람들이 살 수가 있나. 하루는 그 동네에 유그미라카는 알라가 할매 등에 업히가 밖에 돌아 댕깄는기라. 그때 또 용이 못된 깡철이가 득천을 할라고 그라고 있었어. 용이 마 득천을 하는데, 유그미가 그걸 본기라. 다른 사람들은 마카 "구리 간다"카는데 유그미는 "할매 용님이 하늘에 올라간다"이깼는기라. 유그미가 용이라 카이 용이 하늘로 득천을 했어. 용이 고마버가 저녁에 유그미를 찾어 갔어. 유그미 집에 사람들이 앉었거덩. 그때 용님이 사람들한테 나타났어. 용이 나타나이 얼매나 무섭노 그래가 벌벌떨미 무릎을 꿇고 빌었어. 살리돌라꼬. 그라이 용님이 "아이다. 내가 여어 온거는 유그미한테 고마움을 표직할라꼬 왔는기다"이라는기라. 그라이 사람들이 이제 고마 안심하고 앉었어. 그라이 용님이 "내가 득천을 했는 데가 땅이 쩍쩍갈라지고 해가 농사를 짓지 몬한다. 그라이 내일 땅주인한테 가가 그 땅을 싼값에 사라. 그라만 내가 비를 내리가꼬 그 땅을 좋은 땅으로 만들어 주께" 그말을 하고 용님이 사라졌어. 그라이 사람들이 신통하그덩. 그래가 담날로 해가 바로 땅주인한테 가가 그 땅을 싼값에 샀어. 땅주인은 좋그덩, 안 그래도 버릴라 그랬는 땅인데 돈주고 산다고 하니, 그래가 유그미 아부지가 땅을 사가주고 왔어. 그라자 하늘에

서 벼락이 치고 비가 억쑤그치 내리는 기라. 하루종일, 담날 유그미 아부지가 그 땅에 가봤어. 그라이 땅이 비를 맞어가 촉촉하이 희안한기라. 기름지다 말이래. 그래가 농사를 지으이 풍년이 되고 , 담 해도 글고 그 담해도 풍년인 기라. 그래가 유그미 집이 부자가 됐어. 그라고 그 뜰을 유그미 뜰이라꼬 이름지이써. 유그미가 용님을 알아봐가 용님이 복을 준기지. 이른 이야기가 있어.

▎대구광역시, 신현진, 남,57세 2014년 9월13일

자료10. 용이 가난한 선비의 도움을 받고 보답하기

우리 할매한테 들은 이야긴데, 옛날에 가난한 선비가 있었어. 글은 좀 배웠는데, 과거를 못봐서 집에 글만 읽고 있었어. 글만 읽고 있으니 돈이 있나. 마누라가 맨날 길쌈을 해가지고 번 돈으로 근근이 먹고 살았어. 어느날 마누라가 아가 아파가 장을 못나가겠어. 곡식은 다 떨어졌는데 그래가 할 수 없이. 신랑보고 장에 가가 곡식 좀 사오라 했어. 신랑은 뭐 글공부만 해가 세상 물정을 아나, 마누라가 주는 돈을 주고 시장에를 갔어. 시장에를 가니 뭐 아는게 있나. 곡식 파는 데를 찾아가이 사람들이 한거 섰거든 . 얼굴도 마치고 이러이 곡식도 고마 사도 못하고 집으로 걸음을 옮겼어. 원래 샌님들이 뭐 할 수 있는게 있나. 집에 앉어가 글만 읽었지. 그래가 이제 고개를 넘어가 갈라하는데. 고개에 큰 돌이 있는데 그 돌 근처에 사람들이 한거 모여있는기라. 그래가 선비도 가봤어. 가보이. 그 돌 위에 용이 떡하니 앉어가 있는기라. 사람들이 "구리 잡아가 포식하자"카면서 쭉 둘러 있었어. 선비가 보이 구리가 아이고 용이거덩. 용이 어디가 다쳤는지 제대로 움찍꺼리도 못하고 눈물만 뚝뚝 흘리고 있어. 용을 보니 딱해. 그래가 사람들한테 "저 구리를 내한테 파시오"그랬어. 그라이 사람들이 "얼마를 줄낀데"이라는 거라. "내 이기 있는거 다요 받고 팔래요"그러이, 사람들이 그래도 돈이 낫거든. 구리를 죽이가 묵을라고 치면 번거롭자나. 그래가 돈을 받고 팔았어. 그래가 용이 풀너났어. 사람들이 가고 선비

혼자 용을 보고 가마이 섰으니까 용이 선비를 보고 말을 해 "니가 나를 알아보고 살리줘가 고맙다. 내가 오늘 등천을 할려고 캤는데 꼬리를 다치는 바람에 못하고, 사람들한테 잡히가 죽게 생겼었다. 니가 나를 구해줬으니까 나도 니한테 소원을 들어주께" 그라네. 그라이 선비가 용을 보고 고개를 넘쭉 엎드려가 "괴안습니다, 용님을 사람들이 죽일라카이 제가 말린거지요. 어서 등천을 하십시오"이래. 용이 선비를 보니 참 욕심도 없고 착해. 그래서 여의주를 줬어. 주면서 "이거는 여의주다. 이거를 가지고 가면 니가 원하는 거 다 할 수 있다. 이거를 가지고 가서 잘 살아라"그러는 거라. 선비가 너무 고마버가 어쩔줄을 몰랐어. 그라고 용이 천둥번개를 일으키가 하늘로 등천을 했어. 선비는 그걸 보고 집으로 왔단 말야. 집으로 가니 마누라가 쌀을 사왔냐고 묻거든. 선비가 못사왔다고 하니 마누라가 윽박을 질러, 선비가 방으로 불러가 사정이야기를 해줘, 그라고 용이 준 여의주를 가지고 쌀을 돌라 그래봤어. 그러이 쌀이 진짜 나오네, 집을 돌라 하니 집도 나오네. 정말로 용이 칸 것처럼 다 이루어져. 그래가 부자로 잘 살았어.
▌대구광역시, 전선희 여, 43세 2014년 5월23일

자료11. 용이 장가 못 간 아들 둔 어미 소원 들어주기

뭐 용 이야기. 가마있짜 그른기 있나. 옛날에는 새미나 못이나 하여튼 물에 용이 산다꼬 캤어. 그래가 옛날에 정초되고 하며는 새미 있는데 가가 빌고 그랬어. 지금은 안하자. 옛날에 새미가 있었어. 한 어무이가 장개를 못간 아들이 있어가주. 매일 새미에 가가 물을 떠놓고 빌었어. "용님, 용님, 우리 착한 아들 장개 쫌 보내주소. 착해가 뭐도 모리고 맨날 애미 걱정빼께 안합니더. 착한 아들 장개 쫌 보내주소"이카고 지극 정성을 드맀어. 그래가 한 삼년을 꼬박 했는데, 밤에 잠을 잤어. 그라이 마 크다난 용이 나와가 "니 정성에 감복했다. 내가 처자를 보내주께. 이 처자하고 혼인을 시키만 집안이 일어날끼라"이라고 고마 사라졌어. 그라고 꿈이 깜빡깨가 이기 꿈인가 생신인가 캤그덩. 미칠이 지나도 아무일이 없어가 고마 꿈인갑다

이카고 있었는데. 저녁에 아들내미랑 잘라꼬 누볐는데, 누가 문을 뚜드리 그래가 보이 이쁜 처녀아이가. 그래가 어떻게 왔나 카이 용님이 보냈다 카거덩. 그래가 고마 아들캉 장개를 드렸는데, 참 신통하거덩, 꿈에 용이 캤는데로, 처녀가 들오고는 가산도 불고, 아도 잘 낳고 이라거덩. 그래가 어무이가 참 신기해가 또 새미에 가가 고맙다고 빌었어. 그라이 또 꿈에 용님이 나와가 "내가 말했는거를 지킸제. 이제 행복하기 잘 살어라."이카 거덩. 그 담부터는 아 새미가 용하구나 이카고 잘 살었다. 이런 애기가 있어. 그 처자는 아무래도 용녀겠지. 용의 딸. 그라이 신통하이 가산도 불게 하고 아도 잘 낳지.

▎경북 포항시, 서영애, 80세 2014년 10월15일

자료12. 용이 자신을 거두어 준 노인에게 보답하기

용왕 아들이 용국에서 죄를 지었는 기라. 응 그래가 용왕이 아들한테 벌을 줘가 삼 년을 육지에 귀양을 보냈는 기라. 그래가 개로 변해가 육지로 갔는데. 의지 할 곳이 있나. 뭐 돌아댕기가 시커멓고 보잘 것 없거든. 그라이 동네 아들이 돌로 때리고 못살게 구는 기라. 그때 한 노인이 그거를 보고 안됐는기라. 저것도 생밍인데 아들이 저라게 돼가 안되겠다 시퍼가 그 개를 딜고 가가 목욕도 시키주고 밥도 미깄코 해서. 그래가 3년을 잘 살었어. 노인도 이제는 개가 없으만 고마 허전한기 안좋은기라. 그래가 같이 살라꼬 마음을 묵었는데, 고마 3년째 되는 날에 개가 없어졌어. 미칠을 그래도 개가 안돌아 오는기라. 그래가 고마 노인이 병을 해가 시름시름 앓었어. 각죄 어떤 청녀이 집에 와가 문을 두드리는 기래. 노인이 누볐으니까. 문을 열고 들오는 기라. 노인이 억지로 일라가 앉었으니까 넙쭉 절을 하면서 "영감님 제가 그 갭니다. 원래 용궁의 왕잔데, 죄를 지가 벌로 육지에 와가 개로 3년 살었습니다. 영감님 덕분에 잘 살어가 보답을 할라고 이래 찾아왔습니다"이라는 기라. 그리고 "우리 아부지가 영감님한테 보답을 해준다고 용궁으로 모시오라 했습니다. 지랑 용궁으로 가지요"이래

가민서 또 "아부지가 뭘로 주까라고 물으만 다른거 다 필요없으이 해인만 달라고 하이소"이래 당부를 해 그래 용궁으로 가가지고 갖가지 진귀한 음식을 먹고 있으이 차말로 용왕이 뭘로 받을래 이라거덩. 그래가 용자가 시키준데로 대답했어. 그라이 용왕이 멈칫하는기래 그거는 용왕한테도 값진기그덩. 보물이래. 소원을 다 들어주니까. 얼마나 좋은 거겠어. 그래도 저거 아들을 살리줬으이 그걸 줬어. 그걸 받아가 육지로 왔어. 그라고 해인으로 소원을 빌어가 죽을 때 까지 떵떵거리미 살았데. 지금도 그런 해인이 어디에 있다카는데 참말이겠나. 옛날 말이제.

▎경상북도 의성군, 엄복용 남, 세 2014년 10월11일

자료13. 용이 퇴계에게 학문 배우기

옛날에 퇴계 이황이 훌륭하신 분이자나요. 용궁에까지 그 소문이 퍼졌나봐요. 하루는 초립동자가 퇴계 선생 집에 글 공부를 하러 왔어요. 퇴계 선생이 글을 가르치니까. 얼마나 똑똑한지 하나를 가리치면 열을 알았어요. 그래가 신통해가 제자로 받아들있어요. 그런데 갑자기 비가 안와가 땅이 마르고 이래가 농사가 안됐어요. 이라이 사람들이 밥도 못먹고 굶어 죽는기라. 그라이 퇴계 선생이 근심을 했어요. 근심을 하이 제자가 보이 안타까워요. 그래가 인실직고를 해요. "선생님 저는 용왕의 아들입니다. 제가 용이니까 비를 오게 할 수 있습니다. 그런데 마음대로 그래하만 안됩니다. 하늘에서 비를 내리라 캐야 비를 내립니다."캤어요. 그러니 퇴계선생이 "사람을 먼저 살리고 보자"이랬어요. 그러이 용이 하늘로 올라가가 벼락을 치고 비를 내렸어요. 그래가 사람들이 다시 잘 살게 됐어요. 비를 내렸으니 초립동자는 이제 죽게 됐거든. 하느님이 호통을 치고 잡어 오라고 해요. 그라이 초립동자가 벌벌떨고 퇴계선생한테 찾어 가거덩. 그라이 퇴계선생이 자기가 지키준다 캤어요. 쪼매 있다가 하늘에서 사자를 보냈어요. 퇴계선생이 거 가가 "사람들이 죽어가는데 하늘에서 보고만 있어가 내가 비를 내리게 시킸으이 나를 잡아가가 벌을 주시오."라고 그랬어요.

사자가 하늘에 다시 올라가가 그래 전하이. 하느님이 보이 그말이 맞거든요. 그라고 퇴계 선생이 학문이 뛰어난데 죽이만 안되거든요. 그래가 학문을 더 열심히 해라 하고 용서해 줬대요. 그래가 용자는 공부를 마치고 용궁으로 돌아가가 비를 내리게 하는 책임을 더 잘 하고, 퇴계 선생은 학문을 열심히 해가 이름을 더 많이 떨쳤대요.

▮경상북도 포항시, 서동권 남, 53세 2014년 10월15일

자료14. 용이 꼬리를 쳐 만들어 준 용천리1

여가 왜 용천이라 카노. 우리도 모리고 캤는데 그러이까네. 뭐시야가 천지개벽하기 전에 저아래 동네카 칠포가는 동네 사이 있는데 저개 막해 꽉 맥히가 이기 바다랐떼. 바다믄 사람이 살 수가 없자나. 그래가 용이 사람들이 살게 해주야 긋따 이래 마음 먹었데. 지금으로 말하만 신이지 용신. 용신이 원래 사람들한테 도움을 주고 비도 내리주고 이라자나. 용신이 천지개벽하민서 꼬리깡 탁 쳐가이고 칠포로 가는 곡강 거 가믄 탁티졌는데 이꺼덩요. 거 탁티졌는데를 탁 쳐뿌리니까 바닷물이 다 빠져나가고 우리가 들은 말에는 탁 쳐뿌리니까 물이 다 빠지고 저 가만 신광 비약산 있자나. 거 비약산 말라 요즘은 없는지 몰라도 옛날에는 중간에 까지만 가도 조개 껍질이 있다 켔거든. 거 까지가 마카 바다였는데 용신이 꼬리를 쳐가 땅이 됐지. 용신이 우리 살게 해줄라고 등천을 하미 땅을 맨들어준거라. 그래가 여가 용천이라 카는기라.

▮경북 포항시, 배복선, 81세 2014년 10월15일

자료15. 용이 꼬리를 쳐 만들어 준 용천리2

샘이 천자 용용자 해서 용천이거덩 그래인자 샘이에서 용이 득천을 해가 하늘로 올라갔다. 옛날에 뭐 천지개벽할적에 여기 용이 살았다 그래. 용이 하늘로 샘에서 득천을 할라고 하니 여가 원래 바다라가 사람들이 살기가 어렵거덩 그래가 땅을 만들어 줘야 겠다 이래 생각해써 그래가 득천

을 하면서 땅을 탁쳤어 그래서 바다가 맥히가 땅이 돼써. 그란데 무슨 영문인지 몰래 자기가 살도록 해준 사람들이 잘몬했겠지. 그래가 용이 올러가가지고 어늘날 이 마을에 배락을 때렸어. 저 가만 배락바우라고 있어요. 배락바우가 배락을 마져가지고 중간에 쩍 갈라짔어. 얼마나 무섭노 용이 배락을 때렸으이. 용이 본래 비를 내리니까 배락도 때리는지. 사람이 용신한테 잘못을 해가 용이 배락을 때리가 그른가. 이 마을에는 유식한 사람도 없고 이른 이얘기를 아는 사람이 없지.

▎경상북도 포항시, 조성담, 81세 2014년 10월15일

자료16. 용이 부처와의 싸움에서 승리하기

옛날에 폭포 이른데 보마 용이 산다 캤어. 폭포 이른데는 지푸거덩. 지푼데니까 용들이 거서 살수 있제, 야트 막하믄 용이 살수가 있나. 집은 계곡 있는데는 참 풍수가 좋다 이말이래, 그래가 부처님 와가 절을 세울라꼬 폭포있는데를 오이 , 용이 떡하고 앉았거덩. 그라이 부처님이 내가 절을 세울라꼬 왔으이 물1러나라 이캤어. 용이 지가 설던덴데 나가겠나. 떡버티고 있었어. 부처가 마 용을 직일라꼬 폭포 물을 지글지글 끓이거덩. 그라이 뜨겁지 그래도 용이 가마이 있었어. 이번에는 용이 하닐로 올라가가 비락을 때리가 억쑤 같은 비를 내리거덩 그라이 물이 마 푹 식었어. 그라고 부처님 비가 하도 오이 둥둥 떠내리 가는기라. 그래가 마 부처님이 용한테 졌어. 부처님한테 이깄으이 용이 말하자만, 신이지 용신, 그래가 용신이 이기가 부처님이 절도 몬짓고 쪼끼났어.

▎경상북도 의성군, 엄복용 남 85세 2014년10월11일

자료17. 용이 의상과의 대결에서 패배하기1

불영사의 산을 천축산이라고 해요. 왜 이름을 이렇게 했냐며는 인도의 천축산과 같다고 해서 천축산이라고 해요. 의상대상님께서 산이름을 그렇게 짓고 산 위에서 여기를 내려다 보니. 여기가 원래 못이였어요. 못. 그

못에 아홉 마리 용이, 독용이 살고 있었어요. 그것도 등천할 요이아이고 독용. 등천 못하는 요을 독용이라캐요. 등천을 못할 용이 있으이. 의상대사가 이걸 내 보내야 것따. 그래 의상대사가 이걸 어떻게 내 보내나하고 고민을 해쓰요. 용이 거 계속 있으만 절을 지을 수가 없자나요. 용도 의상대사가 말로 나가라고 하만 나가겠어요. 저들이 살던덴데 어디를 가겠어요. 등천도 못하는데. 용은 거기 살라고 했으요. 의상대사가 별별 방법을 다썼어요. 그래도 요이 안나가자. 의상대사가 안되겠다. 하고 법문을 외우고 불화자를 써가 못물에 여써요. 그러자 못 물이 부글부글 끓는기라. 물이 부글부글 끓는데 요이 베기낼 택이 있나. 그러이 용을 내보내따. 용을 쪼까 보냈는기지. 의상대사가 이깄어. 그래가 절을 짓고 구룡사라 캤다. 그런데 절을 딱 짓고 나니 서쪽 산에 부처 바우가 못에 보이드라 이기라. 부처바위 형상은 관음보살 모습이라. 그라이 그 전에는 구룡사라 했는데 관음보살 상이 못에 보이이. 절 이름을 바까야 겠다. 그래서 부처의 그림자가 보인다 캐가 불영사 그래되는 거에요. 그리고 의상대사가 여기 풍수를 보이 불이 잘 날 산인기래. 화산이란 말이래. 거북이가 물에서 살그등 그래서 화를 눌라준다 말이래 그래가 대웅보전 앞에 거북이를 도가 불이 나지 않게 했다 그래. 또 여기 은행나무가 육백년 넘은 나문데 높이 수가 25메다 둘레가 3메다였으요. 조거시 부러졌단 말이에요. 부러졌는데 십년 전 일운주지 스님께서 대웅보전에 동불로 되어있던 부처 세 분은 딴 절로 보내고 저 은행 나무를 가지고 목불 조각을 해서 우리 불영사에 부처 세 분은 목불이란 거.

▋경상북도 울진군, 전정읍 70세 2014년10월14일

자료18. 용이 의상과의 대결에서 패배하기2

의상대사께서 절을 지을라고 천축산에서 여를 내려다보니 절 터는 절 터인데 독용이 연못에 산단 말이래. 그래도 터를 짓기는 지야 된다 말이래. 그래 못에 용이 있으니 이 용을 딴데로 보내야 절을 짓겠단 말이지.

그런데 용이 지가 살던 곳에서 딴 곳으로 갈라 카겠어. 안 나갈라고 뻐팅기지. 용은 지가 살고 있는데 계속 살라칸다 말이지. 의상대사가 절지을 땅이라고 조타캤는데, 얼마나 좋은 터겠어. 그라이 용도 살었지. 그래서 갖가지 방법을 써가 용을 쪼까 보낼라고 했어. 그란데 요이 안나간다 말이래. 그래서 의상대사가 법문을 외고 불화자를 써가 못에 탁 넣단 말이지. 넣자마자 갑자기 못이 부글부글 끓는기래. 못이 부글부글 끓으이 뜨겁거덩. 용이 뜨거버가 못 베긴단 말이지. 그래가 딴데로 가뿌따 이말이래. 그래가 절을 구룡사 이랬어. 그랬는데 절을 짓고 나니까. 요이 살던 못에 부처바우가 비치는 기라. 그래 절 이름이 잘못됐다. 캐가 불영사라고 지었다 그래.
▎경상북도 울진군, 장현종, 75세 2014년 10월14일

자료19. 용이 의상과의 대결에서 패배하기3

여기 불영사가 있는데가 천축산이에요. 여기가 왜 천축산인가 하며는 인도의 천축산과 비슷해요. 그래서 천축산이라고 해요. 지금 불영사라고 하는 거는 부처바위가 못에 비쳐서 불영사라고 해요. 옛날에 의상대사가 경주에서 이까지 내려 오셨어요. 그래서 지팡이를 꽂은 기 싹키나서 나무가 된기 은행나무에요. 구룡사라고 한거는 의상대사가 절을 질라고 천축산에서 내려다보이 그 못에 아홉 마리 요이 살고 있거든요. 의상대사가 보이 여기 터가 좋은기라 우에뜬동 여다 절을 지야겠어. 그래가 의상대사가 절을 지을라고 아홉 마리 용을 쪼까 보낼라 그랬어요. 그런데 용이 잘 나가나 저것도 여기가 좋은 자리라가 살고 있는데, 의상대사가 갖가지 방법을 다썼어요. 염불도 외고 뭐 그래도 안되요. 그래가 최후의 방법으로 불 화자를 써가 못에 넣었어요. 그라이 물이 부글부글 끓었어요. 물이 끓으이 뜨거버가 살수가 있나. 그래가 아홉 마리 용이 거기를 나갔어요. 그래서 그 자리에 절을 짓고 구룡사라고 했다는 거에요.
▎경상북도 울진군, 이복순 여,57세 2014년 10월14일

자료20. 용이 의상과의 대결에서 패배하기4

 의상대사가 오리를 날리보냈다 캐요. 한 마리는 영주 부석사로 가고 한 마리는 여기 불영사에 다른 한 마리는 어디갔다 카드라. 암튼. 불영사에 오니까 옛날에 그랑물이가 저 연못이 아니고 그랑물이가 앞에 저 밑에 보며는 폭포있는데 보며는 산이라 폭 끊어졌뿄는데가 있는데 의상대사가 여와가 보니까 요이 아홉 마리가 있어가지고 자리는 아주 멋진자리 절터 자리가 됐는데 그 요이 거 살고 있으니까 절을 지을 수가 없자나요. 그래가 이 놈을 홀아내야 되는데. 거 사는 용이 나갈라 그래나. 지도 살던덴데 나가라 크니 용은 안나간다고 버티지. 의상대사도 보이 좋은 자린데, 용이 그걸 모릴 리가 있나. 의상대사가 이래저래해도 안되가 그래 저게 의상대사 분이 불화자를 써가 도술을 부리니까 물이가 디 끓으이까네. 아홉 마리 다가 안나가고 여덟 마리는 피해갔고 한 마리는 반대로 가가설랑 화가나가 저짜거 꼬리를 가지고 산을 쳐가지고 물이가 그리 바로 빠졌는 기라. 계속 저 아래로 내려가다보마 행곡. 옛날에는 거가 행곡 1리에 속해있었는데. 분동을 별도로 취해가 행곡4리에 가믄 구미라는데가 있으요. 구미 거 뒷산에 보만 여기매로 양쪽에 산이 있는 가운데가 끊어져가이고 물이가 그리로 흐르는데 옛날에는 이짝 행곡1리 마을을 돌아 나가는게 마져요. 근데 거도 요이 꼬리를 쳐가 끊었다 캐요. 그 전에는 불영사 그까지 물이 돌아나갔다 캐요. 불영사 안에 보마 버드나무가 있고 그캐요. 그라다가 용이 그걸 끊어뿌니까 그기 건천이 되가이고. 우리가 거 들어가서 농사를 지써요. 우리 어렸을 때 원래 산이가 산태극 수태극 캐가지고 위에서 보만 물이 흘러가는 모습이 태극무늬로 나타나고 산도 태극무늬로 나타났다고 캐요. 태극이라카이 음양의 조화자나. 그래가 우리는 어렸을 때 요이 그걸 쳐가 그랬구나 이래 생각해찌.

▎경상북도 울진군, 김용운, 71세 2014년 10월14일

자료21. 용이 의상과의 대결에서 패배하기5

원주에 구룡사가 있어. 거기 가서 들은 얘긴데 예전에 구룡사 대웅전이 있는 자리에 연못이 있었는데, 의상이 절을 세우기 위해 그 이리저리 돌아다니다가 지금 대웅전 자리에 와서 그 땅이 명당임을 알고 절을 세우려고 했어. 그런데 연못을 매워야 절을 세울 수 있는데, 아홉 마리 용이 살아서 그렇게 하지를 못했는데. 하루는 용들이 의상한테 도술로 승부를 가르자고 한거야. 만약 용들이 이기면 절을 짓지 말고, 의상이 이기면 자신들이 다른 곳으로 가겠다고 했어. 먼저 용들이 하늘로 올라가 벼락을 치고 비를 내렸어. 한창 동안 비를 내렸어. 용들은 의상이 떠내려갔다고 생각하고 비를 멈추고 연못으로 내려왔어. 그런데 의상은 의연하게 낮잠을 자고 있었어. 의상이 깨서 용들한테 다했냐고 묻고는 부적을 써서 연못에 던졌어. 잠시 있다가 연못에 김이 모락모락 피어 올랐데. 그러더니 금새 연못이 끓어 오르기 시작하는 거야. 너무 뜨거우니 용이 참을 수가 있어야지. 그래서 멀리 도망가 버렸데. 용이 도망을 가니 의상은 그 못을 메우고 절을 세울 수 있었데.

∎ 강원도 원주시, 엄태석 남,43세 2014년 11월4일

자료22. 용이 청년에게 죽임당하기

어느 마을에, 마을에 보만 뭐 모시놓는데 있잖아. 사당이라카나 뭐 그른데, 거 용이 살었어. 용이 거어 살민서, 일년에 한 번 처자를 잡아 묵는기라. 마을에서 처자를 바치마, 비가 알맞기 잘 와가 농사가 잘되고, 마을에 우환이 업써, 그래가 마을 사람들은 용을 두려버 해가, 일 년에 한 번썩 꼬옥 처자를 바쳤어. 그른데. 한 번은 이제 용한테 바칠 처자를 점지해가 바칠라고 하고 있었어. 근데, 그 처자는 결혼할라고 약조한 청녀이 있었어. 처자가 용한테 바쳐진다고 하니까. 그 청녀이 가마이 있나. 난리가 났어. 마을 사람들은 용이 접나거든. 그래가 안된다. 처녀를 보내야 된다 카고, 청년은 안된다카거덩. 사람들이 마카 처자를 바치야 된다카이 청녀이 빌

수 있나. 밥도 못묵고 그래가 시들시들하고 있었어. 처자는 청년을 보고 눈물만 흘리고, 이제 미칠만 있으만 처녀가 잡히가. 하루는 청년이 깜빡 잠이 들었는데, 저거 죽은 할매가 나오는 기라. "야야 고마 밥 묵고 살아야지, 니가 죽으만 나는 우야노. 할매가 그 처자를 살릴 방도를 알리줄 테니까네, 어여 밥묵고 정신 채리라"카더덩. 그래가 청녀이 "그람 할매 우에 하만 되는데?"이라이 할매가 "용이 처자를 잡아 묵을라고 처자 져트로 올끼라 그때 단 번에 시염을 빼뿌야 된다. 시염을 빼만 용이 심을 못씬다. 근데 단 번에 안빼마 둘다 죽는다. 맹심해라."이라거덩. 그라고 빨딱 깼어. 그질로 밥 묵고 심을 키았지. 밥 묵고 하이 청녀이 깨네 금방 기운이 찰리거덩. 이제 처녀가 갈 날이 돼써. 컴컴하이 비도오고 비락도 치고 하거덩. 마을 사람들이 처녀를 사당으로 밀어넣었뿌따 이말이래. 처녀가 사당으로 들어가이 시커멍 기, 크다난 기, 거어 앉아 있거덩. 처녀를 보고 김을 막 뿜어낸다 말이래. 청년은 몰래 지키보고 있다가 김이 뿜길 때 사당으로 들어가가 숨어가 있었어. 용이 처자를 보고 실금실금 처자한테 기이온다 말이래. 처녀는 눈 딱 감고, 죽을 날만 기다리는데. 그때 청년이 탁 티올라가 용 시염을 딱 빼뿐다. 할매 말대로 죽을 심을 다해가 뺐어. 그라이 용이 고래고래 가물을 지르고 뒹굴뒹굴 하거덩. 그라다가 고마 시름시름 알타 죽었뿌는 기래. 참 허망하이 죽었뿌써. 진작에 시염만 뺐으만 처녀들이 살았을 낀데 말이래. 그담 부터는 이제 처녀들이 잘 살었어. 안 잡히가도 되니깐. 용이 죽고 나서는 마을도 편안하고 잘 돼따 그래. 처녀도 청년캉 결혼해가 행복하게 살고. 조상이 손자를 살린기지.

▎경상북도 의성군, 박정호, 남, 86 2013년 8월9일

자료23. 용이 된 문무왕1

여어 앞에 댕바우가 있자나. 지금은 문무왕릉이라 카는데 우리 어렸을 쩍에는 댕바우 댕바우캤어. 가마이 보이 대왕바우 대왕바우 댕바우 이래 되자나. 그래가 댕바우라 카는 거 그테. 우리 젊었을 적에는 저 맘대로 왔

다 갔다 할 수 있었어. 저 가만 논이라 카는데가 있는데 거어 돌이 이른데 돌하고는 달라 여는 아무리 캐도 그른 돌이 업끄덩. 그래가 우리는 그 논이라 카는데 돌이 육지에서 옮기 왔다. 이래 알고 있어. 그라이 저 왕을 수장한지. 왕이 살았을 때 항상 자기가 죽어가 용이 된다캤데. 그라고 자기를 저어 댕바우에 묻어돌라 캤는데. 그래가 아들이 그래 하고, 지금 이견대 있는 곳에서 저저 아부지를 볼라꼬 기라뤘는기라. 아부지가 용이 된다캤으이, 지키봐야 안 되겠나. 그래가 거서 지키보이 정말로 용이 되가 바다 위를 휘휘 날더란 말이지. 참말로 용이 되가 왜적을 물리치는기라. 왜적이 몰리 오만 비락을 때리고 파도를 일으키가 왜적 배가 물에 잠기고 했어. 그래도 왜적이 계속 쳐들어오니까. 옛날에 여어 열두섬이 이따 카그든 열두 섬을 치만 왜적이 침입을 안하겠다. 이래가 다 칠라했는데. 가마 보이 울릉도는 귀중하거덩 그래가 그거는 고마 놔두고 열 한 섬을 꼬리로 탁 쳐뿌따 말이래. 그래가 그 담부터는 왜적이 침입을 덜하고 편아게 살았다. 이른 말이 있어.

▎경상북도 경주시, 임종백 남, 82세 2013년 8월2일

자료24. 용이 된 문무왕2

문무왕릉이 저기 있거든요. 그런데 문무왕릉하고 여기 감은사지 하고 연결되어 있거든요. 문무왕이 감은사지를 세우고 완공을 못하고 죽었어. 그 아들인 신문왕이 이 절을 마져 완공을 했어요. 감은사가 바로 부모한테 감사한다는 뭐 이런 뜻이자나요. 그런 뜻으로 신문왕이 절 이름을 그렇게 지은 거래요. 문무왕이 항상 죽어서 용이 돼서 왜적을 물리친다구 그랬데요. 그리고 원래 우리 나라에 열두섬이 있었는데, 용이 왜적이 못 쳐들어오게 할려고 그 섬을 다 쳐버렸대요. 또 풍랑을 일으켜서 왜적을 물리치기도 했대요. 문무왕릉이 저기 물 속에 있거든요. 문무왕이 용이 돼서 여기 물길을 따라와가꾸. 감은사지에 가면 금당터라고 있어요. 금당터 거기서 쉬고 들락날락 거렸다는 이야기가 있어요. 여기 이름이 용당이자나요. 용 용

자에 집 당자 해서 용의 집이라는 뜻으로 여기가 용당리인 거에요. 우리가 원래 저기 탑 두 개 있지요. 원래 거기서 살았어요. 그걸 79년도에 절을 복원 한다고 해서 이쪽으로 오게 된 거지. 황룡사 지금 황룡사지만 남아 있거든요. 황룡사 대종을 일본이 자기 나라로 가져가다가 문무왕릉 주변 에서 배가 침몰되서 종이 가라 앉았다. 이런 말이 있어요. 감은사지 대종 도 바로 문무왕릉 주변에 묻혀 있다 뭐 그런 얘기도 있어요. 어른들이 하 시는 말씀에 둘 다 중요한 종이 자나요. 그래서 문무왕이 용이 돼서 일본 이 종을 가져가지 못하게 풍랑을 일으켜 종을 지켰다고 해요. 이곳에 나가 면 대종천이라고 있거든요. 대종천 그것두 여기 감은사에 대종이 있었다 고 대종천이라고 하는 걸꺼에요. 그래서 우리는 문무왕이 용이 돼서 종을 지켰다고 들었어요. 대종천이 82년도에 수해가 나서 난리가 났었거든요. 그때 대종천에 종을 발굴한다구. 해군 탐사 대가 와가꾸 여러날 했어요. 근데 그걸 못찾았어요. 황룡사 대종하고 감은사 대종이 여기에 묻힌거 죠. 옛날 옛날 지금 저희 시어머니 연세 된 분들은 파도 소리가 나면 종 치는 소리가 은은하게 들렸데요.

▌경상북도 경주시, 김현수, 62세 2014년 10월13일

자료25. 용이 된 문무왕3

문무왕이 살아 생전에 죽으면 용이 되가 나라를 지키겠다고 캤다카데. 그 때 왜적에 침입이 너무 마나가 왕이 혼자 속을 마이 썩었는갑지 그래가 죽어서 용이 된가 캐가 아들한테 죽으면 자기를 바다에 묻어다고 하니까 아들이 처음에는 아부지를 바다에 모실 수 없다 이라고 둘이 언쟁이 있었 는 가바. 그래도 왕이 계속 그러니까 아들이 아버지 말을 어길 수가 있나. 그래서 그렇게 해따 이런 말이 있어. 실지 바닷가 문무왕릉을 수장했다 이기라. 문무왕릉 위에 덮었는 돌을 옛날에는 소 누밨는돌이라그랬으요. 그 돌이 바닷가 돌하고 마니 달라 위에 있는 돌은 반들반들하이 여 돌이 아니거덩 그래가 우리는 진짜 문무왕을 여다 수장했구나 했지. 그 돌에

대랑이 십자모양으로 되가 있는데 동쪽으로 물이 들어오만 서쪽으로 빠지고 북쪽에서 물이 들어오만 남쪽으로 빠지도록 되가 있어. 어른들이 문무왕이 물도 일본에 주기 싫어가 그르케 해따 이카데. 문무왕이 용이 되가 이제 부자 상봉을 할라고 지금 이견대 있자네 거서 부자 상봉을 할라고 용이 되가 올라 왔는데 아들이 먼저 봐야 되는데 고마 딸이 먼저 봤다카데. 딸이 먼저 봐 노으이 이왕 올러올 때 아부지 저기 계신다카고 모셨으만 되는데 아이고 저거 봐라 이랬는기라 이래노으까네 결국 내려가가 그담엔 안보이 그담부턴 안보이고 결국 이견대 카는기 그래가주고 지어진 거라. 저쪽에 가믄 감은사가 있어. 감은사 역사가 1300여년이 됐으이니까 오래 돼쓰요. 원래 여기까지 다 해가 바다였다캐. 감은사 앞에 탑이 두 개 있지. 거가 옛날에 배를 댔는자리가 있다 이기라. 그래서 문무왕이 용이 돼가 왜적이 오만 섬을 타고 오자나 옛날에 우리나라에 12섬이 있었대요. 문무왕이 왜적이 우리나라에 또 쳐들어 오까바. 용이 돼가 그 섬을 다 쳤뿠는기라. 그라고 바다를 통해가 감은사로 가가 쉬고 그랬대요. 그리고 이런 전설이 있어. 일본놈들이 감은사 종을 실어가꼬 저거 나라로 들고 갈라그랬는 갑지. 종을 실어가 가는데 대왕암 근처에서 갑자기 파도가 억쑤로 쎄게 치는기라 그거는 용이, 문무왕이 종을 일본에 안뺐길라고 그랬어. 죽어서도 왜적을 막는다 그랬으이 그른지지. 그래가 거서 고마 침몰했다캐. 그래서 종이 대왕암 근처에 묻히뿟찌. 우리 어렸을 때는 바 파도가 치고 이라마 땅에 귀를 대고 있으마 종 치는 소리가 들렸어. 바다에 우에 쇠소리가 들리겠어. 들릴 택이 없지. 그래가 우리는 정말로 종이 빠져있구나 이캐찌. 그리고 실지 잠수부들이 와가 조사도 마이 하고 그랬어. 실지 해방전에까지만 해도 파도만 치만 종소리가 윙윙나고 캐써. 그랬는데 못찾었다 카드만. 여기 물속에 잠수부들이 인자 밑에 인자 작업하러 다닐 때 살지 뭐 그튼기 있는데 올라와 있다 파도만 치믄 묻혔뿐다 이기라. 그래가 잠수부들이 저기 묻혔다 나왔다 한다 이기라. 그래가 두 분이나 20일씩 했으요. 그래도 결국 못찾았으요. 현재 감은사 절 가믄 원래 논인데 그걸 발굴해가 지금처럼 해놨으요. 그러이까네 유사가 내려가 흐르이까네 바다가 육지가 된 셈이지. 뭐 이쪽에 가만 그 용이 득천해따 카는 월왕정이라고 있는기라. 월왕정에 가만. 이쪽 저쪽 보만 대본산 막 떨어진데 보만 툭들어간 자리가 있거덩. 여가 바다. 바단데 이래 들어와가 호미 쑥 들어가 자리가 있어. 이 안에 널라요 이래. 여기 용이 득천해따 이기래. 중간에 보만 바위가 얹혀 있는 기라. 바위가 달모양이라 캐가 월왕정이라.

┃경상북도 경주시, 김복수, 88세 2014년 10월13일

자료26. 용이 된 문무왕4

 문무왕릉에 저그 가보만 실지 물이 복판에 고여 있는데. 거 보마 십자로 깨져 있거든. 물이 동쪽으로 들어만 서쪽으로 빠지고 남쪽으로 들오만 북쪽으로 빠지고 이래 돼 있단말이지. 조선에서는 뭐 든지 일본에 주기 싫어 가주구 네 군데로 빠지게 돼 있다말이래. 말은 용이 문무왕릉에서 득천해가 올라 간데 아이고 물이 감은사지까지 올라가따 캐. 그 전에는 감은사지까지 다 바다였다구 그라이. 그 바닷물을 타 가주구 감은사지에서 득천을 해가주구 열두섬 다 쳤다 그래. 그래가 하늘로 올라갔다캐. 문무왕이 살아생전에 왜적이 하도 침범을 하니까 걱정을 마니 했다캐. 왜적이 항상 쳐들어 오만 섬을 타고 오자나. 그래서 죽어서 자기가 용이 되가 나라를 지키겠다고. 그래서 열두섬을 친거지. 왜적 선박에 한이 맺혀가지고 자기는 저거를 우에 없애냐고 그래 염두해두고 있었다고. 살아있을 때. 그걸 항상 염두해 두고 있었는기라. 그래가 죽어서 아들한테 수장을 해달라캐다 이기라. 실제로 수장했는. 돌 눌러놨는거를 보믄 실지 우리가 봐도 그건 차돌이기 때문에 육지 돌이지 바다의 돌이 아니거든 우리가 봐도. 수장해노코 용이 되가 수로를 타고 감은사로 득천해 올라가면서 열두섬을 쳤다 그래. 문무왕이 내가 죽으믄 저 수장 해노으믄 분명히 거서 대가 올라 올꺼다. 정말로 대가 두 송이 올라와따 말이지. 일본이 신라를 괴롭힐 찍에 저 대를 띠가 피리를 만들어가 부면 효과가 있을꺼다. 아들에게 유언을 해따캐. 아들에게 유언을 해노으이. 아들이 일보이 쳐들어 와도 감당을 못했

어. 마 일본이 들와가 섬에 들와가 침입을 하이 감당을 모했어. 그래가 저 대를 띠가 피를 만들어 불었다 이기라. 이 청청한 하늘에 각재마 구름찌고 이라디 천둥을 하고 태풍 맨치로 불어오고 그 인근이 모두 박살났다 그라 거든. 그 피리 효과로 왜적을 막았다 이라거든. 문무왕이 죽어서도 나라를 지킨거지. 또 왜적이 감은사지에 가까 종을 띠가 나갈찍에 또 피리를 불어 가 각죄 천둥이 치고 바람이 불어가 배를 모도 파손시키뿌렸지. 그라이 백사장에 앞에 댕바우 앞에 종을 빠줬뿌써. 그래 저거를 찾을 라꼬 잠수부 를 넣어도 찾을 수 있나. 그 무거든 종이 자꾸 바닷속으로 파고 드가지. 어디 묻힜는지 모차져. 우리 어렸을 찍에 파도 치만 백사장 거 가서 귀를 대만 종소리가 윙윙 카고 이래. 바닷가에 쇠소리가 날 리가 없거덩. 그런 데 쇠 소리가 났단 말이지. 그래가 우리는 진짜 여 종이 빠졌구나 이캤지.

▎경상북도 경주시, 정유식, 80세 2014년 10월13일

자료27. 용이 자장에게 굴복하기1

여어 불영사는 의상대사고, 통도사는 자장대사 이야긴데, 구룡이야기라 가 아는데 까지 해주께요. 통도사에 지금도 구룡지하고, 용혈암이라 카는 게 있어요. 옛날에 자장대사가 절을 지을라꼬 통도사있는데를 갔어요. 거 가이 터가 어마어마하게 좋거던요. 그런데 한가지 아쉬분점이 있는데. 거 기에 아홉바리 용이 살었어요. 스님이 처음에는 타일렀어요. 절을 지야되 니까 다른데로 좀 비키 달라 이랬어요. 이랬는데. 용이 말을 안들었데요. 그래가 대사가 안되겠다. 캐가 불경을 외웠어요. 불경을 외니까 마 머리가 깨질 것 같거덩 머리가 터진다 말이래 그라이 견딜수가 있어야지 시 바리 가 도망을 갔어요. 도망을 가다가 고마 방구에 쳐박히가 죽었뿌써요. 그래 가 그 방구가 용혈암이라 칸다캐요. 그라고 여섯바리 용이 몬견디거덩 그 래가 또 다섯 바리가 골짜기로 도망을 갔어요. 도망을 가다가 고마 떨어져 죽어뿌네. 거를 오룡꼴이라칸다 카는가 뭐 그래요. 그라고 한 바리가 남었 는데. 이 용은 눈이 멀어가 당췌 도망을 못가. 그래가 대사한테 용서를 빌

어. 살리주만 열심히 대사를 돕겠다 카거덩 그래가 대사가 못을 만들어가 거 살라고 그랬데요. 그래가 목심을 구했대요.

▮ 경상북도 울진군, 노도희, 71세 2014년 10월14일

자료28. 용이 자장에게 굴복하기2

내가 어릴 때부터 역사에 관심이 많아가 뭐 이야기를 쫌 잘 알지. 구룡지 애기 아는교. 저 양산 통도사 안있는교 거어 이야긴데. 들리주까요. 통도사에 구룡지카는데가 있어. 거 옛날에 용 아홉 바리가 살었데요. 하루는 의상대사라 카든가 무신 대사라 카든가 하이튼 대사가 절을 질라꼬 산천을 돌아댕기다가 지금 통도사 있는 대를 보이 풍수가 참 좋았어요. 그래가 절을 질라꼬 하이 못에 용이 아홉 바리가 살아. 그걸 쫓가 보내야 절을 지을꺼 아인교. 그래가 대사가 말로 나가라 이캤거덩. 그란데 용 아홉 바리가 순순히 나가나 저거 살든덴데 안나갈라 카지. 그래가 법사가 안되겠거든. 마 주문을 읬지 그래도 눈도 깜빡 안하는기라. 그래가 할 수 없이 아홉 바리 용하고 경쟁을 했어. 경쟁을 하다가 세 바리를 도망을 가다가 바위에 찍히가 죽어뿌고, 다섯 바리는 저 곡으로 도망가다가 죽어뿌고, 한 마리가 남았어. 그란데 한 마리는 고마 꼬리를 착 내리뿌는기라. 그라고 대사한테 살리돌라고 그래. 그래가 한 바리는 통도사에 살었데. 대사 말 잘 듣고.

▮ 대구광역시, 강무룡, 남, 78세 2012년 7월28일

자료29. 용이 대비사 상좌되어 살아가기1

저 청도에 가만 대비사라 카는 절이 있는데. 옛날에는 운문사보다 대비가 훨씬 컸다카거덩 그런데 이제는 운문사가 그지. 대비사에 시님하고 상좌가 살았어. 그런데 이 상좌가 맨날 밤에 몰래 나가는 기라. 시님이 의심을 해가주고 하루는 자는 척하다가 조용히 따라 나가 봤어. 그라이 갑자가 상좌 이놈이 몸을 획획 돌리디 용으로 변하는 기라. 시님이 이걸 보고 놀

라가 들어왔어. 담 날에 또 이기 나가는 기라 그래가 이번에 뭘 하는가 싶어가 따라가서 조용히 서거덩. 이기 용으로 변해가 꼬리로 연못을 파는 기라. 옛날에 원래 용이 물에 있어야 득천을 한다 이른 말이 이잖아. 그래 가 못을 팠겠지. 담날도 나가고 그 담날도 나가고 계속 나가는 기라. 그래 도 시님은 모린척 했지. 그런데. 갑자기 비가 안와가 곡식이 바싹 말러드 가는 기라. 곡식이 말러드가이 사람이 살수가 있나. 그래가 시님이 안되겠 다 캐가 상좌를 불렀어. 그라고. "내가 니가 용인거를 안다. 용은 비를 내릴 수 있으이 비를 좀 내리 달라"이랬어. 그라이 상좌가 "시님이 부탁하만 들 어줘야 되지만 비는 옥황상제가 내리라 캐야 내립니다. 아이만 지는 득천 도 몬하고 벌을 받심니더"이래. 그래도 시님이 사정을 하니까 들어줬는기 라. 참말로 옥황상제가 사자를 보내가 상좌를 찾그덩. 그라이 시님이 사자 한테 배나무가 상좌라 카거덩. 그라이 배나무가 죽고 상좌가 살았는기라. 그때부터 상좌는 고마 못 파는거를 안하고 스님하고 절을 지키미 살았데.

▎경상북도 의성군, 김한분 여, 88세 2013년 8월9일

자료30. 용이 대비사 상좌되어 살아가기2

맹 이 얘긴데. 쪼매 틀린데 나도 해주까. 옛날에 시님하고 거 시중드는 놈이 살었는데. 이 시중드는 놈이 참 착해 말도 잘듣고 이른데. 시님이 이 상하기 자꾸 의심이 되는기라. 하루는 잠을 자는데. 꿈에 시중드는 놈이 훌쩍훌쩍 뛰디만 고마 용으로 변해가 땅을 꼬리로 턱턱 치는기라. 땅을 꼬리로 턱턱치이 구멍이 생기가 물이 개비그덩. 그기 이제 샘이 되겠지. 하여튼 그런 꿈을 꿨어. 그래가 참 이상하가 담날로 해가 거 꼬리로 쳤는 데를 가봤어. 가보이 진짜 쪼매난 샘이 나있거덩. 그래가 시님이 이 놈이 용인거를 알었어. 그래도 의심을 하고 있는데. 비가 안와가 다른데는 바싹 시드는데. 이놈이 농사짓는 채소는 마 파릿파릿한기라. 그래가 시님이 생 각했어.'아 이놈이 참말로 용이 맞구나. 용이 비를 쓰이 이기 비를 써가 채소만 저래 살어있구나'이래 생각했어. 근데 가뭄이 자꾸 심한기라. 그래

가 시님이 하루는 이 놈을 불렀어. 불러가 "니가 용인거를 안다"이캤거덩. 그라이 정체가 탈로나이 깜짝 놀랜다. 이말이래. 시님이 "괜찮다. 그른데 비가 안와가 사람들이 살수가 없으이 비를 좀 내리다고"이캤어. 그라이 이 놈이 "시님 비 내리는거는 문제가 안되는데, 내 맘대로 내릴 수는 없습니다. 옥황이 명령을 내리야 됩니다."이랬어. 그라이 시님이 그래도 해달라고 조르거덩. 이 놈이 우짤수가 없어가 해주다카고 사라진다말이래. 쪼매 있으이 진짜 비가 왔어. 그라고 이놈이 새파랗게 질 리가 살리돌라캐. 하늘에서 사자가 와가 잡아갈라고. 그래가 시님이 저 배낭기 비를 내린 놈입니다. 카거덩. 그라이 고마 그거를 죽이뿌고 갔어. 시님이 지를 살리줬으이. 시님 심부름하미 그래 살았어.

▎경상북도 의성군, 박정자 여, 80세 2013년 8월9일

찾아보기

가뭄	28 30 35 44 60 65 79 110 115 151 168 203 250 257 266 270 293 315 327 402
건탑(建塔)연기	153 178
고려사(高麗史)	18
공간	84 85 170 174 189 192 228 234 240 244 248 275 281 337 369
교룡	31 161 164 203 228 234 240 337 340
교화 대상	158 178
구성 원리	246 310 316 332
국가 호위	106 177
국태 민안	121 126 130 177
김부식	33
나말여초	253
노인	23 45 49 53 59 77 113 212 276 297 312 320 328 331 378
농경 생활	29 30 33
농경문화	16 91 157 353 364
독룡	158 159 163 202 231 244 258 335 340 354 356 362 365
동명왕편	33 35 83
문제 미해결	27
문제 해결	27 53 133 138
민간신앙	156 170 174 180 191 205 209 213 225 230 235 238 255 260 272 285 294 299 304 311 325 330 365 34 38 134 137 141 147 152 162 201 245 339 353 362 365
민간집단	18 19 36 38 44 50 55 63 70 81 173 181 182
배나무	150 167 203 205 249 255 258 266 402
보양	21 33 134 149 152 173 202 249 251 255 261 266 333
부여	20 28 37 64 86 100 127 190 226 248 275 305 319
부처	23 25 36 74 142 159 205 237 258 264 354 360 364 390
불교신앙	73 74 137 139 145 152 161 167 178 228 237 244 252 260 269 273 320 332 340 352 354 362 367
사찰 연기	135 178
삼국사기(三國史記)	33
삼국유사(三國遺事)	17 342 343 364 367
선신(善神)	19 33 35 36 38 171 175 181

수로	20 76 77 80 104 105	이목	21 33 134 149 151
	160 173 205 237 246 294		203 249 253 257 262 272 371
	302 311 320 326 332 354 362 399	인간	29 38 42 50 66 73 78
수신(水神)	19 33 36 91		100 164 228 240 270 274
	171 173 179 291		302 311 320 329 331
수혜자	22 27 40 46 84 88 95	일연	33 186 188 198 202 220
	106 112 130 141 149 158 161		252 258 264 273 316 340 343 367
순정공	76 77 79	자장	21 142 154 166
	313 320 323 328 329		345 347 349 363 400
승려집단	18 19 37 134 145 149	전승 담당층	17 18 37 169 171
	152 158 161 167 170 1778 180	전승 원리	19 175 181
신문왕	111 119 122 124 132	정공	76 77 162 203 226 231
	163 203 231 248 277		237 240 313 320 323 328 335
	285 306 335 396	주인공	19 21 27 39 46
신인	21 34 87 109 111		51 58 68 71 85 91
	154 259 274 283 290		100 118 127 138 156 223
	302 345 348 350 389	지배집단	17 18 37 40
여왕	116 117 215 260		70 83 95 100 112 121
	295 306 348 352		130 170 174 180
연대	141 147 214 219 220	진성여왕	116 117 215 196 306
	224 226 300 304 308 310 311	천제	85 87 167 168 203 225 253 269
왕권상징(王權象徵)	19 37 172 179	태화지	153 155 345 348 351 363
용성(龍聖)구현	274 276 277	토속신앙	228 240 244 259
	303 306 309 311 316 320		265 273 301 314 316 330 340
용성(龍聖)제거	276 311 316	혜통	21 22 161 164 173 203
	318 320 332 340 341		228 230 241 246 333 336 340
웅신	164 203 237 242 244 338 340	호국선신(護國善神)	19 172 179
원성왕	106 109 111 138	호법용	16 34 154 351 364
	247 285 288 292 304 307	황룡사	21 34 121 134 141 145
원조자	19 27 83 84 112		153 155 173 246 332 344 346
이동	17 79 84 87		350 352 354 363 365 397
	135 160 178 190 196 212 227		
	236 242 248 285 307 327 259		

∥ 박다원

영남대학교 국어국문학과 및 동 대학원 석·박사를 졸업했다. 영남대학교 한자문화연구소 연구원과 영남대학교 국어국문학과 강사로 재직 중이다. 「원혼장군형 전승을 통해 본 장수와 향유집단의 동일시 현상 연구」(2017), 「『삼국유사』 용성(龍聖) 구현 설화의 양상과 의미」(2015), 「『삼국유사(三國遺事)』〈惠通降龍〉 설화의 공간과 인물관계」(2014) 등 10여 편의 논문이 있다.

韓國 龍說話 硏究

2017년 10월 27일 초판 1쇄 발행

저 자 ∥ 박다원
펴낸이 ∥ 엄승진
표지디자인 ∥ 유선주 디자이너
펴낸곳 ∥ 도서출판 지성인
주 소 ∥ 서울 영등포구 여의도동 11-11 한서빌딩 1209호
메 일 ∥ Jsin2011@naver.com
연락주실 곳 ∥ T) 02-761-5915   F) 02-6747-1612
ISBN ∥ 978-89-97631-82-7 93810

정가 30,000원

잘못 만들어진 책은 본사나 구입하신 곳에서 교환하여 드립니다.
이 책은 저작권법에 의해 보호를 받는 도서이오니 일부 또는 전부의 무단 복제를 금합니다.

「이 도서의 국립중앙도서관 출판예정도서목록(CIP)은 서지정보유통지원시스템 홈페이지(http://seoji.nl.go.kr)와 국가자료공동목록시스템(http://www.nl.go.kr/kolisnet)에서 이용하실 수 있습니다.(CIP제어번호: CIP2017028296)」